제2판

박영사

# Space Security

## 우주안보의 이해와 트렌드

우리나라 최초의 우주안보 전문서

엄정식

# 제2판 서문: 우주라는 미래는 이미 와 있다. 다만, 모두에게 균등하게 오진 않는다.

우리에게 우주는 늘 미래의 어느 시점과 장소였다. 하지만, 우주는 더 이상 미래가 아닌 현재다. 그렇게 다가온 우주가 모두에게 균등한 것은 아니다. 도달할 수 있는 우주가 넓어질수록 경쟁과 협력이 치열해지고, 자유로운 결정과 행동을 보장하려는 권력 투쟁도 심화될 것이다. 다시 말해, 대비하지 않으면 우주에서도 지구상과 마찬가지로 강자가 결정하는 일에 따를 수밖에 없다. 지금은 우주 안보 시대다.

우주 안보는 군대나 정보 기관만의 영역이 아니다. 우리가 살고 있는 사회와 경제도 우주 능력에 점점 더 의존하고 있으며, 우주에서 벌어지는 경쟁은 지구에서도 경험하는 부정적인 영향을 미칠 수 있다. 우주 능력에 대한 단순한 시험조차도 우주활동 주체들에게 오래 지속되는 부정적인 결과를 초래할 수 있다.

우주는 종종 비어 있는 공간, "최후의 개척지", 그리고 미지의 영역으로 여겨진다. 그러나 인간이 우주로 접근하면서 새로운 현상과 의미가 생겨난다. 과거에는 미국이나 구소련과 같은 국가만이 우주에 접근할 수 있었다. 그러나 지난 수십 년 동안 새로운 기술 발전과 우주 발사 비용 감소로 인해 우주 산업의 엄청난 확장과 상업화가 이루어져, 이제는 기업, 단체, 심지어 개인까지도 이 분야에 훨씬 더 쉽게 접근할 수 있게 되었다. 대부분의 우주 관련 활동은 과학적 발견을 증진시키거나, 산업을 발전시키거나, 군대를 강화시킬 것이다. 그러나 우리는 이러한 확장이 테러와 같은 불법적인 무력 행사에 미칠 수 있는 잠재력을 간과할 수 없다.

항공우주에 열심인 어느 대학교를 지나다 이런 현수막을 본 적이 있다. "용기 있는 사람만이 하늘을!! 도전하는 사람만이 우주를!!" 이 말에 우리의 현재 인식이 담겨 있다는 생각이 든다. 지금처럼 우리나라가 우주에 도달할 수 있기 전에는 우주가 아닌 하늘에 도전한다는 표현을 썼다. 하지만, 이젠 우주에 도전하고 있다. 우리가 하늘을 비행할 수 있는 능력을 갖고 있기 때문에 더 빠른 비행, 더 높은 비행은 용기가 필요한 영역이 된 것이다. 우주는 아직 어디까지 해볼 수 있는지 알 수 없는 영역이므로 용기를 넘어선 도전 자체가 필요한 것이 아닐까? 내가 몸담았던 공군에서도 오래전부터 건배사로 "하늘로! 우주로!"를 애창했지만, 우주작전 능력이 없을 때, "우주로"는 그냥 외쳐보는 미사여구였다. 우주작전 능력이 현실이 된 현재, 공군에서도 "우주로"는 더 이상 미사여구가 아니다.

이 책의 개정판이 1년 반만에 나올 수 있었던 것은 우리나라에도 우주 안보에 대한 대중의 관심이 존재함을 입증한다. 동시에 우주 안보 분야가 빠르게 발전하고 있음을 보여준다. 아무리 개정판이라도 우주 안보 분야의 빠른 발전을 따라갈 방법은 없다. 하지만, 이 책은 단순히 최신 정보를 제공하려는 목적이 아니라, 우주 안보를 체계적으로 분석하기 위한 개념, 범위, 이론을 기반으로 한다. 따라서 우주 안보의 변화가 아무리 빨라도 분석의 토대는 달라지지 않는다.

이번 개정판이 초판과 다른 점은 우선 우주 안보의 개념을 더욱 정교하게 다듬었다. 우주 안보의 요소 중에서 군사우주를 국방·정보 우주로 확대했다. 또한 우주 안보의 다양한 이슈를 다루고자 러시아–우크라이나 전쟁이 우주 안보에 미치는 영향, AI 기술의 우주 활용, 우주·사이버 안보, 북한의 우주개발 등 초판에서 다루지 못한 최신 트렌드를 포함했다.

앞으로도 우주 안보가 국가안보의 중요한 영역이자, 경제와 산업 발전을 위한 토대가 된다는 생각을 많은 분들과 나누기 위해 계속 노력할 생각이다. 우리나라 우주개발에서 우주 안보가 더 많은 분야와 연결되고, 새로운 의미와 기회를 발견할 수 있는 중심이 되기를 기대한다.

2025년 8월 성무대에서

엄정식

# 초판 서문: 우주도 지구와 다름없는 생존과 안보의 공간이다.

약 1만 7,000년 이전 인류는 우주를 신화와 종교로 이해했고, 동굴 벽화에 그들이 이해한 우주를 남겼다. 약 400년 이전 인류는 망원경으로 우주를 관찰하면서 과학으로 우주를 이해하기 시작하였다. 이제 우주는 안보 영역으로 이해해야 할 때다. 이유는 간단하다. 바라만 보던 우주에서 다가갈 수 있는 우주가 되었으니, 인류가 지구상에서 다툼을 피할 수 없는 것처럼 우주에서도 다툼을 피할 수 없기 때문이다. 우리나라도 예외는 아니다.

그런데 2020년부터 우주 안보를 강의하면서 지켜본 우주에 대한 우리나라의 관심사는 우주 경제와 우주 기술에 집중되었다. 우주가 전장(battlefield)이라는 사실을 인식한 우주 강대국들이 우주 안보에 관한 보고서와 연구를 쏟아내는 것과 사뭇 다른 분위기였다. 다행히 지금은 우리나라에서도 우주 안보에 대한 학회 활동과 논의가 점점 많아지고 있으며, 국방 분야에서도 우주 안보에 대한 교육을 시작하였다. 이 책도 처음 우주를 접한 독자들이 안보 영역으로서 우주를 이해하고 분석하는 데 도움을 주고자 국제정치와 현대전략 관점에서 다양한 문제를 다루었다.

개인적으로 우주 안보의 시대가 다가왔다고 느낀 전환점은 2018년 2월 6일 미국 우주기업 SpaceX가 개발한 Falcon－9 세 개를 묶어 만든 Falcon－Heavy의 1단 발사체 2개가 동시에 수직으로 착륙하는 장면이었다. 지금도 유튜브에서 종종 이 영상을 보면 가슴이 뛸 때가 있다. Falcon－9의 높이는 대략 건물 15층(42.6m)인데 이런 건물이 우주에 올라갔다 다시 착륙한다는 사실을 믿을 수 없었다. 사실, 우주 안보의 시대는 새로운 일도, 새로 시작된 것도 아니다. 우주는 1957년 소련이 최초의 인공위성 Sputnik－1을 발사할 때부터 군사적 공간이었다. 당시 소련과 미국이 치열하게 개발했던 우주 발사체들은 군사적 목적에서 진행되었다. 우주 안보는 현재 그리고 미래에 개인, 사회, 국가와 인류 공동체의 발전과 뗄 수 없는 문제이다. 지금도 우주는 국방·정보 공간이면서, 경제 공간이자 외교 공간이다. 따라서, 우주를 어떻게 바라보는가는 어떤 활동에 주목할 것이며, 왜 그런지 이해하고 분석하는 데 중요하다. 지구상 안보의 주체가 국가이듯이 우주 안보의 주체도 국가이다. 우주에서도 국가안보를 위한 각국의 행동과 다툼이 국방·정보, 경제, 외교 영역에서 치열하게 전개되고 있다.

2022년 이후 우리나라에도 우주 활동 열풍이 불면서 많은 연구와 책들이 발간되었다. 하지만, 우주 기술과 과학 그리고 비즈니스에 대한 관심과 성과에 비해 국제정치와 현대전략 측면에서 우주 안보를 논의하는 기회는 부족하였다. 그 이유는 여러 가지라고 생각한다. 첫째, 우주 안보에 대한 논의를 우주의 평화적 활용에 대한 거부나 이탈로 여기는 오해가 자리 잡고 있었다. 오랜 시간 군사적 대치를 이어온 우리나라에서 이러한 정서는 당연하다. 우주 안보가 우주를 군사화, 무기화하려는 의도를 뒷받침하는 것은 아닌지 우려하는 눈길이 교육과 연구의 장애가 될 수 있다.

둘째, 우주 안보에 대한 연구와 교육을 하려고 해도 이를 뒷받침할 수 있는 경험적 내용이 부족하였다. 우주 안보를 우주 영역에서 벌이는 전쟁이나 우주 자산을 활용한 전투로 생각해볼 때 우주 안보를 논의할 수 있는 전쟁사 경험이나 연구를 찾기 어려웠다. 비록 1991년 걸프전도 최초의 우주전이라고 평가되지만, 여전히 경험적 내용은 제한적이었다. 하지만 2022년 러시아-우크라이나 전쟁은 우주전의 경험을 보여주는 최근 사례로 주목받고 있으며 향후 우주 안보의 논의도 활발해질 수 있는 여건이 조성되고 있다.

마지막으로 우주 안보에 대한 국제정치, 현대전략 접근은 기존의 전쟁 연구와 달리 우주 과학과 기술에 대한 지식이 필요하기 때문에 특정 분야의 전문가가 접근하는데 어려움이 있었다. 저자도 우주 안보를 교육하고 연구하면서 이공학 지식이나 설명에 지속적인 관심을 기울 수밖에 없었다. 다행히 2021년 이후 우주 물리학, 우주 천문학, 우주 시스템 공학 등 다가가기 어려웠던 우주 분야의 대중 서적들이 대거 출판되면서 이러한 이해에 도움이 되었다. 덧붙여 우리나라에서도 국제정치나 주변국 안보 차원에서 우주 경쟁과 우주 문제를 다룬 논문과 학술 서적이 출판되기 시작했다.

하지만, 우리나라에는 우주 안보를 종합적으로 다룬 개설서가 아직 없는 실정이다. 저자도 2020년부터 공군사관학교에서 우주 안보를 주제로 강의를 시작하면서, 해외 우주 안보 서적에 의존할 수밖에 없었다. 이런 아쉬움을 조금이나마 해소하고자 4년간 우주 안보에 대한 강의와 교육을 바탕으로 이 책을 출판하게 되었다. 이 책이 학생들뿐 아니라 우주 분야에 종사하는 분들에게, 각자의 분야가 우주 안보와 어떻게 연계되는지 이해하는 데 도움이 되길 바란다. 나아가 일반인들이 우주 안보에 관심을 가질 수 있는 안내서가 되기를 바라는 마음이다.

당연히 이 책은 그동안 학회나 지면으로 만났던 많은 국내외 전문가와 관계관들의 노력 위에 이루어진 작은 성과에 불과하다. 몇 해 동안 우주 안보를 강의하고 연구하면서 우주 안보 전체를 아우르고자 노력했지만, 부족할 수밖에 없다. 이 책에서 균형 있게 다루지 못하였거나 잘못된 우주 안보 내용이 있다면 전적으로 저자의 책임이며, 이 책을 시작으로 우주 안보에 대한 더 종합적이며 깊이 있는 작업을 계속하여 빠르게 보완할 것을 약속드린다. 끝으로, 저자의 관심과 노력을 한 권의 책으로 묶는데 열정을 다해주신 박영사 장유나 차장, 최동인 대리님께 감사드린다.

2024년 1월 성무대에서

엄정식

## 용어 표현에 대한 설명1

우리나라에서 우주 안보를 이해하는데 첫 번째 걸림돌은 대부분 영어로 표현된 우주 안보 용어를 통일된 우리말로 표현하는 일이다. 예를 들어 우리나라에서 출간된 우주관련 도서에서 가장 눈에 띄는 우리말 오류는 constellation이다. Constellation은 천문학에서 별자리를 의미한다. 그러나 천문학이 아닌 위성을 다루면서 사용하는 constellation은 다수의 위성을 마치 하나의 위성처럼 연계하여 운영하는 형태로서 우리말로는 군집(위성)이라는  용어가 적합하다.

위성이나 탐사선을 발사하는 우주 발사체는 space launch vehicle 혹은 space rocket의 우리말 표현이다. 정확히 말해 로켓(rocket)이라는 용어는 우주 발사체의 엔진 혹은 부스터이다. 반면 발사체(launch vehicle)는 로켓과 탑재체(payload)를 포함한 용어이다. 그러므로 로켓을 발사체와 동일하게 사용해서는 안 된다.

이런 경우는 재사용 발사체라는 용어에서도 나타난다. 인류 최초의 재사용 발사체인 SpaceX의 Falcon-9에서 재사용되는 부분은 처음에는 1단 로켓이었다. 따라서 재사용 발사체가 아니라 재사용 로켓이 정확한 용어이다. 하지만, 스타십(Starship)과 같이 재사용 부분이 위성이나 탐사선이 포함된 탑재체까지 확대되면서 편의상 전체를 재사용 발사체로 표현하고 있다.

우주비행체(space vehicle)의 우리나라 표현은 더 복잡하다. 우주비행체(space vehicle)는 우주비행선(spacecraft) 혹은 우주선(space ship)과 같은 의미로 쓰이는 경우도 많다. 엄밀히 말해 비행체는 대기를 이용해 3차원 공간을 이동하는(날아다니는) 비행기와 동일어였기 때문에 대기가 없는 우주에서는 적합하지 않다. 하지만 대기가 아니더라도 어떤 힘을 이용하여 3차원 공간을 이동하는 인공 물체라는 의미로 확대하면 우주비행체도 틀린 용어는 아니다. 우주비행체는 우주에서 중력을 이용하거나 추력을 이용하여 공간을 이동하기 때문이다.

Space vehicle(spacecraft)을 우리말로 표현할 때 우주비행선이 맞느냐 우주비행체가 맞느냐의 차이는 우주를 이동하는 인공 물체를 배(ship)에 비유하느냐 비행기(flight)에 비유하느냐에서 비롯된다. 고대로부터 인류는 우주를 상상하면서 당시로는 끝을 알 수 없는 바다와 같이 우주를 인식했다. 비행기도 없었던 시기였으니 우주를 바다에 비유하여 우주를 이동하는 인공 물체를 우주선으로 표현하는 건 자연스러운 일이었다. 하지만, 더 이상 바다는 우주와 같이 끝없는 공간은 아니다. 심해가 아직 인간에게 미지의 영역이지만 적어도 우리는 유한한 심해 지도를 꽤 정확하게 그릴 수 있고 머지않은 미래에 도달할 수도 있다. 반면, 우주는 그 끝을 알 수도 없고, 언제 도달할 수 있을지도 미지수이다.

중요한 것은 우주를 이동하는 인공 물체는 공중과 같이 3차원 공간을 이용한다는 점이다. 3차원 공간의 특성이 우주비행체를 활용하고 우주 안보를 이해하는데 더 적합한 용어이기 때문에 이 책은 우주를 이동하는 인공 물체를 통칭하여 우주비행체(space vehicle, space flight, spacecraft를 포함)로 쓴다. 그런데 이 용어가 복잡한 이유는 우주비행체로 쓰는 space vehicle과 space flight가 원어에서는 조금 다른 의미이기 때문이다. 우리가 비행기(flight)라고 쓸 때는 조종사가 탑승한 유인비행기를 의미한다.

과학기술의 발전으로 조종사가 탑승하지 않아도 되는 비행체(unmanned vehicle)가 등장하면서 이러한 구분은 더 명확해졌다. 우리는 사람이 탑승하지 않는 비행기를 그냥 비행기라고 부르기보다 무인기라고 부른다. 반면 우주비행체는 처음부터 무인기로 개발되었다가 나중에 사람이 탑승하여 조종하는 우주비행체로 발전했다. 그래서 공중에서 비행기는 일반적으로 유인기를 의미하지만, 우주에서 비행체는 일반적으로 무인기를 의미한다. 이런 이유로 원어에서는 우주비행체에 사람이 탑승할 경우 space flight로 표현하기도 한다.

이 책에서는 유인 우주비행체(space flight)와 무인 우주비행체(unmanned space vehicle)를 따로 구분하지 않고 통칭하여 우주비행체(space vehicle, spacecraft)로 표현한다. 다만, 우주를 이동하는 모든 인공물체를 우주비행체라고 부르더라도 개별적으로 이루어지는 무인 임무와 유인 임무에 따라 부여된 고유한 명칭을 사용한다. 예를 들어 우주비행체 중에서도 지구 궤도를 일정하게 돌고 있는 인공위성(satellite)은 무인 우주비행체이고 사람이 탑승하는 우주 정거장(space station)은 유인 우주비행체이다. 또한 1977년 발사되어 아직도 심우주를 탐사하고 있는 보이저(Voyager)는 무인 우주비행체이고 1969년 인류 최초로 달착륙에 성공했던 아폴로-11(Apollo-11)은 유인 우주비행체였다. 이처럼 우주비행체는 통칭일 뿐 개별적인 체계는 고유한 명칭이나 구체적인 명칭을 사용한다.

우주 안보 용어도 시대의 변화를 반영할 필요가 있다. Astronauts는 우주비행사로 번역되지만, 이는 우주비행체를 조종하는 인간 또는 우주비행체 조종에 필요한 인간을 의미한다. 항공기는 조종사라는 용어가 일반적이지만, 항공비행사 혹은 비행사와 같은 의미로 쓰인다.

그러나 Astronauts는 조종사보다 넓은 의미이다. 조종사를 내포하는 우주비행사라는 번역보다 우주 임무를 수행하는 사람이라는 의미가 정확하다. 실제로 오늘날 우주비행체는 사람이 탑승하더라도 사람의 조종 없이 계획된 시스템에 따라 운영된다. 과거 사람이 직접 했던 도킹도 무인 시스템이 수행한다. 따라서 Astronauts는 우주 임무를 수행하는 과학자, 기업인, 군인 등을 포괄하는 우주인이라는 우리말이 적합하다.

# 차 례

## Ⅳ

## 우주 안보를 이해하는 관점 231



## Ⅴ

## 우주 안보 이슈 275

# I

# 우주 안보의 역사

1. 군사적 목적에서 시작된 우주 활동
2. 1950~1990년대 미소 우주 경쟁
3. 2000~2020년대 미중 우주 경쟁

## 군사적 목적에서 시작된 우주 활동

우주에 대한 도전과 탐구는 인간의 상상 속에서 시작되었다. 인간이 우주에 도달하는 상상은 프랑스의 소설가 쥘 베른(Jules Verne, 1828~1905)이 1865년에 발표한 『지구에서 달까지』에서 이야기되면서 많은 사람들에게 영감을 주었다.[1] 이 소설에서는 대포를 이용하여 달까지 도달하는 방법이 나오는데, 이 방법은 아래와 같이 '뉴턴의 대포'라는 상상 실험이었다.

### 뉴턴의 대포

'뉴턴의 대포'란 고도가 높은 산 위에서 대포를 수평 방향으로 발사했을 때 포탄의 궤적을 상상한 것이다. 보통 지구에서 수평으로 발사한 포탄은 당연히 점차 속도를 잃으면서 지면에 도달한다. 발사 속도를 높이면 포탄은 더 멀리까지 날아가서 지면에 닿는다. 만약 지면에 닿지 않을 정도로 빠르게 발사한다면 어떻게 될까? 지구는 평평하지 않고 둥글다. 따라서 <그림 1(좌)>과 같이 초속 8km 속도로 포탄을 쏜다면, 1초 뒤엔 수평으로 8km를 날아가는 동안 5m가 낮아진다. 그런데 이 정도 낮아지는 비율은 지표면이 둥근 비율과 같다. 즉 포탄은 8km를 날아가는 동안 5m가 낮아졌지만 여전히 지표면에 닿지 않는다. 이렇게 발사된 포탄은 <그림 1(우)>과 같이 지구를 한 바퀴 돌아서 발사한 자리로 다시 돌아온다. 게다가 우주에는 공기가 없으므로 지구처럼 공기 저항도 없다면 빠르게 발사된 포탄은 지구가 둥근 모양만큼 떨어지면서 무한히 지구를 공전하게 된다.

**<그림 1> 지구의 둥근 비율과 뉴턴의 대포**

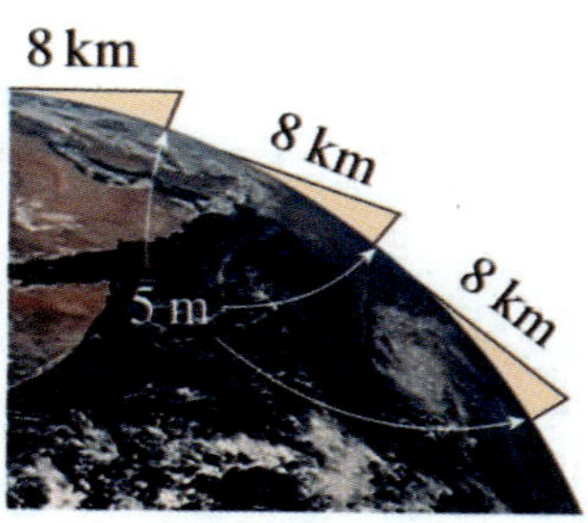


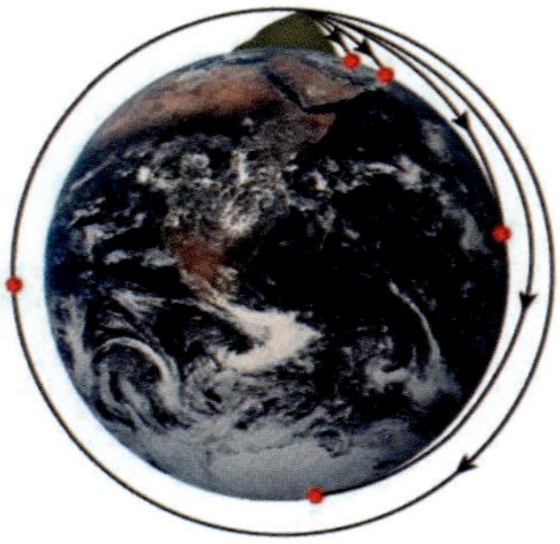

ⓒ Wikipedia Commons

우주에 도달할 수 있는 방법을 연구한 최초의 과학자 중 한 명은 19세기 말 러시아의 콘스탄틴 치올코프스키(Konstantín Tsiolkovsky, 1857~1935)였다. 쥘 베른의 소설은 그에게도 영감을 주었다고 알려져 있다. 독학으로 수학과 물리학을 공부한 치올코프스키는 1897년 로켓 방정식을 발표했는데 오늘날에도 그의 방정식은 로켓을 설계하는 데 사용된다. 미국에서는 로버트 고다드(Robert Goddard, 1882~1945)가 세계 최초로 로켓을 만들었다. 그는 치올코프스키의 연구를 토대로 액체추진 로켓을 연구했으며, 1926년 3월 미국 메사추세츠에서 시험한 로켓 발사로 2.5초 동안 56m를 비행했다. 고다드는 자이로스코프*를 이용한 유도장치도 개발하여 로켓 비행을 더욱 정밀하게 만들었다.

인류가 우주로 나아가는 계기는 처음부터 군사적 목적과 연관되었고, 자연스럽게 서로에게 위협으로 인식되었다. 우주 활동의 역사는 우주 안보의 역사와 궤적을 함께 한다. 미국과 소련의 우주 발사체 개발은 핵무기 운반체로서 탄도미사일 발사와 정찰위성을 궤도에 올리기 위한 경쟁이었다.[2] 물론 냉전기 우주 경쟁을 다양한 관점에서 분석한 연구들도 있지만[3] 이 책에서는 냉전기 양극체제와 군사경쟁에 초점을 두고 우주 안보의 역사를 기술한다.[4]

1957년 인류 최초의 인공위성인 소련의 스프트니크-1은 미국에게는 공포를 안겨주었고, 인류에게는 새로운 영역을 열어주었다. 하지만, 미국과 소련 사이의 우주경쟁이 진공 상태에서 갑자기 등장한 것은 아니다. 우주 발사체의 기원은 1944년 제2차 대전 말기 독일이 개발한 V-2 탄도미사일이다. 독일은 1936년부터 발트해 연안의 작은 섬 페네뮌데에 대규모 미사일연구소와 공장을 건설했다. V-2 탄도미사일의 시험발사가 처음 성공한 것은 1942년 10월이었다. 영국 공군은 독일의 미사일 개발 첩보를 입수하고 폭격기로 공습을 감행했으나 핵심 시설을 파괴하는 데 실패했다. 이후 독일은 전쟁이 끝날 때까지 약 3,000여 발의 V-2 탄도미사일을 발사하여 9,000여 명의 사상자를 냈다. V-2 탄도미사일은 최고 고도 174km까지 도달한 것으로 알려졌으며 관성의 법칙에 따라 포물선 궤도를 그리

* 자이로스코프는 회전을 감지하는 장치로, 특히 항공기, 우주비행체 등에서 사용된다. 이 장치는 회전하는 물체의 각운동에 대한 정보를 제공하고, 우주비행체 자세 제어에 중요한 역할을 한다. 또한 자이로스코프는 탐지된 회전에 대한 정확한 정보를 유지하는 데 도움이 되며, 이는 항법 및 안정성 시스템에서 핵심적인 장치이다.

며 음속의 4배 가까운 속도로 목표 지역에 떨어졌다. 오늘날 우주의 경계로 인정되는 카르만 라인 100km를 넘어선 성능이었다. 당시의 기술로는 V-2 탄도미사일을 막을 방법이 없었다.

**<그림 2> V-2 로켓(좌)과 미국으로 망명한 폰 브라운 박사(우)**

© Wikipedia Commons

전쟁이 끝나고 V-2 탄도미사일의 군사적 잠재력을 파악한 미국, 소련, 영국 등이 패망한 독일의 기술, 인력, 장비를 차지하기 위해 경쟁했던 일화도 흥미롭다. 당시 각국은 겉으로는 나치 독일에 협력했던 인물들을 자국에 취업시키거나 활용하는데 부정적이었지만, 실제로는 과학자들을 먼저 빼돌리기 위해 노력했다. 미국은 페이퍼클립(Paper Clip)이라는 비밀작전을 통해 V-2 탄도미사일 핵심 개발자인 베르너 폰 브라운(Wernher von Braun) 박사와 연구진 그리고 연구자료를 확보했다. 소련은 독일에 남겨진 V-2 로켓 개발 부품과 장비를 확보했으나 뒤늦게 노력했던 영국은 별다른 소득을 얻지 못했다. 브라운 박사는 미국에서 우주 발사체 연구를 계속하여 알코올, 물의 혼합체에 액체산소를 연료로 사용하는 액체로켓 추진체를 개발했다. 특히 탄도미사일 개발에 적극적이었던 쪽은 소련이었다. 제2차 세계대전 직후 미국은 원자폭탄, 대형폭격기, 해외 군사기지 확대 등 군사력에서 소련을 앞서 나갔다. 이에 대응하고자 소련은 핵무기 투발 수단으로서 탄도미사일의 유용성에 주목했다.[5] 소련은 V-2 탄도미사일 개발자를 거의 확보하지 못했지만 자체적인 우주 발사체 개발에 성공했다. 그 중심에는 세르게이 코룔로프(Sergey Korolyov, 1906~1966)가 있었다. 코룔로프는 스탈린 시기 대숙청을 견디고 1950~60년대 소련의 우주 발사체 개발을 이끌었던 과학자이다. 그가 개발한 R-2 발사체는 V-2 발사체보다 2배를 비행할 수 있었고, 이를 발전시킨 R-7 발사체로 1957년 10월 스푸트니크-1 발사에 성공했다. 소련은 같은 발사체로 ICBM 발사 시험에도 성공했다. 이렇게 탄생한 ICBM은 장거리를 빠르게 이동할 수 있고, 원격으로 운용할 수 있으며, 폭탄을 폭발시키는데 사람이 불필요했다. 반면 미국은 소련보다 일찍 개발한 핵폭탄의 파괴력과 수량에서 우위였으며 투발 수단으로서 대형폭격기를 충분히 갖추었기 때문에 상대적으로 탄도미사일 개발에는 적극적이지 않았다.

그러던 미국이 1950년대 초 탄도미사일 개발에 관심을 가진 이유는 세 가지이다.[6] 첫째, 소련의 방공 능력이 강화되면서 미군의 폭격기 우위가 점차 약해지기 시작했다. 소련의 영공을 침투하는 위험이 높아지면서 폭격기의 전략적 효용성도 낮아졌다. 둘째, 1953년 미국 원자력위원회는 원자폭탄보다 더 작고 폭발력이 큰 수소폭탄을 개발했다. 이처럼 핵탄두가 작아지면서 미국도 탄도미사일을 활용할 수 있는 여건이 조성되었다. 셋째, 1955년 소련도 수소폭탄 시험에 성공하면서 다양한 탄도미사일 개발하기 시작했다. 특히 수소폭탄과 중거리탄도미사일 개발은 미국에게 큰 위협으로 인식되었다. 당시 미국은 ICBM 개발에 뒤쳐질 경우 10년 후 소련의 군사적 패권을 막을 수 없다고 평가했다. 미 공군은 아틀라스(Atlas), 타이탄(Títan), 토르(Thor) 발사체 프로그램을 진행 중이었고 미 육군은 주피터(Jupiter) 발사체 프로그램을 추진했다.[7]

## 1950~1990년대 미소 우주 경쟁

미국과 소련의 우주 경쟁은 1957년 소련의 스푸트니크-1(Sputnik-1) 발사부터 시작된 줄로 알기 쉽다. 그러나 1940년대부터 미군 내에서는 지구 주위에 정찰위성 배치해야 한다는 주장이 제기되었다. 1941년 진주만 공격으로 정보 수집 능력에 큰 허점이 드러나자, 미군은 하늘에서 항상 모든 것을 볼 수 있는 눈이 있으면 좋겠다고 생각했다. 당시 미군이 정찰위성 배치를 추진하는 데 유일한 걸림돌은 기술적 한계뿐이었다. 카메라를 우주로 쏘아 올린 다음 촬영한 사진을 전송하는 기술이 부족했기 때문이었다.

1950년대가 되자 정찰위성에 대한 열망은 더욱 절박해졌다. 1957년 소련이 스푸트니크-1(Sputnik-1)을 발사하자, 미국은 소련의 미사일 무기고에 관한 명확한 정보가 없다는 점을 불안하게 여겼다. 당시 미군 정찰기는 소련 영공에서 사진을 찍었지만 대부분 알려진 장소만 비행할 수 있었다. 소련 영공을 통과하는 데 따르는 위험과 상대적으로 짧은 비행시간 때문이다. 미군 정찰기는 소련의 광활한 땅에 더 깊숙이 들어가 아직 발견하지 못한 격납고나 군사 시설을 찾을 수 없었다.

1960년대 미국과 소련 사이의 핵무기 경쟁은 우주 발사체 발전의 배경이었다.[8] 우주 발사체 기술과 탄도미사일 기술은 동일한 구조였기 때문에 냉전기 우주경쟁은 본질적으로 군비경쟁이었다.[9] 소련이 우주 발사체로 인공위성을 궤도에 올린 시도는 국제과학자들의 제안에서 비롯되었다. 1950년 과학자들의 국제적 모임은 우주에 대한 과학적 탐사를 추진하면서 1957~1958년을 국제지구물리년(International Geophysical Year)으로 지정했다. 과학자들은 1882년과 1932년 극지방을 탐사하려는 국제적 도전을 시도했는데, 1957~1958년에는 우주를 대상으로 도전을 재현하고자 했다.[10] 1954년 로마에서 열린 과학자 국제회의에서 우주의 과학적 탐사를 위해 인공위성을 궤도에 올리자는 제안이 채택되었다. 1955년 미국과 소련은 이 제안을 수용했는데, 소련은 국제적 명성과 미국보다 앞선 능력을 과시할 목적에서 인공위성 개발에 박차를 가했다.[11]

반면 미국은 최초의 인공위성 발사라는 명성에는 큰 관심이 없었다. 미국의 목표는 위성을 이용하여 소련의 군사정보를 수집하는 일이었다.[12] 소련의 방공 능력이 발전하면서 미국의 고고도 정찰비행이 제한되었고 정보력도 약해졌기 때문이었다. 당시 아이젠하워 행정부는 정찰위성을 활용하려는 명분으로 하늘 위 영역, 즉 우주의 자유로운 이용을 상호 인정하자는 정책, 즉 오픈스카이(Open Skies) 정책을 주장했다.[13] 이는 국제해양법에 적용되던 항행의 자유를 우주에 적용한 시도였다. 오픈스카이 정책이 수용될 경우 정찰위성 활용이 국제법적으로 정당한 행동이 될 수 있었다. 결국 미국의 주장은 수용되었지만, 그 사이 소련은 스푸트니크 위성을 성공적으로 발사하여 국제적 명성을 얻게 되었다.[14]

1958년이 되자 아이젠하워 행정부는 '코로나(CORONA)'라는 암호명으로 알려진 비밀 계획을 수립했는데, 바로 최초의 정찰위성 기술 개발 프로그램이었다. 우주발사체를 개발해 위성을 궤도에 올리고 대기로 인한 왜곡과 발사체의 진동과 같은 문제를 극복할 수 있게 특별히 설계한 카메라를 장착해서 선명한 이미지를 촬영하는 계획이었다. 미국은 이러한 활동을 위장하기 위해 '디스커버러(DISCOVERER)'라는 공개 프로그램을 만들었으며, 우주 개발과 관련된 임무라고 홍보했다.

발사 횟수가 늘어나면서 코로나 계획은 안정을 찾아갔고 1960년에는 처음으로 우주에서 촬영한 영상이 도착하기 시작했다. 결과는 엄청났다. 초기 이미지들은 소련 일대를 광범위하게 담고 있었다. 회수된 캡슐 하나에는 기존 정찰기가 4년간 촬영한 것보다 더 많은 이미지가 담겼다. 미국이 코로나 프로젝트를 통해 처음 알게 된 사실은 소련이 예상보다 훨씬 적은 핵무기를 보유하고 있다는 점이었다.

그러나, 그 전까지 스푸트니크의 발사 성공은 국제사회와 미국 국내에서 소련의 우위와 군사적 공포를 확산시켰다. 소련의 체제가 미국보다 우월하다는 이미지도 담겨 있었다. 실제로 소련은 더 많은 최초를 갱신하며 미국보다 한 발 앞섰다. 1957년 11월에는 스푸트니크-2에 최초로 라이카라는 생명체(개)를 탑승시켰고, 1961년 4월에는 유인 우주인 유리 가가린(Yuri Gagarin, 1934~1968)이 보스토크-1(Vostok-1)에 탑승해 궤도 비행 후 돌아왔다. 1963년 6월에는 최초의 여성 우주인 발렌티나 테레시코바(Valentina Tereshkova, 1937~), 1965년에는 알렉세이 레오노프(Alexeí Leonov, 1934~2019)가 최초로 우주 유영에 성공했다.

이처럼 소련의 우주 성과들은 사회주의의 기술적, 정치적 우월성을 보여주는 증거로 체제 선전에 활용되었다. 인류 최초로 우주 비행에 성공한 가가린은 폴란드, 동독, 스리랑카, 인도네시아, 쿠바 등 세계 투어에 나섰다. 소련은 미국과 달 탐사 경쟁에서도 앞서고 있었는데 무인 우주선을 달에 충돌시키는 시험, 달 궤도에 도달하는 시험에도 성공했다. 유인 달탐사를 하려면 달 궤도를 진입할 수 있는 달 궤도선이 필요하고, 달 표면에 착륙하려면 달 착륙선이 필요하다.

그런데, 인간이 달 표면에 도달하려면 달 표면에 추락하거나 충돌하는 경착륙이 아닌, 달 표면에 충격 없이 내려앉는 연착륙을 해야 한다. 달 표면에 도착하는 순간 착륙선의 속도를 거의 0이 되도록 착륙선의 속도를 줄여야 한다. 달 표면에는 대기가 없어서 공기저항으로 우주선의 속도를 줄일 수 없고 낙하산도 쓸 수 없기 때문에 로켓 추진만으로 속도를 줄여야 한다. 달 표면에 처음으로 연착륙한 무인 우주선은 1966년 1월 발사된 소련의 루나-9(Luna-9)였다. 루나-9는 달 상공에서 로켓 역추진으로 감속하다가 달 표면에 닿기 직전에 에어백에 둘러싸인 착륙선을 분리시켜 달에 착륙했으며 지구와 통신도 성공했다. 결과적으로 1969년 미국이 먼저 아폴로-11로 유인 달착륙에 성공하면서 치열한 달탐사 경쟁은 일단락되었지만,[15] 당시 소련은 우주 발사체 기술과 유인우주비행으로 축적한 우주의학에서 미국을 앞선 것으로 평가된다.

한편 미국은 소련의 스푸트니크 발사 직후인 1957년 12월 6일 해군이 개발한 뱅가드(Vanguard) 발사체로 인공위성 발사를 시도했지만 발사대에서 폭발했다. 이를 만회하기 위해 미국은 익스플로러-1(Explorer-1)을 주노(Juno) 발사체로 1958년 1월 발사하는데 성공했다. 이 발사체 개발에는 독일에서 건너온 폰 브라운 박사도 참여했다. 미국은 우주 활동을 위한 조직과 정책도 갖추기 시작했다. 아이젠하워 행정부는 1955년 5월 국가우주정책(National Aeronautics and Space Act)을 수립하고 1958년 7월 국가항공우주국(NASA)을 창설했다.

미국은 소련과 유인 달 탐사 경쟁을 벌이면서도 지속적으로 소련의 ICBM 능력을 파악하기 위한 정찰위성 개발에 노력했다. 1960년 5월 소련의 지대공 미사일이 터키 상공에서 미국 고고도 정찰기(U-2)를 격추하는 사건 이후 정찰위성의 활용성은 더욱 높아졌다. 실제로 1960년 8월 18일 발사된 디스커버리-14

(Discoverer-14)는 U-2 비행 중단으로 제한되었던 미국의 정보력을 상당 부분 회복시켰다. 디스커버리-14는 촬영한 사진을 다시 지구로 보낼 수 있는 최초의 위성이었다. 1962년 쿠바 미사일 위기에서도 미국의 정찰위성은 소련의 핵능력이 제한적이라는 정보를 파악하여 케네디 대통령과 흐루시초프 서기장의 협상에서 미국의 공세적 입장을 유지하는 데 도움을 주었다.

이처럼 미국이 정찰위성 활용을 강화하자 소련도 이에 대응하기 위해 1960년대 대위성(Anti-satellite, 이하 ASAT로 표기) 공격 능력 개발에 착수했다. 1968년 이후 소련은 15차례에 걸쳐 코스모스 위성과 ICBM 발사체를 사용하여 킬러위성을 개발했다. 고도 1,100km 이하에서 스스로 궤도를 변경, 접근하여 자폭함으로써 미국 위성에게 금속 파편을 뿌리는 방식이다. 당시 인공위성은 수적으로 많지 않아 위치 파악이 쉽고 방호 능력을 갖추진 못했기 때문에 외부 공격에 매우 취약했다. 물론 미국도 소련의 우주 자산에 대한 ASAT 무기를 개발하기 시작했다. 나아가 미국은 의도하진 않았지만 우주에서 핵폭발로 공격할 수 있는 능력을 갖추었다.

쿠바 미사일 위기가 발생하기 3개월 전인 1962년, 미국은 스타피쉬 프라임(Starfish Prime) 프로젝트라는 공중 핵실험을 실시했다. 1.4메가톤의 핵무기를 약 400km 상공에서 폭발시킨 결과, 핵무기가 무차별적으로 위성을 파괴할 수 있음을 확인했다. 우주에서 일어난 핵폭발로 전자기 펄스가 발생하면서 가시권에 있는 위성이 즉시 파괴되었으며, 밴 앨런 방사선 벨트가 강화되어 저궤도에 방사선 고리가 형성되면서 몇 개월에 걸쳐 다른 위성들의 작동에도 악영향을 끼쳤다. 스타피쉬 프라임 당시 방출한 고에너지 입자는 최소 5년 동안 궤도에 지속되었으며, 일부 추정에 따르면 당시 궤도에 있던 모든 인공위성의 3분의 1 정도가 이 실험으로 파괴되었다고 한다. 다음 해 우주에서 핵실험은 부분핵실험금지조약(Limited Test Ban Treaty)으로 금지되었다.[16] 그럼에도 불구하고 미국은 소련의 ICBM을 요격하기 위해 자국의 저궤도 위성에 핵폭발 ASAT 기능을 탑재했다. 당시 정확하게 적의 위성을 타격할 기술이 미흡했기 때문에 목표물 근처에서 핵폭발을 시도하는 방식을 선호한 것이다.

## 스타피쉬 프라임 실험

일반적으로 저궤도 위성은 약한 방사선 환경에서 작동하도록 설계되었다. 더 높은 궤도에 있는 위성은 더 높은 방사선 노출을 견딜 수 있도록 제작되므로 저궤도 위성보다 방사능 변화에 덜 민감하다. 2,000km 상공에서 핵폭발이 발생하더라도 즉각적인 피해는 크지 않겠지만 인위적으로 강화된 방사선 벨트를 반복적으로 통과하면 위성 전자부품이 빠르게 손상될 수 있다. 특히 태양 동기식 위성과 전기가 통하는 전계선을 통과하는 경사 궤도 위성이 가장 먼저 고장날 수 있다. 아래 사진은 스타피쉬 프라임 실험으로 1962년 7월 9일 미국이 고도 400㎞에서 터뜨린 수소폭탄의 영향이다.

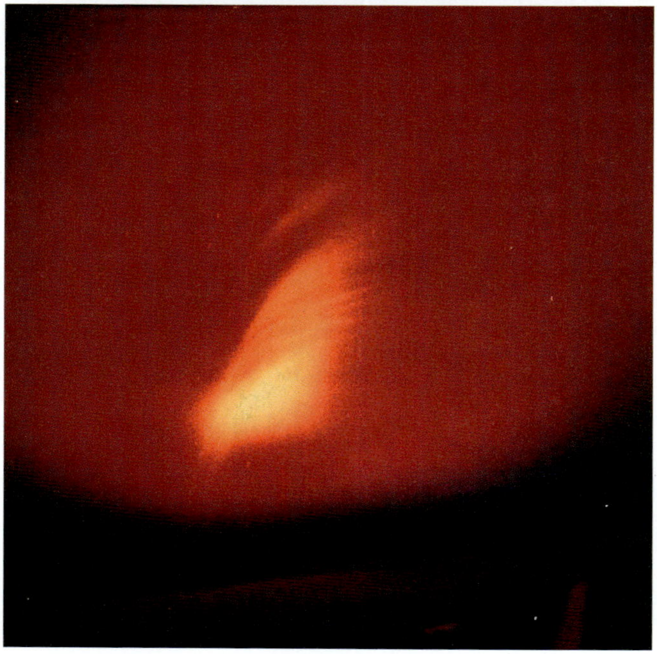

1960년대 소련은 궤도상 폭탄을 탑재한 우주무기도 개발했다. 궤도상 폭탄은 저궤도에 위치하다가 지구상 표적이 결정되면 투하하는 공격 방식이었다. 우주에서 공격하기 때문에 공격 시점과 목표 지역을 파악하기 어렵고 사정거리에 제한이 없다. 냉전기 미국은 소련의 ICBM을 공격 방향으로 예상된 북반구에서 방어했는데 궤도상 폭탄은 남반구에서 공격할 수 있기 때문에 조기경보체계로도 대응하기 어려웠다. 1963년 소련은 저궤도 위성을 파괴할 수 있는 동궤도(co-orbital) ASAT 체계도 개발하기 시작했다. 동궤도 ASAT 체계는 적의 위성과 같은 궤도로 발사되어 서서히 근접하는 방식이다. 당시 소련은 1970년대 NASA가 개발한 우주왕복선도 잠재적인 ASAT 무기로 간주했다. 우주왕복선은 궤도에서 자유롭게 이동하면서 위성을 회수하고 궤도를 이탈시킬 수 있었기 때문에 무기로 활용될 수 있었다. 이처럼 미국과 소련은 ASAT 무기 개발을 통해 우주 군비경쟁을 지속했다. 비록 1967년 우주조약 수립으로 공개적인 ASAT 개발은 제한이 있었지만, 미 공군은 1985년 F-15 전투기에서 발사할 수 있는 공중 발사형 ASAT 미사일을 개발하였다. 미국의 ASAT 무기는 소련의 킬러위성보다 저궤도 위성에 공격할 수 있는 장점이 있지만, 정지궤도나 고타원 궤도의 조기경보위성이나 통신위성은 공격할 수 없는 단점도 있었다. 미 공군의 ASAT 미사일 시험은 고도 555km에서 이루어졌으며 수백 개의 잔해물을 발생시켰다. 당시 미 공군은 추가 시험도 계획했지만, 우주위험 증가를 우려한 의회가 개입하여 중단되었다.

역사학자 윌리엄 버로스는 미소 우주경쟁에서 이념의 역할을 다음과 같이 지적했다. 냉전은 로켓과 화물을 지구 위로 올려 보낸 위대한 엔진 또는 촉매제였다. 만약 치올코프스키, 오베르트, 고다드나 다른 사람들이 로켓의 아버지라면 자본주의와 공산주의 경쟁은 로켓의 산파라고 할 수 있다.

두 강대국 사에의 관계는 잘못된 정보와 인식으로 악화되었다. 이런 사실은 당시 기밀 문서가 해제된 이후 밝혀졌다. 두 나라는 서로 상대방을 두려워하였으며, 상대방의 능력을 과대평가하고 있었다. 소련이 우주에서 협력을 거부한 이유 중 하나는 자신들의 기술적 한계를 노출하고 싶지 않았기 때문이었다.

소련은 초기 우주개발에서 경험한 실패와 사고를 감추었다. 1960년 R-16 로켓의 2단 엔진이 1단계 추진제 탱크를 점화시켜 일어난 화재와 폭발로 100명 이상의 소련 기술자와 군관계자가 사망했다. 1961년에는 소련 우주인이 고압의 산소 체임버 화재로 목숨을 잃었다. 미국도 비슷한 사고로 1967년 아폴로 1호 우주인 3명이 캡슐 안 화재로 사망했다.

한편, 미국도 1969년 7월 인류 최초의 유인 달착륙(아폴로 11호)에 성공하면서 단번에 우주 리더십을 회복하였다. 닉슨 대통령은 아폴로 11호가 지구로 귀환한 태평양까지 가서 항공모함에서 그들을 맞이했다. 당시 미국은 베트남전 개입으로 어려움을 겪고 있었는데, 달 착륙 성공은 미국의 위신을 높일 수 있는 기회였다.[17] 아폴로 11호 사령관인 닐 암스트롱은 닉슨 대통령의 요청으로 두 달 동안 세계 30개 국가로 홍보 투어에 나섰다.

이처럼 냉전 시기에도 우주 활동은 민주주의와 사회주의 진영 내 결집과 진영 사이 경쟁을 위한 외교 자원으로 적극 활용되었다. 예를 들어 1967년 4월 소련은 코메콘(Council for Mutual Economic Assistance, COMECON) 회원국들과 몽골, 베트남 등 사회주의 국가들, 그리고 프랑스, 영국, 일본, 호주, 시리아, 인도 등 비사회주의 국가들을 끌어들인 인터코스모스 프로그램을 출범시켰다.[18] 인터코스모스의 핵심은 소련의 유인 우주비행과 우주 정거장 계획에 다른 국가들을 참여시키는 것이었다. 우주 정거장은 미국의 유인 달탐사에 대항하는 소련의 새로운 우주 활동이었다. 한편 미국은 대공산권 수출 통제 위원회를 만들어 서방의 우주 기술이 사회주의 국가로 넘어가는 것을 통제하기 시작했다.

1980년대 미국 레이건 행정부는 우주의 군사적 활용을 본격적으로 추진하였다. 1982년 레이건 대통령은 우주왕복선 프로그램을 국가안보의 최우선 순위에 두었으며 국방부가 NASA보다 주도권을 행사하도록 했다. 당시 미국은 국가우주정책에서 우주에 대한 확실한 접근 능력을 강조했다. 미국은 우주 자산에도 주권 원칙을 적용하여 보호를 위한 우주무기 개발을 확대했다. 1983년 3월에는 전략방위구상(Strategic Defense Initiative, SDI)을 발표하여 우주기반 미사일방어체계를 개발하여 소련의 ICBM을 무력화하고자 했다. 당시 미국은 소련과 탄도미사일요격금지(Anti Ballistic Missile, ABM) 조약을 체결한 상황이었으나, 실전 배치가 아닌 연구 개발은 예외라는 입장이었다. 이 시기 미국은 우주 영역을 지구상 군사작전에서 중요하게 인식했으며 공군 우주사령부를 창설하는 등 우주 조직과 능력을

발전시켰다.[19]

한편 우주 영역이 군사적으로 중요해지면서 두 강대국은 우주 영역에 대한 정치적 영향력을 넓혀갔다.[20] 미국과 소련의 목표는 상대방보다 우주에서 전략적 우위를 확보하고 상대방의 우주 능력은 제한하려는 것이었다. 한편으로는 우주 능력을 발전시키면서 다른 한편으로는 국제적으로 우주 활동을 규제하는 조약을 논의하였다. 양국은 우주의 군사적 가치를 인정하면서도 핵경쟁이 우주까지 확대되는 것은 막자는 데 공통의 이해가 있었다.

그러나, 미국과 소련은 우주에 관한 국제규범을 수립하는 과정에서도 입장이 달랐다. 첫 번째 차이는 우주에서 무엇을 합법적인 행동으로 볼 것인가였다. 미국과 소련 모두 우주에서 평화적 활동에 동의했지만, 평화의 정의에 대해서는 일치하지 않았다. 소련은 군사와 민간의 이용을 구분해야 하며, 민간의 이용만 평화적 활동에 해당한다고 주장했다. 반면 미국은 평화적 활동과 공격적 활동을 구분하자고 주장했는데[21] 이는 평화적 활동에 군사적 활동이 포함될 수 있다는 해석이었다.

다음 장애물은 조약의 내용에 자국의 이익을 반영하려는 시도였다. 미국과 소련은 상대방이 절대 수용할 수 없는 제안을 주고받는 정치적 게임을 이어갔다. 아이젠하워는 민간 우주 자산을 파괴할 수 있는 ICBM을 폐기하자고 제안했다. 소련이 우주에서 군사용과 민간용을 구분하자고 주장한다면 민간에 위협이 되는 ICBM 개발도 제한해야 한다는 논리였다. 미국은 핵무기를 투하할 수 있는 전략폭격기에서 우위를 유지하고 소련의 핵탄도미사일은 제한하고자 했다. 반면 흐루시초프는 미국이 우주는 물론 지구상에도 본토 이외 지역에서 기지를 철수하면 ICBM 폐기를 수용하겠다고 맞받아쳤다. 소련은 해외에 주둔하던 미군기지를 제한하려는 의도였다.[22]

협상에 진전이 없자 미국은 유엔에서 협상을 이어가고자 했다. 1958년 국제우주협력을 모색하고자 '우주 공간의 평화적 이용에 관한 임시 위원회'가 만들어졌다. 그러나 임시위원회에서도 미국과 소련의 일방적 입장은 변함이 없었다. 국제우주탐사 프로젝트에 참여할 국가 9개 중 8개가 서방 국가였는데 소련은 우주 강대국으로서 더 많은 권한을 요구하는 상황이었다. 결국 국제우주탐사 프로젝트에서 소련이 이탈하고 새로운 상임위원회 신설에 합의가 이루어지면서 서방

국가 12개국, 동구권과 중립국 12개국으로 구성되었다.[23]

그 결과 1959년 유엔 총회에서 우주에 관한 첫 번째 국제협력 상설위원회인 우주의 평화적 이용 위원회(Committee on the Peaceful Uses of Outer Space, 이하 COPUOS로 표기)가 설립되었다. COPUOS는 우주협력을 위한 5개 조약을 제출했다. 첫 번째 조약은 1967년 우주조약(Treaty of Outer Space)으로 달과 기타 천체를 포함한 우주의 탐사 및 이용에 관한 국가의 활동을 규율하는 원칙이다. 이 조약에서 국가는 우주의 평화와 안정을 증진하도록 지침을 제시했다. 두 번째 조약은 1968년 우주비행사의 구조, 우주비행사의 귀환 및 우주공간으로 발사된 물체의 귀환에 관한 협정(구조 협정)으로, 위험에 처한 우주인을 조난으로부터 구출하여 국적과 관계없이 본국으로 귀환시키는 절차를 규정한다. 세 번째 조약은 1972년 우주 물체에 의한 손해에 대한 국제 책임에 관한 협약(책임 협약)으로, 우주 자산이 우주나 지구 표면에서 다른 국가의 재산을 손상시키는 경우 국가가 이를 책임지도록 규정한다. 네 번째 조약은 1975년 우주로 발사된 물체의 등록에 관한 협약(등록 협약)으로 우주 물체에 대한 공식적인 식별 수단과 유엔에서 우주 물체의 등록을 감독할 포럼을 설립했다. 다섯 번째 조약은 1979년 달 및 기타 천체에 대한 국가의 활동에 관한 협약(달 협약)으로 달을 비롯한 천체의 환경 보전과 재산에 관한 지침을 제시했다.

1990년대 이후 우주 안보는 걸프전에서 전환점을 맞는다. 걸프전은 우주 기술을 군사작전에 광범위하게 사용한 최초의 우주전(space warfare)으로 평가받는다. 전쟁의 시작은 기상위성에서 제공한 기상정보에 의존했다. 전쟁 중에는 최적의 공습 시기, 병력 이동시간 등을 결정하는 데 기상정보가 반영되었다. 한편 미국은 전쟁 개시와 함께 장거리 정밀유도무기를 발사하여 이라크의 방공체계, 방송통신, 지휘통제 시설을 공격했다. 이때 미국은 위성항법체계인 GPS(Global Positioning System)를 광범위하게 활용하였다. GPS는 미군에게 익숙하지 않은 전장에서 아군과 적군의 위치를 파악하고 병력과 장비를 정밀하게 운용하는 데 활용되었다.[24]

또한 미국은 위성통신체계를 활용하여 전장과 본토를 연결하였으며 전장에 분산된 병력 간의 실시간 정보를 공유했다. 감시정찰위성도 걸프전에서 중요한 군사적 임무를 수행했다. 미군의 감시정찰위성은 아군과 적군의 이동, 적의 방어 태세, 주요 전략적 지점의 실시간 상황 등을 제공했다. 특히, 적의 지휘부나 전략 표적에 대한 정보는 정밀타격과 공습의 결정적 역할을 했다. 우주 기술은 적의 미사일 발사를 탐지하고 경고하는 데에도 활용되었다. 조기경보위성은 이라크의 스커드 미사일 발사를 탐지하여 미군에 전달함으로써 피해를 최소화하고 효과적인 방어 태세를 갖추는데 기여했다.[25]

1990년대 이후 우주의 군사화는 냉전 시기보다 복잡하게 발전하였다. 이러한 경향은 우주의 상업화, 민주화와 관련이 깊다. 우주의 상업화는 정부와 군이 주도했던 국가안보 영역에 우주 기업이 기여할 수 있는 배경이 되었다. 우주 기업은 창의적이고 도전적인 방식으로 우주 기술을 발전시켰으며, 다양한 국가안보 분야에서 무기체계 개발에 도움이 되었다. 동시에 우주의 상업화는 우주 자산의 취약성도 증대시켰다. 민간 위성과 같은 우주 자산은 공격에 취약하며, 이로 인한 국가안보와 경제에 심각한 영향을 줄 수 있다. 이처럼 우주 안보의 종합적 관점은 다음 장에서부터 체계적으로 다룬다.

## 2000~2020년대 미중 우주 경쟁

2000년대 들어 중국은 우주개발의 성과를 거두기 시작했다. 이미 중국은 걸프전 당시 미국의 압도적인 첨단 군사력이 우주력에 기초한 것임을 인식하고 있었다. 특히 위성합법체계는 미국이 걸프전에서 토마호크 순항미사일과 같은 장거리 정밀타격 무기를 운용할 수 있었던 기술이다. 이러한 우주 기술을 미국에 의존한다면 중국의 군사력은 제한될 수밖에 없었다. 실제로 중국은 1996년 미국과 가까운 관계를 모색하는 대만을 위협하기 위해 미사일 3발을 대만 앞바다로 발사한 적이 있었다. 그런데 2발이 엉뚱한 지역에 떨어지며 미국의 GPS 차단을 의심하는 상황이 일어났다. 이 일로 중국군은 미군이 GPS를 차단한다면 제대로 작전을 수행할 수 없으며 미국과 경쟁할 수 없다고 판단했다.[26]

중국은 독자적 위성항법체계인 베이더우(우리말로 북두칠성) 개발을 가속하기 시작하여 2000년 10월 첫 번째 위성(BeiDou) – 1A 발사를 시작했다. 그리고 20년 만인 2020년 시진핑 주석은 베이더우 구축을 완료했다고 직접 선포하였다.

현재 미국과 중국 모두 위성항법체계를 현대화하는 계획을 추진 중이다. 미국은 GPS IIIF 프로그램을 통해 2026년부터 발사를 시작해 최대 22개 위성을 배치할 계획이다. GPS IIIF 위성체계는 기존 항법위성보다 정확도는 3배, 재밍방지 능력은 8배 향상시킨다. 군사임무 수행을 위해 군용(M-코드) 신호를 강화하고 전파 환경이 불리한 지역에서는 복원력을 향상시킬 수 있다. 또한 SAR 센서 탑재체를 추가하여 수색 및 구조 임무도 지원하고, 향후 궤도상 기술과 성능 향상을 위해 모듈식 설계를 적용한다.

중국도 차세대 베이더우 프로그램을 2035년까지 완료할 계획이다. 차세대 베이더우는 기존 미터급에서 데시미터급(1/10m) 실시간, 고정밀 서비스를 제공하며, 저궤도-중궤도-정지궤도에 모두 배치하여 활용성을 확대한 것이 특징이다. 또한 지구상 단말기뿐 아니라 심우주 단말기를 베이더우 위성과 직접 연결하여 통신할 수 있으며, 비위성(non-satellite) 기반 항법 정보와 통합도 추진한다. 중국은 항법체계를 위한 지상국도 현재 175개에서 2000개를 추가할 계획이다. 이를 통해 베이더우 체계는 우주-지상 통합 정보 네트워크(Space-Ground Integrated Information Network, SGIIN)에 기여할 것으로 보인다.[27]

베이더우는 다양한 산업과 연결돼 빠르게 발전하면서 미중 패권 경쟁 속에 중국의 기술 굴기를 더욱 부각시키고 있다. 선박과 항공기 운항은 물론이고 군사나 농업, 어업, 통신 등에서도 필수이고 자율주행차, 로봇 등 미래 산업에선 더욱 중요성이 커질 전망이다. 2024년 발표된 '중국 위성 PNT 산업 발전 백서'에 따르면, 2023년 PNT 산업 총 생산액은 약 742억 달러에 달하며, 베이더우 탑재기기 판매량은 4억대를 넘으면서, 일일 평균 6,000억 회 이상 사용되고 있다.[28]

이처럼 미중 우주경쟁은 기술적 격차를 줄여가며 자국의 이익을 극대화하려는 지구상 패권경쟁을 우주 영역에 투영하는 양상이다. 중국의 우주력이 강화되는 만큼이나 이를 위협으로 보는 미국의 인식도 높아지고 있다. 우주력에 대한 미국의 재강조와 우주 외교 강화의 배경에는 중국의 우주 굴기로 인해서 미국의 우주 리더십이 훼손될지 모른다는 위협 인식이 자리 잡고 있다. 미중 우주경쟁은 군사뿐 아니라 정치, 외교적 영향력 경쟁이라고 볼 수 있다. 예를 들어 미국 내에서 우주경쟁을 부추기는 목소리는 우주산업을 비롯한 방산기업의 이해관계가 반영된 측면도 있다. 마찬가지로 중국도 미국 주도의 우주 군사화와 무기화에 반대한다는 입장이면서도 중국 자신도 첨단 우주 기술과 우주기반 군사력에 지속적으로 투자하고 있다.[29]

미중 우주경쟁은 경제안보로 확산되는 상황이다. 우주개발 경쟁이 본격화되면서 상업적 목적의 우주 산업과 서비스가 차지하는 비중이 급격히 증가하고 있기 때문이다. 우주 산업과 서비스는 민간 우주개발뿐 아니라 경제안보가 밀접히 연결된 민군 이중용도 영역이다. 미국과 중국 모두 정부(국방과 군)의 투자로 개발된 다양한 민간 우주 기술이 우주 산업과 국방우주에 직간접적으로 활용된다. 이러한 맥락에서 우주 기술 및 위성 부품의 수출 통제는 우주 산업의 글로벌 공급망 안전성 문제와 연계되면서 민감한 경제 안보로 부상했다.

오늘날 미중 우주경쟁은 우주 기술의 이전을 제한하는 수출통제 정책에서도 나타난다. 즉, 우주 기술은 첨단기술 혁신을 누가 선도하는가 문제이자 적대적 경쟁국의 기술 혁신을 어떻게 저지할 것인가 문제이다. 예를 들어 미국은 2018년 수출통제 개혁법을 통해 무기수출 통제를 상업 기술까지 확대하는 방향으로 전환했다. 민간 기술도 국가안보의 토대라는 인식에서 수출통제 정책이 상업적 이익을 저해하지 않으면서도 경쟁국에 이전되지 않도록 노력하기 시작했다. 또한 이러한 수출통제 정책에서 동맹국이나 파트너 국가들을 동참시킴으로써 중국을 견제하려는 외교적 노력도 강화했다.

한편, 중국의 우주개발은 유인 우주비행에서도 빠르게 발전하고 있다. 중국은 경제 성장을 발판으로 2000년대부터 우주개발에 막대한 투자를 이어왔다. 이 시기 중국은 유인 우주 프로그램과 달 탐사 프로그램에 집중했으며 '선저우(Shenzhou)' 유인우주 프로그램에만 23억 달러를 투입하였다. 중국은 선저우 프로그램으로 2003년 10월 최초의 우주인(미국, 러시아에 이어 세 번째)을 탄생시켰으며, 2008년 9월에는 최초로 우주유영에도 성공했다.

중국의 우주 발사체 기술도 빠르게 발전하였다. 2000년 이후 창정(Longmarch) 발사체는 100% 성공률을 달성하면서 발사체 기술의 신뢰도를 높였다. 우주 발사체 기술은 군사적으로도 활용되었다. 중국은 2007년 1월 대위성(ASAT) 미사일을 발사하여 노후한 기상위성을 파괴하는데 성공했다. 이를 통해 중국은 공세적 우주통제 능력을 갖추었음을 공개적으로 보여주었다.

2010년대 중국은 미국· 러시아가 주도한 국제우주정거장에 의존하지 않기로 했다. 중국의 독자적 우주 정거장 톈궁(Tiangong)은 2세대 모듈형을 연결하여 최종적으로는 3세대 우주 정거장으로 완성되었다. 1세대 우주 정거장은 소련의 초기 살류트, 미국의 스카이랩 등 하나의 모듈로서 재보급을 고려하지 않은 우주 정거장이다. 2세대 우주 정거장은 소련의 살류트 6호, 살류트 7호, 톈궁 1호, 톈궁 2호 등 재보급을 고려한 우주 정거장이며, 3세대 우주 정거장은 소련의 미르, 국제우주정거장 등 궤도에서 각각의 모듈을 연결한 우주 정거장이다. 우주 정거장은 모듈 형식으로 제작하면 제작비와 제작 기간이 줄어들고 기술 개발과 임무 확대에 따른 상황에 적응하기 쉽다.

중국의 독자적 우주 정거장 톈궁은 2011년 첫 번째 모듈 발사를 시작으로 2022년 전체 우주 정거장을 완성했다. 중국이 독자적인 우주 정거장을 구축한 이유는 자국의 과학기술 발전을 비롯하여, 관련된 우주 기업과 산업을 발전시킬 수 있기 때문이다. 또한 우주의 군사적 능력과 국제우주 협력을 촉진하려는 의도이다. 실제로 중국은 시진핑 주석의 우주강국으로 도약하려는 꿈('우주몽')을 기반으로 우주 개발에 속도를 내었다. 중국은 2019년 달 탐사선 창아 4를 통해 세계 최초로 달 뒷면에 착륙하였다. 2021년 5월에는 화성 탐사선 '톈원(天問) 1호'가 화성에 착륙하는데 성공하였는데, 이는 화성 궤도 진입부터 화성 지표 착륙까지 한 번에 성공한 첫 번째 사례였다.

2020년대 들어 중국의 우주 개발 능력은 미국에게 직접적인 위협으로 인식되고 있다. 2024년 미국 국가정보국의 위협 평가(Annual Threat Assessment) 보고서에 따르면 중국은 미국의 최우선 위협이자 직접적으로 경쟁할 수 있는 능력을 갖춘 국가이다. 그중에서도 우주는 사이버 등과 함께 주요 위협으로서 2030년까지 세계 수준의 위상에 오를 것으로 예상한다. 미국의 이러한 인식은 이미 2020년 국방우주 전략(National Space Strategy)과 2022년 국방전략(National Defense Strategy)에도 나타난다.

『2025년 Global Counterspace Capabilities』 보고서에서도 중국의 우주 기반 ISR 능력이 지속 발전하고 있음을 제시하였다. 중국은 2024년 말 기준으로 운용하고 있는 1,060개 이상 위성 중에서 510개 이상이 ISR 임무를 수행 중이다. 특히 2024년에만 ISR 위성을 40기 추가하여 미국 항공모함 대응 능력이 크게 향상되었다.[30] 중국은 우주 기반 재밍 능력도 개발 중이다. 2024년 중국은 정지궤도에서 위성 재밍 시험을 수행했으며, 5개 위성을 활용하여 랑데부 및 근접 기동(RPO) 능력을 시험했다. 나아가 중국은 2020년대 중후반까지 위성을 물리적으로 공격할 수 있는 지상 기반 고출력 레이저 무기를 배치하고자 추진 중이다.[31]

존 패트릭 주한 미우주군 부대장은 '서경우주포럼 2025'에서 "정부가 우주 관련 위험을 관리할 수 있다는 생각은 더이상 유효하지 않다"며 "지난 10년 간 중국의 궤도 수행 능력은 260% 증가했고 궤도에 배치된 탑재체 217개 중 절반이 정보 수집과 감찰 임무에 쓰인다"고 말했다. 2025년 솔츠만(Chance Saltzman) 미 우주군 참모총장도 항공우주군협회 심포지엄에서 현재 중국이 1,000개 이상의 위성을 운용하고 있으며, 이 중 1/3 이상은 ISR 임무에 초점이 있다고 밝혔다. 이러한 중국 위성은 고해상도 정찰 이미지를 수집하고 미군 표적을 지상군에게 중계할 수 있다며 중국의 우주 아키텍처를 인상적으로 평가했다.[32] 특히 <그림 3>과 같이 중국은 대우주(counterspace) 능력을 강화하고 있으며, 세 가지 지상 기반 무기(재밍, 운동 에너지, 지향성 에너지)와 동일한 세 가지 우주 기반 무기 등 여섯 가지 우주 무기를 모두 개발하고 있다.[33]

**<그림 3> 주요국 대우주 능력 평가(2024년 기준)**

| | 미국 | 러시아 | 중국 | 인도 | 호주 | 프랑스 | 이란 | 이스라엘 | 일본 | 북한 | 한국 | 영국 |
|---|---|---|---|---|---|---|---|---|---|---|---|---|
| 저궤도 직접상승 | ■ | ▲ | ▲ | ■ | ● | ● | ● | ● | ● | ● | ● | ● |
| 중/정지궤도 직접상승 | ■ | ■ | ■ | ● | ● | ● | ● | ● | ● | ● | ● | ● |
| 저궤도의 동일 궤도 | ■ | ▲ | ▲ | ● | ● | ■ | ● | ● | ● | ● | ● | ● |
| 중/정지궤도의 동일 궤도 | ■ | ■ | ■ | ● | ● | ■ | ● | ● | ● | ● | ● | ● |
| 지향성 에너지 | ■ | ■ | ■ | ● | ● | ■ | ● | ● | ● | ● | ● | ● |
| 전자전 수행 | ▲ | ▲ | ▲ | ■ | ■ | ■ | ■ | ▲ | ■ | ■ | ● | ● |
| 우주상황인식 | ▲ | ▲ | ▲ | ■ | ■ | ■ | ■ | ■ | ■ | ■ | ■ | ■ |

LEGEND: NONE ● SOME ■ SIGNIFICANT ▲ UNCERTAIN ? NO DATA –

© Secure World Foundation[34]

중국의 우주 위협은 미국 싱크탱크인 CSIS에서 발간한『Space Threat Assessment 2025』에서도 지속적으로 강조되고 있다. 중국은 최근 몇 년간 위성 발사와 운용에서 괄목할 만한 성장을 보였다. 2024년에만 68회의 우주 발사를 통해 260개 이상 탑재체를 궤도에 올렸으며, 이 중 약 26%가 정보 · 감시 · 정찰(ISR) 위성이었다. 2015년 이후 중국의 궤도 내 위성 수는 약 620% 증가하여 2024년 말 기준 1,060기 이상에 달한다. 이 중 510기 이상이 ISR 능력을 갖추고 있어 미군 군함, 원정군, 항공기 등을 탐지할 수 있는 역량이 크게 향상되었다.[35]

또한 중국은 우주를 전쟁의 새로운 영역으로 공식 지정하고, 군사우주 역량을 지속적으로 강화해왔다. 2024년에는 우주전, 사이버전, 전자전을 총괄했던 전략지원부대를 해체하고, 중앙군사위원회 산하 군사항천부대(일종의 군사우주부대)로 재편했으며, 이를 통해 우주 작전을 독립적으로 수행할 수 있는 능력 개발에 노력 중이다. 여기에는 우주력을 장거리 정밀타격 무기와 결합하여, 미국과 동맹국에 대한 정밀 공격, 우주 기반 정보 시스템의 무력화가 포함된다.

중국은 전자전 시스템, 지향성 에너지 무기, 대위성 미사일 등 다양한 지상 기반 대우주 능력을 실전 배치했다. 나아가 우주 기반 대우주 능력도 개발 중인데, 예를 들어 궤도상 위성 근접 기동 및 랑데부(RPO), 위성 검사 및 수리  등 첨단 기술을 시연하였다. 최근에는 기동성이 뛰어난 위성, 재사용 우주비행체, 다양한 궤도에 배치할 수 있는 감시 · 정찰 위성, 우주상황인식 위성 등을 다수 운용하면서, 우주전을 위한 전술과 운용 숙련도를 높이고 있다.

중국은 저궤도 위성 통신망 구축을 위해 2025년까지 648기, 2030년까지 14,000기의 위성을 발사할 계획이다. 이는 미국과 유럽이 구축하고 있는 상업 위성 통신망과 경쟁하기 위한 것으로, 상업적 목적뿐 아니라 군사적 목적을 포함하고 있다. 이에 대해 미국은 중국의 위성 기동 능력, 대우주 무기, 대규모 위성망, 우주작전 부대 창설 등 일련의 움직임을 매우 심각한 위협으로 간주하고 있다.

또한 미국과 유사하게, 중국은 대우주 공격과 같은 적대적 행동이나 불리한 조건에서 복원력을 강화하는데 노력하고 있다. 예를 들어, 미국 스타링크나 중국 프로젝트 샛넷(SatNet)이 추구하는 복원력은  동일한 페이로드 또는 동일한 시스템을 다수 배치하여 동일한 임무를 수행함으로써 부분 손실을 쉽게 대체할 수 있다. 또한 서로 다른 궤도나 시스템을 활용하는 상업, 민간, 국제 파트너와 협력함으로써 동일한 임무를 다양한 방법으로 지원할 수 있다. 실제로 중궤도에 배치된 미국 GPS와 달리, 중국의 베이더우는 서로 다른 궤도에 위성을 배치하고 있다. 복원력에 대한 개발은 미국과 중국 모두 초기 단계지만, 양국의 경쟁은 심화될 전망이다.[36]

실제로 중국은 2045년까지 미국을 따라잡거나 초월하여 우주 분야의 글로벌 리더가 되는 것을 목표로 하고 있으며, 2030년까지 모든 분야에서 글로벌 수준의 역량을 확보할 가능성이 있다. 중국 우주 활동은 글로벌 위상을 높이는 동시에, 군사, 기술, 경제, 외교 분야에서 미국의 영향력을 약화하려는 시도로 볼 수 있다. 예를 들어 중국과 러시아가 함께 아르헨티나, 브라질, 이집트 등과 등 많은 국가들과 우주 협력을 확대하고 있으며, 국제기구에서 우주 규범 논의를 주도하는 데도 이들 국가의 협력을 활용한다는 분석이다.[37]

미중 우주경쟁은 2025년 트럼프 대통령이 지시한 골든 돔(Golden Dome) 프로젝트로 심화되고 있다. 골든 돔이라 불리는 차세대 우주 기반 미사일 방어망 프로젝트는 1980년대 레이건 행정부의 '스타워즈' 구상과 유사하다. 다만, 당시와

**<그림 4> 트럼프 대통령의 골든 돔 프로젝트 이미지**

© Lockheed Martin

달리 골든 돔 프로젝트는 오늘날의 기술 발전과 우주기업의 성장으로 구체적이고 실현 가능성이 높다. 골든 돔은 두 개의 축으로 나뉘는데, 하나는 탐지·추적 위성망이 전 세계 어디에서나 발사된 미사일의 초기 궤적을 포착해 군사부대에 실시간으로 전송한다. 다른 하나는 공격 위성망으로 포착된 미사일을 레이저나 유도탄으로 요격한다.

골든 돔 프로젝트의 특징은 상업 우주기업이 처음부터 참여한다는 점이다. 탐지·추적 부문은 SpaceX, 팔란티어(Palantir), 앤듀릴(Anduril) 등이 거론되고 있으며, 특히 SpaceX는 정부가 위성망을 직접 구매하거나 개발하는 대신 일정 기간 계약으로 간접 구매하는 형태를 제안했다. 이러한 제안은 초기 구축 비용과 조달 기간을 크게 줄일 수 있다. 그러나 장기적으로는 기술과 가격 통제권을 정부가 상실할 위험도 내포한다.

골든 돔 프로젝트에 대한 비판도 없진 않다. 기술적으로 볼 때, 적의 미사일을 발사 직후 상승 단계(Boost Phase)에서 요격하려면 최소 수백 기의 위성이 필요하며, 동시 다발적인 공격에 대비하려면 수천 기에서 수만 기까지 위성 수를 늘려야 한다. 경제적으로 본다면, 우주 기반 요격 시스템은 지상 기반 요격 시스템에 비해 구축·운용 비용이 훨씬 높기 때문에, 만약 적의 위협이 소수에 그친다면 방어 비용이 공격 비용을 훨씬 초과해 경제적 부담을 초래할 수도 있다.

골든 돔 프로젝트는 우주안보 차원에서 상업 우주기업 참여와 기술 혁신을 촉진할 것으로 보인다. 실제로 상업 우주발사와 소형 위성기술이 국방 분야를 빠르게 발전시키면서 전통적인 방산기업뿐 아니라 실리콘밸리의 스타트업들까지 골든 돔 구축에 뛰어드는 양상이다. 미국뿐 아니라 중국, 러시아도 유사한 우주 기반 요격 체계를 개발 중이어서, 앞으로 우주 영역은 새로운 군비 경쟁의 최전선이 될 것이다.

이에 대응하여 미국은 동맹국 및 파트너들과 우주 기술과 규범 협력을 강화하는 동시에 우주 기술 통제를 강화하고 있다. 2011년부터 미국은 NASA와 중국 정부 사이에 시민사회와 과학적 주제의 양자 간 교류를 금지시켰다. 반면 미국은 대중국 수출 통제와 달리 협력국에 대해서는 우주 기술 협력을 확대하는 방향으로 수출 통제 재검토를 고려하고 있다. 국제 무기 거래 규정에 의해 관리되는 기술

**<그림 5> 미 우주군이 주목한 중국의 여섯 가지 우주 무기 유형**

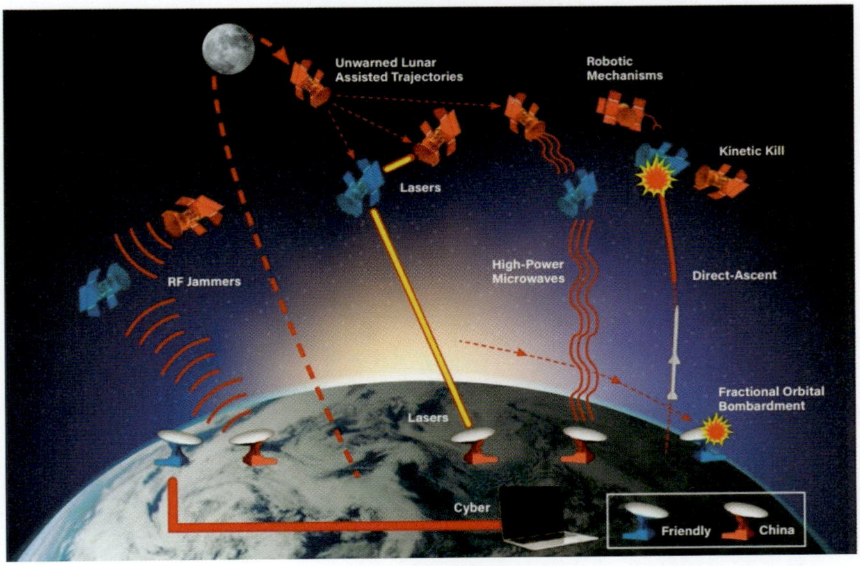


© Mitchell Institute

일부를 수출 관리 규정으로 이동함으로써 동맹국 및 파트너가 상업적으로 이전받을 수 있도록 하기 위해서이다.

2023년 말 미국의 국제 우주 파트너십 강화 발표문은 동맹국과 파트너가 우주 공간에서 미국의 지속적인 힘과 경쟁 우위의 원천이라고 강조하였으며, 동맹국 및 파트너와의 통합을 강화하도록 지시했다. 예를 들어 호주와 군사동맹에서 우주 영역을 긴밀히 연계하고 있으며, 2023년 5월 미국과 호주는 오랫동안 협력해 왔던 상업 분야를 포함하여 민감한 미국 발사 기술과 데이터를 호주에 이전하는 내용으로 기술 공유 협정에 합의했다.

미국은 인도와도 우주 협력을 강화하고 있다. 국무부는 인도 태평양 전략 2주년 설명회에서 인도의 역내 리더 역할을 지원할 것이라고 강조했고, 긴밀한 협력 분야 중 하나로 우주를 제시했다. 우주 외교뿐 아니라 국방·정보 우주 차원의 협력도 강화하고 있다. 국방부와 우주군은 미국, 영국, 호주 간 안보협력체인 오커스(AUKUS)에서 심우주 첨단 레이더 역량을 포함한 협력을 확대하고 있다. 일본, 노르웨이와도 우주 안보 협력을 확대하면서 협대역 통신, 위성 분석 지원을 위한 국제협력 워킹그룹을 운영 중이다.

이처럼 미중 우주 경쟁은 단순히 국방이나 경제 경쟁을 넘어 국가의 역량과 리더십을 대내외에 보여주는 정치적 위신과 명예를 겨루는 경쟁이다. 오늘날 우주 외교는 다극화와 진영화라는 국제질서 변화를 반영하고 있다. 새로운 국가들이 우주 기술 역량을 강화하면서 주요한 행위자로 부상하고 있고, 한편으로 미중 양국이 주도하는 우주 정치로 인해 양극화의 추세가 심화되고 있다.[38]

# II

# 우주 안보의 토대

1. 우주 안보의 중요성
2. 우주 안보의 개념과 영역
3. 우주 환경의 안보적 이슈
4. 우주 안보의 대상: 우주 시스템

## 우주 안보의 중요성

우주 안보는 먼 미래에 대비해야 할 문제가 아니다. 국가안보는 우주 안보와 긴밀히 연관되어 있으며, 4차 산업혁명의 신기술 발전은 우주 안보 활동의 범위를 계속 확장시키고 있다. 우주 안보는 우주 공간 내의 안전만 의미하진 않는다. 지구상 인간의 안전, 안보, 지속가능성은 우주 공간과 직접 연관된다. 우주는 개인, 사회, 국가, 국제 차원에서 생존과 이익, 가치를 창출하고 있다.

첫째, 개인 차원에서 우주의 위험과 위협은 자신의 삶을 공포와 불안에 빠뜨릴 수 있다. 이 책에서는 안보의 두 가지 요소로서 위험과 위협을 구분한다. 위험은 자신의 안전을 불안하게 하는 자연적인 현상으로 태풍, 지진과 같이 상대방에 의도된 행위가 아니다. 그렇지만 공포와 불안을 떨쳐버릴 수는 없다. 위협은 협박, 공격과 같이 자신의 공포와 불안이 상대방의 의도된 행위로부터 일어나는 현상이다. 우주 위험의 출발은 우주 자체이다. 우주는 누구나 우주복, 우주비행체 없이 한 순간도 살 수 없는 개인에게 매우 위험한 공간이다. 태풍과 쓰나미가 우리를 공포에 빠뜨리듯이 태양풍도 마찬가지다. 태양풍은 태양의 강력한 활동으로 인해 우주 전체로 방출되는 고에너지 입자를 말하는데 엄청난 양과 빠른 속도로 지구를 지나는 태양풍은 지구자기장(이하 지자기)과 충돌하여 핵폭발과 같은 전자기파열(EMP) 효과를 일으킬 수도 있다. 1989년 캐나다 퀘벡(Quebec) 지역과 2003년 스웨덴 말뫼(Malmö) 지역은 태양풍으로 인해 발생한 지자기 폭풍으로 전기가 중단되고 교통, 통신, 금융 서비스가 마비되는 등 큰 피해를 입었다. 오늘날은 전기와 통신 문제에 영향을 더 크게 받기 때문에 태양풍 위험은 개인의 안전과 삶에 불안과 공포를 줄 수 있다.

## 생활 속 우주방사선

우주방사선은 우주에서 생성된 고에너지 방사선이다. 우주방사선은 지구 자기장에 의해 대부분 튕겨 나가며, 지구 대기로 들어온 우주방사선도 대부분 대기 중 흡수되어 지상의 일상생활에는 해를 끼치지 않는다.

하지만, 높은 고도를 비행하는 항공기는 영향을 받을 수 있다. 장거리 노선을 운항하는 항공기 승무원들의 평균 피폭량은 약 1.72~3.20mSv로 나타났으며, 일부 최대 피폭량은 5mSv를 초과하기도 했다. 우리나라에서는 항공기 승무원의 연간 우주방사선 피폭 허용량을 6mSv로 규정하고 있다. 이는 일반인의 연간 유효피폭량 한도(1mSv)의 6배에 해당한다.

2024년에는 대한항공 승무원 중 한 명이 위암으로 사망했는데, 근로복지공단은 이 사망이 우주방사선 노출과 연관성이 있다며 산업재해로 판정했다. 이는 우리나라에서 우주방사선을 산업재해의 원인으로 처음 인정한 사례였다. 실제로 해당 승무원은 북극 항로를 포함한 장거리 노선을 주로 비행했으며, 이 경로는 방사선 노출량이 일반 경로보다 5배 이상 높은 것으로 알려져 있다.

우리나라는 항공기 승무원의 우주방사선 피해를 예방하기 위해 『생활주변방사선 안전관리법』에 따라 2023년부터 모든 승무원의 방사선 피폭량을 측정·분석하고 건강진단과 안전교육을 의무적으로 시행하고 있다. 또한 원자력안전위원회는 승무원의 생애주기 방호정보 관리를 강화하고, 실측 기반의 방사선 관리 체계를 도입했다.

### <그림 1> 우주 방사선과 지구 자기장

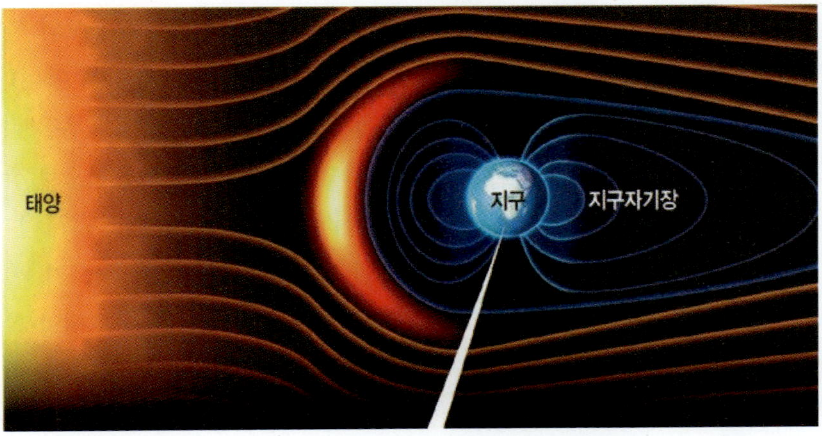

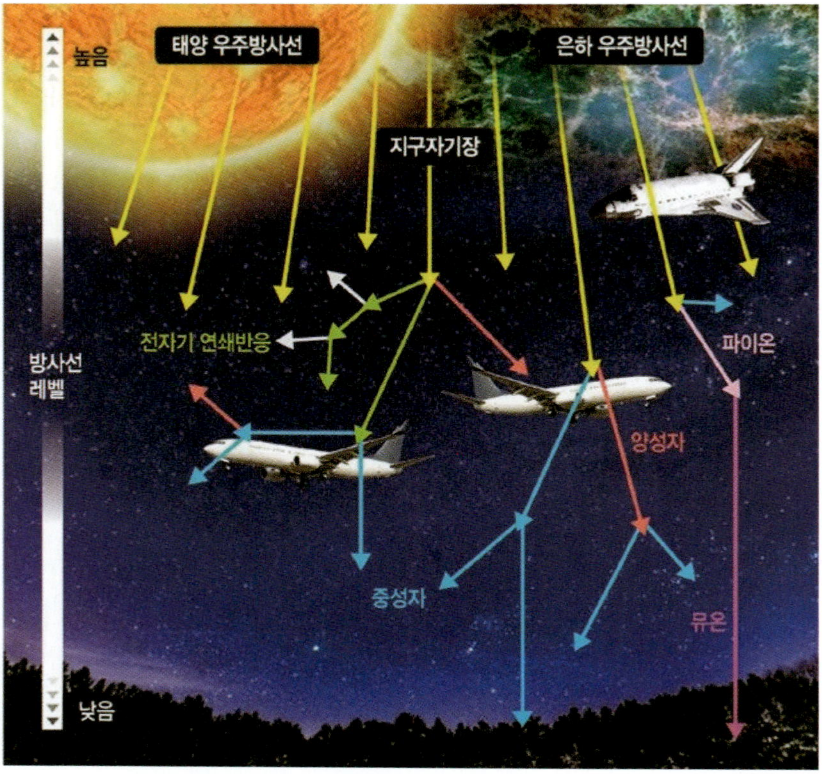


ⓒ 한국천문연구원

둘째, 사회 차원에서 우주의 위험과 위협은 사회를 언제든지 공포와 불안에 빠뜨릴 수 있다. 우주의 위험과 위협은 개인만 경험하게 되는 현상은 아니다. 앞서 이야기한 수준으로 태양풍 위험이 다시 발생한다면, 사회 전체가 무질서나 혼란으로 불안과 공포를 겪을 수 있다. 지구상 자연 재난은 영상과 통신으로 상황을 파악하거나 공유함으로써 대처할 수 있는데 태양풍 피해가 발생할 경우 전기, 통신 마비로 인해 기본적인 상황 파악과 전달이 거의 불가능하고 대처하기 위한 통제시스템도 작동하기 어렵다. 다행히 큰 피해를 일으킬 만큼 강력한 태양 활동은 몇 십년에 한번 꼴로 드물다. 뉴스에 따르면 1859년 유럽과 북아메리카에 역사상 가장 큰 지자기 폭풍 피해가 발생했으며, 그보다 덜 심각했지만 1921년과 1960년에도 지자기 폭풍 피해가 보고되었다. 2024년에도 강력한 태양 활동이 일어났다. 태양 활동은 태양 흑점(태양 표면의 어두운 지역)의 수와 관련이 있는데 2024년 태양 흑점의 수가 가장 늘어나면서 태양풍도 거세게 지구로 날아왔다. 우주 위험이 커질 경우 사회적 혼란으로 인해 공공안전 시스템이 기능하지 못할 수도 있다. 나아가 경제활동의 장애와 중단은 물자 생산과 유통에 문제로 이어질 수도 있다.

셋째, 국가 차원에서 우주의 위험과 위협은 국가안보의 문제로 다뤄진다. 미국과 소련의 우주프로그램이 처음부터 핵 군사력과 직접 연계되었다는 사실을 고려하면, 우주 안보가 국가안보 문제인 것은 자연스럽다.[1] 이미 우주 영역은 군사적으로도 지상, 해양, 공중을 넘어 새로운 전장으로 인정된다. 국가안보 이슈로서 우주 안보는 자연물체에 의한 위험도 포함되지만 주로 경쟁국과 적대국으로부터 일어나는 군사적 위협에 주목한다. 미국, 중국, 러시아 등 우주 강대국들은 우주 자산을 경쟁적으로 지구 궤도에 올리고 있으며, 이제는 달 남극탐사 경쟁과 함께 지구－달 사이에 시스루나(cislunar) 공간을 선점하려는 노력을 전개하고 있다. 이런 노력이 당장은 군사적 위협을 의미하진 않지만, 지구 궤도와 달 남극 지역 등 제한된 공간과 자원을 놓고 경쟁하는 과정에서 충돌을 일으킬 수 있다.

우주 강대국들은 대위성(ASAT) 무기 시험을 통해 상대방 위성을 파괴할 수 있는 능력을 갖추었으며, 비운동성 무기를 경쟁적으로 개발함으로써 상대방의 우주 활동을 마비, 제한, 파괴하려는 목적에 한발 다가서고 있다. 이미 이들 국가들은 국가우주 전략과 국방우주 전략을 통해 우주 영역을 국익 창출의 핵심 요소로 분명히 밝히고 있다. 미국이 창설한 우주군을 비롯해 많은 우주 활동 국가들도 우주부대나 우주군사력을 창설하고 강화하는 추세이다. 냉전 시기 지구상에서 전개되었던 군사적 억제, 공격과 방어 전략이 우주 영역에서도 다시 한번 반복되는 상황이다.

넷째, 국제 차원에서도 우주의 위험과 위협은 국제규범과 협력의 문제이다. 미소 우주 경쟁이 치열하게 전개되고 있을 때, 1967년 최초의 우주조약이 체결된 점이 이를 상징적으로 보여준다. 우주 영역은 아무리 강대국이라도 한 국가가 개발하거나 영향력을 행사하기에 너무나 광활하고 자원이 많이 소모되는 곳이다. 마찬가지로 우주 공간에서 벌어지는 경쟁과 갈등도 우주 활동 국가와 기업 등 우주행위자들이 함께 논의하고 해결해야 하는 문제로 인식되어 왔다. 우주조약을 비롯해 달 조약 등 현재 존재하는 국제규범들은 이런 문제의식을 담고 있다. 다만, 이들 국제규범은 오늘날과 같이 우주 활동에 참여하는 국가와 기업이 급증한 상황을 조정하고 규율하는데 한계를 보인다. 미중 우주 경쟁이 가속화되는 상황에서 우주조약 등은 핵과 대량살상무기를 우주에 배치하고 사용하는 것을 금지할 뿐 재래식 무기를 금지하지 않고 있으며, 달과 천체에서 군사적 활동을 제한하고 있지만, 군대의 활동을 제한하진 않고 있다.

이러한 상황은 우주와 관련된 국제규범이 수립되던 당시에는 미국과 소련 모두 상대방을 압도할 수 없는 현실을 인정하고 나름의 타협점을 찾았기 때문이다. 우주 활동 중에는 정지궤도에 위성 배치, 주파수 배분 등 한정된 자원을 평화적으로 관리하는 성과도 있다. 또한 증가하는 우주 잔해물에 대한 국제적 경각심이 높아지면서 처리 방안에 대한 국제협력도 논의되고 있다. 하지만, 여전히 국제협력은 미국과 중국·러시아를 중심으로 양분되는 경향을 보여주고 있다. 우주 활동은 국가만 참여하는 것이 아니며 많은 민간 기업과 조직들이 관여하는 영역이므로 국제협력과 규범 수립에도 이들 비국가 행위자의 역할이 증대될 것이다.

우리나라도 개인, 사회, 국가, 국제 수준에서 우주 안보의 예외가 아니다. 국가 수준에서 우리나라는 2023년 북한과 군정찰위성을 나란히 발사하며 본격적인 우주 경쟁에 돌입했다. <그림 2>와 같이 북한의 만리경-1은 매일 두 차례 한반도 상공을 지나가며 한미 안보자산과 주요 시설을 감시하고 있다. 2023년 1월 9일 알래스카 남쪽 바다에 추락한 우주 잔해물(미국 지구관측위성)과 같은 위험은 언제든지 우리나라 개인, 사회, 국가를 재난에 빠뜨릴 수 있다.[2] 2024년 극대기였던 태양풍의 위험도 국제사회가 주목하는 우주 위험의 하나였다.

### < 그림 2 > 북한 만리경-1의 한반도 감시 범위

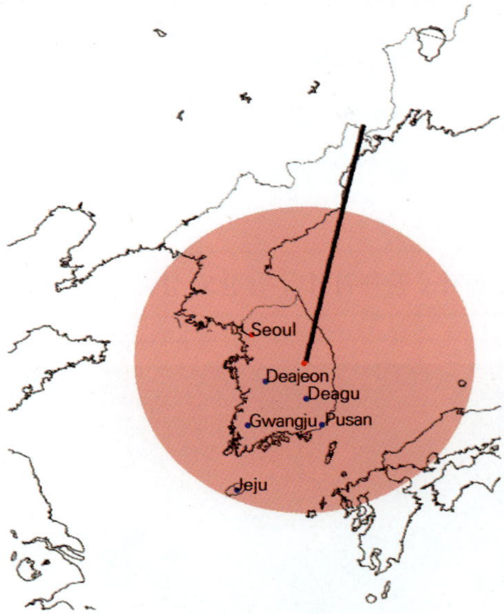


© SPACEMAP

2020년 이전 우주에 관한 소식은 허블 우주망원경이나 우주탐사선에서 보내온 새로운 우주의 모습들이 대부분이었다. 우리에게 우주는 평화롭고 광활한 공간이자 과학과 도전의 영역으로 생각되었다. 하지만 지금 우주는 혼잡(congested)하고, 대립적(contested)이며, 경쟁적(competitive) 공간이다.[3] 혼잡의 공간은 우주 공간에 위치한 위성과 비행체 그리고 잔해물(debris)* 뿐 아니라 이해관계를 가진 국가, 기업, 개인이 많아지면서 빚어진 상황을 일컫는다. 예를 들어 지구 궤도는 운용 중단 위성을 포함해 23,000여 개의 우주 물체가 돌고 있어 위성에 언제든지 피해가 발생할 수 있는 혼잡한 공간이다. 대립의 공간은 ASAT 무기를 비롯해 상대방에 대한 공격과 방어를 둘러싼 군비경쟁이 지속되는 상황을 뜻한다. 대립이

* 이 책은 space debris의 우리나라 말로 일반적으로 많이 쓰이는 '우주 쓰레기'보다 '우주 잔해물'을 선택하였다. 쓰레기는 오염되거나 버려진 의미가 강하지만, 우주 공간에 떠다니는 잔해물은 오염의 의미보다 우주 시스템의 일부라는 의미가 중요하다. 우주 잔해물은 군사 차원에서 공격 수단으로 활용될 수 있으며, 경제 차원에서 비즈니스의 대상이고, 외교 차원에서 감축을 위한 규범의 대상이다.

의미하듯이 우주는 먼저 우위를 점하기 위해 상대방을 방해, 저하, 파괴하려는 위협이 잠재되어 있고, 상대방의 우주 시스템 취약성을 파악하려는 공간이다. 경쟁의 공간은 수많은 행위자들이 상대방보다 더 높은 능력을 갖추고 더 많은 영향력을 행사하고자 벌이는 상황을 의미한다. 시간이 갈수록 우주에서 얻을 수 있는 군사적, 정치적, 경제적 이익이 크게 증가하고 우주 기술의 문턱이 낮아지면서 많은 행위자가 경쟁하는 상황이 심화되고 있다.[4]

**<그림 3> 미국 지구관측위성의 한반도 상공 통과(2023년 1월 9일)**[5]

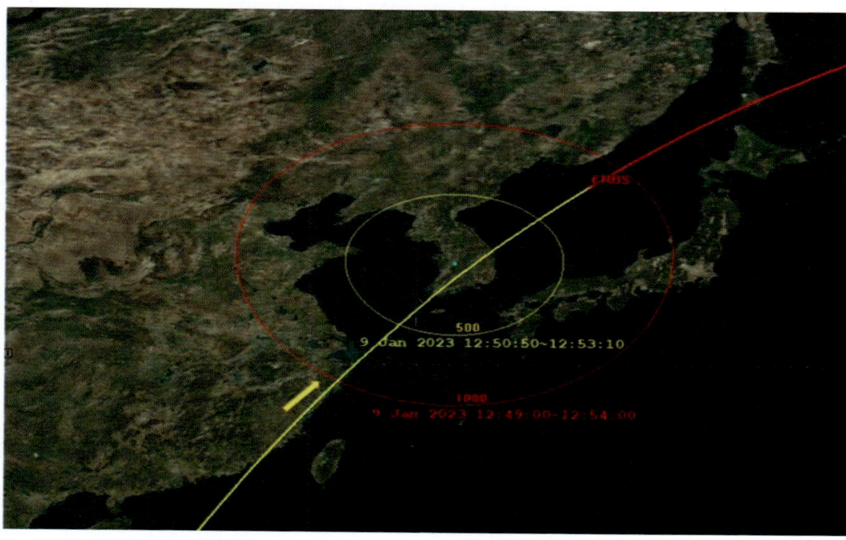


© 과학기술정보통신부

### Space, Universe, Cosmos 우주를 의미하는 용어들은 어떻게 다를까?

우리가 일상에서 접하는 우주라는 용어는 한 가지가 아니다. 가장 많이 들어본 용어는 스페이스(Space)일 것이다. 스페이스는 인류가 도달할 수 있는 공간이며, 탐사의 대상으로서 우주를 의미한다. 따라서 스페이스는 지구로부터 범위가 확장된 우주를 지칭하며, 근우주(Geospace), 외우주 혹은 외기권(Outerspace), 행성간우주(Interplanetary Space), 성간우주(Interstellar Space), 은하간우주(Intergalactic Space), 심우주(Deep

Space)[6] 등이 해당된다. 현대우주론은 우주가 팽창하고 있다고 믿으므로 우주탐사의 성과가 확장되는 만큼 스페이스라는 용어도 다양하게 사용될 것으로 생각된다.

영화에서도 많이 나오는 또 다른 우주는 유니버스(Universe)라는 용어이다. 유니버스는 우리에게 주어진 자연으로서 우주이다. 별, 먼지, 행성과 우리 생명체를 포함한 모든 것이 존재하는 시공간이자 환경이다. 유니버스는 우주의 물질, 별까지의 거리, 은하의 나이, 우주의 크기 등 물리학과 천문학의 대상으로서 우주를 의미한다. 트루먼 대통령은 히로시마에 투하된 원자폭탄의 원리를 설명하면서 우주(universe)의 기본적 힘을 활용한 폭탄이라고 표현했다.

마지막으로, 코스모스(Cosmos)는 카오스(무질서)에 대비되는 개념으로 질서와 조화로서 우주이다. 코스모스는 우주의 기원과 우주라는 대자연의 작동 원리 등을 다루며, 이러한 내용을 다룬 칼 세이건의 대표적인 저서도 Cosmos이다. 코스모스는 철학적 대상으로서 우주를 의미하며, 우주의 기원을 살펴보는 분야를 우주론(cosmology)이라고 한다.[7]

이러한 상황은 계속 심화되고 있으며 더 이상 우주는 평화로운 공간이 아니며, 인류 모두가 무한하게 누릴 수 있는 공공재도 아니다. 원칙적으로 우주는 공기와 같이 비경쟁적, 비배타적 성격을 가진 공공재(public goods)로서 평화적인 활용 원칙이 공표되어 왔다. 그러나, 우주 공간은 냉전 시기 미소가 독점한 사유재였고, 우주 공간의 상업화가 진전되면서 경쟁적이지만, 비배타적인 공유재(common goods)의 성격을 띠었다. 그러나, 군사적 활용을 배제할 수 없는 우주플랫폼의 특성상 뉴스페이스 혁명이 심화되면 우월한 우주력을 가진 강대국이 독점하는 사유재가 되거나, 특정 클럽 또는 진영 국가가 배타적으로 활용하는 클럽재(club goods)가 될 가능성이 높다. 이처럼 우주 경쟁 속에서 남용, 오용, 파괴가 확산될 경우 우주는 공유지의 비극에[8] 빠질 수 있다.

1957년 첫 번째 인공위성을 우주로 보낼 때 만해도 무한하고 광활한 우주는 인류 모두가 무한히 혜택을 누릴 수 있는 공공재로 여겨졌다.[9] 하지만, 60년이 지난 오늘날 우주는 인류 모두가 자유롭게 사용할 수 있지만, 지구 궤도를 중심으로 한 공간과 서비스가 제한되어 공동의 규칙과 관리가 필요한 공유지가 되고 있다. 약 35,800km 고도인 지구 정지궤도에 위치한 인공위성은 지구의 자전주기와 같은 공전주기로 인해 지구에서 볼 때 한 곳에 정지되어 있는 것처럼 보이며 24시간 상시 서비스를 제공할 수 있다. 무한히 넓은 우주와 달리 정지궤도에 인공위성이 일렬로 늘어설 경우 언젠가는 새로운 인공위성이 위치할 수 없는 한정된 공간이다. 더욱이 영토가 구분된 지구상 국가들에게 수직으로 서비스를 제공할 수 있는 정지궤도는 영토의 크기에 비례하여 한정된다. 따라서 우주 활동에 뛰어든 개인, 기업이나 국가가 추구하는 이익으로 인해 우주의 사용이 제한될 지도 모른다.

우주 안보의 문제는 우주가 군사적 영역이자 제5의 전장이라는 인식으로도 알 수 있다. 소련이 스푸트니크-1를 발사하는데 성공하자, 즉시 미국은 우주를 지나서 본토를 공격할 수 있는 미사일 위협에 휩싸였다. 미사일 격차(Missile Gap)라고 불렸던 당시 미국 사회의 공포와 논란은 과장과 오류가 혼재되긴 했지만, 아이젠하워 행정부에게 곤혹스러운 일이었다. 실제 미국의 우주 기술이 사회적 우려만큼 소련보다 뒤쳐졌거나 미국이 군사적 위협에 노출된 것은 아니었지만, 미국도 우주 발사와 인공위성 능력을 입증하지 않을 수 없었다. 다시말해, 인류의 우주 활동은 처음부터 군사적 목적에서 출발하였으며, 이를 이끌었던 동력도 군사적 영역으로서 우주에 대한 도전이었다.[10]

다만, 군사적 영역으로 시작된 우주 활동은 2장에서 살펴본 대로 1960년대 말까지 짧은 기간을 제외하면 약 50여 년 동안 대체로 느린 군사화의 과정을 밟아왔다. 이 시기 우주 군사화(space militarization)는 일부 군사용 우주 자산을 제외하면 지구관측, 위성통신, 위성항법, 우주 환경 연구 등 대체로 민간 우주 자산을 부분적으로 군사적 목적에 활용하는 수준으로 정의되었다. 우주 기술은 민군 이중용도(dual-use)라는 특징 때문에 정부와 상업 분야에서 우주 군사화를 촉진하였다. 민간 우주 기술이 다양한 분야로 응용되었으며, 군사용 우주 자산 발전으로도 이어졌다.

냉전이 종식된 1990년대 이후 활성화되기 시작한 미국의 우주 상업화(space commercialization)도 우주 군사화를 촉진하였다. 우주 상업화는 정부 주도의 우주 개발과 군사적 활용이 갖는 부담을 완화하고자, 민간 기업의 참여를 활성화한 결과이다. 미국은 1996년 『우주 상업화 촉진법』, 2년 뒤에는 『상업적 우주법』 등 상업적 우주 활동에 관한 법률을 제정하여 민간 부문의 우주 활동을 지원하고 장려하였다. 다만, 이 시기 우주 상업화는 여전히 정부가 주요 예산 공급처였으며 정부와 긴밀한 관계에 있는 민간 방위산업체를 중심으로 이루어진 기술이전과 우주 자산 개발이 주류였다. 그럼에도 불구하고, 민간 방위산업체로 이전된 기술과 우주 자산의 연구개발은 우주 경제와 공공안전에 참여자를 확대하는 등 우주를 군사화하는 데 기여하였다.

끝으로 우주 활동의 참여 국가와 기업이 증가한 우주 민주화(space demo-cratzation)도 우주 군사화를 촉진하였다. 우주 활동의 역사를 보면 소련의 우주 발사 이후 위성을 발사할 수 있는 우주 발사체 보유 국가만이 우주 활동의 주체로 인식되었다. 실용급 위성을 기준으로 우리나라가 2022년 우주 발사체 누리호 발사에 성공하기 전까지 자체 우주 발사체를 보유한 국가는 러시아, 미국, 프랑스, 일본, 중국, 인도 등 6개 국가였다. 그러나 우주 발사체를 보유하지 않더라도 위성개발 및 관제 능력을 비롯해 우주과학, 우주 정보 활용 능력 등 다양한 분야에서 경쟁력과 능력을 갖춘 국가 및 기업이 급속도로 증가하고 있다. 우주 활동의 행위자 증가는 앞서 살펴본 민군 이중용도 기술과 우주 상업화와 상승효과를 발휘하면서 우주 군사화를 촉진해왔다.

**<그림 4> 우주 무기화의 확대 추세**

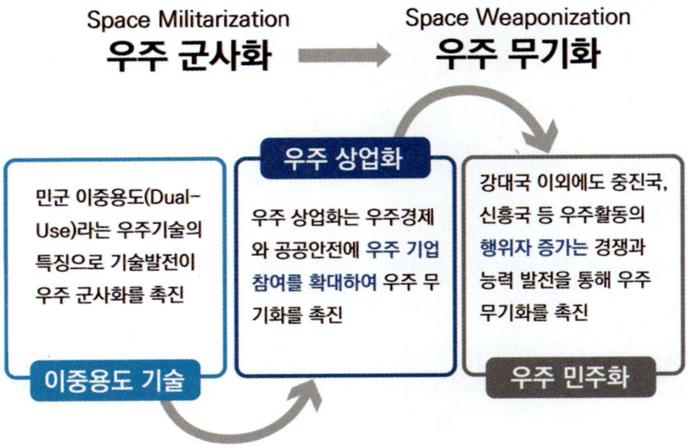


ⓒ 저자

우주의 군사화를 이해하기 위해서는 우주 기술의 트렌드를 살펴볼 필요가 있다. 첫째, 상업화이다. 우주는 상업 행위자들의 활동이 확대되고 있다. 상업 우주 투자는 위성 발사와 통신 기술의 발전을 촉진했으며, 우주 영역의 접근 장벽을 크게 낮췄다. 상업 행위자는 러·우 전쟁에서 러시아군의 전통적인 공격과 방해에도 불구하고 우크라이나군의 통신을 지속시켰다.

또한 상업화는 센서, 위성 군집 및 우주 기반 데이터 서비스 등에서 확장되고 있으며, 이는 정부와 국제 파트너와 더욱 통합되고 있다. 이처럼 우주 자산에 대한 의존도는 앞으로 더욱 증가할 것이며, 특히 우주 기술의 상업화에 따라 많은 국가들이 이 분야에 더 많은 투자를 이어갈 것이다. 실제로 미 국방부는 2024년 발표한 상업 우주 통합 전략에서 상업 우주 솔루션을 국가안보 아키텍처에 통합하겠다는 목표를 제시하였다. 미 우주군은 상업 우주 솔루션 통합을 위해 '상업 파트너 및 동맹국과 더욱 강력한 파트너십에 집중'하고 있다. 상업 우주 기반 자산에 대한 의존도 증가는 우주 시스템의 보안과 복원력을 중요하게 부각시켰으며, 국방 조직과 민간 운영자 사이에 강력한 파트너십을 강조한다.

둘째, 비용 절감이다. 우주의 상업화는 재정적 부담을 크게 낮추어서 많은 행위자들이 우주 영역에 투자할 수 있는 여건을 마련했다. 특히, 우주 발사 비용이 크게 낮아지고 있다. 예를 들어, 저궤도 발사 가격은 상업 부문의 효율성으로 인해 95% 하락했다. 이처럼 발사 비용 감소는 소형 위성과 스타링크와 같은 대규모 군집위성의 확산을 촉진하였다.

셋째, 우주 내 제조 기술이다. 3D 프린팅과 같이 우주 기반 적층 제조는 우주 화물의 질량을 줄여 소형 발사체 활용을 높일 수 있다.

넷째, 우주 탐사의 신기술이다. 과학적 목적의 우주 탐사는 우주를 이동하고 관측하는 새로운 기술을 촉진해왔다. 예를 들어, AI 기반 응용 프로그램은 우주 탐사 로버에 필요한 정보를 제공하여, 극한의 우주 환경에서도 안전하게 착륙할 수 있게 지원한다.

다섯째, 이중 용도 기술이다. 군사적, 상업적 목적에 모두 사용할 수 있는 이중 용도 기술은 우주의 평화적 활용과 군사적 활용 사이에 경계를 모호하게 만든다. 예를 들어, 글로벌 위성 항법 시스템(GNSS)과 통신 위성을 포함한 많은 우주

인프라는 상업 우주자산의 안전성을 높이는 동시에 군사 작전도 수행한다. 이러한 이중 용도는 우주 안보를 위한 국제법과 규제 프레임워크가 적용을 복잡하게 만들 수 있다.[11]

우주가 새로운 전장인가? 우주의 무기 배치가 현실로 다가올 것인가?라는 논쟁은 더 이상 중요하지 않다. 지속적으로 진행된 우주 군사화는 이제 우주 무기화(space weaponization)로 빠르게 전환되고 있다. 이러한 경향은 중국의 우주 기술 발전과 군사적 위협이 강화되는 추세와 맞물려 있다. 특히 중국의 우주력 강화에 대응하고자 미국이 2019년 우주사령부를 통합전투사령부의 일환으로 재창설하고 별도의 군종으로 우주군을 만들면서 우주 무기화는 피할 수 없는 상황이 되었다.

## 우주 안보의 개념과 영역

### 우주 안보의 개념

우주 안보란 '우리가 어떤 간섭이나 방해 없이 우주에 접근하고, 우주를 이용할 수 있도록 안전(safety)과 안정(stability)을 보장하고, 지속가능성(sustainability)을 유지하는 상태'로서, 우주 영역과 관련된 지구상과 우주 내 활동을 포괄한다.[12] 우주 안보 업무로는 안보 관련 우주 정보 획득과 활용, 안보자산 개발과 운영 그리고 이와 관련된 보안이 해당된다.[13]

우주 안보 개념에서 주목해야 할 키워드는 세 가지이다. 첫째, 안전(safety)이다. 안전은 의도하지 않은 자연적 위험(소행성, 태양풍 등)과 인공적 위험(발사체, 위성체 등)을 예방하고 피해를 최소화하는 노력이다. 안전은 우주 경제(space economy)가 안정적으로 운영되는데 필수적이며, 시장의 신뢰성을 보장하는 요소이다. 우주 경제는 우주 안보를 뒷받침하는 물질적 토대로서 국가경제 발전에 기여하고, 신기술 개발과 새로운 시장을 놓고 치열한 경쟁이 이루어지는 영역이다. 우주활용 범위가 넓어지면서 국가경제에서 우주가 차지하는 영향도 커지고 있다.

우주 경제는 연구개발과 인프라 구축을 통해 생산을 담당하는 우주산업, 투자와 거래가 이루어지는 우주상업을 포괄한다. 우주 활동의 안전은 국가나 기업이 관리하는 부분도 있지만, 우주물체의 궤도와 주파수 관리, 잔해물 감소 노력 등 국제협력이 필수적인 부분도 많다. 초국가적 안보 이슈와 마찬가지로 우주 안보의 국제협력에도 미국, 중국, 러시아 등 강대국 중심의 진영 경쟁이 공존한다.

둘째, 안정(stability)이다. 안정은 우주자산을 통해 분쟁을 예방하고 우주정보를 활용하여 위협을 사전에 파악하는 활동으로 적대 세력의 불확실성을 최소화하는 노력이다. 안정은 국방과 정보 조직이 담당한다. 국방우주(defense space)는 우주 안보를 뒷받침하는 힘의 토대로서 대외적 위협에 대응하기 위한 국가안보의 핵심 영역이다. 정보우주(intelligence space)는 우주 안보에 위협이 되는 정보를 선제적으로 파악하고, 유관기관에 정보를 제공하거나 직접 방첩활동으로 대응하는 영역이다.

국방우주 분야에서는 군사우주작전의 유형에 따라 우주영역인식, 우주전력투사, 우주정보지원, 우주통제를 수행한다. 2007년 이후 중국, 러시아, 인도 등 차례로 이루어진 대위성(anti–satellite) 미사일 실험은 국방우주 이슈로 논란이 되었고, 2025년 2월에는 러시아의 우주핵무기 배치가 쟁점이 되었다. 이처럼 안정은 방어적 수단뿐 아니라 공격적 수단까지 포함한다. 국방우주 분야에서는 우주 잔해물(space debris)을 발생시키는 운동성 무기보다 공격 책임을 규명하기 어려운 사이버, 전자기, 레이저 등 비운동성 무기 개발이 활발하다.

셋째, 지속가능성(sustainability)이다. 지속가능성은 우주 활동이 후속 세대까지 이어질 수 있도록 부정적인 영향을 최소화하고, 무책임한 행동을 억제하려는 노력이다. 지속가능성을 위해서는 국가나 기업의 우주개발이나 우주 활동이 우주 환경을 오염시키지 않고 책임있는 행동을 하도록 만드는 국제규범과 규칙이 중요하다. 지속가능성을 달성하기 위해서는 국제협력과 경쟁을 다루는 우주 외교(space diplomacy)가 중요하다. 우주 외교는 우주 안보의 정당성과 활동을 규제하는 규범적 토대로서 국제조약이나 기구를 통해서 협력과 경쟁을 조율한다.

지속가능성은 지구궤도의 잔해물이나 주파수 할당과 같이 한정된 자원에서 비롯되는 문제와 연관된다. 또한 심우주 탐사와 같이 국제협력과 공동의 노력이 필요한 영역에서도 중요한 요소이다. 지속가능성은 우주 외교뿐 아니라 우주 경제가 안전하게 운영되고, 국방·정보 우주가 안정을 유지하는 데에도 연관된다.

다음은 우주 안보가 부상하게 된 우주 환경의 특징을 살펴본다. 안보적 관점에서 볼 때, 우주 환경은 혼잡(congested)하고, 대립적(contested)이며, 경쟁적(compe-titive)이다.

첫째, 우주 환경은 혼잡하다. 지금까지 인류가 지구 궤도로 쏘아 올린 위성의 수는 약 2만 1400여 개로 추산된다. 이 가운데 현재 작동 중인 위성은 약 1만1200개다. 유럽우주청(ESA)이 공개한 『연례 우주 환경 보고서 2025』에 따르면, 2024년에만 11건의 우주 사고로 3000개 이상의 잔해물이 생겼다. 이처럼 우주 잔해물은 의도적인 ASAT 시험이나 공격이 아니라도 계속 증가할 수 있기 때문에, 궤도에서 임무가 종료된 위성이나 발사체 잔해물을 제거하는 조치가 필요하다. 미 우주군의 우주감시네트워크(SSN)가 추적 및 관리하는 우주잔해물은 2025년 3월 기준으로 약 4만 개에 이른다. SSN이 추적 중인 우주 물체에는 임무 중인 위성은 물론이고 우주 잔해물도 포함된다. 2020년에 2만 5000개였던 점을 감안하면 5년 만에 60%가량 증가하였다.

우주 잔해물도 급증하였다. 약 1~10㎝ 잔해물은 120만 개에 이르며, 약 10㎝ 이상인 우주 잔해물은 약 5만 4000개로 분석된다. 이 밖에도 추적되지 않는 우주 잔해물은 훨씬 많다. 우주 잔해물은 1㎝만 넘어도 위성 등 우주비행체에 치명적인 피해를 줄 수 있다. 따라서 우주의 평화적이고 책임감 있는 활동을 확산시키고 다른 국가도 이를 준수할 수 있도록 촉구해야 한다. 이를 위해 규범, 투명성, 신뢰성을 확립해야 하며, 우주 시스템을 통해 정보 공유도 필요하다. 책임감 있는 우주 활동 여부를 공유할 수 있는 환경이 우주 활동 국가와 기업 활동에 영향을 끼칠 수 있기 때문이다.[14]

다음으로 기존의 우주 잔해물을 감소키시기 위한 시장 창출이 필요하다. 우주 잔해물 제거가 수익을 창출함으로써 더 많은 우주 기업이 참여하고 새로운 기술 개발에 나서도록 해야 한다. 관련된 기술로는 우주 잔해물 제거 기술을 비롯해 우주 잔해물을 식별할 수 있는 우주상황인식 개발, 우주 발사체의 재사용 기술, 위성 재급유 기술 등이 발전해야 한다.

둘째, 우주 환경은 대립적이다. 우주 시스템은 과거와 마찬가지로 미래에도 군사적 목적에서 발전할 것이다. 우주 기술은 대부분 민군 겸용으로 활용되기 때문에 민간 우주 기술이 군사적으로 전환될 수 있다. 아군의 우주 시스템을 보호하

**<그림 5> 궤도 상 위성 수량과 잔해물 이미지(2025년 8월 기준)**

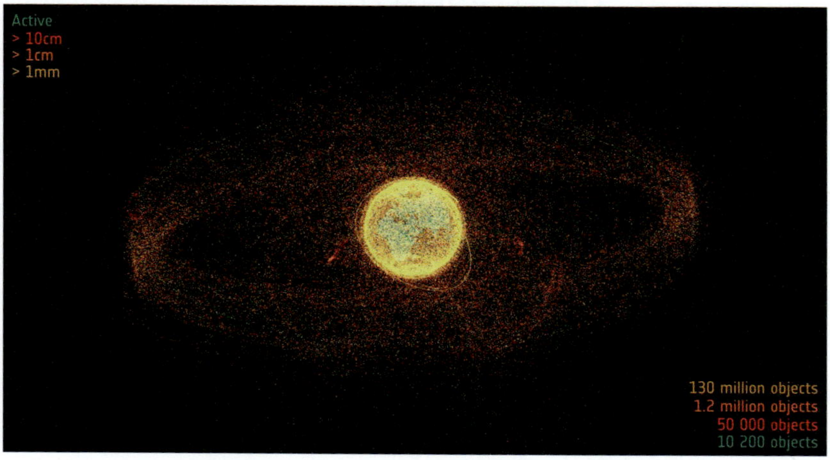


ⓒ ESA Space Debris Office

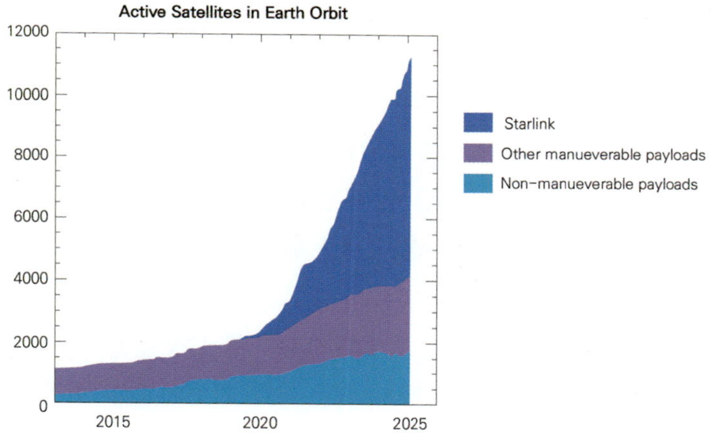


ⓒ Jonathan's Space Pages

고 자유롭게 활용하기 위한 기술이 상대방 우주 시스템을 공격하고 제한할 수 있는 기술로 활용될 수 있다. 더욱이 우주 시스템은 전자기·사이버 기술과 같이 비물리적 공격에 취약하다. 우주 시스템은 광범위하게 분산되어 무선 전파를 활용하며, 다양한 행위자가 운영하기 때문이다.

대립적인 우주 환경에서는 다층적인 억제 접근이 필요하다. 책임감 있는 우주 활동에 대한 규범을 수립하도록 노력해야 하며, 상대방 공격에 대한 방어 능력을 강화함으로써 억제력을 보장해야 한다. 만약 상대방 공격을 억제하는데 실패할 경우에는 상대방을 강압하기 위한 대응 공격 능력도 갖추어야 하며, 우주 시스템이 지속 운영될 수 있는 체계가 필요하다.

셋째, 우주 환경은 경쟁적이다. 미국 등 우주 강국도 이러한 우주 역량을 지속할 수 있을지 미지수이다. 다양한 국가와 기업이 우주개발에 나서면서, 시장진입 장벽이 낮아지고 있으며 관련 행위자들도 증가하고 있다. 우주 경제에서는 기업과 개인들이 치열하게 경쟁하고 있으며, 국가 차원에서는 국제적 규범 경쟁과 군사적 능력 경쟁이 지속되고 있다.

우주 경쟁에 대응하기 위해서는 복원력, 유연성 높은 우주 생태계를 구축해야 한다. 우주 강국뿐 아니라 우주 신흥국, 중진국도 국가안보와 발전에 필요한 분야에서 자립적 우주 역량을 강화해야 한다. 민간과 군사 우주 기술을 상호 전환할 수 있는 획득 절차를 개선할 필요도 있다. 우주 생태계의 토대가 되는 우주 산업 기반을 강화하고 국제협력 및 민관군 협력을 강화해야 한다.

### 우주 환경의 특성과 대응 방안

| 구분 | 환경 | 대응 방안 |
|---|---|---|
| **혼잡**<br>**congested** | 지구 궤도에는 23,000개 우주 물체(8,000여 개 운영 중인 위성) 외에 위성에 피해를 줄 수 있는 수십만 개의 잔해물 | • 우주의 평화적이고 책임감 있는 활동을 확산<br>- 규범, 투명성, 신뢰성 구축 조치<br>- 우주 활동 관련 정보 공유<br>• 우주 잔해물 감소를 위한 시장 창출<br>- 우주 잔해물 제거 기술, 재사용 발사체 및 위성 재급유 기술 개발<br>- 우주상황인식 개발 |
| **대립**<br>**contested** | 우주 시스템은 사용불능, 악화, 파괴 등의 위협 가능성에 직면할 수 있고, 우주 취약성을 이용한 공격이 잠재 | • 다층적인 억제 접근법 적용<br>- 책임감 있는 우주 활동에 관한 규범을 수립과 방어와 복원력 강화<br>- 억제 실패 시 대응 공격 능력을 포함한 우주 시스템 지속 체계 마련<br>- 전자기·사이버 공격 가능성 대비 |

| | | |
|---|---|---|
| **경쟁 competitive** | 주요 우주 강국의 역량이 우위에 있으나, 시장진입 장벽이 낮아지고 경쟁 국가와 기업이 지속해서 증가 | • 복원력, 유연성 높은 우주 생태계 구축<br>- 자립적 우주 역량 강화<br>- 획득 절차 개선<br>- 우주 산업 기반 강화<br>- 국제협력 및 민관군 협력 강화 |

정리하면, 우주 안보는 혼잡하고, 대립적이며, 경쟁적인 우주환경에 호응된다. 우주 안보는 혼잡에 대해서는 안전, 대립에 대해서는 안정, 경쟁에 대해서는 지속가능성을 증진하는 노력이다. 아래 <그림 6>은 우주환경의 요소(3C)와 우주 안보의 요소(3S)가 이루는 관계를 보여준다.

**<그림 6> 우주환경과 우주 안보의 관계**

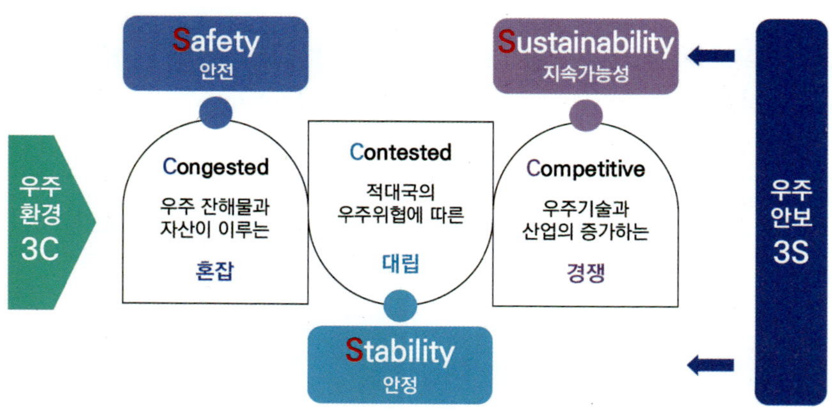


ⓒ 저자

## 우주 안보의 영역

우주 안보는 우주 활동의 국방·정보, 경제, 외교 영역에서 이루어진다.[15] 우주는 글로벌 공유지(global commons)이므로 자유로운 접근과 이용이 중요하다. 안보란 공포로부터 자유롭다는 느낌(feeling) 또는 상태(state)이다. 공포는 위험(danger)과 위협(threat)으로부터 일어나는 심리적인 현상이다. 위협은 상대방이 의도적으로 일으키는 행위에서 비롯되지만, 위험은 의도되지 않은 자연 현상이다. 우주 안보에서는 소행성과 같은 자연우주 물체가 초래하는 위험과 적대 국가가 아군의 위성을 공격하는 위협을 구분한다.

우주 안보는 대부분 의도를 가진 상대로부터 비롯된 위협을 주로 다루지만, 지구상 모든 주체가 협력하거나 대응해야 할 위험도 다루게 된다. 이 책에서는 우주 위험도 우주 안보의 이슈로서 다루지만, 주로 우주 안보 경쟁으로 인한 위협 이슈를 다룰 것이다. 또한 국가안보의 일환으로 우주 안보를 이해하고 분석한다. 실제로 우주 안보는 신흥안보의 이슈로서 국가안보의 확장된 영역으로 다뤄진다. 따라서 우주 안보는 국가안보의 분석과 마찬가지로 대외적으로 위협(threat), 대내적으로 취약성(vulnerability)을 다뤄야 한다. 국가 외부로부터 중요한 이익과 가치를 훼손하려는 위협이 우주 안보 대상인 것처럼 국가 내부로부터 대응할 수 있는 능력과 의도를 약화시키는 취약성도 우주 안보의 대상이다.

우주 안보는 인류가 우주 공간이라는 영역에 진출하면서 등장한 신흥안보(emerging security)로서 복합적이고 창발적인 성격을 갖는다. 우주 안보는 우주로부터 일어나는 알려지지 않은 재난을 비롯하여 우주와 지구 사이 상호작용 속에서 여러 요인이 연계된 복잡계 현상을 배경으로 한다. 뿐만 아니라 국가를 비롯한 다양한 행위자들이 경쟁하고 위협함으로써 분쟁을 일어나는 상황을 포함한다. 이처럼 우주 안보의 부상은 안보영역, 안보주체의 범위를 확대시키고 국제정치의 양상을 변화시키고 있다.

우주에서 경쟁과 다툼이 일어나는 이유는 지구상에서 인간과 국가가 경쟁하고 다투는 이유와 다르지 않다. 지구상에서 국가는 생존, 이익, 명예를 위해 경쟁하고 싸운다. 정치철학자 토마스 홉스(Thomas Hobbes, 1588~1679)는 싸움이 일어나는 이유로 세 가지를 들었다. 개인으로서 인간은 두려움으로부터 벗어나기 위해 국가라는 공동체에 자유를 위임하는 대신 생존을 보장받는다. 이처럼 생명을 위협하는 두려움은 국가가 대응해야 하는 군사 영역이다. 또한 국가는 개인과 공동체의 이익이 침해되지 않도록 대응해야 한다. 이익을 극대화하기 위해 국가는 번영 전략을 수립하고 시행한다. 국가경제전략이 이에 해당한다. 마지막으로 개인과 국가는 명예가 침해될 때 싸움을 벌일 수 있다. 명예는 국가의 정체성을 구성하는 한 요소이다. 사회적으로 공유된 믿음, 자유나 평등과 같은 특정 가치를 다른 국가나 국민이 공격하고 훼손한다면 싸움의 명분이 될 수 있다. 물론 이런 싸움은 군사적으로도 대응할 수 있지만, 타협과 인정을 통해 외교적으로도 해결할 수 있다.

**<그림 7> 우주 안보의 영역 피라미드**

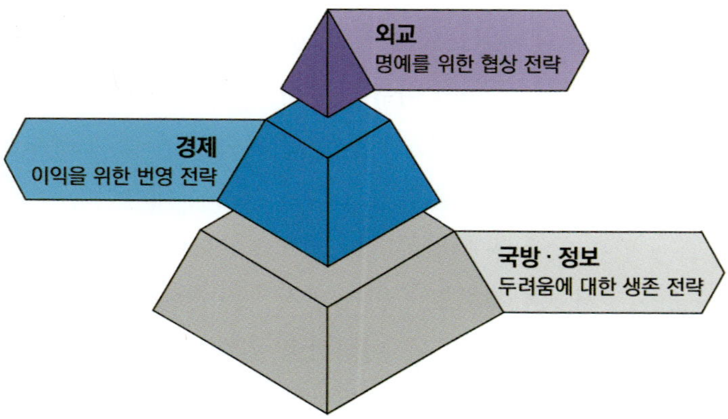


ⓒ 저자

국가안보의 일부로서 우주 안보의 영역은 국가 차원의 우주력을 활용하는 분야들이다. 우주력(space power)는 국가목표 달성을 위해 전시나 평시에 국방·정보, 경제, 외교 활동에 우주를 활용하는 국가 능력의 총합이다. 우주 안보는 국방·정보, 경제, 외교 분야가 유기적으로 연결된 영역이다.[16]

국방·정보 우주는 우주 안보를 뒷받침하는 힘의 토대로서 대외적 위협에 대응하기 위한 국가의 핵심적인 수단이다. 우주 공간은 무기화 경쟁이 치열한 다영역 전장의 하나이며 전천후 정보의 원천이라는 점에서 국방·정보 우주의 영역이다. 지구상 안보와 마찬가지로 국가들은 국가안보를 위한 우주 활동 능력과 의도를 확장하고 있다. 국방·정보 우주는 우주력 건설과 우주 전략 수립을 책임지는 영역이다. 우주력은 우주 내 전력(power in space)뿐 아니라 지상통제소, 지구와 우주를 연결하는 네트워크를 포괄한다. 우주 전략은 우주력을 활용하여 군사적 목적을 달성하고 영향력을 행사하는 방법이다. 여기에 유주 정보는 우주력 건설과 우주 전략 수립의 토대가 된다. 국방·정보 우주는 우주와 관련된 국가이익을 보호하기 위해 국방과 정보에만 초점을 둘 것이 아니라 우주 경제 및 우주 외교와 연계하여 발전되어야 한다.

우주 경제는 우주 안보를 뒷받침하는 물질적 토대로서 국가경제 발전에 기여하며, 신기술 개발과 새로운 시장 속에서 치열한 경쟁이 이루어지는 영역이다. 우주의 활용 범위가 넓어지면서 국가경제에서 우주 경제가 차지하는 영역도 확대되고 있다. 우주 경제는 연구개발과 인프라 구축을 통해 생산을 담당하는 우주 산업 분야, 사업, 투자와 거래를 통해 시장을 활성하는 우주 경제를 포괄한다. 우주 안보와 우주 경제 발전을 위해서는 민군협력이 필수적이다. 우주 경제는 국가의 지원에 의존해서는 안 되며, 자생적인 우주생태계를 통해 기술 축적과 투자, 생산과 거래가 순환될 수 있어야 한다. 우주 경제는 국가경제 전반과 긴밀히 연계되어 있을 뿐 아니라 국방·정보 우주에 필요한 전력과 기술 개발을 제공하는 토대이다.

마지막으로 우주 외교는 우주 안보의 정당성과 활동을 규제하는 규범적 토대로서 국제조약이나 기구를 통해 국제협력과 경쟁을 조율한다. 우주 활동이 활발해지고 참여하는 국가와 기업이 증가하면서 지구 궤도를 둘러싼 경쟁과 위험을 조율하는 일은 한 국가의 능력을 벗어나기 때문에 국제협력은 필수적이다. 또한 광활한 우주 활동과 도전적인 우주탐사를 지속하는 일도 개별 국가와 기업이 달성하는데 한계가 있다. 우주 외교의 출발점은 우주가 평화적 목적으로 이용되어야 한다는 인식과 새로운 행위자와 이슈가 계속 등장하는 영역으로서 협력과 합의가 공통의 이익이 될 것이라는 신념이다. 국가뿐만 아니라 비국가 행위자들도 이러한 신념을 발전시키고 있다. 세계위성사업자협회(Global Satellite Operators Association)는 우주의 지속가능성에 대한 행동 강령을 발표하고 충돌 위험, 잔해물 최소화, 인간과 천문학에 대한 보호 등 책임 있는 관행을 촉구하였다. 이처럼 인류의 계속된 우주탐사는 국제적 협력과 자발적 노력 속에서 이루어져야 하며 우주 외교는 이를 뒷받침한다.

우주 안보 영역은 국방·정보, 경제, 외교가 서로 맞물려 토대를 구축하고 발전한다. 따라서 우주 안보의 분석틀은 전체 체계 내에서 핵심 요소들이 상호 작용하는 과정과 내용을 통해 살펴볼 수 있다. 국방·정보 우주는 우주의 무기화와 우주 위험이 심화되는 상황에서 군사적 경쟁과 충돌이 일어나는 영역이다. 우주 공간은 국가안보 차원에서 안보화 대상이 되었으며, 지상, 해양, 공중에 이어 전투공간(전장)으로 인식된다. 이미 다영역작전과 같은 군사 및 정보작전에 포함된 영역이다. 우주 강대국을 포함한 많은 국가들은 우주에서 자유를 확보하는 것이 국익이라는 공감대를 가지고 있으며 이를 국가안보전략에 반영하고 있다.

### 우주력 기준 우주 활동(spacefaring) 국가 분류

이 책에서는 우주력을 기준으로 우주 활동국을 우주 강대국, 우주 중진국, 우주 신흥국으로 구분한다. 우주 관련 문헌들을 보면 별다른 기준 없이 우주 활동국을 강대국이나 약소국으로 지칭하는 것을 흔히 볼 수 있다. 또한 우주력과 관계없이 지구상 국력에 비례하여 우주 강대국으로 지칭하는 경우도 있다. 하지만, 지구상 국력이 약한 UAE와 같은 국가도 화성탐사선을 보낼 정도로 우주력은 높다. 우주 안보가 지구상 세력균형과 다른 지형을 창출할 가능성도 있다.

우주 강대국은 우주 활동 영역 대부분을 수행하는 국가로서 우주 발사체를 비롯한 우주 시스템을 모두 갖추고 우주 임무를 수행하고 있으며, 유인우주비행 능력을 갖춘 국가이다. 예를 들어 미국, 러시아, 중국이다. 우주 중진국은 우주 발사체를 비롯한 우주 시스템의 일부를 갖추고 우주 임무를 수행하고 있으며, 유인우주비행 능력이 부족한 국가이다. 유럽우주청, 일본, 인도를 비롯해 우리나라, 캐나다, 호주 등 그 숫자가 계속 증가하고 있다. 우주 신흥국은 우주 발사체를 갖추지 못했으나 우주 시스템의 일부를 갖추거나 우주 임무를 추진하고 있는 국가들이다.

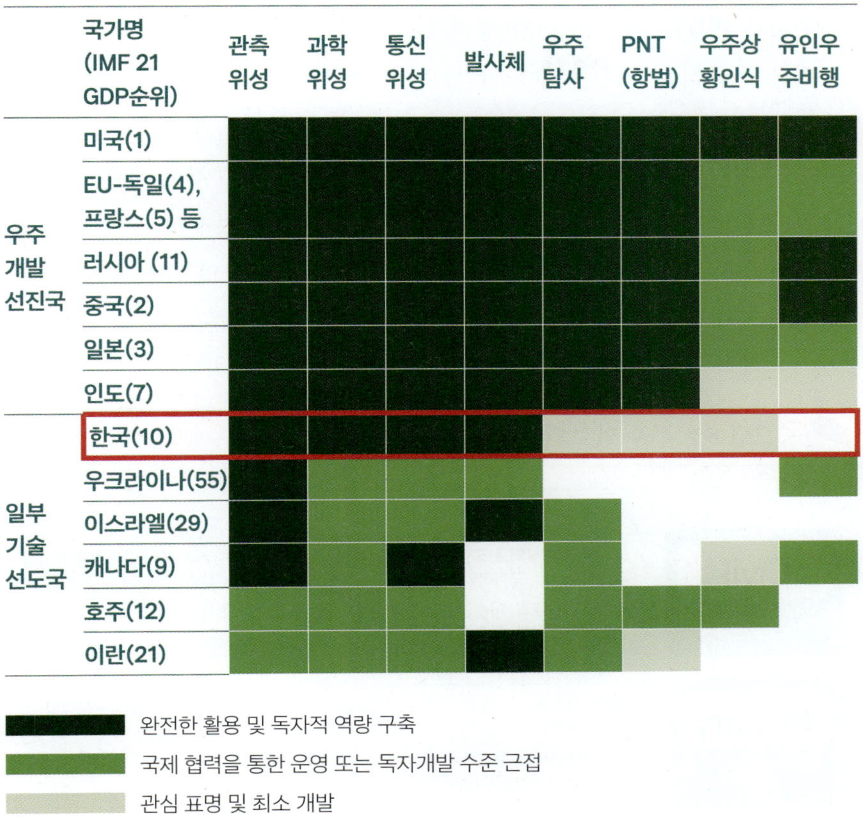


© 국가우주정책연구센터

우주 안보 영역에서 활동하는 행위자들도 다양하다. 국가를 중심으로 볼 때, 세 가지 우주 안보의 영역에서 주체가 되는 행위자는 다음과 같다. 국방·정보 우주 영역의 행위자는 국방부와 우주군을 포함한 각군, 국방연구기관과 국가정보원 등 정보기관이다. 이들은 우주 전략을 수립하고 국방·정보 우주 기술의 개발과 국방·정보 우주작전을 수행함으로써 우주 안보를 달성하는 행위자이다. 우주 경제 영역에서는 우주 산업과 상업에서 기술개발, 상품생산과 유통을 통해 시장에서 이익을 창출하는 기업들이 주요 행위자이다. 이들은 더 많은 이익을 얻기 위해 비용을 절감하는 새로운 기술을 개발한다. 또한 우주관련 소비시장을 활성화하기 위해 새로운 비즈니스 영역을 개척하는데 투자한다. 이들은 국방·정보 우주 행위자를 비롯한 정부와 민간 영역과 협력함으로써 수요 창출을 지속하고 안보 능력을 공급하는 역할을 수행한다. 우주 외교 영역의 행위자는 과학기술, 외교 관련 정부 및 비정부 조직 등이다. 이들은 우주과학기술개발과 우주탐사를 주도함으로써 공공안전과 국민편익을 증진한다. 또한 국방·정보 우주 및 우주 경제 행위자들이 경쟁하는 분야에서 파괴적인 행위나 군비경쟁이 확산되지 않도록 규제와 협력을 추구하기도 한다. 이들은 다른 국가나 기업과 협의의 장을 조성하고 국제기구에서 규범 형성과 이행을 수행하는 행위자이다.

### <그림 8> 우주 안보의 행위자

| 구분 | 내용 |
|---|---|
| Civil 민간 | - 국가우주정책(외교 포함), 국가안보전략을 수립하고 우주과학기술개발과 우주탐사를 주도함으로써, 국가이익, 공공안전과 국민편익을 증진하는 **정부의 비군사 및 정보 행위자**<br>- 국가우주위원회, 우주항공청(한국항공우주연구원, 한국천문연구원), 외교부, 산업통산자원부, 국가정보원 등 |
| Military 군사 | - 국방우주력을 건설하고, 군사우주기술의 개발과 군사우주작전을 수행하는 **정부의 군사 행위자**<br>- 국방부(미사일우주정책과), 합참(군사우주과), 전략사령부, 공군우주작전전대, 방위사업청, 국방과학연구소 등 |
| Commercial 상업 | - 우주상업활동(사업, 투자, 무역 등)을 통해 이윤을 창출하고 시장을 활성화하는 **경제 행위자**<br>- 발사체, 지상체, 위성체 제조 분야, 우주정보 활용 분야, 우주 보험 등 기타 분야에서 우주 상업과 우주 산업에 종사하는 기업(한화에어로스페이스, 한국항공우주산업 등) |

ⓒ 저자

국가 차원에서 우주 안보의 행위자는 전통적으로 정부의 우주개발 조직과 군을 포함한 국방·정보 조직이 주도적인 역할을 했다. 오늘날에는 민간 우주기업 등 상업 행위자들과 정부 및 비정부 조직을 포함한 민간 행위자까지 협력을 확대하고 있다. 미국의 경우 국가우주 활동을 주도한 민간 조직으로 NASA와 함께 각 군을 포함한 국방부와 국가정보국이 우주 안보의 주요 행위자로 역할을 해왔다.

특히 미 우주군(Space Force)이 창설된 이후 군사 우주를 주도하고 있으며, 정부 내 상무부는 민간 우주기업과 시장 확대에 노력하고 있다.

특히 민간 우주기업의 역할은 우주 자산의 연구개발과 수익 창출에 머물지 않고 군사적 정보를 제공하고자 우주 자산을 운용하는 범위로 확대되었다. 2022년 9월 우크라이나 군대가 크림반도에 있는 러시아 해군 함정을 공격하기 위해 미국 우주기업 SpaceX에 통신위성 스타링크(Starlink) 지원을 요청한 사례가 대표적이다. 한편, SpaceX는 전쟁 중인 우크라이나 정부의 요청이 기업의 전쟁 연루로 이어질 것을 우려하여 거절하기도 했다. 이처럼, 우크라이나 전쟁은[17] 우크라이나 전쟁은 상업 우주 자산이 많은 부분 전략적 효과에 기여한 최초의 전쟁이다. 러시아는 우크라이나를 지원하는 SpaceX 위성에 대해 공격 가능성으로 위협하기도 했다.

이에 대응하여 미국은 국가안보에 활용되는 상업위성의 안전을 보장하는 프레임워크를 수립했다. '상업용 우주 보호 트라이실 전략 프레임워크'(Commercial Space Protection Tri-Seal Strategic Framework)의 핵심은 정보당국과 우주군이 잠재적 위협에 관한 정보를 위성 운영 기업과 공유하고, 상업용 위성의 피해를 줄이거나 막는 조치를 실행하는 것이다. 따라서 우주기업들은 정부든 상업용이든 적절한 데이터를 제때 제공할 수 있도록 역량을 강화하게 된다.[18] 이처럼 국가안보를 지원하는 우주기업의 적절한 역할과 이를 보호해야 하는 정부의 책임이 계속 이슈가 될 전망이다.

실제로 우주 상업 분야의 발전은 국방·정보 우주 분야에 큰 도움이 된다. 우주 기업들은 규모의 경제를 창출하고 비용을 절감하며, 변화하는 전장 현실에 맞춰 군사력을 개선한다. 또한 우주 기업들은 광범위한 민간과 군사 시스템을 대량 생산하는데 민군겸용 기술을 활용함으로써 민간 기술과 상업 능력으로 군대 임무를 보완하고 지원하는데 효과적이다. 민군협력의 필요성은 민간 우주기업의 기술력이 국방분야 기술보다 일반적으로 앞서기 때문이다. 우리나라의 경우에도 우주 분야의 국내 국방기술 수준은 최고선진국 대비 58.8%, 기술격차는 9.1년이며, 국내 민간기술 수준은 61.9%, 기술격차는 8.8년으로 평가되어 전체적으로 기술 격차가 크고, 주로 기술협력/기술도입을 통한 기술개발이 필요하며 기술자립도가 낮은 수준인 것으로 분석되었다.

그러나 스타링크 사례와 같이 민간 우주기업의 역할에는 위험도 따른다. SpaceX는 우크라이나를 지원하면서 미국 정부의 비용 지불을 안게 되는 상황이 발생했다. 또한 전쟁 상황에 따라 공격적인 군사 임무에는 SpaceX의 위성 사용을 제한하겠다는 입장으로 논란이 되었다. 물론 민간 우주기업은 정부와 다른 목적으로 활동하기 때문에 그렇게 놀라운 일은 아니다.

하지만 일반적으로 민간 우주기업이 발전할 수 있었던 우주 기술은 정부의 연구지원과 기술이전 등 많은 혜택을 통해 이뤄진 것이므로 국가안보를 위한 봉사 의무도 있다. 따라서 전쟁에서 상업 행위자의 역할에 의존도가 높아질수록 공공 –상업 우주 관계의 불균형이 내부적 문제를 일으킬 수 있다. 군대를 포함한 국방 조직이 민간 우주기업의 역량에 의존할수록 전쟁에서 이들의 영향력을 통제하기 어려울 수도 있다. 우주에서 민관군 협력의 필요성과 균형을 맞추기 위해서는 우주 안보 차원에서 민간, 군사, 외교 행위자의 노력이 국가우주 전략으로 통합되어 국가이익을 달성하기 위한 명확한 방향과 책임을 마련할 필요가 있다. 예를 들어 정부가 민간 우주기업과 체결하는 계약에는 전쟁이 발생했을 때 상업 서비스를 사용할 수 있다는 내용을 포함할 수 있다. 또한 중국과 러시아가 우주기업 자산을 전쟁의 표적으로 간주할 경우를 고려하여, 정부는 상업 우주 자산을 국가안보 자산으로 지정할지를 고민해야 한다. 끝으로 정부는 민간 우주기업과의 문제를 남겨두기보다는 중국과 같은 우주 강대국과 전쟁에서 필수적인 우주 자산을 안정적이고 강력하게 구축하는데 우선 순위를 두어야 한다.

정부뿐 아니라 비정부 조직들도 우주 안보에서 역할을 확대하고 있다. 기존 우주 관련 비정부 조직들은 주로 우주과학에서 다양한 활동에 참여하며 대중적 역할을 수행했다. 우주과학의 범위는 지구와 지구를 벗어난 영역까지 포함된다. 예를 들어 다국적 비영리 과학단체인 행성 협회(Planetary Society)는 1980년 천문학자 칼 세이건 등이 설립하였으며 세계 125개국 이상의 과학자, 시민들이 참여하고 있다. 행성 협의의 비전은 “또 다른 세상을 탐구하고 우리가 사는 세상을 이해하며 다른 곳의 생명을 찾도록 지구상 사람들에게 영감을 주자.”이다.

행성 협의의 대표적 활동은 2019년 6월 발사한 태양돛 우주비행체 라이트세일 – 2(Lightsail – 2)이다. 라이트세일 – 2는 칼 세이건의 아이디어를 실현한 우주

비행체로 범선의 돛으로 바람을 이용한 것처럼 얇은 사각형 플라스틱 필름을 펼쳐 태양 빛에서 나오는 알갱이 같은 광자를 이용해 추진력을 얻는다. 라이트세일-2는 약 3년 반 동안 우주 환경 정보를 수집하는 임무를 수행하고 2022년 말 지구 재진입과 함께 소멸되었다.

**<그림 9> 라이트세일-2의 태양돛을 펼친 장면**

ⓒ 행성 협회(planetray.org)[19]

### 우주 잔해물(space debris)

우주 잔해물은 임무 종료 또는 기능이 정지된 우주비행체/위성과 관련된 부속품, 충돌이나 폭발 등으로 생성된 파편으로 지구 궤도에 존재하는 모든 인공 우주물체를 의미한다.[20]

우주 잔해물의 위험은 1978년 NASA의 과학자 도널드 케슬러(Donald J. Kessler)가 발표한 시나리오로 알려졌다. 당시에는 별다른 관심을 끌지 못했지만, 50여 년이 지난 현재 파국이 현실화되는 게 아니냐는 우려가 높아지고 있다. 케슬러는 지구 저궤도의 우주 잔해물 규모가 일정 수준에 도달하면 인공위성에 충돌할 확률도 높아지며, 작은 우주 잔해물과 충돌한 위성이라도 수백 개의 잔해물을 다시 만든다고 강조한다. 새로 만들어진 우주 잔해물 때문에 다른 위성이 충돌할 확률은 더욱 높아진다. 이렇게 기하급수적으로 우주 잔해물이 증가하면 결국 더 이상 위성을 사용할 수 없는 단계까지 이를 수 있다는 시나리오이다.

이 밖에도 다른 위성이나 우주 잔해물과 충돌로 인해 발생한 새로운 잔해물, 인공위성에서 떨어져나온 부품이나 페인트 등 지름 1cm 이하의 미세한 물질도 우주 잔해물로 분류된다. 아무리 작은 잔해물도 저궤도에서는 총알보다 훨씬 빠른 초속 7km가 넘는 속도로 지구를 공전하므로 우주인과 우주비행체에 치명적인 피해를 입힐 수 있다. 실제로 1cm 크기의 잔해물도 이런 속도로 충돌할 경우 20배에 달하는 20cm 보호벽을 파괴할 수 있다. 우주 잔해물은 10cm 이상 크기가 36,500여 개, 1~10cm 크기가 1백만 개, 1mm~1cm 크기가 1.3억 개이며 우주 잔해물의 총 무게는 1만 톤을 넘는다. 이 중에서 우주영역인식 능력이 가장 앞선 미국이 추적하고 있는 우주 잔해물은 32,000여 개에 불과하다.

우주 잔해물은 우주로 발사체가 올라가는 과정부터 발생한다. 우주 발사체가 올라가는 과정에서 대부분 추진체(연료+산화제)로 채워진 1단 발사체는 바다로 떨어지거나 재사용을 위해 지구상에 착륙한다. 2023년 7월 호주 해변에서 발견된 인도 발사체 잔해물처럼 큰 물체가 지속적으로 추락하고 있으며 매년 급증하는 추세다. 한국천문연구원에 따르면 전세계 우주 잔해물이 추락하는 사고가 최근 5년간 884% 이상 증가하였다. 우리나라에서도 2023년 1월 9일 임무를 다한 미국 지구관측위성(무게 2.4톤)이 대기권을 뚫고 지구상에 추락할 것으로 예상되면서 경계경보가 발령되었다. 이 위성은 대전 상공에서 목격될 정도로 한반도를 가까이 지나 알래스카 근처 앞바다에 떨어졌다. 이처럼 2010년 이후에만 한반도가 위험할 수 있는 상황은 중국의 우주 정거장 추락을 포함해 모두 8건이었다.

2024년 3월에는 국제우주정거장에서 버려진 잔해물이 미국 플로리다 가정집 지붕을 뚫고 추락했다. 이 잔해물은 2021년 국제우주정거장의 배터리 교체 작업 후 방출된 약 2,630kg의 폐기물이었다. 원래 이 폐기물은 지구 대기권 재진입 시 완전히 연소될 것으로 예상했으나, 일부가 3년 후 지구로 떨어진 것이었다. 12월에는 케냐 남부 한 마을에 커다란 우주 잔해물이 추락했다. 우주 발사체의 동체 일부로 보이는 이 잔해물은 지름 2.5m, 무게 500kg에 이른다.

호주 해변에서 발견된 인도 우주 잔해물

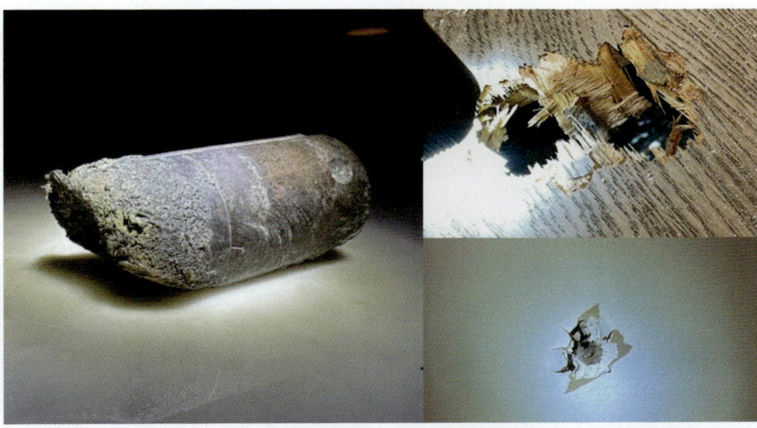

미국 플로리다 가정집 지붕을 뚫고 추락한 국제우주정거장 폐기물

케냐에 추락한 우주 잔해물(무게 500kg, 지름 2.5m)

2025년 5월 10일에는 소련 시절 금성 탐사선으로 발사했던 코스모스 482(Kosmos 482)의 일부가 남태평양 인근에 추락했다. 이 위성은 1972년 3월 발사 당시 로켓 고장으로 우주선이 두 동강 나면서 1981년 본체는 지구로 추락했으며 일부가 지금까지 약 53년 동안 지구 궤도를 돌다가 추락했다. 다행히 아무 피해는 없었지만, 코스모스 482은 금성의 극한 환경을 견디도록 설계된 착륙선이기 때문에, 대기권 진입 시 대부분의 우주 잔해물과 달리 불타지 않고 지상까지 도달할 위험이 높았다.

한편, 고도 100km를 넘어 분리되는 2단 발사체(발사체에 따라서는 3단)는 곧바로 지구에 떨어지지 않고 지구 궤도를 돌게 된다. 이처럼 발사 과정에서 분리된 발사체 일부가 우주 잔해물이 된다. 우주로 발사된 위성도 수명을 다하거나 중간에 고장 등으로 기능을 하지 못할 경우 우주 잔해물이 된다. 수명을 마친 위성이나 잔해물이 저궤도에 있다면 지구 대기권으로 재진입시켜 불타 없어지게 하거나 크기가 커서 모두 불탈 수 없다면 남태평양에 인적이 없는 지역(포인트 니모)으로 추락시켜 심해에 수장시킨다.

만약 큰 우주 잔해물이 지구정지궤도에 있다면 지구 대기권으로 재진입시키는데 많은 연료가 필요하다. 따라서 그보다 200~300km 높은 고도에 있는 무덤궤도(graveyard orbit) 혹은 폐기궤도(disposal orbit)로 이동시킨다. 무덤궤도에서는 지구정지궤도 활동을 방해하지 않으면서도 태양이나 달 중력의 영향을 받지 않고 한 지역에 머물 수 있다.

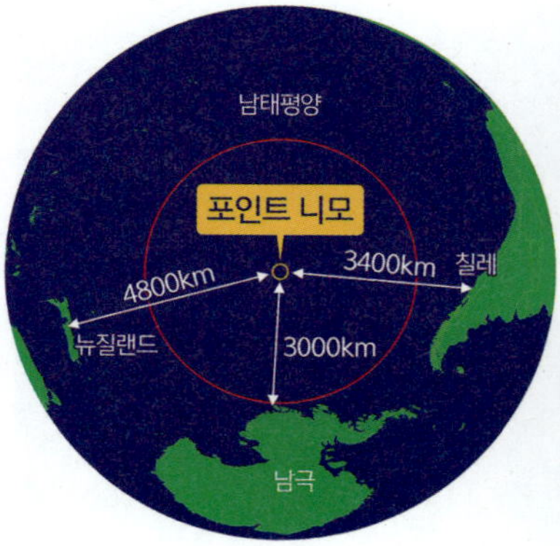

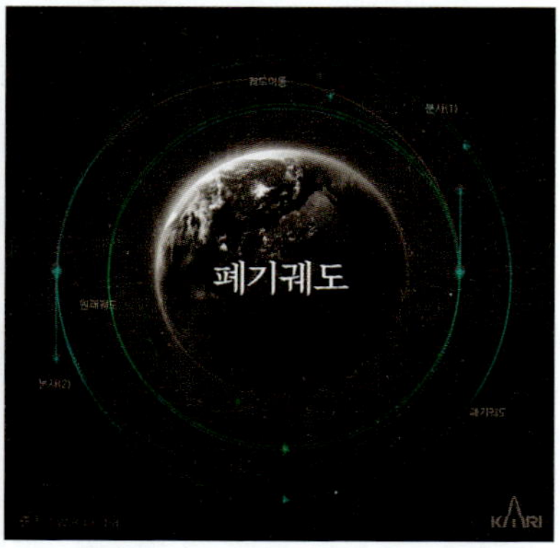


포인트 니모(좌)와 폐기궤도(무덤궤도)(우)

© Wikipedia Commons

# < 그림 10 > 궤도상 물체의 유형별 비중(2025년 기준)

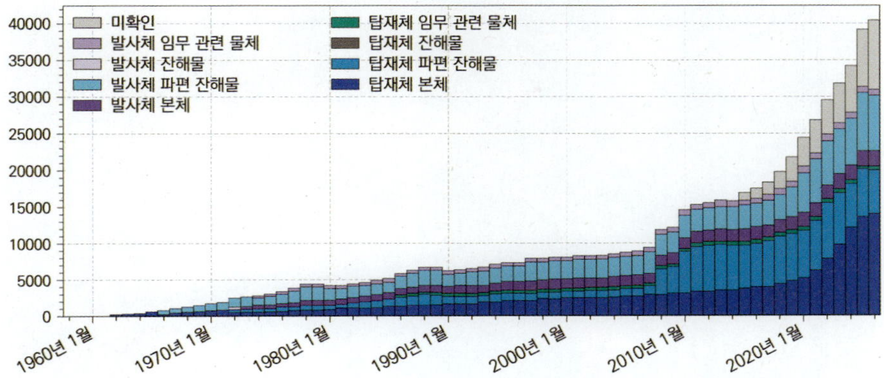


ⓒ ESA Space Debris Office

이처럼 우주 잔해물은 궤도가 낮을수록 지구 대기권으로 진입하여 소멸하거나 지구상에 추락한다. 우주 잔해물이 줄어드는 유일한 경우이다. 예로 들어 저궤도에 있는 잔해물은 지구 대기의 상층부와 상호작용하면서 대기 마찰에 의해 점차 속도가 줄어든다. 속도가 줄면 잔해물은 궤도가 더욱 낮아지며 더 많은 대기 마찰을 겪게 되어 결국 대기권으로 재진입한다. 이때 작은 잔해물은 고온으로 인해 불타 없어지고, 큰 잔해물은 지구상에 추락할 수 있다. 저궤도 잔해물 중에서도 가장 낮은 고도 200km에 떠도는 경우에는 몇 일내로 대기권에 재진입할 수 있지만, 1,000km 이상의 저궤도 잔해물은 100년 이상 지구 궤도를 떠돌 수도 있다. 따라서 약 36,000km에 위치한 지구정지궤도에서 수명이 다한 인공위성은 영원히 우주에 남을 가능성이 높다.

### <그림 11> 우주 잔해물의 궤도별 소멸 예상 시간

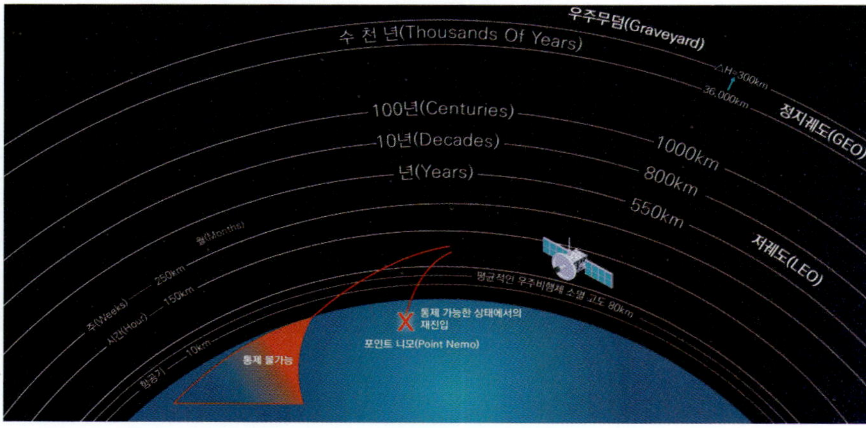


ⓒ 한국과학기술기획평가원

## 우주 환경의 안보적 이슈

### 태양 활동

우주 안보는 지구상 활동을 포함하지만 지구와 물리적 특성이 다른 우주 환경으로부터 영향을 받는다. 유인우주 활동이나 우주 자산의 활용을 위해서는 전문적인 우주물리학이나 천문학이 아니라도 기초적인 우주 환경 지식이 필요하다. 지구가 속한 태양계는 태양의 절대적인 영향을 받고 있다. 먼저 태양이 우주 안보에 미치는 영향을 살펴본다. 태양이 우주와 지구에 위험을 초래할 수 있는 대표적인 요인은 태양 플레어와 코로나 질량 방출에 따른 태양풍이다. 태양풍은 태양 폭발로 인해 지구로 전달되는 전자기파와 고에너지 입자들이다. 태양 폭발은 태양 표면에서 발생하는 거대한 폭발 현상으로 대량의 엑스선, 감마선, 고에너지 입자 등을 방출한다. 강력한 고에너지 입자가 지구를 강타할 경우 지구를 둘러싼 자기장이 불규칙해지면서 자기폭풍이 일어날 수 있다.

태양풍은 지구 자기장과 대기권의 영향으로 대부분 소멸하지만, 일부 플라스마 입자는 지구 전리층에 강한 영향을 미쳐 일시적인 지자기 변동을 일으키면서 발전소나 변전소 같은 전력 시설에 영향을 주기도 한다. 극지방의 하늘을 아름답게 수놓는 오로라(Aurora)도 태양풍으로 인해 지구 자기장이 불규칙하게 변하는 현상이다. 태양풍에 포함된 이온들이 지구의 자기장과 상호작용하면서, 지구 자기장에 갇힌다. 이러한 이온들 중 일부가 자기장의 남북극 근처의 상층대기와 만나 오로라를 형성한다. 우리는 화려한 오로라 뒤에 도사리고 있는 우주 위험을 이해해야 한다.

태양풍에 의해 방출된 전자파 등은 속도의 차이에 따라 3단계로 나뉘어 지구에 도달한다. 가장 먼저 도달하는 것은 빛의 속도로 이동하는 전자파로 약 8분이 걸린다. 전자파는 주로 전파 장해를 일으키고 많은 통신시스템(인공위성, 비행기의 무선 등)을 사용할 수 없게 만든다. 두 번째는 방사선으로, 몇 시간이 걸린다. 이때 우주인은 방사선을 차단할 수 있는 시설로 대피해야 할 정도로 위력이 있다. 마지막은 코로나 질량 방출로 1~2일 정도가 걸린다. 이 단계가 가장 위험하며 자기권 내에 생성되는 전기에너지로 인해 발생한 지자기 유도 전류가 송전선과 배전선을 타게 되면 전류를 방해하여 정전, 전력 시스템과 철도 등 교통, 통신 인프라를 파괴할 수 있다.

**<그림 12> 태양풍 위험**

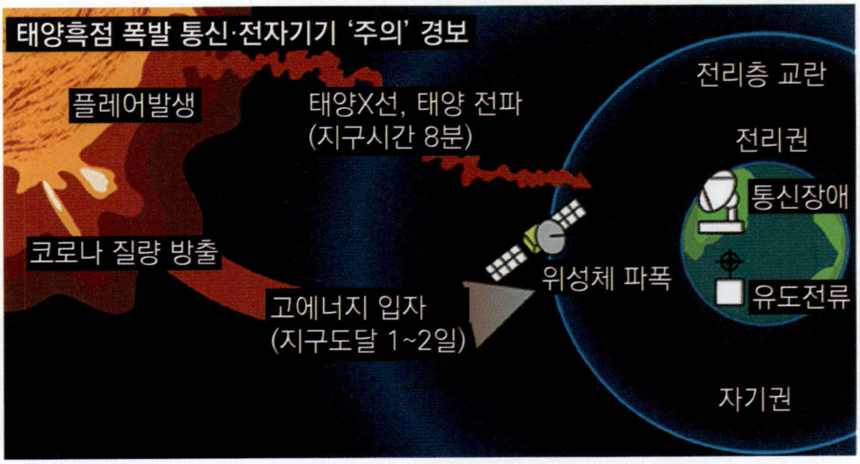


© https://ensxoddl.tistory.com/405

문제는 이런 위험이 주기적으로 반복된다는 점이다. 태양 흑점의 활동은 약 11년 주기로 높아졌다가 낮아지기를 반복한다. 2024년은 태양 흑점이 거세지는 시기이며, 2024~27년 정점에 이를 것으로 전망된다. 태양풍 전문가들은 향후 수년간 이러한 문제가 반복될 수 있으며 빈도는 낮지만 과거보다 심각하게 받아들여야 한다고 경고한다.

2022년 3월에는 SpaceX가 발사한 스타링크 위성 49기 중 40기가 지자기폭풍의 영향으로 쓸려나가 소멸되기도 했다. 태양에서 고에너지 입자가 방출되는 태양풍으로 지자기폭풍이 발생했기 때문이다. 스타링크 위성은 태양풍으로 인해 대기 온도가 상승하고 대기 밀도가 증가하면서 대기로부터 더 많은 저항을 받았다. 이처럼 태양풍은 화성이나 달 등 유인 우주탐사를 계획할 때도 필수적으로 고려해야 한다. 우주에서는 지구의 대기권처럼 태양풍을 막아 줄 수 있는 보호막이 없기 때문에 우주인은 인체에 치명적인 우주방사선과 전자파에 노출될 수 있다. 과학자들은 우주인이 태양 폭발을 관측하고 대피할 수 있는 시간을 15분 정도로 계산했다.

한편 NASA는 화성을 생명체가 살 수 없는 불모지로 만든 원인이 태양이라고 발표했다. NASA는 화성 대기 탐사위성 메이븐(Maven)이 보내온 자료를 분석한 결과 태양풍이 화성의 대기권을 사라지게 만들었다고 밝혔다. 한때 물과 산소가 풍부한 대기를 가졌을 화성이 태양풍으로 현재는 지구 대기의 0.6%만 남은 상황이다. 반면 지구는 대기와 자기장이 있어 태양풍에 의한 많은 전자파(자외선, 가시광선, 적외선, 전파), 입자 등을 막아준다. 유일하게 지표에 도달하는 것이 가시광선과 적외선이다.

또한 지구 주위에는 밴 앨런대라는 보호막이 있다.[21] 밴 앨런대는 지구 대기권 밖에서 지구의 자기장에 붙잡힌 입자들이 자력선을 따라 벨트처럼 휘어진 모양으로 지구를 감싸고 있는 방사능대를 말한다. 지금까지는 우주로부터 빠르게 날아오는 유해 전자들 대부분이 지구 대기에 들어올 때, 대기 입자와 충돌해서 사라지는 것으로 알려져 있었다. 하지만, 밴 앨런대도 태양 활동이 강해지면 교란을 받는다. 그 결과 밴 앨런대에서도 지자기폭풍이 일어나고 오로라를 형성한다. 밴 앨런대가 교란되면 장거리 무선통신이 방해받는 등 지구 생활에 혼란이 일어날 수 있다.

**<그림 13> 태양풍과 밴 앨런대**

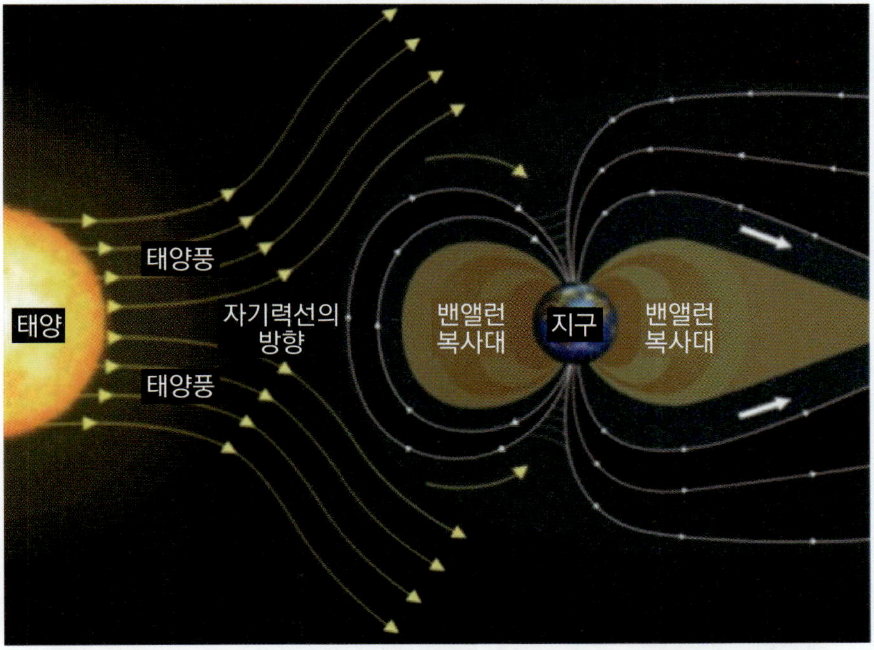


© doopedia

태양풍은 광범위한 영향을 미치기에 완벽하게 대비할 수 없다. 하지만 정확한 예측을 바탕으로 최대한 피해를 줄일 수는 있다. 심각한 피해를 줄이기 위해서는 태양 활동을 관측하는 위성을 활용하여 위험을 전달하고, 이를 바탕으로 발전소 등을 정지시키고 강제로 정전을 실시할 필요가 있다. 처음의 전자파를 넘기면 뒤이어 태양풍이 도달하기까지 정보를 발신하여 필요한 조치를 취할 수 있으므로 태양 활동을 관측하는 위성을 활용해야 한다. NASA는 태양 탐사위성 에이스(Advanced Composition Explorer, 이하 ACE로 표기)를 1997년 발사하여 지구와 태양 사이 라그랑주 점(L1)에 보냈다. ACE 위성은 태양을 감시하며 태양풍의 고에너지 입자 등 물질을 연구하며, 태양풍이 지구에 도달하기 1시간 전 이를 예측할 수 있다.[22] ACE 위성이 원거리에서 태양을 관측한다면 태양에 근접하여 연구하는 탐사위성도 있다. NASA가 2018년 발사한 파커 솔라 프로브(Parker Solar

Probe, 이하 PSP로 표기)는 태양 표면에서 약 620만km 거리까지 근접하여 태양풍과 태양의 표면 온도가 높아지는 현상인 코로나 활동을 관측한다. 태양과 지구 사이의 거리를 100m라고 하면 PSP 위성은 4m까지 근접하는 셈이다. PSP 위성의 프로젝트가 "태양을 만져라(Touch the Sun)"인 이유이다. 이로 인해 PSP 위성은 태양의 엄청난 열을 견디기 위해 표면을 탄소복합체 열보호체계로 덮었다. PSP는 태양의 엄청난 중력도 견뎌내야 한다. 하지만 탐사위성의 추력기로는 태양의 중력을 피할 수 없기 때문에 금성과 태양 사이를 오가는 스윙바이(swing by) 기술을 사용한다. 즉 금성을 지나며 중력으로부터 얻은 가속으로 태양에 근접하여 돌아오는 원리이다.

**<그림 14> 태양 탐사위성 에이스(좌)와 파커 솔라 프로브(우)**

ⓒ Wikipedia Commons

### 우주에 아무 것도 존재하지 않다면 우주는 무엇으로 이루어져 있을까?

과학자들은 암흑 물질과 암흑 에너지의 가능성을 밝히고자 노력 중이다. 현재 우리가 우주 물질에 대해 알고 있는 것은 5%에 지나지 않는다. 25%의 암흑물질, 70%의 암흑 에너지로 채워져 있다고 추정한다. 알려진 물질은 원자를 구성하는 전자(렙톤)와 양성자, 중성자(더 작게는 쿼크) 등이다. 우주에는 이러한 입자로 구성되지 않은 빛을 낼 수 없는 어두운 물질이 존재한다고 알려져 있다. 이를 암흑물질이라고 한다. 우리는 아직도 암흑물질을 구성하고 있는 입자의 정체를 모른다. 우주의 구성에서 더 많은 부분을 차지하고 있는 암흑에너지는 물질도 아니고 빛에너지도 아닌, 알 수 없는 에너지라는 뜻에서 암흑물질과 대칭적으로 이름이 붙여졌다. 암흑에너지의 정체도 아직 모른다.

### 중력

우주 안보를 위해 우주 자산의 위치나 이동을 활용하려면 중력을 이해해야 한다. 중력은 우주의 어느 곳에서나 작용하는 힘이다. 흔히 우리는 우주를 무중력 상태로 알고 있지만, 정확히 말해 무중력 상태가 중력이 없는 상태를 의미하진 않는다. 지구에서 약 400km 고도에 위치한 국제우주정거장에는 지구에서보다 12% 적은 중력이 작용한다. 즉 지구에서 1g은 국제우주정거장에서는 0.88g이 된다. 그런데 국제우주정거장에서 우주인들이 무중력 상태로 보이는 것은 실제로 중력이 없어서가 아니라 다른 위성과 마찬가지로 국제우주정거장이 지구 궤도를 빠르게 돌면서 생긴 원심력으로 인해 중력을 느끼지 못하기 때문이다.

이러한 원리는 비행기를 이용한 무중력 체험에도 적용된다. 비행기가 공중에서 포물선 모양으로 자유낙하하는 상태를 만들면 비행기 안에 있는 사람은 무중력 상태가 된다. 국방·정보 우주 차원에서 이러한 원리는 우주인 양성을 위한 훈련에 활용된다. 우리나라에서도 유인 우주비행 프로젝트를 다시 시작한다면 공군 항공기를 이용하여 우주인 훈련과 우주의학 프로그램을 운영할 수 있다. 항공기를 이용한 우주인 무중력 훈련은 한 번 이륙하면 고도에 따라 여러 차례 수행할 수 있다는 장점이 있다. 우리나라 최초의 우주인 이소연씨도 러시아에서 진행된 우주인 훈련에서 이 과정을 통과했다. 우주 경제 차원에서는 같은 원리가 체험상품이 될 수 있다. 미국에서는 2008년부터 제로지(Zero G)라는 기업이 비행기를 이용하여 상업용 무중력 비행체험을 운영하고 있다.

인공위성과 같은 우주 물체는 중력과 원심력으로 인해 궤도에서 지구로 떨어지지 않고 빠르게 돌고 있다. 궤도에서는 대기가 없기 때문에 우주 물체의 속력을 늦추는 항력(마찰)이 없으므로 일정한 속도를 유지할 수 있다. 따라서 정지궤도 이하에 위치한 위성은 지구의 특정 지역을 빠르게 지나간다. 우리나라가 저궤도에서 운용하는 군정찰위성은 위성 1개당 하루에 2~3회만 한반도 상공을 통과한다. 이렇게 특정 지역을 반복해서 지나는 기간을 재방문 주기라고 한다. 군정찰위성 5기가 운영되는 경우 한반도 재방문 주기는 하루 2시간으로 예상되며, 영상을 촬영할 수 있는 시간은 2~3분 정도이다. 군정찰위성의 임무는 표적을 24시간 감시할 수 있어야 효과적이다. 그래서 우리나라는 초소형위성을 군집으로 발사하여 재방문 주기를 30분까지 단축하고자 한다.[23]

### 인공위성과 중력

인공위성이 지구로 추락하지 않고 궤도를 도는 원리도 중력과 관련이 있다. 지구에서 발사한 인공위성은 지구를 벗어나려는 원심력과 지구에서 중력이 끌어당기는 만유인력이 같을 때 일정한 궤도를 유지하며 지구를 돌게 된다. 이때 저궤도(100km)를 기준으로 위성이 일정하게 도는 속도는 초속 7.9km이고 이를 제1우주속도라고 한다. 이제 지구에서 달로 이동해보자. 지구를 돌고 있는 위성이 달을 향하기 위해서는 원심력을 높여야 하며 따라서 제1우주속도보다 빨라야 한다. 이때 지구의 중력을 벗어날 수 있는 최소한의 속도를 일명 탈출속도라고 하는데, 이것이 제2우주속도이다. 제2우주속도는 초속 11.2km이다. 참고로 달 궤도에서 달 중력을 벗어나기 위한 탈출속도는 초속 2.4km이다. 그러므로 지구에서 발사하여 달에 착륙하기 위한 우주선은 제2우주속도로 지구를 벗어난 이후 달 궤도를 지나치지 않기 위해 속도를 초속 2.4km로 줄여야 한다. 우주는 관성의 법칙에 따라 공기 저항이 없는 상태에서 물체가 같은 속도를 움직이는 공간이기 때문이다. 지구에서 화성으로 이동하는 것보다 달에서 화성으로 이동하는 방식이 갖는 여러 가지 이점 중 달 궤도의 탈출속도가 지구보다 낮기 때문에 연료가 적게 드는 점도 포함된다.

### 위성은 무게에 따라 다음과 같이 구분된다.

대형위성: 1000kg 이상
중형위성: 500~1000kg
소형위성: 100~500kg
초소형위성 100kg 이하 통칭

- 마이크로위성(Micro): 10~100kg
- 나노위성(Nano)(큐브위성): 1~10kg
- 미소위성(Pico): 0.1~1kg
- 극소위성(Femto): 0.1kg 이하

중력에 대한 이해에 가장 큰 공헌을 한 과학자는 뉴턴(Isaac Newton, 1643~1727)과 아인슈타인(Albert Einstein, 1879~1955)이다. 뉴턴은 1687년 프린키피아라는 책에서 중력을 만유인력(universal gravity)이라고 불렀다. 뉴턴은 중력에 관한 공식을 수립했으며,[24] 중력이 지구뿐 아니라 우주에도 보편적으로 작용하는 힘임을 알아냈다. 나무에서 떨어지는 사과, 바다의 조수간만, 지구를 공전하는 달 등도 두 물체가 서로 끌어당기는 현상이라고 설명한다. 인류가 다른 생명체와 달리 지구를 지배하고 우주를 탐사할 수 있었던 것은 이처럼 보이지 않는 것을 생각하고 상상할 수 있는 능력 때문이다.[25] 뉴턴의 중력 법칙 때문에 과학자들은 행성의 움직임을 정확히 예측할 수 있게 되었다.

아인슈타인은 뉴턴의 완벽하지 않았던 부분을 보완하였다. 1915년 아인슈타인은 행성의 중력 때문에 행성 주변의 시공간이 왜곡되며 그러한 구조로 인해 행성들이 주위를 돈다고 주장했다. 또한 아인슈타인은 빛도 중력에 의해 휘어진다고 주장하고 이를 검증할 수 있는 실험을 제안했다. 개기일식 때, 태양 뒤에 있는 다른 별의 빛이 태양 중력으로 휘면서 태양 옆에서 볼 수 있다는 제안이었다. 1919년 아서 에딩턴(Arthur S. Eddington)이 이 실험을 관측으로 증명하여 아인슈타인은 세계적으로 명성을 얻게 되었다. 이처럼 중력에 대한 과학적 지식은 과학의 영역에만 머물지 않는다. 예를 들어 중력에 의해 우리가 움직이는 물체(항공기나 우주비행체 등)에 있다면 지구상에 고정된 위치에서보다 시간이 늦게 간다. 이런 시차는 거리가 멀수록 더 커진다. 우주에서는 중력이 작으므로 시간은 더 빠르게 간다. 따라서 위성과 지구의 시차는 거리와 이동 속도에 따라 달라진다. 이러한 원리는 일상생활과 군사용으로 필수적인 위성항법체계에 오차를 발생시킨다. 위성항법체계로 지구상 위치를 정확히 파악하려면 거리와 이동 속도에 따른 차이를 보정해야 한다. 실제로 처음 미 공군에서도 글로벌위치시스템(Global Positioning

System, 이하 GPS로 표기)이라는 위성항법체계를 만들면서 오차가 왜 발생하는지 이해하지 못했다.

### 전략적 요충지

지구상 전장과 마찬가지로 우주에도 전략적 요충지가 있다. 흔히 우주는 우주 비행체의 추진력으로 자유롭게 이동할 수 있는 공간으로 생각한다. 틀린 생각은 아니다. 하지만, 우주에서 추진체를 사용하는 만큼 우주 자산의 수명은 줄어들게 된다. 현재는 지구상과 달리 우주 자산의 재급유나 보급이 어렵기 때문이다. 평시에도 우주 자산은 자세제어, 잔해물 회피 등 필수적인 활동에만 추친체를 사용해야 하므로 자유로운 이동은 제한될 수밖에 없다.

우주 안보의 세 가지 측면에서도 마찬가지다. 국방·정보 우주 측면에서 적을 상대하기 유리한 위치, 우주 경제 측면에서 상업 기능(통신, 관광 등)을 효과적으로 할 수 있는 위치, 우주 외교 측면에서 먼저 선점하면 규범을 선도할 수 있는 위치가 모두 요충지이다. 이처럼 전략적 요충지는 우주 자산이 거점을 운영하거나 이동하는데 유리한 지점들이다. 우주에서 거점은 우주 자산이 안정적으로 임무를 수행하고, 자원을 쉽게 보급받거나 지원할 수 있으며, 본 임무를 효율적으로 수행할 뿐 아니라 다음 거점으로 이동하기 쉬운 위치이다. 우주라는 거대한 공간에도 불구하고, 전략적 요충지는 유한하기 때문에 경쟁과 갈등의 원인이 될 수 있다. 여기서는 우주의 전략적 요충지로 지구와 같은 천체 궤도, 라그랑주 점, 시스루나 공간에 대해 살펴본다.

#### 천체 궤도(지구)

우주 물체는 천체가 가진 중력으로 인해 천체 주위를 일정한 경로로 돌게 되는데 이를 궤도라고 한다. 모든 우주 자산의 움직임은 중력의 영향을 받기 때문에 우주를 활용하려면 궤도의 힘을 이해해야 한다. 모든 행성은 중력에 의해 궤도를 갖는다. 현재 활발히 진행되고 있는 달 탐사도 달 궤도에 우주 정거장을 건설하는 등 우주 안보 차원에서 궤도 활용성을 고려해야 한다. 여기서는 지구를 예로 들어 천체의 궤도 활용성을 이해한다.

지구 궤도는 지구 해수면으로부터 고도와 궤적에 따라 크게 저궤도(Low Earth Orbit, 이하 LEO로 표기), 중궤도(Medium Earth Orbit, 이하 MEO로 표기), 정지궤도(Geostationary Earth Orbit, 이하 GEO로 표기), 고타원궤도(Highly Elliptic Orbit, 이하 HEO로 표기) 등으로 구분된다. 궤도의 특성에 따라 인공위성의 활동 범위가 달라지기 때문에 궤도별 위성의 임무도 달라진다.

일반적인 궤도 구분은 저궤도에서 시작한다. 하지만 과학기술의 발전과 궤도별 활용 목적이 다양해지면서 최근에는 저궤도 이하의 초저궤도(Very Low Earth Orbit, 이하 VLEO로 표기) 위성도 개발되고 있다. 이런 점에서 공중과 우주의 경계는 과거보다 명확하지 않다. 공중과 우주는 물리적으로 다른 것은 사실이지만, 우주 안보 차원에서 국방·정보, 경제, 외교적으로 발생하는 경쟁과 협력은 높은 공중 영역과 낮은 우주 영역의 경계를 허물고 있기 때문이다. 우주는 고도

**<그림 15> 지구 궤도의 구분**

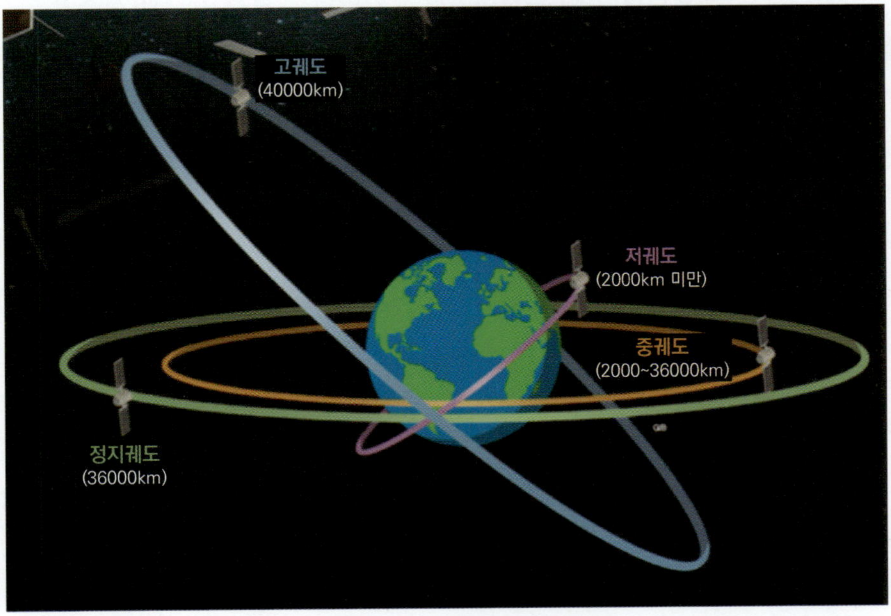


ⓒ 게티이미지뱅크

100km(카르만 라인)부터 시작되지만 초저궤도로 구분되는 고도 200km 미만에서는 대기 밀도로 인해 발생하는 항력이 있어 고도를 유지하는데 많은 연료를 소비해야 한다. 초저궤도는 지구와 가까운 만큼 세밀한 지구관측이 가능한다. 따라서 군사적 감시정찰위성에 적합하며, 기상 변화와 기후 패턴을 분석하기 대기 상층부의 기압, 구름의 움직임 등을 연구하는 데에도 유용하다.

저궤도는 고도 200 ~ 2,000km에 해당한다. 저궤도는 지구와 가까운 고도이므로 고화질의 이미지가 필요한 군사적 감시정찰에 적합하며, 지상의 다양한 변화를 확인할 수 있는 지구관측위성도 운용된다. 저궤도에서는 전파의 송수신 시차가 짧아 빠른 통신과 정보 전달이 가능하기 때문에 통신위성의 기능에도 유리하다. 지구에서 전파가 위성을 왕복한 시간을 전파지연시간이라고 하는데 약 36,000km인 정지궤도가 0.5초일 때 저궤도는 0.025초이다. 저궤도는 정지궤도보다 전파의 송수신에 유리하지만 지구상 특정 지역을 빠르게 지나가므로 송수신을 지속할 수 있는 시간은 짧은 단점이 있다. 또한 저궤도는 위성의 해상도가 좋아지면서 급증하는 데이터 용량에 대응하기 수월하다. 지구상에는 자율주행 자동차, 도심항공 모빌리티 등 무선데이터에 기반한 새로운 기술과 제품이 증가할 것이다. 지상 무선데이터 네트워크로는 이를 감당하기 어렵다.

대신 저궤도에서는 위성이 지구를 빠르게 돌기 때문에 한 지점을 오래 감시할 수 없고, 넓은 면적을 관할하기 위해 많은 위성이 필요하며 원활한 지휘통제를 위해 다양한 지상시설에 의존한다. 또한 궤도상 대기와 근접한 저항이나 중력에 맞서기 위해 반복적인 연료 분사가 필요하며, 만약 궤도 유지에 실패하면 24시간 이내에 대기권으로 재진입할 수 있다. 저궤도는 정지궤도보다 송수신에 유리하지만 지상의 좁은 영역만 담당할 수 있기 때문에, 다수의 위성을 배치하여 끊김이 없이 접속을 유지할 필요가 있다. 저궤도 위성이 점차 대규모 군집형태를 갖추는 이유이다.

중궤도는 고도 2,000~36,000km 영역으로 최소 24개 위성의 군집으로 운용할 경우 지구의 모든 지역을 지속적으로 관측할 수 있으며, 통신위성도 운용할 수 있다. 중궤도에서는 고에너지 입자가 지구 자기장에 붙잡혀 만들어진 밴 앨런대를 피해서 위성을 배치해야 한다. 이 영역에서는 방사능 수치가 높아 인공위성의 내부가 피해를 입기 쉽고 우주인도 활동을 피해야 한다. 밴 앨런대는 지구와 가까운 1,500~5,000km에 위치한 내측 영역과 15,000~30,000km에 위치한 외측 영역인 이중 구조로 되어 있다. 중궤도에서는 위성속도가 저궤도보다 늦고 위치계산 확률이 낮으며 위성 수도 적게 필요하므로 위성항법체계에 효율적이다.

정지궤도는 고도 약 36,000km 영역으로 지상에서 보면 정지궤도에 위치한 위성은 24시간 내내 그대로 정지해 있는 것처럼 보인다.[26] 정지궤도 위성과는 송수신을 위해서 지구의 안테나를 움직일 필요가 없으므로 중단없이 전파와 데이터를 주고받을 수 있다. 전파지연시간에도 불구하고 많은 통신위성을 정지궤도에서 운용하는 이유이다. 또한 정지궤도에서는 3개의 위성만으로도 지구 전체를 커버할 수 있으므로 글로벌 수준에서 지속적인 임무가 필요한 기상위성, 항법위성, 탄도미사일 조기경보위성도 적합하다. 정지궤도에서는 자전과 동일한 회전주기로 인해 저궤도 위성과 달리 지상국과 위치확인을 위한 통신이 불필요하며, 지상 수신안테나는 위성정보를 받기 위한 위치조정이 필요없다.

정지궤도에서 가장 효과적인 위치는 적도 면을 따라 위치한 지구동기궤도이다. 지구동기궤도는 특정 적도 지점 위에 24시간 자리할 수 있으며, 타원형인 지구 모양을 고려할 때 적도에서 남·북극 지역까지 지구 대부분에서 임무를 수행할 수 있다. 그러나 지구동기궤도는 적도면을 따라 360도에만 위성을 위치시킬 수 있기 때문에 위성 배치가 제한된다. 평균 3도 간격으로 위성을 배치할 경우 동일궤도면에서 총 120기만 지구동기궤도에 올릴 수 있다. 이처럼 지구동기궤도에 위치한 위성들은 이웃 위성과 간섭 현상이 발생할 수 있으며 위성이 더 많아질수록 정지궤도 환경은 열악해진다. 따라서 정지궤도를 선점하는 것은 우주 안보 차원에서 중요하다. 특히 정지궤도는 한 곳을 지속적으로 감시하거나 끊김이 없는 통신을 할 수 있기 때문에 국방·정보 우주 측면에서 활용도가 높다. 정지궤도는 저궤도나 중궤도보다 높고 일정한 위치를 유지하기 때문에 통신중계를 통해 지구 반대편으로 데이터와 통신을 전송할 수도 있다. 반면 저궤도는 약 90분에 지구를 한 바퀴 도는 속도로 이동해야 한다. 이때 저궤도를 도는 위성은 지구를 한 바퀴 돌아도 원래 위치로 돌아오지 않는다. 위성이 한 바퀴 도는 동안 지구가 자전하므로, 위성은 서쪽으로 더 이동해서 지나간다. 이러한 원리를 이용하면 북극과 남극을 지나는 극궤도(polar orbit) 위성은 전 세계를 커버할 수 있다.[27] 실제로 국방·정보 우주 분야에서는 극궤도 위성으로 전 세계 군사시설을 정찰하고 핵무기를 감시한다. 또한 태양돛이나 소형추진체를 사용하는 위성은 극정지궤도(Pole-Sitter Orbit)에 계속 머물며 북극이나 남극 수직 상공에서 특정 지역 혹은 반구 전체를 지속해서 커버할 수 있다.

고타원궤도는 지구를 가까이 지나는 근지점(약 1,000km)과 멀리 지나는 원지점(약 40,000km)을 거치는 긴 타원형 궤도이다. 고타원궤도를 지나는 위성은 지구에서 가장 먼 지점을 지날 때, 가장 천천히 움직이므로 특정 지역 상공에서 오래 머무를 수 있다. 고타원궤도의 원일점에서 위성 3개를 교대로 운영하면 지구 전체를 커버할 수 있다. 반대로 가장 가까운 지점을 지날 때는 위성의 속도도 빠르므로 이 지점에서 활용도는 높지 않다. 고타원 궤도는 중위도와 고위도 지역에서 높은 각도를 유지할 수 있어 고층 건물이 많은 대도시에서 위성정보를 제공하는데 수월하다. 고타원궤도 위성은 다른 궤도의 위성시스템을 간섭하지 않도록 운용하는 것이 중요하며 항법, 통신, 조기경보위성에 적합하다. 특수한 궤도를 지나는 특성 탓에 전체 위성 중 고타원궤도 위성은 약 1.7%에 불과하다. 지구 북반구에 넓게 위치한 러시아가 고타원궤도를 활용한 위성에 적극적이다. 러시아는 2021년 첫 북극 기상위성을 고타원궤도에 발사하여 15~30분 간격으로 북극의 기후와 환경을 관찰하고 있다.[28]

### 궤도별 활용 분야

| 구분 | 고도 | 활용 분야 |
|---|---|---|
| 초저궤도(VLEO) | ~ 200km | 감시정찰위성, 기상위성 |
| 저궤도(LEO) | 200 ~ 2,000km | 통신위성, 감시정찰위성, 유인 우주비행선 |
| 중궤도(MEO) | 2,000 ~ 20,000km | 통신위성, 항법위성 |
| 고타원궤도(HEO) | 저궤도 ~ 40,000km | 통신위성, 감시정찰위성, 조기경보위성 |
| 지구동기궤도(GEO) | 약 36,000km | 통신위성, 감시정찰위성, 조기경보위성, 기상위성 |

## 우주의 경계

우주의 경계에 대한 합의된 정의는 없다. 1959년에 유엔이 설립한 "우주의 평화적 이용을 위한 위원회"에서도 반세기가 넘도록 우주의 경제를 논의했지만, 100~110㎞를 주장한 구 소련의 국가들과 달리 미국, 영국 등 상당수 국가는 과학적 분석 아래 경계선을 결정해야 한다는 입장이었다. 이에 따르면 우주는 지구 대기의 영향이 지구 중력의 영향보다 약해지는 곳부터라는 주장이다. 대기가 희박해 양력을 만들 수 없어 항공기가 날 수 없고 궤도를 일정 높이로 유지할 수 있는 위치가 우주의 경계라는 것이다.

현재 가장 널리 인정받는 우주의 경계는 고도 100km의 카르만 라인이다. 카르만 라인은 지구의 대기가 옅어지면서 항공기가 날지 못하는 높이를 처음으로 계산한 헝가리 수학자 시어도어 본 카르만의 이름을 땄다. 국제법적으로 해수면 고도 100km 이하에서는 항공법을 적용하는 것과 달리 고도 100km 이상에서는 우주법을 적용한다. 미국 연방항공국도 카르만 라인을 우주의 경계로 인정한다. 하지만 다른 기관에서는 이를 꼭 따르진 않는다. 미 공군과 NASA는 고도 80㎞ 이상 오른 우주인에게 우주 비행을 인정하는 배지를 수여하고 있다.

우주의 경계는 왜 필요할까? 우주의 경계가 단기적으로 중요한 것은 아니지만 우주에 대한 법적 정의는 우주 경제와 국방·정보 우주에도 영향을 줄 수 있다. 어느 나라에도 속하지 않은 공역인 우주와 한 나라에 속한 영공을 가르는 기준이 우주 경계에 따라 결정되기 때문이다. 우주의 활동이나 피해가 누구의 책임인지도 우주의 경계와 관련될 수 있다. 다른 국가의 영공을 지나는 경우 법적 분쟁이 발생할 수 있기 때문이다. 민간우주기업들이 우주 개발에 뛰어드는 것도 우주 경계의 필요성을 부추긴다. 미국의 우주기업 시에라 스페이스(Sierra Space)는 우주왕복선처럼 상공에서 활강해 내려오는 비행선을 개발 중이다. 이런 방식으로 우주에서 지구로 귀환하는 경우 다른 나라를 거쳐 감에 따라 발생하는 법적 문제에 대한 기준이 필요하다.[29]

법적 다툼으로 이어지진 않았지만, 우주의 경계에 대한 논란은 최초의 민간우주관광 기업이 누구냐는 논란으로 번졌다. 2017년 리차드 브렌슨(Richard Branson)은 자신의 우주기업 버진 갤럭틱(Virgin Galactic)이 개발한 우주비행선 'VSS 유니티'에 탑승해 고도 88.6km에 도달하여 약 4분간 무중력에 가까운 미세중력 상태를 경험하고 내려왔다. 7일 뒤 제프 베조스(Jeff Bezos)는 블루 오리진(Blue Origin)이 개발한 뉴 셰퍼드(New Shepard)를 타고 탑승객과 함께 11분간의 우주 비행을 마치고 돌아왔다. 베조스는 고도 100㎞의 카르만 라인을 돌파했는데 이를 두고 자신이 진정한 민간 우주여행에 성공했다고 주장했다.

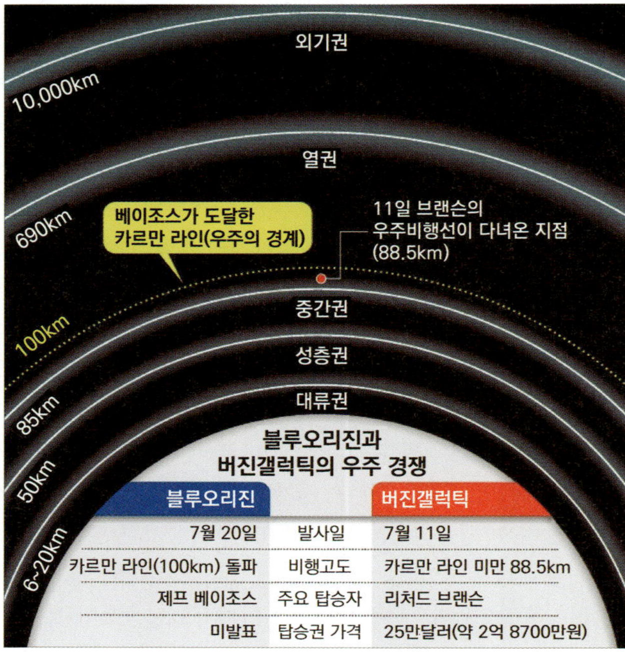


© 한국경제

## 라그랑주 점(Lagrangian point)

우주에서는 어떤 물체(다른 천체를 포함)도 천체 근처에 있으면 중력의 영향으로 위치가 계속 변화한다. 하지만 두 천체가 하나의 물체를 끌어당기면 물체가 가진 원심력과 물체에 작용하는 두 천체의 중력이 상쇄되어 물체가 받는 힘이 0이 되는 지점이 존재한다. 이 지점을 라그랑주 점이라고 한다. 라그랑주 점에 위치한 위성은 최소의 에너지로 같은 위치를 유지할 수 있기 때문에 우주망원경과 같이 우주관측 자산이 임무를 수행하는 데 효과적이다. 수학적으로 라그랑주 점은 <그림 16>과 같이 모두 L1~L5까지 5개가 존재한다.

**<그림 16> 태양과 지구 사이 라그랑주 점**

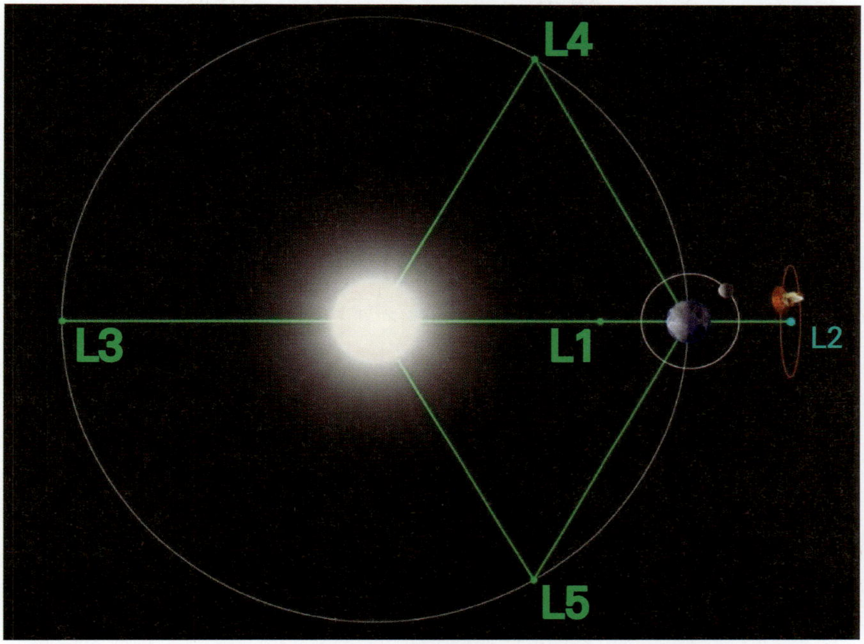


ⓒ NASA

이 중 L1~L3는 불완전 평형점이고 L4~L5는 완전 평형점이다. 불완전 평형점은 물체가 그 지점에서 살짝 벗어나면 다시 제자리로 돌아오지 못하는 지점이지만, 완전 평형점은 약간 벗어나도 다시 제자리로 돌아올 수 있는 지점이다. 예를 들어 제임스 웹 우주망원경(James Webb Space Telescope)은 불완전 평형점인 L2(지구에서 150만km)를 중심으로 회전하며 이를 위해 연료를 소비하면서 가동 중이다. 연료가 모두 소모되면 수명도 다하게 된다. 이처럼 불완전 평형점인 L1~L3 주변을 도는 궤도를 헤일로 궤도라고 한다. 만약 제임스 웹이 헤일로 궤도를 돌지 않고 L2 중심에 고정되어 있다면, 지구가 태양을 가리기 때문에 제임스 웹은 태양 전지판을 활용하기 어렵다.

그렇다면 제임스 웹이 연료를 소모하면서 불완전 평형점인 L2에 위치한 이유는 무엇일까? 완전 평형점인 L4와 L5의 경우 너무 안정적인 탓에 주변의 운석들까지 끌어들이기 때문이다. 만약 제임스 웹이 L4나 L5에 있다면 운석과 충돌하여 고장날 가능성이 있다. 같은 불완전 평형점인 L3는 태양 반대편이다. 지구에서 볼 때 망원경이 태양에 항상 가려지는 탓에 좋은 위치가 아니다. L1은 태양과 가깝기 때문에 태양열과 지구 적외선의 영향을 쉽게 받으며 지구가 시야를 가려 관측을 제한할 수 있다. 반면 L2에 위치하면 지구에서 볼 때 우주망원경은 항상 같은 위치에 있게 된다. 만약 매일 우주망원경의 위치가 달라진다면 관측해야 하는 별이 지구에 가려져 관측을 못할 수가 있다. 또한 제임스 웹은 태양차단막(Sun Shield) 때문에 지구보다는 태양을 중심으로 공전하는 L2에 있는 것이 좋다. 태양차단막은 태양에서 오는 빛을 막는 동시에 지구에서 나오는 적외선도 막는다. 제임스 웹이 지구를 중심으로 공전하면 아무리 잘 조절해도 태양과 지구에서 오는 적외선 중 하나는 차단할 수 없다. 하지만 L2에서는 제임스 웹의 태양차단막으로 태양열과 지구 적외선을 모두 가릴 수 있다.

### 제임스 웹 우주망원경(James Webb Space Telescope)

제임스 웹은 우주에서 적외선을 관측하는 망원경으로 크기는 가로 20m, 세로 14m에 달하며, 아파트 9층 정도에 해당한다. 제임스 웹은 현존하는 광학 우주망원경 중에서 가장 크며, 뛰어난 적외선 분해능*과 감도를 갖추었다. 기존의 허블 우주망원경도 관측하기 어려울 정도로 멀고 어두운 천체들을 관측할 수 있다. 이를 통해 최초의 별과 최초의 은하가 형성되는 모습을 포착하는 등 천문학과 우주론 분야에서 광범위한 성과를 기대하고 있다.

제임스 웹 이전의 대표적인 우주망원경은 허블이었다. 1990년부터 30년 넘게 다양한 우주의 사진을 찍으며 우주에 대한 인류의 인식을 심어주었다. 제임스 웹은 허블 우주망원경의 100배 달하는 성능이다. 허블의 주경은 직경 2.4m의 거울 하나다. 반면 제임스 웹은 1.3m짜리 거울을 18개 합친 주경을 사용하며 직경이 6.5m이다. 따라서 제임스 웹이 허블에 비해 7배 더 어두운 빛을 관측할 수 있다. 관측하는 빛의 종류도 다르다. 허블은 상대적으로 에너지가 많은 가시광선과 근적외선을 관측한다. 제임스 웹은 에너지가 적은 중적외선 관측도 가능하므로 우주에 가득찬 먼지인 성간물질을 투과해서 볼 수 있다. 제임스 웹의 적외선 관측이 중요한 이유는 최초의 별과 은하를 관측하기 위해서다. 오래된 빛은 적색편이에 의해 에너지를 점점 잃게 된다. 따라서 우주 탄생 이후 생긴 최초의 별과 은하에서 나온 빛도 점점 에너지가 낮아져 현재는 적외선으로 전 우주에 퍼져 있다. 제임스 웹 우주망원경은 허블보다 장점만 있는 것은 아니다. 허블은 지구 저궤도에 위치하여 수리가 가능했으며 이제까지 5번 수리하여 유지해왔다. 하지만 제임스 웹은 운석 충돌이나 고장으로 기능을 상실할 경우 수리가 불가능하다. 사고나 고장이 없을 경우 제임스 웹의 설계 수명은 5~10년이다.

NASA는 유럽우주청(ESA), 캐나다우주국(CSA)과 협력하여 제임스 웹을 개발했으며 약 100억 달러가 들었다. 망원경의 개발은 메릴랜드에 소재하는 NASA의 고더드 우주비행센터가 맡았으며, 망원경의 운용은 존스홉킨스대학교 우주망원경과학연구소가 하고 있다. 망원경의 명칭은 1961년부터 1968년까지 NASA 국장으로 머큐리, 제미니, 아폴로 계획을 추진한 제임스 웹의 이름에서 따왔다.

ⓒ NASA

우주 안보 차원에서 라그랑주 점은 전략적 요충지이다. 완전 평형점인 L4와 L5은 태양, 지구, 달을 모두 감시할 수 있으므로 우주기반 영역인식 자산을 배치할 수 있다. 실제로 중국은 가장 먼저 라그랑주 점(L5)에 2026년까지 태양 탐사선을 보낼 계획이다. L5는 지구보다 최소 3일 먼저 태양 활동을 포착할 수 있고, 태양풍이 지구에 도달하기 전에 상태를 예측하는 등 우주 환경과 기상관측에도 유리하다. 중국의 계획은 우주과학 발전과 함께 전략적 요충지 선점의 효과가 있다. 이 밖에도 라그랑주 점(L1, L2)도 지구와 달 사이를 이동하는 아군과 상대방의 우

* 분해능(分解能, spatial resolution)이란 광학기기의 성능을 나타낼 때 사용하며, 서로 떨어져 있는 두 물체를 서로 구별할 수 있는 능력을 의미한다. 예를 들어 분해능이 작다면, 아주 가까워 보이는 두 물체도 서로 다른 물체로 볼 수 있고, 분해능이 크다면, 서로 떨어져 있는 두 개의 물체임에도 불구하고, 하나의 물체로 인식할 수 있다. 즉, 물체를 잘 구분하기 위해서는 분해능이 작을수록 좋다.

주 자산을 감시할 수 있으며 우주 내 통신중계를 수행한다. 중국은 2019년 인류 최초로 달 뒷면에 착륙할 때, 달 착륙선(창어-4)과 지구 간 통신중계를 위해 달 너머에 있는 라그랑주 점(L2)에 위치한 위성(췌차오)을 활용했다.[30] 이전까지 미국, 소련 등 달 착륙을 시도한 국가들은 모두 달 앞면을 목표로 했다. 우리가 지구에서 보는 달은 항상 같은 면(달의 앞면)으로 달이 지구를 도는 공전주기와 스스로 도는 자전주기(약 27.3일)가 거의 같기 때문이다. 따라서 달 뒷면에 착륙하면 달과 지구와 직접 교신이 불가능하다.

**<그림 17> 달 뒷면에 착륙한 창어-4 탐사도**

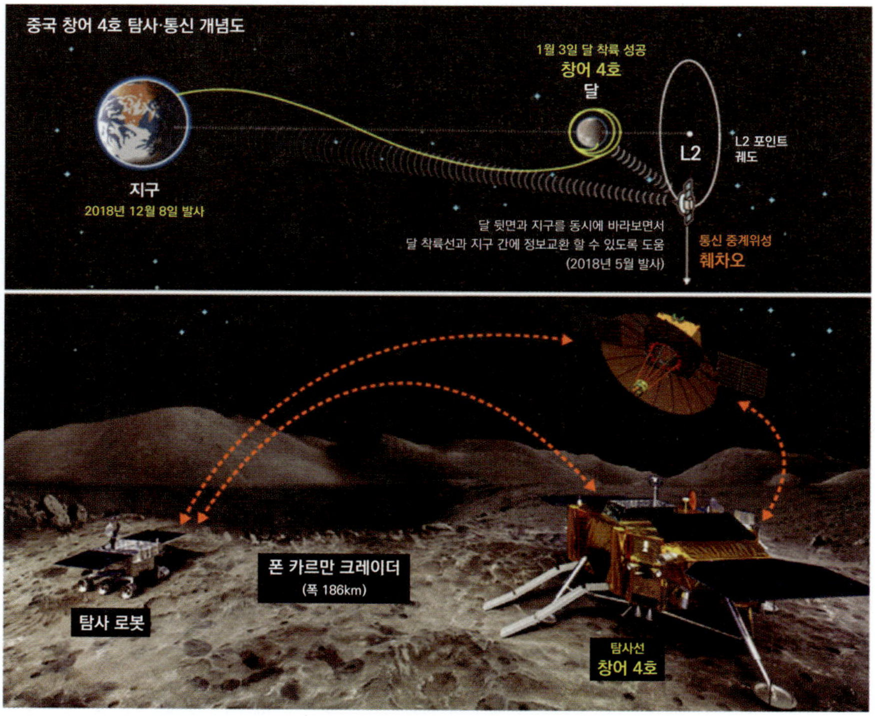


ⓒ 한겨레

### 시스루나 공간(Cislunar space)

우주에서 자유로운 이동이 제한되는 만큼 우주 내 이동 경로는 전략적 요충지이다. 저궤도부터 정지궤도까지 지구 궤도 사이를 이동하는 최단 경로나, 지구에서 달 혹은 화성까지 다른 천체로 이동하는 경로도 마찬가지다. 여기서는 지구와 달 사이 공간, 즉 시스루나 공간(Cislunar space)을 다룬다. 접두사 Cis는 이쪽 면(on this side of)을 의미하며 lunar는 달을 의미하므로 시스루나는 지구에서 볼 때, 달의 면까지 공간이다. 시스루나 공간은 지구 궤도부터 지구와 달 사이의 라그랑주 점, 달 궤도까지 다양한 전략적 요충지를 포함한다. 현재 미국 주도의 아르테미스(Artemis) 프로젝트를 비롯하여 중국, 러시아 등 많은 국가들이 경쟁적으로 달 탐사를 추진하는 상황에서 시스루나 공간은 우주교통로로서 중요성이 커지고 있다. 시스루나 공간에 우주 자산을 배치하면 지구와 달 궤도에서 이루어지는 국방·정보, 경제 활동에 유리하다. 앞으로 시스루나 공간은 국가와 기업의 우주 자산을 보호하고 경쟁국의 군사적, 경제적 행동을 제한하기 위한 영역으로 우주영역인식, 자원 채굴, 물류와 교통, 통신 등 우주 활동 영역이 될 것이다. 또한 시스루나 공간도 규범와 규칙이 필요한 우주 외교 대상이다.

저궤도의 우주 경쟁이 보여주듯이 시스루나 공간도 국방·정보 우주 차원에서 몇 가지 방향을 전망할 수 있다.[31] 시스루나 공간은 우주와 천체 감시, ASAT 임무를 위한 고출력 지향성에너지무기를 위치시킬 수 있다.[32] 이미 미 우주군은 2020년 9월 시스루나 공간에서 정찰위성 계획을 발표하였다. 시스루나 공간에서는 지구–달 라그랑주 점을 포함하여 우주 자산 사이의 충돌이나 긴장이 유발될 수 있다.

미 우주군은 시스루나 공간을 지구–달 사이 고속도로와 같은 개념으로 인식하고 순찰대를 운영할 계획이다. 시스루나 고속도로 순찰시스템(Cislunar Highway Patrol System, 이하 CHPS로 표기)은 시스루나 공간과 달 궤도에서 다른 우주비행체를 추적하고 우주 환경의 안전과 안보를 확보하는데 목적이 있다. CHPS는 우주교통관리의 확장판으로 위성, 우주비행체 등 우주 자산의 움직임과 임무를 감시한다. 또한 달 탐사 경쟁도 시스루나 공간에 대한 통제와 긴밀히 연관된다. 달 탐사를 위한 모든 자원과 장비, 인력이 지구로부터 출발하여 시스루나 공간을 지나기 때문이다. 실제로 미국은 CHPS 계획을 미국 주도의 달 탐사 계획인 아르테미스 프로그램과 연계하고 있다.

**< 그림 18 > 미 우주군의 CHPS 조감도**

© 한국천문연구원

우주 경제 측면에서 시스루나 공간은 지구－달 사이에서 기착지 역할뿐 아니라 다양한 상업 서비스를 제공할 수 있다. 예를 들어 미국의 United Launch Alliance(ULA)는 우주 발사체 기업으로서 상업 활동의 범위를 시스루나 공간까지 확대할 구상을 가지고 있다. 이 구상에 따르면 우주 정거장과 유사한 인프라를 구축하여 지구에서 달과 다른 천체로 이동하는 활동, 달에서 지구로 돌아오는 활동을 지원한다. 달 기지 건설과 연계하여 많은 자원과 장비 등 물류가 지구에서 달로 수송될 것이기 때문이다. 반대로 달에서 채굴된 자원과 제작된 물류가 지구로 수송되는 과정도 지원할 수 있다. 지구 궤도나 달 궤도의 우주 정거장에서 활동하는 우주인을 지원하는 것도 상업적 서비스의 하나로 발전할 것이다. 시스루나 공간에서 다양한 서비스를 제공하는 능력은 국가와 기업이 화성으로 활동 영역을 넓히는데 매우 중요하다. 예를 들어 달은 지구보다 중력이 약하기 때문에 달에서 우주탐사선의 연료나 물류를 지원하는 것이 효과적이다. MIT 연구에 따르면 화성 탐사를 위해 달에서 연료를 싣고 발사하여 지구에서 발사된 우주비행체에 주입할 경우 지구에서 화성으로 직행할 때 이륙질량을 68%나 줄일 수 있다. 심우주 우주 발사체가 중량을 줄인다면 연료 대신 다른 탑재체를 실을 수 있기 때문에 비용도 줄이고 우주탐사의 성과도 높일 수 있다.[33]

우주 경제 중에는 우주 잔해물을 제거하는 사업, 우주 자산을 우주 내에서 정비 및 대체하는 사업 등이 활발히 발전 중이다. 시스루나 공간에서 이러한 경제 활동이 본격화된다면 지구와 달 궤도에 인공위성이나 우주비행체의 안전성도 향상되고 활동 범위와 시간도 증가할 것이다. 우주 내 제조도 유망한 우주 경제 영역이다. 달과 소행성 등은 지구에서 얻기 힘든 자원을 포함하고 있으며, 제조 공정도 지구 중력보다 약한 곳에서 이루어지기 때문에 효율적으로 이루어질 수 있다. 이를 반영하듯 3D 프린팅과 같은 적층제조 기술은 이미 우주에서 다양한 방식으로 시험되고 있다. 예를 들어 과거에는 달에서 우주 시스템을 제작하려면 지구에서 장비와 재료를 보낼 방법을 구상했지만, 이제는 달에서 채굴한 자원을 활용해 3D 프린팅으로 부품을 제작하고 이를 조립하거나 장비 자체를 제조하는 방법을 연구 중이다. 우주관광 상품도 확장될 것이다. 앞으로 시스루나 공간에는 각국의 우주 정거장뿐 아니라 상업 우주 정거장도 증가할 것이며 관광객이 일정 기간 머물 것이다. 시스루나 공간의 우주 인프라는 유사시 달 기지에서 임무를 수행하는 우주인이 대피하거나 심우주 탐사를 위해 중간 기착지로 활용할 수도 있다.

우주 외교 측면에서 시스루나 공간도 우주 잔해물 위험, 우주 자산 사이의 충돌이나 경로 문제, 상업 활동을 위한 조건과 책임 등 다양한 문제를 다루기 위한 국제규범과 기준이 필요하다. 기본적으로 우주조약을 비롯한 국제법과 규칙들이 적용되겠지만, 시스루나 공간에서 발생할 수 있는 특수한 문제가 포함될 수 있다.

**<그림 19> 미국 우주기업(ULA)의 시스루나 인프라 구상도**

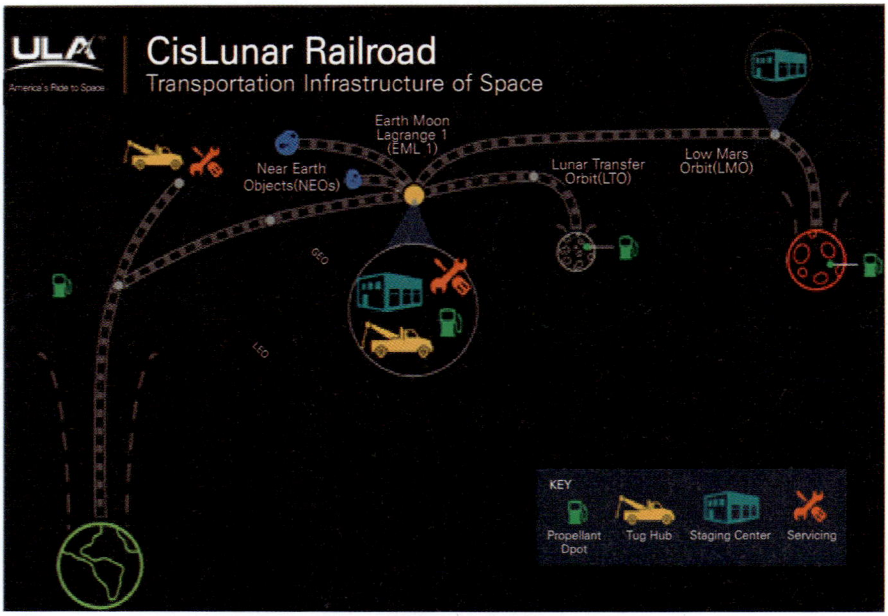


© United Launch Alliance

## 우주 안보의 대상: 우주 시스템[34]

우주 시스템은 지상 부문(Ground segment), 우주 부문(Space segment), 링크 부문(Link segment)으로 구성된다. 지상 부문은 우주 자산을 발사하고 통제 및 활용하거나, 우주로부터 데이터와 통신을 수신한다. 전자의 경우 발사장, 지상국, 발사체를 비롯해 지상에서 운용하는 우주자산을 포함하며, 후자의 경우 우주로부터 데이터와 통신을 수신하는 단말기를 포함하는데 후자를 사용자 부문(User segment)으로 구분하는 경우도 있다. 지상 부문은 단순히 지상만 의미하진 않는다. 예를 들어 발사장은 해상에도 있기 때문에 지상 부문은 지표만 의미하진 않는다. 또한 달과 화성과 같은 전체 지표도 해당되기 때문에 지구만 의미하진 않는다.

또한 지상 부문에는 우주 자산을 지구에서 통제하기 위한 지상시설 외에도 지상에서 우주 정보를 수집하기 위한 지상기반 우주영역인식 인프라도 있다. 지상 부문의 일부인 사용자는 위성영상, 항법정보, 통신 등 우주 정보를 활용하기 위해 위성과 단말기로 직접 연결되거나 지상국을 통해 연결된 고객 혹은 수요자이다. 미래에는 달과 화성의 지표에서 우주 정보를 활용할 경우 이들도 지상 부문이 사용자가 된다. 이처럼 실질적인 우주 시스템은 지상 부문, 우주 부문, 링크 부문이다.

**<그림 20> 우주 시스템의 구성(사용자 부문은 지상 부문의 일부)**

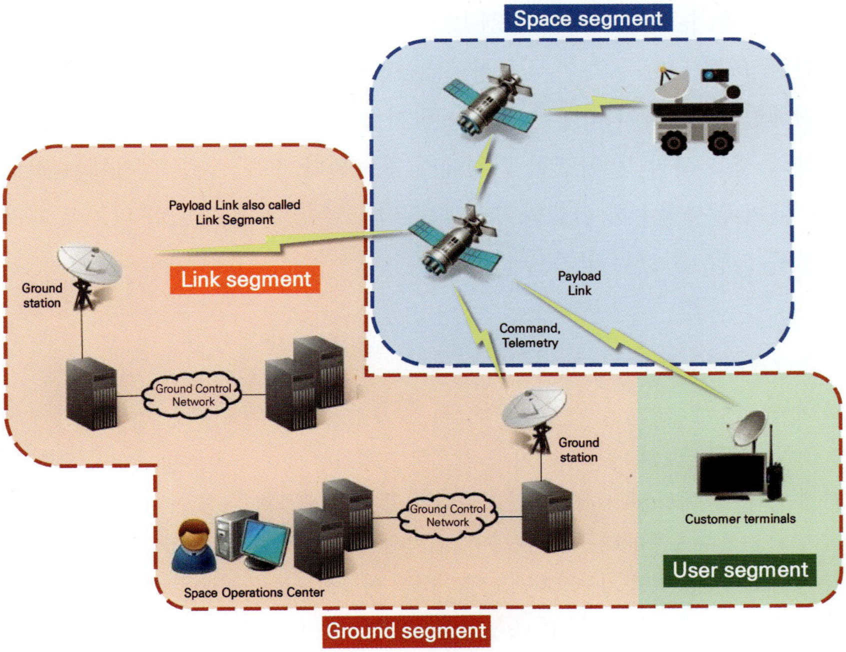


© Wikipedia Commons

## 지상 부문(Ground segment)

### 발사장

지상 부문 중 발사장은 지상 발사장(ground launch sites), 해상 발사장(sea launch platforms)이 있으며, 공중 발사체(air launch vehicle)도 가능하다. 지상 발사장은 우주 자산을 발사하는 가장 전통적인 방식으로 발사대, 발사체 보관 시설, 연료 공급 시스템 등으로 구성된다. 지상 발사장의 장점은 발사 순간의 엄청난 압력과 열을 견딜 수 있는 안정적이고 반복사용이 가능한 시설, 발사 이전에 연료 주입과 발사 이후의 체계적인 점검이 쉬운 시설이라는 점이다. 하지만 단점으로는 국토의 지리적 위치와 조건에 따라 지상 발사장 구축이 제한될 수 있다. 우주 발사체는 궤도로 올라가기 전에 비정상 상황에서 추락할 수 있고 사용 후 분리된 엔진이 낙하할 수 있기 때문에 지상 발사장에서 도시나 인구가 충분한 거리를 두어야 한다. 또한 다른 국가의 영토를 지날 수도 있기 때문에 군사적, 정치적 마찰도 고려해야 한다. 따라서 대부분 지상 발사장은 바다에 인접한 지역에 구축되거나 내륙의 경우 사막 등 안전한 환경에서 구축된다. 또한 우주 발사체는 적도 가까운 곳에서 발사할수록 연료와 추력을 절약할 수 있는데 국토의 위치에 따라 이런 장점을 살릴 수 없는 국가도 많다.

### 프랑스령 기아나 우주센터

지상 발사장으로 가장 입지가 좋은 곳은 프랑스령 기아나 우주센터이다. 우주 발사체는 적도상에서 발사하면 가장 효율이 좋고, 적도 궤도에 위성을 올리기에도 효율적이다. 기아나 우주센터는 북위 5.9°에 위치해서 거의 적도상에 위치하고 있다. 발사장이 적도에 근접하면 지구정지궤도에 위성을 이상적으로 올려놓을 수 있다. 또한 적도 부근에서는 발사체의 지구자전속도가 가장 높아 마치 돌을 돌리다 놓는 효과(슬링샷)로 인해 초당 460m의 추가 에너지를 얻을 수 있다. 이로 인해 기아나 우주센터에서 발사하는 발사체는 동일한 조건에서 위도가 높은 발사장보다 무거운 탑재체를 실을 수 있다. 우주 발사체는 전체 중량의 2~3%만 궤도에 올릴 수 있는데, 만약 연료를 1% 절약하면 그만큼 무거운 인공위성을 탑재할 수 있으므로 발사의 효율은 30~40% 높아진다. 이런 조건은 발사 비용을 낮출 수 있어 상업 발사에도 유리하다. 기아나 우주센터는 미국 플로리다주에 위치한 케네디 우주센터보다 약 15% 효율이 좋은 것으로 분석된다. 게다가 기아나 우주센터는 동쪽이 대서양이므로 잔해물로 인한 위험도 없으며 발사각이 102도로 매우 넓어 북쪽으로 발사하면 극궤도 위성을 올리고, 동쪽으로 발사하면 적도 궤도에 위성을 올릴 수 있다. 우리나라 나로우주센터가 남쪽으로만 발사 가능한 조건과 대조적이다. 자연 조건도 좋아서 지진과 폭풍이 거의 없고 정치적으로도 중립적이다.

© KBS 뉴스

## 우리나라 지상 발사장(나로우주센터)

우리나라 지상 발사장은 전라남도 고흥군에 위치한 나로우주센터이다. 2009년 세계 13번째로 준공된 나로우주센터는 2기의 발사대로 구성되어 있으며 향후 민간발사체를 위한 발사대를 구상 중이다. 나로우주센터에는 발사통제동, 추진기관시험시설, 조립시험시설, 추적레이더동, 광학장비동, 기상관측소 등이 함께 자리하고 있다. 나로우주센터는 근처의 일본, 필리핀 등 주변 국가를 피해서 발사해야 하기 때문에 발사 각도가 제한된다. 현재 우리나라는 늘어나는 발사 수요를 충족하기 위해 제2의 발사장 건설을 검토하고 있다. 예를 들어 제주와 같이 남쪽에 발사장을 건설할 경우 궤도 경사각에는 이점이 있다.35

© 나무위키

해상 발사장은 바다 위의 플랫폼을 사용해 발사하는 방식으로, 발사대에 해당하는 해상플랫폼(바지선 등), 연료 공급 시스템 등으로 구성된다. 해상 발사를 위해서는 항구에 정박한 바지선에 발사체, 위성, 추진제 등을 선적한 후 예정 발사해역으로 이동한다. 바지선을 해상에 고정한 이후 발사를 시행한다. 발사를 마치면 바지선은 다시 항구로 돌아오는 절차이다. 해상 발사장의 장점은 국토의 제한에서 벗어나 원하는 위치에서 우주 발사체를 발사할 수 있어 발사의 효율과 안전성을 높일 수 있고, 공해상에서 발사할 경우 다른 국가와 마찰도 줄일 수 있다. 그러나 해상 발사장은 지상 발사장에 비해 대기 기상 이외에도 함선과 해상플랫폼이 운용되는 해양 기상을 고려해야 한다. 또한 해상플랫폼에 필요한 로켓 연료나 장비시설을 지상에서 조달해야 하고 장기간 사람이 거주하기 어렵기 때문에 안전관리와 유지보수에 더 많은 노력이 필요하다.[36]

우리나라도 2023년 12월 제주도 남쪽 해상에서 국방과학연구소의 고체추진 우주 발사체를 성공적으로 발사했다. 당시 발사는 고체추진 우주 발사체 기술을 검증하고, 탑재체로는 민간 기업(한화시스템)이 주관한 SAR 위성을 개발했다는데 의미가 있다.[37] 국방부는 SAR 위성 개발과 발사 능력을 발전시킴으로써 한국형 3축체계의 핵심인 우주기반 감시정찰능력 확보를 빠르게 진행하고 있다.

우주 안보 차원에서 영구적인 해상 발사장을 갖추어야 한다. 현재 나로우주센터는 남쪽 발사만 가능하기 때문이다. 나로우주센터에서 발사한 우주 발사체는 공중에서 원하는 궤도로 궤적을 수정하기 때문에 효율이 낮아질 수밖에 없다. 제주도 외부에 해상 발사장을 구축할 경우 이런 문제를 완화할 수 있다. 또한 해상 발사는 안전 반경을 확보하기 쉽고, 소음이나 환경 오염 등으로 지상에서 일어나기 쉬운 주민 마찰을 줄일 수 있다. 해상 발사를 위해서는 바지선 제작에 비용이 들어가지만, 지상 발사장을 위한 토지 매입과 비교하면 경제적이다. 게다가 우리나라 내륙은 군사비행훈련과 작전 등으로 인해 공역 밀도가 매우 높다. 이런 상황에서 앞으로 늘어날 상업 발사 수요를 고려하면 내륙에서 원하는 때마다 발사 허가를 얻기 어려울 수 있다. 다만, 해상 발사를 위해서는 관련 법령의 개정이 필요하다. 우리나라에서는 발사체에 공급할 추진제(화학물질)와 같은 위험물질을 바지선 위에서 주입할 수 없기 때문이다.

공중 발사체는 민간항공기나 군용항공기를 개량하여 공중에서 우주 발사체를 분리발사하는 방식으로, 항공기와 지상 공항 등으로 구성된다. 우주 발사체를 탑재한 항공기는 분산된 지상 공항에서 보안을 유지할 수 있으며, 신속하게 이륙하여 발사할 수 있기 때문에 군사적 상황에 즉시 대응할 수 있다. 또한 다른 국가나 지역에 피해를 주지 않는 안전한 공역과 원하는 지역에서 발사할 수 있다. 공중 발사체는 경제적일 뿐 아니라 지상이나 해상에서 상승할 때 필요한 추력을 절약할 수 있어서 연료 탑재량을 줄이고 탑재체 공간을 늘릴 수 있다.[38] 실제로 미국은 F-16 전투기로 소형 위성을 긴급 발사할 수 있으며, 저궤도에서 활용한 후

<그림 21> 2023년 12월 제주 남쪽 해상발사(바지선)

ⓒ 나무위키

폐기하는 방식을 활용하기도 한다. 공중 발사체를 활용하여 저궤도에서 운용되는 이러한 위성체는 폐기위성(disposal satellite)으로 불리며, 높은 항력과 빠른 속도로 이동하기 때문에 수명이 짧은 대신 저비용으로 필요한 시점에 신속하게 발사할 수 있는 장점이 있다.[39]

실제로 우리나라의 위치는 일본 열도에 의해 태평양 방향의 우주 발사를 제한받는 상황이다. 전남 나로우주센터나 제주 모두 남쪽 방향으로만 발사할 수 있어 발사각이 제한되고 해양 및 공중 수송로가 집중되는 지역을 통해 발사가 이루어질 수밖에 없다. 하지만, 공중 발사를 활용할 경우, 발사각이 확장되고 수송로 혼잡을 피할 수 있어 발사 횟수 증가에 유리하다. 또한 공중 발사는 지상 발사와 달리 궤도 수정이 필요 없기 때문에, 경사궤도 발사에 더 적은 연료를 소모함으로써 위성 등 탑재체 중량을 늘릴 수 있다. 즉, 더 많은 탑재체를 우주에 보낼 수 있다.

공중 발사의 또 다른 장점은 새로운 발사장을 건설할 필요 없이 항공기만 이륙할 수 있는 기존 활주로를 이용할 수 있으며, 일반 항공기 이륙과 비슷하므로 은밀하게 우주 발사를 수행할 때 활용될 수 있다. 국방·정보 우주 차원에서 볼 때, 다수의 활주로를 이용해 우주 발사를 수행하는 경우 적이 대응해야 할 표적이 늘어나는 효과가 있으며, 우리에게는 긴급발사가 필요한 상황에서 대응할 수 있는 좋은 옵션이 된다. 또한 우주 발사 수요가 증가하는 상황에서 공중 발사는 우주 기업의 상업용 우주 발사 기회를 제공함으로써 우주 경제에 긍정적 효과를 기대할 수 있다.

물론 공중 발사가 장점만 있는 것은 아니다. 공중 발사체는 항공기에서 분리 후 발사되기 때문에 탑재체의 크기가 비행기보다 커서는 안 된다. 자연스럽게 중·대형 위성을 탑재하기 어렵다. 지상 발사체와 공중 발사체를 같은 시간에 동시 발사한다면, 공중 발사체는 비행기가 이륙하여 위성을 발사하기 위한 지역까지 이동해야 하므로 더 많은 시간이 소요된다. 예를 들어 오키나와 남단에서 공중 발사를 할 경우 약 6시간이 소요된다. 또한 공중 발사체는 일종의 재사용 발사체로 볼 수 있는데, 현재 재사용 발사체 기술이 발전하는 것과 비교하면, 공중 발사체의 발사 비용이 상대적으로 높은 편이다.[40]

**<그림 22> 공중 발사에 따른 발사각 확장**

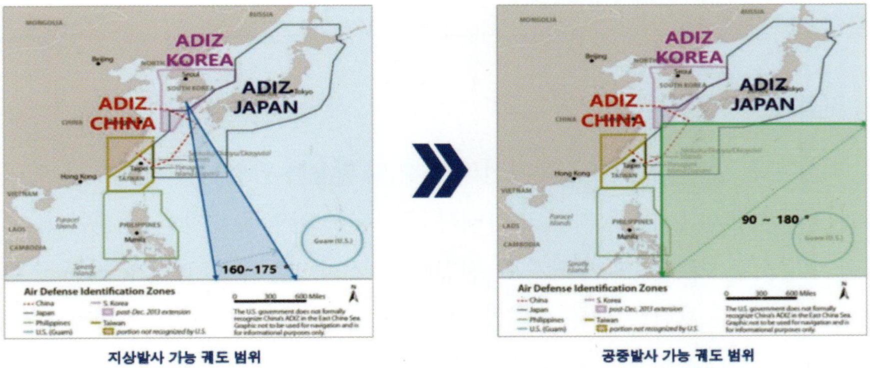


ⓒ 이윤표, "공중발사체를 활용한 미래 군의 우주전력 확보방안," 공군-한국항공대 한국우주항공력 포럼, 2025년 2월 18일.

지상, 해상, 공중에서 이루어지는 우주 발사는 아래 표와 같이 국방·정보 우주 차원에서 장단점을 갖는다. 지상 발사장은 대형 발사체를 포함해 임무에 필요한 모든 발사가 가능하지만, 위치가 고정된 상태로 노출되어 있기 때문에 적의 공격에 취약하다. 해상 발사장은 이동이 가능하고 운용국가에서 떨어져 운용할 수 있기 때문에 방호에는 유리하지만, 모든 발사체를 발사하기 어렵고 지상에서 해상플랫폼까지 우주 발사체를 이동해야 하므로 군사적 상황에 대응하는데 시간이 소요된다. 공중 발사체는 가장 신속하게 군사적 상황에 대응할 수 있지만, 지상 및 해상 발사장에 비해 임무에 활용할 수 있는 탑재체의 크기가 제한된다.

### 발사장에 따른 국방·정보 우주의 장단점

| 구분 | 지상 발사장 | 해상 발사장 | 공중 발사체 |
|---|---|---|---|
| 이미지 |  |  |  |
| 장점 | • 모든 발사체 활용<br>• 발사장 유지관리 | • 효율적 발사위치 선정<br>• 이동관리로 보안 유지 | • 신속한 대응발사<br>• 분산관리로 보안 유지 |
| 단점 | • 지리적 제한<br>(보안 및 안전, 효율성 문제) | • 해양환경 제한<br>(기상 및 유지관리 문제) | • 발사체 제한<br>(기술적, 탑재체 문제) |

#### 지상국

지상 부문 중 지상국은 우주 자산의 통제 및 활용을 담당한다. 지상국은 인공위성과 우주비행체 등 우주 자산의 상태를 모니터하고 임무 수행을 통제한다. 우주 자산이 발사된 이후 목표한 궤도에 진입하면, 지상국은 우주 자산의 작동을 확인한다. 이후 우주 자산의 작동 상태를 지속적으로 점검하고 궤도를 조정한다. 우주 잔해물이나 상대방의 적대적 접근을 막기 위해 궤도를 변경하는 회피기동을 할 수 있다. 또한 우주 자산의 기능을 수정하기 위한 소프트웨어 업데이트를 수행한다.

지상국은 안테나, 송수신 장비, 데이터 처리시스템, 전원 공급 장치 등으로 구성된다. 우주 자산은 다양한 장비를 통해 지구와 우주의 정보를 수집하지만, 정보를 모두 우주에서 처리할 수는 없다. 인공위성에서 정보를 처리하기 위해서는 위성 자체에 컴퓨터 등 관련 장비를 탑재해야 하고 자연히 위성의 무게도 증가된다. 위성의 무게가 증가하면 발사체 확보와 다른 탑재체와의 관계, 발사 비용 증가 등 많은 제한이 발생한다. 따라서 대부분 위성은 본체에 자료를 임시로 저장할 수 있는 저장고만 갖추며 지상국과 교신하고 무선통신으로 수집한 데이터를 그대로 내려보낸다.

이처럼 지상국의 중요한 활동은 위성의 상태와 정보를 비롯한 데이터 다운링크, 위성에서 확보한 영상을 정보로 활용할 수 있도록 만드는 전처리(pre-processing), 처리된 정보를 목적에 따라 분석하는 후처리(after-processing), 지상국이 기능을 유지하도록 관리하고 통제하는 시스템으로 구성된다. 우주에서 촬영한 영상의 전처리는 크게 노이즈 제거, 위치정보를 활용한 기하보정, 해상도 개선 등으로 이루어진다. 이 과정에서 위성으로부터 수신한 원시 영상 데이터의 왜곡을 보정하는 기술(방사보정, 기하보정, 대기보정)을 활용한다.** 또한 위성영상 고속처리(대용량 영상데이터 고속 자료 처리) 및 품질평가도 이루어진다.

우주 정보의 후처리는 AI 기반 기술로 발전하고 있다. 후처리는 전처리가 끝난 정제된 데이터를 목적에 맞게 분석하거나 가공함으로써 정보를 추출하거나 시각화하여 실제 활용할 수 있도록 만드는 것이다. 주요 기술로는 특징 추출과 같이 토지 피복(산, 강, 도시 등)이나 특정 객체(선박, 차량 등)를 식별하거나, 변화 탐지와 같이 시간에 따른 변화(예: 산불 전후, 도시 확장)를 분석한다. 또한 분류와 같이 농지, 산림, 도시 지역을 구분한다. 지표 계산은 NDVI(식생지수)나 NDSI(눈 식별 지수)처럼 특정 지표를 계산한다. 시각화 및 지도 제작은 분석 결과를 지도 형태로 시각화하거나 보고 자료로 가공한다.

위성 정보에 AI를 활용하면 기존 수작업이나 규칙 기반 방법보다 높은 정확도와 일관성을 확보할 수 있으며, 대규모 위성 데이터를 신속하게 처리할 수 있다. 또한 인력과 장비를 줄이고 반복적인 작업을 자동화하여 비용을 절감할 수 있다. AI 기술을 적용하면, 인간이 육안으로 발견하기 어려운 미세한 변화나 패턴을 탐지하여 새로운 결과를 얻을 수 있으며, 대규모 데이터도 효율적으로 관리할 수 있

** 방사보정은 센서 노이즈나 태양 고도에 따른 밝기 차이를 수정하는 작업, 기하보정은 위성의 움직임, 지형의 기복 등으로 생긴 위치 오류를 바로잡아 지표와 정확히 일치시키는 작업, 대기보정은 대기 중 가스나 입자에 의한 영향(빛의 산란, 흡수 등)을 제거하는 작업이다. 이밖에도 모자이크 및 클리핑은 여러 장의 위성 영상을 이어붙이거나, 필요한 지역만 잘라내는 작업이며, 클라우드 마스킹은 구름이나 그림자처럼 분석에 방해가 되는 부분을 제거하거나 표시한다.

고 시간이 지남에 따라 학습을 통해 스스로 성능을 개선할 수도 있다. 이 기술은 국방·정보 우주 차원에서도 중요하다. 감시정찰 표적을 시계열 정보로 분석하여 특이사항을 식별할 수 있기 때문이다. 또한 상대방의 자원 비축량(석유, 식량 등)을 확인할 수 있고, 군사력의 수량과 위치도 파악할 수 있다. 아래와 같이 위성영상 활용서비스가 제공된다.

**<그림 23> 위성영상 처리와 활용**

© KB증권 컨텍

그런데 지상국 구축은 위성을 발사한 국가 내에서만 이루어질 수 없다. 원하는 정보는 위성이 자국의 상공을 지나갈 때 수신되지만, 지구상 다른 지역에서도 위성의 상태를 점검하고 제어하기 때문이다. 또한 자국의 위성만 활용하면 위성 정보의 공백이 많아질 수밖에 없다. 따라서 다른 국가의 위성이 자국을 지나갈 때 필요한 위성정보를 그 국가에게 제공하고 우리나라 위성이 다른 국가를 지나갈 때 우리가 정보를 제공받는 국제적 협력이 필수적이다.

우리나라도 <그림 24>와 같이 국내 지상국으로 대전 위성운영센터, 제주 나로우주센터 추적소, 고흥 나로우주센터, 진천 국가기상위성센터, 이천 위성센터, 안산 해양위성센터 등을 운영 중이다. 더불어 한반도가 아닌 지역에서 위성 운영을 지원하기 위해 남극, 미크로네시아, 노르웨이에 해외 지상국을 운영 중이다. 위성 운영을 위한 지상국은 정부가 모두 구축하거나 운영할 수 없기 때문에 기업이 참여하는 우주 산업의 일부이다. 현재 글로벌 지상국 네트워크의 80% 이상은 미국과 유럽 기업이 차지하고 있다. 우리나라도 컨텍(CONTEC) 등 지상국 기술 개발과 운영 사업이 확장되고 있다.[41]

**<그림 24> 한국항공우주연구원의 국내외 지상국 현황**

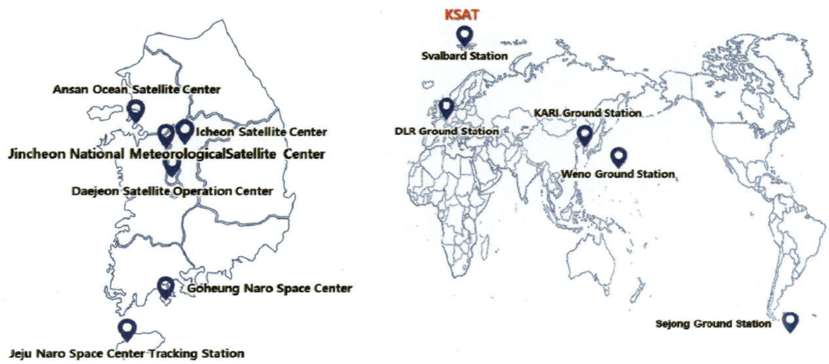


ⓒ 한국항공우주연구원

**<그림 25> 글로벌 지상국 현황**

ⓒ NASA

또한 해외에 지상국을 직접 구축하더라도 무인으로 운영함으로써 인력을 해외에 파견할 필요는 없다. 다만, 우주 안보 차원에서는 해외 지상국의 보안을 위해 검증된 인력이나 우방국 정부와 긴밀한 협력이 필요할 수 있다. 민간 우주기업도 비용절감을 위해 무인 지상국에 대한 수리와 대체 장비 투입을 전담하는 현지 인력을 고용할 경우 보안의 취약점을 고려해야 한다.

### 발사체

우주 발사체도 지상 부문에 중요한 요소이다. 정확히 말해 해상 및 공중 발사체와 같이 우주 발사체는 지상에서만 발사되는 것도 아니며 카르만 라인을 넘어 우주 공간까지 도달하기 때문에 지상 부문이 아니라고 생각할 수 있다. 여기서 지상 부문은 넓은 의미에서 지구상 공간을 의미하므로 해상과 공중을 포괄하며, 우주 내에서 임무가 대부분인 우주비행체와 달리 우주 발사체는 인공위성이나 우주비행체 등 우주 자산을 우주로 이동시키는 임무가 목적이기 때문에 지상 부문에 포함한다.

우주 발사체는 처음부터 군사적 용도의 탄도미사일과 동일한 기술로 발전해 왔다. 2차대전 말기에 독일 V-2 로켓이 군사적 목적으로 사용되었고, 이 기술을 바탕으로 소련에서는 스푸트니크-1을 궤도에 올려놓은 R-7 로켓이 탄생하였다. 미국과 소련은 우주 발사체 개발과 함께 대륙간탄도미사일 개발도 지속해서 추진하였다. 발사체 기술은 우주인의 생명뿐 아니라 많은 기술과 예산이 투입된 우주 자산을 궤도에 올리기 때문에 고도로 복잡하고 개발도 어렵다.

우주 발사체는 상단(upper stages), 하단(lower stages), 제어시스템(control system), 탑재체(payload), 추진시스템(propulsion system) 등으로 구성된다. 상단은 우주 발사체 중에서 가장 위에 위치하며, 고도 조절과 정확한 위치로 진입에 관련된다. 로켓 상단에 페어링(faring)은 탑재체를 보호하고 대기궤도 진입 시 필요한 외부 보호를 수행한다. 하단은 로켓 엔진, 산화제와 연료탱크로 이루어지며 로켓의 초기 발사와 대기궤도에 도달시키는 역할을 한다. 하단은 로켓이 발사되고 상승하면서 연료를 소진하면 분리되어 대부분 해상에 떨어진다. 제어시스템은 우주 발사체의 비행 경로를 조절하고, 목표 궤도로 정확하게 이동하기 위한 시스템이다. 탑재체는 로켓이 궤도에 도달한 후 배치될 인공위성, 우주비행체 또는 탑재된 물체를 가리킨다. 로켓 하단을 분리하면서 우주 공간에 진입한 우주 발사체는 상단에서 페어링을 먼저 분리하고 이후 탑재체가 목표 궤도를 향해 다시 분리된다. 추진시스템은 다양한 유형의 엔진과 연료로 구성된다.

발사체 구성과 성능을 이해하기 위해 가장 강력한 발사체 중 하나였던 새턴-V(Saturn-V)를 예로 살펴본다. 새턴-V는 NASA가 개발하여 최초의 유인 달착륙을 성공시킨 발사체이다. 새턴-V는 높이가 111미터로 연료를 채운 무게는 28만 톤에 달한다. 발사체의 추력은 3,520톤을 들어올릴 정도였고, 130톤의 탑재체도 궤도에 올릴 수 있는 3단 발사체였다. 1단은 F-1 엔진 5개를 사용했으며 연료는 케로신(등유), 산화제는 액체산소였다. 2단은 J-2 로켓을 5개 사용했으며, 연료는 액체수소, 산화제는 액체산소였다. 3단은 J-2 로켓 1개를 사용했으며 연료는 2단과 동일했다.

**<그림 26> 새턴-V 구조도**

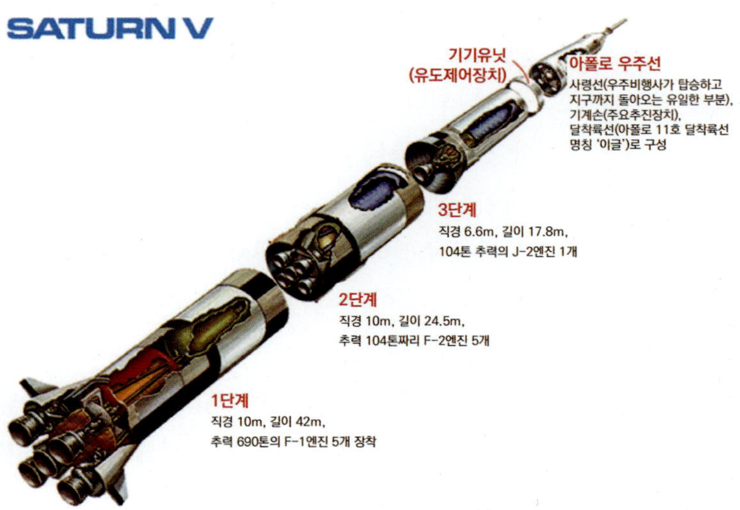


© 동원NOW

발사체의 성능은 추진제, 추진방식 등에 따라 달라진다. 추진제는 로켓의 연료와 산화제를 말한다. 연료인 케로신은 액체수소보다 추력이 더 좋지만, 비추력은 떨어진다. 추력은 로켓이 내뿜는 힘이며, 비추력은 1kg의 연료가 1초 동안 연소할 때 나오는 힘이다.[42] 즉 발사체가 속도를 높이는데 들어가는 힘은 추력이고 연료 효율은 비추력이다. 따라서 추력은 발사 순간 발사체를 지상에서 밀어내는데 중요하다. 비추력은 발사체가 계속 비행하는데 중요하며 비추력이 클수록 추진제가 내는 힘도 좋다. 새턴-V의 1단에서 쓴 케로신과 액체산소의 비추력은 270초, 2단에 쓰인 액체수소와 액체산소의 비추력은 340초 정도로 케로신 조합이 더 낮다. 1단 로켓은 추력이 중요하기 때문에 비추력은 다소 떨어지나 추력이 좋은 케로신을 사용했다. 케로신은 상온에서 액체로 존재하면서 휘발성이 낮아 다루기 쉽다는 장점으로 인해 우리나라 누리호를 비롯해 해외의 많은 발사체가 연료로 사용했다. 2단 로켓은 비추력이 좋은 액체수소를 사용했다. 액체수소는 케로신보다 관리가 까다로워 발사체 내부의 구조물도 더 복잡하며, 케로신과 같은 에너지를 얻기 위해선 용량도 3배 이상 많아야 한다.

하이드라진 연료를 사용하는 발사체도 있다. 하이드라진 연료는 질소화합물 계열의 액체연료로 상온에서 물과 비슷한 상태이며 자연 발화된다는 장점이 있다. 자연 발화되므로 별도의 점화 장치 없이도 산소를 공급하면 저절로 연소하고 산소 공급을 멈추면 연소가 중단된다. 이런 특성으로 인해 우주에서 발사체의 속도를 조절하기 쉽고 기동과 천체 착륙에 활용하기 좋기 때문에 국방·정보 우주용으로 가치가 높다. 또한 하이드라진 연료는 주입 후 보관했다가 바로 사용할 수 있다. 반면 액체수소는 발사체에 주입하면 상온에서 오래 보관하기 어려워 바로 발사해야 한다. 연료 주입에도 1~2일이 걸리기 때문에 군사적 상황에서 즉시 발사하기 어렵다.[43]

현재 로켓 연료로 주목받고 있는 것은 액체 메탄이다.[44] 메탄이 주목받는 이유는 재사용 발사체 개발 때문이다. 케로신은 연소 과정에서 다량의 탄소 찌꺼기가 발생하면서 엔진 내부에 점착된다. 이를 제거하는데 한계가 있어 연소를 마친 엔진의 재활용 횟수가 제한될 수밖에 없다. 반면 메탄은 찌꺼기가 거의 발생하지 않아 친환경 연료로 분류되며, 로켓을 재사용하는 데 장애가 되지 않기 때문에 발사비용을 대폭 낮추는 데 도움이 된다. 또한 액체 메탄은 심우주 탐사에서도 장점이 있다. 달 탐사를 넘어 화성 탐사가 본격적으로 추진될 경우 발사체는 막대한 연료를 필요로 하는데 액체 메탄은 화성 대기에 존재하는 메탄가스를 활용할 수 있다. 이처럼 메탄가스를 액체 메탄으로 바꾸기 위한 기술 개발도 활발히 진행 중이다. 기술이 개발되면 화성행 발사체는 화성까지만 도달할 수 있는 액체 메탄을 채우면 되기 때문에 무게를 줄이고 다른 탑재체를 더 많이 실을 수 있다. 다만, 액체 메탄은 보관할 때에는 기체 상태로 존재하기 때문에 저장 및 관리 기술도 보완되어야 한다.

### 우주 부문(Space segment)

우주 부문은 인공위성이나 우주비행체와 같이 우주에서 임무를 수행하는 플랫폼이다. 인공위성과 같은 우주 자산은 임무에 따라 적합한 궤도에 배치된다. 이렇게 위성이 배치된 자리를 임무 궤도라고 한다. 위성의 임무는 크게 통신, 원격탐지(지구, 우주), 기상, 항법 등으로 나뉜다. 각각의 위성 임무는 군사적 목적으로 활용될 수 있다. 우선 통신위성은 분산된 병력과 지휘체계를 유지하면서 안전하고 신속한 정보를 전달한다. 특히 지상, 해상, 공중 등 지리적 한계로 유선 통신이 불가능할 경우 전술 통신, 정보 전달 등에서 중요한 역할을 한다. 원격탐지 임무 중에서 지구관측을 수행하는 위성은 특정 지역이나 표적을 감시정찰하는 임무와 핵무기 등 탄도미사일 발사를 탐지하는 조기경보 임무를 포함한다. 감시정찰위성은 다양한 센서로 적의 활동, 무기체계와 지형에 대한 정보를 주야간 전천후로 제공한다. 조기경보위성은 탄도미사일 등 위협적인 무기체계를 실시간 탐지하여 식별된 정보를 미사일방어체계에 전달하여 대응하도록 한다. 원격탐지 임무는 지구관측 외에도 우주관측을 수행하는 위성도 있으며, 우주기반 감시정찰위성은 우주에서 활동하는 적대적 위성이나 우주비행체에 대한 정보를 제공한다.

기상위성은 전장의 기상환경을 예측하고 분석하여 군사작전의 효과를 극대화하고, 무기체계의 오작동 가능성에 대비한다. 기상 위성은 지구상 기상뿐 아니라 우주 환경에 대한 예·경보를 포함하며, 통신, 항법, 원격탐지 등 다른 위성들의 기능이 정상 운영될 수 있는 환경을 예측하기 때문에 전쟁의 승패를 좌우할 수 있다. 전쟁사는 악천후에서 군사작전의 수행이 적의 강력한 방어력보다 아군에게 더 큰 위험하다는 것을 보여준다. 현대전에서도 대부분의 무기가 적절한 성능을 발휘하려면 기상이 도와주어야 한다.[45] 따라서 감시정찰 위성을 비롯한 대부분의 위성들이 데이터를 수집하고 역할을 수행하려면 기상 정보가 필수적이다. 흐리거나 구름이 많은 날씨에서는 전자광학 감시센서, 레이저 통신도 원래 기능을 발휘하지 못한다.

항법위성은 모든 군사작전에서 필수적이다. 아군과 적군의 위치뿐 아니라 표적을 향해 발사하는 유도무기체계는 대부분 항법위성의 정보로 운영된다. 특히 작전 지역이 넓은 해상과 빠른 속도로 전개되는 공중의 군사작전은 항법위성의 정보에 따라 작전 수행 자체가 불가능할 수도 있다. 우리나라도 한국형 위성항법시스템(Korean Positioning System, 이하 KPS로 표기)이라는 독자적인 항법위성을 개발하고 있다. KPS는 한반도 인근 지역에 초정밀 위치·항법·시각 정보를 제공한다. 2035년까지 모두 8기의 위성을 궤도에 배치하며 첫 번째 항법위성 1호기 발사는 2029년으로 예정되어 있다.  KPS는 우주 경제 활성화에 크게 기여할 뿐만 아니라 스마트폰·내비게이션 등의 정확도를 향상시켜 국민생활의 안전과 편의에도 큰 도움이 된다. 기존보다 훨씬 정확한 서비스를 제공하여 자율차·도심항공교통과 같은 신산업 육성에 기여하는 등 우주 경제의 핵심 인프라로 자리 잡을 전망이다.

**<그림 27> 위성항법 및 보정시스템의 활용**

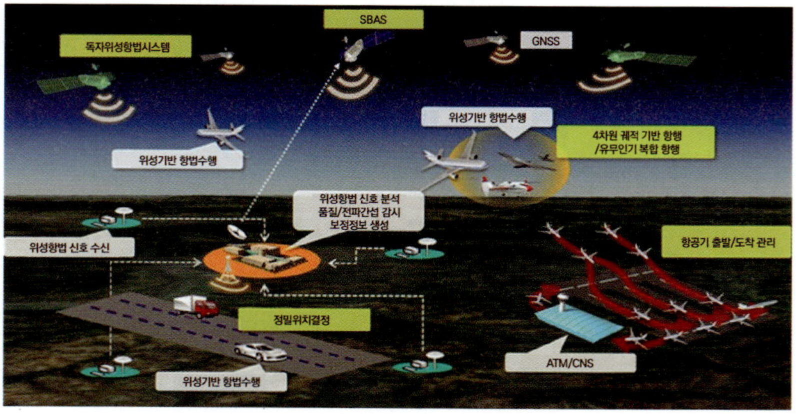


© 한국항공우주연구원

항법위성 정보를 보정하는 체계도 개발 중이다. 2024년 11월 발사된 무궁화-6A 위성은 한국형 위성항법보정시스템인 KASS(Korea Augmentation Satellite System) 중계기를 탑재한다.[46] 이 체계는 현재 15~33m 수준인 GPS 위치 오차를 1~1.6m 수준으로 실시간 보정해 정확한 위치정보를 제공한다. 향후 KPS 위치 오차도 보정한다. 스마트폰 위치서비스나 자동차 내비게이션 등 일상생활에서도 유용하지만, 특히 항공 업계에서 중요한 기능을 하게 된다. 항공기에 정확한 위치를 알려줌으로써 항공기의 이착륙 안전을 강화하고, 항공기 지연이나 결항을 줄이는 효과도 기대할 수 있다. 아울러 최적 항로를 제시해 불필요한 연료 낭비를 줄임으로써 탄소 배출 감소에도 기여할 수 있다.[47]

우주비행체는 과거 우주왕복선(space shuttle)이라고 불리던 우주수송시스템(Space transportation system), 우주 자산을 지구에서 궤도에 올리는 우주 발사체, 다양한 천체나 심우주를 탐사하는 우주탐사선(space probe) 등으로 나뉜다. 우주왕복선은 우주인과 화물을 우주로 수송하거나 지구로 복귀시키는 역할에 활용되었다. 우주왕복선은 수송을 위한 공간을 가지고 있으며, 지구에 복귀한 이후 정비를 거쳐 다시 활용할 수 있는 재사용 비행체이다. 현재는 국방부에서 비밀리에 운용 중인 미국의 X-37B 궤도시험비행체(Orbital Test Vehicle) 등이 우주왕복선과 유사하다. 다만, 현재 운영 중인 우주왕복선은 기존처럼 우주인과 화물을 수송하는 임무가 아닌 무인으로 운영되며 오랜 시간 동안 궤도에 머물거나 이동하면서 다양한 우주실험 및 재사용 능력을 시험하고 있다. X-37B는 저궤도와 고궤도를 넘나들고 있으며, 길이 8.8m, 높이 2.9m, 날개 길이는 4.6m로 과거 우주왕복선을 4분의 1로 축소한 모양이다. 현재 미 우주군은 총 2대의 X-37B를 보유하고 있다.

추진시스템은 지상에서 발사된 우주 발사체뿐 아니라 우주 공간을 이동하는 우주비행체에도 적용된다. 대표적인 추진시스템은 화학 추진시스템, 전기 추진시스템, 핵 추진시스템, 태양에너지 추진시스템 등이다. 화학 추진시스템은 가장 일반적인 방식으로 고체나 액체 연료를 사용한다. 군사적 상황에서 신속하게 활용하기 위해서는 고체추진체가 액체추진체보다 유리하다. 고체추진체는 평시에 고체연료를 탑재한 상태로 유지할 수 있지만, 액체추진체는 발사를 위해 액체 연료를 주입한 이후 발사할 수 있기 때문이다. 다만, 액체추진체는 고체추진체보다 우주 발사체의 운영 시간과 상태를 통제하기 쉽기 때문에 민간우주 발사에는 더 많이 쓰인다.

다음은 우주공간에서 인공위성이나 우주비행체가 사용하는 추진체이다. 먼저 전기 추진시스템은 자체 연료를 활용하기보다 전기 필드나 자기 필드를 이용하여 가스 입자를 가속시키는 방식이다. 전기 추진시스템은 장기 우주탐사나, 위성의 궤도 조정에 사용된다. 최근 국내외 추진체 트렌드는 우주 탐사선과 위성에 탑재되는 연료를 줄이고 임무 수명을 늘리기 위한 전기 추진 시스템 개발이다. 과거보다 우주 임무가 다양하고 복잡해지면서, 궤도를 유지하는 것을 넘어 궤도 간 이동이나 우주내 제조 등을 수행하기 위해 효율성이 높은 추진 시스템에 대한 수요가 높아졌기 때문이다. 현재 위성을 포함한 대부분의 우주 비행체들은 연료와 산화제를 연소시켜 만들어진 고온의 가스를 분출시키는 화학적 방식으로 추진력을 얻고 있으나, 전기 추진 시스템은 태양 에너지를 이용해 추진제를 초고온 상태의 '플라즈마'로 만들고, 이를 전자기장으로 가속·추진시키는 방식으로 우주 수송이나 우주 탐사선에 적합하다.

한국원자력연구원 핵물리응용연구부에서 연구 중인 '고전력 전기추력기'는 핵분열 에너지를 전기 에너지로 바꾼 뒤 전기추력기를 통해 추력을 얻는 기술이다. 이는 국제기술 이전과 국외 부품 구매가 제한될 수 있는 상황에서 우주 기술의 자립에 매우 의미가 있다. 향후 관련 기술이 개발되면 군사위성의 장기간 궤도 유지와 상업 목적의 우주 잔해물 제거, 과학적 심우주 탐사, 안보 목적의 우주 비행체 개발에도 적용할 수 있다. 한편, 핵 추진 시스템은 핵분열이나 핵융합 반응 에너지를 추진력으로 활용한다. 향후 인류의 우주탐사에서 더 빠른 속도와 지속적인 성능으로 주목받는 추진체이다. 끝으로 태양에너지 추진시스템이다. 태양전지 패널을 통해 획득한 태양에너지를 전기로 변환하여 추진체로 활용한다. 대부분의 인공위성에 탑재되어 있으며 위성의 자세나 궤도 변경에 사용된다.

우주탐사선도 우주비행체의 하나이다. 우주탐사선은 천체나 심우주를 조사하기 위해 지구에서 먼 우주로 발사된다. 무인으로 원격탐사를 통해 데이터를 수집하여 지구로 전송하며 다양한 과학임무를 수행한다. 우주탐사선 중에서 태양탐사선은 우주 안보에 영향을 주는 태양 활동과 태양풍을 연구한다. 최근 미국 NASA의 태양탐사선 파커솔라프로브(Parker Solar Probe, 이하 PSP로 표기)는 태양

**<그림 28> 미국 X-37B 우주비행체와 태양탐사선 PSP**

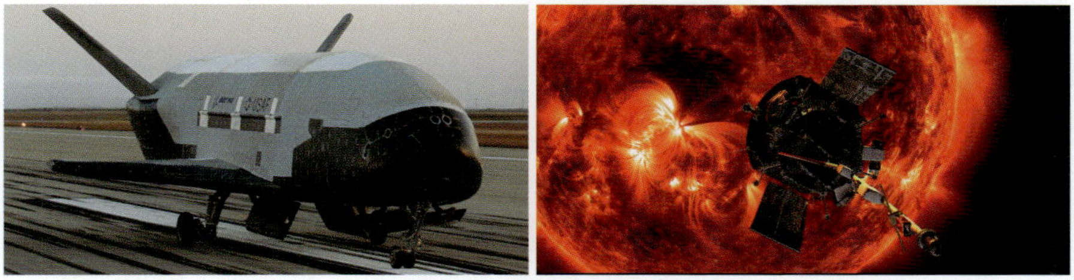

© Wikipedia Commons

에 가장 가까이 접근하는 기록을 세웠다. PSP 탐사선은 금성과 태양 사이에서 타원 궤도를 돌면서 태양 궤도에 더 가까이 접근하는 시도를 하고 있으며, 태양열로부터 탐사선을 보호하기 위해 두꺼운 보호막을 갖추고 있다. 강력한 태양풍은 우주 자산과 우주인에게 치명적인 위험이 되고 있으며 지자기 폭풍을 일으켜 지구에도 전력망 단절, 전자장비 파괴 등의 큰 피해를 입힐 수 있다. PSP 탐사선은 태양 대기인 코로나가 태양 표면 온도보다 수백 배 더 높은 이유와 태양풍의 비밀 등을 밝히는 임무를 수행한다.

### 링크 부문(Link segment)

링크 부문은 우주 시스템을 구성하는 요소 중 하나로 지상 부문과 우주 부문, 우주 부문과 우주 부문 사이의 데이터가 전송되는 영역이다. 링크 부문은 다운링크(Downlink), 업링크(Uplink), 크로스링크(Crosslink)로 나눈다. 다운링크는 위성에서 지상국이나 지구상 단말기로 데이터(기상, 방송, 영상, 항법 등)를 전송하는 링크이다. 과거에는 지상국을 통해 수신된 정보를 지구상 사용자(지상, 해양, 공중)에게 유무선으로 전송했으나, 최근에는 개인 휴대폰으로 직접 전송하는 등 범위가 확대되고 있다. 2023년 출시된 아이폰 15는 위성을 통해 긴급문자 서비스를 이용할 수 있어 지구상 인터넷이 연결되지 않는 지역에서도 위험을 전달받거나 조난 상황을 전송할 수 있다. 우주 경제 영역에서도 대부분의 경제적 활동과 이익은 우주에서 지구상으로 제공되는 상품과 서비스 분야이다. 우주 경제에서 다운스트림(Downstream)으로 불리는 분야는 세계 우주시장에서 90%를 차지한다. 업링크는 지상국에서 위성으로 데이터를 전송하는 링크이다. 업링크는 위성과 우주비행체의 작동을 명령하는 신호, 데이터 업로드, 위성 운영과 관리에 필요한 정보 등을 전송한다. 크로스링크는 위성이나 우주비행체 사이에 직접 데이터를 전송하는 링크이다. 크로스링크는 위성 네트워크 내에서 이루어지는 데이터 교환으로 군집위성의 증가로 중요성이 커지고 있다. 또한 크로스링크는 지상국이 직접 커버하지 못하는 지역으로 위성 간 중계를 통해 데이터를 전송하는 데 유용하다.

링크 부문은 지상 부문의 장비와 기술, 우주 부문의 장비와 기술에 따라 안보적 역할이 달라질 수밖에 없다. 링크 부문은 지상 부문과 우주 부문에 산재되어 있지만, 특히 통신과 데이터 전달에 관련된 부문에 주목해야 한다. 앞서 다룬 지상국과 우주 자산에서도 통신 안테나, 송수신 장치와 같은 하드웨어가 여기에 해당한다. 예를 들어 안테나는 주파수 밴드와 통신 거리에 따라 다양한 유형과 크기로 개발된다. 또한 링크 부문에는 통신 프로토콜, 주파수 밴드 등도 중요하다. 통신 프로토콜은 컴퓨터 네트워크 및 통신 시스템에서 정보 교환을 효과적으로 수행하기 위한 규칙과 규정의 집합이다. 이러한 프로토콜은 데이터 전송, 에러 처리, 보안, 라우팅 및 다른 통신 작업을 조절하고 조정한다. 링크 부문에서 사용되는 주파수 밴드는 통신 신호의 주파수 범위를 말하며 위성통신 시스템의 성능과 대역폭에 영향을 끼친다. 미국은 2023년 11월 정부와 기업의 주파수에 대한 안정적 접근을 보장하기 위한 국가전략(National Spectrum Strategy)을 발표했다. 이는 링크 부문의 우주 안보를 위한 노력으로 주파수에 대한 연구, 주파수 관련 R&D와 인력 양성, 주파수 할당에 대한 투명한 계획 등을 담고 있다.

링크 부문은 하드웨어 기준으로 이해하기보다는 우주작전을 수행하는 과정에서 통신과 데이터가 전달되는 상황을 통해 이해할 수 있다. 여기서는 통신위성체계와 항법위성체계를 예로 들어 링크 부문이 군사적으로 활용되는 상황을 이해한다. 통신위성체계는 저궤도 군집위성을 통해 안정적인 통신을 제공한다. 이는 군사작전 수행에서 방송, 음성, 데이터 통신 및 지휘통제를 지원한다. 해양에서는 수상함과 잠수함 등 해양전력 사이에 정보 교환과 위협 관리를 위한 통신체계를 지원하며 특히 보안이 강조되는 핵잠수함의 신뢰성 있는 통신을 보장하는

데 중요한 역할을 한다. 통신위성체계는 군사적 대상을 감시정찰하여 수집한 정보를 지상국으로 전달하여 정보분석이 진행되도록 지원하며 이렇게 분석된 정보를 지구상 어느 곳이든 빠르고 정확하게 전달한다. GPS와 같은 항법위성체계는 아군과 적군의 위치를 결정하고 탐색하는 데 필수적인 시스템이다. 휴대용 GPS 수신기를 포함해서 지구상 병력은 어느 곳에서나 부대의 위치를 정확히 파악할 수 있으며 목표 지점으로 방향을 설정할 수 있다. 또한 위성항법체계는 정밀타격을 위해 발사된 유도무기가 정확하게 목표에 도달하도록 지원하며, 적의 위협이나 공격 지점도 파악할 수 있다.

### AI를 활용한 우주 기술

우주 안보에서 AI 적용은 필수적이다. 왜냐하면 AI는 대량의 데이터를 분석하고 빠른 상황 인식과 의사결정을 돕기 때문이다. 우주 영역의 안보 자산이 증가하고 우주 잔해물 등 위험 요인도 함께 늘어나면서, 대량의 데이터를 분석하는 부담이 현실화되었다. 또한 복잡한 상황을 정확히 파악하고 다양한 안보 자산을 활용하기 위한 의사결정이 점점 더 어려워진다. 실제로 다양한 목적에서 소형위성의 개발이 활성화되고, 발사체 기업도 늘어나면서 우주 데이터도 질적으로 양적으로 증가하는 추세이다. 2024년까지 우리나라가 운용 중인 위성은 10개 내외지만, 앞으로 초소형 군집위성이 모두 운용되고, 우주 기업의 위성 개발이 확대되면 우주 데이터를 처리하는 기술도 함께 발전해야 한다.

예를 들어 북한 내 주요 관심 지역을 감시정찰하는 초소형 군집위성은 30분이라는 짧은 재방문 주기로 인해 지금보다 대량의 데이터를 처리해야 한다. 또한 초소형 위성이라는 경량화, 소형화 특성으로 인해 위성 내 데이터 처리 부담을 줄일 필요가 있다. 이런 필요성에서 AI 활용한 우주 기술이 개발 중이다. AI를 활용하면 국가안보를 위한 이상징후 탐지가 개선될 수 있다. SAR 이미지 초해상화를 비롯해 표적 탐지와 식별, 추적 및 이상징후 식별을 자동화함으로써 판독 능력과 속도를 향상시킬 수 있다. 기존 영상 데이터에 위협 표적을 의미하는 객체를 부여함으로써 AI가 반복 촬영한 영상 데이터에서 주요 표적의 변화를 식별하고 이상징후만 선별할 수 있기 때문이다.

**< 그림 29 > AI기반 변화 탐지 및 객체 분할[48]**

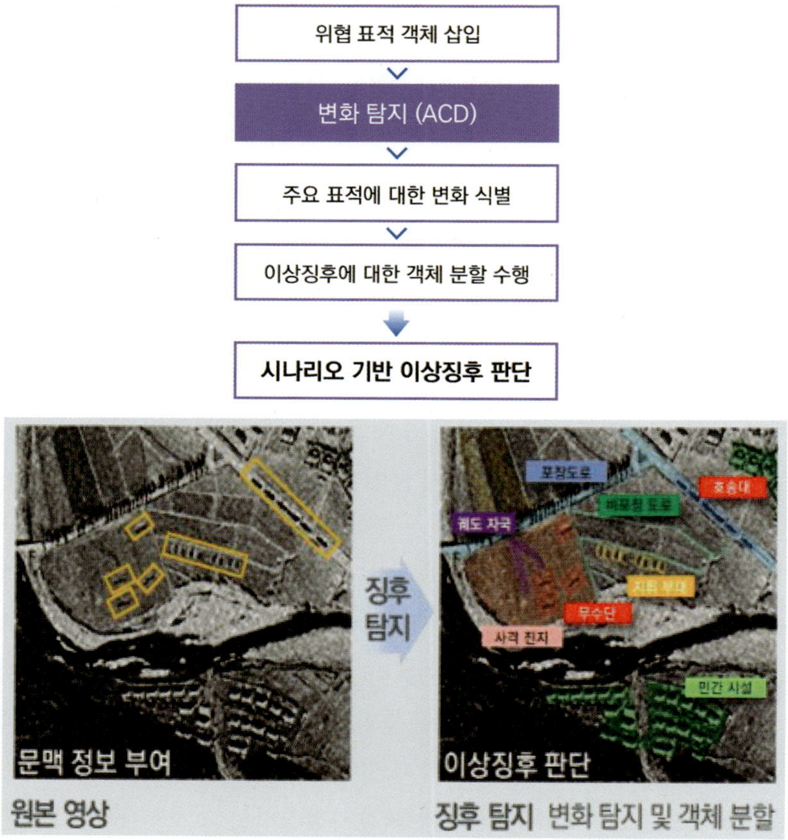


ⓒ 권태훈, "미래 군의 우주무기체계 제안", 『공군-한국항공대 한국우주항공력 포럼 발표자료집』, 2025년 2월 18일.

미 우주군은 우주 작전 수행에서 활용할 수 있는 AI 개발에 노력하고 있다. 물론 AI가 인간의 의사결정을 대체하는 것은 아니다. 사용자들의 대화를 기반으로 우주 임무를 수행할 수 있는 챗봇 개발이 그중 하나다. 이러한 챗봇은 적대 세력이나 우주 위험 요인의 기동 규칙, 추진체 기술 등에 답할 수 있다. 과거에는 우주 작전 요원 한 명이 하나의 위성이나 우주 물체를 관찰하고 이상 기동이나 충돌 가능성을 확인했지만, 이제는 AI 기술을 통해 대량의 임무를 자동화하고, 한 명의 요원이 얼마나 많은 임무를 동시에 수행할 수 있는지가 목표가 되었다.

현재 미 우주군은 우주 작전 훈련에서 AI 자동화 기술을 시험해보고, 인간과 AI 기술이 협력하는 절차를 이해하며 워게임 등을 통해 AI 기술의 신뢰성을 구축하고 있다. 미 우주군에서는 AI 기술을 활용한 채팅을 선호하고 있다. 실제로 우리나라가 참여한 국제 우주상황조기 연합연습인 글로벌 센티넬(Global Sentinel)에서도 각국의 우주작전 요원 사이에 의사결정은 문자를 활용한 채팅이다.

이처럼 국방·정보 우주 영역에서는 우주 위험을 모니터링하고, 적대 세력의 공격 가능성에 대응하기 위해 자동화된 에이전트를 얼마나 허용할 것인지 연구 중이다. AI 개체가 더욱 효과적이고 상호 연결되며 안전해짐에 따라, 자동화된 시스템을 모니터링하기 위해 의사결정 과정에 인간("human－on－the－loop")을 포함하는 것이 오히려 우주 활동의 안전을 저해할 수 있다. 우주 데이터가 많아질수록 피곤하고 고립된 인간 요원이 최선의 결정을 내리기 어려울 수 있다.[49]

우주경제 영역에서도 AI를 활용한 데이터 분석이 수익을 창출하고 있다. 미국 스타트업 오비탈인사이트(Orbital Insight)는 연말 성수기에 월마트 주차장에 있는 차량의 수를 세어 매장의 혼잡도를 파악하며 이 데이터를 고급 정보에서 이익을 취하려는 월스트리트의 헤지펀드나 금융 기관 등에 판매한다. 이 스타트업은 미국 전역의 옥수수밭을 살펴보고 작물의 상태를 추적하여 수확량을 예측한다. 월스트리트의 원자재 중개업체는 정확성이 검증된 이런 데이터를 구입해 옥수수 선물 거래에서 어느 방향으로 베팅할지 결정하기도 한다. 더 나아가 AI 시스템은 밤에 켜진 조명의 수를 계산하고 바다에 있는 선박의 움직임을 추적하고 광산에서 나오는 석탄의 양을 집계해 세계 각국의 국내총생산을 추정한다. 이러한 작업을 수행하려면 인간 분석가 수천 명이 필요하지만 AI 기술은 모든 작업을 지칠 줄 모르고 수행한다.

AI 기술의 활용은 데이터 분석에만 해당되지 않는다. 이스라엘 기업(SatixFy)는 영국 우주청과 계약하여 우주환경 변화에 스스로 적응할 수 있는 자체 적응형 위성 소프트웨어(self－adaptive satellite software)를 개발하고 있다. 전통적으로 위성은 발사된 이후 수정이 어려웠다. 또한 우주 공간에 있는 위성은 서비스 조정,

자원 재할당, 새로운 요구 사항에 용량을 재구성하는데 보통 몇 분의 다운타임이 필요하다. SatixFy는 AI로 통합하여 지상국의 개입 없이 운용자 설정에 따라 위성이 자동으로 작동을 조정할 수 있다. 이를 통해 AI 소프트웨어는 다운타임을 없애고 위성이 수요에 따라 실시간으로 자율적으로 조정할 수 있도록 한다. 이처럼 소프트웨어로 정의된 위성은 운영자가 다양한 시장에서 요구하는 서비스를 동시에 제공할 수 있으며 운영 비용도 절감한다. 앞으로 우주 기반 통신이 경쟁적이고 복잡해질수록, AI 기반 위성의 자율적 임무 수행은 더욱 중요하다.[50]

AI 활용은 우주 시스템에 탑재된 컴퓨팅도 발전시키고 있다. 우주항공 기업(Moog)은 AI 기반 고성능 컴퓨팅을 개발하고 있는데, 최신 방사선 경화 프로세서와 AI 강화 GPU를 기반으로 한다. 우주환경에서 수행하는 임무에는 실시간 AI 처리 기술이 중요하다. 온보드 AI 컴퓨팅 기술은 분석을 위해 데이터를 지구로 다시 보낼 필요를 줄여준다. 또한 AI 기반 우주 컴퓨팅은 빠른 의사 결정, 향상된 사이버 안보, 우주 비행체의 자율성을 증가시킨다. 우주 임무가 복잡해짐에 따라 실시간 AI 처리는 심우주 탐사, 우주 방어 및 차세대 위성 네트워크에 필수적이다. 온보드 AI 컴퓨팅은 지상국과 독립적으로 작동할 수 있는 더욱 스마트하고, 위성 등 우주비행체의 자율 운영도 지원할 수 있다.

실제 미국 우주 스타트업(LEOcloud)은 2025년 말까지 국제우주정거장(ISS)에 데이터 센터를 구축할 계획이다. 우주 데이터 시장에는 위성으로 정보를 수집하는 기업뿐 아니라 지구상에서 데이터를 활용하는 기업 등 다양한 고객이 혜택을 볼 수 있다. 지상에 있는 데이터를 ISS에 설치된 데이터 센터로 옮길 수 있으며, 이를 통해 궤도 내에서 신속한 데이터 처리 서비스를 받을 수 있기 때문이다. 이번 데이터 센터는 마이크로소프트, 아마존 웹 서비스(AWS), 구글 및 기타 클라우드 서비스를 지원하도록 설계되었다.[51] 뿐만 아니라 중국도 2025년 세계 최초로 궤도에 삼체(Three-Body)라는 슈퍼컴퓨터 군집 위성을 올렸는데, 24시간 태양광 발전을 활용할 수 있으며, 모듈식으로 데이터 센터를 확장할 수 있다. 또한 우주의 극저온 환경을 활용하여 냉각 비용을 절감하고 온실가스 배출도 필요없어 친환경적이다.

AI 기술은 우주 산업과 연구에 빠르게 융합되고 있다. AI 기술 발전은 반도체와 센서의 수요를 지속적으로 증가시키고 있다. 우주 발사와 위성이 생성하는 데이터가 기하급수적으로 증가하면서 고성능 컴퓨팅 하드웨어 수요를 촉진한다. 그 결과 AI 기술 발전의 순환 구조를 발전시키고 있다. AI 기술은 우주 산업의 고도화와 혁신을 견인하고 산업 경쟁력의 핵심 기술로 역할한다. 우주 분야에서 AI 기술은 방대한 양의 데이터를 매우 빠른 속도로 분석하여 복잡한 설계, 개발 환경에서 개발자의 부담을 줄이고 지능적인 의사 결정을 지원한다. 또한 우주 시스템의 고장 예측과 사전 대응, 수명 주기 전반의 효율성 증대가 가능하다.

우주 분야는 신뢰성과 안전이 매우 중요하므로 인간 제어와 개입이 일정 수준 이상 계속 필요하다. 동시에 인간 요소를 최소화해야 하는 생산 및 서비스 영역(발사 단계, 생산 오염 최소화 등)에서 AI 기술 기반의 자동화와 자율화가 균형적으로 이루어져야 한다. 그만큼 우주 시스템도 해킹, 피싱 등 사이버 위협에 대비하기 위한 기술과 체계 마련이 필수적이다. AI 기술의 발전과 우주 분야 적용에 따라 기존 하드웨어와 소프트웨어가 따라가지 못하는 기술적 부채(technical debt)에 대비해 인프라 최신화, 클라우드 시스템 활용을 확대할 필요가 있다. 예를 들어 위성체의 전력 소비 증가와 지상국의 데이터 처리 부담 등을 해결해야 한다. 위성체의 전력 확보와 저장 효율성, 위성 내 데이터 처리 등 기술 발전이 요구된다.

우주 분야에서 AI 기술은 모빌리티와 로봇 기술과도 접목된다. 우주 분야에는 비행체나 로버 등 다양한 모빌리티가 활용 중이다. 모빌리티 분야도 하드웨더만큼 AI, 자율 주행 등 소프트웨어가 강조된다. 실제로 도요타는 일본우주청(JAXA)과 함께 유인 달 탐사차 루나 크루저(Lunar Cruiser)를 공동 개발하고 있다. 루나 크루저는 2031년 발사를 목표로, NASA의 아르테미스 프로젝트에 참여해 일본 우주인의 달 착륙 임무를 지원할 예정이다. 도요타는 AI 기술을 적용해 자율주행은 물론 연료전지와 태양광을 결합한 친환경 에너지 시스템, 극한 환경에 적합한 타이어와 내구성 기술 등 미래차의 핵심 기술을 개발하고 있다. AI 기술은 우주비행체의 자율 비행뿐 아니라 유인 비행시에도 긴급상황에서 최적의 경로와 대안을 선정하고 자동 또는 자율 대응을 제공할 수 있다. AI 자율비행 알고리즘은 우주비행체가 수집한 영상, 센서 데이터를 처리하는 온디바이스 AI 역량을 효율적이고 조화롭게 활용하는 핵심 기술로 부상하고 있다.

로봇 기술에도 AI 기술과 접목하여 우주 분야에서 역할을 확대하고 있다. AI 기술이 접목된 로봇 시스템은 제조 현장에서 안전성, 신뢰성, 생산성을 높인다. AI와 로봇 기술의 융합은 우주 인프라 건설, 위성 유지보수, 자동화 조립 등에서 생산성과 효율성을 극대화하고, 우주의 극한 환경에서 지속적인 작업을 실현할 수 있다. 대표적으로 AI Space Factory, Motiv Space Systems, GITAI 등이 우주용 스마트팩토리 및 로봇 시스템을 실증하고 있다.

우주 발사체 제조 과정에서는 로켓 엔진과 연료에서 다뤄지는 유독성 화학물 처리, 중장비의 반복적 이동, 조립, 시험 등이 포함되며, 로봇 기반 자동화 기술과 자율 시스템은 필수적이다. 선도적인 우주 기업들은 위성 수요의 증가와 대량생산을 위해 AI 기술이 적용된 로봇으로 제조 공정을 도입하고 있다. 예를 들어 SpaceX는 매월 120여 개의 스타링크 위성을 생산할 수 있다. OneWeb은 매월 60개 위성을 생산할 수 있는 능력을 확보했으며 다른 위성 생산 기업들도 AI와 로봇을 활용한 Space Smart Factory를 구축하고 있다. 중국도 2025년까지 연간 위성 600개 이상, 발사체 50개 이상을 생산할 수 있는 시설을 추진하고 있다.

이 밖에 로봇 기술은 우주 활동에서도 많은 역할을 수행할 수 있다. 우주 정거장이나 달과 화성, 소행성 등 우주 탐사에 사용되는 다양한 로버와 착륙선에 로봇 기술이 적용된다. 우주 정거장이나 우주 내 서비스·조립·제조(ISAM)를 위한 로봇 시스템(ModuLink, xLink 등)은 궤도 내 태양전지판 제조, 위성 수리 등 다양한 작업을 할 수 있다.

특히 화성이나 소행성과 같은 심우주 탐사에는 로봇이 대부분의 임무를 수행한다. 예를 들어 AI Space Factory는 지구와 우주(특히 화성, 달)에서 활용 가능한 첨단 제조·건설 시스템을 개발한다. 이런 기술은 NASA와 협력해 화성 정착지(MARSHA)와 달 인프라(도로, 서식지)를 구축하는데 활용할 3D 프린팅 기술을 포함한다. Starforge 적층 제조 시스템은 현지 재료(예: 레골리스)를 활용해 우주의 극한 환경에서 자동화 건설을 수행할 수 있다. 유인 우주임무에도 로봇은 필수적이다. 우주인이 수행하기 위험한 임무에는 로봇이 사용된다. 로봇은 단독으로 임무를 수행하기도 하지만, 우주인의 임무를 보조하거나 협업하여 임무 효율성을 높이고 임무 범위를 확장한다.

AI를 활용한 우주 기술은 국방·정보 우주와 우주 경제를 긴밀히 연결하는 요소이다. 수십 년 동안 국방·정보 우주 계약은 록히드 마틴, 보잉, 노스럽 그루먼과 같은 전통적인 방산 기업들이 주도해 왔다. 그러나 현재는 안두릴(Anduril), 팔란티어(Palantir), SpaceX와 같은 우주 AI 기업들이 우주 안보를 재구성하고 있다. 방산 기업과 우주 AI 기업들은 자율 드론, 실시간 전장 분석, AI 기반 감시 네트워크를 빠르게 발전시키고 있다. 예를 들어 안두릴은 전장 인식 능력을 향상시키기 위해 AI 기반 자율 드론과 실시간 우주 센서 네트워크를 구축하고 있다. 팔란티어는 기존 방산 기업들과 경쟁하며 AI 기반 데이터 분석 계약을 체결했다.

이들 테크 기업의 발전은 SpaceX가 국방·정보 우주 사업을 개척했던 길을 따르고 있다. SpaceX도 불과 몇 년 만에 발사 사업을 뒤흔들며, 한때 보잉과 록히드 합작 벤처인 ULA(United Launch Alliance)의 독점 영역에서 성과를 거두었기 때문이다. 더 많은 우주 기업들이 국방 분야에 진출하면서, 실리콘 밸리의 테크 기업들도 국방·우주 프로그램에 도전하고 있으며, 전통적인 방산 기업과 경쟁하고 있다.[52]

**<그림 30> 우주 AI 및 데이터 센터를 통합한 네트워크 구상**

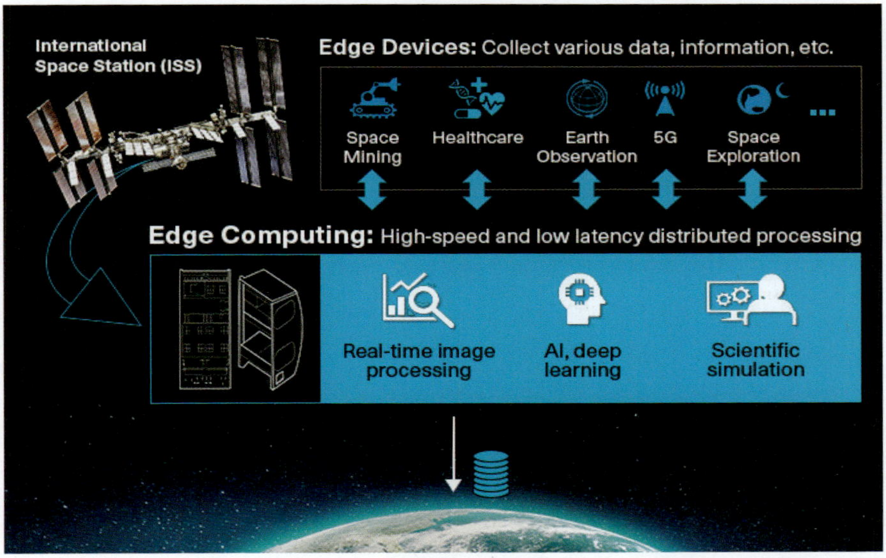


© NASA

2025년 재집권한 트럼프 행정부에서 변화하는 사업 환경은 가속화되고 있다. 테크 기업들은 백악관과 긴밀한 관계를 지속하면서 영향력을 확장하고 있다. 물론 아직까지 이들이 록히드 마틴, 보잉, 노스럽 그루먼과 같은 대형 방산 기업을 무너뜨릴 수준은 아니다. 더욱이 테크 기업 등 새로운 우주 기업이 성공하려면 기술적 우위만으로는 충분하지 않다. 방위 산업은 혁신만큼이나 관료적 절차와 문화가 자리잡고 있기 때문이다. 따라서 국방·정보 우주 분야를 위한 과제로 획득 체계를 개선하고 있다. 오랫동안 유지되었던 방산 기업의 영향력, 관료화된 국방 획득 방식도 변화가 일어나고 있다.

우주·사이버 위협과 대응이 중요하게 부상하면서 관련 시장도 확대되고 있다. 2025년 4월 MarketsandMarkets이 발간한 보고서에 따르면, 우주·사이버 보안 시장은 2024년 45억 2천만 달러에서 연평균 성장률(CAGR) 9.0%로 성장하여 2029년에는 69억 6천만 달러에 이를 것으로 전망된다.

이처럼 시장이 성장하는 이유는 우주 자산에 대한 사이버 위협 증가, 우주의 급격한 군사화 및 국방 이니셔티브, 위성 인프라에 대한 의존도 증가, 위성－지상 간 통신 보안 수요 증가, 저궤도 위성 발사 증가 및 위성 통신 기술 채택 확대 때문이다. 여기에는 제한 요인도 있다. 다중 궤도와 다양한 행위자들이 활동하는 우주시스템을 보호하는 것은 더욱 복잡해질 전망이다. 오래전부터 운영 중인기존 우주 인프라는 보안 체계를 통합하기 어렵다.

우주·사이버 시장 중에서도 가장 빠르게 성장하는 분야는 서비스이다. 우주·사이버 보안 서비스는 우주 자산 및 데이터를 보호하기 위한 보안 프레임워크 설계, 구현 및 유지 관리를 지원하는 광범위한 서비스를 포함한다. 관리형 보안 서비스, 전문 컨설팅, 지속적인 교육 등을 통해 우주 임무, 위성 시스템 및 관련 인프라를 진화하는 사이버 위협에서 안전하게 보호한다. 우주 기반 자산에 대한 사이버 공격 증가로 인해 전문 사이버 보안 서비스에 대한 수요가 증가하고 있으며, 이는 조직에 우주 운영 보안에 필요한 전문 지식과 리소스를 제공한다.

플랫폼에서 가장 빠르게 성장하는 부문은 위성 분야이다. 위성 플랫폼은 현대 우주 인프라에서 통신, 지구 관측, 항법 및 국방을 지원한다. 위성에 대한 글로벌 의존도가 높아짐에 따라 통신, 데이터 전송 및 군사 작전과 같은 중요한 서비스를 방해하는 사이버 공격의 주요 대상이 되고 있다. 위성은 재밍 및 스푸핑과 같은 전자전 전술의 위협도 직면하고 있다. 위성 네트워크의 상호 연결된 특성으로 인해 하나의 위성에 대한 공격이 전체 시스템으로 확산될 수 있다. 예를 들어, 2022년 Viasat 사이버 공격 당시 러시아 해커들은 위성 통신 서비스를 방해하여 우크라이나를 포함한 유럽까지 군사, 정부 및 민간 네트워크에 심각한 영향을 미쳤다.

이러한 위협을 완화하기 위한 노력에는 종단 간 암호화, 고급 침입 탐지 시스템 및 AI 기반 이상 징후 탐지 도구를 배포하여 비정상적인 활동을 실시간으로 모니터링하고 대응하는 것이 포함된다. 또한, 양자 암호화 기술의 발전은 통신 보안을 강화하고 위성 데이터의 도청 또는 변조를 방지하기 위한 보다 탄력적인 프레임워크를 제공하기 위해 연구되고 있다.

지역별로는 아시아 태평양 지역이 가장 빠르게 성장하고 있다. 인도, 일본, 호주, 말레이시아 등 아시아 태평양 우주·사이버 보안 시장은 군사, 상업 및 민간 애플리케이션을 위한 우주 기술에 대한 의존도가 증가함에 따라 빠르게 성장하고 있다. 아시아 태평양 국가들이 우주 작전을 계속 확장함에 따라 이러한 자산을 보호하기 위한 강력한 사이버 보안 솔루션을 필요로 한다. 위성 및 우주 인프라를 대상으로 하는 사이버 공격은 국가안보, 상업 활동 및 국제 협력을 위협한다.

**<그림 31> 우주 AI 및 데이터 센터를 통합한 네트워크 구상**

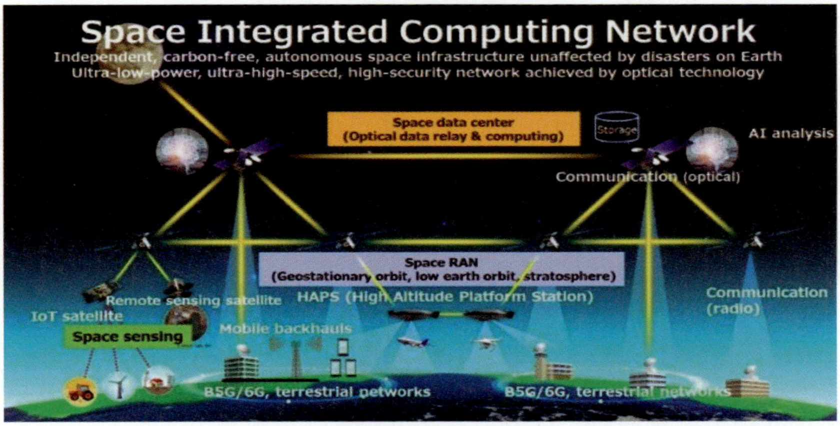


ⓒ NTT R&D

우주 시스템의 AI 활용은 데이터 센터 구축 등 통합 네트워크로 발전하고 있다. 지구상 데이터 센터는 엄청난 전력 소비와 탄소 배출을 증가시킨다. 이를 해결하기 위한 대안으로 우주에 데이터 센터를 구축하는 연구가 진행 중이다. 2025년 3월 민간 우주기업 인튜이티브 머신스(Intuitive Machines)의 달 착륙선 아테나 안에는 신발 상자 크기의 데이터 저장 장치가 탑재되었다. 비록 착륙에 성공하진 못했지만, 이는 데이터 센터의 우주 구축을 위한 최초의 시도였다.

EU도 탄소 중립과 데이터 주권 강화를 목표로 '첨단 우주 클라우드(Advanced Space Cloud for European Net zero Emission and Data sovereignty, ASCEND)' 프로젝트를 진행 중이다. 이 프로젝트는 우주 데이터 센터가 기술적, 경제적으로 실행 가능하며, 탄소 배출도 줄일 수 있다는 연구 결과를 바탕으로 한다. EU는 2036년까지 10MW 용량의 데이터 센터(블록 13개)를 지구 궤도 1,400km에 구축함으로써, '2050 기후중립' 목표를 달성하도록 지원할 계획이다. 궁극적으로 EU는 2050년까지 데이터 센터 블록을 1,300개까지 배치함으로써 1GW 규모로 구축하는 것을 목표로 한다.

데이터 센터의 우주 구축은 우주 안보의 3요소를 잘 보여주는 사례 중 하나다. 국방·정보 우주 차원에서 우주 데이터는 빠른 처리와 전달, 보안이 중요하다. 우주 데이터 센터는 위성에서 처리된 데이터를 저장하거나 다른 위성으로 전송함으로써 지구상 군사 작전에 더 빠르게 전달할 수 있다. 또한 우주 데이터 센터는 해킹이 힘들고 침투도 어렵기 때문에 데이터 백업 장소로 강력한 보안을 유지할 수 있다.

우주 경제 차원에서 우주 데이터 구축과 운영은 AI 기업에게 핵심적인 인프라이다. 우주 데이터 구축과 관련된 우주 발사 및 수송, 소프트웨어 개발 등 새로운 시장을 확대시킨다. ISS에서 구축될 엣지 컴퓨팅과 마찬가지로 우주 데이터 센터는 우주 내 조립 및 제조(ISAM), 달과 같은 천체 기지 건설 등에 중요한 역할을 한다. 즉, 다양한 우주 사업에 필요한 데이터를 우주에서 제공함으로서 비용 절감과 신속한 적용이 가능하기 때문에 우주 경제 활성화에 기여할 수 있다.

우주 외교 차원에서 우주 데이터는 기후위기 시대의 탄소배출 감소를 위한 국제적 노력을 지원한다. 데이터 센터가 지구상에 급속히 늘어나면서 전력망에 부담을 주고 있으며, 수자원 소비와 소음 등 지구환경에 악영향을 주고 있다. 궤도나 달 표면에 데이터 센터를 운용하면, 발열 관리를 위한 냉각 장치가 필요 없고, 태양 에너지를 충분히 활용할 수 있어 지구상과 비교하여 환경 오염도 줄일 수 있기 때문에, 우주 외교가 추구하는 지속 가능성에 기여할 수 있다.

## 우주·사이버 위협과 대응

우주·사이버 위협은 현실적인 우주 위협이며, 현재 진행형이다. 우주 시스템뿐 아니라 대부분의 디지털, 정보통신을 활용한 군사 시스템과 국가 핵심 인프라(발전소와 전력망, 공항 등)는 사이버 공격에 항상 노출되어 있으며, 대응 체계를 마련해야 한다.

우주 시스템에 대한 사이버 위협 가능성에는 다른 입장이 존재한다. 예를 들어 인공위성에 대한 사이버 공격 가능성이 낮다고 보는 입장에서는 ① 공격할 수 있는 대상이 비교적 제한적이고, 공격으로 얻을 수 있는 실질적인 이익도 크지 않다. ② 공격 대상에 대한 정보를 수집하기 어렵고, 위성에 대한 직접 사이버 공격도 쉽지 않다. ③ 사이버 공격에 성공하더라도 공격자가 의도한 피해 수준을 넘어설 가능성이 크다. 이처럼 해커 개인의 입장에서는 사이버 공격의 실익이 크지 않다는 주장도 있다.[53]

하지만, 국가에 소속된 공격자나 국가의 지원을 받는 사이버 공격의 경우 다르다. ① 공격 대상은 한정적이지만, 핵심 인프라이므로 공격자의 자원과 시간을 집중적으로 투입할 수 있다. 공격에 따른 큰 효과를 기대할 수 있다. ② 공격 대상에 대한 정보는 공격 대상과 연계된 주변 시스템이나 인력을 통해 확보할 수 있으며, 위성을 직접 공격할 필요 없이 지상체나 단말기 등을 공격함으로써 공격 효과를 거둘 수 있다. ③ 사이버 공격의 피해가 확산되더라도 공격자나 공격 지점이 바로 드러나지 않기 때문에 사이버 공격을 주저할 이유는 없다.

실제로 사이버 공격이 시작되는 루트는 많은 부분 사용자나 관리자와 같은 인간 요소(human factor)이며, 공격 대상에 접근하는 지점은 핵심 인프라와 거리가 먼 주변부 시스템에서 시작되는 경우가 많다. 예를 들어 우리나라 정보통신 및 디지털 시스템에 접근한 사례 중 주차 관리 시스템을 통한 공격도 있었다. 대부분 공공기관이나 기업은 주차장을 운영하며, 관리의 효율성을 위해 주차 관리 시스템을 운영하는데 이런 주변부 시스템을 통해서도 핵심 인프라에 접근할 가능성이 있다.

우주 시스템에 대한 사이버 공격 사례나 의심되는 피해는 과거에도 있었다. 블룸버그 통신에 따르면, 2007년에서 2008년 사이 미국 위성이 네 차례나 해커의 방해를 받았다. 이러한 분석은 미중 경제안보검토위원회(US–China Economic and Security Review Commission) 준비 보고서에서 언급되었다. 미국 위성에 대한 사이버 공격 주체가 중국이라는 의심을 바탕에 깔고 있다. 2014년에는 미국 해양대기청(NOAA)이 사이버 공격으로 기상 정보 네트워크의 데이터를 잃어버리는 일도 있었다. 같은 해 NASA 산하 제트추진연구소(Jet Propulsion Laboratory)가 10개월 동안 해커의 공격으로 데이터가 유출되는 일이 있었다. 이 기간 해커의 침입이 탐지되지 않았다. 2022년에는 칠레에 있는 세계에서 가장 큰 천체 망원경 중 하나인 ALMA(The Atacama Large Millimeter Array) 망원경 시스템이 사이버 공격을 받아 운영이 중단되었다.

**<그림 32> 우주 시스템 부문별 사이버·물리적 공격 가능성**

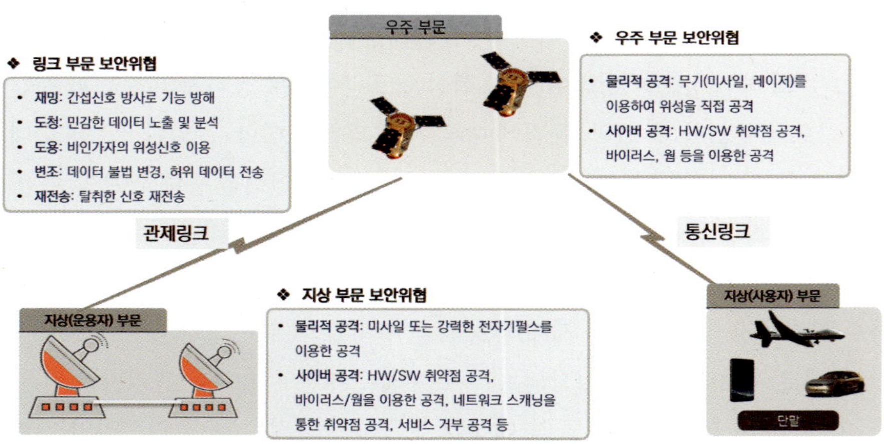


© 한국우주안보학회

우주 시스템에 대한 사이버 공격 가능성이 낮아질 것으로 보긴 어렵다. 특히 우주 시스템에 대한 의존도가 높아지는 상황에서 그만큼 파급효과와 취약성이 크기 때문이다. 오늘날 많은 국가와 군은 자체적인 공공위성이나 군사위성도 활용하지만, 경제성과 효율성 등의 이유로 민간 위성 사용도 늘리는 추세이다. 군사위성과 민간 위성을 통합 운용하는 '하이브리드 전략'은 지구관측과 통신, 첩보의 정확도를 높이는데 효과적이다. 이러한 상황에서 정부나 군 위성보다 상대적으로 보안성이 취약한 민간 위성에 문제가 발생하면 그 피해는 공공 시스템으로 확대될 수밖에 없다.

우주·사이버 위협에 대한 논의는 주로 지상국에 대한 해킹이나 위성 신호 방해 또는 스푸핑과 같은 일반적인 시나리오에만 집중되어왔다. 그러나 훨씬 더 많은 가능성이 존재한다. 2024년 6월 캘리포니아 폴리테크 주립대학교에서 발표한 연구 결과에 따르면 4백만 개 이상의 우주 시스템에 대한 사이버 위협 시나리오가 가능하다. 연구 결과는 ICARUS(Imagining Cyberattacks to Anticipate Risks Unique to Space) 매트릭스라는 이름으로 요약됐다. 이는 누가, 무엇을, 언제, 어디서, 왜 공격하는지 등의 구성 요소를 담은 것으로, 우주·사이버 담당자가 사이버 공격에 대응하기 위한 시나리오 구축을 돕는다.[54]

ICARUS 보고서는 위협 주체, 목적, 수단, 피해 대상, 우주 시스템에 끼치는 영향 등 5가지 분류별로 각각 20개의 세부적인 내용을 제시한다. 이 매트릭스는 4백만 개 위협 시나리오의 현실성을 강조하려는 것이 아니다. 이 보고서의 목적은 우주·사이버 위협의 문제는 "상상력 실패"에서 비롯된다는 것을 강조하는 데 있다. 더 많은 사람들이 다양한 전문 지식과 관점으로 우주 사이버 문제에 적용할 수 있도록 상상력을 발휘해야 한다.

우주 잔해물이 초래할 통제할 수 없는 피해를 고려할 때, 비운동성 공격으로서 우주·사이버 위협은 더욱 시급한 문제이다. 특히 복잡하고 광범위한 우주 시스템에 대한 사이버 공격자는 끊임없이 새롭고 창의적인 방법으로 예고없는 그리고 심각한 피해를 입힐 수 있다. 그에 반해 방어자는 자신의 디지털 시스템 안에서 외부 공격에 대처할 생각에 머물기 쉽다. 마치 문이 하나인 방 안에서 방 안에 금고를 지켜야 하는 경비원이 문만 바라보는 격이다. 공격자는 이미 바닥을 통해 금고 밑바닥을 뚫고 있는지 모른다. 사이버 공간에는 모습도, 소리도, 흔적도 남기지 않을 수 있다.

### 우주 사이버 위협 시나리오(ICARUS MATRIX)[55]

| | Threat actors | Motivations | Cyberattack methods | Victims/ stakeholders | Space capabilities affected |
|---|---|---|---|---|---|
| 1 | Major space faring states | Nationalism | Insider attack | Mojor space-faring states | GPS/GNSS |
| 2 | Other space-faring states | Dominance/ influence | Social engineering | Other space-faring states | Earth observation/ remote sensing |
| 3 | Non-space-faring states | Financial/ economic | Ransomware | Non-space-faring states | Military intelligence and capabilities |
| 4 | Insider threats | Fraud | Honeypot | State-owned entities | Spacecraft, robotic or crewed |
| 5 | Political terrorists | Employment | Sensor attack | Military and other contractors | Life-sustaining services |
| 6 | Mercenaries | Blackmail/ coercion | Signals jamming | Scientific organizations | Other essential services |
| 7 | Eco-terrorists | Terror | Signals spoofing or hijacking | Corporations | Other safety of personnel/others |
| 8 | Corporations | Warfare | Eavesdrop/man-in-the-middle | Wealthy individuals | Loss of sovereignty/ control |
| 9 | Mobile service providers | Disinformation | Network security | General population/ society | Earthbound services |
| 10 | Launch service providers | Espionage | Supply chain, hardware | Indirect/seconddary stakeholders | Emergency services |
| 11 | Social engineer-ing groups | Sabotage | Supply chain, software | Marginalized populations | Financial transactions |
| 12 | Organized crime | Extremist ideology | AI/ML/computer vision | Social movements | Mining or manufacturing |
| 13 | Chaos agents | Cult of personality | Attack coverup | Cultural/religious groups | Scientific capability/ research |
| 14 | Religious/ apocalyptic | Paranoia/ anti-technology | Software hacking | Unions/labor reps | Asteroid detection systems |

| 15 | Other idealogical groups | Boredom/trolling | Systems security | Customer/users via their data | Spcae weather monitoring |
|---|---|---|---|---|---|
| 16 | Proxies/agents, esp. unwilling | See world burn/chaos | Multi-phase attack/APT | Individual target | Space trafficc management |
| 17 | Noncombatants, esp. unwilling | Social/distribu-tive justice | Cloud hacking | Critical specialists | Space tourism |
| 18 | Amateur hackers/enthusiasts | Intellectual/tech demo | Account compromise | Critical infrastructure | Launch capabilities |
| 19 | AI/machine learning | Revenge/retaliation | Quantum compu-ting/comms | Internet/media/entertainment | Communications |
| 20 | Unknown/anonymous | First contact, for and against | Death by 1,000 cuts/long game | AI/machine learning | News/social media |

예를 들어 이런 시나리오도 생각해볼 수 있다. 적대국 해커가 우주발사 기업이나 관련 공무원을 회유하여 작전 6개월 전에 악성코드를 내부 시스템에 주입해 둔다.[56] 이런 악성코드는 우주발사가 진행될 때까지 작동하지 않기 때문에 탐지가 어려울 수 있다. 우주발사를 지원하는 기업은 수백 개에 이르며 해커가 접근한 직원은 얼마 전 원하지 않는 권고 해고를 통보받아 회사에 불만을 가진 사람이었다. 우주발사를 방해한 결과는 작게는 원인을 알 수 없는 일시적인 현상으로 인식되어 발사 연기에 따른 경제적 손실부터 크게는 우주 시스템에 대한 불신으로 기업의 주가 폭락, 중요한 임무를 수행해야 하는 탑재체의 발사 지연에 따른 파급효과, 내부자 문제로 인한 장기적인 인사 문제까지 다양하게 나타날 수 있다.

또 다른 시나리오로는 해커 집단 사이에 실력 경쟁이 일어나면서 발생할 수 있는 공공우주 자산의 피해이다. 두 해커 집단은 상대방보다 뛰어난 실력을 가졌다는 점을 인정받고자 국제우주정거장과 같은 공공우주 자산에 대한 공격 결과로 승부를 내고자 한다. 문제는 해커 집단이 목표로 했던 국제우주정거장의 일부 시스템 방해가 의도하지 않게 우주인의 생명 유지 시스템까지 손상시키는 상황으로 확산되거나, 해킹 경쟁 과정에서 기밀 자료를 획득하게 되면서 국제안보 이슈로 부각될 수 있다. 기밀 정보는 단순히 금전적 이익을 위해 다크웹에서 불특정 다수에게 판매할 수도 있으며, 적대국이나 범죄 조직에게 넘겨 향후 중요 시스템을 공격할 수 있는 기회가 될 수도 있다.

### 2024년 우주 사이버 위협 사례

| 위협 내용 | 공개 출처 | 영향 분야 |
|---|---|---|
| 불특정 행위자들이 2024년 7월 초부터 세계적으로 다양한 30개 기업의 직원들의 자격 증명을 탈취 | IT 보안 기업이 공개 | 에너지, 금융, 정부, 보건, 우주, 통신 |
| 불특정 행위자들이 2024년 10월 4일 Maxar Space Systems의 기업 네트워크를 침해 | 피해자가 공개 | 우주 및 핵심 제조업 |
| 중국어를 사용하는 그룹 TIDRONE이 2024년 4월부터 대만 군사 및 위성 산업을 대상으로 악성 도구셋(CXCLNT, CLNTEND)으로 공격 | IT 보안 기업이 공개 | 국방, 우주, 통신 |
| 이란 연계 Peach Sandstorm 그룹이 2024년 4월부터 7월 사이 호주, 아랍에미리트, 미국 기관을 대상으로 백도어 악성코드로 공격 | IT 보안 기업이 공개 | 에너지, 정부, 우주 |
| 친우크라이나 해커 그룹 BO Team이 2024년 1월 러시아 국립 우주수문기상 연구센터(Planeta)를 공격 | 정부 기관이 공개 | 연구 및 우주 |

© CSIS

최근에는 우주 해적(space piracy) 이슈도 등장했다. 인류가 해상 무역을 시작하면서 상선을 상대로 하는 해적이 등장했듯이, 우주에서도 상업적 자원으로서 우주 개발이 지속되고 우주 경제가 확장될수록 이를 위협하는 세력에 대비해야 한다는 의견이다. 우주 해적은 우주 시스템에 의존하는 금융 정보를 탈취하거나 통신 시스템의 방해, 위성 포획 등을 위협하여 이익을 취하려고 할 수 있다. 예를 들어 올림픽이나 월드컵과 같은 글로벌 미디어 이벤트를 방해하기 위해 정지궤도의 방송 위성을 장악하고 돈을 요구할 수도 있다.

우주는 주권 국가의 강제력이 미치지 못하는 영역으로 마치 해적이 활동하는 상황과 유사하다. 현재 벌어지고 있는 우주 시스템에 대한 해킹을 비롯한 우주의 사이버 보안 표준과 관행, 우주 범죄와 관련된 법률 및 조약, 카르텔과 납치범에 이르기까지 우주에서 일어날 수 있는 범죄 행위에도 관심을 가져야 한다. 이처럼 우주 해적 이슈는 국제 범죄, 부패, 그리고 내전과 국가 간 전쟁까지 다양한 위협을 포함한다.[57]

우주도 불법 자금세탁 시도에서 벗어날 수 없다. 범죄자들은 화물이나 가치 있는 물품 거래를 통해 자금세탁을 시도하는데, 늘어나는 우주 화물도 불법 자금세탁에 이용될 수 있기 때문이다. 우주 경제의 국제적 성격과 불분명한 기업 구조, 국경 간 고액 거래, 그리고 제한된 법적 강제력은 자금세탁에 이상적인 환경이다. 우주 경제의 국제적 성격은 다양한 국가의 규제 차이를 이용할 기회를 제공한다. 국경 간 막대한 투자와 국제적 거래가 일상적인 우주 경제의 특성상, 불법 자금이 섞이더라도 쉽게 발견하긴 어렵다. 현재 우주법과 우주 활동에 관한 국제 조약은 자금세탁과 같은 금융 범죄를 직접적으로 다루지 않기 때문에 범죄자는 우주의 법적 공백을 이용할 수 있다.[58]

우주 해적 이슈는 피할 수 없겠지만, 부정적인 것만은 아니다. 인류 역사는 범죄 행위가 진행되고 대응하는 과정에서 보험업, 금융업 등 관련 사업은 물론 기술 혁신이 일어날 것임을 보여준다. 실제로 식민지 시기 미국에서는 해적들이 필요로 했던 작고 민첩하며 적절하게 무장된 선박 기술이 발전했다. 해적들은 뉴잉글랜드에서 캐롤라이나에 이르기까지 조선업자들이 맞춤형 선박을 개발하도록 만드는 데 중요한 역할을 했다. 이 선박들은 매끄럽고 빨랐으며 약탈품과 인질을 보관하도록 설계되었다. 이런 사례는 우주 안보에서 비국가 행위자에 주목해야 하는 이유가 된다. 우선, 미 우주군과 정보 기관에게 요구되는 것은 해적과 범죄자 등 비국가 행위자가 우주 안보를 위협하는 행위자가 될 것임을 인식하는 것이다.

이처럼 우주·사이버 위협에 대한 대응에는 다양한 관점이 중요하다. 우주·사이버 안보라고 해서 엔지니어와 기술자만 필요한 것은 아니다. 사회 과학자들은 인종, 성별, 장애, 원주민 및 기술 시스템과 관련된 문제를 발견하고 조사하는 데 유용한 도구를 제공할 수 있다. 심리학자와 행동 과학자의 경우 시나리오의 사회 공학적 측면에 대한 통찰력을 줄 수 있다. 철학자도 심도 있는 분석 및 개념적 기술을 통해 관련 이슈의 틀을 짜고, 확장하고, 구체화하고, 정리하고, 비판적으로 생각하는데 도움을 줄 수 있다. 공상 과학 작가와 미래학자는 창의적으로 미지의 세계를 상상하는 데 필수적이다. 물론 엔지니어와 기술자는 사이버 공격의 표적이 되는 시스템의 설계자이므로 공격의 메커니즘을 평가하고 해결책을 모색하는 데 매우 중요하다. 이를 통해 우주 안보를 결정하는 과정에서 일어날 수 있는 집단 사고와 인지적 편견을 피할 수 있다.[59]

향후 우주·사이버 안보에 대한 관심은 더욱 높아질 것이다. 비록 사이버 공격과 방어 기술의 발전, 인간 요소의 개입 등 사이버 위협에 완벽한 대응은 어렵지만, 다양한 대응 방안을 모색할 필요가 있다. 첫째, 위성 네트워크에서 아무도 신뢰하지 말고 항상 검증하라는 원칙, 즉 제로 트러스트 모델을 적용해야 한다. 특히 지상국, 데이터 링크에 대한 신뢰 기반 접근 방식을 제거하고 지속적인 인증 및 암호화된 통신 채널을 활용하여 위협을 차단해야 한다. 미 국방부와 NASA는 위성통신 인프라에도 제로 트러스트 아키텍처를 적극적으로 도입하여 내부 위협과 외부 공격에 대한 방어를 강화하고 있으며 상업 위성 기업들도 이에 따른 보안 규정을 준수하도록 요구하고 있다.

둘째, 위성통신 기업들이 소프트웨어 공급망 보안을 강화해야 한다. SBOM (Software Bill of Material)과 같이 소프트웨어 구성 요소, 라이브러리 등을 명확히 문서화하여 위성 시스템에서 사용하는 모든 소프트웨어의 투명성을 확보하도록 돕는다. 미국 국토안보부와 NASA는 2022년 위성 통신 인프라 보호를 위한 SBOM 도입을 권고했으며, 이를 통해 서드파티 소프트웨어의 취약점과 악성코드 삽입 가능성을 사전에 차단했다. SBOM을 활용한 공급망 분석은 위성 기업들이 보안 감사와 위협 탐지 시스템을 구축하여 악성코드 감염 가능성을 사전에 평가할 수 있도록 한다.[60]

이 밖에도 정책적 차원에서 우주·사이버 안보의 복잡성과 다양한 이해관계자를 고려할 때, 민간, 정부, 군 간의 협력이 중요하다. 예를 들어 우주 기업이 운영하는 위성 통신망의 보안 강화를 위해 정부와 군이 협력하여 보안 표준을 수립하고, 위협 정보를 공유하며, 공동 대응 체계를 구축할 수 있다. 이러한 협력은 우주·사이버 보안의 취약점을 보완하고, 전체적인 대응 역량을 강화하는 데 기여할 수 있다. 또한 우주·사이버 공간에서 위협은 전통적인 군사적 위협과 달리 다양한 주체가 수행하는 비대칭적 공격이 일어날 수 있다. 국가뿐 아니라 해커 조직, 사이버 범죄자, 개인까지 사이버 공격을 활용하면 우주 시스템을 공격할 수 있다. 따라서 비대칭적 위협에 대응하기 위해서는 위협 정보의 실시간 공유, 공격 탐지와 대응 능력의 향상, 다양한 시나리오에 대비한 대응 계획 수립 등이 필요하다.[61]

# III

# 우주 안보의 영역

1. 국방 · 정보 우주
2. 우주 경제
3. 우주 외교

## 국방·정보 우주

국방·정보 우주 영역에서는 우주 안보의 기반이 되는 신기술과 이를 활용한 우주 시스템 및 우주무기체계를 살펴본다. 우주 기술의 국방·정보 활용은 군사 우주작전 유형에 따라 구분할 수 있다. 먼저 우주작전 유형을 간략히 설명하고 각각의 구분에 따른 우주 기술과 무기체계를 제시한다.

### 군사 우주작전 유형별 우주 기술[1]

| 군사 우주작전 유형별 구분 | | 우주 기술 |
|---|---|---|
| 우주영역인식 | 우주물체감시정찰체계 | SAR, EO/IR, 레이더, Satellite Laser Ranging(위성레이저추적, SLR), Hyperspectral |
| | 우주기상감시체계 | 태양감시, 전리층 및 지구자기장 감시 |
| 우주정보지원 | 위성통신체계 | 지상-우주 통신, 위성 간 통신, 보안 |
| | 위성항법체계 | 심우주 항법, 원자시계 |
| | 위성조기경보감시체계 | EO/IR, SAR |
| | 지구관측감시정찰체계 | 지구관측위성 |
| 우주전력투사 | 지상 발사체계 | 발사추진체, 재사용 |
| | 해상 발사체계 | 발사추진체, 재사용 |
| | 공중 발사체계 | 발사추진체, 재사용 |
| | 우주비행체계 | 재진입, 엔진, 플랫폼, RPO, 재사용 |
| 우주통제 | 공세적 우주통제체계 | 미사일, 레이저, 사이버 및 전자기 공격 |
| | 방어적 우주통제체계 | 위성방호, 우주 내 정비/제조 |

### 우주영역인식

우주영역인식은 지구나 우주에서 우주영역을 감시하고 정찰하는 활동으로 우주 안보에서 가장 우선되는 활동이다. 전략적으로 우주를 가장 높은 고지(the highest ground)라는 관점에서 보면 우주에 위치한 전력과 상황을 파악하는 것이 필수적이다. 우주영역인식은 상대방 우주 물체를 감시정찰하는 데 그치지 않는다. 지상·우주에 배치된 감시체계를 이용하여 아군의 위성확인, 위성 간 충돌위험 예측, 우주 잔해물의 지상 및 해상 추락 예보 등 우주공간에서 일어나는 다양한 위험과 위협을 파악한다. 또한 태양풍, 전리층, 지구자기장 등 우주 환경의 변화를 예·경보하는 것도 우주영역인식에 포함된다.

우주 물체를 감시하는 지상기반 우주영역인식은 지상에서 우주를 감시정찰하는 활동으로 크게 레이다우주감시체계, 레이저위성추적체계, 전자광학감시체계로 구분된다. 현재 우리나라 군은 지상기반 우주영역인식 체계를 단계별로 발전시키고 있으며, 다음 과제로 우주기반 우주영역인식 능력을 갖추어 전천후 우주감시 능력을 확보해야 한다. 이러한 체계는 목적에 따라 선택되지만, 공통적으로 우주영역에서 일어나는 활동을 탐지하고 추적하며, 식별과 분석을 통해 군사적 의사결정을 뒷받침할 수 있는 정보를 제공한다. 우주 기상을 관측하는 우주영역인식은 태양풍과 태양 활동, 지구자기장과 우주 환경을 관측한다.

**<그림 1> 지상기반-우주기반 우주영역인식 개발 단계**[2]

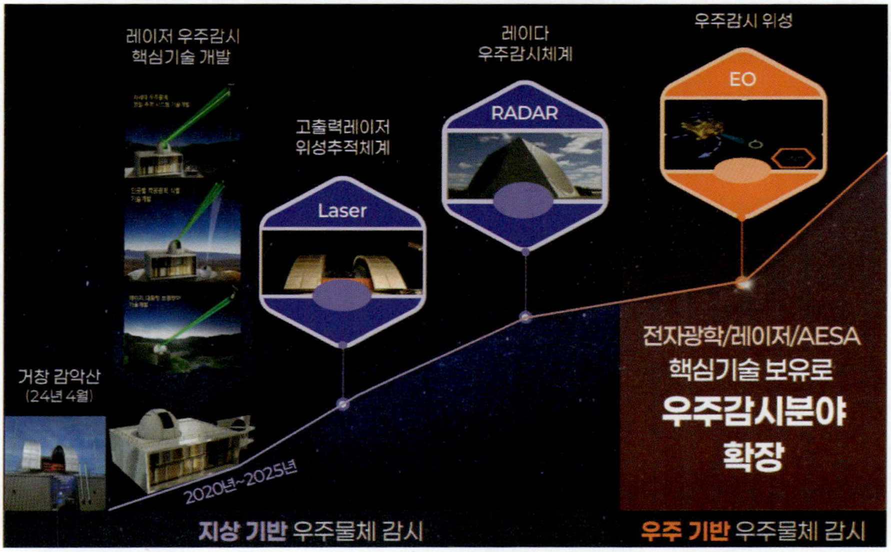


© 권태훈, "미래 군의 우주무기체계 제안", 『공군-한국항공대 한국우주항공력 포럼 발표자료집』, 2025년 2월 18일.

우주영역인식(Space Domain Awareness, SDA)과 유사한 용어에는 우주상황인식과 우주교통관리가 있다. 우주상황인식(Space Situational Awareness, SSA)은 우주물체와 우주환경에 대한 파악, 분석, 예측을 목적으로 하며, 기술적 이슈에 초점을 둔다. 주로 민간 조직이 천문우주 및 우주위험을 파악하는 활동에서 사용한다. 반면 우주영역인식(SDA)은 우주상황인식(SSA)과 기술적 이슈는 유사하나, 우주물체와 우주환경을 상대방이 활용하는 의도에 초점을 둔다. 이처럼 의도를 분석하고 예측함으로써 대응 방안을 모색한다는 점에서 기술적 이슈와 함께 군사적 이슈에 초점을 둔다. 즉, 동일한 우주물체라도 고장에 의한 궤도 이탈은 SSA에 해당하지만, 상대방에 의한 의도적인 궤도 이동은 SDA에 해당한다. 마지막으로 우주교통관리(space traffic management)는 우주상황인식(SSA)과 우주영역인식(SDA)을 포괄하는 용어로서, 우주자산의 안전하고 안정된, 지속가능한 활용을 위해 글로벌 수준에서 규제, 라이센스, 조정 체계를 갖추는 활동이다. 민간과 군용 우주자산이 모두 해당하며, 의도가 없는 위험과 의도적인 위협을 포괄하므로 민간 조직과 군사 조직이 협력하고 있다.

**<그림 2> 우주상황인식, 우주영역인식, 우주교통관리 개념의 구분**

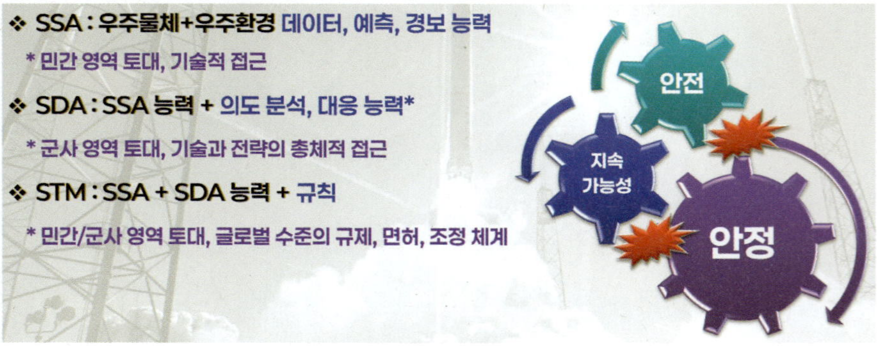


© 저자

이처럼 우주영역인식은 국방·정보 우주의 출발점이자 우주 안보의 필수적인 활동을 지원하는 요소이다. 국방·정보 우주 관점에서 우주영역인식은 지상과 우주 활동을 안전하고, 자유롭게 지속하는 데 목적이 있다. 이를 위해 우주 물체와 우주 환경을 탐지(detect), 추적(track), 식별(identify), 특정(characterize)한다. 이렇게 확인된 우주 물체와 우주 환경은 아군 우주 시스템에게 위험과 위협이 되는 대상을 구분하고 대응조치를 마련하는 토대가 된다. 다만, 광활한 우주에 대한 영역인식은 개별 국가에게 많은 비용과 높은 부담을 안겨주므로 이를 구축하고 유지하기 위해서는 다른 국가나 기업과의 다양한 협력이 필요하다.

우주영역인식은 우주 물체, 우주기상, 우주 정보를 파악할 수 있는 능력이 요구된다. 첫째, 우주 물체 감시 및 추적 능력은 우주 물체의 탐지, 분류, 궤도 확인 및 예측으로 이루어진다. 이를 통해 우주 물체 간 충돌을 사전에 파악하여 경보를 발령하는 충돌분석을 수행한다. 또한 우주 물체의 폭발이나 충돌로 발생하는 잔해물을 조사하고 특성을 분석하는 파편화와 우주 물체가 대기권에 재진입할 경우 지구상 인명이나 재산에 피해를 줄 수 있는 영향권을 계산하고 예측한다. 둘째, 우주기상(space weather) 능력은 태양 활동 또는 우주 환경 변화가 우주 물체, 지상 장비에 미치는 영향을 측정하고 경보 및 예측을 제공한다. 역사상 지구에서 전쟁은 기상의 영향으로 승패가 좌우된 경험이 많으며, 우주기상도 우주전뿐 아니라 지구에서 전쟁에 중요한 영향을 끼친다. 우주기상 변화는 지상 통신장비, 위성체계·발사서비스, 위성항법체계 및 정밀 유도무기체계 등의 기능저하·장애·고장 등을 유발해 군의 임무 수행에 어려움을 줄 수 있다. 특히 우주기상 변화는 인공위성의 궤도의 이탈·고장 원인이 될 수도 있다. 셋째, 우주 정보(space intelligence) 능력은 궤도상 우주 물체에 대한 영상, 신호, 성능과 행위를 수집, 분석하고 식별한다. 상대방의 우주 활동을 감시하고 어떤 실험과 능력을 발전시키고 있는지 확인하는 정보는 우주 안보에 필수적이다. 국방·정보 우주 측면뿐 아니라 우주 경제 측면에서도 경쟁 국가와 기업의 우주 기술 수준은 주요 정보에 속하기 때문이다.

국방·정보 우주 분야에서 우주영역인식의 능력은 운영 위치에 따라 지상기반 장비와 우주기반 장비로 구분되며, 기능적으로 상대방 우주 물체에 대한 광학, 레이더, 레이저 관측을 통해 수행된다. 또한 아군 우주 물체의 임무수행을 위해 궤도 관리를 포함한 우주교통관리(Space Traffic Management, 이하 STM으로 표기)도 수행되어야 한다.* 나아가 미래에는 우주영역인식에서 우주·사이버 위협를 탐지하고 방호하는 보안 능력도 발전시켜야 한다. 우주 물체를 감시하는 우주기반 우주영역인식은 우주에서 우주를 감시정찰하는 활동으로 전자광학, 적외선센서, 레이더센서를 활용한다. 우주기반 우주영역인식은 더 높은 궤도에서 낮은 궤도를 감시정찰하는 활동이 일반적이며 지구관측활동과 중첩해서 임무를 수행할 수도 있다. 예를 들어 지구정지궤도 위성 중 감시정찰위성은 지구관측과 저궤도, 중궤도 위성감시를 모두 수행하도록 개발할 수 있다.

### 지상기반 우주영역인식 기술

우주영역인식 기술은 지상기반 기술과 우주기반 기술로 구분된다. 그중에서도 지상기반 기술은 연속적으로 촬영된 전자광학, 고출력의 전자파 신호, 레이저를 이용한 추적 기술, 우주 감시기술을 통해 타국의 인공위성 및 우주 환경을 관측하고 아군의 인공위성 궤적을 정밀하게 결정하는 기술이다. 먼저 전자광학위성감시 기술은 탐색시스템, 식별시스템, 통제시스템을 활용하여 우주 공간을 통과하는 인공위성과 우주 물체를 탐색, 탐지, 추적, 식별한다. 탐색시스템은 광시야 망원경으로 전자광학(EO)/적외선(IR)(Electro－optical/Infrared, 전자광학/적외선) 카메라를 활용한다. 식별시스템은 대구경 망원경으로 EO/IR 카메라와 분광기, 적응광학장치를 활용한다. 통제시스템은 임무 계획 및 정보분석, 생산, 저장, 목록화를 통해 우주 안보에 필요한 정보를 제공한다. 고출력레이저위성추적 기술은 전자광학위성감시 단독으로는 정밀하게 위성을 추적하는데 제한될 수 있기 때문에 SLR(Satellite Laser Ranging) 정밀도를 높이기 위한 추적 기술이다.[3] 고출력 레이저 기술은 레이저 장비, 추적 망원경, 전자광학, 체계운영 기술이 요구되며 고출력레이저를 적대국 감시정찰위성에게 조사할 경우 감시정찰 센서의 기능장애를 일으킬 수 있다. 레이더우주감시 기술은 넓은 범위에 걸쳐 우주 물체의 신속한 식별 및 추적을 위한 궤도정보(속도와 위치)를 제공한다. 레이더 우주감시 기술

* 우주교통관리(Space Traffic Management)란 우주 환경에서 운영의 안전성, 지속가능성, 안정성을 향상시키는 활동의 계획, 조정, 궤도 동기화로 정의할 수 있다. 즉 우주교통관리는 우주에서 충돌 사고를 방지하여 우주를 안전하고 지속적으로 이용하기 위한 활동이다. 이처럼 우주에서는 우주 잔해물과 우주비행체의 위치를 파악하는 것을 넘어 혼잡한 환경에서 기동에 대한 공통의 이해와 관리가 필수적이다.

은 위성배열안테나, 송수신기 및 컴퓨터시스템으로 구성되며 인공위성 간 충돌, 우주 물체 추락 등 예·경보에 활용된다. 우주 환경감시 기술은 태양광학망원경, 태양전파망원경, VHF전리층레이더 등으로 구성되며 태양 활동, 전리층 및 지구 자기장 변화를 24시간 관측하고 분석하여 우주기상 예·경보를 제공한다.

**<그림 3> 지상기반 우주감시 기술**

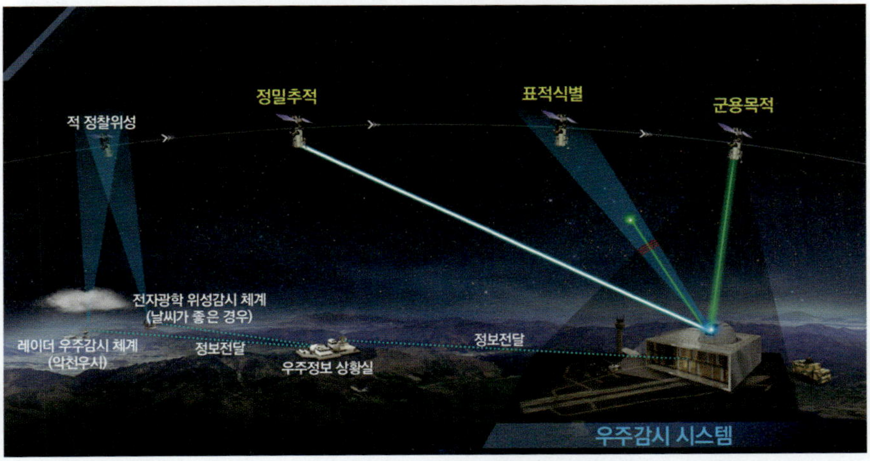


ⓒ 한화시스템

현재 우리나라 지상기반 우주영역인식은 민간 분야에서 우주 환경감시기관으로 지정된 한국천문연구원이 담당하고 있으며, 국방·정보 분야에서 공군이 담당하고 있다. 한국천문연구원과 공군은 상호 협력하여 우주 위험과 우주 물체의 정보를 공유하고 필요한 의사결정을 수행하고 있다. 특히 한국천문연구원은 자체적으로 카시오페이아라는 우주영역인식 통합솔루션 체계를 구축했다. 카시오페이아는 위성의 궤도 결정, 예측 및 추락, 충돌 위험을 통합분석한다. 향후 지상기반 우주영역인식 인프라는 전자광학 망원경, 광학센서와 카메라, 우주감시 레이더, 고출력레이저위성추적체계 등을 통합하여 소행성, 우주 물체의 충돌 위험, 유성체, 우주 물체의 추락위험, 우주 잔해물을 탐지 및 식별하고 주요 위험물체는 추적하여 대비할 수 있도록 정보를 제공한다.

**<그림 4> 우주기상 예·경보체계 운용 개념도**

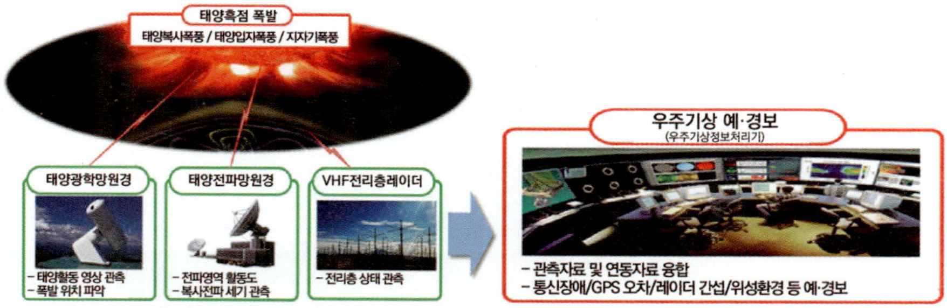




**<그림 5> 지상기반 우주영역인식 인프라와 통합분석시스템**

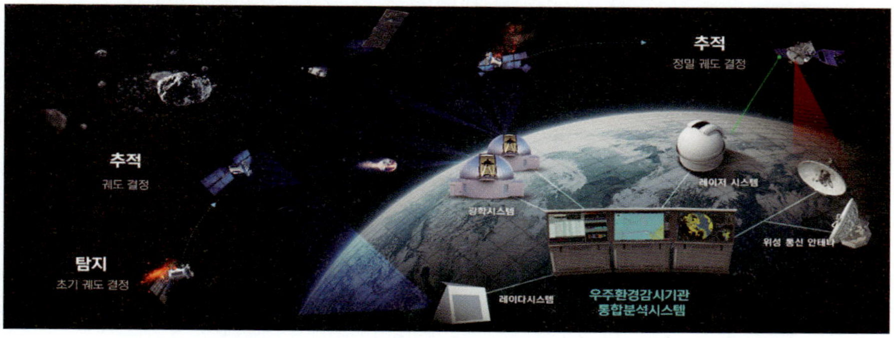




### 우주기반 우주영역인식 기술

우주기반 우주영역인식 기술은 인공위성 등에서 전자광학 방법, 레이더로 다른 우주 물체를 추적·감시하여 궤도정보 등 우주 물체에 대한 정보를 추출하는 기술이다. 우주에서 ASAT 미사일이나 탄도미사일을 요격**하기 위해서는 표

** 우리나라 군사용어사전에서 요격(intercept)은 항공기나 방공무기가 적 항공기와 미사일 등 공중위협을 탐지 → 식별 → 차단(항공기)/추적(방공무기) 이후 이루어지는 격파(파괴)를 의미한다.

적의 위치를 지속적으로 추적하고, 우주 방어체계와 요격미사일에 지속적으로 정보를 전달할 수 있는 우주 광역 감시정찰체계 확보가 선행되어야 한다. 현재 감시정찰위성이 획득하는 정보는 지상과 대기권의 일부 공간에 한정되어 있으므로, 미래에는 다수의 위성으로 구성된 감시정찰 군집위성을 운용하여 광역 감시망을 구축하는 동시에 우주 궤도에서 우주 표적 정보를 획득하는 체계를 개발할 필요가 있다.

**<그림 6> 극초음속 및 탄도미사일 추적우주센서(HBTSS) 시스템**

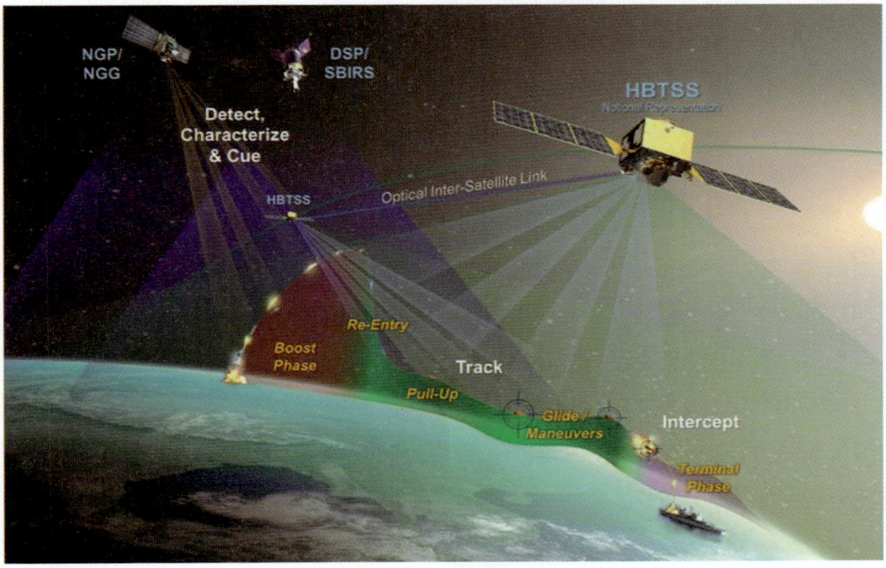


ⓒ U.S. Northop Grumman

미국은 현재 초음속 및 탄도미사일 추적이 가능한 극초음속 및 탄도 미사일 추적우주센터(Hypersonic and Ballistic Tracking Space Sensor, HBTSS)체계를 개발 중이다.[4] 이는 군집위성을 구성하여 기존 감시정찰위성에 비해 더욱 광범위한 영역을 감시하는 체계로, 미래에 개발할 우주 광역 감시정찰체계의 기반이 될 수 있다. 우주 광역 감시정찰체계는 각각의 역할을 수행하는 다수의 위성군이 유기적으로 운용되도록 개발해야한다. 현재는 인공위성 간 통신 기술과 대·소형 위성 관련 기술, 발사체 기술이 주요한 개발 대상이 될 것으로 보인다.

### 우주정보지원

우주정보지원은 우주 자산을 활용하여 우주 안보에 필요한 정보를 제공하고 지구나 우주 내 안보와 군사작전을 지원하는 활동이다. 우주정보지원은 우주에서 지상·해양·공중을 감시정찰하고, 통신으로 정보와 지휘통제를 수행하고 항법 정보로 안보자산의 운영과 정밀타격 무기를 지원한다. 우주정보지원은 지구뿐 아니라 우주영역에서 군사적 활동을 수행하는 데 필수적인 정보와 운영을 지원한다.

우주정보지원의 범위는 위성감시정찰, 위성통신, 위성항법, 위성조기경보로 구분된다. 첫째, 위성감시정찰은 지구상 적군의 표적식별, 배치상황, 이동, 공격 징후, 전투피해평가 등을 수행하도록 지원한다. 전자광학, 적외선, 레이더 기술을 탑재한 민간 및 국방·정보 위성을 통해 주·야간 제한 없이 필요한 정보를 획득한다. 위성감시정찰은 궤도에 따른 감시정찰의 지속성과 해상도 차이가 고려되어야 한다.

둘째, 위성통신은 광역 원거리 통신능력을 제공하여 전장 상황에 따른 실시간 지휘통제를 수행하도록 지원한다. 위성통신은 지구상 지형의 제한을 극복하여 전 세계 어디서나 통신과 데이터 전달이 가능하기 때문에 군사적 중요성이 높다. 위성통신은 위성 상호 간 통신을 비롯하여 지상·해상·공중 중계 및 관제소를 통한 통신과 데이터 전달로 운영된다. 위성통신은 지상통신에 비해 무선통신 구간이 길어 기상조건과 재밍(jamming)***에 영향을 받기 쉬우며 민군 자산을 활용할 경우 사이버 보안에도 대비해야 한다.

셋째, 위성항법은 분산된 병력과 무기 등에 정확한 위치·시간 정보를 제공하여 군사작전과 무기체계 사용이 이루어지도록 지원한다. 적군과 아군의 위치, 이동 등 전장상황정보를 제공하여 아군 간 교전위험을 최소화하고 적의 표적을 정확하게 선정하도록 한다. 이를 통해 정밀타격과 지휘통제를 향상시킬 수 있다.

*** 재밍(jamming)이란 의도적으로 정보 흐름을 방해, 차단, 간섭하기 위해 지장을 주는 무선 신호를 전송하는 행위이다.

우주 강대국들이 자체 위성항법체계를 구축하는 이유도 위성항법이 군사작전의 기본이 되기 때문이다.

넷째, 위성조기경보는 적군의 탄도미사일 준비와 발사를 조기에 탐지하고 경보를 전파하여 선제타격이나 미사일 방어를 수행하도록 지원한다. 조기경보를 위한 위성은 적의 탄도미사일 예상 지역을 24시간 감시하면서 전자광학, 적외선, 레이더 센서를 통해 미사일 발사준비가 임박하거나 발사순간을 포착하여 실시간으로 정보를 제공한다. 위성이 탐지한 정보는 연동된 전략적 타격체계나 미사일 방어체계에 전달되어 대응에 활용된다.

### 우주기반 감시정찰 기술

우주기반 감시정찰 기술은 인공위성 등 우주 자산의 EO/IR, SAR 탑재체를 활용하여 적의 도발 징후를 포착하기 위한 영상정보 탐지 및 식별 기술이다. 감시정찰 기술이 발전하는 만큼 수집된 영상정보는 인간이 처리하기 어려운 수준으로 증가했다. 이에 따라 영상정보 분석에 AI 기술을 적용하는 노력이 발전하고 있다. 초기 AI가 영상정보 분석에 활용되었을 때는 지상의 관심 대상을 탐지하고 정보를 제공하는 데 그쳤다. 기상 조건으로 위성정보가 손실되거나 제한되면서 AI가 학습에 활용할 수 있는 데이터도 적었기 때문이다. 그러나 광학 영상에서 구름을 제거하기 위해서는 기상과 무관하게 관측할 수 있는 SAR 데이터를 추가로 활용하여 영상정보를 보완하거나, 영상이 포함하고 있는 내부의 정보를 이용하는 DIP(Deep Image Prior) 기술을 사용하여 구름으로 가려진 부분을 제거하고 지상의 정보를 복원할 수 있다. 아주 적은 양의 데이터만으로도 스스로 학습하여, 판독 능력치를 자동으로 올리는 알고리즘도 개발되었다.[5]

우주기반 감시정찰 기술에는 무선주파수 정보를 탐지하는 신호정보 위성도 활용된다. 특히 신호정보 위성은 해양영역인식(Maritime Domain Awareness, MDA)에서 효과적이다. MDA는 해양 환경에서 일어나는 다양한 위협을 탐지하고 대응하기 위한 감시정찰 활동이다. 기존의 해양 감시는 국경이 없고 광범위한 해양 환경을 고려할 때, 위협 선박을 추적, 감시하는데 한계가 있으며, 다수의 감시 선박을 투입하는 데에도 제한이 있었다.

반면 신호위성은 광범위한 해양에서 불법 선박이나 은밀히 활동하는 적대 세력을 감시할 수 있다. 선박에는 충돌을 방지하고 조난 사건에서 구조를 할 수 있도록 선박의 위치와 정보를 발신하는 자동식별시스템(Automatic Identification System, AIS)이 작동한다. 하지만, 군함이나 위장 선박은 항로를 숨기기 위해 AIS을 끄고 이동할 수 있다. 신호정보 위성은 AIS를 끄더라도 선박 자체에서 발생하는 전파를 탐지하기 때문에 은밀히 이동하는 군함이나 위장 선박의 위치도 파악할 수 있다. <그림 7>은 광학 및 레이더로 탐지할 수 없는 선박의 무선 주파수를 탐지한 신호정보 위성의 감시정찰 결과이다.

**<그림 7> (좌) 광학/레이더 탐지 결과 (우) 무선주파수 탐지 결과**

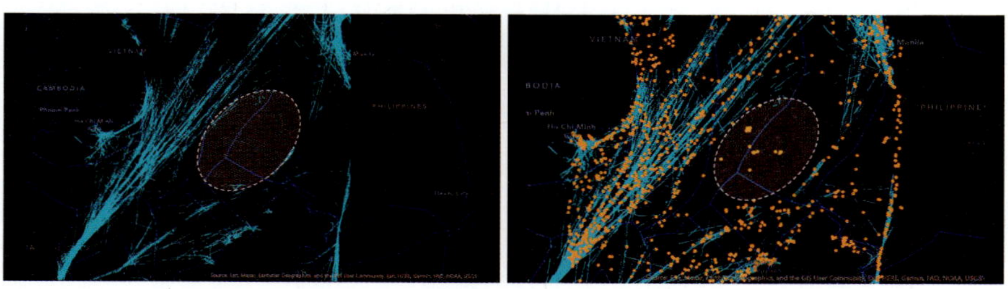

© HawkEye 360

## 위성항법 기술

위성항법 기술은 지구 궤도상에 다수의 위성으로 구성된 위성군으로부터 수신되는 위성의 위치정보와 전파를 이용한 거리측정을 통해 3차원의 위치 및 시각 동기정보를 제공하는 기술이다. 우주 안보 차원에서는 독자적 운용이 가능한 암호화된 항법신호원을 구축하고, 지상, 해양, 공중에서 정밀항법 정보가 필수적이다. 위성항법 시스템은 위치(Positioning), 항법(Navigation), 시각(Timing)을 지구상 어디에서나 제공하기 위해 우주에서 항법신호를 송출하는 우주부, 항법 서비스를 지원 및 제어하는 지상제어부 그리고 항법서비스를 사용하는 사용자부로 구성된다. 위성항법은 전파항법(Radio Navigation)의 일종으로, 원자시계로 동기화되어 항법위성으로부터 송출되는 위성항법 신호를 수신하여 도달하는 시간 차이를 이용하는 TDOA(Time Difference of Arrival) 기법으로 수신기의 위치를 결정한다. 이때 3차원 측위를 위해서는 3개가 아닌 4개의 항법신호를 수신해야 위치와 수신기 시간을 정확하게 결정할 수 있다. 가장 최신 기술이 반영된 미국의 위성항법시스템인 GPS III는 모든 프로그램이 가능한 디지털 항법탑재체, 정밀 궤도결정을 위한 레이저 반사경 탑재, 개선된 핵폭발 탐지시스템을 갖추고 있다.

### 위성통신 기술

위성통신 기술은 우주공간에 증가하는 위성과 지구 간의 통신, 위성 간 통신(inter-satellite link, 이하 ISL로 표기) 기술이다. 위성통신은 군사작전에서 가장 중요한 기술 중 하나로 정보 공유와 지휘통제를 지원한다. 우주에서 통신을 주고 받는 위성들이 증가하고 수집된 데이터의 용량이 늘어나면서 위성통신이 지연되는 병목현상도 발생하고 있다.[6] 지금까지 위성통신의 한계를 극복하기 위한 대안으로 떠오르는 기술은 레이저 광통신이다. 적외선 레이저의 주파수는 전파 통신의 수천 배(~200THz)이기에 이론적으로 수 Tbps까지도 가능하다. 미국 연구진은 기존 성능의 두 배의 속도를 내는 우주-지상 간 레이저 통신 데이터 전송 실험에 성공했다.[7]

레이저 우주광통신은 송출 빔의 크기가 매우 좁기 때문에 광통신의 장점을 활용하려면[8] 위성-지상국, 위성-위성 간 송수신 장치가 서로 정확하게 마주봐야 한다. 특히 상업적으로 가치가 높은 저궤도에서는, 초속 7km 정도로 빠르게 움직이는 위성에서 지상국이나 다른 위성을 0.01도의 정밀도로 지향할 수 있어야 한다. 또한 적외선 레이저는 구름을 뚫을 수 없기 때문에 광통신 지상국 위에 구름이 있으면 위성과 직접 통신할 수 없다. 최근 이 문제를 지상 네트워크를 통해 해결하는 노력이 진행 중이다. 일본의 INNOVA 프로젝트는 3개 이상의 광통신 지상국을 이용하면 거의 100%에 가까운 연결 성공이 가능하다는 것을 입증하였고, 유럽과 미국도 광통신 지상국을 운영 중이다. 현재 우주 광통신 기술은 독일 TESAT사의 큐브위성에서 사용 가능한 0.3U(360g)의 100Mbps급 모듈부터, 군집위성을 위한 10Gbps급의 모듈까지 상용화하여, 국제사회의 다양한 위성 사업에 참여하고 있다. 우주 광통신 전문 업체, 미국의 Mynaric사는 현재 2.5Gbps급의 통신이 가능한 우주 광통신 터미널의 상용화를 완료하고, 10Gbps급의 광통신 모듈을 실증하고 있다. 조만간 양산 체제에 들어가며, 고해상도 지구관측 위성, 광통신 네트워크 위성이나 대형 SAR 위성을 위한 광통신 모듈을 공급할 예정이다.[9]

위성간 통신(ISL) 기술은 우주광역 감시정찰체계 및 우주 미사일 방어체계 구축에 활용되는 기술이다. 현재 기술은 군집항법위성의 궤도 결정(orbit determination)과 시간 추정(clock estimation) 등을 위해 제한적인 범위 내에서 활용되고 있다. ISL 기술은 조기경보 위성, SAR/EO/IR 감시정찰위성, 통신위성, 항법위성, 미래 우주 감시 위성 등 각기 다른 역할을 수행하는 인공위성을 연결하여 우주광역 감시체계를 효과적으로 구축하는 데에 기여할 수 있다. 유력한 ISL 기술로는 광학 ISL 방식으로, 레이저를 사용하므로 전자파 방식에 비해 빔 폭이 좁고 지향성이 높아 다른 통신 시스템이나 재밍 등의 간섭의 영향이 적고, 높은 데이터 전송 속도와 저지연 특성도 확보 가능하며, 주파수 사용에 제약이 없다. 직진성이 강한 레이저 방식을 활용하기 위해서는 이에 적합한 레이저 통신 터미널 기술, 빔 정렬 기술 개발이 필요하다. 그리고 다른 궤도상에서 운용되는 인공위성은 재방문 주기가 다르므로 항상 위성 간 통신망을 구성할 수 없다. 따라서 연결 가능한 노드에 유연하게 통신망을 형성하고 중계 형태나 연결 노드를 자동으로 결정하는 기술을 확보할 필요가 있다.

### 우주태양광 기술

우주태양광 기술은 우주에서 태양광으로 생산한 전기를 지구나 우주로 전송하여 활용하는 기술로서 지상과 우주작전을 지원한다. 태양광에너지는 부족한 지구상 에너지를 대체하거나 보완할 수 있는 에너지로 주목받고 있지만, 우주 안보 차원에서도 매우 유용하다. 군사작전 중 전기에너지를 제공할 수 없는 지상이나 해양, 공중에서 우주태양광 기술은 에너지를 제공할 수 있기 때문이다. 지상 태양광 발전에 비해 우주태양광 발전이 갖는 이점은 첫째, 우주공간에서 복사에너지가 약 10배가 크기 때문에 태양광 효율이 높고, 구름 등 기상에 따른 제한이 없어 획득 시간도 길다. 둘째, 지상태양전지판은 지형 조성, 토지 구매 등 인프라 비용이 필요하지만 우주태양전지판은 이러한 비용이 절약된다. 셋째, 우주에서 복사선에 의한 성능의 저하가 늦어 수명이 길다. 넷째, 지상태양광 에너지는 전송을 위한 케이블이 필수적이지만, 우주태양광 에너지는 지구상 원하는 곳으로 전송할 수 있어서 활용성이 높다.

우주태양광 기술은 태양광발전 위성, 태양전지판, 태양광 전송 기술로 구성된다. 태양광발전 위성은 정지궤도에서 운용되며 탑재된 태양광발전 장치를 통해 태양광에서 전기에너지를 생산하며 이를 마이크로파 혹은 레이저로 변환시켜 지상에 보낸다. 우주태양광 기술에는 태양전지판의 효율이 중요하다. 스페이스트로랩(Spacetrolab)은 40.5%의 효율을 가진 태양전지판을 개발하였고 이 기술은 계속 발전할 전망이다. 2035년까지 우주에서 지구로 에너지를 보내는 것을 목표로 1.6km 길이의 태양전지판을 우주에 구축할 계획도 발표되었다.

태양광 전송 기술은 마이크로파와 레이저 기술이 개발되고 있다. 마이크로파 전송은 대기권의 비나 구름으로 인한 감쇠율이 낮고 전리층에서 반사나 산란이 없어 우주태양발전 위성에서 생성된 전력을 지상으로 송전하는데 효과적이다. 다만, 마이크로파의 밀도가 높을 경우 인간이나 생물에 나쁜 영향을 줄 수 있어 태양광밀도를 제한하는 문제와 어떤 생물학적 피해가 있는지 연구가 필요하다. 레이저 전송은 태양광을 흡수하는 크롬과 태양광을 효율적으로 레이저광으로 변환시키는 네오짐을 세라믹 재료에 고밀도로 주입하여 발생된 레이저로 지상에 전력을 송전하는 것으로 현재까지 태양광 에너지의 42%를 레이저로 변환하는데 성공하였다.[10]

현재까지 우주 태양광발전 시장은 마이크로파 전송형이 큰 비중을 차지하고 있다. 그 이유는 첨단 기술 개발, 성공적인 실증 실험, 낮은 위험성 때문이다. 그러나 레이저 전송 기술도 빠르게 진전되고 있으며 당면 문제들을 해결하면 우주 태양광발전 시장 점유율이 높아질 전망이다. 우주 태양광발전 시장은 전 세계 에너지 수요를 충족시킬 뿐 아니라, 지속적이고 깨끗한 에너지를 공급함으로써, 지구와 우주 환경의 지속가능성에 기여할 수 있는 잠재력을 갖고 있다.

### <그림 8> 우주기반 태양광 기술

© SAMSUNG DISPLAY

## 우주전력투사

우주전력투사는 인공위성과 우주비행체와 같은 우주 자산을 발사하고 우주로 이동하는 활동이다. 우주전력투사는 우주 자산을 우주로 올리고 이동하는 능력이므로 우주 안보에 필수적이다. 상업위성은 다른 국가의 우주 발사체를 활용하기 쉬우나, 국방·정보 위성은 자체적인 우주 발사체를 활용하지 않을 경우 적시에 우주 자산을 발사할 수 없거나 우주 자산의 보안이 취약할 수 있다. 우주전력투사는 지구에서 발사된 우주비행체가 목표한 궤도나 위성 혹은 천체에 도달하는 것이며, 우주공간에 장기간 머물면서 이동하거나 특정 임무를 수행하는 능력은 뒤에 설명할 우주통제에 해당한다.

우주전력투사의 범위는 지상 발사, 해상 발사, 공중 발사로 나뉜다. 첫째, 해상 발사는 함선이나 해상패드를 이용하여 해상에서 위성 등 우주 전력을 발사하며, 지상 발사장이 피폭이나 기능을 상실할 경우에 대비하여 예비로 활용한다. 국내 유일의 지상 발사 장소인 나로우주센터는 적도궤도 발사에는 지리적인 제한이 있으므로 해상 발사로 이를 보완한다. 둘째, 지상 발사는 지상 발사장을 이용해 위성 등 우주 전력을 발사하며, 대형 발사체를 활용해 중·대형급 탑재체를 발사할 수 있다. 셋째, 공중 발사는 전투기, 수송기, 민항기 등 항공기를 이용해 공중에서 소형급 위성 등 우주 자산을 투사할 수 있다. 예를 들어 나로우주센터는 극궤도 발사에는 이점이 있으나, 경사궤도 발사에는 제한이 있다. 이를 위해 해상 발사나 공중 발사를 통해 지상 발사의 제한을 극복할 수 있다.

우주 발사체 관련 기술은 지상 발사체 관련 기술을 바탕으로 우주 추진 기술과 우주 궤도 발사 기술로 발전하고 있다. 지상 발사체 기술은 지상으로부터 우주 궤도에 탑재체 및 비행체를 운반하는 기술로, 우주 비행체나 인공위성 등을 배치하기 위해 필요한 기술이다. 우주 추진 기술은 우주 궤도나 심우주 등 우주 공간에서 추진력을 획득하기 위한 것으로, 향후 전기추력기 및 원자력 추진 방식이 활용될 수 있다. 우주 궤도 발사 기술은 우주 궤도에서 드론이나 유도무기 등을 발사하는 기술로, 우주 방어체계나 우주 정거장 등의 소요에 따라 개발될 것으로 예상된다.

한편, 우주전력투사의 다양성도 중요하지만, 신속성도 중요하다. 미 우주군은 임무가 주어지는 즉시 위성을 제작, 이동하여 발사체에 탑재하고, 발사 후 궤도에서 임무를 수행하는 전 과정을 최단 시간 내에 수행하는 능력을 개발해왔다. 라틴어로 '밤을 정복한다'는 의미인 빅터스 녹스(Victus Nox)는 우주전력투사의 신속성을 강조하는 전술 대응 우주(Tactically Responsive Space, TacRS) 프로젝트이다. 실제로 2023년 미 우주군은 빅터스 녹스를 통해 발사체에 탑재된 위성을 27시간 안에 발사하는 성과를 거두었다. 나아가 후속 프로젝트인 빅터스 헤이즈(Victus Haze)는 신속 발사뿐 아니라 궤도상에서 랑데부 및 근접(RPO) 작전을 수행한다. 2025년 발사 예정인 미 우주군의 전술 대응 우주 프로젝트는 Rocket Lab, True Anomaly 등 우주 기업과 협력을 통해 진행되고 있다.[11]

나아가 미 우주군은 신속한 우주발사를 넘어 궤도상 우주비행체를 미리 배치하는 계획도 추진 중이다. 이 계획은 미 우주군에서 혁신적 무기 개발을 담당하는

SpaceWERX가 주관하고 있으며, 우주에서 전술적으로 신속히 대응하기 위한 목적으로 궤도 운반선(Orbital Carrier)을 개발하는 프로젝트다. 지상에서 아무리 신속 발사가 가능하더라도 궤도 운반선에 사전 배치된 우주비행체를 분리하는 것보다 빠를 수는 없다. 또한 궤도 운반선을 운영하는 우주 기업은 지상 발사에 따른 제약을 벗어나 사전에 필요한 우주비행체를 준비함으로써 시간과 비용을 줄일 수 있다.[12]

**<그림 9> 궤도 운반선 개념도**

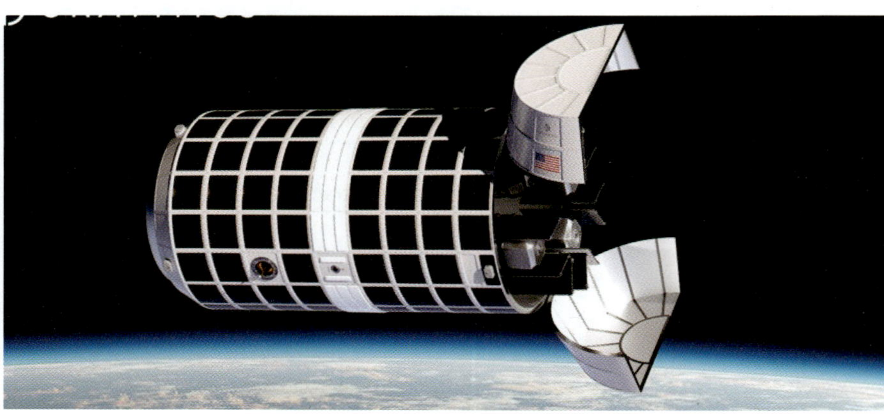

ⓒ GRAVITICS

### 우주비행체 기술

우주전력투사는 우주비행체 또는 탑재물 등을 지구 궤도에서 우주 공간으로 이동시키기 위해 사용되는 추진체 기술이 요구된다. 여기에는 우주에서 자유롭게 궤도를 변경하며 다양한 임무를 수행하기 위한 정밀 자세/고도 제어 기술 및 비행체 형상/구조 설계 기술, 인공위성 유지·보수기술, 우주 위험물을 회수하기 위한 재보급 기술, 지구 귀환을 위한 재진입 기술 등이 포함된다. 우주추진체는 사용하는 연료에 따라 추력과 효율이 다르며 현재 개발 중인 추진체 기술은 전기추진, 이온추진, 원자력추진 등이 있다.

전기추진체 기술은 전기에너지를 기반으로 연료를 분사하여 추진하는 시스템으로, 화학추진체에 비해 상대적으로 비추력이 높고 연료소모량이 낮아 인공위성과 우주탐사선 등에 자주 활용된다.[13] 향후 전기추진체의 추진 성능이나 태양광 발전을 통한 에너지 수급 가능성을 고려하면 미래에는 더욱 주목받는 기술이 될 것으로 예상되며, 현재도 자세 제어, 위치 유지, 궤도 천이를 위해 전기추진체가 활용될 가능성이 높다. 태양광 발전을 위한 태양전지판을 우주에서 제조하게 되면 크기나 수량을 원하는 만큼 증가시킬 수 있기 때문에 전력 생산에 소요되는 비용은 지구에서부터 만들어 보내는 것에 비해 크게 줄일 수 있다.

이온추진체 기술은 이온을 전기장으로 가속해 내뿜는 방식의 추진체이다. 이온을 전기장으로 가속해 내뿜는 속도는 초속 30km 정도로 화학연료인 케로신을 사용하는 추진체의 속도보다 10배 정도 빠르다. 보통 일반 로켓이 탐사선 질량보다 많은 연료와 산화제를 실어야 하는 것과 비교해서 이온추진체는 매우 적은 원자를 실어도 되므로 탐사선 장비를 더 실을 수 있다. 이처럼 이온 추진체는 우주에서 긴 시간 동안 속도를 높이거나 낮추는 상황에 효과적이다. 예를 들어 인공위성이 수개월이나 그 이상 우주탐사를 하거나 궤도를 수정하는데 이온추진체를 사용할 수 있다. 그러나 이온추진체는 단시간에 큰 힘을 낼 수 없다는 단점이 있어 지상에서 발사할 때 추진체로 사용할 수 없다.

원자력추진체 기술은 핵반응 시 발생하는 열원을 사용하여 추진제를 가열함으로써 수소 가스를 분사하는 방식이다. 원자력 기술은 방사능 피폭 등으로 지구상이나 지구 궤도에서는 논쟁이 있지만 장기간 사용할 수 있는 장점 때문에 심우주 탐사선 엔진으로 개발 중이다. NASA는 원자력추진체 기술을 화성 유인탐사에 활용할 예정이며, 미 국방부는 록히드 마틴과 DRACO(Demonstration Rocket for Agile Cislunar Operations) 프로그램[14] 계약을 체결하고 핵분열 우주비행체를 개발하기 위한 투자를 이어가고 있다. 우주에서 작동할 수 있는 원자로는 열을 방출하고 그 열은 전력 변환기를 통해 전기 에너지로 바뀌며 다시 전기 에너지는 우주비행체의 추진에 필요한 에너지가 된다. 이 기술은 일정한 태양빛 없이도 태양전지판보다 4배의 전력을 공급할 것으로 기대된다.

**<그림 10> 태양계 접근성을 높여줄 수 있는 핵추진체 우주비행체**

ⓒ USNC Tech

### 발사체 기술

발사체 기술은 인공위성이나 우주비행체를 지구로부터 우주 공간으로 이동시키기 위해 사용되는 로켓기술로 지상, 해상, 공중 발사체 기술로 구분된다.

지상 및 해상 발사체 기술은 탑재체를 지상에서 우주 궤도로 진입시키기 위한 기술로, 자세 제어 및 원격측정 등 다양한 기술이 포함될 수 있지만 발사체 추진 기술이 핵심이다. 유럽 및 미국 등은 대형탑재체(20,000kg 이상) 발사능력을 보유하고 있으며, 우주 발사체의 사거리를 확보하는 것과 동시에 SpaceX의 팰컨-9과 같이 로켓 회수 및 재활용 기술을 개발하여 우주 발사 비용을 대폭적으로 감축시키기 위해 노력하고 있다. 이 기술은 장거리 및 고중량 발사 기술, 로켓 회수 기술에 집중 투자가 필요하며 로켓 정밀자세제어 기술, 엔진 재점화, 역추진 기술 등의 기술 개발도 요구된다. 예를 들어 로켓 회수 기술의 경우 팰컨-9는 1단 추진체가 임무 수행 후 역추진기를 활용하여 지상 착륙장이나 해상의 회수용 선박에 안착한다. 블루오리진의 뉴셰퍼드(New Shepard)는 수직 착륙과 낙하산을 통해 착륙하며 그 밖에도 2단 추진체를 궤도에 올려놓은 뒤 낙하하는 1단 추진체를 헬기가 낚아채는 방식도 있다.

공중 발사체 기술은 항공기에 탑재하는 방식에 따라 상부발사, 하부발사, 내부발사로 구분된다. 상부발사 기술은 우주 발사체를 항공기 상부에 탑재하는 방식이다. 큰 우주 발사체를 장착할 수 있다는 장점이 있지만, 상당한 수준의 항공기 개조로 인해 많은 예산이 투입된다는 단점이 있다. 또한 우주 발사체의 안전한 분리를 위해서 발사체의 날개가 충분히 커야 하며, 이로 인해 항공기 상부에 위치한 발사체의 양력 증가로 항공기 동체가 파손될 우려가 있으며, 항공기 선회성능이 감소된다는 단점도 있다. 하부발사는 우주 발사체를 항공기 하부에 탑재하여 발사하는 방식이다. 하부발사는 우주 발사체를 항공기에서 분리하기 용이하며, 검증된 방식이라는 장점이 있는 반면, 항공기의 크기에 따라 발사체의 크기가 제한되며, 발사체 탑재를 위한 항공기 개조도 어느 정도 필요하다는 단점이 있다. 내부발사는 우주 발사체를 항공기의 내부에 탑재하여 공중에서 투하하는 방식이다. 내부발사는 우주 발사체를 항공기 내부에 탑재하기 때문에 항공기를 개조할 필요가 없으며, 지상기반 우주 발사체에서 흔히 나타나는 대기의 대류열에 의한 추진제의 증발문제를 상당부분 해소할 수 있다. 또한 외부장착에 따른 추가적인 감항인증**** 및 항력증가가 없으며, 비교적 높은 고도에서 투하할 수 있다는 장점도 있다. 그러나 발사체의 크기가 항공기 내부공간에 의해 결정됨에 따라 항공기가 커야 한다는 단점이 있다.[15]

**** 감항인증이란 항공기의 강도, 구조, 성능이 안정성 및 환경보전을 위한 기술상의 기준에 적합한지 검사하고 인정하는 증명이다.

<그림 11> SpaceX의 팰컨-9 발사 및 착륙

<그림 12> 하단발사 기술 개념(상) / 내부발사 기술 개념(하)

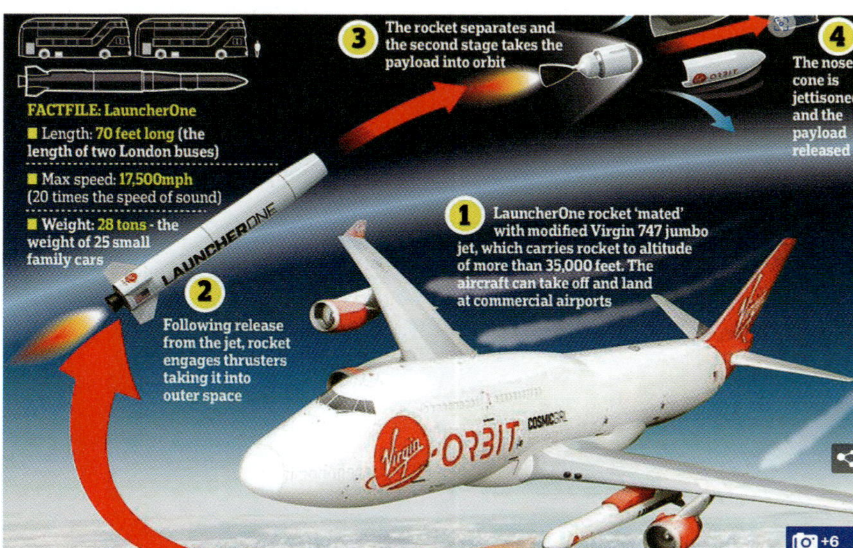

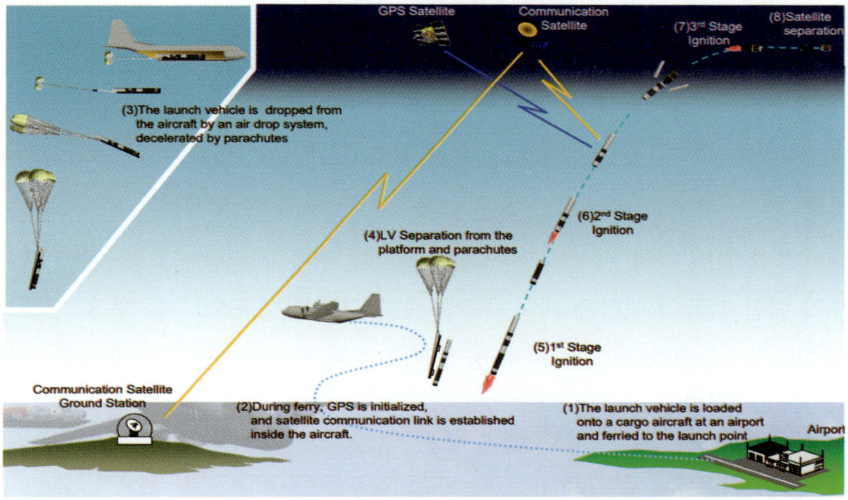


© Daily Mail(상) / IHI AeroSpaec(하)

## 우주통제

우주통제는 우주영역에서 활동의 자유를 확보하기 위해 우주 자산을 활용한 공세적 통제와 방어적 통제에 초점을 둔 활동이다. 공세적 통제는 적이 자신에게 유리한 방향으로 우주전력을 활용하지 못하도록 적의 우주 시스템을 무력화한다. 방어적 통제는 적의 공격으로부터 아군의 우주전력을 방호, 유지하여 국가안보와 군사작전을 수행한다. 즉, 우주통제는 아군의 완벽한 우위가 아니라 아군에게 필요한 활동을 보장하고 아군에게 불리한 적군의 활동을 제한하는 활동이다. 우주전력을 유지하는 능력은 우주 자산이 임무와 성능을 지속할 수 있도록 우주 내 정비·보급·제조하는 능력으로 방어적 통제로 볼 수 있다. 이러한 능력은 지구나 우주 정거장, 미래에는 달과 같은 다른 천체로 확장될 것이다.

우주통제의 범위는 첫째, 공세적 통제로서 우주 영역에서 적의 우주 위협을 거부·방해·기만·저하·파괴하는 능력이다. 공세적 통제의 수단은 운동성 무기, 비운동성 무기, 전자적 무기, 사이버 무기로 나뉜다. 둘째, 방어적 통제로서 우주 영역에서 아군의 우주 전력을 보호하고 적대행위로부터 피해를 최소화하기 위한 방어·은폐·기만·분산·복구 능력이다. 방어적 통제의 수단은 무기체계로 구분하기보다 우주 자산의 보호와 복원을 위한 능력이나 방법을 의미한다.

우주 안보와 관련된 우주통제 기술은 지상기반과 우주기반, 공격과 방어를 구분하여 개발하진 않는다. 예를 들어 우주레이저 기술은 지상과 우주에서 모두 활용할 수 있고, 공격과 방어에서도 모두 활용된다. 적국의 위성기능을 방해하거나 손상시키기 위해 적국 위성에 레이저를 조사할 경우 공격용이고, 아군을 감시정찰하기 위한 적국의 위성에 레이저를 조사할 경우 방어용으로 볼 수 있기 때문이다. 다만, 우주통제의 목적에 따라 공세적 무기체계와 방어적 무기체계를 구분해 보고 이를 제시한다.

### 공세적 우주통제 무기체계

공세적 무기체계에는 운동성 공격 및 지향성 에너지 공격, 궤도 공격, 사이버 공격, 전자 공격을 포함한다. 현재 미국, 러시아, 중국, 인도는 위성을 요격하는 운동성(미사일) 공격 능력을 갖추고 있다. 운동성 공격과 지향성 에너지 공격은 <그림 13>과 같이 지상에서 이동형발사체를 통해 시도될 수 있다. 대표적인 운동성 공격 무기는 ASAT 미사일로 지상 혹은 공중에서 발사하여 위성을 요격하며, 탄도미사일 방어체계와 기술적으로 유사하다. 미국, 러시아 등은 유도무기체계 기술력을 활용하여 지상·해양·공중에서 ASAT 미사일을 발사하여 자국의 폐기된 위성을 요격함으로써, 저궤도 감시정찰위성에 대한 공격 능력을 과시하였

**<그림 13> ASAT 미사일 공중 발사 및 공격 상상도**

ⓒ Wikipedia Commons

다.[16] ASAT 개발 추세는 운동성 공격 이외에 다양한 비운동성 공격 능력으로 발전하고 있으며, 상대방 위성을 효과적으로 제압하기 위해 우주 궤도에서 수행하는 공격이 발전할 것이다.[17]

현재 개발된 ASAT 미사일은 저궤도 위성을 공격하기 위해 전력화되었다. 하지만 일부 국가는 ASAT 미사일의 사거리를 계속 증가시켜 항법위성이나 조기경보위성과 같이 중궤도, 정지궤도 위성을 요격할 수 있다. ASAT 무기체계는 우주 궤도에서 공격할 수 있는 동궤도(Co-orbital) ASAT 무기체계로 발전하고 있으며, 고출력 레이저 및 마이크로파, 전자공격 등 다양한 방식을 개발 중이다. 향후에는 발사체의 거리를 증가시키고 우주 정거장과 같이 무기체계의 궤도 체류 시간을 증가시키는 동궤도 ASAT 공격 능력이 강화될 것이다. 또한 운동성 ASAT 무기보다는 우주 잔해물 발생을 줄일 수 있는 지향성 에너지와 전자공격, 사이버 공격 무기가 발전할 것이다.

### 운동성 ASAT 개발 및 시험 사례[18]

| 구분 | 미국 | 러시아 | 중국 | 인도 |
|---|---|---|---|---|
| 이미지 |  |  |  |  |
| 발사 유형 | 해양 발사 | 공중 발사 | 지상 발사 | 지상 발사 |
| 발사 시기 | 2008년 | | 2007년 | 2019년 |
| 목표 위성 | NROL-21/USA-193 | | 기상관측용 위성 | Microsat-R |
| 위성 궤도 | 약 240km | 미확인 | 865km | 283km |
| 시험 내용 | 저궤도 위성요격 | | 저궤도 위성요격 | 저궤도 위성요격 |
| 시험 결과 | 성공 | | 성공 | 성공 |
| 모델 | USS Lake Erie 구축함 탑재 | MiG-31BM 탑재 | SC-19(KT-1) | PDV Mark-II |

한편 우주레이저 기술은 레이저를 활용하여 우주 물체를 추적 및 감시할 수 있으며, 우주 물체의 특정 센서나 부품 기능을 방해하거나 손상시킬 수 있는 기술이다. 레이저 기술은 정밀도가 높고 강도를 조절할 수 있다. 따라서 우주 잔해물 발생에 대한 우려를 줄일 수 있고 공격과 방어 수준을 목표에 맞게 조정할 수 있다. 또한 레이저는 빛의 속도로 이동하며 대기 중 장애물에 영향을 받지 않으므로 통신과 센서에도 적합하고, 우주태양광을 전력으로 활용하면 에너지 제한 없이 장기간 임무를 수행할 수 있다.

이러한 우주레이저 기술은 우주 안보 차원에서 다양하게 활용된다. 우선 우주 레이저는 태양에너지를 활용하여 생산할 수 있으므로 오랜 시간 우주에서 수행되는 임무에 적합하다. 또한 빠르고 안정적인 전송 능력으로 지구 궤도는 물론 지구－달 공간인 시스루나에 통신과 상호작용에 효과적이며 앞으로 확장될 심우주 탐사용 우주탐사선에도 필수적이다. 우주레이저를 활용한 LIDAR(Light Detection and Ranging) 기술은 우주기지를 구축하기 위한 천체 탐사에서 지형 파악, 레이더 매핑 등에 활용된다. 끝으로 우주레이저 기술은 우주 잔해물을 추적하고 제거하기 위한 기술로 활용되며 적의 위성을 감시정찰하고 필요한 경우 공격 무기가 될 수 있다.

이처럼 지향성 에너지 무기는 레이저나 마이크로파를 표적의 방향으로 지향한 후 고출력 에너지를 집중시켜 목표물을 파괴하는 무기체계로, 지상으로부터 우주 자산을 파괴할 수 있다. 러시아는 이동형 레이저 대공방어체계인 페레스베트(Peresvet)를 개발하였으나 추력, 개발 목적 등 체계 관련 내용은 대부분 기밀이다. 페레스베트는 인공위성 공격용 레이저 무기체계(이동형)로 50kw 수준의 0.5m 직경 레이저 망원경을 보유하고 있으며 이를 통해 소형 무인기나 근거리 미사일 요격 혹은 인공위성에 대한 레이저 다즐링(dazzling) 공격이 가능하다. 레이저를 활용하여 감시정찰위성의 센서에 일시적 혹은 영구적인 손상을 발생시키는 레이저 다즐링 방식의 무기체계는 상대방 인공위성의 임무에 위협이 될 수 있다. 고출력 마이크로파 무기체계는 마이크로파 빔 형성 기술을 활용하여 표적의 전자계통을 파괴하고 아군 우주 자산을 무력화하는 것으로, 레이저 방식에 비해 상대적으로 많은 수의 표적을 동시 대처할 수 있다.

### <그림 14> 러시아의 페레스베트(Peresvet) ASAT 레이저 무기

ⓒ Wikipedia Commons

전자공격 기술을 탑재한 동궤도 무기체계가 아군의 우주 자산에 은밀하게 접근할 경우에는 인공위성의 신호 수신 체계에 상당한 위협이 될 수 있다. 향후에는 인공위성이나 지상(Downlink와 Uplink)에서 정보 획득을 교란하기 위해 스푸핑(spoofing)이나 미코닝(meaconing)***** 방식의 전자기 공격도 복합적으로 활용될 수 있다.

### <그림 15> 지상기반 공세적 무기체계 유형[19]

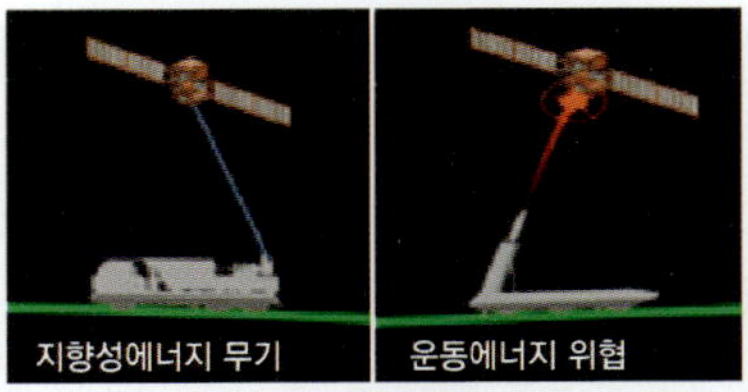


***** 스푸핑과 미코닝은 전자기 공격의 하나로, 스푸핑이 정상 데이터를 가로채어 변형된 신호를 전송함으로써 혼란을 일으킨다면, 미코닝은 가로챈 데이터를 지연 전송하여 혼란을 일으킨다. 이러한 공격에 대응하기 위해서는 신호 암호화, 다중 주파수 대역 사용, 지상 및 공중 기반 보정시스템 활용 등이 필요하다.

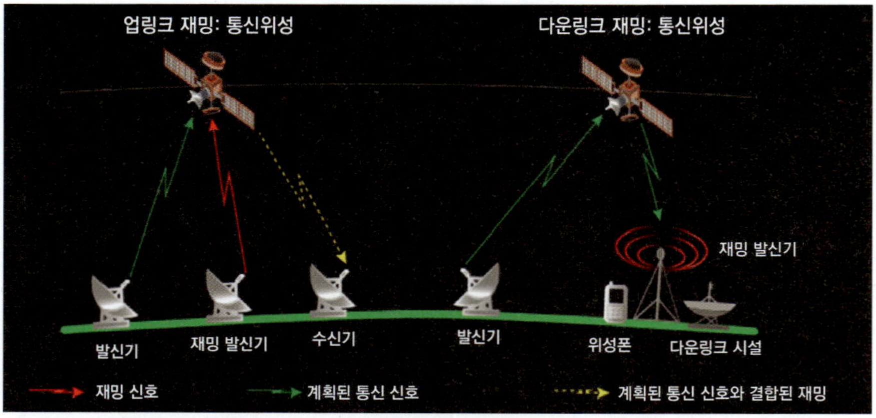


ⓒ Defense Intelligence Agency

우주 내 동궤도 공격도 <그림 16>과 같이 다양하다. 동일 혹은 인접한 궤도에서 물리적 접촉을 통한 운동성 공격을 비롯해 고출력 마이크로파, 전자파 재밍, 레이저, 화학 스프레이, 로봇장치 공격 등이 해당된다. 예를 들어 중국은 2022년 1월 SJ-21 우주 잔해물감소위성으로 지구정지궤도에서 기능이 상실한 베이더우 항법위성 1개와 도킹하여 무덤궤도로 이동시키는 시험을 수행했다.[20] 이러한 방식은 상대방 위성에 대한 운동성 공격으로 활용될 수 있다.

### <그림 16> 우주기반 공세적 무기체계 유형[21]

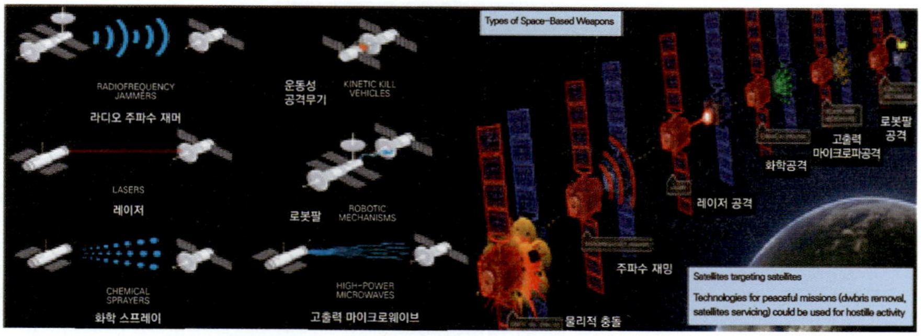


ⓒ Defense Intelligence Agency

실제로 2024년 중국은 5기의 위성을 활용하여 우주 내 기동을 실험했다. 미 우주군에 따르면, 중국은 공중에서 벌어졌던 전투기 근접전(Dogfighting)과 같이 우주 내 근접 전투 능력을 개발 중이다. 저궤도에서 3개의 Shiyan-24C, 2개의 Shijian-6 05A/B 실험 위성을 활용하여 일치된 기동과 통제 능력을 확인했다. 위성 대 위성이 투입되는 우주작전이 본격화된 것이다.[22]

러시아도 정지궤도 위성인 루치(Luch/Olymp)를 발사하였다. 그동안 GEO 위성은 지구상 특정 위치에 고정될 수 있고 넓은 지역을 커버할 수 있다는 장점으로 인해 탄도미사일 조기경보, 대기 및 해양 환경 관측, 방송통신에 이용되었다. 하지만, <그림 17>과 같이 2014년 발사된 루치 위성은 한 곳에 머물지 않고 이상 기동을 하고 있으며, 서방 통신위성 근처로 이동하며 정보를 감청하고 위성의 상태를 파악하고 있다. 또한 2023년 3월 발사된 루치-2(Luch/Olymp 2) 위성은 GEO에서 Eutelsat, Astra, SES 등 다수의 상업 위성에도 20km까지 접근하였다. 루치 위성의 기동은 통신 위성과 군사 위성을 감시하고 정보를 수집하는 것이다. 러시아는 서방 국가들이 수집하는 우주 정보 능력을 파악하고, 최근에는 우크라이나에 대한 지원을 견제하고 있다.

**<그림 17> 러시아 루치(Luch/Olymp) 정지궤도 위성의 기동**[23]

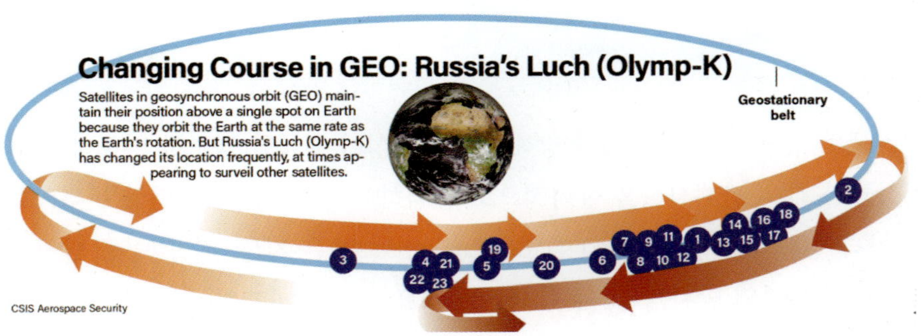


ⓒ CSIS Aerospace Security

위의 내용을 정리하면 다음과 같이 공세적 무기체계의 유형을 네 가지로 나눌 수 있다.[24] 첫째, 운동성 무기는 ASAT 미사일을 발사하여 직접 운동에너지로 위성을 파괴하거나 동일 또는 인접 궤도에 직접 위성을 쏘아 올려 다른 위성을 방해하거나 가로막는 무기이다. 둘째, 비운동성 무기는 직접 물리적 접촉은 하지 않으면서도 기술을 통하여 우주 자산에 물리적 피해를 주는 무기이다. 셋째, 전자기 무기는 라디오 주파수 에너지 등을 이용하여 영구적인 물리적 피해를 끼치지 않으면서 위성이 지상의 관제 센터와 주고받는 통신을 방해하는 무기이다. 넷째, 사이버 무기는 역시 물리적 접촉 없이 소프트웨어나 네트워크 기술을 사용하여 위성에 연결된 컴퓨터 시스템에 권한 없이 침입하여 통제를 불능화하거나 위성을 방해 또는 파괴하는 무기이다.[25]

### 운동성 우주무기의 특성

| 공격 유형 | 책임귀속 | 복구가능성 | 공격노출 | 공격피해평가 | 부수적 피해 |
|---|---|---|---|---|---|
| **지상국 공격** | 공격방식에 따라 다양한 책임귀속 | 복구불가능 | 공개적 노출 혹은 제한 | 근실시간 확인 | 통제할 다른 위성, 인명 피해 |
| **직접상승 ASAT** | 발사원점 | 복구불가능 | 궤적에 따라 공개적 노출 | 근실시간 확인 | 우주 잔해물로 다른 위성 |
| **동궤도 ASAT** | 추적된 접근 궤도 | 능력에 따라 복구가능/불가능 | 공개적 노출 혹은 제한 | 근실시간 확인 | 우주 잔해물로 다른 위성 |

지상국 공격은 위성관제를 방해하거나 위성이 획득한 정보를 방해하기 위해 지상국과 같은 관제시설을 물리적으로 공격하여 기능 상실 및 위성을 무력화하는 공격이다. 직접 상승 ASAT(Direct-ascent ASAT)은 지상, 해상, 공중 발사체를 이용하여 미사일 발사 후 자체 탐색기로 목표 위성을 파괴하는 무기이며 중궤도 이상 항법위성이 운용되는 궤도까지 요격할 수 있다. 동궤도 ASAT은 동일 혹은 인접한 궤도에서 목표 위성에 접근하여 주파수, 재밍, 화학스프레이, 로봇 장치 등을 이용한 공격이다. 로봇 장치 공격에는 위성 연료보급, 고장 수리를 위한 접근(랑데부) 및 도킹 기술이 이용된다.

## 비운동성 우주무기의 특성

| 공격 유형 | 책임귀속 | 복구가능성 | 공격노출 | 공격피해평가 | 부수적 피해 |
|---|---|---|---|---|---|
| 고고도 핵폭발 | 발사원점 | 복구불가능 | 공개적 노출 | 근실시간 확인 | 높은 방사능 지속 |
| 고출력 레이저 | 제한된 책임귀속 | 복구불가능 | 위성운영자에게 노출 | 위성추락 시 근실시간 확인 | 피해위성 궤도방치 |
| 레이저 다즐링, 블라인딩 | 레이저 방향 | 복구가능/불가능, 공격자의 통제 가능/불가능 | 위성운영자에게 노출 | 성공확인 불가 | 없음 |
| 고출력 전자기파 | 제한된 책임귀속 | 복구가능/불가능, 공격자의 통제 가능/불가능 | 위성운영자에게 노출 | 위성추락 시 근실시간 확인 | 피해위성 궤도방치 |

고고도핵폭발은 핵탄두를 장착한 미사일을 발사하여 우주에서 폭발시 전자기펄스(EMP)를 발생시켜 위성에 치명적인 손상을 일으키는 공격이다. 고출력레이저(High Energy Laser)는 고출력레이저를 위성 본체에 조사하여 위성의 통제 시스템을 파괴하여 위성의 기능 장애나 영구적 파손을 일으키는 공격이다. 레이저 다즐링/블라인딩은 위성의 광학센서를 목표로 레이저를 조사하여 전자광학 센서의 빛 번짐을 유도하여 촬영을 일시적으로 제한하는 공격(다즐링), 전자광학 센서의 검출기에 물리적 손상을 주어 영구적으로 불가능하게 하는 공격(블라인딩)이다. 고출력전자기파(High Power Microwave)는 위성의 전자부품이나 메모리에 저장된 자료를 훼손시키거나 위성의 데이터 처리에 장애를 유발하는 공격이다.

## 사이버 우주무기의 특성

| 공격 유형 | 책임귀속 | 복구가능성 | 공격노출 | 공격피해평가 | 부수적 피해 |
|---|---|---|---|---|---|
| 데이터 탈취와 감시 | 제한 혹은 불확실 | 복구가능 | 공개적 노출 혹은 제한 | 근실시간 확인 | 없음 |
| 데이터 손상 | 제한 혹은 불확실 | 복구가능 | 위성운영자에게 노출, 공개적 노출 혹은 제한 | 근실시간 확인 | 없음 |

| **통제권 탈취** | 제한 혹은 불확실 | 복구불가능 혹은 공격 방식에 따라 복구가능 | 위성운영자에게 노출, 공개적 노출 혹은 제한 | 근실시간 확인 | 피해위성 궤도방치 |
|---|---|---|---|---|---|

사이버 공격은 내부 아이디를 통해 악성코드를 심어 위성에서 보내는 데이터를 탈취하거나 감시하는 공격, 지상관제소에 가짜 데이터를 장입하여 위성관련 데이터 손상을 유도하거나 관제 오류를 발생시켜 공격, 위성의 통제권을 탈취하여 위성 추진체의 연료 소모를 유도하거나 센서 등의 기능 장애를 유발하는 공격 등 다양하게 발전하고 있다.

**< 그림 18 > 우주 시스템에 대한 사이버 위협**

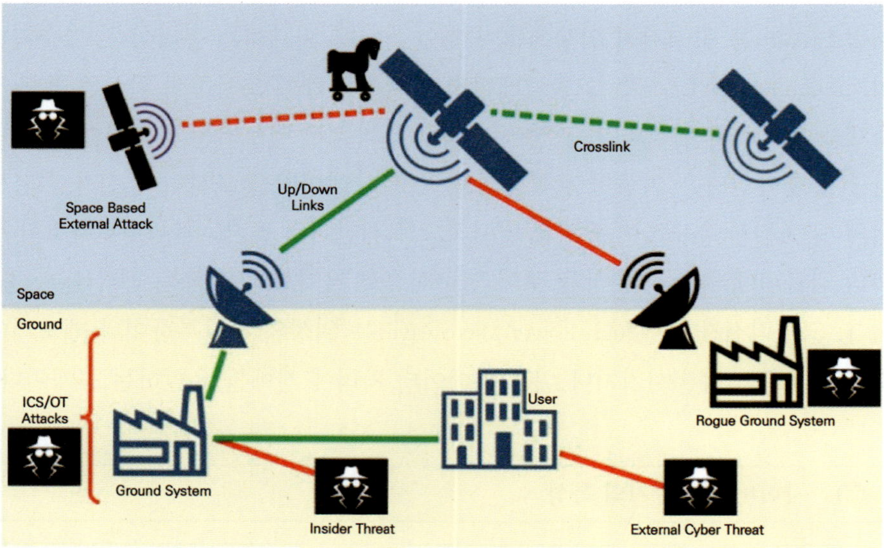

### 전자기 우주무기의 특성

| 공격 유형 | 책임귀속 | 복구가능성 | 공격노출 | 공격피해평가 | 부수적 피해 |
|---|---|---|---|---|---|
| 업링크 재밍 | 공격방식에 따라 보통 책임귀속 | 복구가능 | 위성운영자에게 노출, 공개적 노출 혹은 제한 | 성공확인 불가 | 방해된 신호, 인접주파수 |
| 다운링크 재밍 | 공격방식에 따라 보통 책임귀속 | 복구가능 | 위성운영자에게 노출, 공개적 노출 혹은 제한 | 지역전자파 환경감시 가능 시 제한된 확인 | 방해된 신호, 인접주파수 |
| 스푸핑 | 공격방식에 따라 보통 책임귀속 | 복구가능 | 공개적 노출 혹은 제한 | 효과발생 시 제한된 확인 | 특정전자파 신호 손상 |

전자기 공격에서 업링크 재밍(Uplink Jamming)은 지상재밍 기지국에서 위성의 통신대역 주파수를 교란하는 것으로 위성의 수신기에 재밍신호를 방사하여 위성 운영자를 방해하는 공격이다. 다운링크 재밍(Downlink Jamming)은 위성에서 수신되는 신호를 방해하는 것으로 해당 주파수 대역과 유사한 재밍신호를 해당 지역에 방사하여 지상관제소나 위성통신시설의 사용을 제한하는 공격이다. 스푸핑(Spoofing)은 송수신되는 신호에 잡음교란을 비롯해 신호의 위변조를 통해 수신시스템이 가짜신호를 실제신호로 인식하게 만들어 위성 및 지상관제소 운영을 방해하는 공격이다.

NASA와 유럽우주청(ESA)은 협력하여 우주 물체의 궤도를 변경하거나 포획하는 연구를 진행 중이다.[26] NASA와 ESA는 지상에서 우주로 발사한 우주비행체를 통해 적군의 위성이나 소행성 궤도를 변경하거나 포획한다. 경우에 따라 포획한 우주 물체를 이용하여 다른 우주 물체와 충돌시킬 수 있다.

북한은 우리나라 민군겸용 통신위성인 무궁화-5에 대한 재밍 공격을 했으며 감시정찰위성의 EO/IR, SAR(Synthetic Aperture Radar, 합성개구레이더) 센서를 교란하기 위한 ASAT 능력을 발전시키고 있다.[27] 실제로 북한은 항법위성 정보를 교란하고자 꾸준히 시도해왔다. 중앙전파관리소에서 작성한 『북한 GPS 전파교란 현황』에 따르면 2010~16년 사이 모두 4번의 GPS 공격이 시도되었고, 기지국 2,229개, 항공기 2,143대, 선박 980척이 교란을 받았다.[28] 미국도 북한의 우주 위협에 주목하고 있다. 미국 전략국제문제연구소(CSIS)는 북한이 재밍을 통해 전자 공격을 수행하고 있으며, 사이버 공격 능력도 강화하고 있다고 분석한다.

**<그림 19> 공세적 우주통제 무기체계 상상도**

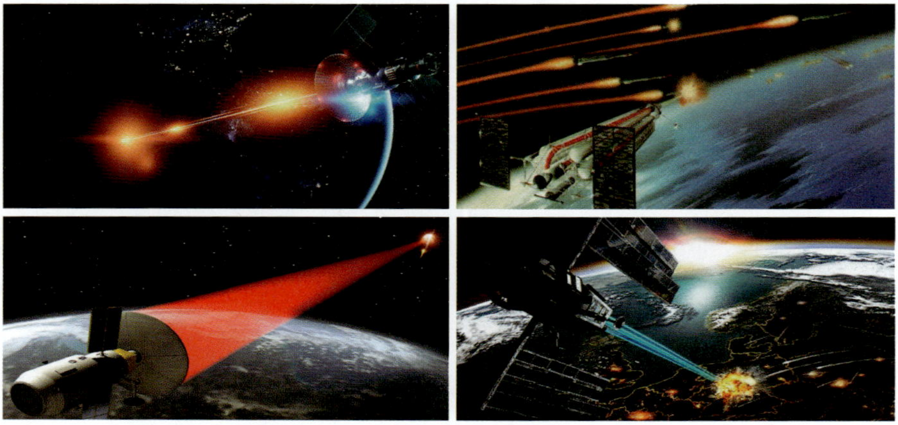

ⓒ Wikipedia Commons

매년 CSIS에서 발간하는 우주위협평가 보고서(2025 Space Threat Assessment)에 따르면, 중국, 러시아, 이란, 북한 등 주요국의 대우주 능력은 운동성(kinetic), 비운동성(non-kinetic), 전자기(electronic), 사이버(cyber) 무기로 발전하고 있다. 이중 중국과 러시아는 네 가지 대우주 기술을 모두 활발히 개발 및 운용하고 있다. 특히 전자기 무기, 사이버 작전, 근접기동 위성 분야에서 실질적 위협이 되고 있다. 이란과 북한은 전자기 무기와 사이버 작전에 집중하고 있으며, 실제 공격 사례도 다수 있다. 한편 인도, 프랑스, 일본, 이스라엘도 운동성 무기와 일부 비운동성 무기 기술을 보유하거나 개발 중이다. 정리하면, 현재 우주작전에서 널리 사용되는 것은 비운동성 기술이며, 운동성 무기도 개발 및 시험을 지속하고 있다.

<그림 20> 주요국 우주무기 유형과 수준(2025년 기준)

| | Kinetic Weapons | | | Non-Kinetic Weapons | | Electronic Weapons | | Cyber Operations |
|---|---|---|---|---|---|---|---|---|
| | Terrestrial Infrastructure Attack | Direct-Ascent ASAT | Orbital ASAT | Nuclear Detonation | Directed Energy | Jamming | Spoofing | |
| China | Yes | Yes | Maybe | Yes | Yes | Yes | Yes | Yes |
| Russia | Yes | Yes | Probably | Yes | Yes | Yes | Yes | Yes |
| Iran | Yes | No | No | No | No | Yes | Yes | Yes |
| North Korea | Yes | No | No | Yes | No | Yes | Yes | Yes |



### 방어적 우주통제 무기체계

우주 영역에서도 지구와 마찬가지로 아군의 공격 의사가 없더라도 상대방이 먼저 공격할 가능성은 항상 존재한다. 더욱이 우주 자산은 지구상 전쟁의 핵심적인 역할을 수행하고 있으며 앞으로 우주 자산에 대한 군사적 의존도는 계속 높아질 것이다. 따라서 상대방이 아군의 감시정찰능력을 무력화하기 위해 국제조약 및 협정을 무시하고 ASAT 무기 등을 배치 및 운용할 수 있으므로 상대방의 우주 무기체계 개발 동향을 계속 주시해야 한다. 미국과 중국, 러시아 등 ASAT 무기체계에 대한 개발과 실험이 이루어진 것을 고려하면, 미래 우주 환경에서 방어적 우주통제 무기체계(이하 방어적 무기체계) 개발도 활성화될 것이다.

방어적 무기체계는 크게 우주 자산의 능력을 보호하는 역할과 상실된 능력을 복원하는 역할로 구분된다. 즉 방어적 무기체계는 우주 자산의 능력을 얼마나 지속할 수 있는지가 중요하다. 특히 우주 자산은 지구상과 달리 정비, 보급, 이동과 재배치를 쉽게 할 수 없기 때문에 방어적 무기체계의 방법도 매우 중요하다. 또한 우주군사기술은 일정 부분은 공격-방어겸용기술이라는 점도 고려해야 한다.

우주 자산 공격에 대한 미사일 방어체계는 저궤도나 동궤도에서 운용할 수 있다. 저궤도에서 운용하는 미사일 방어체계는 감시정찰위성에서 탐지한 적의 미사일 정보를 활용하여 발사 초기나 상승 단계에서 미사일을 요격한다. 미국의 국방우주아키텍처(National Defense Space Architecture, 이하 NDSA로 표기)는 다층적 위성 감시정찰체계로 지구의 90% 이상을 실시간 감시하고자 개발 중이다.

NDSA는 고도 1,000km 영역의 통신위성, 600~1,200km 영역에 정찰위성을 운영하면서 레이저통신으로 연결하여 감시정찰 및 지휘통제를 실시간으로 운영하는 개념이다. 다음 표와 같이 NDSA의 다층적 위성 감시정찰체계는 모두 7개 역할 계층으로 구성된다.

### 미국 NDSA의 우주기반 다층적 위성 감시정찰체계

| 계층 | 역할 |
| --- | --- |
| 통신 계층<br>transport | 지구상 95% 이상 군사용 통신 수행<br>300~500개 저궤도 위성 배치 |
| 전투관리 계층<br>battle management | 우주기반 C3(command, control, communication) 관리 |
| 추적 계층<br>tracking | 탄도미사일의 조기 식별 및 추적으로 표적 생성 |
| 교란 계층<br>custody | 발사 전후 전천후 교란 임무 |
| 억제 계층<br>deterrence | 정지궤도 이상의 억제를 위한 확장된 임무 수행 |
| 항법 계층<br>navigation | GPS 기반의 항법(PNT) 정보 제공 |
| 지원 계층<br>support | 지상기지 또는 발사체 지원 |

### <그림 21> 다층방어체계 개념도

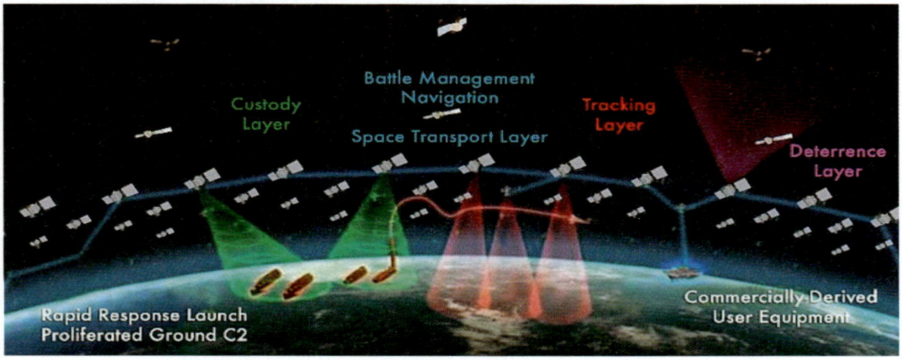


ⓒ Wikipedia Commons

이를 통해 우주기반 미사일 방어체계는 적의 ASAT 공격뿐 아니라 ICBM도 방어할 수 있다. 우주기반 자산으로서 감시정찰위성, 조기경보위성, 신호정보위성, 통신위성 등과 연계하여 방어적 무기체계로 활용된다. 또한 <그림 22>와 같이 우주기반 미사일 방어체계는 궤도상에서 운용하며 지상 복귀가 가능한 우주왕복선 형태나 고정배치하여 운용하는 인공위성 형태도 가능하다.

이러한 구상은 트럼프 2기 행정부에 들어 구체적으로 발전하고 있다. 트럼프 대통령은 우주기반 미사일 방어체계를 획기적으로 발전시키기 위한 '골든 돔(Golden Dome)' 프로젝트를 추진하고 있다. 골든 돔 프로젝트는 국방우주 사업이자 우주 경제에 기여할 수 있다. 골든 돔을 위한 위성 체계에는 새로운 센서, 암호화, AI 기술 등 다양한 우주 기업이 참여하기 때문이다. 이미 수백 건의 우주 기업 문의가 이루어지고 있으며 이들의 다양한 아이디어와 기술은 골든 돔 공식 프로그램에도 반영된다.

예를 들어 Booz Allen이 제시한 'Brilliant Swarms'은 약 300~600km 상공의 20개 궤도 평면을 비행하는 수천 개의 위성으로 구성된 네트워크이다. 각 위성은 자체 센서, 지상 레이더, 추적 위성 등 여러 소스의 데이터를 활용하는 AI도 갖추고 있다. 골든 돔 프로젝트가 적의 탄도미사일을 파괴하는 방식을 비유하자면, 40~80kg 무게에 소형 냉장고 크기인 위성을 적의 미사일과 충돌시키는 것이다. 시뮬레이션 결과 요격 위성이 탄두에 부딪히면 약 50%가 플라즈마로 변하여 소멸되고, 잔해물의 40% 이상은 대기권 재진입으로 연소되며, 약 2%는 적이 공격하려는 표적에서 떨어진 지상에 도달할 것으로 예상된다.

이러한 개념을 확장하면 우주 정거장 등도 아군 우주 자산을 보호하기 위한 궤도상 방어적 무기체계로 발전할 수 있다. 우주 정거장에서 다양한 무기체계를 회수 및 투입할 수 있기 때문이다. 물론 다양한 ASAT 무기체계가 활발히 개발되고 있으므로 방어적 무기체계의 효과에는 일정한 제한이 예상된다. 하지만, 방어적 무기체계는 방어 효과만으로 평가하기보다 방어 능력을 갖춘 국가가 적에 대한 억제력을 갖출 수 있고 공세적 무기체계 운용에도 유리하기 때문에 전략적인 평가가 요구된다.

<그림 22> 미사일 방어체계 아이디어 중 하나인 Brilliant Swarms

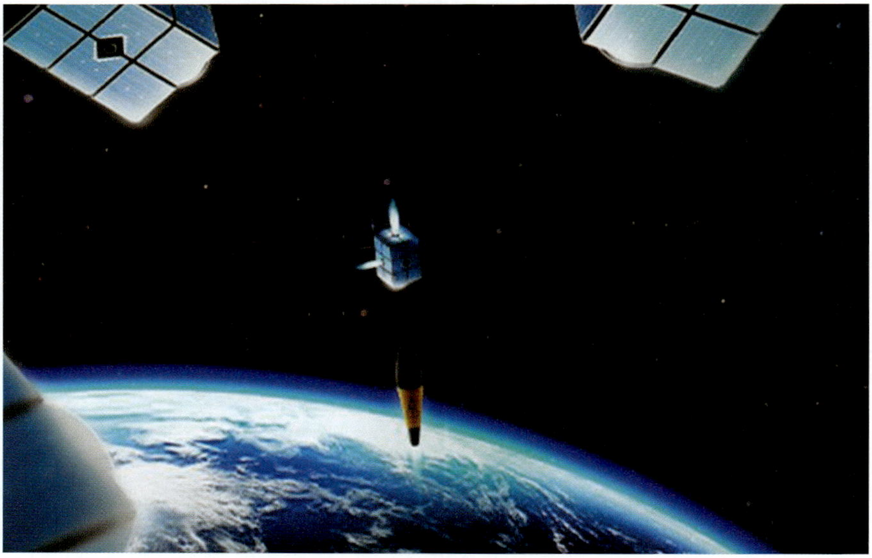

ⓒ Booz Allen

경호위성시스템(Bodyguard Satellite)은 우주 자산을 근접 방호하기 위한 소형 위성군이다. 경호위성시스템은 지상기반 우주영역인식 정보에 따라 임무를 수행하거나 자체적인 센서로 근접하는 상대방 위성에 대해 임무를 수행한다. 적에 대해 전자기 공격(재밍 등)이나 운동성 공격(파편 발사 등)을 가함으로써 아군의 우주 자산을 보호한다.

미국 우주군은 오빗팹(Orbit Fab), 아스트로스케일(Astroscale)과 공동으로 재급유 위성을 개발하고 있다. 재급유 위성은 연료 부족으로 폐기해왔던 우주 자산의 수명을 늘릴 수 있어 위성개발의 비용을 낮추고 우주 잔해물를 줄일 수 있을뿐 아니라 군사작전의 복원력도 강화할 수 있다. <그림 22>와 같이 재급유 위성은 지구 궤도를 시작으로 시스루나 공간과 달 궤도까지 활용될 수 있으며, 심우주 우주 자산을 운영하는 데 기여한다.

미국 국방고등연구계획국(DAPRA)과 우주개발국(Space Development Agency)이 공동 개발한 블랙잭(Blackjack)은 고도 수백~1,000km의 저궤도를 도는 1,000

**<그림 23> 경호위성 운영 사례(파편 발사)[29]**

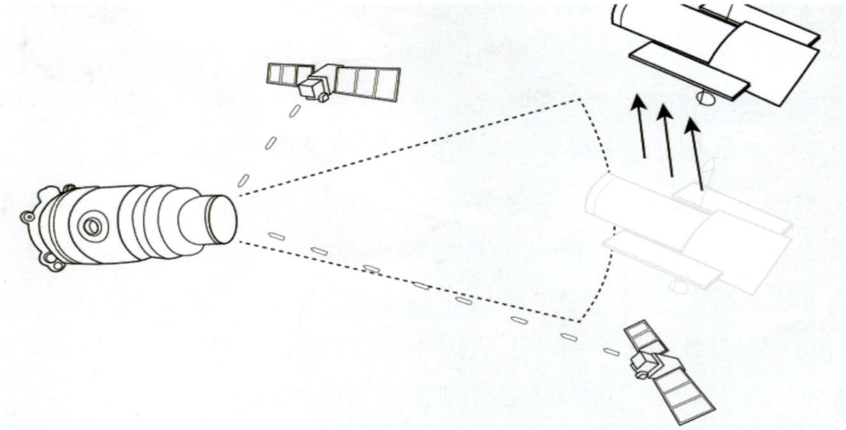

개의 초소형 위성(큐브셋)으로 구성된 대규모 군집위성으로 적의 위성감시 및 추적을 교란하고 아군의 우주통신과 지휘통제를 수행한다. <그림 24>와 같이 블랙잭은 상업위성 네트워크와 군사위성 네트워크가 혼합된 형태로 평시에는 개별 임무를 수행하지만 전시에는 서로를 보완한다. 이러한 상호보완성은 적의 공격으로 군집위성의 일부가 상실되어도 다른 위성이 기능을 대체하여 복원력을 강화한다.

**<그림 24> 오빗팹의 재급유 위성(좌) / 블랙잭 대규모 군집위성(우)**

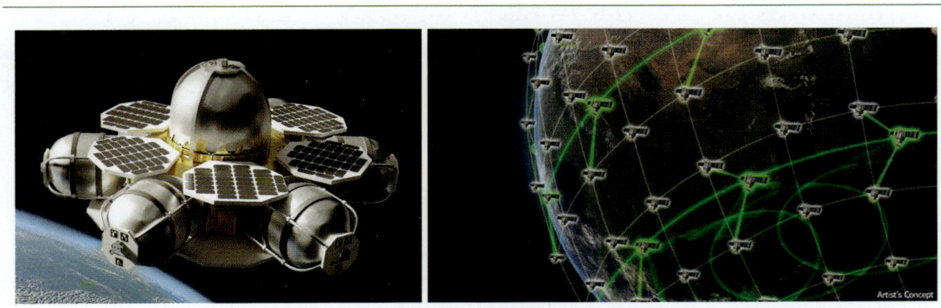


Spacenew(좌) / DARPA(우)

미국 NASA와 DARPA가 개발한 로봇 인공위성 기술인 지구동기궤도의 로봇 서비스(Robotic Servicing of Geosynchronous Satellites, RSGS)는 지구동기궤도에서 운영 중인 우주 자산을 검사하고 고장난 부분을 수리할 뿐 아니라 다른 위성과 협력 임무를 수행하고 자세 변경 및 업그레이드를 수행할 수 있는 로봇 장치 기술이다. 이를 활용한 인공위성은 다른 우주 자산의 수명을 증가시키고 기능을 향상시킴으로써 복원력 강화에 기여할 수 있다.

우주로봇 장치 기술은 인간이 활동하기 어려운 우주에서 로봇팔과 같은 장치를 활용하여 우주 자산의 수리 및 개선, 자세 제어를 비롯하여 적국 위성에 대한 물리적인 피해를 줄 수 있는 기술이다. 로봇팔은 인공위성이나 우주비행체에서 탑재하며, 다양한 관절과 센서로 구성되어 있어 우주비행체 외부뿐 아니라 내부 작업에서 요구되는 복잡한 동작을 수행할 수 있다. 미세한 제어 기술과 함께 강력한 구조와 모터를 갖추어 물체의 이동뿐 아니라 조립 및 표본 수집 등 정밀한 동작도 가능하다. 로봇팔 기술은 다양한 센서가 통합되어 주변 우주 환경을 감지하여 우주인과 우주비행체의 안전을 위한 데이터를 제공한다.

이러한 우주로봇 장치 기술은 다양한 우주 안보 임무를 수행할 수 있다. 인공위성이나 우주비행체에 탑재된 로봇팔은 다양한 군사 장비나 보급품을 이동시킬 수 있으며, 다른 위성이나 자체 수리작업, 연료 주입에도 활용된다. 우주 잔해물이나 의도적인 공격에 의해 파괴된 우주 자산의 일부를 확인하고 교체할 수 있다. 또한 천체에 착륙한 착륙선에 부착된 로봇팔은 주변 환경을 감시하고 위치, 거리, 압력, 온도 등 다양한 데이터를 전송할 수 있으며, 다양한 표본을 채취하고 분석한다. 향후 천체 우주기지를 건설하기 위한 표면 정지작업, 장비 이동 및 구조물 조립 등 로봇 장치 기술은 활용도가 높다. 로봇 장치 기술은 필요할 경우 천체에서 활동 중인 상대방 착륙선이나 자산을 물리적으로 공격할 수도 있다.

<그림 25> 우주 내 로봇 서비스(연료 주입)

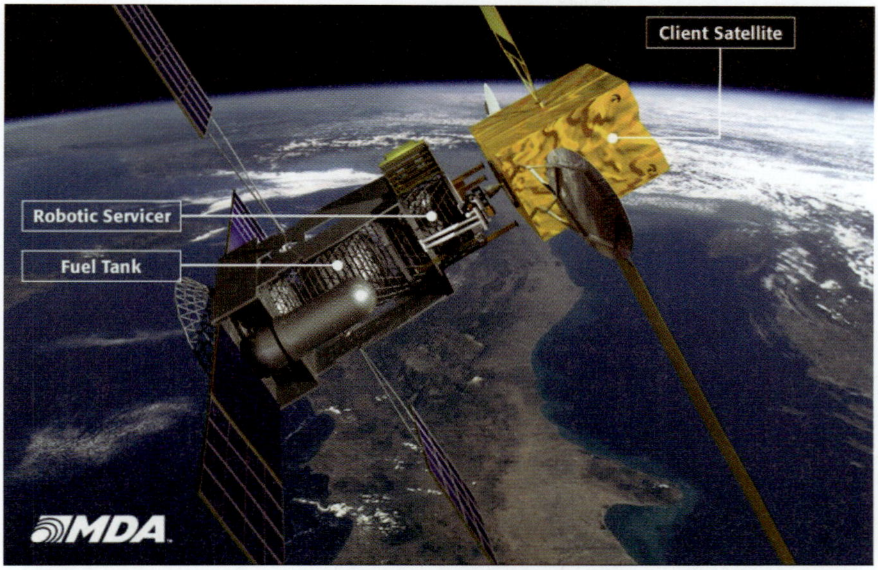


© NBC NEWS

실제 이러한 원리를 활용하여 연료가 떨어져 임무를 중단한 위성들에게 연료를 주입하고 수명을 연장하는 기술도 개발 중이다. 미 우주군은 전 세계에서 임무를 수행하는 미군을 위한 초고주파(UHF) 통신을 제공하는데, 여기에 수명 연장 기술을 개발 중이다. 록히드 마틴이 개발 중인 Mobile User Objective System Service Life Extension(MUOS SLE) 프로그램은 궤도상에서 실시간으로 재프로그래밍이 가능한 혁신적인 기술이다. MUOS는 2025년 현재 67,000개 이상의 단말기, 무선 사용자를 지원하며 음성, 영상, 데이터를 동시 전송할 수 있다. 궤도상 재프로그래밍 기술은 미래에 요구되는 임무에 빠르게 적응할 수 있으며, 복원력과 위성 능력의 효율성을 높일 수 있다.[30]

위성 개발단계에서 위성 폭발 등 우주 잔해물이 발생할 가능성을 줄이기 위한 설계를 적용하는 방안도 있다. 다른 기술로는 궤도 위의 잔해물은 대부분 금속이기 때문에 이를 우주에서 채집해 다른 목적으로 쓰도록 자원을 재처리하는 방법도 있다. 독일의 올빗 리사이클링(Orbit Recycling)은 발사 임무 종료 후 지금도 우주 궤도를 떠돌고 있는 로켓의 상단부를 달로 가지고 가서 150t 이상의 알루미늄을 재활용하는 계획을 세우고 있다.

### <그림 26> 위성 수명연장 서비스[31]

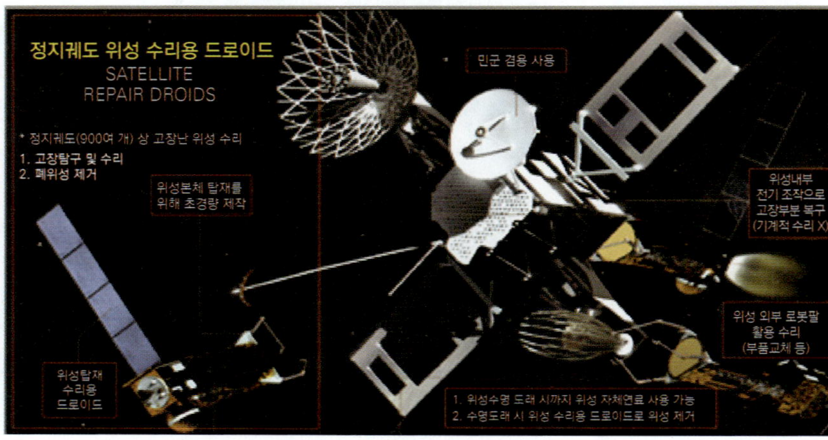


ⓒ 최성환

우주로봇 장치 기술은 우주 잔해물 제거 기술과도 연계된다. 우주 잔해물 제거의 다양한 기술은 우주통제에 활용될 수 있다. 다만 활용 목적에 따라 아군 우주 자산을 보호하기 위한 우주 잔해물 제거(방어적 우주통제)가 될 수도 있고 적군 우주 자산을 공격하기 위해 우주 잔해물을 활용(공격적 우주통제)할 수도 있다.

### 우주 잔해물 제거 기술 유형[32]

| 우주 잔해물 제거 방법 | | 형상 | 궤도 | 크기(m) |
|---|---|---|---|---|
| 항력증가 시스템(drag augmentati - on systems) | ① 폼(Foam) | 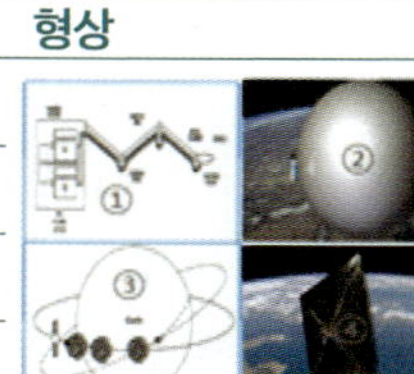 | LEO | >0.1 |
| | ② 팽창식(Inflated) | | LEO | >0.1 |
| | ③ 섬유기반(Fiber-based) | | LEO | >0.1 |
| | ④ 태양 돛(Solar sail) | | LEO/GEO | >0.1 |

| 구분 | 방식 | | 그림 | 궤도 | 크기 |
|---|---|---|---|---|---|
| 비접촉 방식(contactless methods) | ⑤ 인공 대기영향(artificial atomospheric influence) | |  | LEO | >0.1 |
| | 레이저 기반(laser-based) | ⑥ 지상 |  | LEO/GEO | <0.02 |
| | | ⑦ 우주 | | LEO/GEO | <0.02 |
| | ⑧ 이온 빔(ion beam shepherd) | | 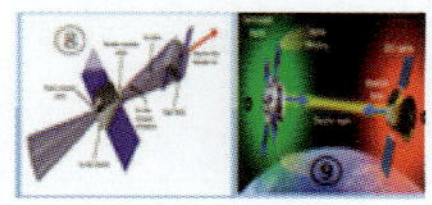 | LEO/GEO | >0.1 |
| | ⑨ 정전기 트랙터(electrostatic tractor) | | | GEO | <0.01 |
| 테더(끈) 기반 방식(tether-based methods) | ⑨ 전도성 끈(Electrodynamic tether) | | 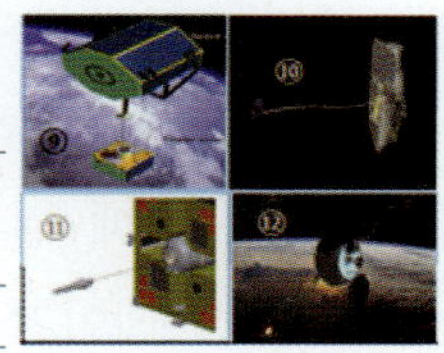 | LEO | >0.01 |
| | ⑩ 그물 포획(Net capturing) | | | LEO/GEO | 0.1-1 |
| | ⑪ 작살(harpoon) | | | LEO/GEO | 0.1-1 |
| | ⑫ 새총(slingshot) | | | LEO | >0.1 |
| 접촉 제거 방식(contact removal methods) | ⑬ 접착제(adhesive) | | 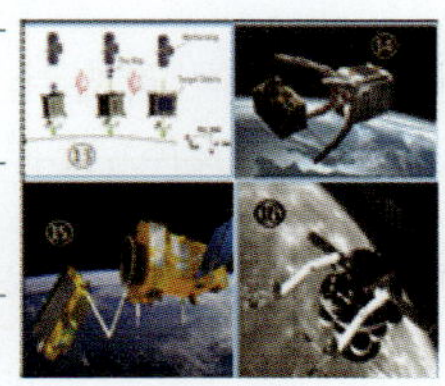 | LEO | >0.1 |
| | ⑭ 촉수포획(tentacle capturing) | | | LEO/GEO | 0.1-1 |
| | ⑮ 단일 로봇팔(single robotic arm) | | | LEO/GEO | 0.1-1 |
| | ⑯ 다중 로봇팔(multiple robotic arms) | | | LEO/GEO | 0.1-1 |

ⓒ 최성환

우주 잔해물을 제거하는 기술은 크게 네 가지로 구분할 수 있다. 첫째, 항력증가 시스템(Drag Augmentation Systems)이다. 항력증가 시스템은 우주 잔해물의 면적을 크게 하여 대기 항력을 증가시켜 고도를 낮추고 지구 대기권으로 재돌입시켜 완전히 연소시키는 방식이다. 이 방식은 우주 잔해물의 크기에 상관없이 제거 시도가 가능하고 도킹이나 대기권 진입을 위한 우주 잔해물의 재진입 궤도 조정이 필요치 않다. 항력증가 시스템에는 폼(foam), 팽창식(inflated), 섬유기반(fiber-based), 태양/항력 돛(solar/drag sail) 방식이 있다. 폼 방식은 우주 잔해물 제거 위성이 목표 위성에 접근(랑데부)하여 폼을 위성 표면에 분사하여 구 모양으로 단위면적을 크게 만들어 항력을 증가시켜 고도를 낮춘다. 팽창식 방식은 우주 잔해물에 풍선과 같은 큰 물체를 부착하여 항력을 증가시키는 방식으로 우주 잔해물 제거 위성이 목표 우주 잔해물에 접근하여 풍선과 같은 항력을 키우는 물체를 부착한다. 섬유기반 방식은 폼 방식과 유사하며 폼 대신 섬유물질을 탑재한 우주 잔해물 제거 위성이 목표 우주 잔해물에 접근하여 섬유물질을 분사하여 구 모양으로 단위면적을 크게 만들어 항력을 증가시켜 고도를 낮추고 지구 대기권으로 재진입시켜 완전히 연소시킨다. 태양돛 방식은 알루미늄 폴리아미드(alumi-nium-polyamide) 막의 돛 모양을 목표 해당 위성에서 자체 탑재하고 위성폐기 기동 시 펼쳐 항력을 높인다.

둘째, 비접촉 방식(Contactless Methods)이다. 비접촉 방식은 우주 잔해물 제거 위성이 목표 우주 잔해물에 접촉없이 제거하는 방식으로 위성 간 충돌 위험이 없기 때문에 추가적인 우주 잔해물이 발생하지 않으나, 접촉 방식에 비해 상대적으로 우주 잔해물을 제거하는데 오래 걸린다. 비접촉 방식에는 인공 대기영향(artificial atmospheric influence), 레이저 기반(laser-based), 이온 빔(ion beam shepherd), 정전기 트랙터(electrostatic tractor) 방식이 있다. 인공 대기영향 방식은 목표 위성 고도의 궤도에 인공 가솔린을 방사하여 항력을 증가시켜 목표 잔해물의 궤도 속도를 늦추어 대기로 추락시킨다. 이 방식은 다수의 우주 잔해물이 모여 있을 경우 제거하기 쉽다. 레이저 기반 방식은 크기가 1~10cm인 우주 잔해물에 대해 레이저를 조사하여 목표 우주 잔해물의 궤도 속도를 늦추어 대기에서 소멸시키는 원리로 지상 기반과 우주 기반 방식이 있다. 이온 빔 방식은 목표 위성에 근접(10~20m)하여 이온 빔을 조사하여 목표 우주 잔해물의 궤도 속도를 늦추어 대기에서 소멸시킨다. 정전기 트랙터 방식은 정지궤도 상의 폐위성이나 로켓 등의 우주 잔해물 제거에 유용하다. 이 방식의 위성은 양전하를 띄는 전자빔을 우주 잔해물에 방사하여 양전하로 변화시킴으로써 견인기와 우주 잔해물의 전하를 같게 만들어 서로 밀어내는 원리이다. 이렇게 우주 잔해물을 무덤궤도로 밀어내는 방식은 2~4개월이 소요된다.

셋째, 테더(끈) 기반 방식(Tether-Based Methods)이다. 테더(끈) 기반 방식은 우주 잔해물 제거 위성이 다양한 테더(끈) 형태의 방법으로 목표 우주 잔해물을 끌어서 제거하는 방식으로 전도성 끈(electrodynamic tether), 그물 포획(net cap-turing), 작살(harpoon), 새총(slingshot) 방식이 있다. 새총 방식은 한번 발사에 여러 개의 우주 잔해물을 제거할 수 있는 방식으로 우주 잔해물 제거 위성은 잔해물을 포획하여 지상으로 날려보낸다. 전도성 끈(electro-dynamic tether) 방식은 우주 잔해물에 전도성 끈을 달아 로렌츠 힘(Lorentz force)에 의해 발생한 항력을 발생하게 하여 우주 잔해물 궤도 속도를 늦추어 궤도를 이탈시키는 방식이다. 로렌츠 힘은 자기장에 의해 전류가 흐르는 도선 또는 전하를 가지고 운동하는 입자에 작용하는 힘으로 움직이는 속도 방향과 자기장의 방향에 모두 수직인 방향으로 힘을 받는다. 그물 포획 방식은 간단하고 융통성이 있으며, 저궤도 및 정지궤도에서 우주 잔해물을 제거하기에 가성비가 좋다. 또한, 우주 잔해물의 부피나 관성 등 물리적 변수를 적게 고려하여 상대적으로 쉽게 우주 잔해물 제거가 가능하다. 작살 방식은 우주 잔해물 제거 위성을 작살로 목표 우주 잔해물을 맞추어 제거하는 방식으로 작살을 이용해 우주 잔해물을 수거하고 대기권에서 태우는 방식이다.

넷째, 접촉 제거방식(Contact Removal Methods)이다. 접촉 제거방식은 우주 잔해물 제거 위성이 목표 잔해물에 접촉해 제거하는 방식으로 접착제(adhesive), 촉수포획(tentacle capturing), 단일 로봇팔(single robotic arm), 다중 로봇팔(multiple robotic arms) 방식이 있다. 접착제 방식은 우주 잔해물 제거 위성이 추진체가 있는 잔해물 제거 키트를 여러 개 탑재하여 다수의 우주 잔해물에 각각 접착제 방식의 제거 키트를 발사하여 목표 잔해물에 부착시키고 대기권으로 유도하여 소멸시킨다. 촉수(집게 팔) 포획 방식은 촉수와 같이 생긴 로봇팔이 우주 잔해물을 잡고 대기권으로 유도하여 소멸시킨다. 단일 로봇팔 포획과 다중 로봇팔 포획은 좀 더 정밀하게 우주 잔해물을 포획하여 대기권으로 유도하여 소멸시키는 방식으로 미세 중력 및 우주 방사선 환경에서 작동할 수 있는 기술이 필요하다.

## 우주 경제

### 우주 경제의 개념과 범위

우주 경제의 빠른 성장은 우주 안보의 심화에도 영향을 끼치고 있다. 더 많은 국가와 기업들이 시장에 참여하면서 다양한 사업과 기술이 확산되고 있으며, 시장 규모도 빠르게 확대되고 있다. 우주 경제는 무엇이며 어디까지 우주 경제에 속하는 것일까? 2012년 OECD 정의에 따르면 우주 경제란 우주를 탐구하고 이해하며, 이를 관리하고 활용하는 과정에서 인류에게 가치와 혜택을 창출하는 활동과 자원 이용의 모든 범위이다. 우주 경제의 유형은 (1) 새로운 제품과 서비스의 창출 (2) 관련 산업의 생산성과 효율성 증대 (3) 지역, 국가의 경제 성장 (4) 사회적 비용의 절감 효과 등으로 구분할 수 있다.[33]

우주 경제에는 연구개발, 우주 인프라(지상국, 발사체, 인공위성) 제조와 사용부터 우주 정보와 과학지식까지 우주와 관련한 상품을 개발하고 제공하는 일이 포함된다. 또한 우주 활동의 생산과 활용에 관여하는 모든 공공 및 민간 주체들도 포함한다. 다만, OECD의 정의는 지나치게 포괄적이며 모든 우주 활동을 우주 경제로 환원시키는 문제를 낳을 수 있다. 우리나라 우주정책에서 우주 경제가 우주 안보를 포괄하는 관점은 OECD의 정의를 따른 결과로 보인다. 어떤 정의가 맞고 틀리는지 평가할 필요는 없다. 다만 우주 안보를 위한 연구개발, 생산, 활용의 가치를 우주 경제로만 분석할 경우 경제적 해법에 치중될 수밖에 없다.

하지만 이 책은 안보의 영역으로서 우주의 가치를 분석하고 안보적 해법을 모색하므로 국방·정보 우주를 위한 활동이 안보 가치를 창출하고, 우주 경제를 위한 활동 중에서 안보 문제를 일으키거나 해소하는 요인에 중점을 둔다. 따라서 우주 경제에 대한 넓은 정의 대신 우주 경제를 우주 활동의 경제적 성과로서 서비스, 상품의 개발과 제공으로 정의한다. 이런 개념에 더 맞는 우주 경제의 정의는 미국 상무부가 제시한 다음의 내용이다. 우주 경제란 공공 부문과 민간 부문의 우주 관련 재화와 서비스로 구성된다. 여기에 포함되는 재화와 서비스는 우주에서 사용되거나 이를 직접 지원하는 것, 우주 연구와 관련되거나, 우주에서 기능하기 위한 재화 및 서비스에 직접 투입되거나 이를 직접 지원하는 것이다. 즉, 미국 상무부는 우주 경제를 민간과 공공 부문에서 우주 활동과 관련된 재화와 서비스로 정의하고 있다.

### 우주 경제의 범위[34]

| 구분 | 세부 영역 |
|---|---|
| 위성통신 | 고정식 또는 이동식 통신 서비스(음성, 데이터, 인터넷, 멀티미디어)와 방송(TV, 라디오, 비디오 서비스 및 인터넷 콘텐츠) 목적으로 지구에 신호를 보내기 위한 위성 및 관련 하위 시스템의 개발 및 사용 |

| 항법 | 위치 추정, 설정과 시각 정보 서비스를 위한 위성 및 관련 하위 시스템의 개발 및 사용. 항법은 항공, 해상, 육상 운송 또는 사람, 이동체의 위치 추정에 사용, 여러 시스템에 세계표준시를 제공 |
|---|---|
| 지구관측 | 기후, 환경, 사람을 포함해 지구를 측정하고 감시하기 위한 위성과 관련 하위 시스템의 개발 및 사용 |
| 우주수송 | 발사체 및 관련 하위 시스템의 개발 및 사용, 최종 배송 서비스, 궤도 간 수송을 위한 물류 서비스는 물론, 발사 서비스와 정부, 상업용 우주공항, 우주탐사비행 등 |
| 우주탐사 | 지구 궤도를 넘는 우주(달, 기타 행성, 소행성)를 탐사하기 위한 유인 및 무인 우주비행체(우주 정거장, 월면차, 우주탐사선)의 개발과 사용. 국제우주정거장 및 우주인 관련 활동 등 |
| 우주과학 | 우주 비행 혹은 우주나 다른 행성에서 발생하는 현상과 관련한 다양한 과학 분야를 일컫는 우주과학(천체물리학, 행성과학, 우주 관련 생명과학, 우주 잔해물 추적) 우주 기반 관측을 통해 지구와 지구 대기의 물리적 및 화학적 구성을 연구하는 우주 관련 지구과학(대기과학, 기후 연구) 등 과학 활동 등 |
| 우주 기술 | 우주 핵동력 시스템(동력 공급, 추진), 태양전기 추진 등과 같이 다양한 우주 임무에 사용되는 특정 우주 시스템 기술 등 |
| 기반기술 | 초기 단계 연구, 다양한 시스템에 사용되는 소형 규격 구성 요소 또는 통합 애플리케이션을 기반으로 하는 서비스 등 |

**<그림 27> 우주 경제의 세부 분야**

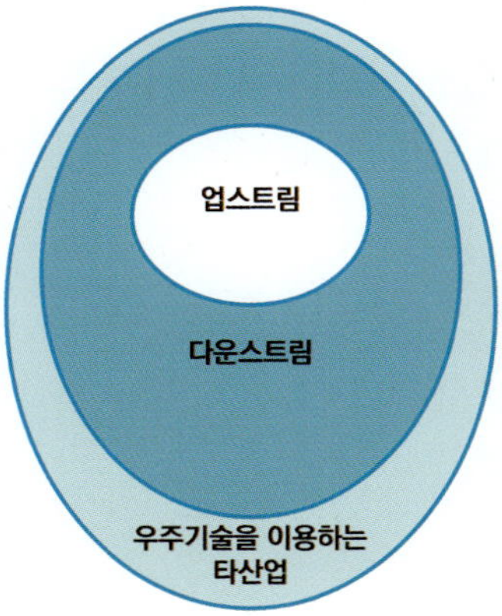


| 범위 | 활동 |
|---|---|
| 우주 프로그램의 과학 및 기술 기반, 우주 기반 시설의 제조 및 생산 | 기초 및 응용 연구; 과학 및 공학 지원; 전용 보조 서비스(예: 보험) 재료 및 부품 공급; 우주 장비 및 하위 시스템의 설계 및 제조; 전체 시스쳄의 통합 및 공급; 우주 발사 |
| 존재하고 기능하기 위해 우주 용량(위성 기술, 신호 또는 데이터)의 제공에 직접적으로 의존하는 우주 기반 시설 및 "실질적인" 활동의 일상적인 운영 | 소비자 시장을 지원하는 장치 및 제품의 우주 및 지상 시스템 공급 운영(예: GPS 지원 장치, 셋톱 박스, 일부 GIS) 소비자 시장 지원(예: 위성 텔레비전 방송) |
| 우주 기술 이전에서 파생되거나 이에 의존해 온 다양한 경제 부문의 새로운 활동 | 우주 기술에서 파생되었지만 기능에 의존하지 않는 활동/제품/서비스(예: 자동차 또는 의료 부문의 임시 우주 기술 이전) |

ⓒ 저자

우주산업은 정부 기관과 상업 기업에 공급하는 기반 인프라이다. 우주 경제는 업스트림, 다운스트림, 우주 기술 기반의 다른 산업과 같이 세 가지 분야로 나눌 수 있다. 업스트림(upstream)은 연구개발, 위성 및 발사체 제조, 발사, 과학 분야로 지상에서 우주(up－to－space)로 제공하는 상품에 해당한다. 우주 시스템을 구성하는 지상 부문(지상국, 발사체 등), 우주 부문(인공위성 등)의 제작, 연구개발과 부품의 공급, 보험과 금융 등 보조 서비스를 포함한다. 다운스트림(downstream)은 우주 인프라 운영, 작동과 기능을 위해 위성 데이터와 신호에 직접 의존하는 우주에서 지상(down－to－earth)으로 제공하는 유형의 상품이다. 예를 들어 우주 시스템의 운영과 이로 인한 상품의 제공, 데이터 처리와 배포 서비스, 사용자 시장을 지원하는 장비(단말기, 소프트웨어 개발 등) 등이다. 마지막으로 우주 기술을 이용하는 다른 산업은 우주 기술이 파생되어 생산된 상품 유형이다. 우주 기술이 응용된 수많은 재화와 서비스가 포함되어 범위가 넓지만 우주 시스템에 직접 연계되지 않은 산업으로 볼 수 있다.

예를 들어 1964년 우주비행사의 건강을 관리하기 위해 NASA가 개발한 원격 의료 프로그램은 현재 우주와 관련 없는 상황에서도 활용되고 있다. 사업 분야로 볼 때 우주 경제에서 차지하는 비중은 다운스트림이 압도적이다. 우주에서 제공되는 정보를 처리, 분석, 판매하는 시장에 공급자가 증가하고, 이들이 제공하는 정보의 품질이 향상되면서 수요도 급증하고 있기 때문이다. 2023년 우리나라 국내 우주 산업 현황에서도 다운스트림 사업인 위성 활용 서비스 및 장비가 포함된 우주활용금액이 전체 우주 산업의 64%를 차지하고 있다.[35]

## <그림 28> 2023년 국내 우주 산업 현황

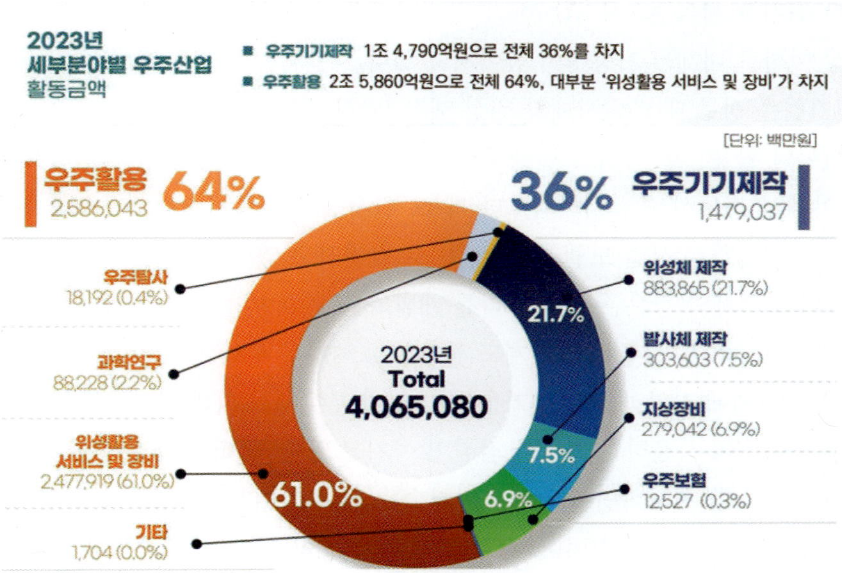


© 우주항공청

### 우주 경제의 구조

우주 경제의 구조는 2010년 이후 우주 활동에 참여하는 국가와 기업이 급증하면서 이해관계자와 가치사슬에 대변화가 일어나고 있다. 우주 발사체를 보유하지 못한 국가도 위성체를 개발할 수 있고, 위성체가 없는 국가도 위성정보를 분석하거나 우주부품을 생산할 수 있다. 이처럼 많은 국가와 기업들이 우주에서 이익을 창출해 왔으며, 더 많은 이익을 위해 혁신적 기술을 개발하고 새로운 상품을 시장에 내놓고 있다. 현재 SpaceX만 보유한 재사용 발사체 기술도 조만간 여러 국가에서 보유할 것이며, 위성과 우주비행체 기술이 발전하면서 궤도별로 이루어지던 전통적 우주 사업은 궤도의 구분 없이 확장될 것이다. 예를 들어 과거 방송과 통신은 지구 전체를 연결하기 위해 정지궤도 위성으로 수행했으나 현재는 대규모 소형위성을 군집으로 활용함으로써 저궤도에서 수행하는 글로벌 통신 사업으로 변화했다. 국방·정보 우주 영역에서도 탄도미사일 조기경보위성과 같이 특정한 위치를 지속적으로 감시하기 위해 정지궤도에 배치했던 우주 자산도 소형위성 이하로 대체될 가능성이 높아지고 있다.

대기업은 정부 대상 발사체와 위성 제작·발사 중심에서 민간 시장을 겨냥한 위성데이터 활용으로 사업 모델을 확장하고 있으며, 중소기업과 스타트업도 단일 분야에서 전문성을 유지하기보다 제조, 발사에서 활용서비스까지 공급망과 서비스를 통합하는 사업 모델(수직계열화)로 발전하고 있다. 또한 우주 사업에서 발사체나 위성체와 같은 우주 인프라를 개발하는 우주 부문과 우주 정보를 분석하고 활용하는 비우주 부문의 경계도 점차 모호해지는 추세이다. 새로운 행위자들이 우주 경제에 진입하고 있는 가운데, 다양한 분야에서 위성 데이터를 다른 데이터와 통합하여 사용하는 경우가 점점 많아지고 있다. 특히 저궤도 군집위성이 글로벌 서비스를 시작하면서 정보통신기술 기업이 참여하는 우주 경제 시장에 대한 낙관적 전망이 지배적이다. 이로 인해 많은 공공 및 민간 투자가 우주 산업에 유입되는 상황이다.

세계 우주 경제 규모는 2020년 4,470억 달러에서 2040년 11조 달러까지 성장할 것이라는 모건 스탠리의 전망도 제시되었다.[36] 우리나라 우주 경제의 규모는 2023년도 약 3.2조 원으로 꾸준히 성장해왔으나 여전히 세계 우주 경제에서 차지하는 비중은 1%에 머물고 있다. 우주 경제의 발전 추세 중 하나는 세계적으로 정부 예산에서 우주개발 예산이 증가하고 있다는 점이다. 정부의 우주프로그램 지출 증가가 갖는 안보적 의미도 주목해야 한다. 전 세계 군사비 비중과 마찬가지로 정부의 우주지출도 미국이 나머지 국가들을 압도하는 수준이다. 실제로 우리나라 정부의 우주개발 예산은 2025년 9,649억 원으로 1조 원에 육박하고 있다. 예산 내용도 과거 누리호 개발 등 발사체에 집중되었던 양상과 달리 한국형위성항법체계(KPS), 달 착륙선을 비롯해 우주개발 전분야에서 증가하고 있다. 다음 <그림 29>와 같이 위성 개발과 발사체 개발은 물론, 위성활용, 우주탐사, KPS, 우주혁신 생태계 및 우주산업 육성까지 다양하다.

**<그림 29> 우리나라 우주개발 예산 추이(2024년 기준, 단위 억원)**

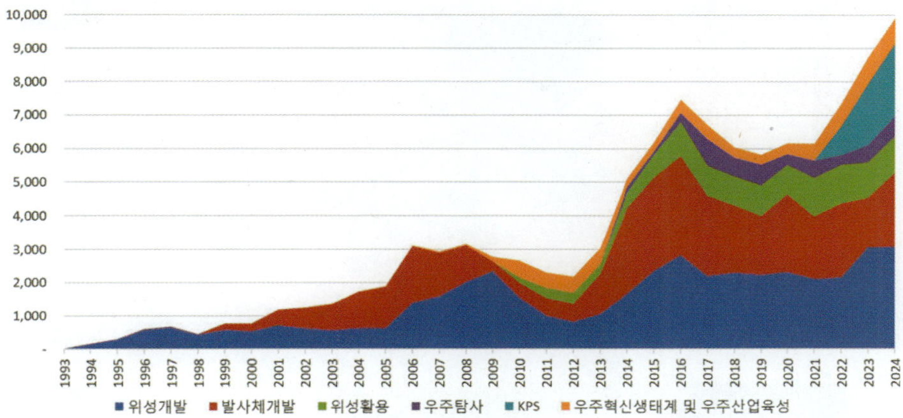


© KARI

2025년 노바스페이스 보고서에 따르면, 2024년 세계 우주 경제 규모를 5,960억 달러로 분석했는데 그 중 우주 분야 정부 투자는 2023년 1,170억 달러에서 2024년 1,350억 달러로 증가한(이 중 국방우주 분야가 54%인 730억 달러로 절반을 넘었다.) 반면, 민간 투자는 3년 연속 감소했다. 이는 향후 민간 투자가 줄어들 것이라는 전망이라기 보다는 우주개발에서 정부 비중도 계속 확대될 것이라는 분석이다. 민간 주도를 의미하는 뉴스페이스 양상은 단순히 민간 분야의 성장만 의미하진 않는다.

2024년은 역대 최대 규모인 263회 궤도 발사 시도가 있었으며, 발사된 위성도 2,700개 이상이었다(2023년보다 약간 적은 수치). 그 결과 궤도에 투입된 총 질량은 거의 1/4분 증가하여 처음으로 2,000,000kg을 넘었다(2023년에는 1,500,000kg에 불과했다). 이는 디젤 기관차 10량에 해당하는 질량을 발사한 것과 같다. 2024년 말에는 14,000개 이상의 위성이 궤도를 돌고 있었으며, 그중 10,400개 이상이 작동 중이었다. 한 기술정보 기관은 2032년까지 우주 발사 횟수가 480회(현재의 거의 두 배)로 증가하여 43,000개의 위성(4배 이상 증가)을 궤도에 올릴 것으로 예상한다.[37]

## <그림 30> 한눈에 보는 우주 활동국의 증가(1966년과 2025년 비교)

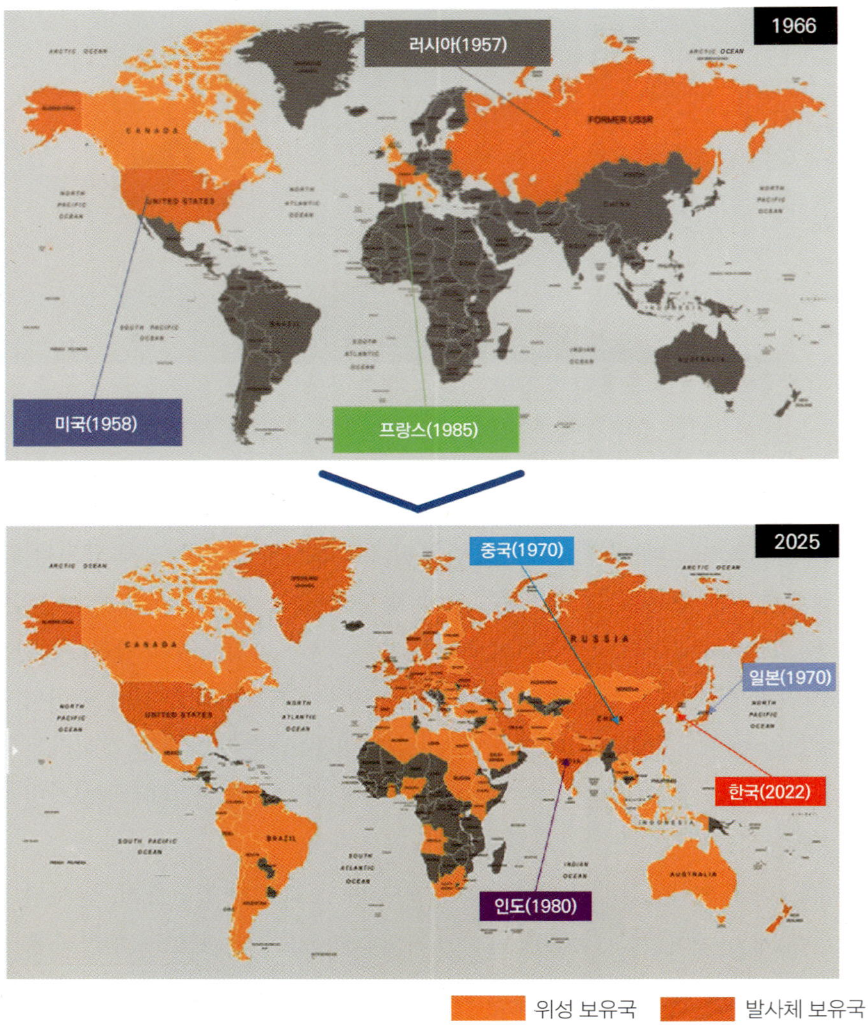


© UCSUSA 위성데이터베이스

### <그림 31> 2024년 글로벌 우주경제 가치

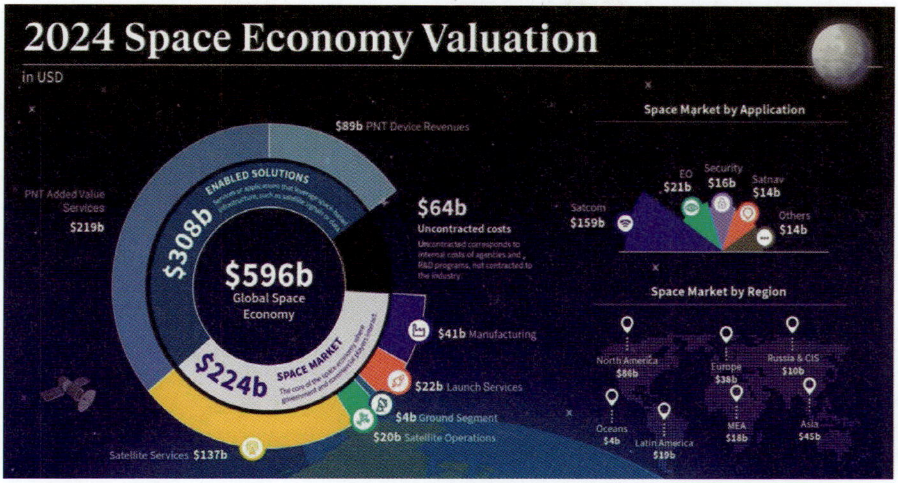


© Novaspace

정부의 우주프로그램은 우주기업과 달리 장기적인 우주탐사나 국방·정보 우주 분야를 우선한다. 실제로 2023년 전 세계의 국방·정보 우주프로그램 지출은 정부 우주프로그램 지출의 절반에 가까운 480억 달러였다. 이 중 미국은 75%를 차지하는 370억 달러를 지출했는데, 2위인 중국이 40억 달러(10분의 1 수준), 우리나라는 1.3억 달러였다. 이처럼 국방·정보 우주에 사용되는 국가별 비용은 전체 국방비 차이보다 더 크다는 것을 알 수 있다.[38] 2024년 전 세계 국방비 지출(2조 4,600억 달러)에서 미국이 차지하는 비중은 39%(9,680억 달러)로 2위인 중국(2,350억 달러)은 미국의 4분의 1에 그쳤다.[39]

우주 경제 분야로 보면, 2040년에는 글로벌 우주 경제에서 위성 인터넷 시장의 점유율이 현재는 1% 미만이지만, 27%로 크게 향상할 것으로 전망된다. 나아가 세계 시장에서도 위성 제조, 발사 산업, 상업 유인 우주비행, 상업 원격탐지가 발전할 것이다. 우주 채굴, 제조, 전력, 우주 잔해물 제거 등 새로운 우주 활동도 2040년까지 우주 경제의 4%를 차지할 것으로 예상된다.

오늘날까지 우주 경제의 패러다임은 스페이스 1.0 단계부터 발전을 거듭해왔다. 현재는 스페이스 4.0의 진입단계로 볼 수 있다. 스페이스 1.0 단계는 경제적 활동이라기보다 천문학과 우주과학의 태동기로 우주를 이해하고 과학적으로 관측하려는 시기였다. 과학자들은 이론적으로 제시된 우주를 관측으로 입증하기 위해 노력했으며, 정부의 연구 지원에 의존하였다.

1950년대 시작된 스페이스 2.0에서 국가는 우주개발의 방향을 정하고 이에 따른 예산도 투자하는 행위자였다. 이 시기 각국은 우주개발을 정책적으로 추진하면서 하드웨어 중심의 우주 시스템 경쟁을 본격화했다. 대표적인 사례가 미국의 우주기관 NASA이다. 1969년 아폴로 11호가 유인 달착륙에 성공했던 우주 경쟁의 절정기, NASA의 예산은 미국 연방 예산의 4.5%를 차지했다. 현재 NASA의 예산이 연방 예산의 0.5% 미만인 것을 고려하면 엄청난 비중이었다. 이 기간 NASA는 국방·정보 우주 분야를 뒷받침하면서도 표면적으로는 민간 우주개발을 주도하는 기관이었다. 두 가지 역할을 모두 수행한 주요 계약자이자 독점적인 고객이었다. 이 시기의 우주개발은 국가 차원의 막대한 재정 지원과 인프라 투자가 필수적이었으며, 민간 기업의 역할은 주로 정부 사업을 수행하는 역할이었다.

1970~90년대 스페이스 3.0 단계 우주 활동은 NASA가 여전히 국가우주 분야의 주요 행위자였지만 소련과의 경쟁보다 국제협력을 통한 다양한 프로그램이 중요한 시기였다. 우주개발 비용이 천문학적으로 높아진 상황에서 국가경제에 대한 부담, 정치적 리더십의 의지 부족 등으로 NASA는 우주개발의 경제적 토대를 혼자서 감당하기 어려웠다. 예를 들어 NASA가 유럽우주청(ESA), 일본우주국(JAXA), 캐나다우주국(CSA), 소련우주국(Roscosmos)과 협력하여 국제우주정거장을 운영했다.

2000년대 시작된 스페이스 4.0 단계 우주 활동은 상업우주 영역이 활성화되면서 대부분 우주 경제에서 민간 기업과 정부가 함께 참여했다. 초기에는 정부가 우주개발에 필요한 자금, 기술, 인프라를 민간과 공유함으로써 정부의 부담을 줄이고, 민간의 기술혁신을 촉진하는 역할을 했다. 미국의 경우 이러한 성과를 바탕으로 민간 기업의 기술력과 생산력이 안정화되기 시작했다. 그 결과 정부가 사업의 방향성과 목표만을 제시하고, 민간 기업이 연구개발과 프로젝트 관리를 주도하는 방식으로 발전했다. 대표적인 사례가 NASA가 맡아왔던 우주수송을 민간

### <그림 32> 우주 경제의 패러다임 변화

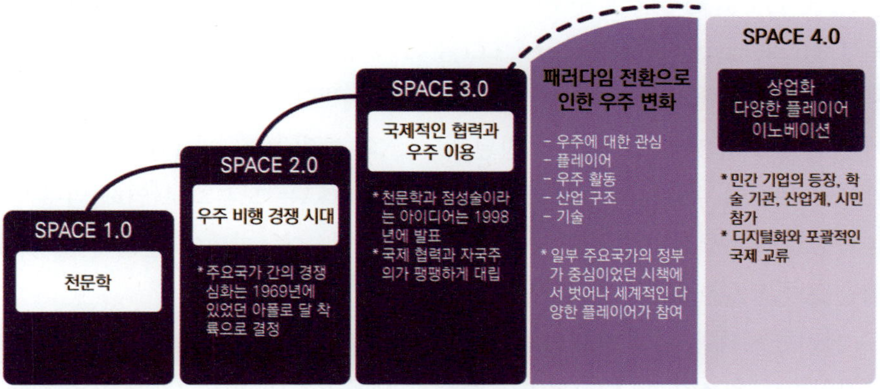


ⓒ European Space Agency, Arthur D. Little

기업에 이전하기 위해 시작된 2006년 상업용 궤도 수송 서비스(Commercial Orbital Transportation Services, COTS) 프로그램이다. NASA는 우주왕복선의 퇴역, 예산 압박, 상업적 우주개발에 높아진 관심, 민간 기업의 빠른 성장과 기술력 등으로 인해 우주 경제의 파트너를 발굴하고 지원하기 시작했다. SpaceX, 블루오리진과 같은 미국의 우주기업이 발전하게 된 토대였다.[40]

미국의 경우에서 볼 수 있듯이, 우주 경제에서 전환점이 된 것은 정부가 주도했던 우주 활동을 민간기업과 협력하려는 시도였다. 1988년 NASA는 우주비행체 발사 비용이 85%나 증가하면서 1회 발사 비용도 9천만 달러까지 상승하였다. 늘어난 비용으로 우주 활동 자금이 부족했던 NASA는 2006년 상업 궤도 수송 서비스(COTS) 프로그램을 시행했다. 민간기업 SpaceX와 오비탈사이언스(Orbital Science, 현재는 Orbital ATK)가 선정되어 각각 국제우주정거장까지 화물을 수송할 수 있는 발사체와 우주비행체를 개발하는 목표였다. 이 프로그램으로 SpaceX는 발사체 Falcon-9와 우주비행체 드레곤(Dragon)을 개발하였고, 오비탈사이언스는 발사체 안타레스(Antares)와 우주비행체 시그너스(Cygnus)를 각각 개발하였다.

이어서 NASA의 상업 재보급 서비스(Commercial Resupply Services) 프로그램

을 통해서 SpaceX는 2012년, 오비탈사이언스는 2014년 국제우주정거장(ISS)로 화물수송에 성공했다. 화물수송에 성공하자 NASA는 우주왕복선 퇴역으로 공백이 된 유인우주 활동도 우주 기업과 협력하였다. 2011년 시작된 상업 우주인 프로그램(Commercial Crew Program, CCP)은 1단계로 우주 기업의 유인우주비행 연구에 자금을 지원하였고 2단계로 우주비행을 수행할 우주 기업을 선정하여 개발에 들어갔으며, 3단계로 최종 선정된 SpaceX와 보잉(Boeing)이 우주비행체를 개발하여 우주인 수송까지 완료하였다. 나아가 NASA는 노후화로 인해 임무가 종료되는 국제우주정거장을 대신할 우주 정거장도 우주 기업이 만들어 운영하는 방안을 추진 중이다.

이러한 사례는 우주 경제의 발전이 투자 규모나 매출로 이야기되는 것보다 현실적인 인식을 심어준다. 상업 궤도수송과 상업 우주인 프로그램은 우주 활동이 우주 기업을 통해 어떻게 발전할 수 있는지 잘 보여준다. 이 과정에서 SpaceX는 재사용 발사체를 개발하여 발사 비용을 획기적으로 줄였으며, 우주 기업 간 경쟁을 유도하고 정부 예산에만 의존하지 않고 시장 투자를 유치하여 개발 비용을 분산하였다. 또한 다수의 발사체를 개발하면서 표준화된 설계와 생산 방식으로 생산 단가를 낮추었다. 정부가 민간 기업과 협력하는 우주 활동은 우주 경제에 긍정적 효과를 거두고 있다.

## 우주 시장의 발전

### 발사체 시장

우주 산업의 성장 속도는 우주 발사와 인공위성 증가로도 가늠할 수 있다. 2024년 기준 세계 우주 발사체 시장 규모는 전년 대비 43% 상승한 103.4억 달러를 기록했으며, 소형 위성 발사에 대한 수요 증가와 재사용 발사체 기술 발전이 성장 요인으로 꼽힌다. 우주 발사체 시장은 향후 몇 년 동안 급성장할 것으로 예상되는 가운데, 2029년에는 221억 달러로 16.8% 연평균 성장률(CAGR)이 전망된다.[41] 이 기간 트렌드에는 상업적 우주 활동 증가, 소형 위성 발사 증가, 발사체 다양화, 첨단 기술 통합, 신속한 발사 및 주문형 서비스, 민관 파트너십 등을 들 수 있다.

<그림 33> 상업/정부 유형별 글로벌 우주 발사 횟수

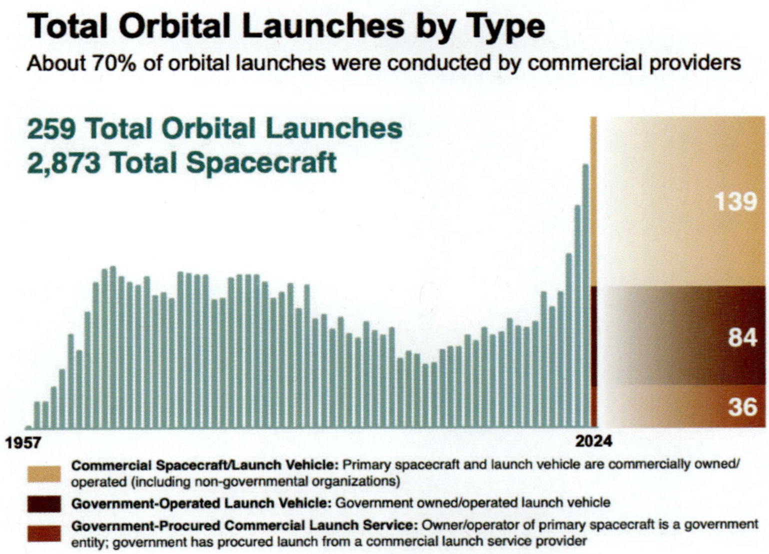


ⓒ Global Space Launch Activity in 2024, Bryce Tech, 2025

발사체 분야는 미국과 중국이 주도하고 있다. 2024년 글로벌 우주 발사 횟수는 역대 최대로, 263회 발사 시도와 258회 성공을 거두었다. 이는 2023년 대비 약 25% 늘어난 것이다. 우주 발사를 주도한 곳은 민간 기업 SpaceX와 중국 정부 및 기업들이다.[42] 발사 횟수의 증가만큼 상업 우주 발사도 늘어났다. 2024년 순수 상업 기업의 발사가 139회를 차지하며 전체 발사 횟수의 절반을 넘었다. 나머지는 정부 기관의 발사와 정부 계약에 의한 상업 발사로 120회를 기록했다.

SpaceX의 발사 횟수는 매년 새로운 기록을 경신 중이다. 2024년 발사 횟수는 134회로(3일에 1번 발사) 전년 대비 약 40% 급증하면서 글로벌 우주 발사 횟수 비중도 53%로 8%나 높아졌다. 이러한 상황은 새로운 발사체 기업에게도 기회이다. 물론 발사체 기업에게 모두 유리한 것은 아니다. 발사체 시장에서 기업이 성공하기 위해서는 ① 충분한 기술력과 효율적인 운영으로 발사 원가를 낮추어야 한다. ② 발사체 운용의 신뢰성을 인정받아야 한다. ③ 단기간 반복적인 발사가 가능하

**<그림 34> 2024년 글로벌 우주 발사 유형별 분포**

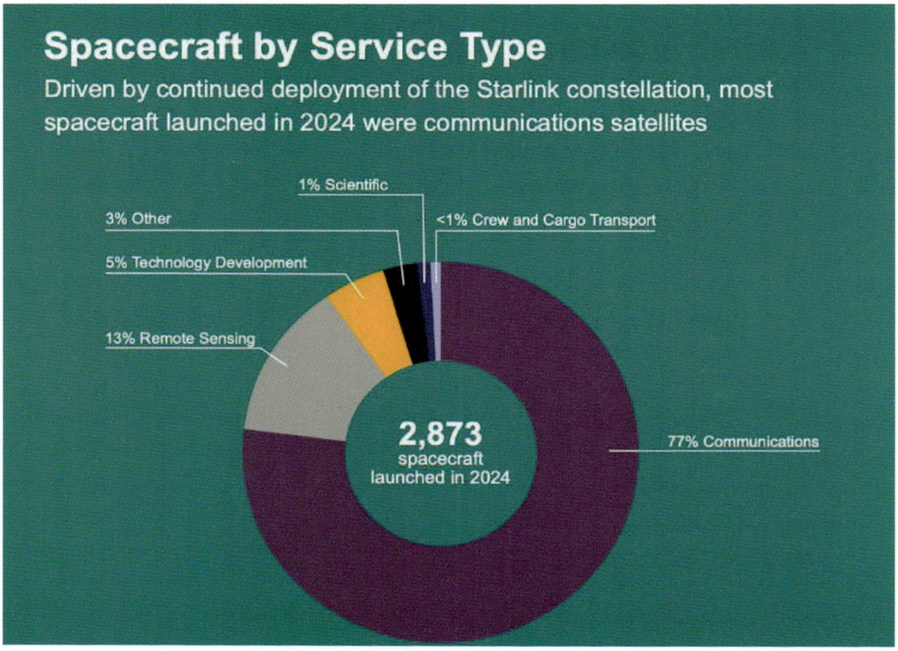


© Global Space Launch Activity in 2024, Bryce Tech, 2025

도록 생산성이 높아야 한다. 현재로는 재사용 발사체가 발사 단가를 낮추는 핵심 기술이다.

SpaceX는 발사 비용의 60%를 차지하는 발사체 1단 이외에 페어링까지 회수하여 재사용 중이다. 페어링도 발사 비용의 10% 정도 차지한다. 2024년 기준 Falcon－9 최신형은 저궤도에 최대 22,800kg의 화물을 운송하는데 약 7,000만 달러를 받는다. 이는 1kg당 약 3,000달러이고 재사용 발사체를 사용할 경우 30% 할인(2,700달러 수준)도 받을 수 있어서 경쟁 기업의 5분의 1 수준에 불과하다. 2025년 7월 기준 SpaceX의 최고 재사용 발사를 기록한 1단 발사체는 29회였으며(처음 재사용 목표는 10회), 페어링은 25회를 기록했고, 계속 갱신될 것으로 보인다. 더욱이 개발 중인 우주비행체 스타십(Starship)은 발사체(Super Heavy)와 우주비행체를 모두 재사용할 수 있어 비용이 획기적으로 줄어들 전망이다. 이런 추세로 2040년에는 1kg당 100달러까지 감소할 것이라는 예상도 있다.

### 우주 발사체 발사 비용 추이(2025년)[43]

| 기간 | 1982년 NASA | 1970~2010년(평균) | 2024년 | 2040년(예상) |
|---|---|---|---|---|
| 발사 비용 | $51,800/kg | $16,000/kg | $750/kg | $100/kg |

글로벌 우주발사 산업은 발사 서비스에 대한 수요 증가와 시장에 진입하는 신규 업체 증가라는 두 가지 특징으로 중요한 전환기를 맞고 있다. 일본 미쓰비시 중공업(MHI), 유럽 Arianespace, 미국 United Launch Alliance(ULA)와 같은 기존의 발사 기업은 공급 병목 현상에 직면해 있으며 SpaceX에 도전하고 있다. 한편, Relativity Space 및 Rocket Lab과 같은 도전 업체들은 중형 발사체 부문에 진입하려는 계획을 가속화하고 있다.

이러한 상황에서 수십 번의 발사가 필요한 아마존(Amazon)의 카이퍼(Kuiper) 프로젝트와 같은 우주 인터넷 사업은 현재 발사 서비스 기업들이 충족하기 어려운 높은 수요에 만들고 있다. 이처럼 발사 공급이 부족한 상황에서 소형위성 기업의 수요를 충족하고자 발사 기업들은 차세대 소형 발사체를 개발하고 있다. 이러한 소형 발사체들은 SpaceX의 Falcon－9와 같은 대형 발사체의 탑재를 기다리고 싶지 않은 소형위성 기업들에게 큰 유연성을 제공한다. 또한 다른 위성들과 함께 이루어지는 승차공유(ridesharing)에서는 쉽게 접근할 수 없는 맞춤형 궤도도 제공할 수 있다.

한편, 일렉트론(Electron) 로켓을 사용하는 로켓랩(Rocket Lab)이나 렐러티비티(Relativity Space)와 같은 기존 소형 발사체 기업들은 대형 발사체로 제대로 서비스되지 않는 시장에서 더 많은 비중을 차지하기 위해 중대형 발사체로 빠르게 전환하고 있다. 예를 들어, Rocket Lab은 소형 Electron 로켓과는 달리 중형 발사체인 뉴트론(Neutron) 발사체를 개발하고 있다. Relativity Space는 초기 발사체인 Terran－1에서 적용했던 혁신적인 3D 프린팅 제조 기술을 대신 중형 발사체인 Terran－R을 개발하면서 전통적인 제조 공정으로 전환했다.

**<그림 35> 우주 발사체 기업의 경쟁**

© 생성형 AI

이처럼 발사체 시장이 변화하는 속에서 절대 강자인 SpaceX는 Falcon-9 및 Falcon Heavy로 상업 및 정부 고객을 위한 탑재물을 자주 발사하면서 발사 시장에서 계속해서 지배적인 세력을 유지하고 있다. 특히 SpaceX의 탑재 임무는 많은 소형 발사체들이 따라잡기 어려운 저비용 우주 접근을 제공하여 소형위성 시장에 영향을 끼치고 있다. SpaceX의 Falcon-9는 높은 발사 빈도, 많은 탑재 능력, 비용 효율적인 재사용성을 바탕으로 글로벌 발사 시장에서 지배적인 위치를 유지하고 있다.

한편 SpaceX가 개발 중인 스타십은 광범위한 발사 산업에 기회와 도전을 동시에 제시할 수 있다. 비용을 절감하고 야심찬 새로운 임무를 수행할 수도 있지만, SpaceX의 시장 점유율 증가가 독점적인 행동으로 이어질 수 있다는 우려도 있다. 앞서 다룬 발사체 기업들이 SpaceX를 따라잡기 위해 고군분투하고 있고, 신규 기업들이 기반을 다지고 있는 상황에서 SpaceX의 지배력은 장기적으로 경쟁과 혁신을 저해할 수도 있다. 또한, SpaceX가 상당한 잠재적 비용 절감을 발표했지만, 이러한 절감액이 고객에게 전달될 것이라는 보장은 지켜볼 필요가 있다. SpaceX가 처할 수 있는 거의 독점적인 상황은 가격을 낮게 유지하는 데 필요한 경쟁 압력을 제한하여 위성 기업과 소규모 발사 기업에 불이익을 줄 수 있다. 이처럼 글로벌 우주발사 시장은 중요한 기로에 서 있다. 신규 진입자와 혁신적인 기술은 현재의 공급 문제를 일부 해결할 것으로 보이지만, SpaceX의 영향력 증가, 특히 스타십의 도입은 시장 환경을 흥미롭고 우려스러운 방식으로 재편할 수 있다. 따라서 글로벌 발사체 기업은 우주 경제에서 혁신과 성장을 통해 균형 있고 경쟁적인 시장을 확보하기 위해 빠른 적응이 요구된다.

SpaceX는 2024년 한 해 평균 3일에 한 번씩 팰컨 로켓 등 우주 발사체를 발사했다. 상용화된 우주 발사체의 발사 성공률도 95%를 넘는다. SpaceX 발사체는 스타링크 통신위성 네트워크를 포함한 상업용 탑재체를 싣고 발사됐다.[44] 중국은 2024년 68회 발사에 성공했다. 중국은 창정(長征) 발사체를 중심으로 하면서, 다수의 민간기업도 로켓 발사 시장에 뛰어들어 향후 발사 횟수가 급증할 것으로 보인다. 이 기간 중국은 독자적으로 톈궁 우주 정거장을 완공했다. 러시아는 총 17회로 중국의 3분의 1에 그쳤을 뿐 아니라 2022년 우크라이나 전쟁 이후 3년 연속 발사 횟수가 감소했다. 우주 강대국의 순위가 러시아에서 중국으로 대체되고 있다는 평가가 나오는 이유이다.[45] 이 밖에도 성공한 우주 발사 중에는 뉴질랜드 13회, 일본 7회, 인도 5회, 이란 4회, 유럽연합 3회 등이 포함됐다.

특히 자주적 우주 발사능력은 우주 안보 차원에서 중요하다.[46] 정부가 발사하는 안보관련 위성들은 임무의 보안 및 특성상 자국의 발사체를 이용한다. 현재 우주에서 활동하는 정부 위성의 90%는 자주적 우주 발사능력을 갖춘 국가들이 운영 중이다. 특히 미국, 중국, 러시아, 일본은 정부 위성을 자국의 우주 발사체로 발사하고 있다. 다만, 우주 안보 차원에서 자국의 우주 발사체만 고집할 수 없는 상황도 대비해야 한다. 예를 들어 달, 소행성 등 다른 천체로 발사하는 우주비행체는 특정 시기에 발사가 필수적이다. 만약 자국의 우주 발사체 생산에 차질을 빚는다면 동맹국의 우주 발사체를 활용하는 대안도 마련되어야 한다. 실제로 상업위성은 국제 우주 발사 시장에서 활발히 거래되고 있다. 약 40%가 자국이 아닌 해외 시장에서 발사되고 있다. 2022년 시작된 러시아-우크라이나 전쟁으로 해외 발사의 유동성이 더욱 높아진 것으로 분석된다.[47] 이런 영향으로 우주 발사체 시장은 우수한 수송 능력의 저비용·고효율 발사체 개발로 빠르게 성장하고 있다. 우주 안보 차원에서도 우주 발사체는 우주전력투사와 우주통제를 수행하는 핵심 요소이다.

미래 우주 발사체 시장은 지구에서 우주로 인력과 장비를 수송하는데 한정되지 않는다. 장기적으로 우주 발사체는 우주수송 시장의 일부로 봐야 한다. 지구에서 발사되는 위성 중에는 우주 정거장이나 다른 우주거점 시설로 수송된 이후 상황과 임무에 맞게 우주로 재발사되는 과정을 거치는데 이러한 과정이 모두 우주수송에 포함된다. 우주수송 활동은 우주 내 서비스와도 직접 연관된다. 우주 내 서비스는 인공위성의 정비, 연료 주입뿐 아니라 우주인의 체류, 구조 등 다양한 분야로 확장될 것이다. 시스루나와 달궤도에 필요한 우주수송이 더 많아지고 우주주유소나 상업 우주 정거장과 같은 중간거점이 증가된다면 우주수송과 우주 내 서비스는 중요한 시장으로 자리잡을 것이다. 현재는 지구정지궤도 위성과 같이 많은 비용이 투입된 대형 위성을 중심으로 우주 내 서비스를 개발 중이다. 저궤도의 경우 상업 우주 정거장이나 우주거점의 증가에 따라 생필품이나 장비 부품 등에 대한 수요가 증가할 것이다.

### 위성체 시장

위성체 시장도 급속히 성장하고 있다. 2024년 궤도에 발사된 인공위성 숫자는 사상 최대인 2,857기로 지난 10년간 약 12배 증가했다. 인공위성 증가의 중심은 상업위성이며, 그중 스타링크는 2025년 5월 기준 약 6,200기를 발사했고 그중 약 5,700기가 작동 중이다.[48] 인공위성 시장에서도 SpaceX는 유리한 위치를 점하고 있다. 바로 SpaceX의 강점은 발사체뿐 아니라 자체적인 위성 수요를 갖고 있다는 점이다. 다른 기업들은 우주 발사 사업을 통해 위성 사업자의 주문이 필요하다. 하지만 SpaceX의 발사 성과를 보면 전체 67%인 90회가 자사의 스타링크 위성이었다. 이러한 구조는 SpaceX에게 선순환이다. SpaceX 발사 사업의 수요가 스타링크로부터 창출되고, 이렇게 발사된 스타링크는 서비스 수익을 창출하여 SpaceX의 발사 수요를 더욱 늘리는 효과가 있기 때문이다.

실제로 SpaceX의 기업 가치에서 스타링크 등 위성의 비중은 Falcon－9 등 발사체 비중보다 크다. 투자은행의 분석에 따르면 2025년 SpaceX의 가치(3,500억 달러) 중 약 65%인 2,275억 달러가 위성통신 사업인 스타링크이며 나머지 35%가 로켓 발사 등 나머지 사업부로 추정된다.

글로벌 위성 산업의 트렌드는 소형화, 군집화, 상업화이다. 소형화에 대한 전망은 2013~2022년 연평균 699기에서 2023~2032년 연평균 2,610기로 증가한다. 군집화는 군집위성으로 수행할 수 있는 임무가 증가하는 동시에 군집위성 비용은 감소할 전망이다. 상업화는 우주 기업의 발전과 사업 영역의 발전으로 비중이 증가하는 동시에 정부가 상업 우주에 의존하는 비중도 증가할 전망이다.[49]

상업위성 발사는 향후 계속 늘어날 전망이다. 군집으로 계획된 통신위성만 5만 개가 넘는다. 상업 우주 정거장, 달과 달 인근의 활동 거점 건설, 물자와 인력 수송 등 새로운 우주 경제 활동이 활발해질 전망이다. 지난 10년간 상업용 위성 발사 시장에서 SpaceX의 점유율이 크게 높아진 반면 인도와 러시아의 점유율은 하락했다. 러시아는 2022년 시작된 우크라이나 침공의 영향이 크다. 이에 따라 위성 사업자들은 SpaceX의 시장 독점을 우려하기 시작했으며 국제적으로 다양한 발사기업의 증가를 기대하는 상황이다.

**<그림 36> 스타링크(좌), 원웹(Oneweb)(우) 실제 운용도(2025년 1월 기준)**

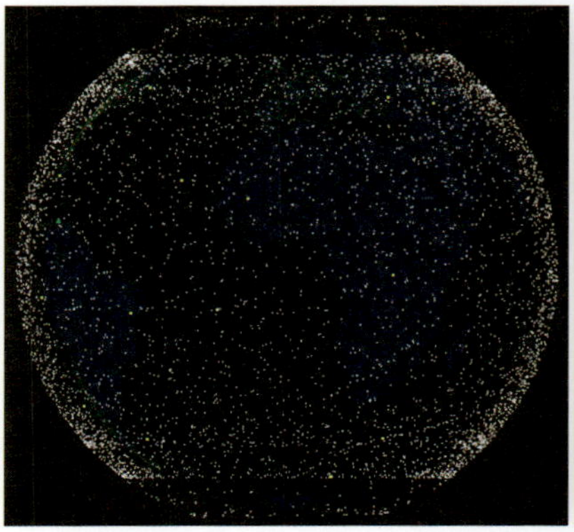

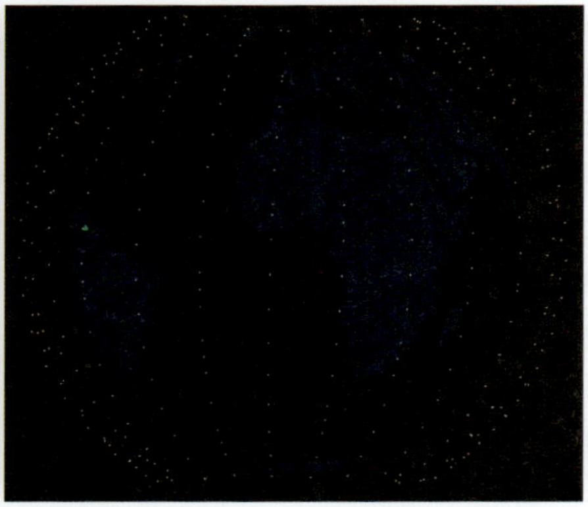

© Satellitemap.space

2023년 기준 전 세계 81개국이 6,718기의 위성을 운용하고 있다. 미국은 전체 위성의 67.1%인 4,511기를 보유하고 있으며, 이중 5.3%인 239기가 군사위성으로 분류된다. 다만, 이 표에서 군사위성 분류는 정부 위성에 포함된 정보기관 위성과 알려지지 않은 군사위성을 제외한 수치임을 고려해야 한다. 두 번째로 많은 586기의 인공위성을 운용하고 있는 중국의 경우 26.5%인 155개가 군사용 위성이다. 우주 발사체를 운용하지 않고 있는 영국의 경우 561개의 위성을 운용하고 있지만 대부분 상업용 위성으로 군사위성은 6기에 불과하다. 러시아의 경우 177기의 인공위성을 운용하고 있지만 전체의 61%인 108개가 군사위성이다. 군사위성의 비중이 가장 높은 국가는 프랑스로 24개의 위성 중 15개가 군사위성으로 분류되어 있으며, 이탈리아(60%), 이스라엘(40.7%)도 군사위성의 비중이 높다.

**주요국 운용 목적별 위성 현황(2023년 1월, 단위는 기)[50]**

| 구분 | 민간 | 상업 | 정부 | 군사(비중%) | 발사체 보유 | 저궤도 | 합계 |
|---|---|---|---|---|---|---|---|
| 미국 | 28 | 4,082 | 162 | 239(5.3) | ○ | 4,266 | 4,511 |
| 중국 | 31 | 187 | 205 | 155(26.5) | ○ | 474 | 586 |
| 영국 | - | 553 | 2 | 6(1.1) | | 521 | 561 |
| 러시아 | 10 | 39 | 20 | 108(61) | ○ | 100 | 177 |
| 일본 | 18 | 35 | 33 | 2(2.3) | ○ | 61 | 88 |
| ESA | 1 | 29 | 32 | - | ○ | 28 | 62 |
| 다국적위성 | 42 | 11 | 9 | - | | 5 | 62 |
| 인도 | 4 | 1 | 46 | 8(13.6) | ○ | 30 | 59 |
| 독일 | 21 | 13 | 6 | 8(16.7) | | 46 | 48 |
| 이스라엘 | 2 | 11 | 3 | 11(40.7) | ○ | 24 | 27 |
| 프랑스 | 2 | 6 | 1 | 15(62.5) | ○ | 18 | 24 |
| 한국 | 5 | 3 | 11 | 2(9.5) | ○ | 13 | 21 |
| 이탈리아 | 3 | 2 | 1 | 9(60) | ○ | 13 | 15 |
| 합계<br>(비중%) | 162<br>(2.4) | 5,278<br>(78.6) | 683<br>(10.2) | 595<br>(8.9) | | | 6,718<br>(100) |

2024년에만 인공위성을 발사한 국가는 41개국이다. 이 중 100kg 이상 소형위성을 개발 및 생산한 국가는 우리나라를 비롯해 미국, 중국, 러시아, 유럽, 인도, 일본, 이란, 호주, 튀르키예 등 10개국이다(유럽은 영국, 프랑스, 독일, 이탈리아, 스페인, 네덜란드 통합 운영).

인공위성 시장에서 주목할 분야는 소형위성이다. 세계 소형위성 시장은 2023년 33억 달러로 평가되었으며 2033년까지 연평균 10% 성장하여 2033년에는 115억 달러에 이를 것으로 전망된다. 특히 저궤도 통신 서비스의 확산이 소형위성 시장을 주도하고 있다. 지역별로는 북미 지역 미국이 가장 큰 시장을 형성하겠지만, 가장 빠른 성장은 인도 태평양 지역에서 인도라는 분석도 있다.[51] 2024년 2월 NASA는 2022년에 발사된 총 2,510개의 위성 중 96%가 600kg 미만이었고, 그중 25%는 200kg 미만의 소형위성이라고 밝혔다.

**<그림 37> 소형 위성 시장의 지역별 분석**

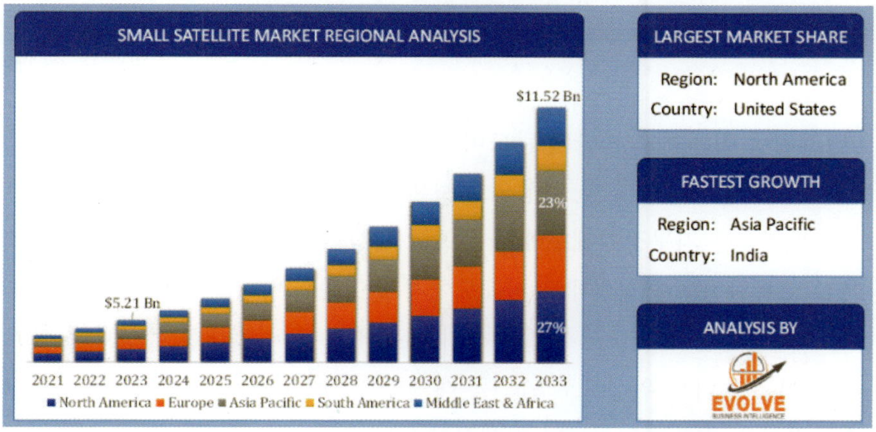


© Small Satellite Market Analysis and Global Forecast 2023-2033, EVOVLE

소형위성은 국방·정보 우주 분야에서도 유용하다. 우리나라는 2024년까지 한반도와 주변을 감시하기 위한 군정찰위성(425사업) 1~3호기를 궤도에 올렸고 2025년 4~5호기까지 모두 발사한다. 그러나 전자광학(EO)/적외선(IR) 탑재위성 1기와 레이더(SAR) 위성 4기로 구성된 군정찰위성은 총 5기로 운영되기 때문에 2시간 간격으로 한반도를 재방문할 수 있다. 따라서 정부는 상시 감시능력을 보완하기 위해 초소형 군집위성을 확보하여 재방문 주기를 30분까지 단축할 계획이다.

**< 그림 38 > 초소형위성체계를 활용한 이상 징후 판단[52]**

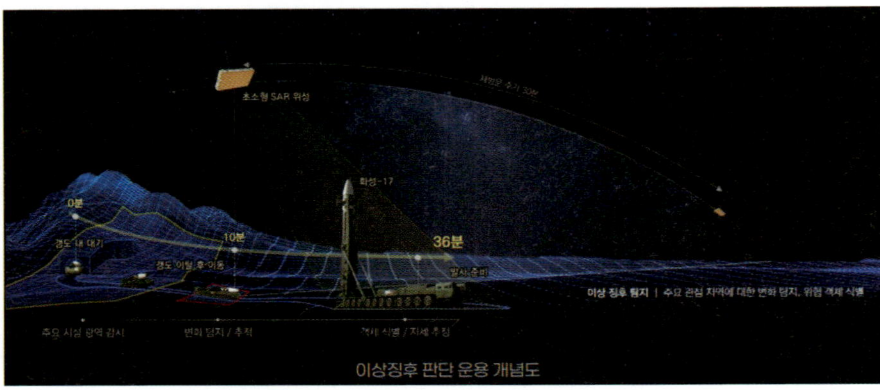


ⓒ 권태훈, "미래 군의 우주무기체계 제안", 『공군-한국항공대 한국우주항공력 포럼 발표자료집』, 2025년 2월 18일.

정찰위성 이외에도 북한의 탄도미사일을 상시 감시하고 즉시 정보를 전달해야 할 조기경보위성도 소형 위성으로 보완할 수 있다. 현재 개발 중인 중대형급 조기경보위성은 지구정지궤도에서 운영할 예정이다. 하지만 차세대 조기경보위성은 초소형위성을 군집형태로 저궤도에서 운영하는 방향으로 개발될 필요가 있다. 초소형위성은 저궤도에서 운영하기 때문에 수명이 중대형 위성보다 짧지만 군집을 이루는 다른 위성으로 임무를 대체함으로써 복원력을 향상시킬 수 있다. 초소형위성은 중대형 위성보다 경제적이기 때문에 기능을 상실한 위성을 대체하여 새로 발사하는데 부담이 적다. 위성의 발사 실패에 따른 위험 부담도 적다. 무엇보다 초소형위성은 현재 우리나라 우주 발사체인 누리호를 활용할 수 있는 장점이 있다. 또한 우리나라 스타트업이 개발한 우주 발사체, 공군에서 검토 중인 공중 발사체, 국방과학연구소가 개발 중인 고체발사체 등 다양한 발사 옵션을 활용한다면 발사 비용도 낮추고 발사 시기에 제한을 덜 받으면서 필요할 때 신속하게 발사할 수 있다.

이런 전망에 부합하도록 소형위성 기업들은 탑재체 성능을 향상시키고 대량생산이 가능하도록 기술 개발에 노력하고 있다. 소형위성의 단점 중 하나는 탑재체의 크기와 용량이 제한된다는 점이다. 따라서 소형위성 기업들은 제한된 용량에서 최대한 기능을 발휘할 수 있도록 구성 요소를 소형화하고 모듈식으로 개발을 해야 한다. 또한 부품의 통합으로 공간을 확보해야 한다. 설계와 생산과정에서 위성 본체와 탑재체의 표준화를 달성하고 임무 수명이 길지 않은 소형위성의 특성을 고려하여 위성 부품도 저렴한 상용 부품을 적용할 필요도 있다. 저비용 소형위성은 전세계 위성 시장에서도 수요가 증가할 것이다. 국토가 다수의 섬으로 이루어지거나 험준한 산악지형, 사막 등 통신과 인터넷이 제공되지 못하는 국가에서 저비용의 소형위성을 군집 형태로 운영하려는 수요가 있기 때문이다.[53]

### 지상장비 시장

지상장비 분야는 네트워크 장비, 위성 제어장비, 정보 수신용 단말기 등으로 구성된다. 네트워크 장비는 지상 부문을 이루는 지상국, 발사장, 발사체 등 사이에 데이터를 전송하는 장비들이다. 위성 제어장비는 지상국에서 위성과 우주비행체를 통제하고 정보를 수신하여 관리하는 장비들이다. 정보 수신용 단말기들은 다양한 위성 정보(항법, 통신 등)를 지상에서 수신할 수 있는 장비들이다. 여기서 지상은 육지만을 의미하는 것이 아니라 위성 정보를 활용하는 지구상 수신장비(항공기, 선박 포함)를 모두 의미한다. 발사체와 위성 시장이 성장하는 만큼 이를 제어하고 정보를 수신할 수 있는 지상장비 시장도 동반 성장하게 된다. 특히 소형위성 발사가 급증하면서 산간·오지에 위성 송신이 가능해지고 데이터 수신을 위한 지상장비 수요도 증가하고 있다. 실제로 세계 우주 경제 시장에서 가장 높은 비중을 차지해 온 분야는 <그림 39>와 같이 위성서비스와 지상장비 시장이다.

**<그림 39> 세계 우주 경제 시장 매출**

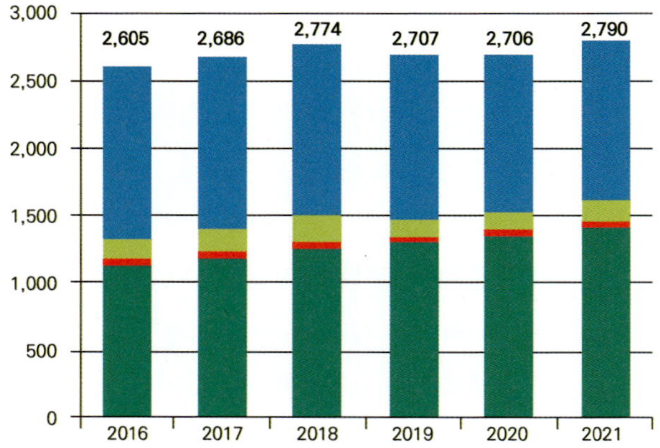


| | 2016 | 2017 | 2018 | 2019 | 2020 | 2021 |
|---|---|---|---|---|---|---|
| 위성서비스 | 1,277 | 1,287 | 1,265 | 1,230 | 1,178 | 1,180 |
| 위성제조 | 139 | 155 | 195 | 125 | 122 | 137 |
| 발사산업 | 55 | 46 | 62 | 49 | 53 | 57 |
| 지상기기 | 1,134 | 1,198 | 1,252 | 1,303 | 1,353 | 1,420 |
| 총 매출 | 2,605 | 2,686 | 2,774 | 2,707 | 2,706 | 2,790 |

지상장비 시장도 계속 성장하고 있다. 지상장비의 경우 1기로 다수의 위성과 교신할 수 있기 때문에 위성의 수가 증가하는 만큼 비례하여 수요가 늘어나진 않으나, 위성의 수가 급격히 증가하고 있어 주파수 대역, 송수신 속도 등 향상된 기술력을 갖춘 장비 수요가 확대될 전망이다. 이로 인해 지상장비에서는 위성에서 정보를 효율적으로 전송받기 위한 안테나 기술과 주파수 대응 기술이 발전하고 있으며, 정보를 수신할 수 있는 단말기 기술과 영역도 확대되고 있다. 예를 들어 개인 휴대폰과 위성을 직접 연결하는 서비스가 시작되었으며, 휴대폰 사업자와 위성 사업자가 협력하여 서비스가 지속 확대될 전망이다.

### 우주 서비스 시장

우주 경제에서 가장 큰 시장은 우주 서비스이다. 즉, 위성과 우주비행체 등 하드웨어를 어떻게 활용하여 수익을 창출하고 거래할 것인가라는 소프트웨어 측면이다. 대표적인 우주 서비스 사업은 우주 통신(인터넷) 시장이다. 과학기술정보통신부에 따르면, 글로벌 위성산업에서 위성통신 비중은 2018년도 15%에서 2040년 53%까지 성장할 것으로 예측된다. 특히 저궤도 위성통신 비중은 더욱 높아질 것이다. 이러한 우주 통신 시장은 상용화를 앞둔 6G 이동통신 시장과 연동해서 발전할 것이다. 6G 이동통신 규격에 기반한 기술이 위성통신 쪽으로 들어오고 있기 때문이다. 그 결과 2024년 1,930억 달러인 위성통신 시장 규모는 6G 이동통신이 상용화되는 2028년 이후 2,195억 달러(33.6%), 2030년 2,970억 달러(40.2%)로 늘어날 전망이다.[54]

초고속 위성 통신은 항공을 모두 커버할 수 있어 자율주행과 드론, 도심항공 모빌리티 등 미래 물류, 운송사업 발전에 필수적인 인프라로 기능할 것이다. 위성 인터넷 통신은 대규모 군집위성 발전에 따라 글로벌 수준에서 더욱 빠른 대용량 정보 전달을 추구한다. 우리나라에서도 우주 인터넷에 대한 관심은 스타링크와 원웹의 우주 인터넷 사업이 현실화되면서 높아졌다. 다만, 우리나라와 같이 인터넷 환경이 뛰어난 국가에서는 일반인들보다 항공기 와이파이, 선박, 기업 간 거래에 초점을 둘 것으로 보인다. 실제로 6G 이동통신이 상용화될 경우 위성통신을 이용한 선박 와이파이, 해상물류 사물인터넷, 도심항공교통(Urban Air Mobility, UAM) 등의 서비스가 확대될 것이며, 이 경우 하늘을 향해 전파를 쏘는 기존 통신사보다 위성으로 전파를 쏘는 위성 통신이 유리하다. 위성통신은 지상 이동통신보다 음영지역을 최소화할 수 있기 때문이다. 또한 국토가 넓거나 산악 지형 혹은 섬으로 이루어진 국가에서는 위성 통신의 활용도가 훨씬 높다. 스타링크는 인도네시아, 말레이시아, 탄자니아, 케냐, 콩고 등 동남아시아와 아프리카에서 서비스를 시작했으며, 글로벌 시장을 확대한다는 구상이다.

우리나라가 위성통신 시장에서 성장하는데 가장 큰 장벽은 저궤도 위성을 발사하는 비용이다. 저궤도 위성을 활용해 지구 전역에 위성통신 서비스를 제공하려면 이론상 수백 개의 위성을 저궤도에 쏘아 올려야 하기 때문이다. 이를 해결하기 위해서는 글로벌 저궤도 위성통신 기업들과 협력이 필요하다. 현재는 우리와 비슷한 국가 또는 해외 상용 저궤도 위성통신 기업과 국제협력을 통해 시범적으로 운영하고 검증해볼 필요가 있다. 또한 안보적 차원에서 위성통신의 국방·정보용과 민간용을 효율적으로 함께 활용하는 방안도 연구되어야 한다. 국가적 차원에서 우주 통신을 위한 군집위성을 추진하면서 군용과 민간용을 별도로 구축하기에는 한계가 있다. 네트워크 주파수 슬라이싱으로 사용자를 구분하고 군용 서비스에 적용될 암호 기술(양자통신 포함)을 발전시켜야 한다.

지구관측 시장은 2020년 이전까지 세계적으로 발사된 정부 위성 중 87%를 차지할 만큼 정부 수요가 큰 분야이다. 이후 상업 위성의 비중이 커지면서 성장세는 더욱 빨라질 것으로 보인다. 세계적으로 2017~2026년까지 50kg 이상 민간 지구관측 위성 증가는 이전 10년(2007~2016년)보다 3배 이상 증가할 전망이다. 특히 지구관측 시장에서 상업 위성의 증가는 저가의 소형위성을 군집으로 구축하는 추세이다. 이를 통해 민간 기업은 데이터 가격을 낮추고 관측빈도를 높여 변화탐지 역량을 향상시키고 시장을 확장하고자 한다. 한편 지구관측 정보는 국가의 정보 자립과 안보에 중요한 역할을 하기 때문에 정부(국방 포함) 수요도 지속될 것이다. 국토 크기에 따라 차이는 있지만, 모든 국가가 기존 수단으로는 영토, 영해, 영공을 효과적으로 관측하기 어렵다. 하지만 지구관측 정보는 이러한 제한을 상당 부분 해소하며, 재난재해 대비, 기상 예보, 농업과 해양 상황 예측 등 국민 안전과 국가 안보에 활용된다.

지구관측 정보는 다양한 기준으로 구분할 수 있다. 지구관측 정보 시장은 데이터 판매시장과 데이터 가공·분석 서비스로 구분할 수 있다.[55] 지구관측 위성 데이터의 주요 고객은 국방 기관으로서 특히 미국의 국방부가 세계 매출의 큰 비중을 차지한다. 이들은 높은 해상도와 위치 정확도를 요구하는데, 고정밀 데이터에 대한 수요는 고성능 카메라, 별추적기 등 최고 성능을 보유한 위성 시스템을 필요로 하고 위성 자체와 위성이 생산하는 데이터의 가격을 높이는데 영향을 준다. 지구관측 데이터 활용 시장은 소비자 측면에서 데이터 판매 시장과 다르다. 데이터 판매 시장에서는 국방 수요가 구매 비중이 높지만(국방 수요는 데이터 판매 시장에서는 60% 차지), 국방 기관들은 데이터 분석 업무를 주로 내부에서 자체적으로 수행하기 때문에 부가가치가 시장 매출액으로 집계되지 않는다. 다만 제작, 자원 및 환경 모니터링 등의 민간 소비자들은 저가나 무료 데이터를 활용하는 경향이 높기 때문에 데이터 시장에서는 낮은 매출을 보이나 활용시장에서는 상대적으로 높은 비중을 나타낸다. 정부나 민간기관이 우주 데이터를 무료 또는 저가로 공급한다면 활용 서비스 개발 및 제공자들은 더 큰 부가가치를 창출할 수 있는 기회가 된다.[56]

지구관측 정보는 다양한 방식으로 소비자들에게 활용되고 있다. 특히 인공지능을 활용해 맞춤형 정보를 제공하고, 소비자 및 사업자를 연결하는 정보유통 플랫폼이 발전하면서 시장도 더욱 확대될 전망이다. 현재는 위성 사업자가 정보를 판매하는 것에 초점을 두고 있다면, 미래에는 데이터 활용 서비스가 주도할 것으로 보인다. 또한 소비자가 위성 사업자에게 필요한 정보를 필요한 방식으로 요구하여 확보하는 소비자 중심의 시장으로도 변화할 전망이다.

우주 잔해물 처리 시장도 유망하다. 아직은 관련 산업 규모가 미비하지만, 우주 잔해물의 지속적인 증가는 관련 시장의 성장을 뒷받침하기에 충분하다. 우주 잔해물이 양상되지 않도록 국가나 국제기구에서 다양한 제한과 의무를 수립하고 있지만, 이미 우주에 남아있는 잔해물이 많고, 우주물체의 자연적 충돌이나 폭발로 잔해물이 발생할 수 있기 때문에 우주 잔해물 사업은 경제성이 있다. Market Business Insights에 따르면, 우주 잔해물 제거 시장은 2021년 26.5억 달러에서 연평균 23.9% 성장하여 2030년에는 452.7억 달러에 이를 것으로 전망된다.[57] 특히 정부도 적극적으로 기술 개발을 지원하고 있고, 민간 투자도 활발하여 다수의 스타트업이 다양한 아이디어를 바탕으로 능동적 잔해물 제거(Active Debris Removal) 방식의 기술을 개발 중이다.[58]

다만 현재 능동적 잔해물 제거 방식은 대부분 기술 개발 초기 단계이며 우주 실증에 성공한 기술도 상용화를 해야 하고, 서비스 산업을 형성하기에 시간이 필요하다. 하지만 향후 우주 잔해물 제거에 대한 수요는 증가할 것이다. 이미 미국 등 선도 국가는 법률로서 우주 잔해물 제거를 의무화하고 있다. NASA가 우주 잔해물 제거 프로그램을 신설하고 기술을 민간 기업에 이전하도록 규정함에 따라 우주 잔해물에 대한 투자도 확대될 것으로 예상된다. 유럽(ESA)와 일본(JAXA)도 우주 잔해물 제거 기술을 개발하는 기업에 투자를 진행하거나 우주 잔해물 기술 개발을 위한 사업을 운영 중이다. 또한 대부분의 우주영역인식 임무는 우주 잔해물 탐지와 추적과 연계되어 발전하고 있다.

우주 클라우드 사업도 확대되고 있다. 우주 클라우드는 클라우드를 활용해 우주에서 위성이 모은 정보를 효과적으로 저장하고 분석, 활용하는 기술이다. 우주 클라우드는 서버에 데이터를 저장하고 이용하는 개념인 클라우드가 우주 정보까지 확대된 것이다. 이러한 우주 클라우드는 지구 궤도를 도는 인공위성이 폭발적으로 늘어나면서 주목받고 있다. 인공위성은 10년 뒤 수만 기로 늘어날 전망이며 위성이 관측한 데이터양도 급증할 것이다. 시장에서는 늘어나는 데이터를 어떻게 처리하느냐가 중요한 사업이 될 것으로 본다. 아마존 클라우드 사업을 진행하는 아마존웹서비스(Amazon Web Service)는 우주정책팀을 신설하고 우주 클라우드 사업을 강화하고 있으며, 마이크로소프트도 클라우드 서비스인 애저(Azure)를 우주로 확장한 애저 스페이스(Azure Space) 사업을 진행하고 있다.

현재까지 위성에서 수집한 데이터는 지상으로 송신하고, 지상에서는 이 데이터를 처리 및 분석했다. 하지만 우주 클라우드는 위성 내 클라우드 서버에서 직접 데이터를 처리하고 인공지능으로 불필요한 데이터를 걸러낸다. 우주 클라우드는 처리 시간이 적게 걸리고, 지상으로 전송할 데이터의 양도 크게 줄일 수 있다. 위성 자체적으로 더 많은 저장 용량을 활용할 수 있다는 장점도 있다. 우주 클라우드 자체가 다양한 분야에서 활용될 수 있다. 예를 들어 클라우드에 정보를 제대로만 담아놓으면 실제 우주 장비가 없는 기업도 클라우드에 저장된 우주 관련 정보를 활용할 수 있다. 실제로 남아프리카공화국 기반의 디지털 어스 아프리카(Digital Earth Africa)는 우주 클라우드에 올라온 고해상도 영상을 분석해 지구 어느 지역에 기근 위험이 있는지 파악한다.[59]

국방·정보 우주 분야에서도 우주 클라우드의 활용성은 매우 높다. 우주 클라우드는 데이터를 위성에서 처리하기 때문에 적대적 행위자에 대해 신속하게 대응할 수 있다. 또한 보안을 위해 지상국으로 데이터를 전송하지 않고 자체 처리된 정보에 기반하여 다른 위성이나 우주비행체에 임무를 지시할 수 있다. 모든 임무를 우주 내에서 지시할 수는 없겠지만, 사전에 국방·정보 우주 차원에서 설정한 위기 시나리오에 따라 정해진 범위에서 즉시 대응은 가능하다. 우주 클라우드는 지상국에서 정보를 처리한 후 공유하는 것보다 지형적 제한이나 지상 네트워크의 물리적 제약을 받지 않고 글로벌 수준에서 데이터 네트워크에 활용될 수 있다.

미래에는 공중을 비롯한 우주 내 다층 네트워크를 구축할 것이다. 매우 많은 우주 자산이 네트워크로 연결된 상황에서 데이터의 효율적 공유가 이루어지려면 지상국을 거치지 않는 정보 처리와 공유가 필수적이다.

이 밖에도 넓은 의미에서 우주 서비스에는 우주 관광 사업도 포함되며, 지상과 우주로 구분하지 않더라도 우주 활동에 포함된 우주 보험사업도 확대될 것으로 보인다.

## 우주 경제와 안보·외교의 연관성

우주 안보의 발전은 우주 경제와 상호 연관성을 갖는다. 우선 우주 경제의 동력인 우주 산업은 상당수 방위산업과 관련이 깊다. 항공우주 분야는 첨단기술이 적용된 국방산업이기 때문이다. 따라서 우주 기업의 발전과 기술개발은 경제안보 차원에서도 다뤄져야 한다. 경제안보란 국가 경제에 위협이 되는 타국의 경제적 공세로부터 자국의 경제와 안전을 보호하는 적극적 개념이다. 우주 안보와 관련해서는 우주 기술뿐 아니라 우주관련 소재 및 부품, 장비에서 전략적 우월성을 확보하고 동시에 경쟁국의 침투나 탈취로부터 보호하는 활동이다. 경쟁국이 우주관련 소재 및 부품, 장비를 제한하거나 코로나19 사태와 같이 예상하지 못한 상황이 발생할 경우 우주 산업에 필수적인 공급망 충격이 발생할 수도 있다. 따라서 안정적 공급망의 구축은 우주 안보에 필수적이다.

우주 분야와 같은 첨단기술 분야는 민군 이중용도이므로 기술의 확보가 경제의 성공이자 군사력 강화로 이어지므로 경제와 안보가 분리되지 않는다. 미국 등 동맹국의 경우에도 전략경쟁 상대인 중국을 글로벌 공급망에서 배제하려는 움직임을 지속하고 있다. 우리나라도 미국의 경제 조치 속에서 안정적 공급망을 확보하기 위한 노력이 필요하다. 특히 우주 경제 분야는 이제 성장하는 신성장 산업으로서 충분한 경쟁력을 갖추기 전까지 소재, 부품, 장비의 안정적 제공이 지속되어야 한다. 게다가 우리나라의 우주 발사체 개발을 제한해왔던 한미 미사일지침이 2021년 폐지됨으로써 고체발사체를 포함한 국방·정보 우주와 우주 경제에 긍정적인 효과가 기대된다. 예를 들어 누리호에 이은 차세대 우주 발사체는 고체연료 보조부스터를 활용하거나 4단용 고체모터를 개발할 수 있다.[60] 더 많은 중량을 우주로 발사할 수 있는 능력은 국가우주개발 계획을 과감하게 추진할 수 있는 여건이 될 것이며, 우주 기업 활동을 비롯해 우주 경제의 빠른 성장에도 도움이 된다.

그동안 한국의 우주 활동은 우주 외교 분야에서 미국과 협력을 통해 진행되었다. 우리나라가 우주영역인식 인프라를 구축하는 과정에서 우주 물체에 대한 정보를 미국과 공유하고 있으며, 국방·정보 우주 분야에서는 미 우주군과 연합훈련, 군사 우주연습에 한국군 참여 등 양자, 다자협력을 이어왔다. 국방·정보 우주 분야의 협력과 달리 우주 경제에서는 미국의 수출규제가 우리나라 우주 경제 발전을 제한하는 요소로 작용했다. 따라서 우리나라 정부는 수출 규제를 완화해줄 것을 지속적으로 요구해왔다. 한미 미사일지침 폐지와 함께 우리나라 우주 경제와 기술 개발에 도움이 될 조치가 2023년 발표되었다. 미국은 우주 산업에 적용해 온 새로운 규정에서 우주 내 서비스, 조립과 제조(In－space Servicing Assembly and Manufacturing, 이하 ISAM으로 표기) 관련 규제를 완화하기로 했다. 미국은 우주 사업에 친화적인 수출관리 규정을 통해 우주 기업들이 더 쉽게 일하도록 지원하겠다고 밝혔다. 구체적인 효과는 시간을 두고 확인해야 하겠지만, 우주 경제의 발전을 위해서 한미 우주협력을 비롯한 우주 외교분야의 노력이 중요하다.

우주 외교는 미국과 같은 우주 강대국만 중요한 것이 아니라 우주 신흥국을 비롯해 우주 활동 능력이 뒤처지는 국가와도 필요하다. 우주 활동 영역은 매우 넓기 때문에, 서로의 강점을 활용한 비교우위 전략도 필요하다. 예를 들어 우리나라는 지리적 위치로 인해 적도 인근의 국가들에 비해 지구동기궤도에 우주 자산을 올리기 어렵다. 따라서 적도에 더 가까운 필리핀, 인도네시아, 인도 등 인도－태평양 국가들과 협력하여 발사장을 이용하거나 우리나라가 지원하는 새로운 발사장을 구축하는 협력을 모색할 수 있다. 반대로 우리나라는 이들 국가의 우주 자산을 우리나라 발사체로 발사할 수 있도록 협력할 수 있다.

이런 맥락에서 우주 외교와 관련된 국내외 규범이 우주 경제에 미치는 영향도 주목해야 한다. 우주 활동은 많은 부분이 처음 시도되는 영역이다. 우주 기술의 발전에 따라 이전에 적용하지 못했던 우주 활동이 계속 증가하고 있다. 새로운 활동에는 국내외 규범과 규제가 뒤따른다. 새로운 활동이 안전하며 기존의 활동을 침해하지 않는지 등을 검토해야 한다. 동시에 국내외 규범은 새로운 활동을 촉진하고 지원하는 역할도 한다. 우주 경제의 발전을 위해서는 새로운 시장의 창출뿐 아니라 많은 행위자들이 적극적으로 참여할 수 있는 여건이 조성되어야 한다. 새로운 우주 기술을 개발하더라도 안정성과 효과를 시험하고 생산을 보장할 수 있는 규칙이 제정되어 있지 않으면 기업들의 수익은 보장되지 않는다. 투자자들도 마찬가지다. 우주 기술과 사업에 대해 신뢰성을 갖고 투자하기 위해서는 국내외 시장에서 생산하고 거래가 이루어질 수 있다는 규칙과 법규가 존재해야 한다.

예를 들어 많은 기업과 국가가 개발하고 있는 우주 잔해물 처리 기술을 살펴보자. 우주 잔해물 처리는 우주 경제 측면에서도 수익이 기대되는 우주 사업이다. 우주 잔해물은 국가뿐 아니라 기업 등 우주 활동 행위자에게 공통된 위험이며 특정한 궤도에 존재하는 우주 잔해물을 제거하는 것은 우주 활동의 자유에 중요하다. 많은 우주 기업이 우주 잔해물 처리 기술을 개발하고 있으며 국제규범이나 국가의 법률로 우주 잔해물 처리를 의무화하는 추세이므로, 우주 잔해물 처리 수요는 증가할 것으로 보인다. 실제로 미국 정부는 우주 잔해물을 제대로 관리하지 않은 우주기업에 대해 사상 처음으로 벌금을 부과하기도 했다. 2023년 9월 미국 연방통신위원회는 미국 위성 TV기업 디시 네트워크(Dish Network)에 승인했던 위성폐기 계획을 지키기 않았다는 이유로 15만 달러(약 2억 원)를 부과했다. 이 기업은 2002년부터 지구정지궤도에서 방송통신위성 1기를 운영하다 2012년 폐기 계획을 승인받았다. 계획대로면 이 위성이 수명을 다하기 전에 300km 상공의 무덤궤도로 이동해야 했다. 하지만 이 기업은 위성 운영을 지속하다가 무덤궤도로 이동할 만큼의 연료를 남겨두지 않아 위성 이동에 실패했다.[61]

벌금 규모는 크지 않지만 이러한 조치는 우주 잔해물을 방치할 수 없다는 좋은 선례가 될 수 있다. 또한 우주 기업의 가치를 좌우하는 평판에도 영향을 미칠 수 있는 요소로 우주 잔해물 처리가 포함될 것이다. 다른 분야 기업들과 마찬가지로 우주 기업도 기업의 가치를 평가하는 ESG(에너지, 사회, 환경) 요소를 반영해야 한다. 우주 잔해물은 환경에 기여하는 기업 평판에 직결된다. 디시 네트워크도 벌금 규모에 비해 벌금 부과 소식으로 인해 기업 주가가 급락하는 등 시장의 반응으로 어려움을 겪었다. 또한 이번 조치는 아직 초기 단계에 있는 우주 잔해물 시장에서 서비스 비용의 기준점(벌금 15만 달러)이 되는 동시에 활력소가 될 수 있다.

국가의 규제는 국제적 규범 수립에도 긍정적인 영향을 끼칠 수 있다. 우주 잔해물은 특정 국가가 해결할 수 없는 대표적인 공유지 관리의 문제이다. 국제기구에서 우주 잔해물 처리 문제가 공론화되고 있다. 기후변화 문제와 유사하게 우주 잔해물 문제도 우주 강대국과 신흥국 사이의 갈등, 우주 잔해물 처리에 드는 비용 부담 문제, 기술 발전을 위한 연구개발 문제 등 다양한 문제가 우주 외교 관점에서 논의될 것이다. 일부 국가가 선도적으로 우주 잔해물 제거를 규정하고 강제성을 부여하는 것은 바람직한 방향이다. 일정 부분 다른 국가들이 이를 따를 가능성도 충분하다.

국방·정보 우주 관점에서도 우주 잔해물 처리는 우주 자산의 안전하고 자유로운 활동을 위해 필수적인 능력이다. 현재와 같이 국가와 군이 민간 기업의 서비스를 구입하여 목적을 달성할 수도 있다. 나아가 공세적 우주통제를 위해서는 군이 우주 잔해물 제거 능력을 보유할 가능성이 높다.

## 우주 외교

### 우주 안보 관점의 우주 외교

우주 안보는 국방·정보와 경제 이슈에서 활발히 논의되고 있지만, 그 이면에는 우주 활동의 경쟁과 협력이 이루어지는 국내외 질서에 영향을 받는다. 우주 외교는 우주 활동의 질서를 형성하는 국내외 규범과 제도의 영역이다. 우주관련 국제법은 1967년 우주조약(Treaty of Outer Space)을 시작으로 우주 물체의 등록, 책임 등 다수의 국제법이 마련되었고, 국가별로 개별 입법화한 국내법 등이 존재한다. 물론 국제법은 서명하고 비준한 국가들에게만 의무 사항이 있으며 국제법 조항에 대한 해석에 따라 국가별 행동은 달라질 수 있다. 하지만 우주 잔해물 문제나 우주 탐사 등 우주 안보는 어떤 강대국이라도 모든 우주 활동을 좌우할 수 없고 국가뿐 아니라 기업, 조직과 개인이 참여하는 영역이므로 규범과 기준이 필요하다. 따라서 이러한 규범과 기준을 형성하는 우주 외교를 주도하는 것은 중요한 문제이다.

우주 안보 관점에서 우주 외교를 주목하게 된 배경은 2010년대 들어 우주 활동과 개발에 나선 국가와 기업이 크게 증가했기 때문이다. 1967년 우주조약이 수립된 이후 40여 년 동안 우주 외교에 큰 변화가 없었던 것은 우주 활동과 개발 문제로 긴급한 갈등이나 문제가 부각되지 않아서였다. 실제로 냉전 동안 미국과 소련은 양국 경쟁에 몰두했고 우주 활동에 동참할 능력을 가진 다른 국가도 없었기 때문에 우주 외교는 주목받지 못했다. 미국과 소련도 너무 많은 비용, 도전적인 기술, 충분하지 않은 정치적 의지가 발목을 잡고 있었다. 어느 국가도 우주 활동의 주도권을 행사하지 않은 채, 각국의 국가이익만 반영된 주장과 타협이 이루어지면서 우주조약은 모호한 문구로 만들어졌다.

우주조약의 문구는 한편으로 국제협력의 토대가 되지만, 다른 한편으로는 서로 다른 해석의 근거가 된다. 대표적으로 1967년 우주조약과 1979년 달협정은 안보 차원에서 다른 해석을 낳아왔다. 우주조약은 우주공간을 평화적 목적에서 활용하자는 국제적 규범을 담고 있다. 하지만, 여기서 '평화적 목적'은 국가의 입장에 따라 세 가지로 해석될 수 있다. 첫째, 완전한 비군사화로 이해해야 한다는 해석, 둘째, 침략적 이용만 금지해야 한다는 해석, 셋째, 비무기화만 의미한다는 해석이다. 실제로 미국, 중국 등 우주 강대국들은 상대방 영토와 영공에 대한 정찰위성 운영, 우주군 창설 및 군인의 우주인 활용 등 우주의 군사적 활용이 우주조약을 벗어나지 않는다고 본다. 각국은 국가안보와 국제적 평화를 위해 우주에서 군사력을 증강할 수 있다는 입장이다. 게다가 우주조약과 달협정에서 금지하는 무기체계도 '핵무기와 대량살상무기'로 명시됨으로써, 우주에서 재래식 무기를 허용하는 것으로 해석된다.

달협정도 마찬가지다. 달협정은 달과 달에 있는 천연자원을 인류 공동의 유산으로 보고 국가, 기관, 개인의 재산이 될 수 없다고 명시하고 있다. 그러나 달협정을 비준한 국가는 18개국에 불과하며, 미국, 중국, 일본, 우리나라 등도 가입하고 있지 않다. 게다가 달을 비롯한 우주자원을 채굴할 수 있는 기술과 상업이 발전하면서 미국, 룩셈부르크 등 개별 국가들은 달에서 채굴한 자원을 상업적으로 활용할 수 있는 권리를 부여하기 시작했다. 실제로 미국 트럼프 대통령은 2020년 행정 명령을 통해, 우주 자원이 인류 보편적 재산임을 부정하고, 우주 자원의 상업적 활용을 지시했다. 앞으로 새로운 국제법이 수립되지 않는 한 우주자원에 대한 개별 국가의 입법은 확대될 것이며, 우주 경제의 틀이 될 것으로 보인다.

## 우주의 무기화와 관련된 우주조약과 달협정

**1967년 우주조약 제4조**

조약 당사국들을 **핵무기 또는 기타 모든 종류의 대량파괴무기**를 운반하는 물체를 지구주변궤도에 두지 않으며, 천체에 그러한 무기를 장치하거나 기타 어떠한 방법으로든 그러한 무기를 우주에 배치하지 않을 것을 약속한다.

달과 기타 천체는 조약의 모든 당사국에 의하여 **오직 평화적 목적을 위해서만 이용되어야** 한다. 천체에서 군사기지, 군사시설 및 군사요새의 설치, 모든 형태의 무기 실험과 군사연습의 실시는 금지되어야 한다. 과학적 조사 또는 기타 모든 평화적 목적을 위하여 군인을 이용하는 것은 금지되지 아니한다. 달과 기타 천체의 평화적 탐사에 필요한 어떠한 장비 또는 시설의 사용도 금지되지 아니한다.

**1979년 달협정 제3조**

달에서는 어떠한 무력 위협이나 사용 또는 그 밖의 다른 적대적 행동이나 적대적 행동의 위협도 금지된다. 마찬가지로 지구, 달, 우주선, 우주선원 또는 인공우주 물체와 관련하여 그러한 행동을 범하기 위하여 또는 위협하기 위하여 달을 이용하는 것도 금지된다.

당사국은 달 주변의 궤도 또는 달을 향하거나 선회하는 그 밖의 다른 궤적에 핵무기 또는 그 밖의 **모든 종류의 대량파괴무기를 운반하는 물체를 설치하지 아니하며**, 그러한 무기를 달에 또는 달 안에 설치하거나 사용하지 아니한다.

달은 모든 당사국에 의하여 **오직 평화적 목적으로만 이용된다**.

오늘날 우주 외교는 우주의 무기화뿐 아니라 상업화, 민주화 속에서 많은 행위자들의 이해관계, 인류 공동의 우주 위험, 우주탐사 영역의 확대 등 빠르게 변화하는 현실을 마주하고 있다. 우주 외교의 역할은 국방·정보 우주, 우주 경제에 매우 중요하다. 국방·정보 우주 측면에서 볼 때, 우주 강대국의 경쟁이 우주 외교를 통한 규범과 기준으로 합의를 이루지 못한 채 갈등으로 치닫는다면 지구상 전쟁과 동반된 우주전으로 비화할 수 있다. 지구 궤도를 벗어난 우주탐사는 분쟁보다는 협력을 요구한다. 특정 국가가 광활한 우주를 모두 탐사할 수 없기 때문이다. 사실 우주를 경험한 많은 우주인들은 개인적으로 지구상 분쟁을 초월할 수 있었다.[62]

우주 경제 측면에서도 우주 외교는 기업을 비롯한 우주 행위자들이 투자와 기술개발, 서비스 제공, 수익 창출을 안정적으로 할 수 있는 토대가 된다. 실제로 러·우 전쟁 이후 유럽은 안보용 우주 시스템 조달에 막대한 예산을 쓰기 시작했는데, 여기에 진출하려는 우리나라 우주 기업에게 필요한 것은 정부의 적극적인 우주 외교이다. 유럽은 우주 안보 시스템을 갖추면서도 동시에 전략적 자율성 차원에서 미국에 대한 의존도를 낮추고자 한다. 미국 이외의 우주 기업에게는 좋은 기회이다. 유럽 우주 시장이 모두에게 개방된 것은 아니다. 하지만, 유럽우주청(ESA)이 주도하는 우주잔해물 제로 헌장(Zero Debris Charter)과 우주상황인식 분야는 우리나라 기업에게도 열린 시장이다. 우리나라는 우주 외교 차원에서 ESA 준회원 자격을 갖춘다면 기업들도 입찰 기준에 부합할 수 있다.[63]

우주 활동은 기존의 지구상 규범이나 제도로는 다룰 수 없거나 다룬 적이 없는 이슈를 만든다. 달 기지에서 상주하는 여러 국가나 기업 중에 특정 기업이 우주자원을 먼저 발견하고 채굴하고자 한다면 지구에서는 어떤 협의가 필요할까? 시스루나 공간에서 먼저 위치한 위성이 다른 국가나 기업의 위성 활동을 의도하지 않게 방해한다면 어떤 기준이 필요할까? 이처럼 국방·정보 우주와 우주 경제를 이끌고 있는 우주 활동이 안전, 안정 속에서 지속가능한 방식으로 이루어지려면 우주 외교의 역할이 중요하다. 우주 외교는 우주 영역의 안전, 안보, 지속가능성을 모색하는 협력의 장이다. 예를 들어 ASAT 시험은 국가 간 우주 안보의 문제였지만 시험의 결과 발생한 우주 잔해물은 곧바로 국제사회에서 우주 활동의 안전과 지속가능성의 문제이다. 우주 잔해물 문제는 우주 활동에서 안전을 보장하는 이슈이자 우주 자산을 위협하는 안보적 문제이다. 나아가 모든 우주 활동 행위자에게 우주 활동을 지속할 가능성에 대한 규범을 확립하는 문제이다. 정리하면, 우주 외교는 안전(safety), 안정(stability), 지속가능성(sustainability)을 통합적으로 다뤄야 한다.

과거에는 우주 활동을 위해 국제협력을 활용했다면, 현재는 국방·정보, 경제, 외교적 목적을 달성하기 위한 영역으로 우주를 활용하고 있다. 우주 활동에 필요한 첨단 기술과 자원을 보유한 국가는 소수이지만, 국제적 수요는 급격히 증가하고 있기 때문이다. 여기에 미국과 중국의 우주 경쟁이 치열해지면서 이런 추세가 심화되고 있다.

미국과 인도는 2023년 6월 22일 정상회담에서 우주협력 강화에 합의했다. 미국은 인도의 유인우주비행과 국제우주정거장 임무를 지원하고, 인도는 미국이 주도하는 아르테미스 협정에 가입했다. 하지만 양국 사이의 합의사항은 미국이 인도의 우주개발을 지원하고 인도는 대중국 견제에 동참한 것으로 분석할 수 있다.

반면 중국도 진영 세력을 확대하고 있다. 중국은 중동지역 국가와 우주협력을 진행 중이다. 사우디아라비아와 아랍에미리트를 비롯한 주요 산유국들은 탈석유·경제 다각화를 위해 우주분야에 대한 투자와 인력양성에 힘을 쏟고 있다. 중국은 중동에서 미국의 영향력이 줄어든 틈을 이용해 이들 국가의 우주정책을 지원하고, 산유국들은 석유 결제에 중국 위안화를 사용하는 것과 같은 대미 견제에 동참하는 모습이다.

중국은 시진핑 시대 국가발전전략 플랫폼인 일대일로를 질적으로 발전시키고 양적으로 확대하기 위해 우주 외교를 적극 활용하고 있다. 중국은 2016년 이후 19개 국가 및 지역, 4개 국제기구와 46개 우주협력 협정 양해 각서를 체결했고, 독일, 이탈리아, 러시아 등과 우주과학 기술 및 우주 정거장 개발, 기술 협력을 추진했다. 중국은 우주 기술, 인프라, 인재, 교육 등 다양한 측면에서 일대일로 협력 국가들을 지원하고 있다.

예를 들어 이집트는 일대일로 협력 아래 중국과 위성 협력을 진행한 첫 번째 국가로 2014년 12월 원격 탐사, 위성 및 기타 분야의 협력 협정을 체결했고, 중국은 이집트 최초의 위성 조립 및 통합 테스트 센터 건설을 담당했다. 또한 중국은 파키스탄, 나이지리아 등에도 인공위성 연구개발 인프라, 우주센터, 우주 도시 건설 협력 등 지원을 확대하고 있다.

중국 우주 과기공사 등 국영 방산 기업 등의 역할도 증대되고 있다. 중국 우주 과기공사는 일대일로 협력 국가에게 우주 기술은 물론 우주인력 양성과 우주비행체 개발 인프라를 지원하고 있다. 중국은 글로벌 사우스 지역에 대한 중국의 리더십을 강화하고 우호적 대외 환경을 구축하는 데에도 우주 외교를 적극 활용하고 있다. 실제로 중국이 주도하는 국제 달연구기지에는 2024년 4월 현재까지 러시아, 베네수엘라, 남아프리카공화국, 아제르바이잔, 파키스탄, 벨라루스, 이집트, 태국, 니카라과 등 총 10여 개 국가에서 글로벌 사우스의 국가들이 참여하고 있다.

또한 중국은 브릭스, 상하이 협력기구는 물론 중동, 중남미 등 개발 도상 지역과의 다자 협력에도 우주를 적극 활용하고 있다. 이 밖에도 중국은 아태 우주 협력 조직을 신설하여 이란, 파키스탄, 페루, 튀르키예, 몽골, 방글라데시, 태국 등이 참여하는 지역 우주 협력도 확대하고 있다. 중국의 국제 우주협력 기본원칙은 자주와 자립을 견제하고 국가 현대화 추진에 국내외 우주과학 기술에 대한 수요에 따라 적극적이고 실용적인 국제 우주 협력 수행을 강조한다.

우리나라와 관련된 사례로는 2023년 9월 13일에 열린 북한－러시아 정상회담을 들 수 있다. 이 회담에서 합의된 구체적 내용이 공개되지는 않았지만, 북한은 러시아에 재래무기를 제공하고, 러시아는 북한이 원하는 우주 발사체와 인공위성 관련 지원을 약속했다는 것이 전문가들의 대체적인 분석이다. 우주와 비우주 분야가 교환된 우주 외교의 사례로 볼 수 있다.

이처럼 우주 외교의 경쟁과 협력도 우주 안보의 관점에서 살펴볼 수 있다. 2023년 ASAT 미사일 시험을 중단하겠다는 미국의 선언 이후 우리나라를 포함해 많은 국가들이 이에 동참하면서 우주 외교의 이정표를 세웠다. 이는 시작에 불과하다. 우주 안보에는 외교적으로 논쟁하고 합의할 문제가 계속 등장하고 있다. 하지만 우주관련 국제규범과 제도들은 국방·정보 우주와 우주 경제에서 벌이는 국가들의 분쟁과 경쟁을 강제할 수 없다. 우주에서도 지구상 국제정치와 마찬가지로 힘을 가진 국가가 영향력을 행사하고 상대적 이익을 추구할 수 있다. 동시에 국가는 협력을 통해 불신의 소지를 줄이고 절대적 이익을 추구할 수 있다. 우주도 국제정치의 협력과 갈등이 공존하는 영역이다.

## 우주 안보와 관련된 국제법

우주 안보와 관련된 국제법은 우주를 글로벌 공유지로 간주하며, 지구상의 공유지(공해, 공역, 남극 대륙 등)와 공간적으로 유사하다는 입장에서 접근한다.[64] 국제우주법이 무에서 창출될 수는 없으며 우주 활동의 경험이 충족된 이후에 완성될 수도 없다. 이런 점에서 우주관련 국제법은 인류가 해양을 개척하던 경험을 반영하여 국제해양법과 유사한 점이 있다. 첫째, 공해와 마찬가지로 우주도 특정 국가가 통제하지 않는 자유로운 행동을 보장한다. 물론 공해에서도 유엔 해양법(제

82조)에 따라 부과되는 행동의 제약이 있으며 우주에서도 이러한 규제가 적용될 수 있다. 즉, 국가는 우주에서 다른 이해관계자의 활동을 제한하면 안 된다. 같은 맥락에서 우주에서 평화적 목적의 군사 활동을 제약해서도 안 된다. 둘째, 공해에서 발생한 사고나 조난의 경우 사고의 주체가 아닌 국가라도 도움을 주도록 한다. 우주조약(제5조)에 따르면 우주인은 우주에 나간 인류의 사절로 간주하며 사고나 조난 또는 다른 국가의 영역이나 공해에 비상착륙한 경우 해당 국가는 가능한 모든 원조를 제공해야 한다. 셋째, 우주에서 필요한 긴장완화 절차도 유엔 해양법의 내용을 적용할 수 있다. 유엔 해양법은 당사자들의 안전과 안정을 위해 해양 충돌을 방지하기 위한 절차를 규정하고 있다. 예를 들어 통신 유지, 신호 지정 등이다. 우주에서도 투명성을 제고하고 의사소통이 원활하도록 이러한 절차가 필요하다.

이처럼 국제우주법이 다루는 범위는 안보를 넘어 민간 과학과 상업 활동까지 포괄한다. 비국가 행위자와 조직들이 증가함에 따라 이들의 자유로운 행동과 안전을 위해 우주 안보에 대한 관심도 높아지고 있다. 따라서 우주 안보는 국방·정보 우주, 우주 경제를 포함한 국제법적 접근이 중요한 영역이다.[65] 우주에 관한 국제법은 분쟁과 갈등 상황을 어떻게 조정하고 협력할 것인가를 다룬다. 국제우주법에 대한 많은 연구들은 우주에서 국가가 협력할 수 있는 역량에 초점을 둔다.[66] 냉전이 끝난 1990년대 이후 국제우주 활동을 낙관적으로 전망하기도 하지만[67] 이슈에 따라 협력에도 우호적인 정도가 다르다는 분석도 있다.[68] 분명한 것은 우주 외교가 민간과 상업 활동을 위한 우주의 안정에 중요할 뿐 아니라 군사 분쟁과 관련된 문제를[69] 규율해야 한다는 주장이 지속되어왔다.[70]

우주관련 국제법 논의는 유엔이 제정한 1967년 우주조약에서 시작되었다. 유엔이 제정한 국제우주법은 국가들이 규범 정립에 광범위하게 참여할 수 있고 우주 활동의 국제적 성격과 조화를 이룰 수 있다는 장점이 있다. 또한 우주 활동에 참여하는지 여부와 관계없이 우주 활동을 규율하기 위해 모든 국가의 이익을 고려한다.

오늘날 우주 외교의 논의는 새로운 협의체와 레짐 형성, 다양한 이해관계자 등 행위자의 확대, 우주에서 위협 감소를 위한 신뢰구축 조치, 장기지속가능성을 위한 규범 창출 등에서 이루어지고 있다. 우주 안보 논의는 유엔 및 다자협의체를 중심으로 활발히 논의되고 있는데, 문제는 각각의 협의체가 상호 영향을 미치면서 미국과 중·러 간 입장에 뚜렷한 차이를 보이는 상황이다. 즉, 미국의 경우 우주 안보와 관련 1967년 우주조약으로 충분하고 우주에서 안보 위협을 제거하기 위해서는 우선 우주의 행동 지침이나 통행 규칙, 투명성 및 신뢰구축조치 등 강제성 없는 자발적 조치의 이행 강화가 중요하다는 입장이다. 이에 반해, 중·러는 우주의 군사화·무기화 등 군비경쟁을 방지하는 것이 시급한 과제이며, 급격히 변화하는 우주 환경에 대응하기에는 기존 우주조약으로는 한계가 있어 법적 구속력 있는 새로운 국제조약의 채택이 필요하다는 견해이다.

우주 안보의 국제규범과 관련, 유엔 차원에서는 우주의 평화적 이용 위원회(Committee on the Peaceful Uses of Outer Space, 이하 COPUOS로 표기)와 군축회의(Conference on Disarmament, 이하 CD로 표기)를 중심으로 논의되고 있다. 양 협의체가 최근 역할의 분화를 보이고 있다. 즉, COPUOS의 경우 지난 1959년 유엔 총회 산하 위원회로 설립된 이래 국제우주법의 근간인 5개의 조약과 5개의 총회 결의안을 주도하였는데 최근에는 국제조약의 채택을 주도하기보다는 국가 간 공동의 합의를 유도하는 경향으로 선회하는 추세이다. 가령, COPUOS는 2010년 이래 우주 활동에 관한 국가 간 상이한 관행 및 규정을 국제적으로 통일함으로써 장기적으로 우주 환경 조성에 필요한 가이드라인을 제정하였다. 이를 위해 과학기술소위원회에 우주 활동 장기지속가능성(Long-Term Sustainability, 이하 LTS로 표기) 가이드라인 워킹그룹을 구성하여 가이드라인 작성을 주도했다. LTS 가이드라인은 국가별로 강제력은 없으나, 국가별 경험과 최적 사례(best practices) 공유, 이행현황 제출 등을 통해 다양한 지속가능성을 지향하는 우주운영 정책들을 국제사회로 확산·유도하고 있다. 이는 국가들의 행동을 규율하는 최소한의 가이드라인이 필요하다는 문제의식에 기인한다.

한편 우주 군축회의(CD)는 우주의 무기화를 방지하고, 우주 활동의 평화적 사용을 촉진하기 위해 글로벌 협력과 국제규범 수립에 필수적인 역할을 한다. 특히 군축회의는 우주를 무기화하는 국가 간 경쟁을 억제하는 데 중점을 둔다. 예를 들어, ASAT 무기나 ICBM과 같은 우주기반 무기체계의 개발은 국제적 긴장을 고조시키고, 우주 잔해물 증가로 이어져 우주 안보에 위협적이다. 또한 군축회의는 우주 활동의 평화적 사용을 장려한다. 이를 위해 군축회의에서는 각국이 우주 기술을 과학적, 상업적 목적으로만 사용하도록 유도하는 동시에, 우주 환경을 보호하고 지속가능한 우주 활동을 위한 국제적 노력을 강화하도록 한다. 끝으로 군축회의는 글로벌 협력을 촉진한다. 지구상 군축 경험과 마찬가지로 우주에서도 군축문제는 특정 국가의 노력만으로 해결할 수 없으며, 국제적 협력과 대화가 필요하다. 이를 위해 군축회의는 다양한 국가들이 참여하여 우주 군축에 관한 의견을 공유하고, 이해관계의 조정을 통해 공동의 해결책을 모색하는 장이 된다.

**유엔이 채택한 국제조약(2025년 6월 기준)**

| 구분 | 약칭 | 발효일 | 비고 |
|---|---|---|---|
| **우주의 법적 지위와 기본원칙** | 1967년 우주조약 (Outer Space Treaty) | 1967년 | 현재 116개국이 비준, 한국 1967년 발효 |
| | 1979년 달협정 (Moon Agreement) | 1984년 | 현재 18개국 비준, 미국, 중국, 일본, 한국 등 많은 국가가 가입하지 않음 |
| **우주구조와 책임 및 등록** | 1968년 우주구조반환협정 (Rescue Agreement) | 1968년 | 현재 99개국 비준, 한국 1969년 발효 |
| | 1972년 우주손해책임협약 (Liability Convention) | 1972년 | 현재 98개국 비준, 한국 1980년 발효 |
| | 1975년 외기권 물체 등록 협약 (Registration Convention) | 1976년 | 현재 77개국 비준, 한국 1981년 발효 |

그런데, 우주 안보의 관점에서 보면 우주 외교에서도 지구상 군비경쟁과 마찬가지로 양극화 현상이 심화되고 있다. 미국과 중국의 전략경쟁은 우주에서도 연장되는 양상이다. 무엇보다 중국의 우주력이 빠르게 발전했고, 특히 국방·정보 우주 분야에서 미국의 위협인식을 자극해왔다. 미국 국가안보와 우주 전략에서 가장 많이 언급된 2007년 중국의 ASAT 시험은 인식의 전환을 보여준 상징적인 사건이었다. 중국은 수명을 다한 자국의 기상 위성(약 850km)을 ASAT 미사일로 요격했는데, 당시 발생한 약 3,500개 이상의 잔해물 중 2025년에도 추적되는 잔해물이 약 2,500개에 이른다.[71]

### 현재까지 남아있는 운동성 ASAT 실험 잔해물(2025년 기준)

| DATE | COUNTRY | ASAT SYSTEM | TARGET | INTERCEPT ALTITUDE | TRACKED DEBRIS | DEBRIS STILL ON ORBIT | TOTAL DEBRIS LIFESPAN |
|---|---|---|---|---|---|---|---|
| Oct. 20, 1968 | Russia | IS | Cosmos 248 | | 252 | 73 | 50+ years |
| Oct. 23, 1970 | Russia | IS | Cosmos 373 | | 147 | 33 | 50+ years |
| Feb. 25, 1971 | Russia | IS | Cosmos 394 | | 117 | 44 | 50+ years |
| Dec. 3, 1971 | Russia | IS | Cosmos 459 | | 28 | 0 | 3.3 years |
| Dec. 17, 1976 | Russia | IS | Cosmos 880 | | 127 | 56 | 45+ years |
| May. 19, 1978 | Russia | IS-M | Cosmos 970 | | 71 | 64 | 40+ years |
| Apr. 18, 1980 | Russia | IS-M | Cosmos 1171 | | 47 | 5 | 40+ years |
| Jun. 18, 1982 | Russia | IS-M | Cosmos 1375 | | 63 | 59 | 40+ years |
| Sept. 13, 1985 | US | ASM-135 | Solwind | 530 km | 285 | 0 | 18+ years |
| Sept. 5, 1986 | US | Delta 180 PAS | Delta 2 R/B | | 13 | 0 | <1 year |
| Dec. 26, 1994 | Russia | Naryad-V | Unknown | | 26 | 23 | 30+ years |
| Jan. 11, 2007 | China | SC-19 | FengYun 1C | 880 km | 3533 | 2535 | 15+ years |
| Feb. 20, 2008 | US | SM-3 | USA 193 | 220 km | 175 | 0 | 1+ year |
| Mar. 27, 2019 | India | PVD-MK II | Microsat-R | 300 km | 130 | 0 | 3+ years |
| Aug.-Dec. 2019 | Russia | Cosmos 2535 | Cosmos 2536 | | 30 | 16 | <1 year |
| Nov. 15, 2021 | Russia | Nudol | Cosmos 1408 | 470 km | 1807 | 12 | 3+ years |
| | | | | **Total** | **6851** | **2920** | |

© Global Counterspace Capabilities 2025

우주 잔해물은 아군과 적군을 가리지 않는다. 2013년 러시아의 과학실험위성 블리츠(BLITS)가 중국 잔해물과 충돌해 궤도를 이탈하는 사고가 발생했다. 15년이 지난 2022년에는 이 잔해물을 회피하기 위해 국제우주정거장(ISS)의 고도를 수차례 변경시켰다. 중국의 ASAT 시험 이후 미국의 위협인식은 매우 높아졌으며 우주력을 증강하고 중국과 우주협력을 견제하기 시작했다. 예를 들어 2011년 미 의회는 「울프 수정법안(Wolf Amendment)」을 통해 NASA와 미국 정부의 자금으로 운영되는 우주 기관들이 중국과 직접 협력하는 것을 제한했다. 2023년 NASA 국장은 울프 수정법안을 유지해야 한다고 밝혔다. 우주 기술이 중국의 국방·정보 우주 분야 발전에 전용될 것을 우려했기 때문이다.

2022년 러시아의 우크라이나 침공은 국방·정보 우주뿐 아니라 우주 경제와 우주 외교 분야에도 적지 않은 영향을 주었다. 러시아에 대한 서방 국가들의 다양한 제재가 시작되면서 러시아도 우주분야 국제협력을 중단하거나 새로운 개발 협력을 추진할 수 없었다.[72] 이로 인해 러시아와 중국은 양자 협력을 강화하고 중국을 중심으로 국제협력 국가들을 확대하고 있다. 특히 중국의 전략은 기존의 일

**<그림 40> 중국과 러시아의 글로벌 우주 경제 거래(2022)[73]**

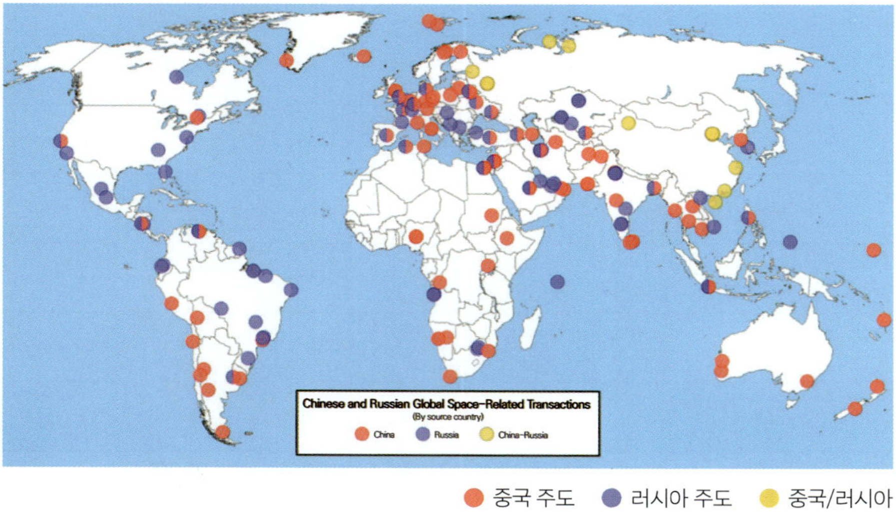


ⓒ Prague Security Studies Institute

대일로(一帶一路, 중국-중앙아시아-유럽을 연결하는 육·해상 실크로드)[74] 협력 국가들과 외연을 우주 영역까지 확대하는 방식이다. 실제로 중국은 2024년 10월『국가우주과학 중장기 발전계획(2024~2050)』을 발표하여 글로벌 우주강국 건설 목표를 구체화했다. 이 계획에는 달 남극 탐사를 비롯해 우주 태양광 발전소 구축 등도 포함되어있다. 이 과정에서 중국은 국제협력의 한 축을 이끌고 있으며, 일대일로 프로젝트를 명분으로 여러 국가와 우주산업 확장을 협의하고 있다. 이처럼 우주 외교의 진영화는 우주 경제의 경쟁과도 맞물려 세계 질서의 주도권을 다툼으로 이어지고 있으며 향후 우주 경제의 불확실성도 커질 수 있다.

중국과 미국의 경쟁 구도는 새로운 우주규범 논의와 우주 활동 프로젝트에도 반영되고 있다. 미국은 2020년 10월 아르테미스 협정을 출범시켰고, ASAT 요격 실험 금지를 2022년 4월 선언하며, 미국 중심의 새로운 우주 질서와 규칙을 만들기 위해 노력하고 있다. 2023년 5월에는 동맹인 영국을 통해 유엔에서 '우주의 책임 있는 활동'을 논의하는 워킹그룹의 첫 회의를 개최했다. 이 회의는 향후 정기적으로 열리며 이를 통해 변화된 우주 환경에 적합한 국제우주법 신설 또는 개정을 논의할 예정이다. 또한 미국은 ITAR(국제무기 거래규정), EAR(수출관리규정)과 같은 수출통제 규정을 통해 우주 기술 및 부품에 대한 보호를 한층 강화하고 나아가 공급망 재편까지도 진행할 전망이다.

2023년 6월 21일 인도 모디 총리와 미국 바이든 대통령의 정상회담을 통해 인도가 아르테미스 협정에 서명함으로써 미국과 중국의 우주 경쟁 구도에서 인도는 미국을 선택한 모양새다. 한국은 2016년 한미우주협력 협정을 체결하고 3차례에 걸친 한미우주협력대화를 가졌다. 달탐사선 다누리에 NASA의 달음영지역 촬영을 위한 카메라를 탑재하는 등 한미 간 협력을 본격화 하고 있다. 2023년 4월 한미 정상회담에서는 한미 간 우주협력을 명확히 하는 워싱턴선언을 발표하면서 정치적 관계를 강화했다. 특히 2025년 한국천문연구원은 NASA가 발사한 최신 우주 망원경 스피어엑스(SPHEREx) 개발에 참여하는 성과도 거두었다.[75]

중국과 러시아도 빠르게 움직이고 있다. 아르테미스 협정에 대응하는 성격으로 양국은 2021년 3월 달 표면에 유인기지를 건설하는 프로젝트를 공동 추진하기로 합의하고, 관련된 양해각서(MOU)에 서명했다. 현재 중국은 달 탐사 프로젝트에 국제적 협력국을 모으고 있다. 또한 2022년 말 완공한 중국의 우주 정거장에서도 중국이 주도하는 국제협력을 확대하고 있다. 중국과 러시아는 우주 외교를 주도할 수 있는 협력체계도 2008년 출범시켰다. '우주에 무기 배치, 우주 물체에 대한 위협 또는 무력 사용 방지(Prevention of the Placement of Weapons in Outer Space Treaty, 이하 PPWT로 표기)'라는 이 조약은 우주공간의 무기화를 방지하기 위한 중국과 러시아의 생각을 기초로 만들어진 국제협력 프레임이다. 중국과 러시아가 활용하는 국제회의체는 우주 군축회의(CD)이다. 우주 군축회의에서는 우주공간의 군비경쟁 방지(Prevention of Arms Race in Outer Space, PAROS) 관련 유엔 총회 결의에 따라 포괄적인 국제우주법의 제정을 위한 협상을 진행하는데, 2008년 중국과 러시아는 여기에서 PPWT를 공동 제출했다(2014 Updated Draft). 우주협력의 양극화에 따라 미국과 서방 국가들이 조인하지 않아 PPWT의 영향력은 크지 않다. 하지만 앞으로 다양한 국제 프로젝트를 지렛대 삼아 PPWT의 가입국을 늘리려 할 가능성이 높다.

## 우주 외교의 쟁점

### 우주 잔해물과 우주교통관리 문제

우주 활동이 확대되면서 우주 물체와 잔해물이 계속 증가하고 있다. 이로 인해 국가나 기업의 책임 문제가 우주 외교 쟁점으로 확대될 수 있다. 우주 잔해물의 확산은 우주 강대국과 신흥국을 구분하지 않고 인류 모두의 위험이다. 우주 잔해물 문제는 기후변화에 대한 국제사회의 대응과 유사한 성격을 갖는다. 인류 공통의 문제로서 우주 잔해물 감축은 모두의 이익이지만, 책임 소재와 비용 부담이 동일할 수는 없기 때문이다. 문제의 심각성이 인식되면서 우주 잔해물의 국제적 규제가 미흡하다는 비판이 지속되고 있다. 우주관련 국제기구인 유엔 COPUOS를 통해 우주 잔해물 감축 규범을 위반하는 국가와 기업을 제재하는 방안도 제시되었다. 국제규범을 위반할 경우 국제기구에서 관리하는 정지궤도위성 위치 할당과 주파수 할당에서 불이익을 주는 방안도 검토할 수 있다.

우주 잔해물에 대한 국제적 우려가 높아지고 있지만, 국가 간 입장 차이는 여전하다. 2023년 9월 'UN 우주위협감소를 위한 워킹그룹 회의(UN Open Ended Working Group (OEWG) on Reducing Space Threats)'가 열렸지만, 러시아, 중국, 이란 등 일부의 반대로 유엔 총회에 제출할 보고서를 채택하지 못했다. 1967년 우주조약에 명시된 "다른 국가의 우주 활동에 대한 정당한 고려"라는 개념을 어떻게 구체화할 것인지를 놓고 입장 차이가 지속되었기 때문이다. 미국 등 서방 국가들은 우주 활동의 정당한 고려로서 우주에서 책임 있는 행동을 강조하고 있다.

그러나 러시아, 중국 등은 미국이 강조하는 책임 있는 행동을 자국의 ASAT 시험과 우주 잔해물 발생에 대한 비판으로 인식한다. 실제로 미국은 2022년 4월 우주 잔해물을 확산시키는 ASAT 시험을 금지하겠다고 선언하면서 러시아와 중국을 무책임하다고 비판했다. 이후 미국은 우주 외교에서 새로운 규범을 주도하고 있다. 2022년 12월에는 유엔 총회에서 ASAT 시험 중단에 관한 결의안이 155개국의 지지를 받았다. 2023년 기준으로 이 선언에 동참한 국가들은 우리나라, EU 회원국을 포함해 30여 개국에 이른다. 반면, 러시아, 중국 등은 미국이 주도하는 우주 활동을 군비경쟁으로 보고 국제회의에서 우주의 군비경쟁 방지를 강조하고 있다. 러시아는 자신들이 주도하는 UN 우주 공간에서의 군비경쟁 방지에 관한 유엔 정부 전문가 그룹 회의(UN Group of Governmental Experts on Prevention of an Arms Race in Outer Space)에서 이 문제를 다루고자 한다.

국제규범의 의무화와 별도로 우주 활동 국가들도 잔해물 완화에 적극 나서야 한다. 우주 활동이 활발할수록 잔해물 증가와 통제는 그들 국가에게 위험과 손실이 되기 때문이다. 우주 활동 국가들은 우주 잔해물을 적극적으로 제거할 수 있는 기술 연구와 기업 활동을 지원해야 한다. 능동적 잔해물 제거 활동은 단기적으로는 우주 활동의 안전을 확보하고 장기적으로는 우주 안보 환경의 안정성을 증진시킬 수 있다. 능동적 잔해물 제거(ADR) 활동은 우주 내 충돌사태를 방지하고 정부와 기업의 우주 활동에서 위험을 줄임으로써 위험 대비 설계와 장비에 들어가는 비용도 줄일 수 있다. 정부는 우주 잔해물 제거 기술을 기업에 공유하고 능동적 잔해물 제거 활동의 배치와 운용을 장려해야 한다.

또한 잔해물 제거와 감소에 참여하는 기업과 조직에 대한 인센티브도 제공할 수 있다. 정부는 특정 잔해물을 제거한 기업에 대해 보상금을 제공하고, 기업 활동이 보장되도록 국제적으로 지정된 위험 잔해물을 회수하는 계약을 체결할 수 있다. 이를 위해 국제기구나 국제협의체에서 회수해야 할 우주 잔해물을 지정하고 재정을 지원하는 메커니즘이 마련될 필요가 있다. 또한 잔해물 제거 기업의 이익을 보장하는 계약을 제공할 수 있다.

우주 잔해물 발생의 가능성이 높은 소형위성과 대규모 군집위성을 운영하는 기업에 대한 책임도 강화되어야 한다. 소형위성과 대규모 군집위성은 고장이나 사고의 가능성이 높기 때문에 이를 수리하고 폐기하는 일이 발생한다. 만약 고장률이 높은 기업이라면 기업활동 면허조건으로 예상 고장률을 낮추도록 규제할 수도 있다. 잔해물 규정을 위반하는 기업에 대해서는 다양한 제재(지구정지궤도 슬롯 및 주파수 철회, 발사금지 목록 운영, 벌금부과 등)를 강제로 부과할 수 있다. 이런 조치가 모든 기업에 일방적으로 부과될 수는 없겠지만, 우주 강대국의 엄격하고 자발적인 활동은 민간 기업과 국제기구가 표준적인 방법을 만드는데 모범적인 리더십이 될 수 있다. 또한 정부와 기업 사이에서 잔해물 축소를 위한 경험과 지식을 공유할 수 있는 출발점이 될 수 있다.

나아가 현재 우주 규범으로 존재하는 책임협약(Liability Convention)을 양자, 다자 간 협의를 통해 개선할 수도 있다. 앞으로 우주 활동에 대한 모든 상황을 알 수는 없지만 우주 활동 국가들이 수많은 문제에 책임을 질 수 있는 지침을 마련할 수 있다. 우리는 이미 이런 경험을 갖고 있다. 국제민간항공기구와 해사기구는 당시 미지의 공간이었던 공중과 해양에서 발생하는 책임을 마련해 왔다. 시간이 지날수록 성숙해지는 기술과 시장에서 발생하는 기술표준, 안전문제에 초점을 둔 다자 협정이 성공적으로 운용되어 왔다. 수많은 양자 협정도 국제항공과 해양 분야에서 발생하는 정치적, 경제적 문제를 해결해 왔다.

이처럼 우주 외교는 우주 안보에서 중요한 협력과 기준을 마련하는 데 기여해 왔다. 우주 활동에서 요구되는 행동규범을 공식화하고 집행하는 영역이 우주 외교이다. 과거에도 국제규범을 개발하는 과정에서 발생한 장애물들은 절차적 문제들이 적지 않았다. 우주 안보에서도 미국, 중국 등 우주 강대국의 리더십에 기초한 외교적 노력이 중요한 이유이다. 우주 강대국뿐 아니라 우주기관, 기업, 조직들도 유엔을 중심으로 우주교통관리를 발전시키기 위한 선도적 규범 개발에 참여해야 한다. 처음에는 정부가 주도하는 국제규범 수립이 상업우주 행위자들을 이끌어야 한다. 실제로 미국은 부상하는 개별 우주 활동을 조율하기 위한 입법을 추진하고 있으며 2023년 11월 발표한 초안에서 교통부와 상무부의 권한을 규정하고 있다.* 하지만 우주 경제 분야에서 정부보다 기업, 조직, 개인들이 더욱 생산적이고 투명하며, 협력적인 방식을 선호할 가능성이 높기 때문에 상업우주 행위자들이 국제규범을 주도할 필요가 있다.

한편 우주 잔해물 문제는 이를 관리하기 위한 우주상황인식(Space Situational Awareness, 이하 SSA로 표기)[76]과 우주교통관리(Space Traffic Management, 이하 STM로 표기)로 확장되고 있다. 그동안 국제협력의 원칙론 수준을 넘어 구체적 쟁점을 논의하는 것이다. 예를 들어 우주 물체식별, 대규모 우주 물체의 안전한 운용 보장, 능동적 우주 잔해물 제거, 잠재적 위협에 대한 경고 등 이슈가 중요하게 다뤄지고 있다. 특히 우주교통관리(STM)가 효과적으로 이행되기 위해서는 국가 간 우주상황인식 정보가 공유되어야 한다. 그러나 국가별로 국제협력의 방향에 대해 인식의 차이도 보인다.

먼저 SSA에 대한 국제협력 문제는 민관 협력과 안보적 접근에 대해 미국·서유럽, 중국·러시아 진영 대립이 명확하다. SSA에 대한 국제적 논의를 촉발시킨 결정적인 사건은 2007년 중국의 ASAT 실험이었다. 이에 대해 각국은 자국의 SSA 능력에 따라 미국과의 협력에 차이를 보인다. 중국의 ASAT 시험 이후 미국과 서유럽은 공통적으로 국방·정보 우주 문제에서 협력의 필요성을 강화하고 있다. 다만 독일과 프랑스는 지구정지궤도에 대한 SSA를 강조하고 자체적인 SSA능력을 어느 정도 보유하고 있어서 독립적 능력을 확대하면서 미국과 파트너십을 추구하는 반면, 상대적으로 SSA 능력이 부족한 영국은 미국과 파트너십을 적극적으로 강화하고 있다.

---

* 미국 국가우주위원회는 우주조약 제6조(승인 및 지속적인 감독)를 준수하고자 개별 우주 활동에 대한 권한을 구분하였다. 교통부(Department of Transportation)는 산하에 연방항공청이 현재 보유하고 있는 지상 로켓 발사장에 대한 규제와 함께 우주에서 이루어지는 다양한 유무인 활동을 규제할 권한을 갖는다. 여기에는 민간 우주인과 상업용 우주 정거장에 대한 면허 발급, 달 여행에 대한 허가도 포함된다. 상무부(Department of Commercial)는 현재 보유하고 있는 지상관측 및 원격 감지 위성에 대한 규제에 더해 기타 무인 우주선에 대한 규제 권한을 갖는다. 여기에는 궤도 내에서 서비스를 제공하는 위성이나 무인 우주비행체 등이 포함된다. 대표적인 예가 재급유 위성이다.

SSA 협력에서 주목할 부분은 민간과의 연계를 강화하는 추세이다. SSA 능력은 정부와 군이 대응하기에 광범위할 뿐 아니라 민간기업의 위성도 급격히 증가하고 있기 때문이다. 미국과 서유럽은 이러한 공백을 만회하고자 민간과의 협력을 강화하고 있다. 예를 들어 미국은 우주정책지침-3(Space Policy Directive-3)에서 민간과의 연계를 강조하는 입장을 밝혔다. 트럼프 행정부 당시 미국 상무부가 주도하여 SSA 정보를 공유할 수 있는 플랫폼을 구축하도록 했다. 미 우주군의 안보관련 SSA 정보도 민간과 공유할 수 있는 수준을 점진적으로 넓히는 데 노력하고 있다.

반면 중국은 미국이나 서유럽과 달리 우주 정보, 감시정찰을 비롯한 전략적 조기경보 능력을 개발하는 데 우선순위를 두고 있다. 중국은 SSA 분야에서 다른 국가와 국제적 협력을 추구하기보다 독자적인 SSA 체계를 구축하는 데 노력하고 있다. 러시아도 중국과 마찬가지로 항공우주군의 우주감시 및 추적시스템을 강화함으로써 안보적 측면에서 독자적인 능력을 우선하고 있다.

다음으로 STM 문제는 우주 물체와 우주 잔해물의 증가로 우주에서 충돌 가능성이 높아짐에 따라 중요성도 커지고 있다. 우주교통관리는 독일의 제안으로 유엔 COPUOS에서 2016년부터 논의되고 있으나, 현재는 우주교통관리의 필요성을 언급하는 수준이다. 미국의 경우 앞서 살펴본 SSA 방향이 STM에서도 반영된다. 미국은 우주 활동의 안전을 국제적 문제로 인식하고 국제사회에서 미국의 리더십과 활동의 자유를 강조한다. 다만, 우주교통관리 문제가 민간과 빠른 속도로 연계되면서 관련 기관 사이의 갈등도 높아지는 상황이다. 예를 들어 항공교통통제의 경우와 마찬가지로 우주교통관리에서도 민간기업과 상무부, 국방부, 연방항공국 등이 통제의 범위와 속도, 수준을 놓고 이견을 조율해야 하는 상황이다.

또한 SSA 및 STM 능력은 탄도미사일 조기경보와도 관련이 깊다. 이 문제는 과거 군사적 문제에 한정되었으나 우주 자산의 증가와 이를 파악하고 통제하는 능력의 어려움으로 인해 민간기업과 협력하고 있기 때문이다. 실제로 유럽연합(EU)은 민간 기업들이 STM 발전을 위해 민간기업과 네트워킹을 강화하고 있으며, 적절한 STM 가이드라인을 수립하고 이행하는 데 역량을 집중하고 있다.

미래 STM 분야는 급속도로 증가하는 우주 자산과 지상에서 발사하여 공중 영역을 통과하는 우주비행체를 관리하기 위해서 인공지능 기술의 적용이 필요하다. 항공교통과 우주교통이 중첩되는 영역의 조율도 중요하다. 이런 기술을 바탕으로 미래 STM 분야는 SSA 분야를 포괄하는 중요한 분야로 발전할 것이다. 궁극적으로 우주 물체와 우주 잔해물 관리도 모두 STM 분야에서 다뤄져야 한다. 우주 잔해물 제거도 시급하지만 우발적 충돌로 인한 우주 잔해물 발생을 예방하기 위해서는 STM에 대한 국제규정의 마련이 시급하다. 현재 유엔은 우주의 안전하고 지속가능한 사용을 위한 국제규범을 위해 노력하고 있다.

### 장기지속가능성(Long-Term Sustainability) 가이드 라인

많은 국가들이 자국의 우주정책에 대해 지지를 확보하기 위해 LTS 가이드라인을 연계하고자 한다. 현재 LTS 가이드라인은 국제우주협력에서 기본적이고 법적인 프레임워크로서 인정되기 때문이다. 따라서 국가이익을 반영하려는 각국의 동기는 LTS 가이드라인 쟁점에서 이견을 낳는다. 일단 미국의 주도권 속에서 LTS 가이드라인이 진행되고 있기 때문에 미국 및 서유럽을 한편으로 하고, 중국과 러시아를 다른 한편으로 한 대립 구도가 형성되고 있다. 우주 안보 관점에서 볼 때, 이러한 구도는 지구상 경쟁의 연장성이자 미중 전략경쟁의 반영이다. 양 진영은 의사결정 방식, 국제규범의 형성 방식, 주요 행위자, 실행 시기, 안보 이슈의 포함 여부 등에서 다른 입장을 취하고 있다.

먼저 의사결정 방식에서 미국과 서유럽은 기본적으로 다중이해 당사자주의를 선호하는 데 반해, 중국과 러시아는 국가 간 협의의 방식을 선호하고 있다. 국제규범의 형성 방식에서는 미국, 캐나다, 프랑스, 일본 등이 구속성이 약한 가이드라인을 먼저 수립하고 실행하는 데 초점을 두고 있으나, 중국과 러시아는 국제법의 통일 등 법적 구속력과 그에 따른 실행에 우선순위를 둔다. 양 진영은 안보 이슈를 놓고도 대립했는데 미국과 서유럽이 안보 이슈를 포함하는 데 유보적인 입장이라면, 중국과 러시아는 안보 이슈를 국제규범에 포함하자고 주장한다.

물론 미국과 서유럽, 중국과 러시아가 모두 진영 논리에 따라 동일한 입장을 지속하는 건 아니다. 예를 들어 LTS 가이드라인의 구속력에 대해 미국은 구속력이 없는 LTS 수립을 선호하지만, 서유럽은 자발적 가이드라인의 한계를 보완할 법적 레짐이 필요하다는 입장이다. 이와 관련해서 유엔 COPUOS는 우주 활동에서 국가 간 다른 관행과 규정을 국제적으로 통일하고자 논의해왔다. 실제로 COPUOS 내에서 '우주 활동 장기지속성 가이드라인 워킹그룹'을 구성했는데 여기서는 국가별로 강제력은 없으나, 국가별 경험과 우수 사례를 공유하고 이행 현황을 제출함으로써 LTS 가이드라인이 국제사회로 확산되도록 유도하고자 했다.

2019년 7월 유엔 COPUOS에서 LTS 가이드라인을 놓고 양 진영의 논의가 지속되었다. 캐나다, 스위스, 프랑스, 일본, 영국, 이탈리아, 브라질 등은 합의된 지침만을 유엔 총회의 결의 형태로 채택되어야 한다고 주장하는 반면, 중국, 러시아 등은 합의되지 않았던 지침도 포함되어야 한다는 입장이었다. 예를 들어, 우주 물체의 능동적 제거와 의도적 파괴에 관한 절차를 준수하는 조항, 근접 우주비행의 안전에 대한 운영적, 기술적 조치를 실행하는 조항, 우주 물체와 관련 장비의 안전과 보안을 손상시키는 정보통신기술의 악의적 사용을 방지하는 조항, 궤도 시스템의 운영을 지원하는 지상 시설의 안전과 안보 조항 등이다. 양 진영의 쟁점은 우주 안보를 포함하느냐의 여부와 가이드라인의 자발성이라는 기본 취지를 강조하는가였다. 다음 표는 유엔 COPUOS에서 합의된 LTS 21개 지침을 우주 활동을 위한 정책과 규범 체계, 우주운용의 안전, 국제협력/역량구축/우주 활동 인식, 과학기술과 연구개발이라는 네 가지로 구분한 것이다.

### 2019년 LTS 가이드라인 주요 내용

| 유형 | 세부 지침 |
|---|---|
| 우주 활동을 위한 정책과 규범 체계 | 1. 우주 활동을 위한 국내 규제를 채택, 개정 및 수정해야 한다. |
| | 2. 우주 활동을 위한 국내 규제 체계를 개발, 개정 또는 수정할 때 여러 요소를 고려해야 한다. |
| | 3. 국가는 국내 우주 활동을 감독해야 한다. |
| | 4. 인공위성에 사용되는 무선주파수 스펙트럼과 다양한 궤도의 공평하고 합리적이며 효율적인 사용을 보장해야 한다. |
| | 5. 우주 물체를 등록하는 관행을 향상시켜야 한다. |
| 우주운용 안전성 | 1. 갱신된 연락처 정보를 제공하고 우주 물체 및 궤도에 관련된 정보를 공유해야 한다. |
| | 2. 우주 물체에 대한 궤도 정보의 정확도를 높이고 우주 물체에 대한 궤도 정보를 공유하는 관행과 활용을 증진해야 한다. |
| | 3. 우주 잔해물 모니터링 정보의 수집, 공유 및 보급을 촉진해야 한다. |

| | |
|---|---|
| | 4. 비행 중 모든 궤도 단계에서 충돌평가를 수행해야 한다. |
| | 5. 발사 전 충돌평가를 위한 실질적 접근방식을 개발해야 한다. |
| | 6. 우주 기상 데이터 및 예측을 공유해야 한다. |
| | 7. 우주기상 모델 및 도구를 개발하고, 우주기상 효과를 완화하기 위한 기존 관행을 수집해야 한다. |
| | 8. 물리적 특성과 운용적 특성에 관계없이 지속가능하도록 우주 물체를 설계하고 운영해야 한다. |
| | 9. 우주 물체가 통제되지 않은 채 재진입하는 경우, 관련 위험에 대처하기 위한 조치를 취해야 한다. |
| | 10. 우주를 통과하는 레이저빔을 사용할 때 주의사항을 준수해야 한다. |
| **국제협력, 역량강화 및 인식** | 1. 우주 활동의 장기지속가능성을 지원하기 위한 국제협력을 장려 및 촉진해야 한다. |
| | 2. 우주 활동의 장기지속가능성과 관련된 경험을 공유하고 정보교환을 위한 새로운 절차를 개발해야 한다. |
| | 3. 우주신흥국이 역량을 강화하도록 촉진하고 지원해야 한다. |
| | 4. 우주 활동에 대한 인식을 높여야 한다. |
| **과학 및 기술 연구개발** | 1. 우주의 지속가능한 탐사와 이용을 촉진하는 연구개발을 장려하고 지원해야 한다. |
| | 2. 장기적으로 우주 잔해물을 관리하기 위한 새로운 조치를 조사하고 연구해야 한다. |

### 우주의 무기화 문제

우주 외교에서 우주의 무기화 문제는 냉전 시기 핵무기에 대한 군비통제 개념으로 접근하고 있다.[77] 투명성신뢰구축조치(Transparency and Confidence-Building Measures, 이하 TCBMs로 표기)가 대표적이다. 투명성신뢰구축조치(TCBMs)는 적절한 정보 공유를 통해 국가 간에 상호 이해와 신뢰를 형성함으로써 국가 간에 발생할 수 있는 갈등을 예방하려는 조치이다. 이러한 관점은 인공위성 등 우주 물체의 운용에서 다양한 국가 간 분쟁이 일어날 수 있다는 가능성을 담고 있다.

우주 분야의 TCBMs은 우주 군비경쟁을 방지하기 위한 목적으로 유엔에서 1990년대 초 논의가 시작되어 1993년 '우주에서 신뢰구축조치 적용에 대한 정부전문가 연구보고서'가 채택되었다. 이후 2011년 설립된 '우주에서 투명성 신뢰구축조치 정부전문가그룹(UN Group of Governmental Experts on Transparency and Confidence-Building Measures in Outer Space Activities, 이하 UN GGE로 표기)에서 세 차례 회의를 통해 보고서를 작성하고 이를 2013년 유엔 총회에서 채택하였다. UN GGE 보고서는 우주 활동의 TCBMs이 갖추어야 할 요건으로 명확성, 실현가능성, 입증가능성을 제시했다.

이처럼 유엔에서 우주 활동과 TCBMs을 연계한 것은 우주의 군사적 이용을 사실상 허용한다는 의미로 해석된다. 유엔은 우주 활동의 군사적 또는 비군사적 구분보다 우주 활동 자체를 규제하려는 의도이다. 따라서 우주의 무기화와 관련해서 논의되는 TCBMs는 과학기술적으로 접근하기보다는 국방·정보 우주를 포함한 우주 외교의 문제이다.

이와 관련해서 UN GGE의 보고서는 권고사항이지만 행동규범이나 결의에 언급되거나 조약에 포함될 경우에 국제법상 구속력을 가질 가능성도 있다. 예를 들어 국가우주정책의 원칙과 목적에 관한 정보를 교환하는 것으로서 특히 국방·정보 목적의 우주 활동에 소요되는 경비와 국가안보에 관한 정보의 교류를 포함할 것, 우주 활동에 대한 사전통지로서 대상으로 우주 발사체의 발사 계획, 통제되지 않은 우주 물체의 재진입, 우주에서 우주인과 우주 물체의 안전에 위협하는 위급상황, 우주에서 우주 물체의 의도적인 파괴 등을 지정한 것, 각 국가는 자발적으로 수출통제규제와 발사체 및 우주 기술을 국제사회에 공개할 것, 개발도상국의 우주역량을 강화하기 위해 개발도상국과 선진국 간 우주과학기술에 대해 지역적 차원의 양자, 다자 형식의 역량구축 프로그램을 추진하도록 권고한 것 등이다.

우주의 무기화와 관련해서 일찍부터 논쟁이 되었던 것은 ASAT 무기를 비롯한 우주무기의 배치를 금지하는 이슈였다. 1980년대 초, 유엔군축회의(CD)에서 제기된 이 문제는 중국와 러시아 그룹, 미국과 서유럽 그룹 사이의 갈등으로 인해 공식 의제로 채택되지 못하고 교착상태가 지속되고 있다. 2008년 우주에서 군비경쟁 방지(Prevention of an Arms Race in Outer Space, 이하 PAROS로 표기)라는 결의안에서 중국과 러시아는 국제조약의 성격을 가진 우주무기배치금지조약(Prevention of the Placement of Weapons in Outer Space Treaty, 이하 PPWT로 표기)을 제출했다.

PPWT의 주요 내용은 회원국이 우주에 어떠한 무기도 배치해서는 안 되며, 우주에서 우주 물체에 대해 무력의 사용이나 위협을 가해서는 안 되도록 했다.

2017년 유엔 총회에서는 우주 군비경쟁의 방지에 관해 규범 수립을 위해 관련 요소를 식별하고 건의하도록 PAROS GGE가 창설되었다. PAROS GGE는 일반원칙, 범주 및 목표, 정의, 모니터링·검증·투명성 및 신뢰구축 조치, 국제협력, 제도적 장치 등의 의제를 논의했다.[78] 다만 PAROS GGE의 결과 보고서는 국가 간 제도적 협의와 강제성, 논의 주제에 대한 인식의 차이로 인해 최종적으로 채택되진 못했다. 하지만, 가장 최근인 2023년 12월 5일 유엔 총회에서는 러시아가 주도한 우주 내 무기배치 금지 관련 결의안이 통과되었다. 이 결의안은 PPWT를 기반으로 작성되었다. 여기에는 모든 국가를 대상으로 하되 우주 강대국이 우주에 무기를 먼저 배치하지 않겠다는 정치적 선언을 촉구하고 있다.

현재 우주가 군사적으로 활용되는 상황에서 협력을 통해 투명성신뢰구축조치가 가능하다는 입장과 우주를 군사적으로 이용할 수 있게 허용하는 것은 향후 분쟁을 심화시킬 수 있다는 입장이 대립하고 있다. 우주에서 자위권을 적용하는 문제도 국가 사이의 입장이 다르다. 우주에서 비무기화를 주장하는 중국과 러시아는 우주가 자위권의 대상이 된다는 것을 받아들일 수 없다는 입장이지만, 미국과 서유럽은 기본적으로 비침략적 형태의 우주의 군사화는 가능하다는 의견이며, 특정한 상황에서는 자위권을 적용하는 것이 유엔 헌장상 보장된 기본적 권리라는 입장이다. 하지만 중국과 러시아도 우주의 무기화를 추진하고 있어 비무기화 주장은 외교적 수사에 가깝다.

이처럼 우주 외교 영역에서도 국방·정보 우주 문제는 치열하게 다뤄지고 있으며 동시에 우주의 무기화도 심화되고 있다. 우주규범의 수립이 쉽진 않지만 우주 안보의 넓은 범위를 고려할 때, 장기적인 우주 안보를 위해서는 우주국제법 논의가 활성화될 것으로 전망된다. 물론 우주 군비통제에 대한 기대는 밝지만은 않다. 우주에서는 전쟁사나 핵무기 사용과 같은 현실적 경험이 부족하기 때문이다. 반면 긍정적인 측면도 있다. 우주의 군비경쟁은 비밀리에 일어나기 어렵다. 국제적 우주상황인식 확대와 각국의 우주력 증강에 따라 우주 물체 배치나 활동은 은폐하기 어렵다. 실제로 우주 잔해물에 대한 과학적 증거도 이 문제에 대한 우주외교의 긴급성을 계속 촉구하는 상황이다.

# IV

# 우주 안보를 이해하는 관점

1. 국제정치와 우주 안보
2. 현대전략과 우주 안보

## 국제정치와 우주 안보

<그림 1> 케네디 대통령의 연설(1962년) / 트럼프 대통령의 연설(2018년)

© Space Center Houston / 서울신문

우주 안보는 지구상 국제정치의 연장이다. 이제 국가안보는 지구상에서만 달성될 수 없다. 근대 국제체제가 성립된 17세기 이후 인류는 더 안전하기 위해, 빨리 위협을 감지하기 위해, 전쟁에서 압도적으로 승리하기 위해, 때론 다른 국가에 영향력을 행사하기 위해 군사력을 발전시켜 왔다. 현대 전장도 지상·해양·공중뿐 아니라 사이버·우주로 확대되었으며, 인류는 지구에서 해왔던 생각과 행동을 우주까지 확장하고 있다. 미국과 중국 등 강대국들은 우주에서도 자국과 상대국의 군사력을 비교하고, 충돌이 일어나면 어느 쪽이 승리할 확률이 높으며, 승리를 위해서 어떤 위험과 손실을 감수해야 하는지 대비하고 있다.[1]

그래서 국제정치와 현대전략은 우주 안보를 이해하는 데 필수적이다. 국가의 우주안보 정책결정은 국제정치에서 국가의 행동을 설명하는 것과 다르지 않다. 냉전기 미국과 소련이 벌인 우주경쟁과 오늘날 미국과 중국이 벌이고 있는 우주경쟁은 어떻게 다른지? 두 번째 집권한 미국 트럼프 대통령은 화성 탐사를 왜 미국의 '명백한 운명'이라고 선언했는지? 러시아-우크라이나 전쟁이 진행 중인 상황에서 미국 우주인은 왜 러시아 소유즈 발사체에 탑승할 수 있었는지? 이러한 질문에 대해 국제정치의 관점은 특정한 전제를 따르는 국가의 행동을 설명하는 데 유용하며, 이러한 관점은 국제정치이론으로 정립되었다. 따라서 국제정치이론이 우주 안보에 대한 국가의 결정을 모두 설명할 수는 없지만, 더 중요한 이유는 설명할 수 있다.

강대국의 달 탐사 경쟁도 국제정치로 우주 안보를 분석할 수 있는 대표적인 사례이다. 지금까지 유인 달 탐사는 1969년 아폴로-11을 성공시킨 미국이 유일하다. 미국이 유인 달 탐사를 추진한 가장 중요한 이유는 소련과 경쟁이라는 냉전기 국제정치 상황이었다. 1962년 9월 12일 케네디 대통령은 텍사스 휴스턴에 있는 라이스 대학(Rice University) 연설(Moon Speech)에서[2] 1960년대 안에 유인 달 착륙에 도전하겠다는 대담한 선언으로 대중을 놀라게 했다. 더욱 놀라운 일은 케네디의 공약대로 미국은 1969년 7월 20일 유인 탐사선 아폴로-11을 달에 착륙시켰다는 사실이다.

흥미롭게도 미국은 50년이 지나서 또다시 우주에 대한 국제적 경쟁에 불을 지폈다. 2018년 6월 18일 국가우주위원회 회의에서 트럼프 대통령은 독립된 우주군(Space Force)을 창설하겠다고 선언하였다. 그는 우주에 미국이 존재하는 것만으로는 충분하지 않다며 미국이 우주에서 우위에 서야 한다고 강조했다. 특히 중국과 러시아 등이 우주 분야에서 미국보다 앞서 가는 것을 원치 않는다고 경쟁 상대를 분명히 했다.

우주 영역과 천체로 인간의 활동 범위가 확대되더라도 우리는 지구상 국제정치로부터 벗어날 수 없다. 우주 영역에서도 지구상과 마찬가지로 국제정치 행위자들의 행동과 상호작용이 같다고 가정한다. 우주에서 인간의 행동은 국가 간 협력과 경쟁으로 나타나기 때문이다. 따라서 국제관계를 설명하는 국제정치이론은 우주 안보의 다양한 현상을 설명할 수 있다. 국제정치이론은 현상의 원인과 결과, 국가 간의 상호작용 패턴 그리고 다양한 행위자들의 행동을 분석하는 틀을 제공한다. 예를 들어, 국가들이 우주 영역에서 안보 자산을 어떻게 활용하는지, 국제사회는 공통의 이익을 위해 어떤 규범과 제도를 마련하는지, 국가 간 전략경쟁은 우주 안보에 어떤 영향을 미치는지 분석할 수 있다. 다음은 현실주의, 자유주의, 구성주의 이론이 우주 안보의 쟁점을 어떻게 분석하는지 살펴본다.

### 현실주의 이론과 우주 안보

지구상 국가의 행동이 이루어지는 근본적인 구조는 국제체제의 무정부성이다. 무정부성은 무질서나 혼돈이 아니라 모든 국가를 통제할 수 있는 최상위 권위체가 없기 때문에 나타나는 국제체제의 구조적 특성이다. 따라서 모든 국가는 생존할 수 있는 방법을 찾을 수밖에 없다. 대표적인 방법이 스스로 힘을 갖추는 자력 방위와 다른 국가와 힘을 합치는 동맹이다. 국제체제의 무정부성에서 국가의 행동을 설명하는 논리는 현실주의 이론에서 발전시켜왔다. 현실주의 이론은 우주 안보에서 위협과 대응을 설명하는데 적합하다. 미국과 소련이 시작한 우주개발은 처음부터 군사적 위협으로 간주되었고, 이후에도 냉전과 함께 지속되었기 때문이다. 우주역사학자 월터 맥두걸(Walter A. McDougall)은 냉전 시기 불안과 호전성이 아니었다면 그처럼 강렬한 우주 경쟁을 뒷받침한 기술 발전은 쉽지 않았을 것이라고 말한다.[3] 분명히 미국과 소련이 경쟁했던 제1차 우주시대(1957~1990)는 국가안보, 양국의 적대감, 국제적 영향력이 혼합된 국제정치의 산물이었다.[4]

현실주의 이론에서 핵심적인 요소는 국가(state), 생존(survival), 자조(self-help)다. 국가는 안보를 위한 주요 행위자이며 생존을 위해 존재한다. 국제체제는 무정부이므로 개별 국가는 생존을 위해 자력 방위에 의존한다. 논리는 같지만 모든 현실주의자가 같은 목소리를 낸 것은 아니다. 국제체제의 무정부성을 강조하기 이전에 현실주의자(이들을 고전 현실주의라고 한다)들은 생존과 더불어 이익을 가장 중요하게 여기는 권력 의지가 인간과 국가에게 필수적이라고 봤다. 지금도 우주 안보를 위한 국가의 행동을 인간 본성의 권력 의지에서 찾을 수 있을지 모른다.

한편, 국제체제의 무정부성을 강조하는 현실주의자(이들을 신현실주의라고 한다)들은 국제정치가 권력 투쟁이라는 점에서 고전 현실주의자들과 같은 입장이지만, 우주 안보를 위한 국가의 행동은 인간과 국가의 본질적 특성이 아니라 국제체제의 무정부성에 의한 결과라고 주장한다. 신현실주의 내에서도 케네스 월츠(Kenneth Waltz)처럼 같이 국가의 행동이 안보를 극대화한다는 주장이 있는가 하면, 존 미어샤이머(John Mearsheimer)처럼 국가의 장기적 생존은 권력을 극대화함으로써 달성된다는 주장도 있다. 전자는 방어적 현실주의, 후자는 공격적 현실주의로 구분한다.

방어적 현실주의는 국가가 기본적으로 자신의 생존에 대해 우려를 가지고 있고, 자신의 안보를 극대화하려는 의도를 가지고 있다고 본다. 따라서 국가는 기본적으로 현상 유지적이다. 반면 공세적 현실주의는 국가가 기본적으로 자기가 갖지 못한 이익이나 가치들을 확보하고자 하며, 자신을 방어할 힘을 추구하기보다는 힘을 극대화하려는 성향을 가지고 있으며, 따라서 현상타파적이고 공세적이다. 이처럼 방어적 현실주의자와 공격적 현실주의자는 생존을 위한 국가의 행동을 다르게 설명하지만, 국제체제의 무정부성에 따른 불확실로 인해 국가가 우주 안보를 위한 행동을 한다는 점에서 같은 입장이다.

우주의 무기화에 대해서도 방어적 현실주의와 공격적 현실주의는 다소 입장이 다르다. 방어적 현실주의 입장에서 존 클라인(John Klein)은 우주의 무기화를 우주 영역에서 안보 극대화를 위한 행동으로 보고 상대방을 억제할 수 있는 우주력의 강화를 주장한다.[5] 반면, 공격적 현실주의 입장에서 에버트 돌먼(Everett C. Dolman)은 우주의 무기화를 권력 극대화 관점으로 보고 상대방을 압도할 수 있는 우주력의 강화를 주장한다. 즉, 권력의 극대화가 국가안보와 국제 안정에도 도움이 된다는 입장이다.[6] 따라서 현실주의자는 우주 기반의 무기 배치를 제한하는 우주무기배치금지조약(PPWT)과 같은 국제조약에 회의적이다.[7] 우주력의 약화는 방어적 현실주의나 공격적 현실주의 모두 우주 안보를 위한 선택이 될 수 없다. 더욱이 우주 안보를 위한 국제협력은 경험적 근거가 거의 없기 때문에 규범과 제도에 대한 신뢰가 약하다. 우주무기에 활용되는 기술도 민군 이중용도이므로 군비통제의 이행과 위반을 검증하는데 어려움이 따른다.[8]

제1차 우주시대 대부분의 활동은 현실주의 이론으로 설명할 수 있다.[9] 우주 영역은 지구상 국가들이 국가이익을 달성하는 데 중요하다. 우주력(space power)은 해양력이나 항공력처럼 지상의 권력이 확장된 새로운 영역이었다.[10] 역사적으로 국가는 대륙에 인접한 해양과 공중을 통제함으로써 권력을 확대해 왔다. 현실주의 이론에서는 우주 영역을 이러한 관점에서 이해한다. 우주에서도 국가는 생존과 이익을 위해 우주에 접근하고 통제할 수 있는 능력을 갖추어야 한다. 오늘날 우주 영역에 대한 경쟁은 마치 상업적 제국주의 시대를 연상시킨다.[11] 15~16세기 세계 제국들은 앞선 군사력을 바탕으로 무역로를 확장하는 치열한 경쟁을 벌였다. 이익이 많은 무역로를 개척하거나 다른 지역을 정복하면 제국의 중상주의 경제가 번영하였듯이, 오늘날 우주에 접근하는 경로와 궤도를 통제하는 국가는 안보와 경제를 모두 발전시킬 수 있다. 이처럼 우주력은 국가안보와 경제의 핵심 요소이다.

현실주의는 우주 영역에서 생존과 국가이익을 우선하지만, 협력의 효과나 도덕성에는 회의적이다. 현실주의가 협력에 회의적인 이유는 상대적 이익 문제와 배신의 문제 때문이다. 첫째, 상대적 이익 문제는 국가 간의 협력이 자기에게 이익이 되는 것을 알지만, 상대방의 이익이 자기의 이익보다 더 크지 않을까를 염려하게 되면서 발생한다. 상대방이 더 큰 이익을 얻게 되면 그 이득은 국력으로 전환되며, 두 국가가 적대적인 관계로 변했을 때 자국에게 불리하게 작용할 것을 두려워해 협력을 꺼리게 된다. 둘째, 배신의 문제는 국가 간의 관계에서 한 국가가 배신을 할 경우 이를 제재할 권위체가 존재하지 않기 때문에 국가들은 배신을 하는 것이 더 이익이 될 수 있다고 생각할 수 있으며, 배신의 위험성 때문에 국가들은 협력을 꺼린다. 또한 현실주의에서 추구하는 국가우주 안보정책은 도덕적으로 좋고 나쁜 구분에 의미가 없다. 옳고 틀린 우주 안보정책만 존재하는데, 여기서 옳은 정책과 틀린 정책은 오로지 정책의 결과가 국가이익에 도움이 되는가이며, 도덕성 여부는 중요하지 않다.

우주 영역도 지구상과 같이 무정부 상태이며, 만인의 만인에 대한 전쟁 상태라는 전제가 적용된다. 전쟁 상태에서 힘과 무기를 줄이고 협력을 우선하는 것은 불안한 선택이며, 상대방은 언제든지 배신할 수 있다. 따라서 현실주의는 우주 영역에서 협력이나 군비통제의 가능성을 낮게 본다.[12] 예를 들어, 영국의 전략학자 콜린 그레이(Colin Gray)는 우주 영역에서 군비통제를 논의하는 것은 "경건한 헛소리"라고 평했다.[13] 현실주의는 상대방의 의도에서 두려움을 강조함으로써 불확실성에 주목한다. 이들은 우주를 전장(battlefield)으로 간주하고 상대방보다 힘의 우위를 추구한다. 현실주의는 국가가 상대방과 힘의 균형을 이루든, 상대방의 힘을 능가함으로써 안보를 달성하도록 권한다.

현실주의는 우주 진주만 사태와 같은 기습 공격을 두려워한다. 우주 자산은 국방·정보 분야뿐 아니라 경제를 뒷받침하기 때문에 국가안보의 필수 요소이다. 우주 자산이 파괴될 수 있다는 두려움으로 인해 국가는 우주의 무기화를 포기할 수 없다. 생존에 가장 도움이 되는 행동은 상대방이 눈앞의 이익에 부합하는 즉시 속임수를 쓰거나 협조적인 합의를 어길 것이라는 비관적 가정이다. 비협조적 합의와 관련하여 가장 안전한 행동은 상대방이 허풍을 떨고 있다는 가정이다.

현실주의가 정보의 불완전함을 줄이는 데 관심이 없는 것은 아니다. 다만 현실주의에는 존재론적으로 내재된 불신의 역할과 행동이 학습으로 변화하지 않는다는 믿음이 있다. 현실주의와 자유주의의 차이는 학습에 기인한 측면도 있다. 자유주의는 합리적 결정을 내리기 위해 학습의 역할을 강조한다. 비록 정보가 불완전하더라도 학습을 통해 불확실함을 완화하고 협력적인 의사결정을 수행할 수 있다. 상호 작용에서는 의도와 행동이 장기간 반복되며 지식과 학습이 중요한 역할을 할 수 있다. 반면 현실주의는 상호 작용에서 지식을 중시하진 않으며 학습을 제한적이라고 인식한다. 따라서 현실주의는 불확실성을 합리적 평가나 확률적 추론이 아니라 힘과 능력으로 완화시키고자 한다.[14]

미국과 소련 사이에 우주 경쟁이 시작된 때부터 우주 영역은 지구상 전쟁과 전략에서 우위를 제공할 수 있는 잠재적 전장으로 간주되어 왔다. 고대로부터 높은 지대는 적을 감시하고 아군을 통솔하기 쉬웠기 때문에 이를 점령한 측에게 전술적 우위를 가져다주었다. 항공력의 발전은 높은 지대의 이점을 공중으로 확장시켰다. 현대전에서 국가들은 지상과 해양을 지원하기 위해 공중 우세를 중요하게 여겼으며 공군을 강화해 왔다. 항공력이 우세한 국가는 감시정찰과 공격에서 전략적 이점을 가졌다. 앞으로는 우주 영역을 통제할 수 있는 국가는 지구상 전쟁에서 전략적 우위를 갖게 된다. 이미 우주는 궁극의 고지대(ultimate high ground)로 인식되어 군사적 경쟁이 치열하다. 많은 국가들이 지구 궤도에 감시정찰위성을 올려서 상대방을 감시하고 있으며 우주에서 군사력을 발전시킴으로써 상대방을 억제하고자 한다. 이제 우주 우위를 차지하는 국가가 지구상 전쟁과 전략에서 유리하다는 점은 분명하다.

현실주의는 고지대로서 우주의 중요성뿐 아니라 우주 영역을 통제하는 능력도 강조한다. 현실주의는 역사적으로 해양력과 항공력이 발휘해 온 효과에 주목한다. 국가는 힘의 우위를 달성하기 위해 끊임없이 군사력을 발전시켜 왔으며 국가이익을 추구했다. 해양전략학자 알프레드 마한(Alfred Mahan)은 영토가 아무리

넓더라도 공략하기 좋은 전략적 요충지가 있다고 주장한다. 마한은 영토를 둘러싼 해양 요충지는 군사적, 경제적(무역)으로 중요한 영향을 끼치며 영토를 통제하는 데 도움이 된다고 봤다. 하포드 맥킨더(Halford Mackinder)도 해양과 대륙을 통합하여 통제할 수 있다면 분명한 지배력을 갖게 된다고 주장했다. 맥킨더는 국가가 전략적 위치를 통제할 수 없다면 상대방이 그렇게 하지 못하도록 거부해야 한다고 주장한다.

이처럼 현실주의는 지구상 전략과 마찬가지로 지리적 요충지 개념을 우주 영역에도 적용한다. 우주 안보에서 지구 궤도는 전략적 요충지이며 궤도를 통제할 수 있으면 우주 영역에서 우위를 달성하기 쉽다. 우주 통제에 있어서 방어적 현실주의자들은 방어적 우주력을 강화하여 궤도 내 공격을 억제하거나 방어하는 전략을 지지한다. 반면 공격적 현실주의자들은 궤도의 접근과 자유로운 활동이 가능하도록 우주의 무기화를 강화하는 전략을 지지한다.

### 자유주의 이론과 우주 안보

자유주의 이론은 현실주의 이론보다 우주 안보환경에 낙관적이다. 그렇다고 국가들이 우주에서 무조건 협력하거나 선한 본성에 영향을 받을 것이라고 보진 않는다. 자유주의는 우주 안보에서 국가들이 이기적으로 행동하고 갈등을 일으키는 것은 잘못된 제도나 구조 때문이라는 입장이다. 이처럼 자유주의 이론은 국제체제의 무정부성 속에서도 국가 사이에 상호 이익과 협력의 가능성을 높게 본다.

자유주의는 몇 가지 가정에서 출발한다. 첫째, 자유주의는 우주 안보의 주요 행위자가 국가라는 점에 동의하지만, 우주 기업, 국제기구 등 비국가 행위자의 역할이나 영향력도 중요하게 다룬다. 둘째, 자유주의는 우주 안보를 결정하는 국가가 합리적인 단일체가 아니라 그 속에 다양한 행위자들을 포함한 집합적 존재로 본다. 셋째, 자유주의는 우주 안보를 둘러싼 국가이익에서 군사적 문제만큼 경제적 이해관계도 중요하다는 입장이다. 따라서 자유주의 이론은 우주 안보에 대해 다자적 협력이나 절대적 이익을 옹호하는 반면 현실주의 이론은 권력 추구와 상대적 이익을 추구한다.

자유주의 이론은 우주 안보를 위한 힘의 균형이 전쟁을 방지하기보다는 전쟁을 초래하는 위험한 제도이고, 동맹은 국가들이 자신들의 의사와는 달리 전쟁에 끌려 들어가게 하는 제도라고 본다. 자유주의는 현실주의 이론에서 우주 영역의 안정을 보장하는 힘의 균형이 실제로는 안정을 보장하기보다는 군비경쟁을 야기하고 갈등을 증폭시킨다고 비판한다. 대신, 자유주의 이론은 집단안보 체제를 선호한다. 집단안보 체제는 체제 내의 한 국가에 대한 공격을 체제 내의 모든 국가에 대한 침략으로 간주하고, 침략자에 공동으로 대항하는 체제로서 잠재적 침략자에게 전쟁 승리를 쉽게 기대하지 못하게 만들어 전쟁을 방지하는 체제이다.

자유주의 이론은 무정부 상태에 대한 현실주의 해석을 비판한 존 로크(John Locke, 1963~1704)의 사상에 기반한다. 로크는 자연 상태가 전쟁 상태는 될 수 있지만 홉스가 가정한 것보다 본질적으로 평화롭고 안정적이라고 본다. 무정부 상태는 이성의 자연법이 지배하므로 모든 사람을 이성적 행동으로 유도한다. 이성은 개인의 생명, 건강, 자유, 소유에 대한 권리와 이해가 상호적이라는 인식을 바탕으로 한다. 즉, 다른 사람이 자신의 권리를 인정하면 나도 다른 사람의 권리를 인정하는 것이 이성의 역할이다.

이러한 자연법이 위반될 때만 홉스가 말한 전쟁 상태가 되며 폭력이 허용된다. 홉스는 자연 상태에는 법이 없으며 무정부 상태가 순수한 자유 상태라는 인식에서 비롯된 끊임없는 권력 의지만 존재한다고 주장한다. 반면 로크는 인간은 자연 상태에서도 자연법을 따르며 이를 위반할 때만 전쟁 상태가 될 수 있다고 본다. 자연 상태에서 인간은 자유롭게 자신의 소유물을 처분할 수 있지만, 자신과 남을 파괴할 자유는 없다고 주장한다.

로크의 사회계약론은 임마누엘 칸트(Immanuel Kant, 1724~1804)가 주장한 영구평화로 연결된다. 칸트는 국가가 정치 행위자들이 폭력을 피하도록 설득하고, 정치 행위자들이 협력하도록 강요하는 이성의 명령을 준수하면 영구평화에 이를 수 있다고 믿었다. 칸트는 영구평화의 세 가지 조건으로 모든 국가가 공화주의 헌법을 채택하고, 모든 공화국이 결합하여 국가 연합을 구성하며, 모든 공화국의 사회 의식이 국제적이어야 한다고 했다. 비록 칸트의 조건은 현실적 제약이 있지만 논리는 명쾌하다. 20세기에 확산되었던 민주평화론과 맞물려 칸트는 공화국이야말로 국민의 위험을 스스로 결정하기 때문에 자제력을 더 많이 발휘한다고 봤다.

국제적으로 공화주의가 보편화되면 국가들은 국제적 연합을 통해 전쟁을 금지할 수 있다고 믿었다. 이러한 국제적 연합은 통합과 평화의 규범을 내재화할 것이며, 모든 공화국 구성원들도 국가보다 인류 전체를 더욱 동일시함으로써 상대방에 대한 공감을 확대할 수 있다. 칸트의 문제의식은 대인 관계의 윤리가 합리적이고 호혜적이며 보편적이어야 한다는 인식에서 출발한다. 윤리는 성별, 인종, 계급, 성적 지향 및 기타 모든 좁은 의미의 정체성 정치와 무관하다. 이를 국제정치로 확장하면 윤리는 초국가적이며 공화국의 도덕적 특권은 다른 공화국을 동등하게 여겨야 한다.

자유주의 이론과 현실주의 이론의 긴장은 20세기 초 국제질서에 대한 다른 설명에서도 나타난다. 현실주의는 1, 2차 세계대전 발발에 주목하지만, 자유주의는 전후 국제기구의 창설에 주목한다. 국제기구는 안보, 경제, 사회 등 국가 간의 협력을 촉진하기 위한 초국가적 제도로 정의되기도 하고, 물리적 실체를 가진 정치 공동체로 인식되기도 한다. 스티븐 크래스너(Stephen Krasner)는 국제기구를 레짐(regime)으로 정의하면서 특정 이슈에서 행위자들의 기대가 수렴되는 원칙, 규범, 규칙, 의사결정 절차라고 밝혔다. 자유주의 이론은 1980년대 신자유주의적 제도주의(이하 신자유주의)로 발전하였다. 신자유주의는 국제문제와 연관된 국제기구나 제도에 국가들이 얼마나 참여하는지 경험적으로 설명하고자 했다. 신자유주의는 경제적 상호 의존과 협력이 기업과 같은 비국가 행위자에게 효율적이라는 주장을 국제기구에도 적용했다.

우주 영역에서도 자유주의는 민간, 상업 및 군사의 평화적 활동을 촉진하기 위해 국제기구를 중시한다. 자유주의자에게 우주는 국제 수역, 국제 공역, 남극대륙처럼 공통의 이익을 위해 규정된 영역이다. 우주 영역은 모든 인류의 공동 유산이므로 국가 주권과 독점의 대상이 아니라는 가정이다. 따라서 자유주의는 우주 영역을 국가 간 분쟁과 무기화로부터 배제해야 할 성역(Sanctuary)이라고 본다. 우주 영역에 배치되는 무기들은 정찰위성과 같이 상대방을 감시하고 전쟁을 억제하는 데 활용해야 하며, 이를 통해 국가안보를 달성할 수 있다고 주장한다. 그 이상으로 우주 안보를 위한 무기화는 금지되어야 하며 오히려 국가안보에 부정적이다. 우주 안보에 대해 자유주의자는 우주 조약과 같은 국제레짐을 지지하며 우주를 글로벌 공공재로 인식한다. 글로벌 공공재로서 우주는 인류의 공동 유산이며 평화적 목적으로 활용되어야 한다. 모든 국가는 국제레짐의 원칙을 준수하는 범위 내에서만 합법적으로 군사력을 배치해야 한다.

자유주의와 현실주의가 갖는 우주 영역에 대한 존재론적 해석의 차이는 우주 안보에 대한 제안에도 차이를 만든다. 자유주의자는 우주 영역을 위협 없는 성역으로 보지만, 현실주의는 우주 영역을 안보 문제의 장으로 본다. 우주 조약은 우주의 평화적 탐사와 이용을 '모든 인류의 공동 이익'으로 명시한다. 이를 근거로 우주 영역을 고대로부터 내려온 공동의 유산(res communis)이라는 입장이다.[15] 이처럼 우주 영역과 같은 글로벌 공공재에서는 어떤 국가도 항행의 자유를 누릴 수 있으며, 잠재적인 위협에서 자신을 보호할 수 있어야 한다. 우주 영역은 경쟁과 갈등이 내포되어 있지만, 표면적으로 광활한 중립 지역으로 인식된다.

반면 우주 안보에 대한 현실주의 입장은 우주 영역을 글로벌 공공재로 보지 않는다. 실제로 미국, 중국 등은 표면적으로 우주를 글로벌 공공재로 인정하지만 최근 몇 년 동안 우주에서 전략적 위치를 강화하고자 노력해 왔다. 2017년 말 미국 국가우주위원인 스콧 페이스(Scott Pace)는 "우주는 글로벌 공공재도 아니고 인류의 공동 유산도 아니며 공동체도 아니다. 미국은 글로벌 공공재가 우주의 법적 지위를 뒷받침하지 않는다는 일관된 입장을 취해왔다."라고 밝혔다. 이러한 입장은 우주에서 미국의 이익을 전략적으로 강화하려는 정치적 태도이며 현실주의 관점을 반영한다.

또 다른 쟁점은 우주를 평화적 목적으로만 이용하는 문제이다. 평화적 목적을 정의하는 문제는 유엔에서 1967년 우주 조약을 채택할 때, 미국과 소련이 가장 먼저 논쟁했던 이슈이다. 자유주의자들은 '평화적 목적'을 우주의 무기화에 대해 반대하는 것으로 정의하면서 우주가 성역이라는 입장을 지지한다. 반면 현실주의자들은 '평화적 목적'을 공격적이고 침략적 행위를 반대한 것으로 정의하면서 우주의 무기화는 국가안보에 이익이 되는 평화와 억제를 뒷받침한다고 주장한다. 실제로 우주 조약 제4조에는 핵무기 또는 대량살상무기의 사용, 천체에 군사기지 설치를 명시적으로 금지하고 있지만, 재래식 무기의 사용, 궤도상 군사기지 설치는 금지하지 않는다.

이처럼 우주 안보에 대한 쟁점은 분명하지만, 자유주의자들이 주장하듯이 우주 조약과 국제기구가 평화적인 우주 환경을 조성하는데 기여한 것도 사실이다. 자유주의는 상호 이해를 통해 각자의 절대적 이익을 높이도록 협력하며 국가 간 상호의존 관계를 중시한다. 미래 우주 안보의 협력도 우주 환경이 제공하는 높은 상호의존성 때문에 확대될 수 있다. 우주는 인간이 활동하기에는 적대적 환경이며 광활한 미지의 영역이기 때문에 특정 국가가 독점하거나 압도적 우위를 지속하기 어렵다.

자유주의와 현실주의에서 보는 우주 안보의 문제는 인식론적 차이에서도 나타난다. 국제체제의 무정부성은 다양한 불확실을 일으키는 구조적 원인이다. 국가가 이러한 불확실을 어떻게 해석하는지에 따라 다르게 행동할 수 있다. 자유주의는 국제체제의 불확실에 대해 낙관적 인식을 보이지만 맹목적인 신뢰를 추구하진 않는다. 자유주의는 불확실성 속에서도 실행 가능성 측면에서 상대방의 의도를 파악하고자 합리적 평가를 추구한다. 상대방과 협력을 추구할 수 있는 안정된 상황이라면, 상대방이 약속을 지킬 것이라고 본다. 자유주의는 현실주의의 회의론이 직관적이지 않으며 오히려 불안, 군비경쟁, 갈등을 초래하는 원인이라고 비판한다.

이처럼 자유주의자들은 어떤 상황과 상대방의 어떤 의도가 우주 안보를 위협할 것인지 의심하는 대신, 실용적이고 협력적인 현상 유지를 선호하며 국제적 협력체제를 확립하고자 한다. 예를 들어 우주 조약은 미국과 소련 사이의 적대감에도 불구하고 냉전기 국제협력과 군비통제에 대한 공감대를 형성하는 데에도 도움이 되었다. 현실주의자들은 상대방의 의도에서 두려움을 찾지만, 자유주의자들은 상대방의 합법적 의도를 수용하며 우주 조약이 국가의 행동을 제약하는 법적 문서라고 본다.

## 구성주의 이론과 우주 안보

구성주의 이론은 우주 안보에 대해 고정된 입장을 갖지 않는다. 구성주의는 우주 안보를 결정하는 국가, 비국가 행위자의 인식과 이들 사이의 상호 작용에 의해 우주 안보환경은 물론 행위자 자신도 달라질 수 있다는 점에 주목한다.

구성주의 이론은 다음과 같은 특징을 갖는다. 첫째, 국가의 정체성이 우주 안보정책을 결정할 수 있다. 현실주의나 자유주의가 국가의 판단과 행동을 단순히 물질적 이익과 위협의 계산 논리로 분석하고 예측하는 데 반해, 구성주의는 국가의 정체성을 국가이익을 결정하는 설명 변수로 제시한다. 국가의 정체성이란 다른 국가와 비교하여 자국에 대해 갖게 되는 인식을 의미하며 역사적 경험, 주변국과 상호작용, 국내 사회문화의 변화 등에 영향을 받아서 형성되고 변화한다. 국가의 정체성은 흔히 국가 지도자나 국민들이 자신의 국가를 어떤 국가로 인식하는가, 국가이익을 무엇으로 인식하느냐의 기준이 되며 이로 인해 다른 국가와 다른 정책을 선택할 수 있다.

즉, 국가 지도자나 국민들이 자신의 국가를 어떤 국가로 보느냐에 따라 무엇이 국가이익에 해당하고 우주 안보정책을 선호할 것이며 특정 정책에 따르는 제약을 어떻게 판단할지에 대해 완전히 다른 생각을 가질 수 있다. 예를 들어 고대 그리스에서 쇠퇴하던 스파르타는 펠로폰네소스전쟁이라는 선택을 했지만, 1980년대 쇠퇴하던 소련은 평화적으로 현실과 타협했는데, 구성주의자들은 스파르타와 소련의 정체성, 국가이익에 대한 인식의 차이로 다른 선택을 했다고 본다. 또한 넓은 영토와 부강한 경제력을 갖고 있어도 캐나다처럼 평화로운 국가로 남을 수 있고, 작고 후진적이어도 북한과 같이 끊임없이 국제사회에 도전하는 국가가 될 수도 있다. 물론 이 정체성은 국제적 문화, 국내 사회의 변화, 역사적 경험, 다른 국가와 상호작용 등을 통해 변화할 수 있고 그에 따라 그 국가의 안보정책을 크게 바꿔놓을 수 있다.

둘째, 타국을 적으로 볼 것이냐 아니면 동지로 볼 것이냐는 문제도 정체성과 상호인식에 따라 달라질 수 있다. 현실주의는 강력한 국가에 대해 일단 불신과 불안을 가지고 대비해야 한다고 이야기하지만, 구성주의는 그 국가가 어떤 정체성과 어떤 목표를 갖고 있는지, 그리고 우리나라를 어떻게 보는지에 따라 해당 국가에 대한 판단이 달라질 수 있다고 본다. 어느 국가를 위협적이라고 볼 것인가의 문제뿐 아니라, 어떤 국가와 친구가 될 것인가의 문제도 마찬가지이다. 동맹 파트너의 선택이나 안보 협력 참여에 있어서 얼마나 정체성을 공유하고 있는지, 공통의 인식을 갖고 있는지는 중요한 결정요인이 된다.

셋째, 우주 활동의 역사적 경험과 사회적 상호작용의 영향을 통해 형성된 관념이 국가의 전략적 사고방식을 결정할 수 있다. 실제로 국가가 안보를 극대화하려는 결과가 모두 군사적 균형으로 나타나는 것은 아니다. 이처럼 국가마다 우주력을 사용하는 특정한 사고방식의 차이가 국가의 행동을 결정한다는 입장이 전략문화(strategic culture) 연구자들의 주장이다. 냉전기 상호 핵 대치 상황에 있었던 미국과 소련의 차이를 그 예로 들 수 있다. 미국은 사상자 발생을 꺼리는 정치문화로 인해 억제 전략을 선호한 반면, 역사적으로 잦은 외침을 겪은 소련은 선제공격을 강조했다고 본다. 이러한 전략문화는 그 국가의 역사적 경험, 국가 정체성, 지배적인 정치철학, 정치·군사조직 문화 등에 의해 형성된다.

넷째, 국제적 규범이 국가의 안보정책에 영향을 미칠 수 있다. 현실주의자들은 국가이익을 위해서라면 아무렇지 않게 냉혹한 행동을 취할 수 있고, 또 취해야 한다고 이야기하지만 구성주의는 국가가 이익만을 생각하는 게 아니라 규범을 익히고 따를 수 있다고 주장한다. 구성주의가 이야기하는 규범이란 '주어진 정체성에 따른 적절한 행동에 대한 기대'이다. 물론 개인이 국내의 사법제도에 예속되는 만큼 영향력을 갖지는 않지만 규범은 어떤 행동이 가치가 있다고 여겨지며 어떤 행동이 나쁘다고 여겨지는 지를 국가들에게 제시함으로써 국가의 행동과 정체성을 변화시킬 수 있다. 예를 들어, 어떤 나라에 대량학살이 발생했을 때 자국에 이익이 되지 않는데도 인도적 개입을 시도하는 것은, 인도적 개입의 규범이 그 국가의 지도자와 국민들에게 가치 있는 행위로 여겨지기 때문이다. 또한 자신을 문명국이라 인식하는 국가는 전쟁 중이라 하더라도 핵무기나 화학무기와 같은 대량살상무기를 사용하지 않는다는 암묵적 규범을 지키려 한다.

이처럼 구성주의 이론은 우주 안보에서 힘이나 이익과 같은 물질적 요인보다 관념(아이디어)과 같은 비물질적 요인을 중요시한다. 구성주의는 우주 안보라는 사회적 현실을 주어진 것으로 간주하지 않고 국가, 비국가 행위자들의 상호 작용에 의해 만들어지고 달라진다고 본다. 이로 인해 국제질서도 달라지고 행위자들의 속성, 제도, 구조도 달라진다는 입장이다. 현실주의와 자유주의에서 가정하는 국제체제의 무정부성도 구성주의는 처음부터 고정된 것이 아니라 국가 간의 상호 작용에 따라 변화할 수 있다고 본다. 예를 들어 우주 안보를 둘러싼 국가 간의 경쟁이나 갈등도 처음부터 주어진 것이 아니라 역사적 상호작용 속에서 만들어진 현실이며 이러한 현실은 얼마든지 변화할 수 있다는 것이 구성주의 접근이다.

구성주의의 핵심은 물리적 요인이 아닌 문화적 인식, 정체성과 같은 관념적 요인이다. 현실주의는 힘의 분포라는 물리적 구조를 중요시하지만, 구성주의자는 인식과 같은 요소들로 구성된 관념적 구조를 더 중요시한다. 관념적 구조는 누가 누구를 위협적으로 또는 협력적으로 보느냐와 같은 상호 간 인식으로 구성된다. 국가가 어떠한 방향으로 행동하는 것은 국제체제의 구조적 힘에 의한 또는 이익 추구에 따른 것이 아니라 국가가 자신을 또는 상대방을 어떻게 인식하느냐가 더 큰 영향을 미친다. 정체성 역시 매우 중요한 요소이다. 자신을 어떻게 인식하느냐는 것은 국가의 행동에 영향을 미친다.

예를 들어 어떤 구성주의자는 유럽 통합이 가능했던 이유를 유럽이라는 하나의 집합적 정체성에서 찾는다. 구성주의에서 행위자의 정체성과 이익 역시 애초에 주어진 것이 아니라 만들어진 것이다. 국가 이익도 현실주의자들이 생각하는 것과 같이 고정된 것은 아니라 다른 국가와의 관계 속에서 얼마든지 새롭게 규정될 수 있다.

구성주의 관점을 잘 보여주는 사례는 중국의 우주개발이다. 중국이 목표로 하는 우주강국의 꿈(우주몽)이 관념적 요인을 강조하기 때문이다. 중국의 우주 프로그램은 중국 공산당이 목표로 하는 중화민국의 위대한 부흥이라는 중국몽의 일부이다. 또한 우주 정신은 애국심, 민족 존엄과 자부심 제고의 상징으로 표현된다. 중국은 과학기술 자립 강국이자 우주 강국 실현이라는 우주몽(宇宙夢)을 기치로 우주 분야 국제 교류와 협력을 주도하고자 노력 중이다. 실제로 중국은 우주정거장 운영과 국제달탐사기지 프로젝트를 추진하면서 다른 국가에게 중국이 가진 우주과학과 기술을 공유할 수 있다며 손을 내밀고 있다. 중국은 2024년 창어-6을 발사하여 세계 최초로 달 뒷면에 샘플 채취에 성공했는데, 이 샘플을 공유함으로써 국제협력에 활용했다. 2026년경 발사될 창어-7에는 러시아, 이집트, 바레인, 태국 등의 협력국 탑재물이 실릴 것이라는 보도도 있다. 이처럼 2030년까지 인간을 달에 보내고 2036년까지 달 남극의 연구 기지를 건설하겠다는 중국의 우주몽은 우주 기술을 주도하는 동시에 글로벌 우주 외교를 수행하는 역할을 하고 있다.

구성주의는 우주 무기화에 대한 인식에도 주목한다. 우주는 무기와 전쟁으로부터 자유로워야 한다고 주장하는 사람들은 다양한 이유로 우주 무기화를 반대한다. 일부는 1957년 스푸트니크가 여러 주권 국가 위를 방해 없이 지나는 순간부터 우주가 평화로운 통과 지역으로 확립되었다고 본다. 따라서, 우주의 평화로운 통과는 우주 무기로 인해 교란되어서는 안 되며, 교란될 수도 없다는 사실을 지적한다. 다만, 우주에 무기가 배치되면 우주에서, 혹은 우주로부터 전쟁이 일어날 가능성은 있다. 구성주의 이론에서는 역사적으로 무기의 확산이 분쟁을 일으키는 경향이 있는 반면, 무기의 제한은 전쟁을 막을 가능성도 높인다고 본다. 결과적으로 우주 강국들이 우주에서 무기를 줄이도록 노력하는 것이 중요하다.

이처럼 구성주의 관점이 현실주의나 자유주의보다 군비통제 및 규제를 더 강력하게 지지하지만, 그렇다고, 즉각적인 만병통치약과 같은 해결책으로 보지는 않는다. 다른 장기적이고 효과적인 접근 방식에는 국가 간의 광범위하고 지속적인 의사 소통과 정기적인 교류 및 접촉, 특히 공통된 담론, 문제 해결 및 공유된 정체성을 촉진할 수 있는 제도화된 환경도 포함된다. 이런 점에서 구성주의 이론은 국가 간의 반복적인 상호 작용을 통해 형성되는 집단적 정체성을 통해 우주에서 평화를 증진할 수 있다고 본다. 구성주의자들은 무기화가 자기 충족적 예언이 될 수 있기 때문에 위협과 같은 부정적이고 분열적인 용어를 제한하고자 한다.

정리하자면, 현실주의, 자유주의, 구성주의 관점은 우주 무기화 논의에서 다른 영향을 끼쳤다. 한 연구에 따르면, 우주 무기화 논의에 가장 영향력이 큰 것은 현실주의 관점으로 나타났으며, 조사된 우주 정책 중에 약 67% 정도에 해당했다. 현실주의적 주장에 기반한 정책 권고는 우주에서 국가 관계에 대해 더 비관적인 견해를 보이는 경향이 있으며, 많은 이들이 우주 전쟁을 불가피한 것으로 간주하고 국가 이익의 방어와 발전을 우선시하는 보다 공격적인 우주 무기화 태도를 권고한다. 대조적으로 자유주의와 구성주의 관점은 우주에서 국제 협력이 달성 가능하고 전쟁을 피할 수 있다고 본다. 이들은 현실주의와 같이 부정적이고 분열적인 논리가 자기 충족적 예언이 되어 우주 활동에서 협력을 훼손할 수 있다고 경고한다.

## 우주 안보 사례 분석 ①: 미중 우주경쟁의 국제정치

우주 안보를 분석하는 데 있어 어떤 요인을 중시하느냐에 따라 결과는 달라질 수 있다. 지구상 국제정치의 핵심 이슈인 미중 관계는 우주 영역으로도 확장되는 현실이다. 여기서는 국제정치이론의 관점에서 미중 우주경쟁을 살펴본다.

중국의 우주력 부상은 미국의 우주 안보에도 큰 위협으로 평가된다. 현실주의자들은 현재까지 우주 활동의 안정은 중국의 우주력 증강에 대응하는 미국 중심의 동맹 또는 협력 네트워크 때문이라고 본다. 즉, 중국의 우주력에 균형을 유지해왔던 미국의 대응 덕분이라는 분석이다. 그러나 중국이 지금보다 우주력을 빠르게 강화한다면, 기존의 힘의 균형이 깨질 수 있으며 우주 영역에서 불안정성도 커지게 된다. 이처럼 현실주의의 관점에서 본다면 우주 영역에서 중국의 부상은 분명한 안보위협이다. 비록 중국은 우주의 평화적 목적을 표방하고 있지만, 앞으로도 평화적 의도를 유지할 것인지 믿을 수 없기 때문이다. 우주력이 강화될수록 중국은 미국은 물론 주변국의 지구상 이익과 우주 영역에서 이익을 침해할 수 있으며 최악의 경우 주권과 특정 영역을 위협할 수도 있다. 이에 대해 현실주의자들은 미국의 우주력을 중국보다 우위에 있도록 강화해야 한다고 본다. 또한 미국 중심의 우주협력을 강화하고, 다양한 우주 활동에서 미국 주도의 역할 분담을 통해 우주 안보를 강화해야 한다는 입장이다.

자유주의자들은 현실주의자들보다 훨씬 낙관적인 전망을 한다. 자유주의는 미국과 중국이 광활한 우주 영역에서 협력할 수밖에 없으며, 이러한 협력이 경제적 상호의존을 강화함으로써 이익을 확대할 것이라고 본다. 또한 우주 활동은 국제협력이 더욱 효과적인 영역이므로 두 나라가 직면하게 될 갈등도 평화적으로 해결할 수 있는 가능성이 있다고 본다. 즉 양국은 상호 이익을 위한 제도나 규범을 통해 우주 활동에서 일어날 수 있는 오해나 우발적 충돌을 예방할 수 있다. 자유주의자들은 미국과 중국 사이에 분쟁 가능성을 배제하진 않지만, 우주 안보의 불안정을 중국의 비민주적 정치체제에서 찾기도 한다. 민주주의 체제와 달리 중국 지도부는 국내 문제를 해결하기 위해 우주 영역에서 군사적 행동을 선택할 가능성이 있다. 이러한 상황에 대응하기 위해 자유주의에서는 중국의 정치체제에 민주적 변화가 필요하며, 우주 안보를 위한 제도적 협력이 중요하다는 입장이다.

또한 미국과 중국이 우주 영역에서 선도적인 역할을 하고 있기 때문에 공동 안보의 입장에서 상호 취약성을 인정하고 협력을 통해 국가 이익을 보장할 수 있기를 기대한다.

구성주의자들은 미국과 중국의 우주 경쟁이 변화할 수 있다고 본다. 현재의 경쟁과 갈등 관계는 지구상에서 두 국가가 만들어온 역사적 상호 관계에 영향을 받았다고 본다. 따라서 미국과 중국이 우주 영역에서 새로운 관계를 모색하고 이를 행동으로 실천한다면 얼마든지 우주의 평화적 공존이 가능하다는 입장이다. 구성주의자들은 지구상의 미중 관계를 긍정적으로 평가하진 않으며, 우주 영역에서도 이러한 상황이 지속될 것으로 본다. 하지만, 현실주의나 자유주의와 달리 우주 안보환경을 고정된 것으로 보진 않는다. 구성주의자들은 우주 영역에 존재하는 국제 규범을 중국이 선택적으로 수용하거나 국가 이익에 따라 해석하는 것이 문제라는 입장이다. 미국과 중국이 아무리 강대국이라도 광활한 우주 영역을 독점하거나 막대한 비용을 계속 투입할 수는 없다. 따라서 미국과 중국이 우주 영역에서 운명을 짊어진 국가라는 집단적 정체성을 공유할 수 있다면, 현재보다 긍정적으로 변화를 기대할 수 있다. 지구 혹은 우주에서 미국과 중국의 협력은 상호 이익이 될 것이다. 구성주의가 중시하는 것은 이 과정에서 중국이 책임 대국이라는 정체성을 갖게 된다면, 중국도 우주의 평화적 이용에 기여하는 국가로 변화할 것이고, 미중 우주 안보도 안정적으로 유지될 것이라고 본다.

## 우주 안보 사례 분석 ②: 미래 우주전(space warfare)의 가능성과 위협[16]

국제정치이론은 우주 안보를 분석하는 유용한 관점을 제시한다. 이론은 복잡한 현상을 인과관계 중심으로 분석할 수 있으며 이를 바탕으로 미래를 전망할 수 있다는 장점이 있다. 국제정치이론으로 전망해 본 미래 우주전의 가능성은 언제 어떻게 일어날 것인가? 이론적 관점에서 우주전이 일어날 수 있는 조건을 살펴본다.

우주전이라면 무엇이 가장 먼저 떠오를까? 영화 『스타워즈』나 미국 드라마 『스타트랙』을 떠올리는 사람이 많을 것이다. 혹은 공상과학과 같은 먼 미래 이야기로 치부하기 쉽다. 그러나 우주전은 지금 당장 일어나도 이상하지 않다. 물론 영화나 드라마와 같이 우주비행체가 지상에서 곧바로 우주로 이륙하거나 우주 공간에서 레이저를 쏘는 우주전은 아니다. 우주전의 범위는 매우 넓다. 우주전은 우주가 지상, 해양, 공중과 교차하는 영역에서 일어날 수도 있고, 우주 내에서 운동성 타격, 사이버전, 전자기전으로 일어날 수도 있는 전쟁수행방식이다.

현재 우주전으로 인식되는 ASAT 공격은 적의 위성 운영을 중단시키기 위한 수단으로, 운동성 타격을 비롯해 방해, 거부, 기능 저하 등 다양한 효과를 발휘하는 방식이다. 이미 중국, 러시아 등 우주 강국들 중에는 지상기반 우주전 무기체계를 실전 배치한 국가들도 있다. 미국과 중국은 우주에서 상대방 표적을 찾아내어 임무를 방해하거나 공격할 수 있으며, 자국의 위성을 방어하고 복원할 수 있는 수준에 다가가고 있다. 2023년 미 우주사령부 데이비드 밀러(David Miller) 국장은 우주가 전투영역인지, 우주에 무기가 배치되었는지에 대한 논의는 이제 그만두어야 한다고 밝혔다. 우주전은 현실이므로 어떻게 억제할 것이며, 우주전이 일어났을 때 승리할 수 있도록 책임 있게 행동하자고 호소했다. 2025년 미 우주시스템사령부 전투종합실장도 우주전은 이미 현실이 되었다고 강조하는 강연을 하였다.[17]

그렇다면 우리가 우주전의 가능성을 진지하게 생각하지 않는 이유는 무엇일까? 당연히 전쟁이 일어나더라도 우주전보다 지구상 전쟁이 될 것이라는 생각이 앞설 것이다. 비록 우주 기술이 빠르게 발전하고 있지만, 대부분의 군사기술은 지구상 전쟁을 대비한 것이다. 우주전이 일어나더라도 지구상 전쟁의 일부이며 전략적 중심은 여전히 지구상에 있다. 게다가 우주 환경은 인간의 생존과 활동에 적대적이므로 인간이 참전하는 우주전의 가능성은 거의 없다. 이처럼 우주전을 제한하는 다양한 생각들은 이해할 수 있다.

하지만 우주전의 넓은 범위를 고려할 때, 우주전의 가능성을 배제한다면 미래전은 물론 현대전에서 치명적인 취약점이 될 수 있다. 실제로 우주 시스템에 대한 사이버 위협은 지금도 일어나고 있으며 운동성 ASAT보다 심각한 상황이다. 일반적으로 우주전은 우주 시스템을 보유한 국가 사이의 전쟁으로 생각하지 쉽지만, 사이버 공격은 우주 시스템을 갖추지 못한 국가도 상대방의 우주 시스템을 공격할 수 있는 방법이다. 사이버 공격은 세 가지 점에서 우주전의 가능성을 높인다. 첫째, 사이버 공격은 우주 시스템을 방어하기 위한 노력보다 훨씬 적은 비용이 든다. 우주 시스템에 대한 사이버 공격은 지구 궤도에 있는 위성이나 우주비행체를 직접 공격하는 것이라기보다 대부분 지상과 링크 부문을 대상으로 이루어진다. 게다가 우주 시스템은 대부분 지구상에서 원격이나 자율체계로 운영되므로 하드웨어보다 네트워크나 소프트웨어가 중요하다. 따라서 우주 시스템에 대한 사이버 위협은 기존의 사이버 공격 양상이 진화하는 만큼 높아질 수밖에 없다.

둘째, 사이버 공격은 운동성 공격보다 부담이 적다. 지구상에서 발사된 미사일이나 동궤도 위협은 탐지될 가능성이 높지만 사이버 공격은 피해 경로와 공격 원점을 파악하는데 오랜 시간이 걸린다. 이로 인해 사이버 공격에 대한 보복은 단행하기 어렵다. 또한 사이버 공격은 운동성 공격과 달리 우주 잔해물을 발생시키지 않기 때문에 부수적 피해를 감소시킬 수 있다. 사이버 공격은 우주 시스템에 오랜 기간 잠복해 있다가 필요한 시점에 활성할 수 있어 공격을 탐지하기도 어렵고 즉각적인 방어도 어렵다.

셋째, 사이버 공격은 우주력이 열세한 국가나 비국가 행위자도 강대국을 상대로 수행할 수 있다. 사이버 공격 주체는 국가에만 머물지 않으며 랜섬웨어와 같이 금전적 이익을 목적으로 하거나 정보를 획득하려는 비국가 조직이나 개인 해커들도 시도한다. 게다가 우주 시스템은 국가뿐 아니라 많은 민간 기업에서 운영하므로 사이버 공격에 따른 강대국의 피해는 우주 시스템에 의존하는 만큼 커질 수 있다. 따라서 우주력이 우세한 국가도 사이버 공격에는 더욱 취약할 수 있다. 미국과 같은 강대국은 우주 시스템에 대한 의존도로 인한 자국의 취약성을 최소화하는 데 전략적 중점을 두고 있다.

현실주의 이론에 따르면 국제체제의 무정부성으로 인해 모든 국가는 안보딜레마를 벗어날 수 없으며, 군비경쟁은 전쟁의 가능성을 높인다. 국제정치학자 로버트 저비스(Robert Jervis)는 이러한 논리에 동의하면서도 국제체제의 안정과 불안정만으로는 개별 국가의 전쟁 결정을 설명하기 어렵다고 비판했다. 즉, 무정부적 국제체제에서 안보딜레마는 피할 수 없는 구조적 환경이지만, 군사기술과 안보전략에 따라 전쟁의 가능성이 높아질 수도 있고 낮아질 수도 있다. 특히 저비스가 주목한 점은 국가가 갖춘 공격과 방어 능력, 그러한 능력을 상대방이 구분할 수 있는 정도였다.

구체적으로 두 가지 요건을 구분하였다. 먼저 공격 태세와 방어 태세를 식별할 수 있는가 아니면 식별하기 어려운가를 구분하였다. 다음으로 국가가 처한 상황이 공격에 유리한가 아니면 방어에 유리한가를 구분하였다. 저비스는 두 가지 요건에 따라 도출되는 네 가지 경우를 상정하고 각각의 위험을 분석했다.

첫째, 국가들이 처한 상황이 공격－방어 태세를 구분할 수 있고, 방어가 공격보다 유리할 때이다. 이때 국가들은 방어적 군사력을 증강함으로써 공격 의도가 없다는 의사를 전달할 수 있으며, 안보딜레마를 방지할 수 있다. 이 경우 국가들은 안보를 증진하고 전쟁 가능성을 낮출 수 있는 가장 안정된 상황을 조성하게 된다.

둘째, 국가들이 공격－방어 태세를 구분할 수 있고, 공격이 방어보다 유리할 때이다. 이때 국가들은 공격우위 상황이지만 방어적 군사력을 증강함으로써, 공격 의도가 없다는 의사를 전달할 수 있으며, 안보딜레마를 방지할 수 있다. 이 경우 국가들은 안보를 증진하지만, 전쟁 가능성은 남게 된다.

셋째, 국가들이 공격－방어 태세를 구분하기 어렵지만, 방어가 공격보다 유리할 때이다. 이때 국가들은 서로의 의도를 구분하기 어렵지만, 방어적 군사력을 증강함으로써 상대에게 공격 의도가 없다는 의사를 전달할 수 있으며, 안보딜레마를 낮출 수 있다. 이 경우 국가들은 안보를 증진하지만, 전쟁 가능성은 남게 된다.

넷째, 국가들이 공격－방어 태세를 구분할 수 없으며, 공격이 방어보다 유리할 때이다. 이때 국가들은 방어적 군사력을 증강하더라도 서로의 의도를 구분하기 어렵고 공격이 유리한 상황이므로 안보딜레마를 낮추기 어렵다. 이 경우 국가들은 안보를 증진하지만, 전쟁 가능성이 가장 높은 상황에 처하게 된다.

국가는 공격과 방어를 선택할 때 구조적 환경에 의한 불확실성과 인식의 한계를 경험하게 된다. 모든 국가는 안보와 이익을 극대화하기 위해 공격과 방어 중 선택하는데, 이 선택은 국가들 사이의 상호작용에 다시 영향을 끼친다. 이처럼 공격－방어 이론은 국가의 전쟁 결정이 군사적 능력과 의도에 따라 달라질 수 있음을 보여준다.

공격－방어 이론에 따르면 우주전의 가능성도 전망할 수 있다. 우주전의 가능성이 가장 높은 상황은 공격－방어 태세를 구분하기 어려운 불확실한 상황에서 한쪽 국가가 공격 우위에 있을 경우이다. 이 경우 공격 우위에 있는 국가는 언제든지 선제공격을 시도할 수 있다. 왜냐하면, 자국의 우위를 활용하지 않으면 나중에 상대방 국가가 유리한 상황으로 변화되었을 때 공격받을 수 있기 때문이다. 1차 세계대전의 발발을 설명하는 공격 우위의 신화도 이러한 논리이다. 당시 참전국들은 자국이 먼저 공격하지 않으면 공격받을 것이라는 인식과 함께 선제공격이 전략적으로 유리하다는 판단에서 전쟁에 뛰어들었다.

### 공격-방어 이론에 따른 안보딜레마 상황

| 구 분 | 공격우위 | 방어우위 |
|---|---|---|
| **공격/방어 태세 구분의 확실** | · 공격능력은 있지만 공격의도를 보이지 않아 안보딜레마가 없음.<br>· 공격의도를 보이지 않고도 공격이 유리하다고 인식하면 공격할 수 있음<br>· 공격의도를 보이지 않지만 상대방 위협에 대해서는 예방공격이나 선제공격을 경고하여 상대방을 억제 | · 방어능력이 있고, 공격의도를 보이지 않아 안보딜레마 없음.<br>· 방어능력을 강화하여 상대방을 억제<br>· 공격능력을 강화할 필요가 없으므로 공격능력을 갖출 경우 공격의도가 쉽게 드러남. |
| **공격/방어 태세 구분의 불확실** | · 공격능력이 있고 공격의도가 불확실하므로 안보딜레마 불가피<br>· 공격의도가 불확실하므로 공격능력을 강화하여 상대방 억제 | · 방어능력이 있지만, 공격의도가 불확실하므로 안보딜레마 존재(공격능력도 추구)<br>· 공격의도가 불확실하므로 방어능력을 강화하여 상대방을 억제 |

게다가 우주전은 공격-방어 태세를 구분하기 어려운 환경이다. 첫째, 우주 자산은 극한의 우주 환경과 우주 위험 속에서 언제든지 문제를 겪을 수 있는데 그 원인을 적의 공격과 구분하기 어려울 경우가 있다. 둘째, 대부분의 군사용 우주 자산과 상업용 우주 자산은 민군겸용으로 활용될 수 있기 때문에 상대방의 우주 능력을 평가하는데 한계가 있다. 셋째, 사이버 위협과 같이 우주 기술의 대부분은 공격과 방어의 이중용도이기 때문에 공격-방어 태세를 구분하기 어렵다.

공격-방어 이론에 따르면 안보딜레마 상황을 낮추기 위해서 국가는 방어 능력을 강화하고 이를 상대방이 신뢰하도록 전달해야 한다. 하지만 아무리 국가가 방어 능력을 강화하더라도 상대방이 이를 믿는다는 보장은 없다. 우주전에서는 우주 기술을 공격과 방어로 구분하기 어려울 뿐 아니라 의도성과 비의도성도 구분하기 어렵기 때문에 안보딜레마는 더욱 악화된다. 예를 들어 우주 자산에서 발생한 오류가 상대방의 의도적 행위인지 단순한 고장인지 구분하는 데 어려움을 겪을 수 있다. 유럽연합(EU)에서 실시한 위성항법체계(갈릴레오)에 대한 위협 분석에 따르면 2016년 2월부터 2019년 1월까지 갈릴레오에 대한 방해전파는 450,000회 이상 포착되었는데 이 중 중대한 영향을 준 것은 73,000회 정도였다. 그런데 전체 45만회 중 의도적인 방해전파는 59,000회로 분석되었다. 즉, 전체 87%가 의도하지 않은 영향일 수 있으며, 중대한 방해전파라도 다수가 의도하지 않을 수 있다. 비의도적 상황으로 국가 간 불신과 오해, 오판이 안보딜레마를 악화시킬 가능성은 상존한다.

만약 국가가 방어 능력을 강화하여 안보딜레마를 낮출 수 있더라도, 현실주의 이론에 따르면 국가들은 공격 능력을 갖출 수밖에 없다. 첫째, 사이버 영역과 마찬가지로 우주 영역에서 국가는 공격이 방어보다 성공 확률(우주 자산의 방어 능력은 충분히 개발되지 않았음)에서 높기 때문에 상대방을 억제하기 위해서는 공격 능력이 필요하다. 둘째, 현상유지 국가라도 상대방의 공격을 격퇴하고 기습에 따른 초기 손실을 만회하려면 공격 능력이 필요하다. 셋째, 동맹국 사이에 공약을 지키려면 공격에 가담할 수 있으므로 공격 능력이 필요하다. 넷째, 방어적으로 전쟁을 수행하더라도 전쟁이 장기화되거나 전황이 불리할 경우 국가 이익을 위해서는 공격 능력이 필요하다.

정리하면, 우주전은 상대방이 공격과 방어를 구분하기 어려울 때 일어날 가능성이 높다. 모든 국가는 방어적 우주 시스템을 갖추고 이를 상대방에게 전달함으로써 안보딜레마를 낮출 수 있다. 동시에 모든 국가는 공격적 우주 시스템을 갖추어야 한다. 우주 시스템에 대한 운동성 공격은 통제할 수 없는 잔해물을 확산시킬 수 있지만, 비운동성 공격인 사이버 위협은 이러한 우려에서 자유롭다. 특히 우주 시스템에 더 많이 의존할수록 사이버 공격에 대한 취약성은 더욱 높아진다. 따라서, 미래 우주전은 사이버 위협에서 시작될 가능성이 높다.

실제 우주 시스템에 대한 사이버 공격 사례를 살펴보자. 1999년 4월 영국 국방부는 군통신위성 스카이넷(Skynet)의 위치가 불규칙하다는 것을 확인했다. 확인된 현상은 렌섬웨어 해킹으로 밝혀졌다. 해커들은 위성 제어시스템 권한을 해킹하고 이를 대가로 돈을 요구했다. 해커가 위성시스템을 탈취하는 데에는 고도의 기술이나 비용이 필요하지 않았다. 2023년 DEFCON 해킹 컨퍼런스에서 화이트해커인 코쉬(Karl Koscher)가 수명이 다한 캐나다 방송위성(Anik FIR)을 실제로 탈취하는 시범을 보였다. 코쉬는 해킹에 필요한 무선 송수신장치(약 250달러)를 온라인으로 구매하고, 방송 업링크 라이센스(약 50달러)를 발급받는데 약 300달러만 들었다고 밝혔다. 이 시간에도 수명을 다한 많은 상용 위성들이 우주를 돌고 있으며, 지상에는 사용 후 방치된 송수신장치들이 많기 때문에 사이버 위협에 취약할 수밖에 없다.

위성의 기능을 파괴하는 사이버 위협 사례도 있었다. 1997년 해커들이 미국·독일·영국이 합작한 X선 위성 로셋(RoSat) 시스템에 침투한 사건이다. 해커들은 사회공학 해킹과 사전공격으로 위성을 통제하는 NASA 컴퓨터 암호를 획득한 후, 보안이 취약한 포트를 찾아 서버에 침투했다. 처음 해커들은 위성의 별추적(star tracker) 알고리즘을 일부 변경시켜 태양열에 노출되도록 만들어 위성을 과열시켰다. 당시 미국 고다드(Goddard) 우주비행센터 임무팀은 로셋 위성의 문제를 우발적 사고로 인식했다. 하지만 몇 개월 후 해커들은 다시 위성의 자세제어시스템 코드를 변경하여 위성의 자세를 태양 방향으로 변경했다. 이로 인해 1999년 2월 로셋 위성의 영상장비는 과열로 파괴되었다. 2008년 NASA 조사보고서에 따르면 로셋 위성사건은 러시아 해커의 소행으로 추정되며, NASA 네트워크에 침입하여 데이터를 유출한 정황도 확인되었다. 기능을 상실한 로셋 위성은 2011년 대기권에 재진입하여 소멸했다.

일반적으로 우주전은 우주 발사 능력이나 위성 보유국의 영역으로 여겨진다. 하지만, 이러한 능력이 부족한 국가들도 사이버 기술을 활용하면 우주 강대국을 상대로 공격을 감행할 수 있다. 우주 영역과 사이버 영역의 유사성도 우주전의 가능성을 높여준다. 우주 시스템에 대한 사이버 공격은 국가와 비국가 행위자에게 진입장벽이 낮다. 우주의 상업화와 민주화에 따라 많은 행위자들이 우주 시스템에 접근할 수 있기 때문이다. 우주 시스템은 물리적 연결보다 네트워크로 연결된 링크 부문에 의존하며, 지상국 임무 컴퓨터, 네트워크, 정보통신 기술을 활용하는 복잡성으로 인해 다수의 해킹 노드를 갖고 있다. 사이버 공격자들도 국가에 소속된 사이버 전사들 이외에도 사이버 범죄자, 고용된 대리인, 테러리스트 등 다양하다.

앞에서도 다룬 우주 해적 이슈도 해당된다. 물론 정규군이 대응하는 우주전과 해적 행위에 해당하는 비정규전은 차이점도 있다. 하지만, 우주전의 스펙트럼을 넓게 본다면 정규전부터 비정규전까지 다양한 우주전을 생각해볼 수 있다. 한쪽 끝에는 국가들이 지정학적 갈등에서 전략적 이익을 위해 서로의 위성이나 우주 자산을 공격하는 명백한 국가 간 전쟁이 존재한다. 실제로 미국 국방정보국(DIA)이나 국가정보국(DNI)에서 발행하는 우주 위협 분석에는 주로 미국에게 위협이 되는 대우주 무기와 이에 대한 취약성에 초점을 둔다. 특히 중국과 러시아는 물론 이란, 북한 등 잠재적 위협 국가의 우주 전쟁 능력도 다룬다.

우주전의 다른 끝에는 몸값을 위해 우주 화물을 훔치거나 우주 자산을 방해하는 악의적인 행위자인 해적 행위가 있다. 지구상 불법 행위가 우주까지 확대되면서 국가 간 전쟁으로 비화될 수도 있다. 인류 역사가 보여주듯이 해적 행위는 종종 군사 분쟁의 일부가 되기도 한다. 예를 들어, 18세기 영국 해적선은 영국 왕실의 지원을 받아 스페인 갤리온선을 공격했고, 약탈한 전리품을 왕실과 공유했다. 스페인은 영국 왕실에 문제를 제기했지만, 해적선은 영국 해군을 약탈하지 않았기 때문에 영국 왕실은 문제 삼지 않았다.

우주에서도 역사는 반복될 수 있다. 겉으로는 경제적 이익을 위해 미국 우주기업의 자산을 공격하는 범죄가 일어나겠지만, 실제로는 미국과 직접 싸울 수 없거나 위험을 회피하길 원하는 국가의 지원을 받는 사건이 있을 수 있다. 이러한 시나리오는 사이버 영역에서 이미 일어나고 있다. 외국 정부와 명백히 연관된 범죄 조직이 미국 방위산업이나 우주기업을 해킹하여 미국의 안보를 위협하고 있다. 미국 정부가 이의를 제기하더라도 해당 국가는 이를 전혀 몰랐고, 알고 있더라고 범죄 조직을 통제할 수 없다고 주장한다.

비정규전 관점에서 우주 해적 행위는 '간접적이고, 부인 가능하며, 법적으로 모호하거나 강압적인 수단을 통해 정치적 또는 군사적 목표를 달성하기 위한 형태'이다. 국가 이익과 국제 규범이 경쟁하는 국제적 다극 체제는 우주 해적 행위를 허용하는 환경이 될 수 있다. 우주 해적은 국가 후원자와 독립적으로 행동한다. 하지만, 상황에 따라 우주 해적은 우주에서 정규군과 함께 싸우는 비정규 전투원이 될 수도 있다.

2022년 시작된 러시아-우크라이나 전쟁은 이런 상황을 잘 보여준다. 우주 해적 행위는 용병이나 민간군사기업(private military company)도 포함된다. 러시아의 바그너 그룹은 용병처럼 활동했는데, 이들이 우주 지상국을 공격한다면, 우주전은 정규군과 비정규군이 혼합된 하이브리드전이 될 것이다.[18]

일상에서 가장 많이 활용되는 우주기반 통신 위성은 민간 비즈니스를 포함해 정부, 군사 사용자에게 광범위하고 다양한 서비스를 제공한다. 그런데 위성에 탑재된 제어 소프트웨어, 위성과 지구 기지국 간의 데이터 링크, 지상기반 데이터 네트워크와 이를 연결하는 모뎀 같은 장비 등은 해커들에게 매력적인 표적이다. 이처럼 우주 시스템에 대한 공격은 사이버 공간에서 시작될 수 있고, 사이버 시스템을 해킹하려는 시도는 우주에서 최적의 경로를 선택할 수 있다. 사이버 공격의 대상은 통신, 항법 등 핵심적인 우주 시스템이 될 수 있다. 공격자들은 위성 정보를 방해하거나 신호를 위조하여 장애를 유발할 수 있으며, 위성의 자세와 위치를 통제할 수도 있다.

위성 사이버 위협의 특징은 주로 지상국이나 지상장비를 관리하는 단말기 수준에서 해킹이 많다는 점이다. 보통 해커들이 공격하는 대상은 정부나 군의 지상국이지만 이를 직접 공격하기보다 우주 시스템 내에 상용 통신장비가 포함될 경우 여기서 취약점을 분석하고 해킹을 시도한다. 나아가 우주에 있는 위성의 경우 보안 업데이트가 어렵기 때문에 취약점이 다양한 해킹에 지속적으로 노출될 수밖에 없다. 특히 위성 시스템에 대한 침투는 가시선을 벗어나 운영되는 항공기, 선박 등의 위성 통신을 위협한다. 2018년 블랙햇(Blackhat) 컨퍼런스에서는 지상에서 해커가 위성안테나 소프트웨어의 취약점을 이용하여 항공기 내부 네트워크에 침투하여 기내 통신장치에 접촉할 수 있었다. 미국 국토안보부도 보잉 737 항공기에 원격으로 침투가 가능하다는 취약성을 확인한 적이 있다. 이들 취약성은 지상국과 연결되는 정보체계의 보안성 문제, 위성 본체와 지상국 사이의 채널 암호 보안성 문제, 위성 정보를 주고받는 연계 시스템의 보안성 문제, 연계 시스템별 단말기 자체가 가지고 있는 보안성 문제 등이다.

우주 시스템의 취약성은 사용자에만 머물지 않는다. 우주 산업과 개발 전체가 복잡하고 분산된 공급망으로 이루어지기 때문이다. 우주 자산을 연구개발, 제작 및 생산하는 연구소, 대학, 기업 등 수많은 행위자들이 해커에게 취약할 수 있다. 예를 들어 러시아는 우크라이나에서 활용하던 미국의 위성통신 기업 비아샛(Viasat)의 위성시스템에 침투하여 약 1개월 정도 위성통신과 인터넷을 마비시켰다. 당시 침투 경로는 비아샛 본사가 아닌 지상터미널을 관리하는 하청기업으로 이탈리아에 위치하고 있었다. 사이버 공격은 위성시스템 관리가 아웃소싱되는 상황에서 발생했는데 문제는 많은 중소기업들이 자체적으로 사이버 보안 문제를 인지하기 어렵거나 인지하더라도 충분한 인력과 기술을 투입하기 어렵다는 점이다. 중소기업 입장에서는 사이버 보안 강화를 위해 추가적인 시간과 비용을 지불하기 부담스럽다. 더욱이 새로운 보안 패치나 업데이트 자체가 제로데이(Zero-Day) 문제 등 오히려 해킹 취약점이 될 수 있다.* 그렇다고 공급망에 대한 사이버 보안 강화도 현실적으로 쉽지 않다. 사이버 보안만 강화하려는 조치들이 민간 기업을 포함한 우주 산업 전체에 필요한 정보 흐름과 네트워크 효과를 제약하는 부작용을 낳을 수 있기 때문이다.

이처럼 우주 시스템의 복잡한 공급망은 우주 자산의 개발, 관리, 활용, 소유부터 사이버 안보의 책임을 누가 맡을 것인지까지 다양한 문제를 일으킬 수 있다. 만약 단일 지점의 실패가 동일한 경로에서 반복된다면 우주 시스템은 큰 위협에 노출될 수 있다. 개발자, 생산자부터 사용자, 공급망까지 한번 공격에 노출된 우주 시스템은 큰 파급효과를 일으킬 수 있다. 그럼에도 불구하고 대부분의 우주 조직들은 우주 시스템과 일반적인 정보통신 시스템을 구분해서 관리하지 못하고 있다.

미래 우주전의 가능성이 사이버 위협으로부터 시작될 가능성이 높다면 어떤 대응이 필요할까? 공격-방어 이론에 따르면 공격과 방어 태세를 구분할 수 있는 상황과 방어 우위를 강화하는 것이 안보딜레마를 완화하고 우주전의 가능성을 낮출 수 있다.

첫째, 국제적으로 우주영역인식 능력을 강화하고 공유하는 네트워크를 발전

* 제로데이 문제는 취약점이 발견되었지만, 아직 취약점에 대한 패치(보안 업데이트)가 공개되지 않은 상태를 의미한다. "제로데이"라는 이름은 프로그램이 처음 공개된 당일과 같이 개발자나 사용자가 해당 취약점을 인지하고 패치를 개발할 수 있는 시간이 "0일(zero days)"이라는 의미이다.

시켜야 한다. 위성 배치와 이동, 우발상황, 대응조치 등 우주에서 일어나는 활동에 대한 정보를 공유하는 다자협력체계를 확립해야 한다. 다자협력체계는 동맹과 우방국을 중심으로 구축하되 진영 갈등을 넘어서 최대한 많은 이해관계국이 포함된 방향으로 확대해야 한다. 억제의 관점에서도 우주영역인식과 우주 포렌식(space forensic) 확대는** 우주에서 적대적이거나 불법적 행위를 식별하는 데 도움이 되며, 상대방을 억제할 수 있다. 현실주의 이론에서는 국가들이 이익의 불균등한 배분을 우려하는 환경에서 안보 불안도 높아진다. 상황을 더 비관하게 만들고 우세한 상대가 선제 공격할까 우려하게 되며, 선제 공격의 유혹에 빠질 수 있다. 따라서 우주 위협 상황을 국제적 우주영역인식 협력을 통해 신속하게 공유할 필요가 있다. 상대방은 적대적 행위에 대한 우주 규범과 국제적 대응을 다뤄야 하는 부담을 안게 된다. 또한 우주 외교의 확장은 국가들의 우주 활동을 공유함으로써 공격과 방어우위 상황을 인식하는 데 도움이 될 수 있다.

둘째, 우주 기술의 발전으로 공격과 방어를 구분하기 어렵더라도 우발적인 우주전 예방과 상대방의 억제를 위해 방어적 우주통제를 발전시켜야 한다. 특히 운동성 공격에 대한 피해는 우주 잔해물 등 더욱 치명적인 공동의 피해를 일으킬 수 있다. 따라서 우주 영역의 활동을 정확하게 인식할 수 있는 우주영역인식 능력을 발전시키고, 우주전을 예방할 수 있는 규범적 논의를 활성화시켜야 한다. 우주 활동에 대한 파악과 기록을 통해 미래에는 우주 활동이 국제사회에서 공유된다는 사실을 인식시켜야 한다. 여기서 방어적 우주통제는 우주 자산의 방호만을 의미하는 것이 아니라 상대방의 공격을 억제할 수 있는 복원력도 포함한다. 방호력과 복원력의 달성은 군사적 능력에 국한되지 않는다. 우주 안보를 위한 동맹 협력, 정부와 기업의 우주 협력을 포함한 통합적 관점에서 접근해야 한다. 러시아–우크라이나 전쟁에서 입증되었듯이, 우주력에서 상업 자산의 활용은 탄력적 아키텍처가 중요하다는 것을 보여준다. 실제로 2025년 기준 7,000개 이상 위성

** 우주 포렌식은 우주 활동과 관련된 특정 사건이나 활동에 대한 증거 수집, 분석 및 해석을 위한 과학적 방법이다. 예를 들어, 우주비행체 사고, 위성의 파손, 우주 활동에 따른 법적 문제 등이다. 우주 포렌식의 증거로는 우주비행체의 잔해, 위성 데이터, 우주 환경의 물리적, 화학적 변화 등이 포함된다. 또한, 우주 안보가 사이버 위협에 취약한 점을 고려할 때 우주 포렌식도 해킹, 사이버 범죄, 데이터 침해 등 디지털 사건에서 다루는 방법과 연관된다.

으로 구성된 스타링크의 위성통신 네트워크는 복원력을 통해 적의 공격을 더 어렵게 만들고 있다. 이처럼 방어적 우주통제는 안보딜레마의 불확실성을 완화하는데 도움이 된다.[19]

셋째, 우주—사이버 위협은 상업 우주 분야와 적극적인 협력을 통해 대응해야 한다. 상업 우주 분야는 우주에 접근을 다양화할 뿐 아니라 활용 범위도 확대한다. 우주 기업들은 우주임무에서 전 영역에 걸친 능력과 서비스를 제공한다. 상업 우주 분야가 제공하는 상품과 서비스는 많은 위성, 지상 단말, 데이터 및 정보 네트워크 등 광범위하기 때문에 군대도 우주 전략에 상업 역량을 통합하고 있다. 이미 우주 기업들은 상업 서비스를 의도적으로 제약하는 환경에서 운영한 경험을 갖고 있으며, 안정적 환경에도 익숙하다.

사이버 위협도 상업 우주분야에서는 새롭지 않다. 우주 기업들은 국가 및 비국가 행위자의 후원을 받는 해커들에 의해 지적 재산을 훔치거나 위성이나 지상국 성능을 떨어뜨리는 사이버 공격을 받고 있다. 따라서 상업 기업은 시장에서 살아남기 위해 사이버 보안에 민감하게 대응할 동기가 충분하다. 우주 자산은 군사용과 민간용을 구분하지 않고 군사적 공격의 대상이 될 수 있다. 상업 우주 시스템은 비용과 효율성을 우선하여 설계되기 때문에 안보나 안전에 취약하기 쉽다. 또한 상업 우주 시스템을 운영하는 주체는 각각의 역할에 따라 다수가 될 수 있고, 지상국, 개발자, 유지보수자 등 다수의 지역으로 책임이 분담될 수 있다. 우주 시스템에 대한 사이버 위협에 대응하기 위해서는 민간용과 군사용 사용자를 분리하는 것이 필수적이다. 군사용 시스템은 소유자가 누구인지를 토대로 해서는 안되며 사용자와 사용 영역에 초점을 두어야 한다. 또한 동맹국과 국제적 협력을 통해 최신 위협을 지속적으로 반영해야 하며 예방적이고 적극적 대응을 위해 대응 방법을 최신화해야 한다. 이런 점에서 미국 사이버사령부가 수행해온 헌트 포워드(Hunt Forward) 작전과 같은 방식으로 우주 자산에 대한 사이버 위협에 대비할 필요가 있다.[20]

# 현대전략과 우주 안보

## 우주 전략의 이해

우주는 전장이자 전략 공간이다.[21] 군사적으로도 우주의 유용성은 계속 심화되고 있다. 우주 자산은 가장 높은 위치에서 지구적 시야를 제공하기 때문에 전략적으로 우세하다. 또한 지구상 전쟁에서도 육군, 해군·해병대, 공군을 포함한 합동 군사력을 강화하고 군사작전의 효과를 증대시킬 수 있다. 우주 자산은 우세한 위치뿐 아니라 궤도상에서 지속적인 임무를 수행할 수 있으며, 은·엄폐가 불가능한 환경에서 활동하는 공개성을 특징으로 한다. 우세한 위치와 지속성 측면에서 보면 우주는 지구상 어느 곳이라도 군사적 활동을 할 수 있는 영역이다. 공개성 측면에서는 우주 영역은 적에게 기습을 허용하기 어려운 환경이다. 공개된 활동으로 인해 적은 기습과 공세적 행동을 취하기 어렵고 아군의 감시정찰로부터 완전히 벗어나기 어렵다.

우주 안보는 국가안보의 일부로서 국가이익과 가치를 보호하고 증진하기 위해 전략적으로 접근해야 한다. 이를 위해 대부분의 국가는 국가안보전략을 수립하여 목표－수단－방법의 체계를 구축함으로써 국력을 효율적으로 활용하고 미래 위협으로부터 국가안보를 달성하기 위해 대비한다. 우리나라도 국가안보전략과 함께 이를 국방 분야에서 실현하기 위한 국방전략을 수립했다. 그러나 우리나라의 경우 우주 안보를 지나치게 군사적 의미로 이해하는 경향이 있다. 실제로 우주 안보의 내용은 국가안보전략과 국방전략에서 별도로 다루지 않고 있으며, 합참 차원의 군사우주 전략에 머물고 있다. 우주 안보는 군사전략이나 국방전략의 일부가 아니라 국가 안보 차원에서 종합적으로 추구해야 한다. 미국의 우주 전략은 국가안보 차원에서 국방·정보 우주, 우주 경제, 우주 외교를 연계하는 방향으로 발전하고 있다. 우주 기업과 시장이 활성화되면 국방·정보 우주를 뒷받침하는 새로운 기술과 자산이 개발됨으로써 우주 안보위협에 효과적으로 대응할 수 있는 토대가 된다. 반대로 국방·정보 우주 분야가 창출하는 수요는 우주 상업 발전에 촉매가 될 뿐 아니라 수익 창출의 지속성을 보장할 수 있다.

우주 안보전략을 이해하기 위해 목표, 수단, 방법이라는 전략의 요소를 살펴본다.[22] 우주 안보전략의 목표는 국가안보를 달성하기 위한 우주 분야의 지향점 혹은 최종상태를 의미한다. 이런 점에서 우주 안보전략은 국방이나 군사보다 상위의 전략이라는 의미로 국가우주 안보전략이라고 표기하는 것이 정확하다. 국가우주 안보전략의 하위 목표는 국방·정보 우주, 우주 경제, 우주 외교라는 우주 안보의 세 가지 요소로 구성된다. 국방·정보 우주의 목표를 달성하기 위해서는 우주 영역의 국방·정보 전략이 필요하듯이 우주 경제와 우주 외교의 목표를 달성하기 위해서는 우주 분야의 경제전략, 외교전략이 요구된다. 이러한 하위 목표들은 상호 연계되면서 국가안보 목표를 달성하도록 종합되어야 한다.

우주 안보전략의 수단은 국가안보를 달성하기 위한 우주 분야의 군사력, 경제력, 외교력으로서 유형 또는 무형의 자산을 의미한다. 우주 전략의 수단으로서 군사력은 무기체계와 이를 운영하는 병력으로 구성되지만 육·해·공군과 비교해 병력의 규모는 상대적으로 적다. 우주에서 임무를 수행하는 우주 자산은 대부분 무인원격체계나 무인자율체계로 운영되며 이를 통제하는 인력은 지상통제소와 같은 지상 부문에 배치된다. 우주 전략의 수단으로서 경제력은 우주 산업 인프라와 우주 상업 활동으로 이루어진다. 우주 분야의 경제력은 국가경제를 촉진하는 동시에 국방·정보 우주력 강화에 필요한 비용을 뒷받침한다. 끝으로 우주 전략의 수단으로서 외교력은 국제적 규범과 규칙 형성에서 보여주는 리더십, 동맹 및 우방국을 바탕으로 결성된 다자협력관계를 의미한다. 우주 외교는 한 국가가 달성할 수 없는 우주 분야의 안전, 안보, 지속가능성을 추구하는 장이다.

끝으로 우주 전략의 방법은 국가안보 목표를 달성하기 위해 가용한 우주 자산을 활용하는 개념을 의미한다. 만약 동일한 목표와 수단을 갖춘 국가가 있더라도 공격적으로 활용할 것인가 방어적으로 활용할 것인가에 따라 우주 전략은 달라진다. 우주 전략의 방법이 효과를 거두려면 전략의 목표가 국가안보 상황과 연계되어야 하며, 전략의 수단이 질적, 양적으로 방법을 구현할 수 있어야 한다. 예를 들어 비대칭 전략을 선택한 국가는 상대방에 비해 우주 자산과 기술에서 군사적 열세, 우주 산업과 상업에서 경제적 열세, 국제적 영향력에서 외교적 열세에 처하더라도 사이버 공격이나 우주 핵폭발로 충분히 상대방을 억제하거나 강압할 수 있다. 전략의 요소에 대해 아서 리케(Arthur Lykke)는 목표, 방법, 수단을 종합적으로 고려해야 비로소 전략을 이해할 수 있으며 전략의 요소가 균형을 이룰 때 전략적 성공도 달성할 수 있다고 지적한다.

### 억제와 우주 전략

현대전략에서 논의되는 우주 안보의 가장 중요한 이슈 중 하나는 핵억제 전략의 변화이다. 핵무기의 등장은 이미 우리에게 많은 모호한 질문을 제기하였다. 핵무기의 사용을 허용하는 교리나 원칙이 수립될까? 전면전이나 상호파괴에 직면하지 않고 정치적 목적을 위해 핵무기를 사용할 수 있는가? 핵무기를 통제된 범위나 전술적 수준에서 사용할 수 있는가? 전략가들도 확신에 찬 대답을 내놓지 못했다. 핵무기의 엄청난 파괴를 통제하지 못하면서 핵전략의 목표는 억제가 되었다. 억제 전략이 성공하기 위해서는 상대방의 심리에 대한 확신이 공격 능력만큼 중요하다. 그러나, 억제가 성공적이었음을 증명할 방법은 없으며 오늘날까지 검증할 수 없는 계산에 의존해 세계는 지속되어 왔다.

따라서 핵 강대국들은 능력을 강화하는 방법으로 상대방에게 확신을 심어주기 위해 노력해 왔다. 상대방의 선제공격을 견디고 반격할 수 있는 핵능력은 억제 전략의 핵심이었다. 비록 핵 강대국 사이에 작동했던 억제 전략은 이라크, 아프가니스탄, 베트남 같은 비핵국가들의 도전까지 억제하진 못했지만, 강대국의 핵전쟁은 억제했다. 나아가 전략가들은 불안한 핵 보복을 보완하기 위해 미사일 방어체계를 구축했다. 미사일 방어체계는 핵무기 사용을 더욱 신중하게 만들었으며 핵 교착상태를 통해 위기가 충돌로 치닫기 전에 정보를 더 수집하고 오해를 바로잡을 수 있도록 외교의 기회도 마련했다. 동시에 미사일 방어체계는 상대방이 이를 뚫을 수 있는 무기개발에 나서도록 자극했다. 결국 상호 간의 취약성이 억제 전략에 필수적이라는 합의가 이루어지면서 1970년대 전략무기제한협정, 탄도탄요격금지조약이 체결되었고, 이는 전략무기감축협정을 거쳐 1990년대까지 지속되었다.

이처럼 상대방을 완전히 초토화시킬 수 있다는 상호확증파괴 논리가 핵전쟁은 불가능하다는 인식을 확산시켰다. 하지만, 국민과 도시를 담보로 한 핵억제 전략은 불안을 해소할 수 없었고 이러한 딜레마를 해결하고자 군비통제가 추진되었다. 억제 전략이 위협을 통해 전쟁을 방지하는 것이라면, 군비통제는 무기를 제한하거나 제거함으로써 전쟁을 방지하려는 시도였다. 강대국은 자국의 책임과 통제를 강조하면서 핵무기가 확산되는 것을 막기 위해 비확산 체제도 발전시켰다. 비확산 체제는 핵무기의 개발 및 배치와 관련된 지식과 기술의 확산을 방지하기 위한 엄격한 조약, 기술적 안전조치 및 규정에 기반을 두고 있다.

지금까지 핵 억제 전략의 간략한 과정을 살펴봤다. 핵 억제 전략은 우주 전략과 어떤 관련이 있을까? 오늘날 핵 억제 전략은 다양한 도전을 받고 있다. 이미 강대국 중심의 핵 억제 전략은 북한, 파키스탄 등 다른 핵보유국을 적절히 억제하지 못하고 있다. 나아가 많은 국가들이 우주력을 발전시키면서 핵 억제 전략은 더욱 복잡해질 수 있다. 우주력이 강화되는 상황은 역사적으로 핵 억제 전략이 거쳐온 과정과 유사하다. 우선, 핵 억제 전략과 마찬가지로 우주 전략도 미국, 러시아, 중국 등 강대국이 능력과 활용 방법을 주도하는 상황이다.

강대국은 경쟁적으로 ASAT 미사일 실험을 수행해왔고, 그러한 능력을 갖추지 못한 다른 국가들은 시험할 수 없는 국제규범을 주도하고 있다. 핵확산금지조약(Non-Proliferation Treaty)*** 의 창설과 같은 논리이다. 우주력의 발전은 핵 억제 전략을 더욱 불안정하게 만들 수 있다. 조기경보위성과 같이 상대방의 탄도미사일을 감시하고 선제공격을 감행할 수 있는 능력이 발전할수록 상대방의 감시와 요격을 피할 수 있는 민첩한 미사일과 우주기반 발사 수단을 개발할 것이다. 핵 억제 전략이 상호 간의 취약성을 인정함으로써 유지했던 국가안보는 우주력이 약한 국가의 취약성만 부각시킬 수 있다. 이미 냉전 시기 미국과 소련은 상대방 군사위성을 공격할 수 있는 능력을 개발했지만, 신중한 입장을 유지했다. 군사위성의 임무가 핵 억제의 핵심 자산이므로 군사위성을 공격하는 것은 핵전쟁의 전조로 인식될 수 있었다. 실제로 레이건 행정부가 전략방위구상(SDI)이라는 우주기반 미사일 방어체계를 추진하자, 소련만 높아진 취약성으로 인해 선제 핵전쟁 가능성을 우려하는 목소리가 높았다.

*** 핵확산금지조약(NPT)은 핵무기의 확산을 막고, 핵 군축을 추진하며, 원자력의 평화적 이용을 증진하기 위해 체결된 국제 조약이다. 핵무기 보유국은 핵무기 비보유국에 핵무기나 관련 기술을 이전하지 않고, 핵무기 비보유국은 핵무기를 개발하거나 획득하지 않도록 규정한다.

우주 전략은 핵억제 전략과 역사적으로 연관성을 갖는다. 우주 전략은 지구 궤도를 중심으로 지구에 미치는 영향을 넘어 달과 같은 천체까지 확장된 능력을 다루는 개념으로 수립되어야 한다. 우주 전략의 방향은 우주영역 연결, 우주영역 접근, 우주영역 접근 거부의 세 가지가 핵심이다. 우주영역 연결은 우주 공간을 활용하여 아군의 통신 및 정보·감시·정찰 능력을 공유하고 중계하는 것이다. 이를 통해 적의 의사결정을 복잡하게 하여 작전수행 능력을 마비시킬 수 있다. 기본적으로 우주영역의 연결은 광활한 우주 내 분산된 아군 자산을 지휘통제하는 능력과 관련된다. 우주영역 접근은 우주영역인식 능력을 바탕으로 적의 전략 중심을 식별하고, 아군이 지속적으로 우주 영역에 접근할 수 있는 다양한 우주 자산 투사 능력을 구축하는 것이다. 국가의 독점이 허용되지 않는 우주에서 접근 전략은 적의 위협을 작전 영역 내에서 감시함으로써 확전에 대비하거나 적을 억제하기 위한 행동이다. 끝으로 우주영역 접근 거부는 우주기반 방어체계를 통해 지상에서 우주를 향하거나 우주 내에 존재하는 위협을 식별하고 우주통제 능력을 개발하여 적의 위협을 제거하고 마비시키는 것이다. 접근 거부전략은 손실된 아군 자산을 신속하게 복원함으로써 적의 위협을 거부하기 위한 행동이다.

앞으로 우주 억제 전략은 주요 국가들 사이에서 빠르게 발전하고 있는 우주 시스템, 이를 활용한 다양한 경쟁이 치열하게 전개되면서 체계적인 분석이 필요하다. 우주 안보 환경에서 억제의 개념은 전통적인 핵 억제와는 다른 차원의 복잡성과 다층적 접근이 필요하며, 국가안보전략의 틀에서 계속 재평가하고 발전시켜야 한다.

## 러시아-우크라이나 전쟁과 우주 안보

2022년 2월 시작된 러시아–우크라이나 전쟁(이하 러·우 전쟁)은 인공위성, 드론, 인공지능 등 첨단 기술이 전쟁 양상을 변화시켰다는 점에서 주목을 받아왔다. 특히, 러·우 전쟁에서 인공위성의 활용은 기상, 통신, 항법 등 기존의 군사 작전뿐 아니라 영상 정보와 우주·사이버 대응 등 다양한 분야로 확대되면서 전쟁의 승패에도 큰 영향을 끼쳤다.[23]

러·우 전쟁이 이렇게 장기간 지속될 것으로 예상한 의견은 거의 없었다. 러시아 군사력이 우크라이나를 압도했기 때문이다. 전쟁 개시와 함께 러시아는 우크라이나의 지휘통신을 차단하기 위해 미국 우주 기업 비아샛(Viasat)의 통신 체계에 대한 사이버 공격을 감행했다. 당시 우주 시스템에 대한 공격으로 비아샛 모뎀 4~5만 개가 파손되어 우크라이나는 약 1개월 정도 위성통신과 인터넷이 마비되었다. 이로 인해 우크라이나군이 사용하는 위성 통신이 대부분 중단되어 지휘 통제에 심각한 차질이 발생했다. 뿐만 아니라, 독일에서는 5,800개의 풍력 발전기의 원격 제어 시스템이 오작동을 일으켰다.

당시 침투 경로는 비아샛 본사가 아닌 지상터미널을 관리하는 하청기업으로 이탈리아에 위치하고 있었다. 공격자는 AcidRain이라는 와이퍼 멀웨어(wiper marware, 파일 삭제 악성코드)를 사용해 비아샛 모뎀의 플래시 메모리에서 주요 데이터를 덮어썼다.

**<그림 2> 비아샛(Viasat) 위성 시스템 침투 경로**

① 피싱, 기술 결함(update)을 활용한 암호, IP 주소 획득
② 인터넷을 통해 지상게이트웨이센터IP 주소 접속
③ 가상사설네트워크(VPN)방화벽에서 미패치된 취약점 활용
④ 위성으로 송출되는 스팟빔선택
⑤ KA-SAT을 통해 모뎀 접촉 설정
⑥ 모뎀관리 인터페이스 접속
⑦ 모뎀에 와이퍼 멀웨어(wiper malware) 업로드

이에 비해 우크라이나는 소련 시절 앞선 우주 발사체 기술을 보유하고 있을 뿐, 자체적인 위성 능력은 부족한 상황이었다. 이러한 상황에서 우크라이나에게 큰 도움이 된 우주력은 미국을 비롯한 서방 국가의 지원이었다. 우선, 러시아가 전쟁을 준비하고 있는 상황은 우주기업 플래닛 랩스(Planet Labs), 막사 테크롤로지

(Maxar Technologies), 블랙스카이(BlackSky) 등 고해상도 위성 정보를 통해 지속적으로 확인되었다. 이로 인해 서방 국가는 러·우 전쟁의 시작을 예상하고 있었다.

전쟁이 시작된 이후에는 SpaceX가 제공하는 스타링크 우주 인터넷을 통해 안정적인 통신을 유지할 수 있었다. 한때 우크라이나에는 스타링크 수신기가 15,000개에 이르고, 글로벌 스타링크 사용량에서도 약 58%를 차지한 적이 있다. 우크라이나에서는 전장에 분산된 스타링크 수신기를 유지 보수하기 위해 각지에서 민간 자원봉사자가 나서기도 했다. 이를 통해 우크라이나는 군사와 민간 기술 사이의 전통적인 장벽을 허물고 신속한 조달, 분쟁 대응 및 인프라 복원력을 달성했다.

전략적으로 복원력은 피해 상황을 원상태로 복구하는 것만 의미하지 않는다. 우주 시스템은 지구상과 달리 쉽게 대체하거나 오래 유지하는 데 어려움이 있기 때문에 우주 전략에서 복원력은 분리, 분산, 다양화, 확산, 기만 등 다양한 방법을 활용할 수 있다. 분리(disaggregation)는 같은 능력을 다수의 플랫폼에 탑재하는 방법으로 예를 들어, 하나의 센서를 저궤도, 정지궤도 위성 등 다양한 궤도에 배치하는 경우이다. 분산(distribution)은 같은 임무를 수행하는 동일한 플랫폼을 다수 운용하되, 마치 하나의 플랫폼처럼 운용하는 방법으로 예를 들어 같은 임무를 수행하는 군집 위성을 들 수 있다. 이 경우 일부 위성이 파괴되어도 다른 위성들이 임무를 지속할 수 있기 때문에 복원력을 높이게 된다.

다양화(diversification)는 서로 다른 임무를 수행할 수 있는 능력을 하나의 플랫폼에 탑재하는 방법으로 예를 들어, 하나의 중대형 위성에 통신과 감시정찰 탑재체를 모두 운용하는 경우이다. 확산(proliferation)은 같은 임무를 수행하는 다수의 플랫폼을 운용하는 방법으로 예를 들어, 탄도미사일 조기경보를 위해 지상기반 감시체계, 무인기 등 공중기반 감시체계, 위성 등 우주기반 감시체계 등을 중첩하여 운영하는 경우이다. 분리와 확산의 차이는 능력에 초점을 두느냐, 임무에 초점을 두느냐에 있다. 끝으로 기만(deception)은 상대방이 내 상황을 정확히 파악하지 못하도록 방해하거나, 틀린 상황으로 파악하도록 강요하는 방법으로 예를 들어, 다수의 위성을 동일하게 운용하여, 상대방이 서로 다른 임무나 능력을 아예 파악하지 못하게 하거나 동일한 임무나 능력으로 잘못 파악하게 만드는 경우이다. 분산과 기만의 차이는 임무 지속에 목적을 두느냐, 상대방 오인식에 목적을 두느냐에 있다.

스타링크는 우크라이나의 지휘 통제, 정보 공유, 드론 운용 등에 필수적인 역할을 수행하였으며, 러시아의 사이버 공격과 전자전에도 효과적인 방어력을 보여주었다.[24] 스타링크는 우주 통신과 인터넷만 제공하는 것이 아니다. 스타링크에 탑재된 형상 인식 AI '클리어 뷰(Clearview AI)'와 음성 인식 AI '프라이머(Primer)'는 정보 분석 효과를 향상시켰다.

클리어 뷰는 고성능 카메라로, 지상 물체의 형상을 인식해 분석한다. 예를 들어 지상에 있는 전차를 카메라로 포착해 전차의 모델, 제조국 등을 알아낼 수 있다. 이렇게 되면 러시아군용 장비가 전장에 나타났을 때 정확히 인식할 수 있고 곧바로 좌표를 확인하여 우크라이나군에 전달함으로써 거의 실시간으로 포격이나 드론 공격을 할 수 있다. 러·우전쟁에서 러시아군 기갑 차량이 대거 직격탄을 맞은 이유 중 하나다.

프라이머는 전장에서 러시아군의 통신을 감청하여 러시아군의 통신 내용을 분석한다. 특히 통신이 집중되는 지점을 특정함으로써, 러시아군이 집중된 지역이나 지휘통제소를 파악할 수 있다. 우크라이나군은 여기에 차륜형 다연장로켓인 하이마스(HIMARS, HIgh Mobility Artillery Rocket System)를 발사하여 다수의 고급 지휘관을 제거한 사례도 있다. 이렇듯 스타링크에 적용된 AI도 러·우 전쟁에서 큰 성과를 거두었다.[25]

이 밖에도 미국과 유럽의 우주 기업들은 고해상도 위성 영상을 통해 러시아의 이동, 배치, 공격 등을 실시간으로 감시하고 있다. 특히, 우크라이나 상황을 관측 중인 WorldView 위성 시리즈는 약 30cm 크기의 물체까지 구별할 수 있는 고해상도 영상을 제공한다. 2024년에 발사된 WorldView Legion은 총 6기로 구성된 차세대 지구관측 군집위성으로 미국 국가정찰국(National Reconnaissance Office)에 장기간 우주 정보를 제공하고 있다. 광학 영상으로는 불가능한 야간은 물론, 구름이 자주 끼는 우크라이나 기상에서 유용한 정보는 위성 레이더(SAR, Synthetic Aperture Radar) 위성이 제공한다. 카펠라스페이스(Capella Space), 아이스아이(ICEYE) 등 우주 기업은 SAR 위성 정보를 통해 러시아군의 이동이나 장비 활동, 연료 보급 작업과 관련된 정보를 제공하고 있다.

위성 정보는 군사 작전에만 활용되는 것은 아니다. 우크라이나에게는 국내외 여론과 지지가 필수적인데, 위성 정보는 러시아의 공격으로 인한 민간인 희생, 병원과 피난민 거주지 등 비인도적인 행태를 공개하는 미디어 역할이다. 예를 들어 2022년 부차(Bucha)와 마리우폴(Mariupol)에서 발생한 민간인 사상자에 대한 위성 이미지는 국제적인 분노를 불러일으키고 우크라이나 군대에 대한 지원을 증가시켜 외교 및 물자 지원을 강화했다.[26] 이처럼 우주 기업들은 지구관측 위성으로 촬영한 러시아군 관련 고해상도 사진을 연이어 공개하였는데, 그중에서는 러시아의 공격으로 우크라이나 수도 키이우가 무참히 폭격당한 모습이 위성사진으로 생생히 포착되거나, 도심 곳곳은 물론, 국경지대에서도 화염과 연기가 피어오르는 위태로운 상황도 포함되었다. 이처럼 우주 기업의 활용은 서방과 러시아의 우주 자산 활용에도 큰 차이를 만들었다. 실제로 러시아의 군사 위성은 100여 기로 미국 등 서방의 군사 위성 250여 기와 큰 차이가 없었지만, 상용 위성에서는 러시아가 70여 기인 것에 반해 서방은 5000여 기로 엄청난 차이를 보였다.

**<그림 3> Mariupol 극장 폭격, 앞마당에 쓴 러시아어 "어린이(Дети)"**

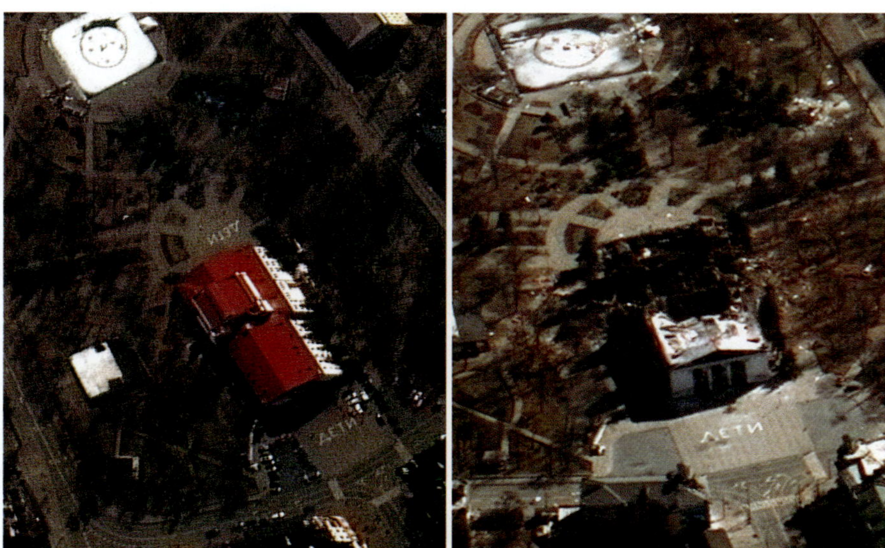


© Wikipedia Commons

이처럼 미국과 서방 국가의 우주기업이 우크라니아를 지원하자, 러시아는 이들 민간 우주기업의 지원을 적대적 행위로 규정하고 공격 대상이 될 수 있다고 위협하기도 했다. 실제로 러시아는 우주력을 공세적으로 운용할 수 있다. 2021년 저궤도 위성에 대한 직접상승 대위성(ASAT) 미사일 시험에 성공했으며, 지상기반 위성레이저추적(satellite laser ranging) 기술은 상대방 위성의 광학 센서를 방해할 수 있다. 러시아는 전자전 분야에서도 통신 및 항법 체계를 방해할 수 있는 다양한 능력을 보유하고 있다.[27] 개전 초부터 러시아군은 조기경보통제기나 정찰위성과 같은 정찰감시 수단의 SAR 전파 재밍용 크라슈하(Krasukha)-4와 통신방해용 R-330ZH 지텔(Zhitel)을 우크라이나 접경에 배치하였다.

**<그림 4> (좌) Krasukha-4, (우) Zhitel**

© Wikipedia Commons

다만, 이러한 지상 기반 대우주(counterspace) 능력을 제외한 러시아의 우주력은 부족한 것으로 드러났다. 러시아는 전자광학·적외선 정찰위성인 Persona, EMKA와 SAR 정찰위성인 Kondor-E1, FKA를 운영하고 있으나, 위성 수량이 부족하여 재방문 주기가 길고, 해상도가 떨어져 군사 작전에 기여도가 낮다. 또한 러시아는 지난 10년 간 통신 위성을 보강하여 서방과의 격차를 줄이고자 했다. 하지만, 이마저도 지상 단말기와 통신 속도가 4Mbps 수준으로 열악하고 통신 체계가 수직적 구조로 운영되고 있어 효율성이 낮다. 이로 인해 전쟁 기간 러시아군은 우크라이나의 통신·인터넷·전력 네트워크를 공격하였지만, 무차별적인 물리적 공격은 자제했다. 이는 러시아군도 우크라이나 지역에서 작전 수행을 위해 우크라이나의 민간 통신 네트워크가 필요했기 때문이었다. 서방 군사 전문가들은 러시아군이 대부분 특정 주파수 대역에서 암호화하지 않은 민간 통신을 사용한다는 사실에 놀랐다.[28] 러시아의 우주력 제한은 기존의 러시아 정밀타격 무기를 효과적으로 사용하지 못하는 부정적 순환이 되고 있다. 표적 지역에 대한 고품질 영상 정보를 매일 2회 이상 확보 중인 우크라이나와 비교해 러시아는 2주 당 1회 꼴로 영상 정보를 확보하는 상황이다.[29]

한편 러·우 전쟁은 우주기업의 활동과 국가안보 시장 창출, 우주기업에 대한 적대국 위협 등 우주 경제 측면에서도 함의가 크다. 냉전 시기 국가가 독점적으로 관리하던 우주 영역이 상업화·민주화되면서 국가와 비국가 행위자가 참여하며 경쟁하는 상황이다.[30]

러·우 전쟁에서 스타링크의 활용은 민간 기업이 전쟁에 개입하여 영향력을 행사할 수 있음을 보여주는 대표적인 사례이다.[31] 우주 기업의 부상은 우주 안보에서도 민주화를 촉진하지만, 동시에 우주 안보에 대한 새로운 과제를 제기한다. 우주 기업의 위성이 군사적 목적으로 활용될 경우, 소속된 국가의 책임은 어디까지인가?, 주권 영역에 해당하지 않은 우주 활동을 제한하는 것이 올바른가? 적대적 상업 위성에 대한 공격으로 발생한 잔해물 등 우주 환경의 위험은 누구의 책임인가? 우주의 평화적 활용이라는 국제 규범은 어디까지 적용되는가? 등 다양한 논란이 뒤따른다. 예를 들어 상업 위성의 군사적 이용에 대한 명확한 규범과 윤리적 기준 마련이 필요하다는 주장이 제기되고 있다.[32]

이러한 논란과 함께 러·우 전쟁의 결과는 자연스럽게 우주 정보를 둘러싸고 국가 대 국가, 국가와 기업 사이의 관계를 변화시키고 있다. 우주 기업들은 더욱 저렴하고 효율적인 위성을 개발하고 있으며, 민간 영역뿐 아니라 국가안보 영역에서도 수익을 창출하고 있다. 스핀오프(spin-off)처럼 군사 기술이 민간 분야에 이전되거나 스핀온(spin-on)처럼 민간 기술이 군사 분야로 이전되는 양상뿐 아니라 민군 기술이 처음부터 협력 개발하는 스핀업(spin-up) 양상도 우주 안보에서는 활성화되고 있다.

러·우 전쟁은 우주를 중요한 전장으로 부각시켰으며, 현대전략에도 다양한 영향을 끼쳤다. 우주 안보 관점에서 분석하면 다음과 같다. 첫째, 국방·정보 우주 영역에서 러·우 전쟁은 우주 자산의 군사적 가치를 분명하게 입증했다. 우크라이나는 위성 통신망으로 군사작전을 지휘 통제했으며, 실시간 위성 이미지로 러시아군 동향을 파악하는 등 우주 자산을 효과적으로 활용했다. 러시아도 글로나스 위성항법체계를 군사적으로 활용하면서 GPS 교란 등 대우주 능력을 과시했다. 2025년 국제전기통신연합(ITU) 등 유엔 산하기구들은 공동성명을 통해 전쟁으로 인한 글로벌 위성항법체계 방해 현상이 급증했으며, 민간 경제와 인도적 구호 활동에도 악영향을 끼친다고 밝혔다.[33] 앞으로도 군사 및 민간 우주 시스템에 대한 의존도는 계속 높아질 것이며, 러·우 전쟁이 끝난 이후에도 국방·정보 영역에서 각국의 우주 경쟁을 가속 시킬 것이다.

**<그림 5> 2024년 4월~2025년 3월 사이 GPS 간섭 지역**

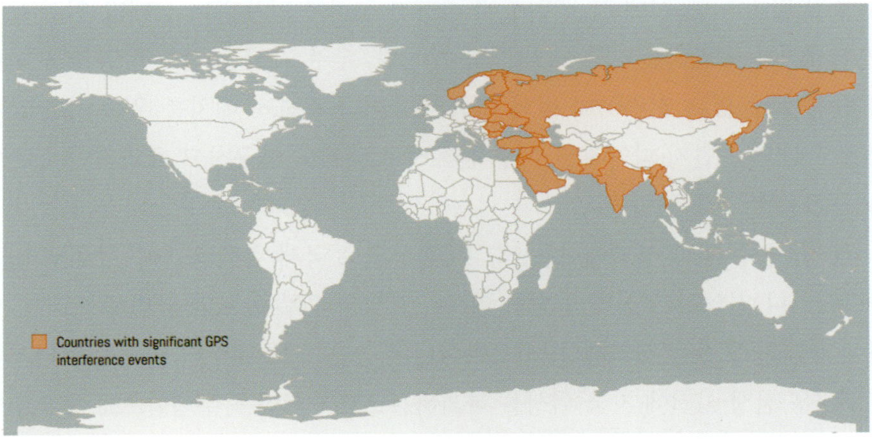


© GNSS JAMMING

둘째, 우주 경제 영역에서는 안보 관련 사업이 우주 기업의 성장을 촉진함으로써 우주 사업과 산업 구조에 재편하고 있다. 러·우 전쟁으로 인한 러시아의 우주 발사 서비스 중단은 발사체 시장에 변화를 가져왔고, ISS 사업에도 불확실성을 증가시켰다. 반면, SpaceX와 같은 우주 기업들은 발사체 시장뿐 아니라 발사체를 활용한 위성 및 우주 인터넷 서비스 시장을 확대하고 있다. 러·우 전쟁에서 보여준 우주 기업의 기술은 군사적 활용뿐 아니라 기업 신뢰도를 향상시켜, 관련 산업에 대한 투자를 확대하는 효과도 나타났다. 상업 위성 이미지가 공개되면서 러시아의 기습 효과는 상쇄되었고, 민간인 학살과 같은 비인도적 행태가 알려지면서 국제적 여론도 나빠졌다. 이러한 우주 기업의 역할은 전장의 뜬눈(unblinking eye)으로 역할하면서 전략적 의사결정에 필수적인 정보를 제공하고, 동맹국 사이에 협력과 대응에도 근거가 되었다.

셋째, 현대 전략에서 우주전과 전자전의 통합은 정보 획득, 통신 방해, 그리고 전력 투사 능력을 동시에 극대화할 수 있다. 러·우 전쟁은 우주전과 전자전의 중요성을 개별적으로 입증했다. 하지만, 전자전 공격이 지상, 해양, 공중에서 능력을 과시한 것과 비교할 때, 우주 시스템에 대한 전자전 공격은 수월하지 않았다. 물론 상업 위성과 군사 위성도 전자전 공격을 취약할 수 있으므로, 아군 위성도 다중 경로의 위성 통신, 메쉬 네트워크 등 복원력 있는 네트워크 구조를 구축하게 될 것이다. 동시에 아군 위성에 전자전 장비를 탑재하여 상대방 위성 통신이나 센서를 교란하는 기술도 발전할 것이다. 우주 자산은 전자전 공격을 신속히 탐지할 수 있는 전력이며 적의 병력 이동이나 전술적 배치를 우주 기반 감시 정찰 자산으로 먼저 파악하면 이후 전자전 방해에도 불구하고 효과적인 대응이 가능하다.[34]

넷째, 우주 외교 영역에서는 러·우 전쟁으로 국제 협력과 우주 규범 수립이 중단되거나 진영화가 심화되었다. 러·우 전쟁은 우주 안보와 관련해서 국제 협력에 중대한 도전을 제기했다. 우크라이나 침공을 오래 전부터 준비했던 러시아는 러·우 전쟁 이전에 자국 위성을 파괴하는 ASAT 실험을 수행함으로써 우주에서 군사적 능력을 과시하고 전략적 다양성을 갖추었다. 이로 인해 우주의 무기화와 민간 우주 자산을 포함한 우주 활동의 지속가능성이 위협받게 되었다. 국제사회에서는 우주에서 책임 있는 행동 규범이 중요하다는 인식이 확산되었으며, 미국과 유럽에서 추진하고 있는 우주교통관리(STM)에 대한 국제적 논의도 시급함을 보여주었다.

이처럼 러·우 전쟁은 우주 안보의 새로운 양상을 보여주는 사례이다. 우크라이나도 전시에 제공된 정보 중 50%는 상업 위성 덕분이었다고 인정했으며, 스타링크는 우크라이나에 생명선과 같이 인식되기도 했다. 동시에 우주 시스템에 대한 취약성이 부각될 가능성도 있다. 러시아가 위협에 그친 상업 위성에 대한 공세적 입장은 전쟁 이후 현실화될 것이다. 우주·사이버 공격은 지금도 전 세계 우주 시스템에서 일어나고 있는 문제 중 하나이다. 우리나라도 우주개발 과정에서 국가 우주 안보 자산뿐 아니라 상업 위성의 취약성을 줄일 수 있도록 반영해야 한다. 특히 데이터와 신호에 대한 접근 및 관리 권한, 사이버·전자기 공격에 대비한 탐지 및 자동 대응 시스템 개발, 기능이 제한된 우주 시스템을 다른 시스템으로 신속히 보완하거나 대체할 수 있는 복원력을 갖추어야 한다. 특히 우주 안보 강화를 위해 상업 자산의 활용성을 높일 수 있는 정책이 확대되어야 하며, 우주 기업이 혁신적인 기술 개발과 지속적인 아이디어 실현에 도전할 수 있도록 정부의 우주 사업과 전문인력 양성 노력이 지속되어야 한다.

# V

# 우주 안보 이슈

이번 장에서는 우주 안보의 국제적 사례를 분석함으로써 국제정치와 현대전략 관점에서 우주 안보의 실제 이슈를 분석한다. 우주 안보의 국제적 이슈는 다양하다. 우주 안보는 강대국이라도 특정 국가의 능력으로 대처할 수 없는 광활한 범위와 복잡한 관계 속에서 전개되기 때문이다. 우주 영역에 대한 과학적 이해와 안보를 대처하기 위한 군사적 능력도 그 끝을 알기 어렵다. 많은 우주 안보 이슈 중에서 국가와 기업, 국제기구 등 다양한 행위자가 관련된 우주 잔해물 이슈, 미국과 중국 등 주요 강대국의 경쟁이 부각되고 있는 우주 정거장 이슈, 국제적 협력과 경쟁이 병행되고 있는 달 탐사 이슈와 시스루나 공간의 우주 안보를 분석한다. 또한 우주강국들이 개발하고 있는 글로벌 위성항법체계를 둘러싼 국제정치, 우주 발사장의 위협과 대응, 김정은 시기 북한의 우주개발과 우리나라 국가우주 안보전략(안)을 제시한다.

## 우주 잔해물 문제의 국방·정보, 경제, 외교

우주 잔해물은 우주 활동의 안전, 안보, 지속가능성을 위해 긴급히 해결해야 할 문제이다. 우주 안보 측면에서 우주 잔해물은 안보 자산뿐 아니라 민간 자산까지 피해를 줄 수 있는 문제로서 군사적으로 우주 잔해물을 활용하는 국방·정보 우주 영역부터 우주 잔해물을 우주 사업으로 활용하는 우주 경제, 우주 잔해물 규제를 위한 국제적 협력을 담은 우주 외교에 걸친 복합적인 사안이다. 예를 들어 위성 제조기업이 우주 잔해물 충격에 대비하도록 위성에 차폐장치를 추가하거나 회피 기동을 위해 연료를 추가할 경우 비용 증가로 수익이 떨어질 수밖에 없다. 우주 잔해물에 대응하려는 노력은 연료 사용량을 증가시키고 운영 복잡성과 비용을 증가시키며 우주비행체 수명을 단축시켜 동일한 기능을 유지하는데 더 많은 발사를 초래할 수 있다. 1998년부터 2022년까지 저궤도 궤도에 있는 국제우주정거장은 우주 잔해물과의 충돌을 피하기 위해 최소 30회 이상 기동했다.

우주 잔해물은 대표적인 우주 위험의 하나이다. 우주작전 유형의 하나인 우주영역인식도 우주 잔해물 대응을 주요 활동에 포함한다. 국방·정보 우주의 임무들은 우주에서 아군의 자유로운 이동과 임무 수행을 보장하는 것이다. 그러나 우주 잔해물은 의도하지 않은 위험임에도 불구하고 국방·정보 우주 임무를 방해하는 중요한 요인이 되었다. 우주 잔해물 우려가 높아지고 있지만, 전망은 밝지 않다. 글로벌 수준에서 위성 발사는 1957년 스프트니크 1호 발사 이후 2019년까지 1만 개였으나, 2020년부터 2029년까지 10만 개로 엄청난 증가 속도가 예상된다. 이는 우주 경제 차원에서 급증하고 있는 대규모 저궤도 군집위성 때문이다. 골드만삭스에 따르면, 2025년 이후 5년 동안 최대 7만 개의 저궤도(LEO) 위성이 발사될 가능성이 있다(이 중 중국의 비중은 5만 3천 개). <그림 1>과 같이 저궤도 위성 시장의 가치는 기본적인 시나리오에서 2035년까지 1,080억 달러로 늘어날 수 있으며, 가장 낙관적인 시나리오에서는 최대 4,570억 달러까지 성장할 수 있다.[1]

**<그림 1> 저궤도 위성의 시장 전망치**

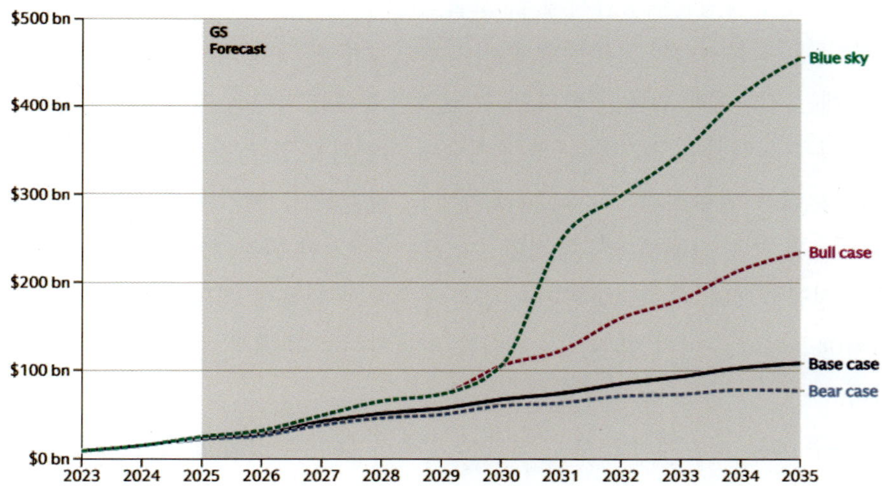


Source: Company data, Goldman Sachs Research
Bear case: subscription growth 20% lower than base case; Bull case: subscription growth 20% higher than base case; Blue sky: subscription growth 20% higher than base case in 2023-30 and growth at the same rate as 5G smartphone Y2-Y6 in 2031-35.

Goldman Sachs

ⓒ Goldman Sachs

2025년 기준 7,000개 이상 위성을 운영 중인 SpaceX는 군집위성 숫자를 42,000개까지 계획 중이다. 미국 정부도 고민에 빠져있다. 자국의 우주 경제 발전을 위해서 민간 우주기업을 지원해야 하지만 국방·정보 우주 차원에서 우주 위험이 증가하는 것을 무시할 수 없기 때문이다. SpaceX는 12,000개 위성 발사에 대해서는 면허를 얻었지만 30,000개 위성 발사에 대해서는 면허 승인이 필요한 상황이다. 2023년 10월 미국 연방항공국이 의회에 제출한 보고서에 따르면, 현재 계획대로 대규모 저궤도 군집위성이 구축될 경우 지구 대기권에 재진입하는 위성과 잔해물로 인해 2년에 한 번씩 인명사고의 가능성이 있다고 본다. 2035년까지 매년 대기권 재진입에서 살아남은 약 28,000개의 발사체와 위성 잔해물이 지상에 떨어질 것이며 이러한 위기는 스타링크 위성처럼 대규모 위성발사가 지속될 경우 더욱 심각해질 것이라는 경고이다.[2]

우주 안보 영역에서 우주 잔해물 해결을 위한 노력은 다양하게 이루어지고 있다. 우선, 우주 잔해물 제거를 위해서는 잔해물을 탐지하고 식별하여 고도와 크기, 무게 등을 파악해야 한다. 우주영역인식 능력은 이러한 임무를 수행하는데 활용된다. 전자광학위성감시체계, 고출력레이저위성추적체계, 레이더우주감시체계 등은 인공위성과 우주비행체 이외에도 우주 잔해물 정보 확인을 수행한다. 최근에는 지상에서 밤에만 탐지할 수 있었던 우주영역인식 기술을 넘어 밝은 낮에도 우주 잔해물을 탐지할 수 있는 기술이 개발되고 있다. 우주에서 잔해물을 추적하기 위한 별추적기(Star tracker) 개발도 활발하다. 벨기에 우주기업 아크섹(Arcsec)은 작은 잔해물까지 추적할 수 있는 우주기반 별추적기를 2024년 시연하는데 성공했으며, 우주교통관리 기업과 공동으로 활용할 계획이다. 미국 레드와이어(Redwire)는 이미 별추적기 개발을 완료하여 우주에서 성능 검증을 계획 중이다.

우주 외교 차원에서도 우주 잔해물 감축을 위한 다양한 노력이 확대되고 있다. 2023년 5월 선진 7개국(G7) 과학기술장관들은 안전하고 기속가능한 우주의 활용을 위해 우주 잔해물 감축을 위한 연구와 기술 개발에 속도를 내야 한다는 공통의 입장을 강조했다. 유럽우주정상회담에서도 2030년까지 우주 잔해물 제로 헌장(Zero Debris Charter)을 확정하여 발표했다. 비록 구속력은 없지만 이 헌장에 참여한 국가와 40여 개 기관들은 우주 잔해물이 발생활 확률을 물체당 1000분의 1이하로 유지해야 하며, 수명이 다한 위성이나 발사체를 처리하는데 외부 수단을

사용하는 등 99% 완료해야 한다는 목표도 제시했다.[3]

### <그림 2> 유럽우주청 Zero Debris 접근과 권고

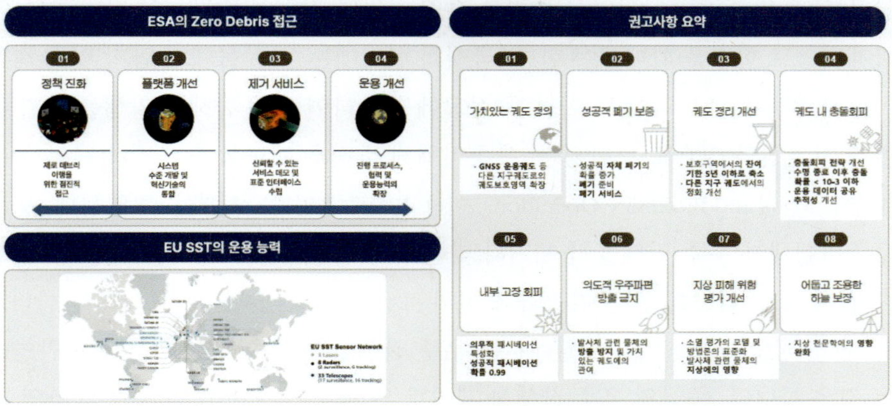


© 한국항공우주연구원

국가별 노력도 진행 중이다. 2023년 10월 미국 상원은 NASA가 궤도 잔해물 경감 프로그램(Orbital debris remediation program)을 시작하도록 명령하는 법안을 채택하여 행동에 나서도록 촉구하였다. 이 법안에는 NASA가 프로그램을 통해 우주 잔해물 제거 기술에 대한 연구개발과 시연을 추진하도록 했다. 또한 NASA는 우주 잔해물 제거에 활용되는 장비를 우주로 발사하는데 협력하도록 했고, 상무부가 주도하는 우주교통관리를 지원하도록 했다.[4]

개별 국가정책으로도 우주 잔해물 감소를 위한 노력은 강화되어야 한다. 지구궤도에 위성을 올리는 국가나 기업에게 궤도 사용료를 부과하자는 제안도 이러한 맥락에서 고려해볼 필요가 있다. 나아가 모든 위성들은 크기나 고도와 관계 없이 우주 잔해물이 되지 않도록 국제적 지침이 마련되어야 하며, 임무 종료 후 우주 잔해물 처리 기간을 5년 이내로 명시하는 위성 소유국의 국내 지침도 필요하다. 특히 우주로 발사된 위성 중에서 상당부분을 차지하는 소형위성은 수명이 다할 경우 자체적인 지구재진입이나 우주 잔해물 기업을 통해 처리되도록 의무 사항이 도입될 필요가 있다. 향후 발사되는 인공위성은 임무가 종료된 후에도 위치를 항상 추적할 수 있도록 추적보조 장치를 의무적으로 탑재해야 하며, 우주 잔해물 탐지와 추적을 위한 우주상황인식 능력을 지속적으로 발전시켜야 한다.

우주관련 국제법은 국가의 우주 활동만 다루고 있으므로, 비국가 행위자들이 우주 잔해물과 관련된 감독을 받도록 개정이 필요하다. 이를 위해서는 우주 잔해물 감시를 위한 우주상황인식 능력을 갖춘 국가와 기업이 증가해야 하며, 이들이 국제적으로 협력을 확대해야 한다. 국제적 협력에는 우주 물체의 탐지 및 추적뿐 아니라 우발적 충돌과 궤도 이탈 등 사고에 대응하여 우주 잔해물 발생을 막기 위한 의사결정과 연습도 포함된다. 우주비행체의 경우 궤도상 랑데부와 근접 운용(Rendezvous and Proximity Operations, 이하 RPO로 표기)을 수행할 수 있는데, 모든 우주비행체가 우주 잔해물의 제거나 다른 우주비행체를 지원하는 활동 등에 항시 참여할 수 있도록 관련 기술과 장비의 표준화를 국제제도로 모색해야 한다.

한편 국방·정보 우주 차원에서는 우주 잔해물 제거 기술이 모두에게 환영받는 것은 아니다. 중국의 우주 잔해물 제거를 위한 시험은 미국 등 서방 국가의 감시 속에서 진행되었다. 중국은 2022년 1월 SJ－21 우주 잔해물 감소위성으로 지구정지궤도에서 기능이 상실한 베이더우 항법위성 1개와 도킹하여 무덤궤도로 이동시켰다.[5] 중국이 활용한 기술은 로봇팔로 보이며, 같은 기술이 경쟁국인 미국이나 서방 국가의 위성을 파괴하거나 이상을 일으키는 데에도 사용될 수 있다.

미중 우주 경쟁 맥락에서는 이러한 우려가 지속되고 있다. 하지만, 우주 잔해물 문제는 우주 활동 전체에 미치는 위험으로 인해 경쟁국가 사이에서 공감하는 부분이 있는 것도 사실이다. 실제로 미국과 중국은 2023년 10월 우주상황인식 정보를 공유하기 위한 자리를 가졌다. 국제우주대회 기간 미국 상무부 산하 우주교통관리 담당이 중국 측 인사들과 만나 우주 잔해물에 대한 기업 정보를 공유하는 연합 네트워크 구축에 대해 논의했다는 소식이다. 비록 기초적인 대화였지만, 우주 잔해물에 대한 협력이 필요하다는 점을 잘 보여준다. 향후 우주 잔해물이 증가하면서 저궤도에서 위성 충돌 가능성도 높아질 것이다. 우주 잔해물의 감소와 제거는 우주 기술의 발전과 더불어 정부, 군, 민간 조직, 기업, 국제기구가 모두 참여해야 한다.

## 우주 정거장의 국제협력과 경쟁

지구상 미국과 소련의 경쟁과 달리 우주에서 국제협력을 상징처럼 보여주는 것이 국제우주정거장(International Space Station, 이하 ISS로 표기)이다. 우주 정거장이 처음부터 국제협력의 성과는 아니었다. 원래 미국과 소련은 각각 우주 정거장 구축을 진행했다. 최초의 우주 정거장은 1971년 소련이 구축한 단일 모드의 살류트(Salyut)였다. 소련은 살류트 우주 정거장에서 우주인을 머물게 하며 다양한 의학적 실험을 수행했다. 1977년 발사된 살류트-6부터는 2개의 도킹 시스템을 갖추고 있어 지속적인 보급과 우주인 방문이 이루어졌고, 우주 정거장의 유지보수도 가능해졌다. 살류트-6은 거의 5년 동안 승무원 16명이 번갈아 탑승하면서 지구 궤도에서 길게는 6개월까지 운영되었다. 이후 소련은 1986년 다중 모듈로 확장된 우주 정거장 미르(Mir)를 궤도에 올렸다. 미르 우주 정거장은 살류트 우주 정거장 시리즈에 기초하고 있다.

한편 미국 NASA도 1973년 소련에 이어 두 번째로 스카이랩(Skylab)이라는 우주 정거장을 궤도에 올렸다.[6] 스카이랩은 달 탐사선을 발사했던 새턴-V 발사체 3단 내부를 거주 공간으로 개조한 우주 정거장이었다. 스카이랩에는 1973~79년 몇 차례 우주인이 체류했으며, 미세중력의 영향을 실험하기 위한 장치나, 태양 관측을 위한 전망대(Apollo Telescope Mount)를 갖추었다. 스카이랩의 뒤를 이어 NASA는 1980년대 프리덤(Freedom) 우주 정거장 계획을 추진했다. 하지만 1986년 우주 정거장 모듈과 장비를 수송하기 위해 발사된 우주왕복선 챌린저가 공중 폭발하는 사고로 우주 정거장 계획도 취소되었다.

당시 우주왕복선의 개발 배경도 우주 경제, 국방·정보 우주와 연관성이 있다. 우주 정거장은 고도 유지, 우주 잔해물 회피, 필요 시 고도 조정을 위해 추진제와 모듈을 보급받아야 한다. 이에 따라 미국은 우주 정거장을 구축하면서 우주인과 물류를 수송하기 위한 방법으로 재사용 우주비행체를 고려했다. 오늘날 우주 경제에 불을 지핀 재사용 발사체와 비슷한 아이디어였다. 우주 정거장이 구축되면 주기적인 수송이 필요한데, 당시 일회성 발사체로는 비용과 시간에 부담이 컸다. NASA는 1981년부터 2011년까지 우주 수송에서 재사용이 가능한 우주왕복선[공식 명칭은 우주수송시스템(Space Transportation System)]을 개발했다.[7] 우주수송시스템은 추진제를 담는 외부 탱크, 고체 로켓 위에 탑재한 궤도선으로 구성되는데 보통 날개를 갖춰 비행기 모양과 유사한 궤도선만 우주왕복선이라고 부른다. 우주왕복선이 우주에서 지구로 복귀할 때 날개를 이용해 활주로에 수평 착륙하는 방식이라면, SpaceX의 재사용 발사체는 추진제와 부스터가 결합된 형태이고 지구로 복귀할 때 지정된 지상 지점이나 해상 패드에 수직 착륙하는 방식이라는 차이가 있다. 국방·정보 우주 차원에서도 우주왕복선은 경쟁국인 소련의 안보 우려를 안겨주었다. 우주왕복선은 동체 부분에 덮개를 열고 닫을 수 있으며 그 안에 로봇팔이 장착되어 허블우주망원경, 우주 정거장 모듈 등을 지구에서 우주로 수송했다. 그런데 경쟁국인 소련은 이러한 장비와 기능을 자국 위성에 대한 공격 무기로 인식하였다.

1998년부터 시작된 ISS 프로젝트는 미국, 러시아, 일본, EU, 캐나다 등이 참가한 국제적 우주협력의 산물이다. 처음 ISS는 러시아에서 발사한 자랴(Zarya) 모듈, 미국이 발사한 유니티(Unity) 모듈이 도킹하여 핵심 부분을 구축했다. 이후 다양한 모듈이 추가로 도킹하여 2011년 완성되었으며, 무게 400톤에 축구장 크기의 현재 모습을 갖추고 고도 400km에서 운영 중이다. ISS는 미국과 러시아의 우주 정거장 2개가 결합한 구조나 다름없다. NASA의 태양전지 패널이 주 에너지원을 담당한다면, 러시아의 즈베즈다 모듈 엔진과 프로그레스(무인 수송 우주선)는 ISS를 지구 궤도에 유지시키고 위험한 우주 잔해물을 회피하기 위한 기동을 맡고 있다.

**<그림 3> 미국과 소련의 우주 정거장**

소련 최초의 우주 정거장 살류트

미국 최초의 우주 정거장 스카이랩

소련 우주 정거장 미르

국제우주정거장



ISS 구축 과정은 우주 외교의 긍정적인 활동으로서 대표적인 국제협력 사례이다. 뿐만 아니라 ISS에서 진행된 우주인 활동도 국제협력을 잘 보여준다. 첫 번째 우주인은 2000년 러시아의 소유즈 우주선으로 ISS에 도착하였으며 미국의 우주왕복선도 우주인과 물류 수송에 활용되었다. 현재까지 ISS에는 20개국 260여 명의 우주비행사가 방문해 2,800건 이상 실험을 진행했다. 미국은 2011년 우주왕복선 프로그램을 종료하면서 한동안 러시아의 소유즈 발사체에 의존했다. 하지만 경쟁국에게 우주 수송을 의존하는 상황은 미국 우주 활동의 발목을 잡을 수 있었다. 그렇다고 미국 연방예산으로 엄청난 비용이 드는 우주수송 프로그램을 다시 시작할 수도 없었다. 이처럼 국방·정보 우주와 우주 경제 문제를 동시에 해결하기 위한 방법으로 NASA는 민간 기업에게 우주수송을 맡기는 혁신적인 방법을 추진했다.[8] NASA는 유인우주비행체 개발을 주도하던 방식에서 탈피해 민간 기업이 주도적으로 개발하고, NASA는 재정적 지원과 기술 지원을 담당했다.

원래 ISS는 노후화되어 2024년까지만 운영될 예정이었으나, 미국과 러시아는 여러 차례 연장 협의를 거쳐 2028년까지 연장 운영할 예정이다. 문제는 ISS를 대체할 새로운 국제우주정거장에 대한 국제협력보다는 우주 강대국을 중심으로 개별적인 우주 정거장 구축 경쟁이 벌어지고 있다는 점이다. 사실 미국과 소련은 냉전이라는 지구상 치열한 경쟁에도 불구하고, 우주에서는 ISS를 중심으로 국제협력을 이루어왔다. ISS는 적대적 관계에서도 소련과 미국이 어떻게 협력할 수 있는

지를 보여준 중요한 사례다. 미국과 소련은 1975년 아폴로-소유즈 도킹 시험에서부터 ISS 프로젝트에 이르기까지 우주에서는 협력해왔다. 하지만, 2022년 러·우 전쟁 이후 미국과 러시아의 우주협력은 더욱 제한되는 상황이다. 여기에 더하여 미국과 중국의 우주 경쟁도 더욱 치열해지는 양상이다. 우선 중국은 2022년 말 독자적인 우주 정거장 텐궁 구축을 완료하고 운영에 들어갔다. ISS 프로그램의 종료는 우주 외교 차원에서는 국제협력의 역사와 기회가 사라진다는 의미로 해석된다.

반면 ISS 프로그램의 종료는 우주 경제 측면에서는 민간 우주 정거장 구축이라는 새로운 기회로 이어진다. NASA는 ISS의 보수와 유지관리를 통해 수명을 2030년까지 운영하자는 계획을 추진해왔다. 그 이후엔 바스트 스페이스(Vast Space), 액시엄 스페이스(Axiom Space) 등 우주 기업들이 상업 우주 정거장을 만들고 우주호텔 사업 등을 구상하고 있다. 바스트 스페이스는 2026년 우주 정거장의 첫 번째 모듈 발사를 시작으로 2032년 Haven-2 우주 정거장을 완성할 계획이다. 액시엄 스페이스도 2027년 첫 번째 모듈을 발사할 계획이다. NASA는 아르테미스 프로그램의 일환으로 달 탐사를 위한 달 궤도 우주 정거장인 루나 게이트웨이(Lunar Gateway) 구축도 추진 중이다.

유럽우주청(ESA)도 현재 건설 중인 상업 우주 정거장 스타랩(Starlab)을 사용할 예정이다. 스타랩은 보이저 스페이스(Voyager Space)와 에어버스(Airbus) 등이 공동 개발하고 있다. ESA는 스타랩과 연계한 유무인 우주선을 개발하고 화물과 우주인 수송 서비스를 제공할 계획이다. 실제로 NASA는 우주 경제의 경쟁력과 유인 우주비행 능력을 강화하기 위해 민간 기업을 선정하여 NASA의 기술과 데이터를 활용한 우주 정거장 개발을 지원한다. 특히 SpaceX는 대형 발사체 스타십(Starship)을 우주 정거장으로 활용함으로써 비용 절감과 물류 수송에 변화를 예고했다.

**<그림 4> 상업 우주 정거장 스타랩(좌) / 액시엄 스페이스 우주 정거장 객실(우)**

© Voyager Space / Axiom Space

한편, 각국이 우주 정거장을 독자적으로 구축하는 배경에는 국제적인 영향력을 강화하려는 의도가 담겨 있다. 우주 정거장은 우주력의 상징일 뿐 아니라 다른 천체와 심우주 탐사로 확장하기 위한 전진기지 역할도 수행한다. 중국도 우주 정거장 톈궁을 구축한 이후 러시아와 우주협력을 강화하고 있을 뿐 아니라 미국과 경쟁이라는 공동의 목표를 공유하고 있다. 중국은 2030년까지 유인 우주비행으로 달 착륙을 추진하고 있는데, 우주 정거장 톈궁은 지속 가능한 유인 달탐사 프로그램을 위한 요소로 활용된다.[9] 중국 인민해방군은 유인 달탐사 프로그램에 민간 우주인과 민간 기업의 참여도 허용함으로써 중국 우주개발의 이미지를 개선하려고 한다. 이러한 시도는 향후 중국이 우주프로그램을 통해 국제협력과 상업 우주 분야를 발전시키겠다는 의도로 볼 수 있다. 이미 중국은 2023년 5월 민간 우주인을 발사했다.[10] 나아가 중국은 유인 우주비행에 홍콩, 마카오 등 중국의 영향권 인력들을 포함시킬 예정이다. 중국의 이러한 노력은 우주 안보 차원에서 다음과 같은 의미가 있다.

첫째, 우주 정거장 구축은 중국이 유엔과 공동 프로그램을 운영하거나 국제협력을 확대할 수 있는 토대이다. 중단되었던 ESA와 유인 우주비행에 대한 협력을 다시 시작할 수도 있으며,[11] 국제관계에서 경쟁국인 인도와도 유인 우주비행을 논의할 가능성도 있다. 이처럼 중국은 유인 우주프로그램을 중국의 국제적 영향력을 확대하고 협력할 기회로 활용한다.

**<그림 5> 바스트 우주 정거장(아래) / 액시엄 스페이스 우주 정거장(위)**

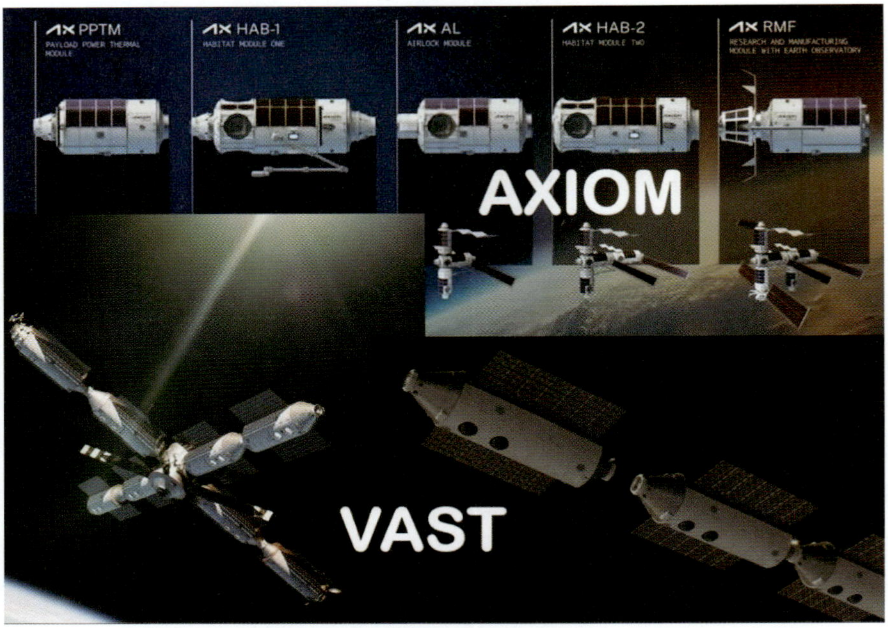


© Vast Space / Axiom Space

둘째, 우주 정거장 구축은 우주인과 화물을 수송할 프로그램에 중국 민간 기업이 참여할 수 있는 기회이다. 이를 통해 중국도 민간 기업으로 우주비행체 재진입 기술, 접근 및 랑데부 기술 등을 이전하고 발전시킬 수 있다. 또한 중국은 우주 발사체 방식과 공급을 다양화함으로써 우주 경제 차원의 글로벌 시장 수익뿐 아니라 국방·정보 우주 차원의 우주력을 발전시킬 수 있다.[12]

미국도 아르테미스 프로그램의 일환으로 추진 중인 달 궤도정거장[루나 게이트웨이(Lunar Gateway)] 구축을 통해 달이나 화성에서 인간이 머무는 데 필요한 우주 기술을 시험하게 된다. 루나 게이트웨이는 현재 ISS보다 작은 크기이다. 하지만 루나 게이트웨이는 달 궤도에 위치한 실험실 역할만 하지 않고 지구와 달 착륙을 지속적으로 연결하는 거점이 된다. 또한 루나 게이트웨이는 달 뒷면을 탐사하는 우주비행체와 지구의 통신을 중계하는 역할도 한다. 중국도 인류 최초로 달

## < 그림 6 > 중국 우주 정거장(텐궁) 구축과정

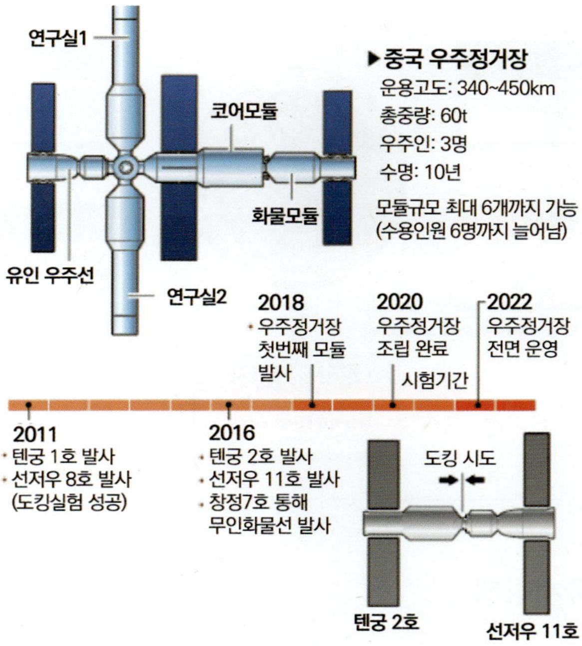


ⓒ 연합뉴스

뒷면에 무인로버를 착륙시켰을 때 지구와 통신 중계를 위한 별도의 통신위성을 달 궤도로 발사했다.

미래에는 화성과 다른 천체로 출발하는 탐사선도 루나 게이트웨이나 달 기지를 거칠 것이다. 루나 게이트웨이나 달 기지에서 출발하면 지구보다 많은 중량과 연료로 탐사에 나설 수 있기 때문에 장비나 인간을 더 보낼 수 있다. 또한 더 넓고 먼 우주탐사를 진행하는데 중간 보급소나 기착지가 될 수 있다. 달 표면 얼음에서 얻는 산소나 수소를 활용하는 등 달 탐사기지가 인간이 생활할 수 있는 지속가능한 거점이 될 것이다. 달에서도 재사용 발사체나 우주왕복선과 같은 재사용 우주비행체가 활용될 것이며, 달 기지와 루나 게이트웨이 사이에 우주인과 물류를 수송할 수 있다.

**<그림 7> 우주 정거장의 다양한 우주 안보 역할**

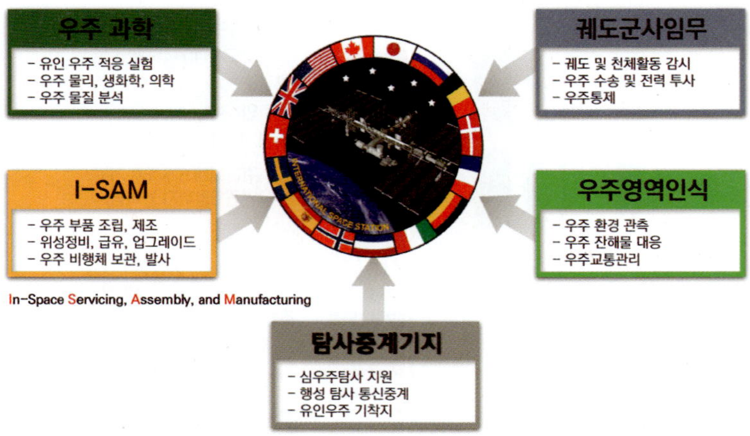


## 달 탐사의 국제경쟁

달 탐사는 더 이상 미국과 러시아만의 영역이 아니다. 1970년대 이후 잠잠하던 달 탐사는 <그림 8>과 같이 최근 들어 인도, 일본, 이스라엘, 우리나라 등 많은 국가들의 시도가 이어지고 있으며, 정부뿐 아니라 우주 기업의 달 착륙도 경쟁적으로 이루어지고 있다. 2025년 1월에는 미국의 파이어플라이 에어로스페이스(Firefly Aerospace)의 달 착륙선 블루고스트(Blue Ghost)와 일본 아이스페이스(ispace)의 달 착륙선 레질리언스(Resilience)가 Falcon-9 발사체로 동시 발사되기도 했다.[13]

달 탐사의 성과도 다양하게 축적되고 있다. 중국은 2019년 인류 최초로 달 뒷면에 착륙했다. 2023년에는 인도가 인류 최초로 달 남극지역에 착륙했다. 달 남극지역은 영구음영지역이 많아 얼음 형태로 물이 존재할 것으로 예상된 곳이다. 실제로 인도는 남극지역 탐사를 통해 황을 비롯해 그간 달 표면에 존재할 것이라 예상됐던 산소와 알루미늄, 칼슘, 철, 크롬, 티타늄, 망간, 실리콘도 확인했다.

### <그림 8> 인류의 달 탐사 역사(2024년까지)

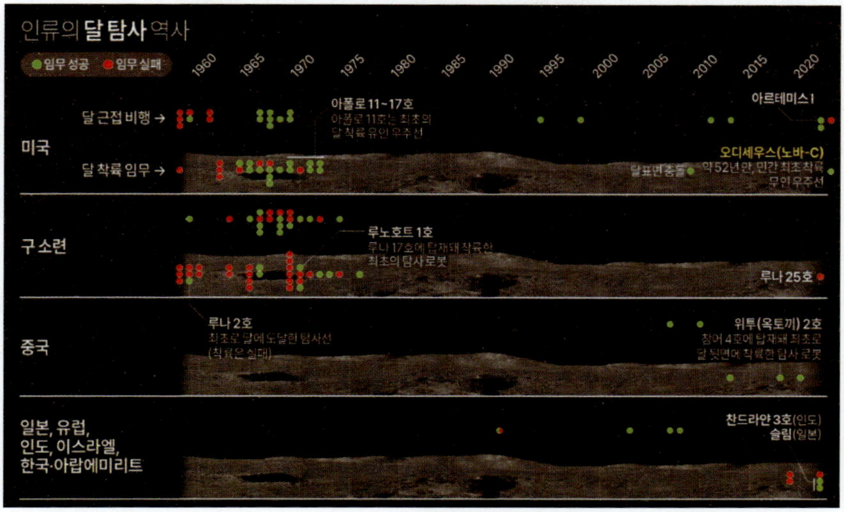


© 연합뉴스

1960~70년대까지 유인·무인 달 탐사를 수행했던 미국과 소련도 오늘날 달 탐사에 쉽게 도전하지 못하고 있다. 왜일까? 그 이유는 당시 과학자, 기술자와 우주인이 대부분 은퇴하여 전문지식과 노하우가 충분히 연계되지 못했고, 착륙 지형이 불규칙한데다 통신 상황도 안정적이지 않기 때문이다. 또한 무인 탐사선의 경우 지형에 따라 착륙선의 하강 속도와 자세를 제어하는데 고도의 기술이 필요하다. 그럼에도 불구하고 미국, 중국, 러시아뿐 아니라 많은 국가들이 달 탐사 경쟁을 벌이는 이유는 무엇일까?

과거 미국과 소련의 달 탐사 경쟁은 국제적 리더십과 국가적 명성을 걸었던 싸움이었다. 1969년 미국의 아폴로 프로그램으로 최초로 유인 달 착륙에 성공하자 이 경쟁의 목적은 한계에 이르렀다. 실제로 아폴로 프로그램은 이후 6차례 달 착륙을 수행하며 여러 가지 과학실험을 수행하고 달의 물질을 가져왔지만, 상징적인 의미나 경제적 이익으로 연계되지 못했다. 그 결과 아폴로 프로그램은 1972년을 끝으로 종료되었고 인류는 70년 이상 달 탐사를 중단하였다. 무인 달착륙도 1976년 소련의 루나-24가 마지막이었다.

오늘날 달 탐사 경쟁도 국가적 명성이 걸린 도전이지만 국제정치 관점에서 의미는 다소 다르다. 우선 단일 국가 사이의 경쟁이 아닌 진영 경쟁의 양상이 병행되고 있다. 미국과 중국의 우주 경쟁 맥락에서 볼 때, 아르테미스 협정 체결은 국제정치적 이점과 부담을 동시에 가져다줄 수 있다. 예를 들어 독자적인 우주 활동 능력을 갖춘 인도도 아르테미스 협정에 가입함으로써 다음과 같은 이점을 얻을 수 있다. 첫째, 우주 교육 및 기술 발전, 과학적 기회에 대한 확대이다. 둘째, 인도가 추진 중인 자체 달탐사 계획을 효과적으로 발전시킬 수 있다. 셋째, NASA와 협력을 통해 인도의 유인 우주비행 능력을 확대 발전시킬 수 있다. 넷째, 인도의 우주 활동에 드는 비용을 효율적으로 투자하고 혁신적인 방식을 통해 아르테미스 프로그램에 기여함으로써 양국의 우주탐사를 상호 발전시킬 수 있다.

반면 아르테미스 협정은 인도에게 부담을 가져올 수도 있다. 첫째, 미국과 힘을 합쳐서 다른 우주 강대국(중국, 러시아 등)과 대립하려는 의도로 보일 수 있다. 둘째, 아르테미스 협정은 달과 다른 천체의 자원을 채굴하는 내용에 대해 국제법적 갈등을 남겨두고 있다. 셋째, 아르테미스 협정에 따라 인도가 체결한 기존 우주 조약의 의무 사항과 균형을 맞춰야 한다.

미국 중심의 참여국은 아르테미스 프로그램을 통해 협력하고 있으며, 러시아 등 중국 중심의 참여국은 국제달연구기지(International Lunar Research Station) 건설을 공동으로 추진 중이다. 미중 달 탐사 경쟁이 본격화된 것은 2019년 1월 중국의 달 뒷면 착륙이다. 우리가 보는 달은 항상 같은 면(앞면)이므로 뒷면에 착륙하려면 직접 통신이 어려운 상황을 극복해야만 한다. 그래서 1960~70년대 미국과 소련의 달 착륙도 모두 달 앞면이었다. 그런데 중국은 달 뒷면 착륙을 위해 통신을 중계할 수 있는 통신위성 췌자오(견우와 직녀가 만났다는 설화 속 오작교를 딴 이름)를 8개월 먼저 달 궤도로 보냈다. 이처럼 아르테미스 협정과 국제달연구기지 프로그램은 미중 우주경쟁을 단적으로 보여주는 상황이다. 다음 <그림 9>와 같이 지구상 공간도 우주 경쟁을 반영하여 진영화되고 있다.

### <그림 9> 아르테미스 가입국과 ILRS 가입국 비교

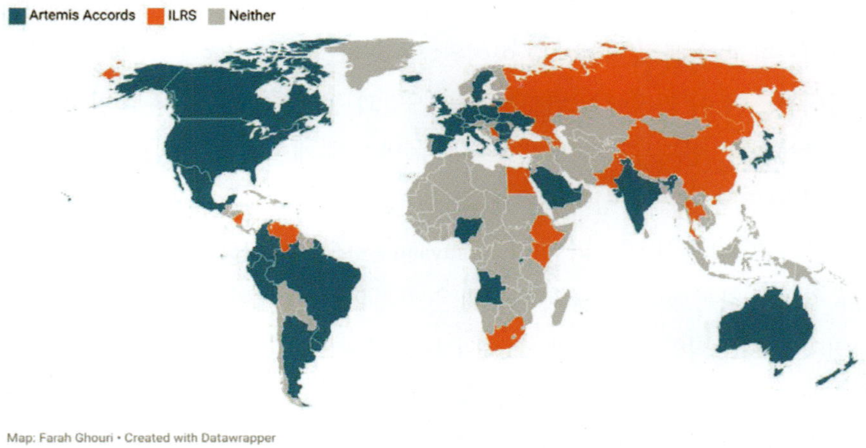


© Farah Ghouri

2019년 중국의 달 탐사 프로그램은 3단계로 진행되었으며, 무인 탐사였다. 먼저 달 궤도에 탐사선을 보낸 후 두 번째로 달 착륙선을 보냈다. 마지막으로 달 착륙 이후 로버(위투)를 통해 달 물질을 채취해 지구로 귀환했다. 현재 중국은 유인 달 탐사 프로그램을 추진하고 있다. 중국의 유인 달 탐사는 2030년으로 계획 중이며 경쟁 관계에 있는 아르테미스 프로그램보다는 4년 늦는다. 하지만, 중국이 무인 달 탐사 프로그램을 빠른 속도로 진행했던 성과를 고려하면, 유인 달 탐사 경쟁도 당겨질 수 있다. 게다가 중국은 러시아를 비롯해 튀르키예, UAE, 파키스탄 등과 다자협력을 통해 달 탐사 프로그램을 추진 중이다. 대부분의 참여국이 아르테미스 프로그램 참여국과 중복되지 않는다. 중국의 유인 달탐사 프로그램은 달 물질에 대한 과학적 분석을 통해 달의 기원과 인간이 달에 머물 수 있는 여건을 조사한다. 이어서 달 남극 지역에서 우주기지를 구축하는데, 많은 지점이 아르테미스 프로그램과 근접한다.

중국의 시도는 우주 안보 차원에서도 의미를 갖는다. 중국의 우주개발은 1950년대 양탄일성(两弹日星, 2개의 핵폭탄과 1개의 인공위성) 선언과 함께 시작되었으며, 처음부터 군사적 목적에서 이루어졌다. 또한 중국의 우주개발은 독자적으로 진행되면서도 미중 전략경쟁의 연장선에서 러시아와 협력도 지속하고 있다. 달 탐사 경쟁에는 미국, 러시아, 중국 이외에도 인도와 일본도 뛰어들었다. 인도의 우주개발도 중국과 마찬가지로 핵무기 경쟁과 관련된다. 인도는 국경을 맞댄 파키스탄과 오랜 숙적관계를 이어왔다. 두 나라의 군비경쟁은 핵무기 개발까지 이어졌으며 이 과정에서 탄도미사일 개발과 동일한 기술인 우주 발사체 개발이 이루어졌다. 인도는 세계 6번째로 우주 발사체 개발에 성공했으며, 우주 활동의 거의 모든 분야에서 성과를 축적해왔다.

인도는 달탐사선 찬드라얀(Chandrayaan-3)으로 2023년 8월 달 남극지역에 인류 최초로 착륙했다. 이 당시 달착륙은 마치 자동차 레이스와 같이 며칠 간격으로 연이어 시도되었다. 미국과 소련이 1960년대 펼친 인류 최초의 유인 달 탐사 경쟁과 비슷하다. 다만, 이번 레이스는 인도와 러시아가 경쟁자였다. 인도의 달 탐사선은 러시아보다 이른 7월 중순 발사했으나 지구에서 달까지 우회하는 경로(15~20일 소요)를 활용했으며, 달 궤도 진입 후 달착륙을 시도했다. 반면 러시아는 달 탐사선 루나-25(Luna-25)를 지구에서 달까지 직접 도달하는 경로(5일 소요)로 발사했으며, 달 궤도 진입 후 빠른 착륙을 시도하여 인도보다 일찍 달착륙에 도전했다. 러시아의 달 탐사선 발사는 1976년 루나-24 이후 반세기 만이다. 그러나 먼저 시도한 러시아는 착륙에 실패했다. 반면 인도는 2023년 8월 23일 달착륙에 성공하며 미국, 러시아, 중국에 이어 세계에서 4번째로 달 착륙에 성공한 국가이자 달 남극지역에 착륙한 최초의 국가가 되었다.

러시아는 1960~70년대 미국과 달 탐사 경쟁을 전개했던 우주 강대국으로 다시 달 탐사에 나섰다. 소련은 인류의 달 탐사 기록에서 대부분의 최초 기록을 가지고 있다. 1959년 발사된 루나-1는 최초로 달 표면 6,000km 상공까지 근접 비행에 성공한 탐사선이었다. 같은 해 루나-2는 달 표면에 충돌하는 방식으로 달에 접촉한 최초의 탐사선이다. 루나-3는 최초로 달 뒷면 사진을 보냈고 1966년 루나-9는 최초로 달 표면에 도착한 무인 착륙선이 되었다. 소련이 1966년 발사한 루나-10는 달 궤도를 도는 최초의 인공위성이 되었다. 비록 미국은 유인 달 탐사 분야에서 소련을 추월하여 1969년 7월 아폴로-11로 유인 달 착륙에 성공했지만, 소련의 무인 달 탐사는 계속되었다. 1970년 9월 루나-16가 달의 토양을 채취해 귀환했고 11월에는 루나–17에 무인 로버 루노호트–1(Lunokhod–1)이 달 착륙에 성공했다. 소련의 달 탐사는 1976년 8월 루나–24가 달 물질을 채취하여 지구로 귀환하면서 종료되었다. 러시아는 루나–24 이후 47년만에 루나–25를 발사하여 달 남극지역 착륙을 시도했으나 실패했다. 하지만 러시아는 2031~40년 사이 유인 달착륙에 성공하고 2041~50년 달 기지를 건설할 계획이다. 또한 달에서 물과 산소를 추출하고 사용하기 위한 장비를 시험한다. 이후 심우주 탐사까지 추진한다.[14]

### 아르테미스 프로그램과 국제달연구기지 프로그램

아르테미스 프로그램(Artemis Program)은 미국이 1970년대 아폴로 프로젝트 이후 50여 년 만에 달에 우주인을 보내기 위한 유인 달탐사 프로그램이다. 프로그램의 이름은 그리스 신화에 등장하는 아폴로의 쌍둥이 누이이자 달의 여신인 아르테미스에서 따왔다. 아르테미스 프로그램은 2026년까지 우주인을 달에 보내고, 이후 5차~8차 또는 그 이상 순차적으로 달에 지속가능한 유인 기지를 건설하려는 계획이다. 이 프로그램에 따라 NASA는 달 탐사선을 개발하고, 국제적 협력을 통해 루나 게이트웨이도 구축한다. 특히 달 탐사선 개발에는 민간 기업과 협력을 추진한다.

한편 국제달연구기지 프로그램은 중국이 2030년을 전후해 달에 기본적 형태를 갖춘 연구기지를 만드는 계획이다. 1단계로 달 환경 탐사·측량과 자원 이용에 대한 실험을 진행하고, 이후 2단계로 2040년을 전후해 연구기지를 더 개선된 버전으로 만들어 태양-지구-달 사이의 우주공간에 대한 환경 탐사·측량을 실시하며, 2050년께 과학적 응용이 가능한 완성된 형태의 연구기지로 만들 계획이다. 국제달연구기지는 달 표면과 달 궤도를 장기간 빈번하게 오가며 과학연구와 자원개발·이용 등을 지원한다. 중국은 국제협력과 세력확대를 위해 프로젝트의 추진기구로 국제달연구기지협력기구(International Lunar Research Station Cooperation Organization) 출범을 준비하고 있다. 2023년 7월 베네수엘라가 이 기구에 참여를 선언한 가운데 이란, 몽골, 태국 등이 소속된 아시아태평양우주협력기구(APSCO)도 참여하기로 했다. 중국은 이들 국가 및 기관들과 우주비행체의 공동 설계·개발, 과학 기기 탑재, 과학·기술 테스트, 데이터 분석, 교육과 훈련 등에서 광범위한 협력을 수행할 예정이다.

### 아르테미스 협정(Accords)

아르테미스 협정은 유인 달탐사로 알려진 아르테미스 프로그램을 국제협력으로 뒷받침하는 일종의 약속이다. 아르테미스 협정은 아르테미스 프로그램과 연관은 있지만, 우주 외교 차원의 협력이지 달탐사 활동에 직접 참여한다는 약속은 아니다. 2020년 미국이 호주, 캐나다, 이탈리아, 일본, 룩셈부르크, 아랍에미리트, 영국 등 7개 국가와 함께 창립했다. 이 협정의 목적은 민간 우주탐사와 평화적 목적을 위한 우주, 달, 화성, 혜성, 소행성 활용을 운영하는 것으로 구속력은 없다. 우리나라는 10번째로 가입했으며, 2025년 5월을 기준으로 전체 체결국은 노르웨이까지 55개국이다.

아르테미스 협정의 주요 내용은 다음과 같다. 1. 국제법에 따라 평화적 목적을 위한 우주 활동을 위해 정부 또는 기관 간에 양해각서를 이행한다(평화적 목적). 2. 과학적 발견과 상업적 활용을 향상하기 위한 공통 탐사 인프라가 중요하다(공통 인프라). 3. 우주 물체를 등록하고 과학적 데이터를 적시에 공개적으로 공유한다(등록 및 데이터 공유). 4. 역사적인 착륙 지점, 인공물 및 천체 활동의 증거를 보존한다(유산 보존). 5. 우주 자원의 활용은 안전하고 지속 가능한 활동을 지원해야 하며 다른 서명국의 활동을 방해하지 않으며, 간섭을 방지하기 위해 위치 및 특성에 대한 정보를 공유한다(우주 자원의 활용). 6. 우주비행체의 안전한 폐기를 계획하고 유해한 잔해물 생성을 제한한다(우주 잔해물 완화).

과학기술 협력뿐 아니라 여기에서 도출된 안보적 활용도 예상된다. 또한 막대한 비용을 분담하고 경제적 이익을 선점하기 위한 경쟁이기도 하다. 이처럼 달 탐사 경쟁은 우주 안보 차원에서 다음과 같은 의미를 갖는다.

달 탐사 기술은 국방·정보 우주 분야에 활용될 수 있는 첨단기술을 우주 시스템에 적용할 수 있다. 달 탐사 과정에서 시스루나 공간(지구~달)을 이동할 수 있는 기술, 인력과 물자를 수송할 수 있는 기술, 달 기지를 건설하고 유지하는 기술 등을 확보할 수 있다. 미 국방부가 중국의 달 탐사가 갖는 군사적 목적을 경계하는 이유이다. 2019년 인류 최초로 달 뒷면 착륙에 성공한 중국은 무인 착륙선과 탐사 로버를 활용하였다. 달 뒷면은 지구에서 관측할 수 없기 때문에 비밀스러운 활동을 할 수 있으며, 미국의 위성을 위협할 수도 있다. 지구와 같이 달 궤도에서 감시정찰위성 등 우주정보지원 활동이 활발해질 것이다.[15] 군사적으로도 매우 유용한 도킹과 랑데부 기술도 1960년대 NASA의 유인 달 착륙 과정에서 개발되었다.[16] <그림 10>과 같이 랑데부와 근접 운영(RPO) 기술은 NASA가 아폴로 우주선을 달로 보내는 네 가지 방법 중 하나였다.[17]

달 탐사 경쟁은 장기적인 우주 안보 이익으로서 달 자원에 대한 자유로운 접근과 경쟁국의 활동을 거부하려는 의도가 포함된다. 이를 위해 일시적인 달 착륙이 아니라 영구적인 달 기지를 구축하기 위한 계획을 진행 중이다. 이러한 달 점유의 기대가 새로운 것은 아니다. 이미 미국은 1959년 프로젝트 호라이즌(Project Horizon)을 통해 달 기지를 검토했었다. 1979년 달 조약은 달의 물리적 개발을 제한하고 있지만 미국, 러시아, 중국이 비준하지 않았기 때문에 대부분 명목상의 조약에 불과하다. 게다가 달의 뒷면은 관측이나 군사적 책임으로부터 상대적으로 자유롭다는 장점이 있다.

중국은 2019년 1월 달 탐사선을 달 뒷면에 착륙시킨 최초의 국가가 됨으로써, 미개척지였던 이 지역에 대한 전략적 경쟁을 시작했다. 2021년 미국 국방고등연구계획국(DARPA)은 우주 및 달에서 제조 기술을 확보하기 위한 새로운 프로그램을 시작했다. 여기에는 군사기지가 포함될 수 있다. 미 우주군도 중국의 달 탐사 계획을 아이디어의 공유나 우주과학의 과정으로만 평가하지 않는다. 특히 달 기지 건설과 달 남극지역에 점유 혹은 소유는 태양계 전체에서도 반복될 개척 경쟁이 될 것이다. 우주와 같은 공유지를 통제하는 국가가 영향력과 우위를 유지할 수 있다는 전략적 조언을 고려해야 한다.

달 기지는 달 환경에서 겪는 자연적 위험에 대비하고, 다른 국가나 기업과의 충돌에서 안전을 확보하는 핵심 시설이다. 달 기지 구축은 국방·정보 우주, 우주경제, 우주 외교 영역이 상호 연관된 과정이다. 국방·정보 우주 차원에서 달 탐사와 달 기지 구축은 지구와 달 사이의 우주 활동을 감시하고 적대적 활동을 제한하는 요충지이다. 현재 아르테미스 프로그램과 같이 달 기지는 달 궤도 우주 정거장과 연계하여 추진 중이다. 따라서 달 기지는 달과 달 궤도에 대한 안전을 강화할 뿐 아니라 화성 혹은 다른 심우주 탐사의 경유지로 역할을 한다. 또한 시스루나 공간에 대한 보급과 지원도 지구보다는 달에서 수행하는 것이 효과적이다. 달 기지가 갖춘 생산 시설과 발사장은 지구보다 낮은 중력으로 인해 같은 발사체 능력으로도 많은 중량을 우주에 보낼 수 있기 때문이다.

현재 미국과 중국이 달 남극의 비슷한 지역을 두고 누가 먼저 기지를 구축하느냐는 경쟁을 벌이고 있다. 달과 같은 천체는 특정 국가가 독점할 수 없지만, 먼저 위치한 국가의 권리를 박탈할 수도 없다. 따라서 달 탐사와 기지 구축은 선점하는 국가에게 유리한 상황이다. 달 남극 지역뿐 아니라 달 뒷면도 국방·정보 우주 차원에서 활용도가 있다. 이미 중국은 인류 최초로 달 뒷면 착륙에 성공했다. 향후에는 달 우주 정거장이나 달 궤도에 감시정찰위성을 배치하여 다른 국가의 달 뒷면 활동을 감시할 것으로 보인다.

**<그림 10> 랑데부와 근접 운영(RPO) 기술[18]**

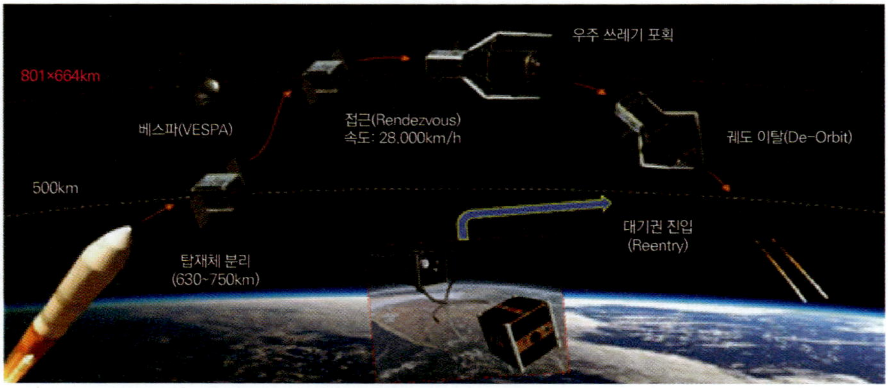


© 최성환

### 아폴로 달 착륙 과정

1969년 아폴로-11이 인류 최초로 유인 달 착륙에 성공했다. 지금은 익숙하게 보이는 이 과정도 당시 NASA에서는 네 가지 달 착륙 방법을 놓고 고민한 결과였다.

첫 번째는 달 궤도 랑데부 방식으로 실제 1969년 달 착륙에 활용했던 방법이다. 아폴로 우주선은 사령선과 착륙선으로 구성된다. 이 방식은 아폴로 우주선이 달 궤도에 도달하면 사령선은 달 궤도에 남아 있고 착륙선만 분리되어 달에 착륙한다. 이후 달에서 임무를 완수하면 2단으로 구성된 착륙선의 하단 모듈은 달에 남겨두고 상단 모듈만 이륙하여 달 궤도의 사령선과 도킹한다(당시 하단 모듈은 아직도 달에 남아있다). 사령선과 착륙선이 분리되고 착륙선도 상단과 하단이 분리되면 달에서 이륙할 때 무게를 줄일 수 있기 때문이다. 우주인은 사령선과 착륙선의 도킹으로 내부를 이동할 수 있으며, 지구로 복귀할 때는 다시 사령선으로 이동하여 착륙선 상단은 남겨둔다.

두 번째는 직접 이륙 방식이다. 이 방법은 지구에서 이륙한 아폴로 우주선이 달 착륙까지 한번에 진행하는 방식으로 달 궤도 랑데부 방식보다 먼저 고려되었다. 실제로 브라운 박사 등 아폴로 프로그램 관계관들이 한 번에 달과 지구 사이를 이동하기 때문에 다른 위험요소가 적었던 이 방식을 처음에는 선호했다. 하지만 달에서 이륙할 때 중량이 무겁고 연구 중이던 도킹과 랑데부 기술이 도전해볼 만하다는 판단에 따라 방식을 변경했다.

세 번째는 지구 궤도 랑데부 방식이다. 첫 번째 방식과 유사하지만 지구에서 아폴로 우주선이 한번에 발사되던 것과 달리 개별적으로 발사된 아폴로 우주선 모듈들이 지구 궤도에서 도킹하는 방식이다. 지구에서 도킹하여 조립된 아폴로 우주선은 달까지 이동하여 첫 번째 방식으로 달에 착륙과 이륙을 수행하고 지구로 복귀하게 된다. 이 방식은 엄청난 크기의 우주 발사체를 개발할 필요가 없었기 때문에 경제적이고 기술적으로도 현실성이 있었다. 대신 지구 궤도에서 여러 모듈을 조립해야 하는 어려움이 있다.

네 번째는 달 표면 랑데부 방식이다. 이 방식은 세 번째 방식과 같이 아폴로 우주선의 모듈을 따로 달까지 착륙시킨 후 달 표면에서 활용하는 방법이다. 달에는 무인 착륙선과 유인 착륙선을 보내고 달에서 우주인들이 이륙할 때 무인 착륙선에 탑재한 추진제를 유인우주선으로 이동하여 활용한다. 세 번째 방식의 장점을 살리면서 지구 궤도에서 조립하는 부담을 줄일 수 있었다. 하지만, 2대의 달 착륙이 모두 성공해야만 가능한 방식으로 위험 부담이 있었고 첫 번째 방식과 같이 착륙선을 상단과 하단으로 분리하는 아이디어로 인해 채택되지 않았다.

처음 NASA에서는 두 번째 방식을 선호하는 분위기였다. 지구 궤도나 달 궤도에서 우주 자산 사이에 도킹과 랑데부를 확신할 수 없었기 때문이었다. 하지만 미국이 추구하던 달 착륙 일정을 맞추면서 다른 위험 요소를 배제할 수 있는 첫 번째 방식이 선택되었다. 실제로 아폴로 프로그램은 1969년 아폴로-11가 달 착륙에 성공하기 전까지 다음과 같은 단계로 우주 기술을 발전시켰다. (1) 무인 사령선 시험 (2) 무인 달 착륙선 시험 (3) 지구 저궤도에서 유인 사령선 시험 (4) 지구 저궤도에서 유인 사령선과 달 착륙선 시험 (5) 지구 중궤도에서 유인 사령선과 달 착륙선 궤도 비행 (6) 유인 사령선과 달 착륙선의 달 궤도 (도킹 및 랑데부) 시험 (7) 달 착륙이었다.

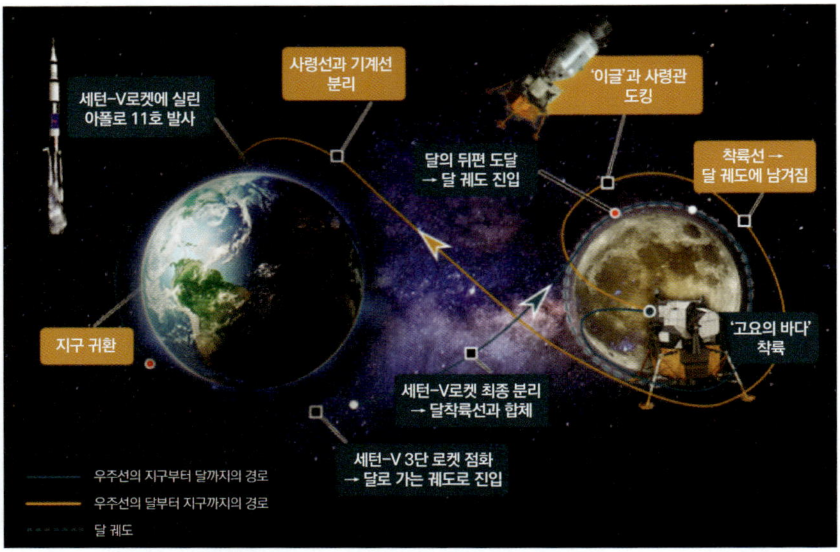


© 동원NOW

우주 경제 차원에서 달 사업 프로그램은 민간 기업에게는 기회의 창이다. 미국 DAPRA는 과거 달 탐사가 지속가능성 측면에서 성과를 거두지 못한 일회성 시도라고 평가했다. 이런 문제의식에서 이제는 착륙선 하나를 더 보내는데 그치지 않고 달에서 자급자족할 수 있는 사업을 창출하기 위한 여러 기술을 동시에 개발한다. 이를 위해 DARPA는 개별적으로 추진 중인 달 인프라 개발을 통합하고 있다. 2023년 8월 『달아키텍처 10년(10-Year Lunar Architecture)』(LunA-10)을 발표하고 10년 후 자급자족이 가능한 달 경제권 구축을 추진 중이다. LunA-10 아키텍처 구축에는 민간 기업도 뛰어들어 경쟁하고 있다. 민간 기업들은 표준 탑재체를 달로 수송하고 달의 인프라 규모를 확장하는 방법을 찾고 있다. SpaceX, 블루오리진 등 14개 팀이 많은 로봇을 활용하여 통신, 에너지, 이동, 항법 시스템이 탑재된 달 발전소와 같은 다목적 인프라를 개발한다. DARPA는 달 기지 구축이 우주조약에 부합하는 평화적 목적이라고 밝혔다.[19]

이 밖에도 많은 개별 기업들이 달 사업에 뛰어들 준비를 하고 있다. 2024년부터 민간 우주기업의 달 탐사 경쟁도 본격화되었다. 최초에 도전했던 미국의 우주

기업 아스트로보틱(Astrobotic)의 무인 달 착륙선이 1월 실패했지만, 또 다른 기업 인튜이티브 머신스(Intuitive Machines)의 무인 달 착륙선(Nova-C)은 2월 착륙에 성공했다. 다만, 착륙 과정에서 옆으로 기울어 절반의 성공으로 평가되지만, Nova-C는 세계 최초의 상업용 달 착륙선이 되었다.[20] 1년이 지난 2025년 3월에는 우주 기업의 달 착륙선이 동시에 발사되어 달 착륙을 시도했다. 인튜이티브 머신스의 두 번째 무인 달 착륙선(아테나)은 또 다시 완벽한 착륙에 성공하지 못했지만, 파이어플라이 에어로스페이스(FireFly Aerospace)의 무인 달 탐사선 블루 고스트(Blue Ghost)는 사상 최초로 완벽히 착륙했다.

이 기업들은 아르테미스 프로그램의 핵심 임무 중 하나인 상업적 달 수송 서비스(Commercial Lunar Payload Services, CLPS)에도 참여한다. 달에 우주기지가 건설되면 우주자원의 탐사와 채굴이 이루어질 것이다. 이미 달과 소행성의 자원 매립 가능성과 이를 채굴하기 위한 기술을 개발 중이다. NASA는 2023년 10월 소행성 프시케(Psyche)를 탐사할 탐사선을 발사했다. 화성과 목성 사이에 위치한 프시케는 대부분 금·니켈·철 같은 금속으로 이루어졌으며, 폭 200㎞ 이상인 프시케를 구성하는 철의 가치만 1,000경 달러로 추정된다.

미국 우주채굴 스타트업 아스트로포지(Astroforge)는 가치가 높은 백금속류(백금, 팔라듐, 이리듐, 로듐 등)을 채굴할 소행성 탐사선을 발사해 2025년까지 지구로 가져올 계획이다. 골드만삭스의 애널리스트 노아 포포낙(Noah Poponak)은 "축구장 크기만 한 소행성 하나에도 많으면 500억 달러(약 66조 원) 가치의 백금이 매장돼 있을 수 있다."고 밝혔고 투자자들도 관심이 크다. 이 기업은 레이저로 소행성 표면의 물질을 증발시킨 다음 증기 속에서 필요한 물질을 채집하는 기술을 확보했다. 또 다른 우주기업 트랜스아스트라(TransAstra)도 태양광을 활용해 우주에서 광물이나 물을 채집할 수 있는 기술을 개발했다.

이처럼 1960~70년대 달 착륙 임무와 과학 임무였다면, 현재 진행 중인 달 탐사가 다른 점은 달 자원 활용을 위한 경쟁이다. 가장 적극적으로 우주자원활용 기술을 개발 중인 국가는 미국이다. 미국의 우주자원 활용은 달에서 검증한 기술로 인간의 장기 화성체류까지 달성하겠다는 문투마스(Moon to Mars) 관점에서 추진 중이다. 달의 현지 활용이 가능한 자원은 극지 부근 영구음영지역의 얼음물, 고

지대 또는 바다 지역의 광물, 태양풍 등으로부터 기인한 휘발성 물질 등 다양하다. NASA의 활용자원 우선순위는 채굴이 가장 쉬운 자원, 인프라가 최소로 필요한 자원, 즉각적으로 현지 활용이 가능한 자원 순이다.

일본은 하야부사-1, 2 임무를 통해 미세 중력 천체인 소행성 샘플을 지구로 가져왔다. 또한 달 표면에 접근하고 착륙할 수 있는 독자기술을 위해 소형 달 착륙선 SLIM(Smart Lander for Investigation Moon) 프로젝트를 수행했다. 일본은 국제우주탐사협의체에서 우주 선도국의 역할을 수행하고 있으며, 글로벌 우주탐사 로드맵에서 중요한 요소인 가압식 유인로버 개발을 민간 기업과 함께 추진 중이다.

룩셈브루크도 우주자원에 집중하여 국제 우주탐사에서 역할을 확장하고 있다. 매년 Space Resources Week를 개최하면서 유럽 우주자원혁신센터 설립을 지원하고 주도적으로 운영하면서 적은 자원으로 우주자원 관련 기술개발, 교육, 정책수립, 기술협력 등 정보 교류의 허브 역할을 하고 있다.

우리나라는 제4차 우주개발진흥 기본계획에서 달 착륙과 함께 현지우주자원 활용(IRSU)이 포함되어 우주자원 활용을 추진하는 근거로 삼고 있다. 현재 다누리 달 궤도선 탑재체 중 감마선 분광기와 NASA의 쉐도우캠(ShadowCam)은 각각 달 자원의 분포와 영구음영지역 영상 등을 확보하여 현지자원 활용에 필요한 정보를 제공하고 있다.

이처럼 달 탐사와 현지자원 활용은 많은 국가와 기업의 경쟁이 치열해지는 분야이다. 또한 정부는 달 표면까지 이동, 자원활용에 대한 기술개발 등 기업의 참여를 적극적으로 지원하고 있으며 기술 서비스를 구매하여 기업이 지속 가능한 우주탐사를 달성하도록 추진하고 있다. 끝으로 우주자원 활용은 한 국가가 독점적으로 구축하기 보다는 국제협력에서 역할 분담이 필요하다. 실제로 글로벌 우주탐사 로드맵, 미국의 문투마스, 중국의 국제달연구기지 등 국제협력이 활발하게 진행 중이다. 우리나라도 독자적인 달 착륙 기술에만 집중할 것이 아니라 국제협력을 기반으로 현지자원 활용 기술 개발에 비중을 높여야 한다.[21]

우주 외교 차원에서도 미국의 아르테미스 프로그램과 중국의 국제달연구기지 프로그램은 우주관련 국제협력을 누가 주도하냐는 경쟁이다. 미국과 중국의 달 탐사 계획은 2030년대 전후로 비슷한 지역에서 추진되고 있기 때문에 경쟁이 불가피하다. 달 탐사 경쟁은 두 국가뿐 아니라 국제협력의 세력을 모으는 양상이다. 중국도 미국과 마찬가지로 공동으로 참여할 국제협력 주체를 모으고 있다. 중국은 2028년 발사 예정인 창어-8 임무에 참여하는 국가와 국제기구와 함께 우주비행체를 발사 및 운영하고, 우주비행체 간 상호 작용을 수행하며, 달 표면을 공동으로 탐사한다. 창어-8은 달 표면에 착륙한 후 자체 탐사장비를 독립적으로 사출해 운영하는 임무도 수행한다. 전문가들은 달 기지 건설 움직임을 자원 탐사 및 채굴을 위한 기초 작업으로 분석한다. 달에는 얼음이 존재하고 헬륨-3과 같은 자원이 매장된 것으로 추정되고 있다. 헬륨-3은 핵융합 발전의 원료가 될 수 있어 차세대 에너지 자원으로 불린다. 이에 달 기지가 건설될 경우 자원 채굴을 위한 각종 인프라를 지구에서 가져가는 비용을 최소한으로 줄일 수 있다. 기지 건설 속도가 그만큼 빨라질 수 있다.

달 탐사 경쟁이 현실화되면 1979년 달 조약에 대한 참여국이 늘어나거나 달 조약의 개정에 대한 우주 외교활동이 활성화될 것이다. 현재 달 조약은 강대국은 물론 우리나라도 참여하지 않고 있어 사문화되었다는 평가를 받는다. 하지만, 달 탐사국이 증가하고 달 탐사에 참여하는 국제협력이 확대되면 달 조약이 이들 국가의 우주 활동을 규제하거나 조율할 수 있는 규범으로 작동하게 된다. 우주의 장기지속가능성(LTS)에 대한 가이드라인도 이러한 상황을 이미 반영하여 논의되고 있다. 향후에는 유엔에서 논의되는 우주 활동의 규범이 달과 같은 천체에 적용되기 위한 우주 외교에서 더욱 중요해질 것이다.

## 시스루나(지구-달) 공간의 우주 안보

시스루나 공간의 우주경쟁은 1960년대 미소 간의 달 경쟁과는 양상이 다르다. 새로운 우주 경쟁은 수십 개의 국가, 역동적인 지정학적 긴장, 지속적인 주둔과 관련된 기술력이 복합적으로 작용하고 있다. 이러한 복잡성 증가는 시스루나 공간을 새로운 관점에서 보도록 만든다. 미 우주군과 우주사령부는 시스루나 공간에서도 우주 안보의 개념을 그대로 적용한다. 즉, 자유롭고 개방적인 접근을 보장하기 위해 우주력을 강화하고 있다.

달로 향하는 다양한 국가와 기업에도 불구하고 시스루나 경쟁의 중심에는 미국과 중국이라는 두 개의 진영이 자리잡고 있다. 한쪽은 미국과 아르테미스 협정에 서명한 광범위한 동맹국 그룹이다. 다른 쪽에는 중국과 러시아가 협력하는 국제달연구기지를 중심으로 베네수엘라, 이란, 아랍에미리트(UAE) 및 아시아 태평양 우주 협력 기구(APSCO) 국가들이 자리잡고 있다. 시스루나 공간에는 합의된 국제 규범이 부족하기 때문에 지구상 영토 탐험과 대항해 시대와 같이 먼저 도착한 사람이 규칙을 정할 수 있다. 미국이 중국의 위협을 강조하는 배경이기도 하다.

중국 인민해방군 프로그램과 교리에 따르면 중국은 우주에서 탁월한 글로벌 강국이 되기를 추구한다. 즉, 미국을 따라잡고 시스루나 공간에서 통제권을 확립하려는 것이 중국의 목표로 분석된다. 중국은 미국이 우주에서 평화적 목표를 잘못 이해한다고 주장하지만, 중국도 달을 서태평양의 도서에 비유한 것을 보면, 잘못 이해하는 것은 마찬가지다. 태평양에서 중국의 공격적인 행동은 중국이 영토 확보를 국가 권력과 동일시 한다고 볼 수 있다. 시스루나 공간에 대한 인식은 우주와 지구가 다르지 않다는 점을 보여준다. 실제로 중국 인민해방군이 중국의 우주 프로그램을 통제한다는 점은 이를 뒷받침한다.

만약 중국이 얼음이 풍부한 달 지역에 "과학" 기지를 먼저 건설한다면 경쟁국이나 기업이 과학 연구를 방해하지 못하도록 접근을 제한할 수 있다. 현재 중국은 달 뒷면에 착륙한 유일한 국가이며 2025년 회수한 샘플을 분석하고 일부 국가와 협력에 활용하고 있다. 나아가 중국은 달의 유리한 지점과 궤도를 이용하여 지구 궤도에 있는 미국과 파트너를 공격할 수도 있다.

시스루나 활동은 국방·정보 조직에게 새로운 임무이며 더 많은 예산과 인력을 필요로 한다. 달 경쟁에 필수적인 시스루나 인프라를 구축하고 상업 활동을 지원하기에 충분한 역량을 발휘하는데 적어도 초기 5년간 연간 약 2억 5천만 달러가 필요하다는 분석도 있다. 물론 시스루나 활동은 안전하고 안정된 기반을 위해 군사적 수단도 필요하다.

미 국방부는 시스루나 영역에서 군의 역할과 상업 목표와의 관계를 정의하기 위해 시스루나 전략을 발전시키고 있다. 시스루나 전략은 안전하고 안정적인 환경을 조성하는 것을 주요 목표로 정의하며, 상업적 시스루나 개발을 추구하면서 지속 가능한 여건을 조성해야 한다. 또한 라그랑주 점에서 안전한 작전을 보장하고, 달 표면에 대한 제약 없는 접근이 이루어지도록 우주작전 목표를 설정하게 된다. 이러한 전략은 국가적 자원 배분은 물론 우주 산업의 투자와 기술 개발을 촉진하게 될 것이다. 다음은 시스루나 공간 전략의 핵심 인프라를 다룬다.

첫째, 영역 인식이다. 미 공군연구소의 오라클 프로그램은 시스루나 영역과 라그랑주 점을 감시하는데 목표를 두고 있다. 현재 이 프로그램은 2027년으로 연기된 이후 달 임무도 축소된 상황이다. 하지만, 이러한 지연이 경쟁국의 적대적 행동을 강화하는 기회가 될 수 있다.

둘째, 고속 통신이다. 기존 통신 네트워크는 아르테미스 협정에 부합하는 증가된 통신 용량을 지원할 수 없다. 레이저 통신은 고용량 데이터 전송에 사용할 수 있기 때문에 개발 중이지만, 시스루나 영역의 방대한 거리는 레이저 통신으로 연결하려면 정확한 포인팅이 필수적이다. 또한 새로운 네트워크는 지구, 달 및 태양의 상대적인 위치 및 방향과 관련된 문제를 극복해야 하며, 예상되는 수요를 충족하려면 라그랑주 점, 달 궤도 및 지구 정지궤도에 통신 중계 위성을 경쟁적으로 배치할 가능성이 높다.

셋째, 항법 능력이다. 시스루나 영역에서 확실한 위치와 정확한 시각을 포함한 항법 능력은 매우 중요하다. 지구 궤도와 달리 우주비행체의 위치가 정확하게 파악하는데 어렵기 때문이다. 또한 미국과 아르테미스 협정 파트너들 사이에는 항법 운영의 요구 사항과 상호 운용성을 강화할 필요가 있다.

넷째, 추진 및 기동성이다. 시스루나 공간과 같이 먼 이동 거리, 지구 중력을 벗어나기 위한 이동에는 상당한 추진력과 기동성을 갖춘 우주비행체가 필요하다. DARPA의 DRACO는 시스루나 공간을 위한 원자력 추진 연구의 좋은 사례이다. 이는 단일한 우주비행체 추진에 의존하거나 공급망 불안에 따른 안보 문제를 완화시킬 수 있다.

다섯째, 에너지이다. 시스루나 활동에는 과학, 경제 또는 생명 유지 장비에 필요한 전력 공급이 필수적이다. 태양광에서 원자력에 이르기까지 다양한 옵션을 연구해야 한다. 또한 에너지를 전송하는 기술도 개발해야 한다. 예를 들어 원격 사용자에게 전력을 전송하는 능력은 다양한 시스루나 임무를 수행하는데 중요하다. 달에서 작동하는 로버는 낮과 밤이 교차되는 2주간 전력을 공급하는 문제가 성과를 좌우한다.

여섯째, 달 표면 발사 및 착륙이다. 달 임무의 지속을 위해서는 유해한 먼지를 회피하면서, 장비, 보급, 우주인을 지속적으로 달에 보내야 한다. 이것을 실현하려면 달에 착륙하고 발사하는 새로운 방법이 필요하다. 한 가지 예로는 로켓 추력이 달 표면 암석과 먼지를 향하지 않도록 발사장을 구축하는 것이다. 또 다른 방법은 달 표면 아래 구조물을 구축하여 발사와 이동이 미치는 영향을 최소화하는 것이다. 세 번째 옵션은 전자기 레일 시스템이다. 현재 항공모함에서 볼 수 있는 이 시스템은 달에서 발사할 때 일정 고도까지 탑재체를 상승시킬 수도 있다.

시스루나 전략을 실현하는 데 필요한 것이 기술만은 아니다. 이미 달 탐사 경쟁에는 우주 기업들이 앞다투어 성과를 거두고 있다. 시스루나 공간에서 경쟁도 우주 경제 활동과 국방·정보 활동의 전환 혹은 동기화가 얼마나 신속히 이루어질 것인지가 중요하다. 정부와 기업의 임무 전환을 간소화하고 무인 장비를 최대한 활용할 필요가 있다. 이를 실현하려면 아키텍처에 대한 조기 결정과 꾸준하고 일관된 자금 지원이 필요하다.

지구 궤도로부터 달까지 시스루나 영역에서 이루어지는 경쟁은 이미 시작되었다. 여기에는 정부뿐 아니라, 우주기업, 국제 파트너까지 다양한 행위자가 포함된다. 중국과 러시아의 우주 프로그램은 자원을 집중하거나 경제적 손해를 감수하는 능력에서 미국과 파트너를 앞설 수도 있다. 이러한 상황은 국방·정보 우주 영역, 우주 경제 영역을 넘어 시스루나 공간에서 협력, 투명성 그리고 책임 있는 행동을 구축하기 위한 규범 설정에도 영향을 끼칠 수 있다.[22]

## 글로벌 위성항법체계의 국제정치[23]

글로벌 위성항법체계(Global Navigation Satellite System, 이하 GNSS로 표기)는 지구 전체를 대상으로 이동 중인 물체의 위치와 속도를 제공하는 시스템이다. 현재 유엔이 인정한 항법체계의 글로벌 표준은 미국 GPS(Global Positioning System), 러시아 글로나스(GLONASS), EU의 갈릴레오(Galileo), 중국의 베이더우

(Beidou)이다. 모든 위성항법체계가 글로벌 수준에서 작동하는 것은 아니다. 일본의 위성항법체계(QZSS)는 일본 지역을 중심으로 운영되며 우리나라가 추진하는 한국형위성항법체계(Korea Positioning System, KPS)도 지역 기반의 체계이다. 오늘날 GNSS는 교통뿐 아니라 모든 일상과 군사작전, 경제생활 등이 이루어지는 핵심적인 인프라이다. 위성항법체계는 많은 비용과 시간, 기술이 투입되기 때문에 국가적 사업으로 구축된다.

과거에는 거의 모든 국가가 미국이 운영하는 GNSS인 GPS에 의존했다. 우리나라도 GPS를 이용하고 있기 때문에 독자적인 위성항법체계를 구축할 필요가 없었다. 하지만 우주 안보 차원에서 GNSS를 다른 국가에 의존할 경우 국가 핵심 인프라가 미국에 의해 좌우될 수 있는 문제가 있다. 실제로 중국은 미국의 GPS에 의존하는 상황이 불러올 문제를 1996년 실감했다. 당시 대만 총통이었던 리덩후이는 미국을 방문한 자리에서 대만 독립의 가능성을 언급했다. 중국은 경고의 의미로 대만 인근 해상으로 미사일 3발을 발사했다. 그런데 1발은 중국의 의도대로 대만 기륭항에서 18.5km 떨어진 바다에 떨어졌지만 나머지 2발은 위치를 잃고 엉뚱한 곳에 떨어졌다. 중국은 미국의 GPS를 사용하고 있었기 때문에 미국이 중국 미사일을 방해한 것으로 본다. 이로 인해 중국은 독자적 위성항법체계인 베이더우를 개발하기로 한다. 군사적 필요뿐 아니라 만약 다른 국가에 의존하던 위성항법시스템이 고장날 경우, 별다른 조치를 취할 수 없으며 그 영향으로 방송, 통신, 교통 등 위치와 속도를 활용하는 모든 인프라가 중단되어 사회적 대혼란이 일어날 수 있다. 또한 생산, 운송 등 경제활동이 중단되면서 막대한 손실과 장기적 피해를 입을 수 있다.

현재 세계에서 가장 널리 사용되고 있는 글로벌항법위성시스템은 미국의 GPS로 우리나라를 포함해 약 190개 나라에서 사용되고 있다. 미국 GPS는 1973년 공군 주도로 개발이 시작되어 1978년 첫 번째 위성이 발사되었고 1995년 24개 위성을 배치하여 전력화되었다. 초기에는 군사용으로 개발되었지만 1983년 우리나라의 대한항공 007편이 자체 관성항법 장치가 고장나면서 소련 영공 근처에서 전투기로 격추되는 사건이 일어나면서, 레이건 행정부가 민간의 항행 안전을 위해 GPS 신호를 개방했다. 초기에는 GPS 신호 사용을 적대국이 군사적으로 사용하는 것을 막기 위해 선택적 오차를 유발했지만 2000년 이마저 중단했다.

현재 미국 GPS는 31개 군집위성으로 구성되어 약 20,000km의 중궤도를 돌고 있다. 중궤도 항법위성은 위성기능에 손상을 입힐 수 있는 밴 앨런 방사선대를 회피하여 배치된다. 항법위성이 지구상 특정 위치를 추적하고 알려주기 위해서는 최소한 위성 4개와 접촉이 이루어져야 한다. 정밀한 원자시계를 탑재한 위성들은 위성의 위치, 속도, 시간을 삼변측량법과 상대성 이론 적용을 통해 수신자의 위치를 알려준다. 최소 24개의 중궤도 위성으로 지구 전지역 서비스가 가능하다. 항법위성에서 중궤도 위성을 선호하는 것은 저궤도보다는 속도가 느리기 때문에 항법 서비스에 핵심인 위치계산을 더 정확하게 할 수 있고, 필요한 위성의 수도 적기 때문이다. 항법위성의 숫자는 많을수록 위치 정보가 정확해진다. 위성항법 서비스는 사용자는 자신의 기기에 따라 선택할 수 있으며, 보통 기기가 최상의 정보를 제공하는 위성항법체계와 연결된다.

중국의 베이더우는 처음부터 미국과의 군사적 문제에서 출발했다. 2000년 처음 발사된 베이더우 위성은 2018년 말 위성의 기본 배치를 마치고 일대일로(육·해상 실크로드) 참여국들에게 서비스를 제공하기 시작했다. 현재 제공되는 베이더우 서비스는 일반용과 군사용 두 가지다. 베이더우의 군사용 성능은 위치 정밀도가 10㎝ 이내로 미국 GPS의 정밀도 30㎝를 능가한다는 평가도 있다. 현재 46개 군집위성으로 구성되어 있으며 그중 30개가 최신 위성(BDS-3)이다. 오늘날은 물론 미래전에서는 모든 정밀무기체계들이 목표물을 정확히 타격하기 위해 위성항법시스템이 필수적이다. 중국의 베이더우 시스템은 중국과 남중국해 지역에서 군사적 능력을 발전시켰다. 중국은 영유권 갈등을 빚고 있는 광범위한 남중국해에서 비밀감시 장치인 '해상 항법 비콘' 네트워크를 구축하여 이 지역에서 미국 함대나 선박을 정확하게 추적할 수 있다.[24]

중국 언론에 따르면 베이더우는 2022년 전세계 11억 명 이상에게 서비스를 제공했다. 중국 베이더우 사용자가 급증한 이유에는 중국이 지상국 인프라를 운영하는 국가들에게 보조금을 지급하고, 항법 서비스를 사용하지 못하는 국가들에게 공격적으로 항법 서비스를 제공했기 때문이다. 베이더우 위성의 신호를 24시간 모니터할 수 있는 지상국 증가는 항법정보의 정확성과 통신 속도 향상에도 도움이 된다. 미국 GPS 서비스는 아프리카, 남미, 일부 아시아 국가들에서 제공 범위가 좁아 원활히 제공되지 않았던 반면, 베이더우는 이들 지역에서 서비스 제공이 원활하다. 최근에는 베이더우 시스템이 무선 주파수 대신 레이저 통신을 이용해 데이터를 전달하도록 연구 중이다. 레이저 통신 장비는 도시의 복잡한 대기 환경에서도 안정적 통신이 가능하고 세계 어느 곳에서도 유선 인터넷 수준인 초당 1기가바이트 이상의 데이터를 전달할 수 있다. 레이저 통신은 외국의 도청이나 전자전 공격에도 강하다.

중국은 베이더우의 성능을 최신화하면서 상대적으로 노후화된 미국 GPS의 취약성을 공격할 가능성도 있다. 재밍이나 스푸밍으로 지상에서 GPS 서비스를 사용하기 불안정하고 위험하게 만들 수 있다. 예를 들어 중국 베이더우는 GPS가 갖추지 못한 양방향 메시지 기능을 사용한다. 현재 이 기능은 중국 내에서 주로 사용할 수 있으며 다른 지역에서는 지상 네트워크를 통해 짧은 문자 메시지만 보낼 수 있다. 중국 정부는 이 기능을 조난 수색 및 구조 임무에 유용하다고 홍보해 왔다. 하지만 이 기능은 사용자가 항법 서비스를 이용할 때 사용자의 위치가 베이더우를 통해 확인되므로 상대방 지역에서 군사적 표적을 선정하는 데 활용될 수 있다. 이 기능이 널리 활용될수록 어느 순간 중국을 위한 정보 제공, 위치 추적이 가동될 수 있다. 예를 들어 미래에는 자율주행 자동차가 보급되면서 더 많은 위치 정보가 베이더우를 통해 제공될 수 있다. 현재는 베이더우의 데이터 처리 용량으로 이런 우려가 현실로 나타날 수 없다. 하지만, 베이더우의 양방향 메시지 기능을 사용하기 위해서는 특수칩을 내장해야 하며 화웨이 스마트폰이 이를 채택했다. 앞으로 더 많은 스마트폰 기업이 이 기능을 채택할 경우를 유의해야 한다. 2022년 애플은 미국 위성사업자 글로벌스타(Global Star)를 통해 위성 기반 긴급 문자 서비스를 제공하기 시작했다.

고의적인 전파방해나 간섭을 통해 위성항법신호를 사용하는 무기체계를 무력화할 가능성도 있다. 특히 전파방해나 간섭이 일어날 경우 주파수 중첩 발생 시 위성 신호 수신의 감도 저하 및 위치 오차가 커지는데, 그것이 우연인지 고의인지 판단하기가 쉽지 않다. 또한 위성항법신호는 단방향의 방송에 가깝기 때문에, 의도적으로 부정확한 위성항법신호를 방출하는 경우(Spooping) 수신자가 송신자에게 책임을 묻기도 어렵다. 실제로 미국에서는 2014년 중국 CTS Technology에 대해 신호 재머(signal jammer)를 판매한 혐의로 3,400만 달러 이상의 벌금을 부과하였다. 우크라이나, 이라크 등 분쟁 지역에서는 크고 강력한 위성항법신호 재머의 존재가 확인되었으며, 우리나라에서도 2010~16년 사이에 발생한 총 4번의 GPS 전파교란의 발신지가 북한 지역으로 확인되기도 하였다.[25]

또한 중국은 베이더우로 국제적 군사협력을 강화하고 미국과 전략경쟁에도 활용한다. 2018년 12월, 중국은 미사일, 선박, 항공기에 보다 정밀한 지침을 제공하기 위해 파키스탄에게 베이더우의 군사용 데이터에 대한 접속 권한을 제공한 것으로 알려졌다. 파키스탄도 미국 GPS에 의존을 끝내고 베이더우를 군사 및 민간용으로만 사용 중이다. 이란과 중국은 2021년 3월 "포괄적 전략 파트너십을 구축하기 위한 양해각서"를 체결했으며, 이후 중국 군사 소식통은 이란이 베이더우의 군사급 신호에 대한 접근 권한을 가진 것으로 밝혔다.

중국과 러시아의 협력도 계속 심화되고 있다. 마침 러시아도 우크라이나 전쟁을 계기로 미국 GPS가 차단될 경우를 대비해 자국의 위성항법체계 수신기를 확대하고 비용이 들더라도 GPS를 완전히 대체하려고 한다. 러시아도 소련 시절인 1980년대부터 미국 GPS에 맞서기 위한 독자적 위성항법시스템 글로나스 구축에 들어가 2011년 글로벌 서비스를 시작했다. 중국은 베이더우가 제공하는 위치·항법·시각(PNT) 정보의 정확도를 높이기 위해 러시아와 위성신호 모니터링 분야에서 협력하고 있으며, 2022년에는 서로의 국경 내에 항법위성용 지상국을 구축하기로 합의하는 등 베이더우의 양적·질적 발전을 위해 노력하고 있다. 각국의 정치적 선호, 군사적 관계 또는 경제적 의존으로 인해 베이더우와 글로나스가 미국과의 전략 경쟁을 상징하고 있다. 결국 중국 베이더우와 러시아 글로나스는 미국 GPS 및 유럽 갈릴레오 위성항법체계와 함께 글로벌 항법위성체계를 양분할 수도 있다.[26]

우주 경제 차원에서도 베이더우는 중국 경제성장에 큰 역할을 한다. 2025년까지 156억 달러의 국내시장 가치를 창출할 것으로 전망되는 가운데 중국은 전 세계에 수출하는 인프라(철도, 선박 등)에 베이더우 서비스를 내장하여 사용자와 위치 정보를 더 많이 확보할 계획이다. 현재 중국의 베이더우 서비스가 활용되는 정도를 정확히 파악하긴 어렵지만, 그 범위는 더욱 확대될 것이다.

우주 외교 차원에서도 중국 베이더우의 세계화는 우주협력을 주도함으로써 국제적 영향력을 높이려는 의도와 연관이 있다. 베이더우의 사용은 무료이므로 전 세계 사용자가 늘어난다고 곧바로 경제적 이익이 되진 않는다. 대신 베이더우에 의존하는 국가가 많아질수록 중국의 우주분야 영향력은 커질 수밖에 없고, 중국 정부나 기업이 해당 국가와 외교적, 경제적 협력을 확대하는 지렛대가 된다. 실제로 중국은 통신 인프라가 부족한 아프리카, 중동 국가들을 상대로 베이더우 서비스를 제공하는 조건으로 경제·기술·과학 분야 협력을 제안해왔다. <그림 11>과 같이 시진핑 체제가 추진해온 일대일로 프로젝트와 연계하여 유럽과 동남아 국가와도 우주협력을 강화하고 있다. 미국 비영리 연구기관에 따르면 베이더우는 전 세계 약 120개국에서 사용되고 있으며, 글로벌 시장에서 차지하는 비중도 약 15%로 2025년까지 25%로 확대하려는 목표를 가지고 있다.

**<그림 11> 중국 베이더우와 미국 GPS 사용자 비교**

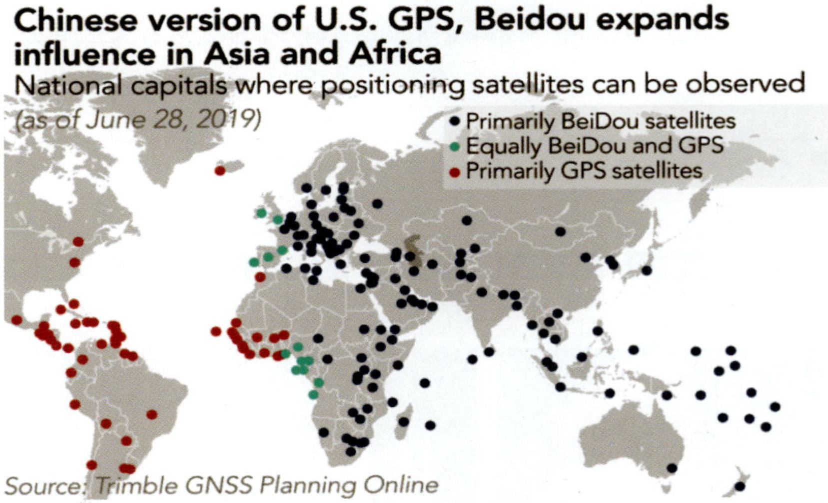


© Trimble GNSS Planning Online

한편 미국도 GPS 현대화에 노력하고 있다. 현재는 31개 위성 중 6개가 최신 GPS Ⅲ 위성이다. 현재 록히드 마틴이 GPS Ⅲ를 개발하고 있으며 2032년 현대화가 완료될 것으로 보인다. GPS Ⅲ는 더 높은 전력과 정확한 위치 정보, 항재밍 기능 등을 갖추고 있다. 또한 군전용망이 설치되어 8배 많은 지역에서 전파방해방지 기능을 발휘한다. 나아가 최신 개량 위성은 지금보다 60배 넓은 지역에서 전파방해방지 기능을 갖출 전망이다. GPS는 군용 외에도 민간용 자율주행차량 등에 더 많은 데이터를 제공하며, 수색 및 구조 기능도 갖출 것이다. 이처럼 국방·정보 우주 차원에서도 글로벌 위성항법체계는 미중 경쟁의 단면을 보여주고 있으며, 향후 지속적인 개선을 통해 방호력, 복원력 강화로 이어질 것이다.

## 우주 발사장의 위협과 대응

우주 안보의 취약성은 지구상에서 찾을 수 있다. 특히 우주자산에 쉽게 접근할 수 없는 적대 세력은 상대방의 우주자산이 발사되기 전 혹은 발사과정이 기회이다. 오늘날 글로벌 우주 활동은 급속히 발전하고 있으며, 발사 수요도 계속 증가하고 있으므로 우주 발사장에 대한 위협과 대응을 살펴볼 필요가 있다. 그동안 우리나라는 나로우주센터를 건설하여 2009년부터 7차례에 걸쳐 우주 발사장에

<그림 12> 한국 나로우주센터 우주 발사 현황[27]

서 발사를 수행하였다. 이외에도 민간 발사장과 군전용 발사장을 건설할 계획이다. 더욱이 세계적으로 우주 발사가 매년 늘어나고 있으며, 우주 발사장의 중요성도 높아지고 있다.

한국 우주산업육성 추진 전략에 따르면, 해외기술 도입이 어려운 우리나라 기업의 우주개발 참여를 넓히기 위해 2022년부터 2031년까지 공공 목적의 위성 총 170여 기를 개발하고, 위성개발과 연계해 국내 발사체를 총 40여 회 발사할 계획이다. 앞으로 국가안보 관련 위성의 발사도 늘어난다. 이처럼 우주 발사장은 국방과 경제 차원에서 중요한 인프라이다. 우주 발사장은 물리적 위협으로부터 적절히 방호되어야 하지만, 적대적 주체가 저렴한 비용과 낮은 부담으로 수행할 수 있는 사이버 위협에도 대비해야 한다.

### 글로벌 우주 발사 트렌드와 우주 안보

우주 발사는 우주 안보의 주요 요소 중 하나이다. 우주 안보는 "우주 영역에 대한 자유로운 접근과 활용이 가능하도록 우주 활동의 안전과 안정을 보장하고, 지속가능성을 유지하는 상태"이다. 우주 발사는 우주 영역의 자유로운 접근을 위한 활동으로 우주 발사장과 발사체를 중심으로 살펴볼 필요가 있다. 동시에 우주 안보에서 우주 발사는 보호의 대상인 동시에 우주 영역의 자유로운 활용을 위한 기본적인 요소이다. 우주 경제를 이루는 다양한 산업과 사업이 우주 발사와 직접 연관되기 때문이다. 먼저 글로벌 우주 발사의 주요 트렌드를 살펴봄으로써 이 문제의 중요성을 이해한다.

첫째, 발사 빈도가 증가하고 있으며 다양한 유형의 발사도 늘어나고 있다. 2025년 우주 발사는 2023년 223회(212회 성공)보다 30% 이상 늘어난 최소 300회 이상으로 예상된다. 물론 이 중 미국 기업 SpaceX가 차지하는 비중은 크다. 하지만, 발사 횟수나 위성 발사 비중 이외에도 우주 발사의 수요는 다양하다. 여기에는 지구 궤도의 위성 배치뿐 아니라 최근 많은 국가와 기업이 앞다투어 시도하는 달 탐사도 포함된다. 예를 들어 중국은 인류 최초로 달 뒷면의 지표 샘플을 채취하여 분석하였고, 2025년 초에는 미국 우주기업 Intuitive Machines와 FireFly Aerospace는 각각 달 착륙선을 발사하였다.[28] 이 밖에도 SpaceX 등 국제우주정거장으로 우주인과 화물을 수송하는 임무가 지속되는 등 우주 발사의 빈도와 유형은 늘어나는 추세이다.

**<그림 13> 우주 발사 사업자별 비중(2017~2023)[29]**

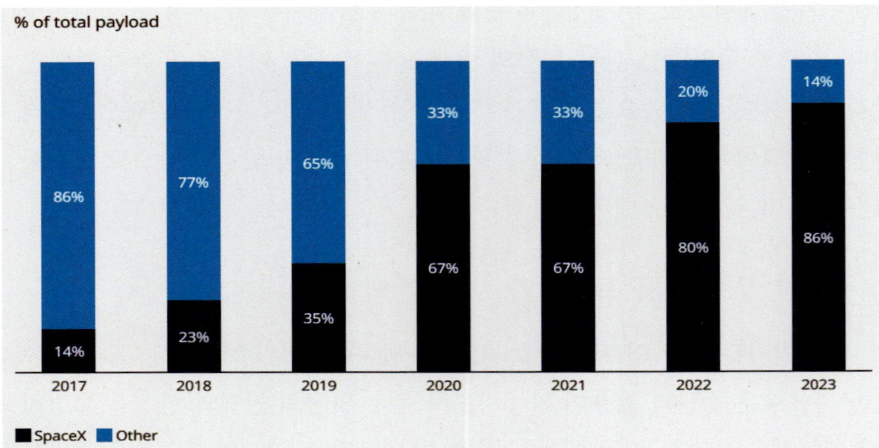


둘째, 우주 발사 분야에서도 상업화가 가속화되고 있으며, 새로운 기술이 개발되고 있다. SpaceX는 재사용 발사체인 Falcon−9를 바탕으로 99.5% 이상 높은 성공률을 기록하고 있으며, 대형 재사용 발사체인 Starship 시험 발사와 함께 새로운 엔진(Raptor)을 다음 <그림 14>와 같이 개발 중이다. 이 엔진은 개발을 거듭할수록 계통을 단순화하여 중량을 줄이고 효율을 높이고 있다.

**SpaceX Raptor 엔진 개량 현황**

| 구분 | Raptor 1 | Raptor 2 | Raptor 3 |
|---|---|---|---|
| 추력(tf, 톤포스) | 185 | 230 | 280 |
| 무게(톤) | 2 | 1.6 | 1.5 |
| 추정비용(달러) | 200만 | 100~140만 | 100만 내외 |

ⓒ SpaceX

<그림 14> SpaceX 발사체 Raptor 엔진 발전[30]

© SpaceX

SpaceX의 발사체 개발은 Starlink와 같은 대규모 위성 사업과 연계된 지속적인 수요를 바탕으로 한다는 점도 특징이다. 2025년에는 Blue Origin의 대형 발사체 New Glenn 발사가 있었고, Rocket Lab도 Neutron 발사 계약을 체결했다.[31] 또한 Relative Space의 3D 프린팅 로켓과 같은 새로운 발사체 기술을 개발 중이다. 이처럼 우주 발사의 상업화는 비용을 절감하고 발사 빈도를 증가시키고 있으며, 다양한 우주 사업도 촉진하는 원동력이다.

셋째, 우주 발사 시장의 국제적 확산이다. 과거 우주 발사는 발사체를 갖춘 국가의 전유물로 인식되었다. 하지만 우주 발사장을 구축하고 있는 국가들이 우주 발사 시장 수요만 따르는 것은 아니다. 영국의 경우 공중 발사체 시험을 위한 콘웰 우주항(spaceport)를 운영했지만, 지상 수직발사체를 가지고 있지 않다. 이러한 상황에서도 7개 이상의 우주 발사장을 신설 혹은 개선하고 있다. 이는 유럽 내 우주 발사 수요를 반영한 시장 창출의 목적도 있으며, 우방국인 미국의 발사체를 영국에서 발사할 수 있는 인프라 제공의 목적도 있다. 영국뿐 아니라 일본, 호주 등도 우주 발사장을 국가안보와 국제관계 강화에 활용하고 있다.[32] 더불어 우주 발사 서비스 시장도 2024년 49억 1,000만 달러를 기록했는데, 2032년에는 109억 8,000만 달러로 연평균 10.6% 성장률이 전망된다. 이는 미국 이외에도 중국, 인도를 포함한 아시아 태평양 지역의 성장세를 반영한 것이다.

**<그림 15> 탑재체별 글로벌 우주 발사 서비스 시장(2023)[33]**

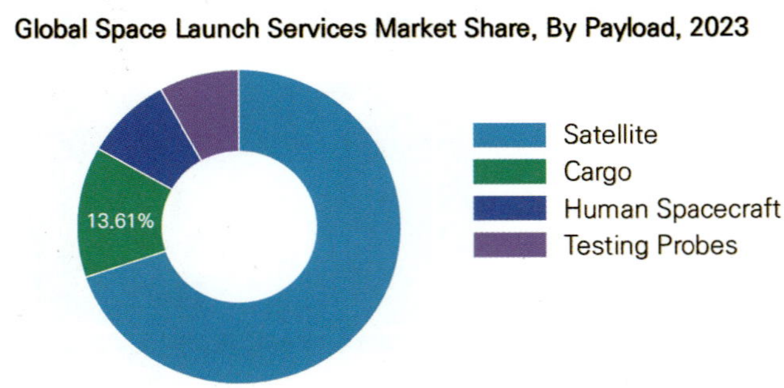


© www.fortunebusinessinsights.com

## 우주 발사장의 위협 분석

우주 발사의 중요성이 높아지고 발사 횟수와 비중이 높아질수록 우주 발사에 대한 위협도 증가할 가능성이 있다. 왜냐하면, 우주 발사에 대한 위협은 위성을 우주 영역에서 방해하거나 공격하는 것보다 훨씬 저렴하고 효과적이기 때문이다. 또한 우주 발사에 대한 위협은 발사체뿐 아니라 발사장을 표적으로 할 가능성도 높다. 우주 발사체는 감시와 보호가 철저한 반면, 발사장에 대한 보안은 상대적으로 낮다. 더 넓은 면적과 복잡한 시스템, 다양한 공급망으로 구성된 우주 발사장은 공격자 입장에서 공격 루트나 노드를 발견하기 쉽다.

실제로 일본 데이터에 따르면 1986년에서 2022년 사이에 일본 내외의 우주 분야에서 90건 이상의 사이버 안보 사고가 일어났다. NASA는 2017년에서 2020년 사이에 피싱 시도 및 맬웨어 침입을 포함하여 6,000건 이상의 사이버 공격이 있었다고 보고하였다. 이 밖에도 우주 시스템에 대한 사이버 안보 위협은 다음 표와 같이 계속 일어나고 있다.

### 우주 시스템에 대한 사이버 안보 사건[34]

| 연도 | 대상 | 피해 | 사건 개요 |
|---|---|---|---|
| 2008 | NASA Terra 위성 | 위성통제 상실 | 위성에 대한 통제 손실과 간섭 |
| 2014 | NOAA 기상관측 네트워크 | 위성 정보의 검증 불능 | 인터넷 시스템에 대한 사이버 공격 |
| 2015 | Iridium 통신위성 | 통신 내용 유출 | 위성 통신 데이터의 암호화 누락 |
| 2018 | NASA JPL | 임무 데이터 유출 | JPL에 대한 네트워크 해킹으로 파일 도난 |
| 2020 | 정지궤도 통신위성 | 인터넷 통신 도청 | 암호화되지 않은 위성 통신과 민감 정보 유출 |
| 2022 | Viasat 통신위성 | 광역 위성서비스 방해 | 통신 모뎀에 대한 분산 공격으로 광역 서비스 불가 |
| 2022 | SpaceX 지상장치 | 인터넷 연결 서비스 중단 | 지상국 위치 식별을 위한 위성 신호 탐지 |
| 2022 | ALMA 망원경 컴퓨터 시스템 | 관측 중단 | 망원경 컴퓨터 시스템에 대한 사이버 공격으로 관측 활동 방해 |

우주 발사를 위해서는 수많은 관계기관과 기업이 참여한다. 아르테미스 임무와 같은 대형 플래그십 임무에는 수많은 공급업체가 참여하며, NASA는 오리온 우주선 제작을 위해 미국 50개 주와 워싱턴 DC에만 3,800개 이상의 공급업체를 활용하고 있다. 발사장은 자체 시설뿐 아니라 발사체나 위성체에 필요한 전력, 연료 등 다양한 공급 시설을 갖추고 있다. 이러한 공급 시설에 대한 사이버 위협은 이미 다른 곳에서도 발생하고 있다.

특히 발사체에 연료를 주입하는 짧은 시간 동안 공격이 이루어질 경우 대응하기 어렵다. 발사장에 연료를 저장하고 발사체에 연료를 공급하는 것은 발사 과정에서 핵심 요소이다. 예를 들어 달 착륙 프로젝트 아르테미스에서 활용될 NASA의 SLS(Space Launch System) 발사체 1단은 73만 갤런 이상의 액체수소와 산소를 공급하며 수백 개의 차량이 배송한다. 이처럼 연료 저장, 배송, 공급 과정을 여러 기업들이 관여할 경우 발사장 운영은 복잡해지고 중간 과정에서 사이버 공격에 노출되기 쉽다.

실제로 이런 우려는 2011년 5월 미국 송유관 기업 콜로니얼 파이프라인(Colonial Pipeline)에 대한 사이버 공격(랜섬웨어)으로 현실화되었다. 콜로니얼 파이프라인은 미국 동부로 가는 연료의 절반을 책임지는 대형 기업으로 운영 기술(operational technology)이 모두 중앙 시스템과 디지털로 연결된 현대식 시스템을 갖추고 있다. 콜로니얼 파이프라인은 송유관 내부를 이동하며 이상 현상을 검사하는 최첨단 로봇 '스마트 피그(Smart Pig)'까지 갖추고 있다. 콜로니얼 파이프라인의 인프라는 휴스턴에서 텍사스, 뉴저지까지 5500마일에 이른다. 하루에도 수백만 갤런의 석유가 이런 인프라를 경유하는데 사이버 공격으로 모든 석유 공급이 중단되었다. 모든 장치는 사람에 의한 물리적 제어가 아니라 컴퓨터에 의해 이루어진다. 바로 이런 시스템과 네트워크가 악의적인 사이버 공격에 노출된 것이다.

이 사건과 마찬가지로 우주 발사장도 운영기술(OT)과 정보기술(IT)이 통합된 조직으로 OT든 IT든 하나만 사이버 공격으로 마비되면 전체 운영이 타격을 받을 수 있다. 운영 기술(OT)에 대한 해킹을 막는 가장 간단한 방법은 인터넷과 연결을 끊고 오프라인으로 전환하는 것이다. 하지만 이는 일시적인 조치일 뿐이고, 많은 기업은 시스템의 디지털화를 가속하고 있기 때문에 이런 대응도 점점 어려워지고 있다. 문제는 콜로니얼 파이프라인과 같이 해커의 랜섬웨어 공격이 사회적 혼란을 의도한 게 아니라 돈을 벌려는 목적이었다는 점이다.

이는 우주 발사장을 공격할 이유가 다양할 수 있으며, 의도하지 않은 파급효과가 커질 수 있다는 의미한다. 우주 발사장의 피해는 일정을 조절할 수 있는 발사에는 큰 영향이 없지만, 국방·정보 우주 차원에서 신속히 대응해야 하는 상황이나 천체의 위치를 활용해야 하는 탐사 임무와 같이 긴급성, 특정 시기가 중요한 발사에는 치명적이다. 예를 들어 미 우주군은 대응형 신속발사(responsive rapid launch) 능력을 발전시키고 있다. 대응형 신속발사는 아군 위성이 고장이나 공격을 받아 임무를 수행할 수 없을 때 대체 위성을 가능한 빨리 발사하는 임무이다. 대체위성 확보부터 발사체 준비와 발사까지 전 과정을 평시보다 빨리 진행한다. 2023년 예고 없이 시행된 임무에서는 위성 확보와 연료 주입, 발사체 탑재까지 58시간이 걸렸고, 이어서 발사 궤적 산정, 발사체 이동 및 발사까지 27시간만에 완료했다.

**<그림 16> 우주 발사장의 다양한 시스템**

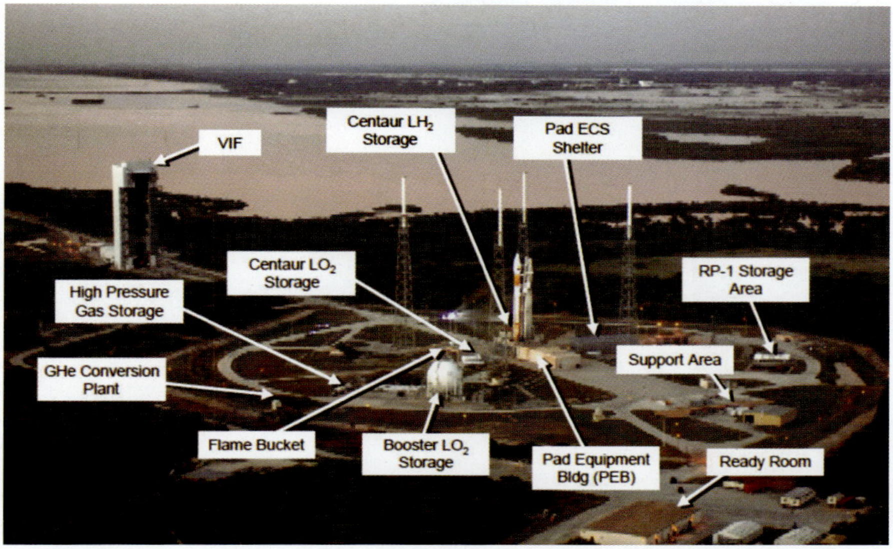


ⓒ United Launch Alliance

우주 발사의 지연은 적합한 발사시기(launch window)가 제한적이라는 점에서도 중요하다. 예를 들어 지구에서 화성으로 우주비행체를 보내려면 두 천체의 거리가 가장 가까운 시기에 이루어져야 한다. 화성의 공전 궤도에 따라 가깝게는 약 5천만km, 멀게는 약 4억km이기 때문이다. 2026년까지 화성에 도달하겠다는 SpaceX 일론 머스크의 계획도 때를 맞추지 못하면 2028년으로 지연될 수밖에 없으며, 이 밖에도 적합한 발사 시기가 더욱 먼 우주탐사도 있다.

즉, 우주 발사장은 중요해질수록 공격 대상이 되는 것이 아니라, 시스템이 취약할수록 그리고 공격의 파급효과가 클수록 공격 대상이 될 가능성도 높아진다. 우주 발사장도 콜로니얼 파이프라인 취약성과 마찬가지로 지리적으로 장거리 시스템을 운영하고, 보안 규정이 강력하지 않다는 공통점이 있다.

우주 발사장은 다수의 시설이 일정한 공간에 건설되며, 복잡한 연계를 통해 운영되기 때문에, 사이버 위협에 대한 공격 벡터도 많다. 공격 벡터는 사이버 공격자가 접근할 수 있는 취약점의 총합을 의미하는 사이버 보안 용어이다. 우주 발

### <그림 17> 나로우주센터 인근 시설[35]

© 과학기술정보통신부

사장은 발사대와 임무 통제소 이외에도 발사체 시험 및 조립 시설, 위성체 보관 및 정비 시설, 전력·연료·물 저장 및 공급 시설 등으로 구성된다. 게다가 <그림 17>과 같이 우리나라 나로우주센터 외부에는 우주 관련 산업 클러스터도 육성된다. 우주 발사장과 주변처럼 첨단 정보통신 기술(IT)과 운영통제 기술(OT)이 복합된 거대한 체계는 물리적, 비물리적 취약성에 대비해야 한다.

예를 들어 발사체에 주입되는 연료나 전력은 발사장 외부로부터 공급되는데 파이프라인이나 전력망은 소프트웨어로 관리되기 때문에 운영시스템에 침투하거나 비정상 동작을 유도하는 사이버 공격이 시도될 수 있다. 또한 발사대를 열과 소음에서 보호하는 대량의 물 분사 시스템을 방해하면 발사 과정에서 사고를 유발할 수도 있다. 이처럼 사이버 안보 영역에서는 시스템이 복잡할수록 정확한 운영이 어렵고, 오류 발생의 가능성도 커지기 때문에 그만큼 취약성도 증가한다. 또한 발사체 상단에 위치하는 탑재체(페이로드)도 기계적, 전기적 고장을 비롯해 외부 위협으로부터 보호하기 위해 안전 제어 장치를 마련한다. 이러한 보호 기능

### <그림 18> 우주 발사장의 주요 인프라

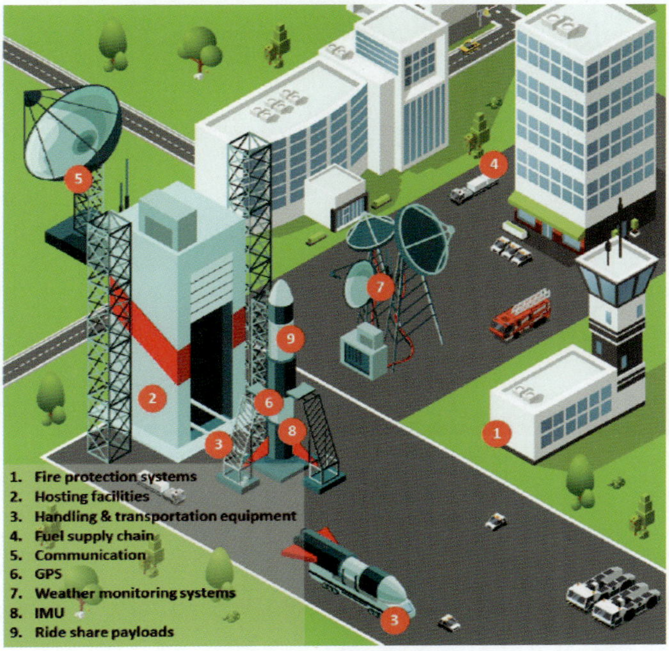


ⓒ Wikipedia Commons

은 확률적으로 물리적 위험을 완화하도록 설계되었지만, 승차공유(rideshare) 등 다양한 탑재체가 동시에 발사되는 상황을 악용한 사이버 공격이 가능하다.[36]

미국 표준기술연구소(National Institute of Standards and Technology)는 우주 사이버 위협을 "우주 자산과 시스템, 인프라에 대한 해킹, 바이러스 공격, 랜섬웨어, 정보 및 기술 탈취, 전자기파 공격"으로 정의한다. 우주 시스템에 대한 사이버 공격은 위협의 비대칭성, 주체의 다양성으로 인해 예방과 대응이 쉽지 않다. 우주 시스템에 대한 위협은 우주 능력이 앞서거나 대등한 국가만 수행하는 것은 아니다. '첨단 인프라의 역설'처럼 우주 시스템에 더 많이 의존하는 국가가 그렇지 않은 국가보다 취약할 수 있다. 우주 시스템에 의존할수록 공격 피해의 파급효과가 크기 때문이다. 우리나라가 우주 능력이 열세한 북한의 사이버 위협을 경계해야 하는 이유이다.

**<그림 19> 발사대의 물 분사 시스템**

© Wikipedia Commons

실제로 북한은 국제사회의 제재에 적극적으로 대응하기 위해 라자루스와 안다리엘 김수키 등 다양한 해킹 그룹을 운영하고 있으며, 합동 공격을 감행하기도 한다. 북한이 우주 공간이 아닌, 우주 발사장과 같은 지상 시스템을 공격하는 것은 전형적인 비대칭 전술의 일환이다. 우리나라보다 열세한 북한의 우주 능력을 고려할 때, 북한은 자신의 강점으로 우리의 약점을 공략할 가능성이 크다. 그동안 북한은 천안함 폭침, 연평도 포격 등 재래식 공격에서도 비대칭 전술을 활용하였다. 게다가 우주 사이버 공격은 재래식 공격에 비해 상대적으로 비용이 낮고, 공격 원점과 수단을 은폐하기 쉽다.

우주 시스템 개발이나 운영에는 수많은 개인, 기업, 정부와 민간 기관 등 다양한 주체가 참여하므로 그만큼 취약성도 넓다. 최근 북한은 우리나라 중소 방산업체까지 사이버 공격의 대상에 포함시켰다. 중소 방산업체들은 핵심 기술을 보유하고 있으면서, 대형 기업보다 상대적으로 사이버 공격에 취약하다. 북한만 위협은 아니다. 우주 시스템을 위협하는 주체는 기업이나 조직 내부자, 핵티비스트(Hacktivist), 돈을 갈취하려는 해커 등 다양하다. 특히 기업이나 조직 내부자는 처음에 검증된 인력이라도 근무 중 불만이나 개인의 욕심에서 위협에 가담할 수도 있다.

### 우주·사이버 공격 유형

| 구분 | 공격명 | 공격의 주요 특징 |
|---|---|---|
| 지상연계 공격 | · 불법 접근 | 허가받지 않은 공격자가 명령어를 전송하거나 위성 혹은 지상국 데이터에 접근하는 것 |
| | · 정보 유출 | 위성과 지상국 간의 명령어 및 데이터 송수신 과정에서 발생하며 특정 주파수를 청취하는 스니핑 공격을 통해 송수신 데이터에 대한 위치/운영정보 등 중요정보에 불법 접근하는 것 |
| | · 서비스 거부(Dos) | 위성 혹은 지상국에서 정상적인 기능을 수행할 수 없도록 지속적인 부하를 가하여 처리 능력을 마비시키거나 명령송수신을 방해하는 공격 |
| | · 소프트웨어 위협 | 위성 혹은 지상국에서 사용하는 소프트웨어의 취약점을 노린 공격으로 시스템을 파괴하거나 정보유출 및 변조 등의 형태로 공격 가능 |
| | · 사회공학적 공격 | 지상국 관리자 및 사용자를 대상으로 원하는 정보를 얻어내기 위한 심리적 공격 기법 |
| 링크부문 공격 | · 재전송공격 | 통신내용을 가로채어 보관 후, 나중에 이를 재전송하는 공격 |
| | · 트래픽 분석 | 통신 트래픽의 패턴을 분석하여 정보를 추출하는 것으로 추론을 통해 위성에 송수신되는 신호를 임의로 조작하거나 탈취하는 공격 |
| | · 데이터 변조 | 정상적인 명령어 및 데이터의 일부 내용을 불법적으로 변경하는 공격 |
| | · 재밍 | 무선 주파수(RF) 또는 광학 신호를 이용하여 의도적으로 통신 링크에 간섭을 주는 공격으로 통신 안정성 방해 및 링크 손실 유발 |

우주 발사를 위해서는 발사장 시설뿐 아니라 발사 결정을 위한 데이터가 필요하다. 이러한 데이터에는 발사장과 발사 궤적의 기상, 발사장 상공이나 인근 해상 상황 등이 포함되며, 발사장 외부의 다양한 센서와 모니터링 시스템을 통해 실시간 혹은 준실시간으로 수집된다. 그중 발사장 기상 시스템은 발사 결정을 위한 중요한 인프라이다. 이들 인프라는 발사장 주변의 비구름, 기온, 기압, 풍속, 낙뢰 가능성 등은 실시간 모니터링하는데 만약 사이버 공격으로 데이터 측정값이 조작될 경우 발사가 실패하거나 취소될 수 있다. 모든 우주 발사는 충족해야 할 발사수행기준(Launch Commit Criteria)이 있으며, 이 기준은 발사 위험도에 따

라 개선되기도 한다.

우주 발사는 기상 상황에 따라 종종 연기되거나 사고가 발생할 수도 있다. 1987년 3월 미국 플로리다주 발사장에서 발사된 Atlas–Centaur 67(AC 67)이 낙뢰에 맞는 사고가 있었다. 당시 1987년 3월 26일 AC 67 발사체는 미 해군 통신위성을 탑재하였는데 적은 강수와 낙뢰가 예상되었으나, 기준에는 부합하였다. 그러나 AC 67은 발사 48초 만에 낙뢰를 맞아 배선에 장애를 일으켰고 결국 폭발하였다.

이 밖에도 우주 발사에 필수적인 데이터들이 임무 통제 시스템에 잘못 전송되거나 허위 데이터가 입력되는 사이버 공격도 탐지해야 한다. 사이버 공격은 우주 발사장과 외부 데이터를 연결하는 통신 시스템 혹은 엔드 포인트에 침입하는 방식으로 이루어질 수 있다. 유사한 사례로 2023년 1월 미국 연방항공청(Federal Aviation Administration)의 항공안전정보(Notice to Air Missions, NOTAM)가 중단되는 사고를 들 수 있다. 이는 시스템 유지보수 중 실수로 잘못된 데이터가 전송되면서 일어났으며 9,500대 이상의 항공기가 지연되었다. 당시 NOTAM은 백업이 있었지만, 본 시스템과 백업에 모두 잘못된 데이터가 전송되었던 것으로 밝혀졌다. 만약 의도적으로 우주 발사장의 데이터베이스 기록을 변경하거나 센터 데이터를 전송 및 처리하는 동안 유사한 공격이 일어난다면 발사 지연 등 파급효과가 예상된다.

발사 관련 데이터는 원거리뿐 아니라 임무 통제센터와 같은 내부에서도 일어날 수 있다. 2022년 11월 6일 미국 NASA가 운영하는 월로스(Wallops) 우주 발사장(버지니아주 월로스 섬 위치)에서 발사될 예정이던 안탈레스(Antares) 발사체가 발사 10분 전 발생한 임무센터 화재경보로 발사가 급히 취소되는 사건이 있었다. 이 발사체는 국제우주정거장에 4톤 가량 화물을 수송할 시그너스(Cygnus) 무인 우주비행체를 싣고 있었다. 비록 당시 화재경보가 사이버 공격이라는 증거는 없지만, 유사한 공격이 일어날 가능성은 있다. 만약 국가안보와 관련된 위성, 우주정거장, 달 기지 등에 중요한 화물을 수송해야 할 임무가 지연된다면, 적대적 행위자는 자국에 대한 우주작전을 지연시키거나 마비시킬 수 있다.

<그림 20> 명령관제방식(좌), 자율판단방식(우)[37]

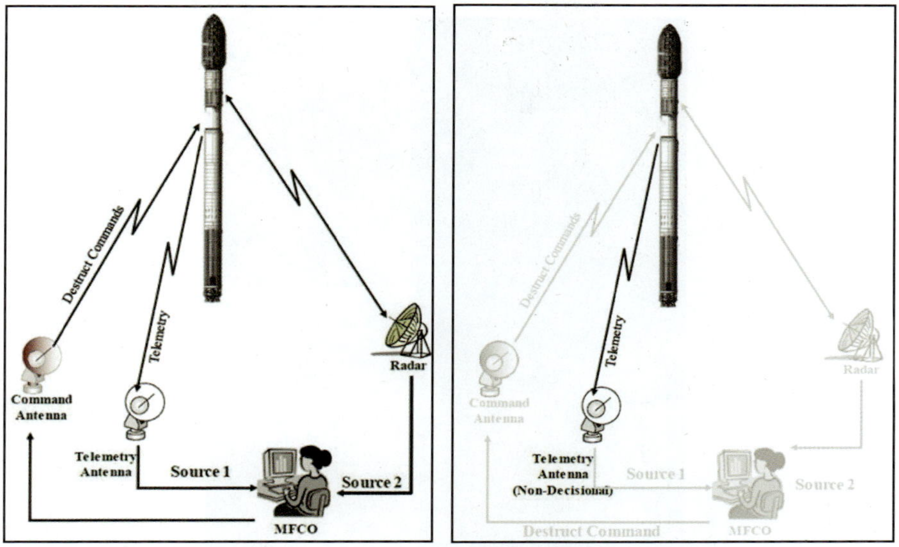


© Lisa Valencia, Autonomous Flight Termination System (AFTS) Customer, NASA, 2019.

우주 발사장에 사이버 위협은 발사 과정에서도 일어날 수 있다. 우주 발사체는 비행 중 발생할 수 있는 비정상상태에 대비하기 위한 비행안전시스템(Flight Safety System)을 갖추고 있다. 비행안전시스템은 명령관제방식(Command & Control)과 자율판단방식(Autonomous)으로 나뉘는데, 우리나라 나로우주센터에서는 명령관제방식으로 발사를 수행한다. 명령관제방식은 임무 통제소에서 비행안전통제원(사람)이 실시간으로 전달되는 발사체의 위치정보와 상태정보를 통해 짧은 시간 안에 비행 중단 여부를 결정해야 하며, 잘못된 판단은 심각한 결과를 초래할 수 있다. 자율판단방식은 사람의 개입이 줄고 발사체 정보도 자체에서 파악하므로 더 빨리 발사할 수 있어 발사 빈도가 많을 경우 효과적이다. 위성 발사 수요가 많아지고 민간 발사기업이 늘어나면서, 한국에서도 발사 빈도가 높아질 것으로 전망된다.

따라서 자율판단방식을 개발하여 적용할 필요가 있다. 사이버 위협의 측면에서 명령관제방식은 발사체의 정보를 외부에서 수신하므로 취약성이 더 높다. 그

**<그림 21> 우주 발사 과정에서 이루어지는 비행 통제 체계[38]**

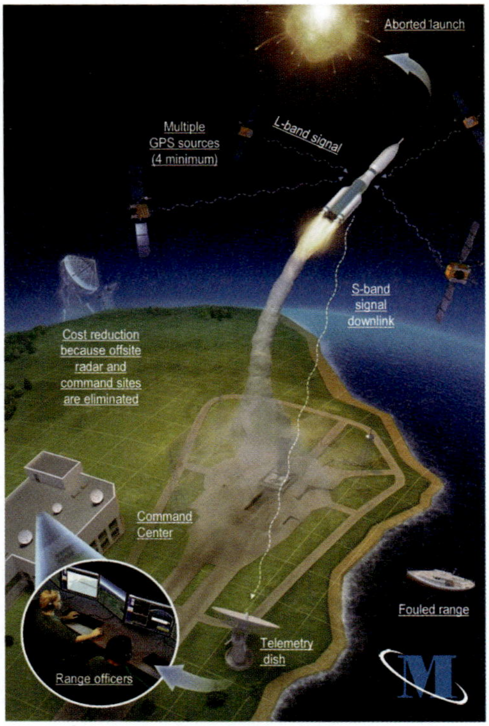


© Wikipedia Commons

렇다고 자율판단방식이 사이버 위협에서 안전한 것은 아니다. 자율판단방식도 소프트웨어의 동작 과정에서 발생하는 물리적 정보(시간, 전력 소모량, 열, 소리 등)를 잘못 인식하도록 사이버 공격을 수행하면, 발사체 비행 중 추락 혹은 폭발을 유도할 수 있다.

### 대응방안

우주 발사장에 대한 위협은 물리적 위협도 가능하지만, 사이버 위협의 가능성이 더 높다. 그렇다면, 여기에 대응할 수 있는 방안은 무엇일까? 우선 우주 발사장의 다양한 공격 벡터를 식별해야 한다. 사이버 공격에 대비해야 하는 취약점에는 임무 통제소와 연결된 발사대, 발사체의 데이터 전송 시스템을 들 수 있다. 또한 발사 결정을 좌우하는 통신 시스템, 항법, 소프트웨어, 센서도 공격 벡터가 될 수 있다. 또한 공격 벡터를 줄이기 위해서는 시스템 사이 상호 작용, 통신과 센서 정보의 이상 유무를 실시간 식별해야 한다.

또한 화이트리스트 등을 통해 인가된 플랫폼을 집중적으로 모니터링해야 한다. 핵심 시스템은 격리 상태를 유지하되, 소프트웨어 업데이트를 최신으로 수행하고, 시스템별 사이버 보안 기준을 엄격하게 시행해야 한다. 특히 우주 발사장에 포함된 민간 기업이나 연료, 전력, 물 등을 제공하는 연계 시스템에도 동일한 사이버 보안 지침을 적용해야 한다.

우주 발사장 운영에 참여하는 정부와 민간 운영자 사이에 강력한 유대와 협력 체계는 사이버 위협에 대한 집단 방위를 강화하도록 해준다. 동시에 모든 인프라 운영자는 이상 징후 탐지나 공격으로 인한 피해가 발생했을 경우, 일치된 초동 조치를 취할 수 있어야 한다. 수립된 계획은 불시 훈련을 포함한 정기적인 상황 교육을 통해 행동화 수준이 되어야 한다. 내부망과 외부망이 분리된 발사장 시스템이라도 사이버 위협에 노출될 수 있다. 내부 인력 중 불만이 있거나, 해커로부터 사회공학적 공격을 받은 경우 인증키나 패스워드 등이 노출될 수 있다. 우주 사이버 대응 체계에는 내부 인력들도 보호 대상에 포함해야 한다.

이미 미국과 같은 주요 우주 강국에서는 우주 운영에서 사이버 위협에 대한 인식이 높아짐에 따라 우주 시스템에 대한 사이버 보안 조치에 대한 논의가 정부 및 민간 부문 수준에서 적극적으로 진행 중이다. 한국에서도 우주 시스템에 대한 보안 조치 및 관리 규정이 "우주 개발 사업 보안 관리 규정"과 같은 정책에 명시되어 있다. 과학기술정보통신부에서 제정한 우주 개발 사업 보안 관리 규정은 우주개발 사업과 관련된 민감한 정보의 보안 및 안전한 관리를 보장하기 위한 프레임워크를 제공한다. 이 규정은 정보 보안에 대한 책임과 절차를 정의하고 국가 안보와 관련된 중요한 데이터를 보호하기 위한 구체적인 조치를 설명하고 있다. 이처럼 엄격한 보안 통제를 시행함으로써 무단 액세스, 데이터 침해 및 국가 우주 자산을 대상으로 하는 잠재적인 사이버 위협과 같은 위험을 완화하는 것을 목표로 한다. 또한 보안 관리에 대한 구조화된 접근 방식을 수립하여 국가 정책을 준

수하고 한국의 우주 개발 이니셔티브의 전반적인 복원력을 강화한다.[39]

그러나 이러한 규정도 우주 강국에 비해 기술 프레임워크와 규제 깊이가 상대적으로 부족하다. 따라서 사이버 보안 정책 강화, 고급 위협 완화 전략 및 포괄적인 규제 프레임워크가 강조될 필요가 있다. 우주 임무와 관련된 모든 시스템과 데이터의 보호를 보장하기 위해 모든 구성 요소와 운영 단계에서 보안을 포괄적으로 다루어야 한다. 강력한 사이버 보안 프레임워크는 잠재적인 위험을 효과적으로 완화하기 위해 여러 방어 계층을 포함해야 한다. 주요 요소에는 중요 임무 인프라를 무단 액세스 및 외부 위협으로부터 보호하는 물리적 보안과 내부자 위협을 방지하기 위한 액세스 제어, 배경 조사 및 교육이 포함되는 인적 보안이 있다. 또한 암호화 및 보안 통신 채널을 통해 데이터 기밀성과 무결성을 유지하는 데 정보 보호가 필수적이다. 마지막으로 정보 보증은 고급 인증 및 실시간 모니터링을 통해 사이버 위협에 대한 데이터 가용성, 신뢰성 및 복원력을 보장하는 데 중점을 두어야 한다. 이러한 보안 조치를 임무의 모든 단계에 통합함으로써 우주 시스템은 사이버 및 물리적 위협으로부터 더 잘 보호될 수 있다.[40]

## 김정은 시기 북한의 우주개발[41]

### 우주개발법과 정책

김정은 정권은 출범과 동시에 우주강국 건설을 강조하였다.[42] 실제로 북한은 1998년 8월 31일 <광명성-1호>를 시작으로, 2009년 4월 5일 <광명성-2호>, 2012년 12월 12일 <광명성-3호>, 2016년 2월 7일 <광명성-4호>를 발사하면서 스스로 우주강국 능력을 갖춘 것으로 평가하였다.[43] 또한 여러 국가기구를 개편하는 등 우주정책을 다음과 같이 추진해왔다.

첫째, 북한은 2013년 4월 「우주개발법」 채택 당시 신설한 '국가우주개발국(National Aerospace Development Administration, 이하 NADA)'을 10년간 운영해 오다 지난 2023년 9월 '국가항공우주 기술총국(National Aerospace Technology Administration, 이하 NATA)'으로 새롭게 확대 승격시켰다.[44]

둘째, 김정은은 '우주국방과학기술 점령'과 함께 '항공기술 비약적 발전'의 정책 방향을 제시하였다. 조직 이름에 '항공'을 추가하고 조직의 규모, 지위, 역할을 확대하였는데, 국가항공우주 기술총국의 신종 무기 체계 개발 과업 달성을 촉구한 것으로 보았다.

셋째, '항공우주' 분야에서 미국, 러시아 등 우주개발 선진국들과 동등한 지위를 확보하겠다는 김정은의 의지 표현이라고 할 수 있다. 아울러 한·미·일 삼각 안보체제 구축에 대해 러시아 기술지원 등 북·러 군사협력과 북·중·러 삼각협력으로 맞불(backfire) 대응하기 위한 일환이라고 분석했다.[45]

김정은이 10여 년간 추진하고 있는 우주개발의 실체인 ICBM 기술 완성을 위해 북한은 정찰위성을 계속 발사할 것으로 보이며, 북한의 핵프로그램과 연계된 탄도미사일 개발, 재밍(Jamming), 스푸핑(spoofing) 등 전자 및 사이버 공격, 전자기 펄스(EMP) 공격, 고고도 핵폭발을 통한 우주 파편을 조성하는 능력에 대비할 것을 강조해 왔다.

북한 헌법상 핵개발 관련한 국가목적 규정을 삽입하여 구체화한 것은 2022년 9월 8일 최고인민회의 제14기 제7차 회의였다. 여기서 북한은 2013년 4월 1일 제정한 「자위적 핵보유국의 지위를 더욱 공고히 할데 대하여」(이하 「핵보유국법」)를 폐기하고, 「핵무력정책에 대하여」(이하 「핵무력정책법」)로 대체 입법하여 최고인민회의 법령으로 승격시켜 제정하였다. 그리고 같은 최고인민회의에서는 2022년 8월 7일 최고인민회의 상임위원회 제14기 제21차 전원회의에서 수정보충된[46] 「우주개발법」을 10년 만에 개정·승인하였다. 이처럼 북한의 우주개발과 핵무력의 연계성을 여실히 보여주었다. 즉 2013년 「핵보유국법」에서 2022년 「핵무력정책법」으로 이어지는 핵개발정책 입법 연계와 2013년 「우주개발법」을 병행하는 노선의 법체계를 운영해 온 점을 염두에 두어야 한다. 결과적으로 2013년 4월 1일 북한 당국이 「우주개발법」을 채택한 같은 일자에 최고인민회의 상임위원회에서 「핵보유국법」을 채택한 것은 북한 당국이 의도한 것으로 볼 수밖에 없고, 결국 우주개발과 핵무기 보유의 상관성을 추론할 수 있다. 2022년 「핵무력정책법」의 채택은 북한이 2013년 핵무기 보유를 목적했던 부분은 이미 완성 실현되었음을 보여준 것이고 이제 '핵무력정책'을 국가전략으로 제시한 것으로 평가된다.

## 우주개발법의 주요 내용

### 2013년 「우주개발법」의 주요 내용

북한 「우주개발법」은 장 구분 없이 모두 23개 조문으로 구성되어 있으며, 그 주요 내용은 다음과 같다. 먼저 「우주개발법」 제1조(사명)에서 우주개발의 사명을 설정했는데, 우주개발을 통해 제도와 질서를 세워 국가 경제발전에 이바지함을 목표를 내세우고 있다(법 제1조). 이 법의 규제 대상을 인공지구위성과 같은 우주기구와 운반수단의 설계, 조립, 제작, 발사, 지상관제 및 운영질서를 그 규제로 하였다(법 제2조). 그리고 우주개발의 목적은 국가이익을 고수하며 우주 과학기술을 이용해 경제건설과 북한 주민 생활 향상에서 필수적 과학기술 문제들을 해결하는 데 있다고 하였고, 우주개발에서 국가 주체성과 자립성의 원칙을 견지하며 우주를 평화적 목적으로 개발할 것을 명문화했다(법 제3조).

우주개발기관의 임무를 살펴보면, 우주개발기관, 기업소는 우주기구 제작 설비들을 과학화, 정밀화하고 생산능력을 높여 통신위성, 기상위성, 관측위성과 같은 실용위성들과 그 운반수단을 적극 개발해야 하며(법 제6조), 우주 활동에 대한 승인은 국가우주개발지도기관이 하되, 우주 활동 승인을 받은 지도기관은 우주 활동 권리를 승인없이 다른 기관 및 단체에 넘겨줄 수 없도록 규정했다(법 제7조). 우주개발기술의 성과와 이용에 있어서도 국가이익과 경제발전, 인민생활을 위한 목적에 이용하도록 강행규정을 두었다(법 제8조). 투자 관련해서는 국가가 우주개발 분야 투자를 지속적으로 늘리고 우주과학 분야의 물질적·기술적 토대를 강화토록 하였고(법 제9조), 우주개발전망계획에 대한 승인은 우리의 국회격인 국가의결기구인 최고인민회의가 행하도록 했다(법 제11조).

특기할 만한 것은 운반수단의 개발 규정인데, 우주개발 해당 기관은 우주기구를 위성궤도에 진입시킬 수 있는 위력한 운반수단(발사체 등)을 적극적으로 개발하도록 명시하였고(법 제14조 참조), 우주기구 발사와 관련해서는 유관 국가와 해당 국제기구에 사전 통보토록 하였는데 이 경우 국제법과 판례에 따라 해당 자료를 함께 제공할 수 있도록 규정했다(법 제15조). 여기서 주목되는 것은 국제법과 판례에 따라 해당 자료를 통보 시 제공토록 한 것인데, 실제 북한은 해당 기관에 통보·제공이 제대로 시행되지 않아 대북제재 결의를 받고 있다. 이 부분은 북한이 관련 내용을 입법적 조치를 취했음에도 불구하고 실행에 옮기지 않은 법규정과 현실 간 괴리가 있음을 알 수 있게 해 준다. 이런 점에서 북한법이 형식적·장식적 법률이라는 비판을 면치 못하고 있다.

등록과 관련해서는, 우주기구를 정해진 절차와 규정대로 해당 국제기구에 등록하도록 명시하였고(법 제18조), 북한 내에서 우주 활동 과정 중 발생한 사고조사와 사고 후 관련 사업은 국가우주개발지도기관의 지도를 받도록 했다(법 제19조). 이처럼 북한이 선제적으로 「우주개발법」을 입법하고 있고, 전문에서도 우주개발 분야의 국제협조 원칙(법 제20조)과 우주개발 및 이용 관련한 국제법과 질서를 존중하는 국제법의 존중 조항(법 제22조 제1항)을 두고 있다. 특히 우주개발 과정에 다른 국가와의 우주개발과 국제적인 항행, 통신 등 지장을 주지 않으며 다른 국가가 부정행위 하는 것을 반대(법 제22조 제2항 참조)하는 북한 당국의 법적 의지도 담고 있어 적어도 법률 내용적 측면으로는 부족함이 없어 보인다.

**「우주개발법」의 주요 내용[47]**

| 구 분 | 내 용 | 비 고 |
|---|---|---|
| **법의 사명 및 규제 대상** | • 우주개발 제도와 질서 유지, 국가 경제건설과 인민생활 향상(제1조)<br>• 인공지구위성과 같은 우주기구와 운반수단 규제(제2조) | |
| **법의 목적과 원칙** | • 국가 이익 고수 및 우주과학기술 이용한 경제건설(제3조)<br>• 우주개발 주체성과 자립성 원칙 견지 및 우주 평화적 목적 개발(제3조) | |
| **국가우주개발 지도기관의 임무** | • 국가 우주개발 및 우주 활동 계획 작성, 감독, 통제(제5조)<br>• 우주개발 기술 및 우주 활동 질서, 하부구조건설 지도(제5조)<br>• 우주기구와 운반수단 제작, 조립, 발사 지도(제5조) | 국가항공우주 기술총국 |
| **우주개발 투자 및 일꾼 양성** | • 투자 늘여 우주개발 및 우주과학 분야 물질적·기술적 토대 강화(제9조)<br>• 과학자, 기술자, 전문가 양성(제10조) | |
| **우주개발계획 작성과 승인** | • 국가우주개발지도기관이 우주개발계획 작성(제11조 1항)<br>• 우주개발전망계획의 승인은 최고인민회의가 함(제11조 3항) | 국가항공우주 기술총국 |
| **우주기구의 제작과 조립** | • 우주기구의 제작, 조립은 해당 기관, 기업소가 함(제13조) | |

| | |
|---|---|
| **운반수단의 개발** | • 해당 기관은 우주기구를 궤도에 진입토록 운반수단 적극 개발(제14조) |
| **우주기구 등록** | • 우주기구를 절차와 규정대로 해당 국제기구에 등록(제18조) |
| **사고조사 및 구조, 피해보상** | • 발생한 사고조사 및 사고후과 사업은 국가우주개발지도기관이 함(제19조)<br>• 북한 우주 활동에 피해 주었을 경우 그에 대한 피해보상(제19조) |
| **국제협조원칙** | • 평등과 호혜, 호상보완 원칙의 국제기구, 외국과 우주개발 분야 협조 실현(제20조)<br>• 우주개발 및 이용 관련 국제법 질서 존중(제22조) |
| **우주 군사화 반대** | • 우주는 인류공동의 재부이며, 우주 군사화 반대(제23조) |

### 2022년 「우주개발법」 개정

북한의 우주개발 관련 법적 조치는 2013년 4월 1일 최고인민회의 상임위원회 정령 제13호로 채택된 「우주개발법」에 기반한다. 이 법률은 법 제정 3년 뒤 2016년 6월 평양 법률출판사에서 출간한 「북한 법전(증보판)」에 처음 대외적으로 공개 수록되어 국내에 입수되었다. 아울러 같은 해 6월 북한은 우주공간의 평화적 개발과 이용·촉진을 위한 조직기구로 「우주개발법」 제정 3년 만에 '조선우주협회'를 출범시켰다.[48] 당시 북한은 핵무기 및 장거리 탄도미사일 개발에 역점을 둔 가운데 우주 기술 및 우주개발 응용 분야의 과학자, 기술자, 교수, 연구사로 구성된 민간단체의 성격을 띤 '조선우주협회'를 운영하여 국제사회의 주목을 받았다.[49]

「우주개발법」은 2022년 8월 7일 수정보충(개정)되었다. 개정된 법의 개략적인 내용은 다음과 같다. 북한 관영 매체는 개정된 「우주개발법」이 "우주개발의 활동을 법(법률)적으로 담보할 수 있게 우주개발 기본원칙과 실행절차, 방법 등과 관련한 규범"을 구체화했다고 밝혔다. 또한 개정된 「우주개발법」은 인공위성을 비롯한 우주 비행체의 설계, 제작, 조립, 발사, 지상관제, 운영 절차 등을 규정했는데 특히 군사적 활용을 승인했다는 점이 특징이다. 나아가 북한 내 우주개발 활동을 2013년 법률로 규정했지만, 집행력을 보다 강화하고 당국 차원의 우주개발을 구체화하기 위해 국가우주개발 5개년 계획과 국방과학발전 및 무기체계개발

5개년 계획과 함께 추진하도록 명문화했다.[50]

### 우주개발법 제정 10년의 입법 분석

북한은 2006년 10월 1차 핵실험 이후 2009년 6월 2차 핵실험, 2012년 12월 장거리 미사일 발사로 인해 유엔 안보리로부터 제재를 받고 있으며, 우주개발도 불신을 불러왔다. 이러한 대북제재 상황 하에서 북한이 「우주개발법」을 채택(제정)한 것은 국제법적으로 원천 무효가 아니냐는 주장도 있다. 즉 유엔 국제규범인 우주조약(1967년)이 있는 상황에서 장거리 미사일 발사와 같은 행위는 국제규범을 위반한 행위로 북한의 「우주개발법」 제정·시행은 국제법적으로 실효성을 갖기 어렵다고 보는 것이다. 하지만, 앞서 살펴본 바와 같이 국제법과 국내법의 관계 이론에서 북한의 우주개발법 제정은 국제사회의 관여 범위도 아닐뿐더러 북한의 입법 자율권으로 간주할 수 있다는 점에서 원천 무효는 성립되기 어렵다.

이러한 북한의 「우주개발법」이 갖는 법적 의미를 분석하면 다음과 같다. 첫째, 국제법적으로 우주개발을 합법화하고 입지를 강화하기 위한 입법 조치이다. 「우주개발법」 제정으로 북한은 우주개발 분야에서 국제적 지위를 높일 수 있게 되었다. 이전까지 북한은 우주개발을 추진해 왔지만, 법적 기반이 갖춰지지 않은 상태에서 추진함으로써 국제사회로부터 국제적 비난과 북한 내 우주개발 명분도 미약했다. 그러나 「우주개발법」을 제정함으로써 북한은 우주개발을 법제도와 질서를 세워 법적 토대 위에 보다 체계적으로 추진할 수 있다는 명분을 만들었다. 또한 「우주개발법」은 정당성과 합법성에 근거한 체계적 우주개발 추진을 위한 법제도적 장치라는 의미가 있다. 실제로 북한은 다른 국가 및 국제기구와 평등과 호혜적 관계를 갖고 우주개발 협조를 상호보완의 원칙에서 실현하고, 우주개발 및 이용에 관한 국제법의 존중, 국제사회와 우주협력 강화를 위한 입법적 조치를 마련하였다(법 제20조, 제22조). 이처럼 김정은 정권은 기존 국제질서와 규범의 불합리성을 강조하는 경향이 보다 강화되었다. 이는 자신들의 정당성을 강조하여 부과되는 제재에 저항하는 목적에 따른 것이다.[51] 따라서 북한은 향후 우주 기술개발, 자원탐사 및 이용에 있어서도 국제사회에 자신들의 권리를 주장할 것으로 보인다.

둘째, 국가우주개발지도기관(국가우주개발국) 설립의 법적 근거를 마련함으로서 우주개발을 체계적으로 추진하기 위한 입법 조치를 취하였다. 2013년 4월 처음 설립된 국가우주개발국은 이 법을 기반으로 우주개발 추진을 위한 북한 내 해당기관으로부터 협력을 도모하고 있다. 또한 법 제정으로 북한은 우주개발을 추진하면서 발생할 수 있는 다양한 위험요소를 사전에 예방하고 나아가 우주 활동 과정에서 발생한 사고조사와 사고결과를 법 테두리 내에서 안전한 우주개발을 추진할 수 있도록 규정하였다(법 제19조). 이처럼 과거 북한에서 법률이 갖는 형식적인 의미와 달리, 북한은 「우주개발법」을 제정함으로써 보다 체계적으로 우주개발을 추진하겠다는 의도를 보였다. 또한 국가우주개발국은 국제협력에 대한 입법을 실천하는 차원에서 북한을 대표하는 우주개발 조직으로 법적 근거를 갖추었다(법 제20조).

셋째, 핵개발, 위성개발 등 군사력 강화를 위한 기술 개발을 정당화하려는 입법 조치이다. 북한의 우주개발은 단순한 과학 기술적 목표뿐만 아니라 군사적 목적도 포함하고 있다. 우주개발 기술은 탄도미사일 기술과 밀접하게 연관되어 있으며, 특히 위성발사 기술은 장거리 미사일 개발에 활용될 수 있다. 특히 우주 잔해물 제거를 위한 재진입 기술은 탄도 미사일의 지구상 타격과 동일한 기술이다. 따라서 북한은 「우주개발법」을 통해 이러한 기술개발을 정당화하고 체계적으로 추진하려는 목적이 있다.

넷째, 북한 주민들의 자긍심을 높이고, 김정은 정권의 내부 결속을 강화하기 위한 입법 조치이다. 냉전기를 비롯해 오늘날에도 우주개발은 국가의 위상과 자존심을 고취시키는 요소로 작용해 왔으며, 북한과 같은 폐쇄적인 국가에서 주민들은 다른 국가의 우주 활동을 파악하기 어렵기 때문에 선전 효과를 누릴 수 있다. 북한은 「우주개발법」을 통해 첨단과학기술 발전을 강조함으로써 내부 결속을 강화하는 수단으로 활용하고, 김정은 정권의 정당성과 치적을 선전하여 지도자 우상화에 주력하고 있다.

다섯째, 우주 개발은 김정은 정권이 주민의 생활과 국가 경제에 힘쓰고 있다는 국내정치적 선전을 위한 입법 조치이다. 「우주개발법」은 북한이 자체적인 기술 개발을 통한 경제적 자립과 발전을 도모하려는 일환으로 볼 수 있다. 실제로 북한에서는 정부 학술지나 관영 언론에서 다양한 우주 기술 성과와 실용위성 관련 보도를 통해 김정은 정권의 애민정치를 홍보하고 있다.[52] 위성기술은 기상 관측, 통신, 자원 탐사 등 다양한 분야에서 활용될 수 있어 이를 통해 경제적 성과를 강조할 수 있다. 특히 우주개발 기술과 우주 활동을 위한 인프라는 북한 경제건설을 높일 수 있는 계기가 될 뿐 아니라, 특히 우주과학 분야에서 획기적 발전을 가져다 줄 수 있는 배경에서 추진된 것으로 보인다. 이처럼 우주개발은 국가의 과학기술력과 경제적 능력을 보여주는 상징적인 활동으로 여겨진다.

### 북러 우주협력과 북한의 우주개발 능력

북한은 미중 경쟁이 심화되고 있는 오늘날 국제정세를 "신냉전"이라는 전략적 기회로 인식하고 있다.[53] 실제로 글로벌 진영화, 미중 패권경쟁 심화, 러시아－우크라이나 전쟁 등으로 불확실한 국제정세 속에서 북한은 외교적 영향력 확대(북－러 전략동맹 격상), 한반도 도발 지속(미사일 시험 발사, 오물풍선 등), 군사력 증강(핵고도화, 군사정찰위성 발사 등)을 지속해 왔다. 조선중앙통신도 "신냉전"을 미국의 위협 증대와 연관하여 보도했으며, 미국이 "신냉전" 구도에서 중국, 러시아에 대한 힘의 우위를 지키기 위해 북한을 위협하고, 위기를 조성할 가능성을 우려하였다. 2022년 12월에 개최된 노동당 중앙위원회 제8기 6차 전원회의에서 김정은은 "국제관계구도가 신냉전 체계로 명백히 전환되고 다극화의 흐름이 더욱 가속화된다."라는 세계정세 인식을 피력하였다.

이러한 국제정세는 김정은 집권 시기 우주개발 10년에도 영향을 끼쳤다. 2013년 제정된 북한의 「우주개발법」은 북한 우주 활동의 법적 토대를 제공하고 북한의 우주개발이 국가 이념인 주체의 원칙에 부합하는지를 설명하고 있다. 김정은 집권 10년을 맞아 2022년 수정된 우주개발법은 우주를 평화적 목적으로 이용한다는 목표를 선언하고 우주 사업에 대한 국제 협력을 촉구하고 있다. 또한, 노동당 대회에서는 2021년 민군 우주 발전 5개년 계획을 채택하여 북한 최초의 정찰(정보)위성 발사, 고체연료 ICBM 생산, 극초음속 및 다탄두 미사일 개발 목표를 설정했다.

북한은 2013년 「우주개발법」에 의해 설립한 '국가우주개발국'을 2023년 '국가

항공우주 기술국(NATA)'으로 재조직하면서 확대하였다. NATA의 재조직은 러시아와 우주 기술 협력을 촉진하기 위한 것으로도 볼 수 있다. 실제로 2023년 9월 러시아 보스토치니 우주기지에서 개최된 북러 정상회담에서 푸틴 대통령은 러시아가 북한의 위성개발을 도울 수 있다고 밝혔다. 러시아는 2025년 들어 다수의 러시아 전문가들을 북한에 파견하여 위성 발사를 지원하는 것으로 알려졌다. 이들은 북한의 로켓 엔진 테스트에 관여하였으며, 특히 북한이 만리경 1호 실패 당시 문제가 된 2단과 3단 로켓 엔진을 지원했을 가능성이 있다. 북한은 러시아 기술진의 높은 수준에 부합하기 위해 엔진 연소시험을 예상보다 많이 수행하고 있다.

북한은 러시아와 군사협력을 지속하고 있으며, 푸틴 대통령은 2023년 6월 평양을 방문해 김정은 위원장과 상호방위조약을 체결하였다. 2024년 9월에는 김정은 위원장이 북한을 방문한 세르게이 쇼이구 국가안보회의 서기와 회담을 갖고 러시아와 관계를 강화하겠다고 약속했다. 불안정한 국제정세 속에서 북한은 러시아에 대한 우크라이나 전쟁 제재를 무시하고 러시아에 탄약을 판매한 것으로 알려졌다. 실제로 두 사람의 최근 만남은 북한이 한반도 동쪽 해상에 단거리 탄도미사일을 여러 발 발사한 지 이틀 만에 이뤄졌다. 한국 합동참모본부는 이번 시험 발사가 "러시아 수출용 무기"일 가능성이 있다고 밝혔다. 북러 우주협력은 러시아의 기술지원 이외에도 북한의 인공위성을 러시아 우주 발사체를 활용해 발사할 가능성도 포함된다. 이 밖에도 북한이 러시아(향후 중국까지 확대 가능)로부터 우주협력을 통해 확보를 희망하거나 가능한 예상된 협력의 세부 내용은 다음과 같다.

### 북·러 우주협력 가능 분야

| 구분 | 주요 협력 가능 분야 |
|---|---|
| 발사체 | • 러시아 발사체 기술 이전 및 지원 |
| | • 러시아 발사체를 활용한 위성 발사(이란 유사 사례) |
| 위성체 | • 러시아 위성의 판매 및 지원 |
| | • 러시아의 위성 설계 및 제조 기술 지원 |
| | • 러시아 위성 운용 기술 이전 및 지원 |
| | • 북한 위성의 러시아 지상관제 협력 |

| | |
|---|---|
| **정보활용** | • 북한 위성에 대한 러시아 우주상황인식 정보 제공 |
| | • 한반도와 일본 내 미군 자산에 대한 조기경보체계 정보 공유 |
| | • 북한 정밀유도무기 운용에 대한 러시아의 위성항법체계 정보 공유 |
| | • 러시아 대위성(DA-SAT, 전자전, 지향성에너지) 능력 기술 이전과 지원 |
| | • 북한 군사위성 정보를 러시아 중계위성을 통해 수신 |

### 김정은 시기 우주개발의 성과

본격적인 김정은 시기 우주개발의 성과는 2016년 2월 발사된 광명성호 발사체와 탑재체인 <광명성 4호>였다. 당시 발사는 김정은 정권에서 수립한 제1차 국가우주개발 5개년(2012~2016) 계획에 의한 것으로 궤도진입과 운영이 정상적으로 이루어졌다. 이 위성도 앞선 <광명성 3호 2호기>에 앞서 2023년 지구 대기로 재진입하여 소멸되었다. 김정은 정권의 우주개발이 본격화된 것은 새로운 발사체인 '백두산 엔진' 개발이었다. 북한은 2016~17년에 우크라이나의 엔진(RD-250)을 기반으로 신형 액체기반 엔진(백두산 엔진)의 국산화에 성공한 후, <화성-14호, 15호, 17호> 등의 탄도미사일과 <천리마-1호> 우주 발사체에 활용한 것으로 추정된다. 북한은 제2차 우주개발 5개년(2016~2020) 계획에 따라 2016년부터 세 번에 걸쳐 액체연료엔진 지상분출시험을 실시하였다. 김정은이 이들 시험을 모두 현지지도하여 중요성을 강조했다. 특이한 것은 백두산 엔진 개발이 대륙간탄도미사일에 주로 쓰이는 고체연료엔진이 아닌 액체연료엔진이었으나, 국가우주개발국과 함께 국방과학부문의 역할을 강조한 점이다.

이러한 경향은 제3차 우주개발 5개년(2021~2025) 계획에서도 지속되고 있다. 북한은 2021년 제8차 당대회에서 "새로운 국가우주개발 5개년 계획"을 언급하며 군사정찰위성 운용을 "국가 방위력건설의 가장 중차대한 선결적 과업"으로 제시하였다. 2022년 12월에는 당 중앙위원회 제8기 제6차 전원회의 확대회의에서 2023년 국방력발전 5대 중점목표 중 하나로 군사정찰위성 발사 및 운용을 제시하였다. 김정은 정권의 두 번째 우주개발 계획에서는 우주의 군사적 활용을 분명히 강조하고 있다. 비록 2023년에 들어 시행한 군사정찰위성 발사가 두 차례 실패했지만, 이 과정에서 김정은은 국가우주개발국 여러 차례 현지지도에 나서는 등 중대한 관심을 나타냈다.

2023년 11월, 북한은 고체연료 로켓인 <은하-1호>를 이용해 군 정찰위성인 <광명성-1호>를 궤도 진입에 성공했다. 북한의 위성 정찰 능력은 중국과 미국에 비해 초보적이지만, 발사 성공은 정치적이고 상징적인 성과이다. 북한은 우주 발사에 사용할 수 있는 고체연료 ICBM도 시험했다. 고체연료 추진체는 액체연료보다 휴대성이 높고 에너지 밀도가 높아 북한이 더 무거운 위성을 발사하거나 더 높은 궤도에 위성을 배치할 수 있는 로켓을 만들 수 있는 능력을 제공할 가능성이 있다. 또한 고체연료 추진체는 더 높은 궤도에 위성을 배치할 수 있다. 2024년 9월 북한 전문매체 38North에 따르면 북한은 서해위성발사장에 현장 저장소 추가, 서해 주변 교통 편의성, 항구에 새로운 도로 공사 등 확장 공사를 빠르게 진행하고 있다. 이 밖에도 북한은 2023년 12월 개최된 노동당 전원회의에서 향후 군사정찰위성 3기를 추가 발사하겠다고 밝혔다.

2024년 4월 NATA 부총국장은 『조선중앙통신사』 기자와 회견에서 "국가항공우주 기술총국이 지난 10년간 나라의 우주정복활동을 줄기차게 견인하여 왔다." 라고 밝혔다. "이는 사회주의강국건설에서 우주산업의 발전이 중요한 의의를 갖는다고 평가했다. 공화국정부는 실용적인 기상관측위성, 지구관측위성, 통신위성보유를 선점고지로 정한데 맞게 농업과 수산, 기상관측, 자원탐사, 국토관리와 재해방지를 비롯한 여러 부문에 우주과학기술성과들을 도입하기 위한 사업을 추진하고 있다."라고 개발 방향을 제시했다.

**북한의 우주 발사체 개발 현황('25. 1월 기준)[53]**

| 발사체<br>(북한 명칭) | 발사일자 | 탑재위성 | 발사장소 | 궤도진입성공<br>여부 | 비고 |
|---|---|---|---|---|---|
| 대포동 1호<br>(백두산) | 1998. 8. 31. | 광명성 1호 | 무수단리<br>(동해위성발사장) | 실패 | 3단분리 실패 |
| 대포동 2호<br>(백두산) | 2006. 7. 5. | 미식별 | 무수단리<br>(동해위성발사장) | 실패 | 공중폭발 |
| 대포동 2호<br>(은하 2호) | 2009. 4. 5. | 광명성 2호 | 무수단리<br>(동해위성발사장) | 실패 | 3단분리 실패 |

| | | | | | |
|---|---|---|---|---|---|
| 대포동 2호 (은하 3호) | 2012. 4. 13. | 광명성 3호 | 동창리 (서해위성발사장) | 실패 | 공중폭발 |
| 대포동 2호 (은하 3호) | 2012. 12. 12. | 광명성 3호 (2호기) | 동창리 (서해위성발사장) | 성공 (23.9.13 소멸) | 위성 비정상 운영 |
| 대포동 2호 (광명성) | 2016. 2. 7. | 광명성 4호 | 동창리 (서해위성발사장) | 성공 (23.6.30 소멸) | 부분운영 |
| 화성 17호 추정 | 2022. 2. 27. | 정찰위성 시험 | 평양 순안비행장 | - | 한반도 촬영 영상 공개 |
| 화성 17호 추정 | 2022. 3. 5. | 정찰위성 시험 | 평양 순안비행장 | - | 정찰위성 개발시험 |
| 화성 17호 추정 | 2022. 12. 18. | 정찰위성 시험 | 동창리 (서해위성발사장) | - | 한반도 촬영 영상 공개 |
| 천리마 1호 | 2023. 5. 31. | 만리경 1호 (군정찰위성) | 동창리 (서해위성발사장) | 실패 | 2단분리 실패 |
| 천리마 1호 | 2023. 8. 24. | 만리경 1호 (군정찰위성) | 동창리 (서해위성발사장) | 실패 | 3단결함 폭발 |
| 천리마 1호 | 2023. 11. 21. | 만리경 1호 (군정찰위성) | 동창리 (서해위성발사장) | 성공 | 정상운영 |
| 천리마 1호 | 2024. 5. 27. | 만리경 1-1호 (군정찰위성) | 동창리 (서해위성발사장) | 실패 | 1단결함 폭발 |

### 우주개발 안정화와 군사위성 능력의 심화

가까운 장래에 북한의 우주 발사체 개발도 안정화 단계에 들어설 것으로 전망된다. 로켓 개발의 안정화 단계란, 궤도에 띄우는 단계를 넘어서 탑재체 중량을 늘릴 수 있는 단계를 의미한다. 우주개발 국가 대부분이 위성을 궤도에 올리는 노하우를 얻기 위해 여러 번 시행착오를 겪었지만, 일단 노하우를 확립한 다음에는 급속도로 탑재체를 발전시켜왔다. 중국의 경우 1970년에 처음으로 발사를 성공한 창정 1호의 저궤도 탑재체가 300kg에 불과했으나, 발사체 기술이 안정화된 5년 후에 개발된 창정 2호는 10배나 되는 3톤을 저궤도에 올릴 수 있었다. 다만 북한이 개발하려고 하는 ICBM은 궤도에 올리는 것만으로는 충분하지 않고, 탄두가 낙하할 때 받는 고온, 고압을 견디는 대기권 재돌입 기술을 가져야 하는데, 이는 북한의 재료공학 수준으로는 아직 어려울 것이라 추정된다.

2025년 오픈소스 정보를 분석한 Secure World Foundation에 따르면, 북한의 대우주(counterspace) 능력에 특별한 진전은 보이지 않는다. 현재까지 북한은 직접 상승 대위성 능력 또는 궤도 상 대위성 능력을 시연하거나 개발하겠다는 계획은 없다. 하지만, 북한은 앞선 사이버 능력을 바탕으로 우주 시스템에 대한 공격 능력을 강화할 것이다. 북한은 2023년 3월 러시아 항공우주 연구소와 2023년 4월 동유럽과 아프리카의 방위산업체를 표적으로 한 사이버 작전을 포함해 전자전 및 사이버 공격에 숙련된 능력을 보유하고 있다.[55] 현재 북한은 사이버 공격을 통해 미국 등 서방 국가의 항공우주 기술 정보를 수집하고 미사일 개발 프로그램에 필요한 자금 확보를 위한 금융 범죄를 저지르고 있다.[56] 2024년 3월, 북한은 한국 군사훈련 동안 GPS 신호 교란을 시도했으며, 빈도와 강도가 지속되고 있다.[57]

김정은 정권의 국가전략 핵심 과업은 핵무기 대량생산 체계 구축, (핵무기)투발 수단 능력 향상, 핵무기 실전배치 및 운용교리 등이다. 그중 핵무기 투발 수단의 능력 향상과 함께 군사정찰위성 증강을 통해 핵무력 정책을 실현함으로써 사실상 핵보유국의 지위를 인정받고자 한다. 김정은 정권은 2021년 1월 개최한 제8차 노동당 당대회에서 군사정찰위성 운영을 포함한 9대 국방과업을 국방발전전략 목표로 제시했다. 여기에는 군사정찰위성뿐 아니라 북한의 우주력과 연계된 다양한 첨단무기가 포함되어 있다. 아래 표와 같이 2024년 10월 현재 다수의 전략무기체계 개발이 급속히 진행 중이다. 특히 핵무기 소형화나 무인기·극초음속 미사일 기술이 상당 수준에 오르고 7대 분야는 실전 배치 직전까지 이른 것으로 평가된다. 예를 들어 북한이 개발 중인 각개목표설정 재돌입 비행체 탄두미사일은 민군 이중용도인 우주 발사체 기술을 활용한 것으로 보인다. 2023년 12월 발사한 고체연료 기반 ICBM인 화성포-18형도 시험발사가 아닌 발사훈련으로 보도하여 실전 사용 매뉴얼을 만드는 단계로 보인다.[58]

### 김정은 국무위원장이 밝힌 9대 국방과업 이행 현황('25. 1월 기준)[58]

| 9대 국방과업 | 이행 현황 | 시기 |
|---|---|---|
| 극초음속 미사일 | 화성포-16나형 발사 | 2024년 4월 |
| 잠수함발사탄도미사일(SLBM) | 북극성 6형(추정) 공개 | 2022년 4월 |
| 전술핵 | 화산 31 핵탄두 공개 | 2023년 3월 |
| 수중발사 핵전략무기 | 해일 5-23 발사 | 2024년 1월 |
| 대륙간탄도미사일(ICBM) | 화성 18형 고각발사 | 2023년 12월 |
| 무인기 | 전략 무인정찰기(샛별 4형), 공격형 무인기(샛별 9형) 공개 | 2023년 7월 |
| 핵잠수함 | 최종심사단계 | 2024년 1월 |
| 초대형 핵탄두 | 6차 핵실험 | 2017년 9월 |
| 군사정찰위성 | 만리경 1-1호 실패 | 2024년 5월 |

북한은 2023년 11월 첫 군사정찰위성 <만리경 1호>를 발사하는 데 성공했으며, 12월 노동당 전원회의에서 추가로 3개의 정찰위성을 발사하겠다고 발표했다. 2024년 북한 NATA는 4월 27일 조선중앙통신을 통해 발표한 대변인 명의의 담화에서 "미국이 조선 반도와 그 주변 지역에 우주군을 대대적으로 끌어들이면서 핵 선제공격을 궁극적인 목표로 한 우주 군사화에 열을 올리고 있다."며 "미국과 적대 세력의 군사적 준동과 침략적 기도를 감시·장악할 우주 정찰 기반 능력을 제고하기 위해 중대한 임무를 계획대로 결행해 나갈 것"이라고 주장했다. 4월 12~26일 진행된 한미 우주연합훈련을 비난하며 정찰위성 개발은 그에 대한 응수라고 강변하였다.

북한은 "우주를 군사화하려는 미국의 패권적 기도는 현 시기 국제 평화의 주된 위협"이라며 "조선 반도를 포함한 아시아 태평양 지역 국가 사이의 실제적인 전쟁으로 이어질 가능성이 높아 가고 있다."라고 주장했다. 그러면서 북한의 군사정찰위성 발사는 "국가의 안전 이익과 생존권을 담보하기 위한 필수 불가결의 전략적 선택"이라고 강조하며, 위성 발사가 유엔 안전보장이사회 결의를 위반하는 것이란 국제사회의 지적에 대해 "정당한 우주개발 권리와 합법적인 자위권 침해", "이중 기준"이라고 반박했다. 이처럼 북한의 우주개발은 향후 다양한 군사용, 민간용 위성체 개발로 확대될 것이며, 우주의 평화적 이용이라는 권리를 고수할 것이다.

## 북한의 우주개발과 우주 안보

북한의 군사정찰위성 운용과 추가 발사 전망, 북러동맹 강화와 우주 기술 협력 등을 고려할 때, 향후 북한의 우주개발 능력은 빠른 속도로 발전할 전망이다. 김정은의 집권 초기까지 북한의 우주개발은 우주개발법 제정, 우주 발사 시험에도 불구하고 탄도미사일 개발이라는 군사적 목적을 달성하기 위한 명분에 가까웠다. 이는 광명성 위성 발사가 김정일 유훈이라는 점을 강조한 것에서도 알 수 있다. 또한 이를 통해 우주 발사가 갖는 명성에 의존하여 국내정치적 선전에 활용하였다. 이 과정에서 북한의 우주 발사는 핵 개발과 마찬가지로 중국이나 러시아와 협력하기보다는 북한의 자주적 안보 달성을 위한 독자적 개발과 유사하게 진행되었다.

하지만, 김정은 시기 우주개발 10년은 이전 김정일 시기와 비교할 때, 법적인 토대를 마련한 점에서 다르고, 국가우주개발국 신설과 위성 발사 시험장 구축 등에서 본격적인 우주개발에 나섰다고 볼 수 있다. 다음은 김정은 시기 우주개발 10년을 평가하고 전망을 세 가지로 제시한다.

첫째, 김정은 시기 우주개발은 초기부터 법적 토대를 갖추었으며, 우주개발의 목적으로 우주 안보와 국제협력을 포함하였다. 이는 우주개발 성과를 국제적 명성과 연계함으로써, 국내정치적 정당성을 강조하려는 근거로 활용된다. 국제법으로도 우주 활동은 특정 국가가 독점할 수 없으므로, 북한이 우주개발법에 이러한 점을 명시한 것은 향후 군사적 우주개발이 정당한 행동으로 선전할 수 있다. 또한 향후 우주 활동을 확대함에 따라 우주기본법에 명시한 국제협력을 명분으로 UN COPUOS(우주의 평화적 이용을 위한 위원회) 등 국제기구 활동과 국제규범 수립에 적극적으로 개입할 것으로 보인다. 실제로 현재까지 북한은 세계 우주 활동국이 대부분 참가하고 있는 UN COPUOS(2025년 기준, 104개국)에 가입을 하지 못하고 있다. 북한은 핵실험과 탄도미사일 개발로 유엔 제재를 받고 있으나 이러한 결의안을 위반하고 있기 때문이다. 과거 군사용 발사체 개발로 제재를 받아온 북한으로서는 민군 이중용도 기술인 우주 발사체 개발을 강조함으로써 과거보다 국제기구 활동의 권리를 강하게 주장할 것으로 보인다.

둘째, 김정은 시기 우주개발은 한반도의 우주 군비경쟁을 촉진할 뿐 아니라 핵무기와 탄도미사일 기술의 비확산 문제를 더욱 부각시킬 것으로 전망된다. 과거 북한은 핵기술과 탄도미사일 기술을 이란 등에 이전함으로써 글로벌 비확산 체제를 교란시켜 왔다. 그런데 우주 발사체 시험은 모든 주권 국가의 동등한 권리라는 것이 북한의 주장이다. 따라서 북한의 우주 기술 이전은 과거 군사용 탄도미사일 기술 이전 및 협력과 다른 차원으로 활용할 수 있다. 이런 맥락에서 김정은 시기 북한은 우호적인 관계를 맺고 있는 국가에게 우주 기술을 이전하려고 시도할 것이며, 이를 통해 재난재해, 국제환경 문제 등 글로벌 공동 문제를 해결하는 데 도움이 된다는 명분을 활용할 수 있다. 이를 위해 북한은 지구관측 위성을 통해 해양 및 토양 정보, 기상 예측, 경제활동에 도움이 되는 정보 등을 공개하는 방법으로 자국의 우주 활동을 정당화할 것으로 보인다.

셋째, 김정은 시기 우주개발은 우주 발사의 실패에도 불구하고 김정일 시기와 달리, 발사 실패를 과정으로 인정하거나 결과를 빠르게 발표함으로써 우주 발사를 실용적으로도 활용하겠다는 의도를 보여준다. 특히 우주 발사체 개발이 안정화되면서 군사정찰위성 추가 발사를 발표하였으며, 향후 북한은 우주 기술의 이중용도 특징을 활용하여 실용위성도 발사할 것으로 전망된다. 실용위성 개발은 합법적으로 군사용 기술을 고도화할 수 있는 명분인 동시에 김정은 정권이 북한 인민의 삶과 국가 경제를 위해 우주개발을 하고 있음을 선전할 수 있는 방법이기도 하다. 북한은 2013년 국가항공우주 기술총국 명의로 실용급 위성 개발을 추진 중이라고 밝혔다. 이미 북한은 내부 학술지에서도 우주개발과 기술을 경제발전과 북한 지역 관측에 활용하려는 내용을 다루었으며,[60] 이는 김정은 정권의 성과를 선전하려는 국내정치적 의도로 보인다.

김정은 시기 우주개발 10년은 김정일 통치의 유훈을 바탕으로 시작되어 우주 발사체 안정화를 추진하였으며, 군사위성 개발에도 역량을 집중하였다. 이러한 노력은 과거 김일성, 김정일 시기와 달리 우주개발법이라는 법적 토대 위에서 추진되었다. 이를 통해 국제사회에서 북한의 우주개발이 우주의 평화적 이용에 해당하며, 모든 국가들이 향유하는 주권국가의 합법적 권리임을 밝히고 있다. 2023년은 남북한 군사정찰위성이 동시에 발사되면서, 국제사회로부터 한반도 우주경쟁이 본격화되었다는 평가를 받았다. 이러한 상황에서 필요한 한국의 대응은 두 가지로 제시할 수 있다.

첫째, 한국은 UN COPUOS 등 우주의 평화적 이용을 위반하는 북한의 우주개발을 억제하도록 북한의 불법적 행위를 견제하고, 국제사회가 공유할 수 있도록 우주관련 국제기구 내 의사결정에 적극적으로 임해야 한다. 김정은 시기 우주개발은 앞으로 실용위성 개발 등으로 국내정치적 선전을 지속하면서도 이중용도 기술을 바탕으로 군사용 위성개발을 더욱 고도화할 것이다. 이 과정에서 북한은 미국을 비롯해 한국, 일본 등 선진 우주개발 기술을 탈취하거나 자금 마련을 위한 사이버 공격을 지속할 것이다.[61] 실제로 북한은 미국 항공우주 기업에 대한 해킹을 시도하여 정보를 탈취하였으며, 2024년 초에는 한국의 국가위성운영센터를 해킹하기도 했다. 특히 북한은 대형 방산업체뿐만 아니라 보안이 취약한 중소 협력업체까지 해킹해 전방위적으로 무기개발 기술을 수집하고 있다. 심지어 우방국인 러시아 위성 개발업체(스푸트닉스)를 해킹해 초소형 위성체 관련 기술을 획득한 것으로 알려지기도 했다.[62]

이를 통해 북한은 과거 탄도미사일 개발과 마찬가지로 우주 발사체 기술을 국제사회에 확산하려는 시도할 수 있다. 북한은 글로벌 비확산체제를 다시 한번 위협할 수 있다. 우주개발은 단일 국가의 능력이나 주장으로 지속하거나 독점할 수 없다. 따라서 국제사회에서 조성되는 우주 관련 규범과 규칙의 선점이 매우 중요하며 미중 우주 경쟁의 본질도 이러한 규범경쟁이 자리잡고 있다. 현재 한국은 미국과 공조하여 유엔 안보리에서 북한의 군사적 우주 활동을 제재하고 있으며, 매년 참가하는 UN COPUOS에서도 북한 우주개발의 불법성과 군사적 성격을 지적하고 있다. 이를 위해 우주 관련 비정부기구(NGO)나 상업 기업들, 우주 활동 국가들에게 북한 우주 활동이 가져올 수 있는 장기적인 위험과 우발적인 위협을 인식시키도록 지속적으로 노력해야 한다. 이를 위해서는 북한 우주 위협에 대해 국방부만 군사적 문제로 대응할 것이 아니라, 국방부의 군사외교, 외교부와 과학기술정보통신부의 과학기술외교가 전략적으로 조율될 필요가 있다.

둘째, 미중 패권경쟁에 따른 진영화가 우주 활동에도 큰 영향을 끼치는 상황에서 한국은 일정 부분 진영화에 편승하되, 독자적 우주 능력 구축에도 노력해야 한다. 국제우주협력은 표면적으로는 진영화의 논리가 적용되고 있지만, 내부적으로는 진영 내에서도 우주 능력이 우세한 국가와 열세한 국가가 구분되는 전형적인 현실주의 국제정치를 보여준다. 미국이 아르테미스 프로젝트에 협력을 요청하는 국가는 유럽, 일본, 캐나다 등에 국한되어 있으며, 미 우주군이 국방우주 차원의 협력을 요청하는 국가도 오커스(AUKUS)나 일본 등 우주개발 능력을 갖춘 국가들이 대부분이다. 예를 들어 미국은 글로벌 차원에서 우주위협에 신속히 대응하고, 미국 우주기업의 시장 확보를 위해 전세계 발사장 확보 및 발사 서비스를 확대하고 있다. 현재 뉴질랜드(2016), 영국(2020), 호주(2023), 캐나다(2024)가 이를 위한 우주 기술 보호협정(Technology Safeguards Agreement)를 체결하였고 일본도 협상 중이다. 진영 내에서 이루어지는 우주개발에 적극적으로 참여할 수 있도록 우리나라도 국제질서의 진영화에 편승할 필요는 있다.

국가안보 차원의 국제우주협력은 국방·정보 우주뿐 아니라 우주 경제의 발전에도 필수적이다. 우주 기술은 정부 주도의 국방기술로만 발전하는데 한계가 있다. 민군 이중용도 기술의 특징으로 인해, 민간 우주기업의 혁신적 기술 시도가 국방분야에 바로 적용될 수 있기 때문이다. 실제로 미우주군은 민간 기업의 국방우주 사업 참여를 확대하기 위한 사업 창출, 절차 간소화, 예산 확대를 지속적으로 진행하고 있다. 대표적인 노력이 민군합동우주작전으로 불리는 JCO(Joint Commercial Operation)이다. 한국 국방부도 2024년 뉴질랜드에서 열린 JCO에 참가하여 교육훈련을 수행하였으며, 최근 미우주군과 JCO(민군합동우주작전)에 참여하기 위한 의향서도 제출하였다. 이런 노력으로 2025년에는 한국도 JCO 멤버로 참여할 예정이다. 이처럼 국방우주 개발도 국방부만 추진할 수는 없다. 우주기술은 민간 기업의 발전을 통해 효율성을 높일 수 있기 때문에 한국도 상업 우주시장이 성장해야 하며 이를 국방·정보 우주 분야와 연계하는 노력이 중요하다. 이런 전략으로 한국의 독자적 우주 능력을 구축한다면, 북한 군사적 우주개발에 효과적으로 대응할 수 있다고 판단한다.

## 대한민국 우주안보전략 제안[63]

### 국가우주안보전략의 필요성

북러 우주협력 및 북한 우주능력 심화에 효과적으로 대응하고, 국가 우주경제의 활성화와 더불어 국제협력을 뒷받침할 수 있는 우주 외교를 포함한 체계적이고 종합적인 국가 차원의 우주안보전략이 필요한 시점이다.

우주 선진국들이 국가 차원의 우주안보전략 수립하여 우주 안보, 우주산업, 우주 기술 개발 등을 효과적으로 추진하고 있는 반면, 우리나라는 아직까지 우주안보전략이 수립되지 않은 상태에서 각 부처별로 위의 사항들을 추진하고 있다. 2022년 12월, 국방부는 국방우주 활동을 위한 최상위 지침서인 『국방우주 전략서』를 최초로 작성하여 국방우주 전반에 대한 설계도를 제시하였다. 국방우주 전략서는 한국군의 국방우주력 발전을 위해 2030년과 2050년으로 구분한 중·장기 전략목표, 기본원칙 및 전략지침을 제시하고 있다. 4대 목표로는 통합·능동 방위, 혁신과 자강[64], 동맹과 연대, 안전과 상생 등을 명시하고 있다.

이를 달성하기 위해 국방부는 2020년 이후부터 본격적으로 합참과 각 군에 우주 관련 전담 부서와 조직을 신설하였으며, 우주인력 양성에 노력하고 있다. 또한 합참은 군사우주 전략을 수립하면서 우주감시, 우주정보지원, 우주 발사, 우주통제 등이 구체화하고 있다. 이처럼, 군이 우주를 국가안보와 생존전략의 관점에서 접근하는 것은 필수적이며, 효율적인 조직 정비와 전략 체계를 구축하는 활동도 바람직하다. 다만, 군사우주전략이 제대로 자리매김하기 위해서는 국가적 차원의 안보전략과 맞물려 국가전반의 우주산업체계, 규범 및 제도 정비, 국제협력과 연계될 필요가 있다.

이러한 차원에서 우리도 『국가우주안보전략』을 최우선적으로 수립해야 한다. 즉, 주변국의 우주 안보 위협 대응, 우주 기술의 체계적인 발전, 경제적 목적의 우주활용, 국제협력과 연계된 우주감시능력을 종합적으로 포괄할 수 있는 통합적인 '국가우주안보전략'의 수립이 절실하다. 이를 토대로 우주관련 부처들과 우주산업체들에 공통의 목표와 접근 방식, 규범과 제도 등의 가이드라인을 제시함으로써 우주개발에 소요되는 시간과 비용의 중복을 방지해야 한다. 또한, 정부와 기업이 서로 다른 시각으로 접근함에 따른 혼란을 최소화하고, 각 행위자들의 역할체계를 정립함은 물론 국제협력의 시너지를 거두어야 한다. 국정원·국방부·외교부·과기부 등 우주정책과 국제협력 관련 부처, 국토부·해수부·기상청 등 우주활용 조직, 과기부·산자부 등 기술 및 산업 관련 정부 조직들이 공동으로 고민하여 종합적이고, 체계적인 차원의 목표, 수단, 방법을 제시해야 한다.

그간 한국의 국가우주안보전략을 대신해 온 것은 관련부처들이 합동으로 작성한『우주개발진흥 기본계획』이다. 이것은 국가 우주개발의 중장기 목표와 방향을 설정하는 최상위 법정계획으로 5년에 한 번씩 수립되며, 최근의 4차 기본계획은 2023년부터 2027년까지 운영된다. 이 계획에 포함된 내용으로는 우주개발 환경의 변화, 비전 및 추진 전략, 5대 임무인 ▲우주탐사 확대, ▲우주수송 완성, ▲우주산업 창출, ▲우주 안보 확립, ▲우주과학 확장 등이다. 2개의 전략과제로는 우주 경제 기반 구축, 첨단 우주 기술 확보 등을 제시하고 있다.

그러나 2개의 전략과제에는 우주 안보가 제외되어 있으며, 5대 임무 중의 하나로 설정되어 있다. 즉 전략과제는 우주 경제와 기술에 초점이 맞추어져 있고, 우주 안보에 대한 부분은 그보다 하위 항목인 주요 임무로 배치됨으로써 안보, 경제, 기술 사이에 불균등성이 내포되어 있다. 또한 우주감시 분야의 국제협력을 뒷받침하기 위한 우주 외교는 배제되어 있다. 물론 우주개발진흥계획 자체가 우주 경제와 기술을 주목적으로 하고 있다는 점에서 이해할 수 있으나, 국가우주안보전략서에서는 안보, 경제, 외교 요소와 이를 뒷받침하는 기술 요소가 체계적으로 정립될 필요가 있다.

국가우주안보전략의 제안을 위해서는 먼저 국가우주안보전략 체계 및 구성요소에 초점을 맞춰야 한다. 국가우주안보전략의 위상은 국가의 우주 활동에 관한 최상위 근거문서라 할 수 있다. 즉, 위로는 국가안보전략의 영향을 받고 아래로는 국방우주 전략, 우주 외교전략 등의 작성에 지침을 제공한다. 우주개발진흥계획의 구상에도 영향을 미치는 기본 방침이다. 국가우주안보전략의 구성체계는 지향할 우주 활동의 비전과 이를 달성하기 위한 정책 목표, 목표를 구현하기 위한 추진 방향 및 기조, 그리고 전략적 과제 체계로 구성될 필요가 있다. 전략과제로는 국방·정보 우주, 우주 경제, 우주 외교 등 3가지의 분야로 나눈다.

지금까지 살펴본 바와 같이 능력기반 전략기획의 접근법을 바탕으로 미국을 비롯한 우주 선진국의 우주안보전략과 급변하는 우주 안보환경을 고려 시, 우주안보전략의 비전과 목표, 전략기조 등을 종합한 국가우주안보전략(안)은 다음과 같다.

### 대한민국 우주안보전략 제안

| | |
|---|---|
| **비전** | 국가우주 안보 역량 강화를 기반으로 지속가능한 우주의 안전과 번영을 보장하는 우주강국 |
| **목표** | • 국가적 차원의 우주 안보역량 강화<br>• 우주 활동의 안전과 지속가능성 보장<br>• 우주 경제의 자립적 생태계 육성<br>• 우주의 평화적 이용을 위한 국제 거버넌스 확립 |
| **전략기조** | • [혁신] 국가우주 안보 역량의 혁신적 발전<br>• [융합] 우주 경제와 국가안보의 융합 창출<br>• [능동] 국제사회에서 역할 강화와 능동적 참여 |
| **전략과제** | ① 국가우주 안보 자산 확보와 역량 강화<br>- 우주 안보자산 개발과 확보<br>- 우주상황인식 역량 강화<br>- 다영역에서 우주활용능력 강화<br>- 우주 안보자산의 생존성과 복원력 강화<br>② 안전한 우주환경 조성과 우주상황인식 체계 강화<br>- 우주잔해물 감시 및 완화 정책 수립<br>- 우주정보를 활용한 재난재해 예·경보 및 대응체계 구축<br>- 우주교통관리를 통한 안전 보장과 효율적 운영<br>③ 우주 기반 산업 발전과 신시장 창출<br>- 민간 우주 기술과 투자 활성화를 통한 우주산업 생태계 육성<br>- 우주산업 공급망의 안정적 확보<br>- ICT 기술과 제조업 강점을 활용한 우주 신시장 창출<br>④ 우주 안보에 기여하는 민관군 거버넌스 구축<br>- 민관군 협력을 통한 우주 안보역량 강화와 우주정보 공유<br>- 우주 안보자산 개발 및 확보를 위한 법령·제도 개선<br>- 국가안보실을 통한 우주 안보 컨트롤 타워 구축<br>⑤ 다자·양자 우주협력 제고와 국제규범 확립<br>- 한미 우주 안보협력 강화<br>- 중진국·신흥국과 우주 외교 확대<br>- 책임있는 국가행동을 위한 우주규범 조성 |

**비전: 국가우주 안보 역량 강화를 기반으로 지속가능한 우주의 안전과 번영을 보장하는 우주강국**

우선 국가우주안보전략의 비전을 구상 시 고려해야 할 거시적이고 포괄적인 요소로는 크게 다음 세 가지를 들 수 있다. 첫째, 우주 영역은 안보전략적 가치가 매우 높은 작전 영역으로 인식된다. 즉 러·우 전쟁에서 보듯이 우주 안보 위협이 이미 다양하게 존재하고 있고, 중국이나 러시아 등 일부 국가들이 우주 안보 위협 역량을 확대하고 있다. 따라서 대부분의 국가들은 우주 안보 역량강화에 집중하는 추세로 우리도 이에 부응할 필요가 있다.

둘째, 지속가능성의 중요성이다. 우주 안보역량의 강화나 우주 안보에 대한 관심은 일시적인 것이 아니라 지속성이 보장되어야만 그 효과성을 높일 수 있다. 이에는 우주 위험과 위협에 대한 조기 상황인식 및 대응능력 확보, 우주 안보 거버넌스의 확립, 법/제도/정책적 기반 마련, 우수한 우주인력의 양성, 미국을 비롯한 양자·다자 국제협력 강화 등을 내포하고 있다.

셋째, 우주 안보와 더불어 국민의 안전을 보장하고, 우주 경제를 통한 국가의 번영에 기여해야 한다. 민간 우주 활동의 급증과 저궤도 영역의 포화로 우주 잔해물의 위성충돌이나, 지구 낙하 시 안전문제가 점증하고 있는 상황이다. 또한 태양풍에 의한 위성통신 두절, 항법 시스템과 인공위성의 기능 고장을 초래할 수 있다. 이러한 우주 위험으로부터 국민들의 생명과 재산을 어떻게 보호해야 할 것인지도 중요한 고려사항이라 할 수 있다.

아울러, 우주 안보와 우주 경제의 상호 작용도 중요하다. 러·우 전쟁에서 SpaceX의 스타링크와 막사(MAXAR) 테크놀로지의 상용위성 정보 제공은 기업도 우주 안보에 있어 주요한 행위자로 부상할 수 있음을 말해 주고 있다. 더불어 우주 안보와 관련된 자산 및 기술도 우주 경제의 활성화에 필수적인 요소이다.

최근 우주 개발 트렌드는 ▲달, 화성, 소행성 등 심우주 탐사를 위한 발사체 개발 ▲대형위성 중심에서 소형위성으로 개발 전환 ▲태양풍이나 우주 잔해물과 같은 우주 위험물로부터 안전확보 ▲저기술 국가, 민간 기업 등 행위자의 다양화로 대표된다. 이러한 트렌드는 기존 국가중심의 우주 안보와 민간중심의 우주산업이라는 이분법적인 구분을 벗어나 상호보완 내지는 상호 간 영역의 확장이 필요하다는 인식을 보여준다. 즉, 현 시대가 우주, 사이버 등이 부각되는 포괄적 안보 시대임을 고려할 경우 우주 안보에도 민간의 우주 기술이 필요하고, 안보 목적으로 개발된 우주 기술이 우주 경제에도 많은 영향을 끼칠 것이다. 국민의 안전보장과 우주 경제를 통한 국가 번영에 기여하기 위해서는 우주 안보와 우주 경제의 선순환, 민관군협력을 통한 생태계 구축 등이 강화되어야 한다.

위의 요소들을 고려하여 「국가우주안보전략(안)」은 "국가우주 안보 역량을 기반으로 지속가능한 우주의 안전과 번영을 보장하는 우주강국"이라는 비전을 제시한다. 여기서 우주강국이라는 의미는 우주 안보적 측면에서 주변국, 북한의 우주 안보 위협과 우주 잔해물 등 안전에 대응할 수 있는 충분한 우주 안보역량을 구비하고 있고, 우주 경제 측면에서는 제4차 우주개발진흥 기본계획 비전인 "2045년 우주 경제 글로벌 강국 실현"에서 국가번영의 의미를 포괄한다.

### 우주안보전략 목표

우주안보전략 목표는 국가우주안보전략의 비전을 달성하기 위해 구체적으로 제시되는 핵심적인 목표들이며, 국가안보전략의 목표와 연계성을 갖추어야 한다. 현재 우리나라 국가안보전략에는 아래의 표에서 정리한 것과 같이 우주 안보 관련 내용을 보면 우주작전 수행, 우주전력, 국가 우주발전, 국방전략기술, 우주/사이버/전자기 통합 운용, 한미협력 등으로 요약할 수 있다.

## 국가안보전략 내 우주 관련 내용

| 전략과제 | 중점과제 | 이행방안 | 세부내용 |
|---|---|---|---|
| 자유와 연대의 협력 외교 전개 | 한미 글로벌 포괄적 전략 동맹 강화 | 굳건한 한미 연합방위태세를 유지하고, 미국의 확장억제를 강화한다. | **한미동맹의 협력 공간을 우주**와 사이버 영역으로까지 확대하기로 하고, 이를 위한 협의를 구체화해 나가고 있다. |
| | | 한미간 경제안보·첨단기술 협력을 강화한다. | **우주항공... 첨단·핵심기술 분야의 협력**을 강화해 나갈 것이다. |
| 과학기술 강군 육성 | 국방혁신으로 AI 과학기술 기반의 방위역량 강화 | 우주, 사이버, 전자기 영역의 작전수행체계를 구축한다. | 정부는 **합동 우주작전을 효과적으로 수행하고 국가 우주발전에도 기여**하기 위해 정찰·통신 위성, 우주 발사체, 우주감시체계 등 다양한 우주전력을 확보한다. |
| | | 혁신·개방·융합의 국방 R&D 체계를 마련한다. | 정부는 국방 R&D 투자를 AI, **우주, 양자 등 국방전략기술 분야에 중점적으로 투여**함으로써 투자의 효율성을 극대화하고자 한다. |
| 한반도 평화 구축과 남북 관계 정상화 | 북한 핵·WMD 위협 대응능력의 획기적 보강 | 전략사령부를 창설하여 억제·대응 능력을 강화한다. | 전략사령부는 우리 군의 초정밀 고위력 미사일 능력뿐만 아니라 **우주·사이버·전자기 분야 역량도 모두 통합하여 운용**하게 |
| 글로벌 경제 안보 대응체제 확립 | 핵심·신흥 기술 보호와 협력 강화 | 핵심·신흥기술 관련 전략적 파트너십을 강화한다. | **한미 민간우주대화 등 양자 협의체를 활성화하여 우주탐사 및 한국형 위성항법 시스템 개발 협력**을 강화한다. |

국가 우주안보전략 목표는 ▲국가적 차원의 우주 안보역량 강화 ▲우주 활동의 안전과 지속성 보장 ▲우주 경제의 자립적 생태계 육성 ▲우주의 평화적 이용을 위한 국제 거버넌스 확립과 국제 우주협력을 설정하였다.

첫째, 국가우주 안보 자산의 안정적 확보와 역량 강화를 통해 우주 안보 위협에 능동적으로 대응해야 한다. 북한 및 주변국의 우주위협이 이미 진행되고 있고 가시화되는 가운데 우리의 민간 우주 활동뿐 아니라 안보 우주 자산을 안전하고 안정적이며, 지속가능하게 유지하는 역량이 필요하다. 이를 위해서는 우선적으로 우주영역인식(SDA) 능력의 발전이 필요하며, 한국형위성항법체계(KPS)나 초소형위성체계 등을 비롯한 다영역에서 우주역량 및 우주활용 능력을 강화해야 한다.

둘째, 우주 활동의 안전과 지속성을 보장하기 위해 안전한 우주환경 조성과 우주영역인식체계를 강화해야 한다. 이에는 우주잔해물 감시 및 대응정책 수립, 우주정보를 활용한 재난재해 예·경보 및 대응체계 구축, 우주교통관리(STM)를 통한 안전보장과 효율적 운영 등의 노력이 포함된다. 더불어 현재 우주 안보에서 부각되고 있는 우주·사이버 역량 및 복원력 강화에도 관심을 기울여야 한다.

셋째, 우주 안보와 우주 경제의 선순환적 메커니즘 창출을 통해 우리 우주 경제의 자립적 생태계를 조성해야 한다. 우주 안보 측면에서 보면 민간 우주 기술의 우주 안보 분야 적용, 우주 정보의 상호 활용 등이 필요할 것이다. 우주 경제측면에서 보면 이제 우주 선진국으로 받돋움하려는 우리의 우주시장이 너무 협소할 수밖에 없다는 점을 감안한다면 우주 안보 분야와 상호 순환은 필수적이다. 따라서 민간 우주 기술과 투자 활성화를 통한 우주산업 생태계 육성, 우주산업 공급망의 안정적 확보, 우리가 가진 최대 장점인 첨단 ICT 기술과 제조업 강점을 활용한 우주 신시장 창출 등이 요구된다.

넷째, 국제 우주규범의 수립에서 선도적 역할을 강화하고, 국제협력을 강화해야 한다. 현재 우주관련 국제 규범은 각국들의 실익 계산으로 논의가 더디게 진행되고 있다. 우주 안보에 대한 규범은 유엔 총회 산하에 외기권의 평화적 이용에 관한 위원회(COPUOS)와 유엔군축위원회(CD)가 있으나, 각국들의 이해관계를 실효적으로 반영하지 못하고 있는 상황이다. 국제협력은 AUKUS, QUAD 등 미국 중심과 동남아·중동·중국 중심의 다자·양자협력을 중심으로 자국의 실리를 극대화하기 위해 노력하고 있는 추세이다. 이러한 추세 속에서 우리는 국제 규범 수립과정에 동참하여 우리 입장을  반영하는 한편 미국, 호주, 인도 등 우주 선진국들과의 협력관계 구축을 통해 우주역량 구축과 우리의 입지를 확장하는데 우호적 환경을 마련해야 한다.

### 우주안보전략 기조

우주안보전략 기조는 전략목표 달성을 위한 가치 중심의 방향성이다. 즉, 우주안보전략 목표를 어떻게 달성해 나가야 할것인지에 대한 방법론을 함축적으로 제시하는 것을 의미한다. 우주안보전략 기조로 제시하는 가치는 “혁신, 융합, 능동”이다.

'혁신'은 급변하는 우주 환경과 안보 이슈, 기술적 발전 양상을 반영해야 한다는 의미이다. 미중 간의 우주 경쟁과 같이 군사적 목적의 우주 기술은 그 중요도가 높아지고 있다. 우주 발사체만 보더라도 극초음속 미사일의 기반 기술로 활용되고 있고, 정찰위성의 감시 능력 또한 상대국에 대해서는 치명적인 우주 기술이다. 이외에도 우주 기술은 전자기파, 레이저, 사이버 기술과 결합되어 우주 공간을 더욱 위험하게 만들고 있는 상황이다. 더불어 우주관련 기술의 혁신적 파괴(Disruptive)가 수반되고 있다는 점도 중요하다. 우주 안보 활동과 더불어 통신, 항법위성, 기상예보, 과학기술 실험 등 광범위한 민간 프로그램을 통해 우주 기반 서비스를 확대해 가고 있는 상황에서 기술과 관련되어 혁신적 파괴가 발전하고 있다. 특히 인공지능과 5/6G 통신, 빅데이터 등 국가 핵심기술과 결합되어 그 발전 속도도 매우 빠르게 변하고 있다. 따라서 국가 우주 안보 역량을 구축하기 위해서는 '혁신'을 가장 우선적으로 고려할 필요가 있다.

'융합'은 국가안보와 우주 경제의 조화로운 배치 및 상호 작용을 의미한다. 우주개발 트렌드의 또 다른 특징 중 하나는 우주 행위자의 다양화(Divrese)이다. 기존에는 정부나 국가행위자 위주로 우주 활동을 해왔으나, 오늘날에는 기업 등 상업적 행위자의 역할이 두드러지게 나타나고 있다. 특히 스타링크 사례는 우주 안보에서도 기업이 중요한 행위자로 기능하고 있음을 보여주고 있다. 위와 같은 추세들은 기존 국가중심의 우주 안보와 민간중심의 우주산업이라는 이분법적인 구분을 벗어나 상호보완 내지는 상호 간 영역의 확장이 필요하다는 인식을 심화시키고 있다.

'능동'은 국제 규범이나 국제 협력에 있어 우리의 선도적이고 주도적인 역할의 필요성을 의미한다. 우주공간의 국제규범 창설은 우주개발 선진국과 후발국가 간 갈등을 야기할 수 있는 첨예한 영역이 내포되어 있고, 우리의 입장이 반영될 필요가 있는 만큼 능동적인 참여가 요구된다. 또한 국가별 양자·다자 협력을 통해 선진 우주 기술의 확보, 시행착오의 최소화, 경제적/시간적 비용을 절감해야 한다. 이를 통해 우리의 실익을 증진할 수 있도록 능동적이고 체계적인 노력이 요구된다.

정리하면, 위 세 가지 핵심 개념을 반영하여 ▲국가우주 안보 역량의 혁신적 발전 ▲우주 경제와 국가안보의 융합 창출 ▲국제사회에서 역할 강화와 능동적 참여라는 3대 전략기조를 제시하였다.

첫째, 국가우주 안보 역량의 혁신적 발전이다. 이를 위해서는 우선 우주 기술 측면에서 혁신적 발전이 필요하다. 우주자산 보호 및 '우주복원력(space resilience)'을 향상시키기 위해 AI(자동화 기술), 차세대 통신기술(5/6G), 양자기술(암호보안), 빅데이터(자료분석) 등 국가 핵심기술의 적용 노력 강화가 요구된다. 이러한 기술들의 적용을 통해 ▲우주자산 위협의 조기탐지를 위한 우주상황인식 강화 ▲ASAT 위협의 대응수단 확보 ▲우주 잔해물 처리 등 기술 개발을 통해 주요국과 격차를 좁히고 대응 수단을 준비해야 한다. 더불어 우주자산 위협에 대응하기 위해서는 위성 설계 단계부터 ▲전파교란(위성신호 암호화) ▲레이저 공격에 대한 보호(운용 주파수 보안 및 다중 필터) ▲극초단파 공격 대책(정밀 부품 적용) 등 ASAT 위협에 대한 보호 수단 반영 등을 위해 노력해야 한다.

우주 안보 역량의 기반적인 발전 측면에서는 우주 위협에 대응하기 위한 핵심 기술을 개발하고 이에 기초하여 우주 안보를 강화할 수 있는 거버넌스 체계를 정립할 필요가 있다. 더불어 우주공간에서 우주 안보 위협에 대응하고 우리의 경쟁력을 확보하기 위해서는 우주 안보에 관한 사항을 체계적으로 규정한 입법적 보완이 필요하다. 즉, 우주 안보에 관한 거버넌스 구조를 포함하여 우주자산의 발사, 우주교통관제, 우주상황인식, 우주·사이버, 우주 정책, 우주 신기술 개발 등 우주 안보 전반에 대한 사항을 규정할 필요가 있다. 우주 안보 실현을 위한 가장 기본적인 자산은 전문 인력의 양성에 있다. 향후 우주 안보 분야에서 경쟁력 강화를 위해서는 국가·공공 및 상업 부문에서 우주 분야 전문 인력 양성을 위한 범정부적 관심이 요구된다.

둘째, 우주 경제와 국가안보의 융합 창출이다. 우주 안보 역량을 강화하기 위해서는 민관협력이 필수적이다. 특히 우리의 우주 안보 역량은 안보와 산업 차원 모두 주변국에 비해 부족한 실정으로 우주 선진국과의 기술격차를 줄이고 두 분야의 목적을 동시에 달성하기 위해서는 상호보완 노력이 필수적이라 할 수 있다. NASA와 SpaceX, JAXA와 미쓰비시 관계에서 보듯이 정부가 민간의 혁신을 유도하고 신생기업에 대한 벤처캐피털 등 정책적 지원이 필요하다. 더불어 민간기업의 기반 기술 부재, 우주전문인력 부족, 정부출연기관의 기술이전 제한, 민간기업 자체 투자의 한계 등을 극복할 수 있는 정부차원의 정책 수립도 요구된다.

이 과정에서 시너지 효과를 얻기 위해서는 정부 주도의 우주 안보와 민간의 우주개발 능력을 국가적 자산으로 보는 인식이 필요하며, 국가 차원에서 역량을 집중하기 위한 민군 협력방안을 강구해야 한다. 결론적으로 민간 부문의 혁신적인 우주개발에 보조를 맞추어 우주 안보 관련 기관들도 신기술을 채택하고 통합하여 우주에서 안보적 우위를 확보하여야 한다. 따라서 해당 기관들은 우주 스타트업, 벤처는 물론 기존 우주산업계의 혁신 기업들과 긴밀히 협력하여 생태계 구축을 위해 노력할 필요가 있다.

셋째, 국제사회에서 역할 강화와 능동적 참여 및 협력이다. 향후 저궤도상 우주관제나, 궤도 간 상용서비스, 우주 잔해물 능동 제거 등 분야에서 국제 규범 논의가 활성화 될 것으로 예상됨에 따라 향후 관련 규범논의에서 배제되지 않도록 적극 참여가 필요하다. 더욱이 우주산업에서 국제규범에 대한 논의는 미국 주도로 주요 규범들이 구성되어질 가능성이 높기 때문에 이에 대한 선제적인 대응이 요구된다.

대표적으로 미국을 위주로 하여 우주 잔해물 문제와 우주교통관리(STM) 관련 국제규범 제정 논의가 활발하게 이루어지고 있어 관심을 가져야 한다. 또한 우주자산 보호를 위한 유엔 및 국제기구의 노력에 적극 참여로 실익을 보장해야 한다. 예를 들면 유엔 총회 제1위원회(국제안보/군축 분과), 유엔 외기권평화적이용위원회(UN COPUOS) 등 규범 수립과정에 동참하여 우리 입장을 반영해야 한다.[65] 더불어 유엔을 중심으로 한 다자 차원의 우주협력 논의와 더불어 대위성 무기(ASAT), 우주 잔해물 문제 등 이슈를 주도할 의제 개발 및 선도적 역할을 위해 능력 함양이 필요하다. 종합적으로 보면 아르테미스 사업 등 국제협력에 적극 참여함으로써 선진 국가들의 경험을 반영한 시행착오 감소 노력과 초소형 위성 기술 등 한국의 강점인 첨단 기술을 접목하여 우주강국으로 도약을 앞당길 필요가 있다.

### 전략 과제

이 같은 비전과 목표, 전략 기조를 고려할 때 국가우주안보전략서의 실천방향은 다음 다섯 가지 전략 과제에 초점을 둘 필요가 있다. 바로 (1) 국가우주 안보자산 확보와 역량 강화, (2) 안전한 우주환경 조성과 우주상황인식 체계 강화, (3) 우주 기반 산업 발전과 신시장 창출, (4) 우주 안보에 기여하는 민관군 거버넌스 구축, (5) 다자·양자 우주협력 제고와 국제규범 확립 등이다. 이 같은 전략과제의 세부 실천을 위해서는 다음과 같은 접근이 요구된다.

**전략과제 1** | **국가우주 안보 자산 확보와 역량 강화**

### 우주 안보자산 개발과 확보

국가안보전략서의 전략과제인 과학기술 강군 육성을 이행하기 위해, 앞으로 우리나라는 합동우주작전을 효과적으로 수행하고 국가우주발전에 기여하도록 정찰·통신위성, 우주 발사체, 우주감시체계 등 다양한 우주전력을 확보해야 한다. 또한 이를 위해 우주 등 국방전략기술 분야에 중점적으로 투자함으로써 효율성을 극대화해야 한다.

우주 안보자산은 국방우주를 위한 군사우주자산과 정보활동을 위한 정보우주자산을 포괄하며, 상호 보완적으로 개발 및 확보함으로써 국가안보에 기여해야한다. 현재 합동군사우주작전 수행체계는 우주연습과 대응체계를 중심으로 이루어져있다. 우주연습은 각군이 국제·민간협력 차원의 연습에 참가하는 단계이며, 대응체계는 우주위협과 위험상황에 대비한 계획과 검토를 진행하는 단계이다. 우주 안보자산은 우주영역인식을 위한 전자광학감시체계 운영, 우주정보지원을 위한 군사정찰위성 운영, 초소형위성체계 개발, 다목적실용위성 운영, 우주전력투사를 위한 고체우주 발사체 개발, 지상·해상 발사장 구축 등이다. 향후 우주 안보자산으로 활용될 수 있는 레이다우주감시체계, 한국형위성항법체계, 조기경보위성체계 등도 단계적으로 개발 및 확보해야 한다.

정보우주 수행체계는 국가정보원을 중심으로 발전하고 있으며, 우주 안보 업무규정에 기반하고 있다. 우주 안보 업무규정은 우주 안보 위협에  대응할 수 있도록 필요한 사항들을 규정한 우주 안보 관련 법제의 기본틀이자, 제4차 우주개발진흥 기본계획은 물론 우주항공청의 우주자산 개발·운용·활용과정에서 발생할 수 있는 안보 공백을 최소화하기 위한 협력 장치이다. 이런 점에서 정보우주 분야는 우주 안보자산의 보안과 정보수집에 초점을 두고 발전할 필요가 있다.

특히, 우주 안보 개발과 확보에는 우주 기술 연구개발과 생산을 위한 우주기업, 산업체, 대학 및 연구소 연계를 고려해야 한다. 민군겸용 기술인 우주 기술은 우주 안보자산 개발 과정에서 국가경제와 우주상업 활동을 촉진할 수 있으며, 반대로 우주기업의 기술과 상업활동이 우주 안보자산으로 활용될 수 있다. 국가우주안보전략은 국가 차원의 국방·정보, 경제, 외교를 포괄하는 전략이므로 포괄적 프레임워크이다.

### 우주상황인식 역량 강화

우리나라는 우주상황인식을 우주물체와 우주환경에 대한 시작과 특성을 알아내어, 미래 위치와 위험을 예측하여 대응하는 것으로 규정한다. 우주상황인식은 인공 우주물체와 소행성 등 자연 우주물체의 추락·충돌을 대비하고자 기초적인 관측인프라 및 대응기술 확보가 중요하다. 현재 우리나라는 우주물체 전자광학 감시체계(OWL-Net)를 구축하여 미국, 이스라엘, 모로코, 몽골, 한국에 운영 중이며 2022년 이후 유성체감시 네트워크를 국내 16개소에 구축하였다. 나아가 광역감시 및 궤도 추적을 위한 우주잔해물 감시레이다 테스트 베드로서 활용하기 위해, 지구위협 소행성 감시용 광시야 광학망원경을 칠레에 구축하고 있다.

우주상황인식은 우주물체뿐 아니라 태양활동 등 우주환경에 대한 정보수집과 분석을 포함한다. 태양활동의 감시를 위해 고품질 관측데이터 서비스 제공와 빅데이터 기반의 우주환경 예측모델을 개발하고 있으며 예·경보 정확도를 향상하기 위한 기반을 마련 중이다. 예를 들어 2018년 이후 국내 최초 천리안 2A호 위성 활용하여 우주환경을 관측하고 있으며 우주환경 예·경보체계 고도화를 수행했다. 현재는 근지구 우주환경 예·경보체계 사업을 추진 중이다.

국방우주 분야에서 우주상황인식 역량은 필수적이다. 현재 추진 중인 우주상황인식 분야는 고출력레이저위성추적체계와 레이다우주감시체계이다. 고출력레이저위성추적체계는 적성 정찰위성 등 우주위협에 대한 정밀 감시능력과 거부·교란을 위한 우주 안보자산이다. 레이다우주감시체계는 한반도 상공의 인공위성 등 우주물체에 대해 24시간 전천후 우주감시를 수행하는 우주 안보자산이다.

우주상황인식은 우주정보의 통합도 중요하다. 이를 통해 우주위협 식별·대응,

통합 데이터베이스 관리시스템 기술 일부를 확보하였다. 또한 우주물체 관측정보의 체계적 수집·분석으로 우주물체 감시, 추락·충돌 궤도분석이 가능한 우주위험대응통합시스템을 구축하고 있다. 우리나라 우주환경 관측감시 분석기술은 20년 기준 미국대비 55.5%에 그치고 있으며 10년의 기술격차를 나타낸다. 따라서 독자적 우주위험 대응을 위한 단계적 능력 구비가 요구된다.

### 다영역에서 우주활용능력 강화

다영역 작전을 효과적으로 수행하기 위해서는 우주 안보자산이 우선 확보되어야 한다. 현재 핵·WMD 대응을 위해 정보지원 위주로 우주활용능력을 확보하고 있으나, 독자적 우주작전 수행을 위해 우주영역인식과 우주통제 전력을 구축할 필요가 있다. 또한 우주영역인식을 위해 미 우주군이 주도하는 민군합동작전(Joint Commercial Operation)과 한미 우주통합팀을 활용하고 있으나 작전적 운용을 위한 정보공유 시 제한이 예상되므로 자립적 우주활용능력을 강화해야 한다.

국가안보전략서에는 중점과제로 북한 핵·WMD 위협 대응능력의 획기적 보강을 제시하고 있다. 이를 이행하기 위해 우주 안보 분야에서는 우주·사이버·전자기 분야 역량을 모두 통합하여 운영하도록 뒷받침해야 한다.

다영역에서 우주활용능력은 국방우주 발전과 긴밀히 연관된다. 국방우주 발전을 위해서는 우주조직의 수립도 검토해야 한다. 현재 합참 및 공군작전사령부 중심의 우주작전 조직은 지휘통제 정립이 필요하며, 합참은 지휘통제 및 기획, 협력을 수행하고 공군작전사령부는 우주영역인식과 우주통제를 수행하는 것이 적합하다. 다만, 구체적인 국방우주조직은 국방부가 관할한다. 이를 위해서는 신규 조직 수립방안에 대한 공감대 형성과 합동군사우주작전에서 지휘통제 범위, 기능에 대한 연구가 선행되어야 한다. 우주위협에 대한 다영역 대응을 위해서는 우주영역인식과 우주통제전력의 조직체계 구축이 필요하다. 또한 다영역 대응에는 육군, 해군, 공군 우주력발전 계획이 종합적으로 반영되어야 하며, 각군의 고유 임무와 무기체계와 연계하여 우주 안보자산을 활용하도록 기획되어야 한다. 향후 우주작전 수행과 우주 안보자산의 활용은 특정군에서 전담하기 보다 물리적 특성이 다른 우주영역을 고려할 때 별도의 조직으로 발전할 필요가 있으며, 정보우주 차원에서 정보기관과도 협력해야 한다.

다영역에서 우주활용능력은 위성정보활용 발전과 연계해야 한다. 현재 세계 위성 서비스 시장은 위성 TV, 위성항법, 위성통신, 지구관측(원격감지) 분야가 99.8%를 차지하고 있다. 다영역 우주활용능력 강화를 위해서는 민간 주도의 위성정보 기술 혁신을 활용할 필요가 있다. 특히 초소형 위성의 제작 효율성이 향상되면서, 초소형 위성의 군집 구축을 위한 발사가 가속화되고 있으며 군집위성 운용도 확대되는 추세이다. 아직까지는 위성 서비스 시장에서 위성 TV 비중이 70% 이상으로 가장 크지만, 이 분야 비중은 감소하는 대신 지구관측 비중이 증가하고 있다. 지구관측 비중은 다양한 센서 활용, AI 기술 융합으로 크게 향상되고 있으며 이를 활용한 공공 및 상업 서비스 확대로 계속 성장하고 있다. 또한 우주활용능력은 발사체나 위성체만 의미하진 않는다. 우주정보를 분석하는 기술과 서비스 전문기업이 설립되는 등 관련 플랫폼 서비스도 빠르게 발전하고 있기 때문이다.

### 우주 안보자산의 생존성과 복원력 강화

우주 안보자산은 극한의 우주환경으로부터 기능을 지속하고, 적대세력의 공세적 접근으로부터 물리적·비물리적 피해를 입지 않도록 방호되어야 한다. 만약 우주 안보자산이 우주위험과 위협으로부터 기능이 방해, 마비, 거부, 저하, 파괴될 경우에는 대체 자산이나 상업 능력을 활용하여 복원되어야 한다. 이를 위해 국가안보전략서와 국방전략서를 연계한 국방우주 전략서에서는 전략목표로 우주영역에서 지속 가능한 우주 활동 보장 및 합동성에 기반한 우주작전 수행능력 고도화를 제시한다.

현재 우리나라 우주 안보자산 개발 기술과 역량을 고려할 때, 생존성과 복원력을 추구하는데 한계는 있다. 우주 안보자산의 범위와 운영이 부족한 상황에서 방호가 중심이 되는 생존성과 대체 및 민군활용이 중심이 되는 복원력은 우선순위가 낮기 때문이다. 하지만, 국가 차원의 장기적 전략인 우주안보전략에는 미래 우주 안보자산의 생존성과 복원력이 고려되어야 한다. 이를 위해 우주 안보자산에 위협이 되는 물리적, 비물리적 공격에 대한 방호력를 강화하는 기술 개발에 노력해야 한다. 또한 복원력 강화를 위해 우주 발사 능력을 다변화하여 지상 발사장

이외에 해상 및 공중 발사체 개발을 앞당겨야 한다. 고비용 대형위성체 개발보다는 저비용 군집소형위성체 개발로 기능이 제한되는 위성을 신속히 대체하는 기술 개발에도 노력해야 한다.

특히 우주 안보자산에 대한 의도적 위협은 사이버 안보 등 비물리적 행위와 직결된다. 대위성(ASAT) 미사일에 의한 공격은 통제할 수 없는 잔해물 확산, 국제사회의 대위성 무기 시험 금지 규범 등으로 실행되기 어려운 상황이다. 반면 비물리적 피해를 수반하는 사이버, 레이저, 전자기 기술은 우주 안보자산에 대한 직접적 위협이다. 우주영역인식 능력의 발전으로 궤도상 발생하는 비물리적 위협을 탐지할 가능성도 높지만, 여전히 이들 기술은 우리나라 우주 안보자산의 생존성과 복원력을 위한 도전 요인이다. 특히 북한과 같은 열세한 우주력 국가도 사이버 공격과 같은 비대칭 수단을 활용하여 공격을 시도할 수 있다. 실제로 북한의 GPS 재밍을 비롯한 주변국 우주위협 능력은 강화되고 있다.

**우주 안보자산에 대한 위협 구분**

| 구분 | 지상-우주 | 우주-우주 | 우주-지상 |
|---|---|---|---|
| Kinetic<br>(물리적) | -직상승 ASAT<br>-지상기반 미사일 | -궤도상 ASAT<br>- 우주기반 미사일 방어 요격 | 우주기반 지상 공격 |
| Non-Kinetic<br>(비물리적) | - 업링크 재밍<br>- 레이저 간섭<br>- 스풀링 | - 궤도상 상호교차 재밍<br>- 궤도상 HPM | - 우주기반 다운링크 재밍<br>- 레이저<br>- EMP(핵폭발, 재래식)<br>- 데이터 절취, 변조 |

**전략과제 2** **안전한 우주환경 조성과 우주상황인식 체계 강화**

### 우주잔해물 감시 및 완화 정책 수립

최근 10년간 인공우주물체 수는 우주인터넷 및 우주탐사 활동 등이 활성화됨에 따라 지속적으로 증가하는 추세이다. 실제로 10cm 이상 추적 가능 인공 우주물체 개수는 2014년 16,000여 개에서 2023년 28,000여 개로 급증하였다. 인공 우주물체 추락 건수도 지난 10년간(14~23년) 연평균 750여 건으로, 2023년 추락건수는 1,856건으로 2019년 365건 대비 약 5배 증가하였다.

우리나라는 2015년부터 우주위험대비 기본계획에 따라 우주물체의 추락·충돌 재난에 대한 단계별로 신속한 위기관리 대응을 위한 『우주물체 추락·충돌 대응 매뉴얼』을 마련하였다. 우주물체 재난은 지구충돌 징후부터 한반도 충돌까지 위기수준별(관심-주의-경계-심각) 대응할 수 있도록 세분화된다. 예를 들어 자연 우주물체는 2017년 「재난 및 안전관리 기본법」의 자연재난으로 분류되어 과학기술정보통신부 위기관리 표준매뉴얼로 작성 및 관리되고 있다. 인공 우주물체는 『인공 우주물체 추락·충돌 재난대응 매뉴얼』로 제정되었으며 2024년에는 『재난 및 안전관리 기본법』의 사회재난으로 분류되었다.

다만, 현재까지 우리나라 우주잔해물 감시와 대응은 우주잔해물에 의한 수동적 대응에 그치고 있다. 우주잔해물의 추락과 충돌은 우주상황인식 역량을 바탕으로 예방하거나 완화시키는 기술과 정책을 추진 중이다. 예를 들어 우리나라는 위성 및 발사체 임무고도의 우주잔해물 환경 분석 도구를 개발하고, 임무종료 위성의 폐기전략과 궤도상 우주잔해물 제거 기술을 개발함으로써 우주물체 능동제어 선행기술을 확보하고자 한다.

### 2차 우주위험대비 기본계획(24. 10) 개요

| 구분 | | 주요 내용 |
|---|---|---|
| 환경 | | 우주영역의 상업화 및 우주탐사 글로벌 경쟁심화로 우주물체 추락·충돌 가능성 증가 |
| 우주위험 범위 | | 인공·자연 우주물체의 ① 추락, ② 충돌, ③ 태양활동, ④ 우주 활동 등에 의해 국민 안전과 우주자산, 우주 안보 확립에 피해를 줄 수 있는 위험 |
| 목표 | | 독자 우주감시 역량 기반의 국민안전, 우주 안보 확보 및 우주자산 보호 |
| 추진 체계 | 체계 | • 우주위험 감시·대응 범위 확대<br>• 우주교통관리 정책 수립<br>• 민·군 우주감시 시스템 구축·활용 |
| | 기술 | <글로벌 수준 기술역량><br>• 궤도별 우주감시시스템 구축(중·고궤도 광학, 저궤도 레이더 확보)<br>• 통합데이터 기반 통합분석시스템<br>• 우주위험 저감기술 연구 |

| | |
|---|---|
| **기반** | <글로벌 우주감시 연대><br>• 감시 데이터 공유·활용 체계 구축<br>• 국제기구 및 국제 공동연구 참여 |
| **산업** | • 데이터 공유·활용 플랫폼 구축<br>• 우주감시 비즈니스 모델 개발 |

### 우주정보를 활용한 재난재해 예·경보 및 대응체계 구축

우리나라는 우주위험대비 기본계획에서 우주위험의 범위를 인공 및 자연 우주물체의 ① 추락 ② 충돌 ③ 태양활동 ④ 우주 활동 등에 의해 국민 안전과 우주자산, 우주 안보 확립에 피해를 줄 수 있는 제반 행위로 규정한다. 우주위험은 국민 안전과 우주 자산에 피해를 줄 수 있는 위험에서 우주 안보 확립에 피해를 줄 수 있는 범위까지 확대되었다. 즉, 우주자산의 안전과 안정적 운영을 보장이 필요하다.

우주정보는 우주위험뿐 아니라 우리나라 해양을 포함한 광범위한 지역의 재난재해를 예·경보하는데 활용된다. 북한 및 주변국이 우리나라 우주자산에 대한 적대적 행위를 시도하거나, 우주자산의 의도하지 않은 문제가 발생했을 경우 우주감시체계가 제공하는 우주정보는 국가안보를 위한 필수요소이다. 윤석열 정부의 국가안보전략서에는 국방혁신을 위한 추진과제 중 우주, 사이버, 전자기 영역의 작전수행체계 구축에 우주감시체계를 포함하고 있다.

우리나라는 우주위험대비 기본계획을 통해 범부처 우주위험 대응체계를 구축해왔으며, 우주물체 감시를 위한 기초적인 관측 인프라 구축과 대응기술을 발전시켜왔다. 예를 들어 2015년부터 대통령 직속 범부처 협력 기반의 우주위험 대책본부를 가동했으며, 비상시 합동 대응체제 마련 등 우주재난 공조대응 체계를 마련했다. 또한 2017년부터 100m급 유성체 지구충돌 상황, 우주잔해물 낙하 등의 상황을 가정한 범부처 재난대응 훈련인 안전한국훈련을 연 1회 실시 중이다.

우리나라는 우주위험대응 실무를 총괄하기 위한 우주환경 감시기관으로 한국천문연구원을 지정하여 우주물체 추락·충돌 대응 비상상황실을 운영 중이다. 또한 우주물체의 추락·충돌에 대비하는 관측인프라 구축 및 연구개발을 수행하고 있다. 여기에는 우주물체 전자광학 감시체계(OWL–Net) 구축 및 운영, 유성체

감시 네트워크 구축, 우주위험분석 시스템 개발 등이 포함된다. 특히 저궤도 인공우주물체감시를 위한 레이더우주감시체계 구축, 중·고궤도 우주물체 궤도정보 획득을 위한 광학감시시스템 개발, 지구근접소행성 탐색을 위한 소행성 광학감시시스템 개발을 달성해야 한다.

우주위험대응 통합시스템과 예경보 시스템 구축도 지속 추진해야 한다. 특히 분석한 우주위험을 관계부처 및 국민에게 실시간으로 알리고 적시 대응할 수 있는 예·경보 시스템 및 우주위험 예·경보센터를 구축 및 운영해야 한다.

### 우주교통관리를 통한 안전 보장과 효율적 운영

우주교통관리(Space Traffic Management)는 우주상황인식의 기술적 요소와 우주영역인식의 대응적 요소를 포괄하는 우주공간 보호와 우주자산 운영을 위한 규범을 바탕으로 한다. 우리나라는 물리적 또는 전파 방해 없이 안전하게 우주 운용이 수행되도록 하는 일련의 기술 및 법과 규제에 대한 포괄적인 관리로 서비스 중심의 개념이다. 우주상황인식을 토대로 우주로 안전한 접근 보장과 활동을 위한 기술 및 규제를 포함하는 관리체계이다.

세계 주요국과 국제기구는 증가하는 우주 활동으로 인한 우주공간의 환경 및 우주전해물 문제해결을 위해 우주위험 대응 규범을 마련하여 시행하고 있다. 2019년 UN COPUOS(우주의 평화적 이용 위원회)는 우주잔해물 완화 가이드라인를 제시했으며 각국은 UN 국제규범을 기반으로 우주물체 발생 경감, 물체 추적 및 특성 파악, 물체 제거 조치 등을 수립하고 시행하고자 노력하고 있다.

위성발사·귀환 증가로 우주가 혼잡해짐에 따라 우주잔해물 대응을 포함한 위성 정보를 활용한 우주교통관리에 대한 관심이 높아지고 있다. 미국 등 우주선진국은 국가 지침을 마련하여 민군 겸용 우주교통관리 체계를 수립하고 다양한 정부기관 합동 거버넌스 체계를 구축하고 있다. 특히 모범사례, 기술지침, 안전표준, 행동규범, 발사 전 위험도 평가 및 궤도 충돌 회피 서비스로 구성된 우주교통관리 프레임 워크를 마련하였다.

세계 주요국은 미국의 사례를 참고하여 재진입 위험분석, 우주잔해물 모델링 등 우주교통관리 기술 연구를 수행하고 있다. 우리나라도 우주상황인식 역량 강화를 바탕으로 우주교통관리 기술을 발전시켜야 하며 우주자산의 안전과 안정적 운영을 위한 체계를 갖추어야 한다. 이를 통해 우주 지속가능성·우주잔해물 완화·우주교통관리 등 협력을 비롯하여 우주·항공 개발 전반에 대한 협력방안 논의 및 국제사회 리더십 강화를 추진한다. 실제로 우리나라는 2024년 9월 우주항공청과 NASA 간 우주·항공 활동협력을 위한 공동성명서를 체결하였다. 또한 발사허가 표준절차에도 우주충돌 회피 및 우주교통관리 개념을 도입하여 체계적인 발사관리를 위한 제도를 정비해야 한다. 이처럼 우리나라도 관련 부처가 참여하는 범부처 우주교통관리 협의체를 구성하여 우주교통관리 정책을 마련하고 대응체계를 구축해야 한다.

## 전략과제 3 | 우주 기반 산업 발전과 신시장 창출

### 민간 우주 기술과 투자 활성화를 통한 우주산업 생태계 육성

우주산업은 대표적인 기술집약적 고부가가치 산업으로 우주산업의 발전은 새로운 기술과 양질의 일자리를 창출하여 국가의 경제성장을 촉진한다. 세계 우주산업 시장은 2020년 3,700억 달러에서 2040년 1조 달러~2조 7천억 달러에 이를 전망이다. SpaceX 등 혁신적 기술로 무장한 민간 기업이 우주산업을 선도하는 가운데 주요국은 민관군 협력 강화, 우주산업 생태계 확대에 주력하고 있다.

우리나라도 2045년 우주 경제 강국 실현을 선언하고, 핵심과제 중 하나로 민간 주도 우주산업 육성을 위한 생태계 조성에 집중하고 있다. 실제로 2022년「미래 우주 경제 로드맵」과「제4차 우주개발진흥 기본계획」 등에 이러한 내용이 반영되었다. 또한 우리나라는 우주산업 육성을 위한 지역 거점인 우주산업 클러스터 삼각체제를 공식 지정하였다. 우주산업 밸류체인상 중요한 발사체(전남), 위성(경남), 연구·인재(대전) 3개 특구를 지정하고, 핵심 분야별 집중으로 신속한 역량 강화를 추진 중이다.

특히 투자 활성화를 위해 민간 우주산업 생태계 활성화에 5년 간 총 5백억 원 규모의 우주분야 전용펀드를 최초로 조성하였다. 또한 2031년까지 총 8년간 1兆

이상 재정을 집중 투입하여 핵심인프라 및 R&D, 산업단지 조성 등을 통해 클러스터 조기에 구축한다. 이러한 클러스터 경쟁력 강화를 위한 제도개선 및 킬러규제 혁파도 병행한다.

우주 안보역량을 강화하기 위해서도 민간 우주 기술과 투자 활성화를 통한 우주산업 생태계 육성은 필수적이다. 이미 우주선진국과 중진국들은 우주산업(위성시스템, 위성발사 등) 민간기업을 적극 지원하여 산업계 및 기업 육성을 추진해왔다. 예를 들어 JAXA(일본우주항공연구개발기구)는 우주 혁신 파트너십 프로그램 J-SPARC를 통해 민간과 협력하여 새로운 우주 관련 사업을 창출하고 있다.

**<그림 22> 우주산업 클러스터 삼각체제와 중점과제**

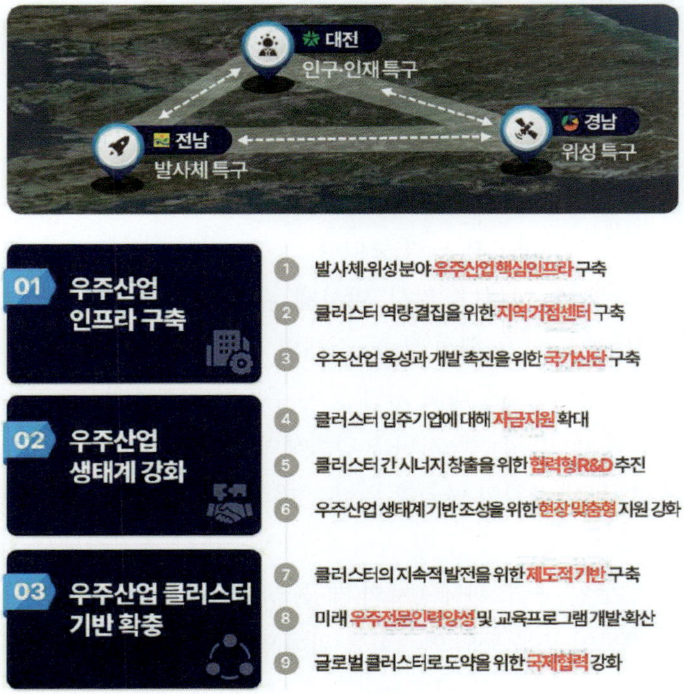


ⓒ 과학기술정보통신부

우주상황인식 분야의 경우 국내 수요 공급 생태계를 구축하고자 우주감시 인프라 및 정보서비스 산업 육성을 위한 실태조사를 실시하고 주기적으로 현황을 점검 중이다. 이를 통해 우주감시 인프라 분야 산·학·연의 참여현황, 사업활동, 인력·투자현황을 통한 현황진단 및 정책 기초자료로 활용한다. 또한 국내 우주감시 생산자와 수요자를 연결하는 플랫폼을 구축하여 국가 우주위험 감시정보 데이터 공유 플랫폼에 대한 민간의 접근성 확대, 적극적인 공공수요 창출로 민간기업 참여를 확대하고자 노력 중이다.

나아가 국내 민간기업의 해외 우주감시 인프라 및 정보시장 진입을 지원하고자 국가R&D 사업을 통해 개발된 기술의 기업이전 및 사업화를 유도하고, 우주감시정보 활용 스타트업 창업 활성화를 지원할 계획이다.

### 우주산업 공급망의 안정적 확보

최근 기술 및 자원에 대한 미·중 갈등 확산, 중국 등 주요 자원국의 수출규제 확대 등 공급망 전반에 걸친 불안요소 및 위기발생 가능성이 증가하고 있다. 우리나라는 공급망기본법을 제정하여 공급망 위험을 예방하고, 공급망 교란이 발생할 경우 범정부적 대응체계를 신속히 가동하고, 기업 지원을 통해 해외 공급망 재편 흐름에 선제적 대응하고자 노력 중이다.

우주산업도 예외는 아니다. 위성, 발사체, 우주 정거장, 탐사용 로버 등 우주기기에 사용되는 반도체 등 핵심 부품·소재의 개발 및 양산을 지원해야 한다. 우주 관련 미확보 핵심 기술에 대해 기업 등이 주도적으로 개발을 추진 시 개발 비용의 일정 부분을 매칭하는 등 지원을 강화해야 한다.

우주 부품과 생산 자원의 공급망 위험을 미리 파악하고 선제적으로 대응하기 위하여 조기경보시스템을 운영 및 관리해야 한다. 또한 조기경보시스템 운영 결과와 관련한 국가 간 협력, 관세정보의 제공, 국가 등의 정보보호의무 등도 수립해야 한다. 우주산업 품목 등의 안정화를 위해 안정화 계획을 제출한 사업자 또는 사업자단체를 공급망 안정화 선도사업자로 선정하고, 수입국가 다변화, 국내외 생산기반, 기술개발 등을 지원할 계획이다. 덧붙여 우주산업 공급망 안정화를 위한 핵심 사업을 체계적으로 지원하여 민간 기업의 공급망 위험 피해를 최소화하고, 국민경제의 건전한 발전과 경제안보에 이바지하기 위하여 한국수출입은행에 공급망안정화기금을 활용할 계획이다.

### ICT 기술과 제조업 강점을 활용한 우주 신시장 창출

우리나라의 ICT 기술과 제조업 강점을 활용하기 위해서는 정책적 뒷받침도 필요하다. 일본은 제4차 우주기본계획을 통해 자율적 우주 활동을 위한 산업, 과학, 기술 기반을 강화하고 있으며 우주 활용을 확대하고자 우주자원법으로 민간의 우주자원 이용 권한을 부여하였다. EU는 Space: The Five dimensions of Space 4.0을 통해 지구관측, 항해 및 통신 분야에서 유럽 경제성장과 사회적 이익 달성 목표를 명시하며 우주 역량을 활용한 유럽의 우주 경제 성장을 추진 중이다. 인도는 ISRO(인도우주연구기구)가 주도하여 첨단기술 연구개발 임무를 수행하고 있으며, 우주 기술은 민간부분 참여 확대를 통해 민간으로 이관을 추진 중이다. 미국은 민간 기술 이전뿐 아니라 국방과 상업의 긴밀한 연계를 강화하는 정책을 지속적으로 수립하고 있다. 미국은『우주 우선순위 프레임워크』로 우주분야 정책과 우선순위 명시하였으며, FY22 National Defense Authorization Act(국방수권법)에서는 상업우주 서비스를 확대하도록 지침을 제시했다. 실제로 미국 우주군은 상업용 위성통신 사무소, 상업용 서비스 사무소 등의 새로운 기관을 설립하고 상업제품과 서비스의 효과적인 사용을 보장하고자 노력 중이다.

우주상황인식 분야도 새로운 시장 창출을 위한 노력이 필요하다. 현재 우리나라는 국내외 우주개발 기관 등이 획득한 우주물체, 위성궤도 등 우주위험 감시 공공 데이터 플랫폼을 활용하고자 노력 중이다. 이러한 플랫폼은 우주감시정보의 획득, 분석, 관측지시, 정보 배포, 보안 등의 기능을 갖춘 체계로서 민간 사업자들이 우주정보를 활용한 신사업 창출, 우주정보 기술력 발전에 활용할 것으로 기대된다. 이러한 데이터 플랫폼이 성공적으로 구축된 이후에는 공공에서 민간으로 단계별로 공유를 확대하게 된다.

우주감시 및 우주위험 저감기술의 민간 서비스 시장도 육성하고 있다. 국내·외 관측인프라를 활용한 우주감시 네트워크 구축 및 저비용 상용 장비를 활용한 관측소 팜(Farm)을 구축한다. 이러한 팜은 소형 광학망원경 수십 기를 한 장소에 설치하여 동시에 운영 및 관측을 수행하는 개념이다. 또한 우주감시정보를 생산, 가공, 공유함으로써 서비스 시장의 활성화를 유도하고 유관기관의 연구개발 시에도 활용할 수 있다. 예를 들어 위성운영 유관기관의 위성 추락·충돌 대응능력을 향상시키기 위한 우주 디지털트윈 연구개발에도 우주감시정보 활용이 가능하다. 이처럼 우주상황인식 능력을 강화하는 과정으로 저궤도 우주 잔해물 제거 등 우주위험 저감 및 우주 환경보호를 위한 선행기술을 확보할 필요가 있다. 이를 통해 국제사회의 우주 지속가능성에 적극적으로 기여하고 우주 안보자산으로도 활용 가능한 우주잔해물 포획그물, 로봇팔, 랑데부-도킹, 재진입 기술 등을 확보할 수 있다.

**전략과제 4** | **우주 안보에 기여하는 민관군 거버넌스 구축**

### 민관군 협력을 통한 우주 안보역량 강화와 우주정보 공유

국가 수준의 우주 안보역량을 강화하고 우주정보를 공유하기 위해서는 민관군 협력을 체계적으로 구축해야 한다. 미국은 민간 위성개발을 지원하고, 위성영상을 구매하는 프로그램을 운영 중이며, 상용 초고해상도 위성개발 및 활용을 추진하고 있다. 이는 민간기업의 고해상도 위성개발이 활발해짐에 따라 정부가 민간기업으로부터 위성영상을 구매하는 것이 효율적이기 때문이다. 또한 우주수송을 위한 상업 발사 서비스를 이용하는 빈도도 증가하고 있다. 유럽도 ESA 주도의 우주 프로그램을 추진하면서 여러 회원국 간 우주개발 협력을 통해 우주산업의 경쟁력 확보를 추진 중이다. 회원국 정부나 우주기관뿐 아니라 민간기업의 협력도 강화하고 있다. ESA는 우주기업의 경쟁력 확보를 지원하기 위해 2021년 관련 부서를 창설하고, Agenda 2025를 통해 유럽의 우주 글로벌리더 유지를 위한 우선순위를 설정하였다.

이처럼 우주정보 공유를 위한 민관군 협력은 우주 안보자산 강화에 필수적이다. 우리나라는 2025년 이후 민관군 우주감시 정보공유 협의체를 구성하고 운영한다. 이는 국가 우주위험 발생시 신속 대응을 위한 민관군 역할분담 및 상호 보완을 위한 것이다. 국제우주위험대응 민관군 합동 협력체계도 구축하고 관련 정책을 수립해야 하며, 국제적 노력과 국가 대응능력을 연계하기 위해 국가 우주 안보 민관군 합동 대응체계도 마련해야 한다. 이를 통해 우주위험 대응 정보를 공유하고 배포할 수 있는 체계가 발전될 필요가 있다.

효과적인 정보공유를 위해서는 국가 우주감시 자산의 공동활용 체계도 구축되어야 한다. 효율적인 우주감시와 우주위험 대응을 위한 민관군 우주감시자산의 공동활용 체계는 레이다우주감시체계에 대한 공동 구축 및 활용, 관측데이터의 공동활용에 대한 연구 수행 등으로 구성된다. 또한 국가 우주감시 데이터를 공유할 수 있는 정책도 필요하다. 이를 위해 범부처 우주감시 정보에 대한 데이터 종류, 공유방법, 공유수준, 보안 체계를 검토하여 공유방안을 수립하고, 우주감시정보의 안정적인 확보를 위한 단계적 공유체계를 구축해야 한다. 아래는 단계별 공유체계 방안이다.

**우주감시정보의 안정적 확보를 위한 단계적 추진 방안**

| 단계 | 내용 |
|---|---|
| 1단계(~27) | 국가 공개 자료 공유 정책 수립 및 체계 구축 |
| 2단계(~30) | 양자·다자간 국제협약 기반 공유자료 확대 |
| 3단계(~33) | 우주감시 데이터 국제공유체계(플랫폼) 구축·운영 |

### 우주 안보자산 개발 및 확보를 위한 법령·제도 개선

우리나라는 우선 우주위험 관련 법적 근거를 구체화하고 대국민 홍보와 우주위험 대응을 위한 안전문화를 확산할 필요가 있다. 기존의 성과로는 2017년 이후 우주물체 추락충돌 국민행동요령을 배포했으며, 우주기상 예·경보 대국민 서비스를 시행하고 있다. 나아가 변화하는 환경에 대응하기 위해 현행 10년 단위의 기본계획 수립 주기를 5년으로 단축하는 것을 추진 중이다. 이는 우주개발진흥법 내 수립주기를 개정하여 기본계획의 제·개정을 추진하는 방식이다.

우주 안보자산의 개발과 확보를 위해서는 국제제도와 연계성도 필요하다. 따라서 국제기구 및 주요국 지침을 참고하여 국내 실정을 고려한 우주잔해물 경감 및 우주 안보 관련 표준지침을 마련할 필요가 있다. 또한 우주 안보자산인 우주비행체 설계와 개발 시 안전한 제거 및 폐기 계획을 수립하고, 충돌위험 회피기동을 통한 우주잔해물 최소화, 국제협력을 통한 우주잔해물 인식 제고, 국내 산업체 보호·육성 방안 등 지침도 마련해야 한다. 이는 우주위협에 대응하여 우주 안보 자산을 보호하기 위한 기본원칙을 법령과 제도로 구축하기 위함이다.

현재 우리나라의 우주 안보 관련 법제는 크게 3가지로 분류된다. 먼저 「국가정보원법」은 국가정보원의 직무 가운데 하나로 위성자산 등 안보 관련 우주 정보를 규정하면서 그 구체적인 사항은 대통령령으로 위임하고 있다. 다음으로 「우주개발진흥법」은 국가우주위원회 내에 안보우주개발실무위원회 구성과 운영을 다루고 있으며, 위성정보의 보안업무 및 국가안보 관련 우주개발사업 등을 규정한다. 마지막으로 「우주항공청의 설치 및 운영에 관한 특별법(이하 '우주항공청법')」은 우주항공청의 소관 사무에 하나로 우주 안보를 규정하고 있다. 다만, 우주항공청의 사무 가운데 하나로 우주자산의 관리 및 우주 안보에 관한 사항을 추가하되 '단, 국가안보 관련 외교사항과 순수 국방목적 관련 사항은 제외한다'고 합의하여 이 부분이 향후 우리나라 우주 안보 법령과 제도에서 지속적으로 검토 및 개선되어야 할 사항이다.

이 중 국가정보원법에서 대통령령으로 위임한 안보 관련 우주정보 내용은 우주 안보 역량을 강화하기 위하여 2024년 4월 「우주 안보 업무규정(대통령령 제34434호)」을 통해 전면 개정되었다. 우주 안보 업무 규정은 우주 안보 업무를 안보 관련 우주정보 업무와 우주정보 보안업무로 구분하여 관련 정보생산과 보호 활동을 구체화하고 있다.

이처럼 우주 안보자산 개발과 확보를 위한 법령과 제도는 지속적으로 개선되어야 한다. 특히 우주 안보의 핵심축인 우주 경제 주체인 상업기업과 우주산업, 대학 및 연구소 등이 우주 안보자산 개발에 폭넓게 참여할 수 있는 틀이 중요하다. 아울러 우주항공청에서 규정한 우주개발 과정의 보안 등도 발전시킬 필요가 있다. 우주 안보를 위해서는 정부의 다양한 부처의 협력이 필수적이다. 현재 우주 안보에 대한 업무가 분산되어 있는 배경이다. 안보목적의 위성활용이나 우주자산을 활용할 때도 우주항공청장이 그 관련된 정보를 공유하고 있어야 하기 때문이다.

향후 우주 안보 법령과 제도에는 상업 우주 활동 및 우주산업, 우주 기술 연구

개발, 우주 외교와 관련된 내용과 연계성을 포함할 필요가 있다. 우주 안보는 국방우주 및 정보우주, 우주 경제, 우주 외교를 포괄하는 국가 차원의 개념이다. 따라서, 우주 안보 법령과 제도는 각 분야과 연계성을 갖출 수 있는 틀이자 근거로 기능해야 한다. 이러한 노력은 우주 안보가 군사적 이슈이거나 상업 및 외교를 방해하는 문제로 인식되어선 곤란하다. 국가우주 활동에 대한 안보적 관점은 필수적이며, 우주 안보라는 포괄적 개념은 이를 뒷받침하는 공유된 이해이다. 우주자산의 개발과 확보는 기술개발과 경제 활동인 동시에 외교, 국방 및 정보 활동이다. 국가차원의 연계성을 보장하되, 실질적 내용은 각 부처의 소관업무에 포함하는 것이 바람직하다.

### 국가안보실을 통한 우주 안보 컨트롤 타워 구축

우주 안보에 대한 법령과 제도는 변화하는 우리나라 우주 안보 역량, 역할, 국제사회의 기여에 따라 지속적으로 달라져야 한다. 현재 우리나라 우주 안보는 역량을 개발하고 확보하며, 중복되는 역할이나 기능, 국제사회에서 안보적 입장을 대표하는데 있어서 컨트롤 타워가 없다.

국가우주위원회는 위원회의 업무를 효율적으로 수행하기 위하여 위원회에 우주항공청장을 위원장으로 하는 우주개발진흥실무위원회 및 위성정보활용실무위원회를 둔다. 또한 국가의 안전보장 목적상 보안이 불가피하다고 판단되는 사항을 심의하기 위하여 국방부차관 및 국가정보원 차장 1명을 공동위원장으로 하는 안보우주개발실무위원회를 둔다.

하지만, 국가우주위원회는 국가 수준의 최상위 심의기구로서 권위를 갖추고 있으나, 실무적인 이해관계를 조정하거나 부처 간 충돌할 수 있는 사업, 예산, 조직, 인력에 대한 조율을 하기에는 제한된다. 실제로 국가우주위원회 위원은 당연직인 정부 부처장 이외에 임명직 위원 중에 국방 및 정보, 외교 분야 전문가가 없다. 민간위원이라는 틀에 맞추다보니 기업과 대학·국책연구소 인력만 포함되어 있다.

국가이익을 달성하기 위해 정부 부처 간 조율과 의사결정이 가능하도록 국가우주위원회장인 대통령을 행정적으로 보좌하는 국가안보실에 우주 안보 컨트롤 타워 기능을 부여할 필요가 있다. 윤석열 정부는 1차장 외교, 2차장 국방, 3차장

경제안보로 구성되어 있으며, 2024년 1월 3차장을 신설하였다. 3차장은 지정학적·지경학적 리스크 심화 등 우리 경제안보를 둘러싼 도전에 적시에 효과적으로 대응하는 역할을 한다. 공급망 교란이 상시화되고, 핵심·신흥기술의 초격차 확보 경쟁이 어느 때보다 치열한 가운데, 경제안보와 과학기술의 우위 확보는 경제는 물론, 국가안보를 좌우하기 때문이다.

특히 사이버안보 비서관은 기존에 공급망, 수출통제, 원전 등을 담당하던 경제안보비서관실의 기능에 핵심·신흥기술 협력, 기술보호 등 과학기술 안보 업무를 추가·강화하려는 목적에서 신설되었다. 따라서 사이버안보 비서관은 과학기술 안보 및 신흥안보와 관련하여 우주 안보를 담당할 수 있으며, 이 경우 사이버·우주 안보 비서관으로 명칭을 변경할 필요가 있다.

## 전략과제 5 | 다자 · 양자 우주협력 제고와 국제규범 확립

### 한미 우주 안보협력 강화

우리나라 우주 안보를 위한 국제협력은 동맹국인 미국의 관계가 중요하다. 한미동맹은 시대별 동맹전략의 변화에 따라 상호 이해와 신뢰를 바탕으로 과거 안보 위주의 수혜적인 동맹에서 글로벌 파트너십을 발휘하는 동맹으로 발전하고 있다. 우주 안보에서도 마찬가지다. 한국과 미국은 공동의 안보와 번영 증진을 위해 우주를 비롯해 양자, 바이오 등 첨단과학기술 교류도 지속해오고 있다.

2016년 11월 발효된 『한미우주협력협정』은 양국 간 본격적인 우주개발 협력을 위한 첫 단추를 끼우게 된 계기였다. 이는 미국이 아시아 국가와 최초로 체결한 정부 간 우주협력 기본협정으로, 한미동맹이 견고한 포괄적 전략동맹으로서 협력 분야의 새로운 지평을 개척했다. 한미우주협력협정은 평화적 목적의 우주과학, 지구관측, 지구과학, 항공, 우주운영 및 탐사, 우주교육, 우주 기술 등 민간 우주개발분야 전반에 걸친 협력 분야를 망라하고 있다. 나아가 2023년 4월 한미 정상회담을 기점으로 한미동맹은 우주동맹의 본 궤도에 올랐다는 평가를 받고 있다.

과학기술정보통신부와 NASA도 2023년 『우주 탐사 및 우주과학 협력 공동성

명서』를 체결했다. 공동성명서에 따라 앞으로 한국과 미국은 심우주 통신·항법, 게이트웨이를 포함한 달에서 과학기술 연구, 달 거주 활동을 위한 로봇과 모빌리티 개발 등의 탐사 활동, 우주의학을 포함한 우주과학분야에서 공동 프로젝트 발굴을 위한 개념연구에 착수한다. 한미 우주협력은 외교 차원에서도 진행 중이다. 2024년 5월 외교부는 미국 국가우주위원회와 면담을 통해 우리나라의 아르테미스 프로그램 참여 확대와 한국형위성항법체계(KPS)－GPS 간 호환성과 상호운용성 보장방안에 대해 논의하였다. 2024년 7월에는 외교부 장관과 NASA 부청장 사이에 로봇, 운송, 통신분야 등 우리나라의 강점을 이용한 아르테미스 프로그램 협력방안에 대한 논의가 있었고, 향후 우주개발, 우주관측 등 분야에서 지속적으로 협력을 추진하기로 하였다.

이처럼 우주 기술은 민군겸용의 특성으로 연구개발 과정과 활용 단계에서 우주 경제를 활성화할 수 있고, 동시에 우주 안보에도 기여할 수 있다. 국가안보전략의 중점과제인 한미 글로벌 포괄적 전략동맹 강화를 이행하는 과정에서도 한미 우주협력과 첨단 우주 기술 협력이 포함되어 있다. 또한 핵심 및 신흥기술 보호와 협력 강화라는 중점과제를 이행하는 과정에서도 한미 민간우주대화 등 양자 협의체를 활성화하고 우주탐사 및 한국형위성항법체계(KPS) 개발 협력을 강화하도록 한다. 따라서, 우주 기술 분야에서 가장 앞선 미국과 우주 안보협력은 국가안보와 우주 안보 강화에 필수적인 요소이다. 국가 우주 안보 분야의 한 축인 한미 정보기관 간 우주협력도 점진적으로 이루어져야 한다.

### 중진국·신흥국과 우주 외교 확대

우리나라 우주 안보를 위한 국제협력은 유사한 우주 기술 수준의 중진국을 비롯해 우주 개발에 관심이 높은 신흥국과도 확대해야 한다. 우주 기술 분야는 광범위하기 때문에 선진국은 물론 중진국, 신흥국의 경우에도 모든 분야를 주도하긴 어렵다. 즉, 우리나라가 갖고 있는 장점을 극대화하고, 다른 국가와 협력을 통해 부족한 점을 보완할 수 있는 우주 외교가 중요하다.

특히 우리나라는 국제협력이 필수적인 우주위험대응에 국가 간 협력을 확대하고, 우주 활동 국제규범 논의를 위한 국제기구·협의체에 적극 참여하고 있다.

미국을 포함하여 호주, 프랑스, 영국 등 중진국과 우주상황인식 양자협력을 강화함으로써 우주정보 공유 및 기술협력을 추진 중이다. 2024년에는 제2차 한·호 우주정책대화를 개최하였고 2023년에는 한·프 「국방우주협력 의향서」를 체결하였고, 같은 해 한·영 「우주정책 공동연구」에도 합의하였다.

우리나라는 외교적 차원에서 개발도상국을 지원하는 공적개발원조(ODA)를 활발히 수행 중이다. 우주분야에서도 우주 ODA가 진행 중이다. 외교부는 필리핀과 PAPGAPI–PAN 프로젝트를 수행하고 있으며, 이를 통해 천리안 2B 위성에 탑재된 정지궤도 환경 모니터링 분광기(GEMS)와 필리핀에 설치된 지상기반 원격 감지기기(Pandora)를 통해 범아시아 지역 20개국의 대기질을 모니터링한다. 우리나라 앞선 우주 기술로 획득한 정보를 필리핀 등 아시아 국가에게 제공하고, 기후변화와 지속가능성에 기여함으로써 국가 이미지 제고는 물론 신흥국 우주 외교 역량을 확대할 수 있다.

이를 통해 전략적 우호국 및 개발도상국과 국제협력 체계 강화해야 한다. 우선 광학감시, 궤도계산 등의 분야에서 전문가 그룹을 강화하고 레이다감시, 우주위험 저감기술 등 분야로 점차 확대해야 한다. 또한 우리나라의 해외 우주위험 관측 인프라를 기반으로 국제 공동연구 발굴해야 한다. 주요 우주국가들과 인공우주물체 궤도정보 공유를 위한 협력체계를 구축하기 위해 고성능 데이터 처리 기반의 국내 허브센터 구축하도록 노력한다.

### 책임있는 국가행동을 위한 우주규범 조성

우주 외교는 기존의 과학기술외교라는 협소한 관점에서 벗어나 점차 확장되고 있으며, 한 국가의 사회경제적 문제뿐만 아니라 국가의 사활적 이해관계가 충돌하는 국가안보 및 생존과 직결되는 중요한 문제로 확대되고 있다. 외교부에서도 우주 외교전략을 검토하면서 우리나라의 우주력을 고려하여 도전적이지만 실행가능한 "지속가능한 우주평화, 안전, 번영에 기여하는 글로벌 우주강국"을 비전으로 수립하였다.

우주영역은 특정 주권국가가 점유할 수 없는 공유지였으나, 우주 잔해물의 급격한 증가와 궤도 주파수 등 한정된 자원이 부각되면서 국제규범과 규칙이 필요한 공공재로 변화하고 있다. 특히 국가뿐 아니라 다양한 비국가 행위자들도 우주를 선점하기 위해 경쟁적인 행태를 보인다. 따라서 인류 공유재인 우주의 안전하고 지속가능한 유지를 위해 국제규범 형성을 주도하기 위한 노력으로 국가와 비국가 행위자들의 활동이 국제기구를 중심으로 활발해지고 있다. 특히 국내 이해관계자와 협력하여 우주교통관리 및 우주잔해물 경감을 위한 신규 국제규범 및 표준 제정에 시급성 등을 고려하여 적극 대응해야 한다.

### <그림 23> 한국우주 외교전략(안)

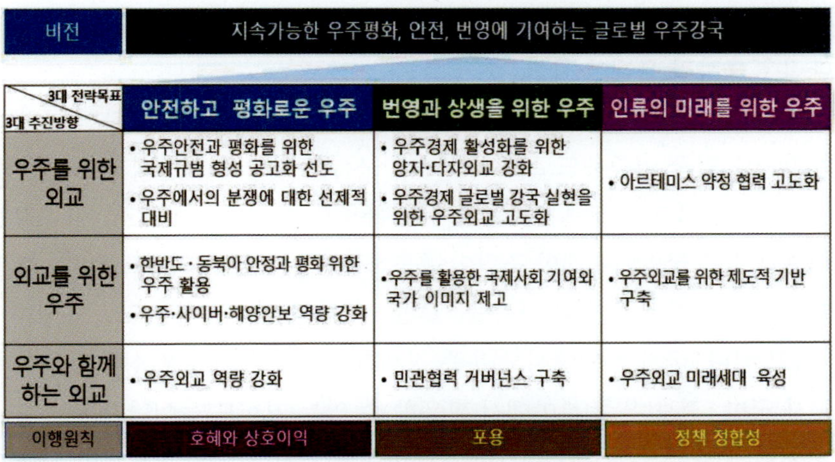

| 비전 | 지속가능한 우주평화, 안전, 번영에 기여하는 글로벌 우주강국 | | |
|---|---|---|---|
| 3대 전략목표 / 3대 추진방향 | 안전하고 평화로운 우주 | 번영과 상생을 위한 우주 | 인류의 미래를 위한 우주 |
| 우주를 위한 외교 | • 우주안전과 평화를 위한 국제규범 형성 공고화 선도<br>• 우주에서의 분쟁에 대한 선제적 대비 | • 우주경제 활성화를 위한 양자·다자외교 강화<br>• 우주경제 글로벌 강국 실현을 위한 우주외교 고도화 | • 아르테미스 약정 협력 고도화 |
| 외교를 위한 우주 | • 한반도·동북아 안정과 평화 위한 우주 활용<br>• 우주·사이버·해양안보 역량 강화 | • 우주를 활용한 국제사회 기여와 국가 이미지 제고 | • 우주외교를 위한 제도적 기반 구축 |
| 우주와 함께 하는 외교 | • 우주외교 역량 강화 | • 민관협력 거버넌스 구축 | • 우주외교 미래세대 육성 |
| 이행원칙 | 호혜와 상호이익 | 포용 | 정책 정합성 |

### 우주위험 관련 국제규범

| 구분 | 분야 |
|---|---|
| **UN COPUOS** | 장기 지속가능성 가이드라인 협의<br>우주 잔해물, 우주상황인식 등 협의 |
| **국제표준기구(ISO)** | 우주 잔해물 경감 기술 표준화 논의 |
| **국제우주잔해물조정위원회(IADC)** | 우주 잔해물 및 군집위성 기술 지침 논의 |
| **국제전기통신연합(ITU)** | 저궤도 위성 주파수 간섭 문제 협상 |
| **세계경제포럼(WEF)** | 위성의 친환경 등급제 |
| **경제협력개발기구(OECD)** | 우주 잔해물의 경제성 및 궤도세 논의 |

## 나오며: 우주 안보 시대의 국가안보

북한이 2023년 11월 22일 군정찰위성을 발사하여 남한 주요 지역을 감시하기 시작하였다. 우리나라도 북한보다 이른 2016년부터 군정찰위성 사업을 추진하여 2023년 12월 발사에 성공하였다. 외신은 비슷한 시기에 군정찰위성을 발사한 남북한 상황을 두고 한반도의 군사 우주 경쟁이 치열하다는 분석이다.[66] 이제 우리나라 국가안보도 우주 영역으로 확장되었다. 게다가 우주 안보는 전통 안보에서 다뤄온 군사적 문제에 국한되지 않는다.

이 책에서 살펴본 대로 우주 안보는 국방·정보, 경제, 외교의 복합 공간이다. 우주 기술도 민군 이중용도로서 처음부터 군사용 기술로 개발되거나 민간용 기술로 개발되더라도 서로 다른 영역에서 활용될 수 있다. 실제로 미 우주군은 DARPA와 같은 국방연구개발 조직이 주도하는 무기체계 이외에도 SpaceX, 막사 테크놀로지 등 민간 기업의 상품을 그대로 구입하거나 군사용으로 개발하도록 계약하고 있다. 국가 차원에서도 우주 경제가 발전하고 새로운 상품이 증가할수록 군사 국방·정보 우주 분야에서 활용할 수 있는 기회도 늘어난다.

이처럼 군사 우주수요가 증가할수록 이를 뒷받침하는 우주 경제의 공급도 늘어난다. 우주 경제의 확대는 자국 내에만 머물지 않는다. 우주 활동의 본질인 국제협력과 국제교류가 증가할수록 우주 기업의 수익과 역량은 커질 수밖에 없다. 이러한 협력과 교류는 국제적 규범과 규칙을 요구하는 목소리에 반영되어 우주 외교의 중요성을 촉진하게 된다. 우주 외교는 한편으로 우주 활동의 안전, 안정, 지속가능성을 보장하기 위한 가이드가 되면서도 우주 활동의 주도권을 확보하기 위한 국가 간 경쟁의 장이다. 우주 외교에서도 국방·정보 우주와 우주 경제의 갈등과 협력이 그대로 나타나는 이유이다.

우주 안보 시대에 국가안보를 달성하려면 어떤 노력이 필요할까? 우주 안보를 구성하는 국방·정보, 경제, 외교의 요소를 이해하는 것부터 시작해야 한다.

보는 관점에 따라서는 우주 경제가 국방·정보와 외교를 포괄할 수 있고, 우주 외교가 경제와 국방·정보를 포괄할 수 있다. 중요한 것은 어느 요소가 더 중요한지가 아니다. 국가안보라는 목표를 달성하려면 국방·정보, 경제, 외교라는 영역을 통합적으로 사고하면서도 탄력성 있게 활용할 수 있는 방법을 모색해야 한다. 우주 안보는 기본적으로 지구상 국제정치와 현대전략의 틀에서 논의되어야 한다. 다만, 자연과학과 공학적 지식이 필요한 우주의 물리적 특성, 그 속에 자리잡은 전략적 요충지, 우주 시스템에 대한 이해 등 우주 안보의 토대에도 충분한 관심이 이루어져야 한다. 결국 우주 안보 시대의 국가안보는 다양한 분야의 지식과 경험이 요구되는 복합 안보의 영역이다.

# 미 주

1 우리나라에서 우주 안보를 이해하고 공유하는데 첫 번째 걸림돌은 영문을 적절한 국문으로 번역하는 일이다. 이 책은 여러 가지 고민을 통해 선택한 국문 용어들을 사용하고 있다. 개인에 따라 이 책에서 사용한 국문 용어들에 다른 의견이 있을 수 있으므로 독자들께서는 언제든지 저자에게 이메일로 의견을 주신다면 검토하여 반영할 것을 약속드린다.

## I __ 우주 안보의 역사

1 『지구에서 달까지(1865)』는 커다란 대포를 만들어서 달에 포탄을 쏘아보내는 이야기로 러시아의 과학자 치올코프스키에게 절대적인 영향을 끼쳤다. 이 외에도 쥘 베른은 지구 속 여행(잃어버린 세계를 찾아서, 1864), 해저 2만리(1869), 80일간의 세계일주(1973) 등을 쓴 SF 소설의 개척자로 후대 과학소설가들과 많은 로켓개발자들에게 영감을 불어넣었다.

2 Colin S. Gray, "Space Arms Control: A Skeptical View", Air University Review 37 (1985), pp. 73~86.

3 Anne Millbrooke, "History of the Space Age", in Handbook of Space Engineering, Archaeology, and Heritage, ed. Ann Darrin and Beth O'Leary, vol. 8 (CRC Press, 2009), pp. 195~207.

4 Roger Launius, "United States Space Cooperation and Competition: Historical Reflections", Astropolitics 7, no. 2 (May 2009), pp. 89~100.

5 Walter A. McDougall, The Heavens and the Earth: A Political History of the Space Age (Basic Books, 1985), p. 6.

6 Donald William Cox, The Space Race: From Sputnik to Apollo, and Beyond (Chilton Books, 1962), pp. 40~41.

7 Cass Schichtle, "The National Space Program from the Fifties into the Eighties" (National Defense Univ Washington DC Research Directorate, 1983), p. 41.

8 Walter A. McDougall, The Heavens and the Earth: A Political History of the Space Age (Basic Books, 1985), p. 6.

9 Donald G. Brennan, “Arms and Arms Control in Outer Space”, Outer Space: New Challenge to Law and Policy, 1962, p. 124.

10 Don E. Kash, The Politics of Space Cooperation (Purdue University Studies, 1967), p. 2.

11 Walter A. McDougall, The Heavens and the Earth: A Political History of the Space Age (Basic Books, 1985), p. 60.

12 Everett C. Dolman, Astropolitik (Routledge, 2001), p. 93

13 Walter A. McDougall, The Heavens and the Earth: A Political History of the Space Age (Basic Books, 1985), pp. 127~128.

14 Everett C. Dolman, Astropolitik (Routledge, 2001), p. 94.

15 1961년 미국은 유인 달탐사를 목표로 아폴로 프로그램을 추진했고 사전 단계로 2인승 우주선인 제미니 계획을 수행했다. 제미니 계획은 달착륙을 위한 훈련이었다. 1965년부터 66년까지 10기가 발사되어 랑데부와 도킹 등 실험을 반복했다. 이 과정에서 NASA는 공군의 로켓과 설비에 의존했으며 모든 우주 발사체는 공군에 의해 이루어졌다. 그리고 1968년 10월 아폴로 우주선으로 유인 비행에 성공했고 1969년 7월 21일 아폴로 11호가 인류 최초로 달착륙에 성공했다. 그후 아폴로 프로그램은 17호까지 발사되고 모두 12명이 달표면을 탐사한 후 1972년 종료되었다.

16 Todd Harrison, Zack Cooper, Kaitlyn Johnson, Thomas G. Roberts, Escalation and Deterrence in the Second Space Age (CSIS, October 2017), p. 2.

17 아폴로 11호 우주인을 맞이한 다음 날 닉슨 대통령은 괌(Guam)에서 새로운 세계 전략을 발표했다. 괌 독트린(닉슨 독트린)이라고 불리는 세계 전략은 미국이 세계 경찰로서 모든 책임을 지지 않겠다는 선언이었다. 닉슨 독트린은 우리나라를 비롯한 동맹국이 재래식 위협에 스스로 대응해야 한다는 점에서 국가안보의 충격이었다.

18 코메콘(COMECON)은 1949년 소련의 주도로 중유럽 국가들을 중심으로 한 사회주의 국가의 경제 협력 기구이다. 코메콘은 제2차 세계 대전 이후에 미국이 유럽 재건과 원조를 위해 수립한 마셜 플랜에 대항하기 위한 기구이다. 인터코스모스(Interkosmos) 프로그램은 1967년 시작된 우주협력 프로그램이다. 이 프로그램을 통해 소련은 우주 기술을 제공하며 동맹국 결속을 강화했으며 동시에 체제 우월성을 선전했다. 인터코스모스 프로그램을 통해 1978년부터 1988년까지 14명의 동맹국 우주인이 소유즈를 타고 우주로 향했다.

19 1982년 창설된 공군 우주사령부는 2002년 통합전투사령부인 전략사령부로 흡수되면서 폐지되었다가, 2019년 트럼프 행정부에서 특정 지역이나 기능을 담당하는 11개 통합전투사령부 중 하나로 부활하였다. 고경윤·문지환·엄정식, “미국 우주사령부 재창설 및 우주군 창설 입법 과정의 쟁점 분석”, 『국방정책연구』, Vol 30, No. 3, 2024. pp. 63~90.

20 Anti-Ballistic Missile (ABM) Treaty of 1972; the Biological Weapons Convention of 1972; the Intermediate-Range Nuclear Forces Treaty of 1987; the Latin America Nuclear Weapons Free Zone Treaty (Tlatelolco) of 1967; the Limited Test Ban Treaty (LTBT) of 1963; the Missile Technology Control Regime of 1987; the Nuclear Proliferation Treaty (NPT) of 1968; the Peaceful Nuclear Explosions Treaty of 1976; the Seabed Arms Control Treaty of 1971; the South Pacific Nuclear Weapons Free Zone Treaty of 1985; the Strategic Arms Limitations Talks (SALT) of 1968 and 1979; and the Threshold Test Ban Treaty of 1974.

21 Walter A. McDougall, The Heavens and the Earth: A Political History of the Space Age (Basic Books, 1985), pp. 181~182.

22 Everett C. Dolman, Astropolitik (Routledge, 2001), pp. 126~127.

23 Walter A. McDougall, The Heavens and the Earth: A Political History of the Space Age (Basic Books, 1985), pp. 258~259.

24 Larry Greenemeier, GPS and the World's First "Space War", Scientific American, (February 8, 2016)

25 Ciara Finnegan, Space wars: how outer space became a military zone, Maynooth University.

26 김영대, "미국 GPS 독점 깨졌다... 중국 '베이더우' 완성", 『연합뉴스』, (2020. 9. 26)

27 Beidou Satellite Navigation System Development Plan before 2035

28 한국인터넷진흥원, "2024 중국 위성시스템 BeiDou 동향", 『위치정보 산업 동향 보고서(주간 동향)』, 5월 2호, 2024.

29 차정미, "미중 전략경쟁과 우주 외교 경쟁", 『우주 안보의 국제정치학』, 한울아카데미, 2024.

30 U.S. Space Force, Space Threat Fact Sheet, Version 7, Headquarters Space Force Intelligence, February 21, 2025); US. Space Force, Space Threat Fact Sheet Annex, Headquarters Space Force Intelligence, February 21, 2025).

31 Victoria Samson and Laetitia Cesari, Global Counterspace Capabilities: An Open Source Assessment, Secure World Foundation, April 2025.

32 Stephen Clark, Space Force wants six kinds of space weapons - including antisatellite lasers, arsTECHNICA, March 13, 2025.

33 Audrey Decker, How China is expanding its anti-satellite arsenal, Defense One, April 3, 2025. 중국의 우주 무기 중 지상 기반 미사일은 2007년 위성을 파괴하는 직접 상승 방식 ASAT 미사일 시험으로 검증했다. 중국 인민해방군은 이미 위성 센서를 방해, 저하시키거나 손상시킬 수 있는 지상 기반 레이저 무기를 실전 배치했으며, 2020년대 후반에는 위성

구조를 물리적으로 손상시킬 수 있을 정도로 강력한 시스템을 배치할 것으로 예상된다. 중국 인민해방군의 재밍 기술도 우주 기반 통신, 레이더 및 항법 시스템(미국의 초고주파(EHF) 시스템 포함)을 표적으로 일상적인 임무를 수행 중이다. 또한 중국의 우주 기반 역량은 다른 위성과 우주 기동전을 수행하거나 궤도에서 끌어낼 수 있는 위성을 포함한 능력을 개발하고 있다. 끝으로 중국의 가장 공격적인 계획 중 하나는 수백 개의 위성을 사용하여 지구상의 군대를 탐지, 추적 및 표적으로 삼는 '킬 웹(Kill Web)'을 구축하는 것이다.

**34** Victoria Samson and Laetitia Cesari, Global Counterspace Capabilities: An Open Source Assessment, Secure World Foundation, April 2025.

**35** Clayton Swope, Kari A. Bingen, Makena Young, and Kendra LaFave, Space Threat Assessment 2025, Center for Security and International Studies, April 2025.

**36** Brien Alkire, The Expansion of China's Military Space and Counterspace Capabilities and Implications for Space as a Contested Domain, RAND CT-A3951-1, April 3, 2025.

**37** 미국 CSIS의 2024년 우주 위협 평가 보고서에 따르면 중국과 러시아가 우주 프로그램과 파트너십을 활용하여 많은 외교 동맹국을 규합하고 있는 것을 주요한 위협으로 강조하고 있다.

**38** 차정미, "미중 전략경쟁과 우주 외교 경쟁", 『우주 안보의 국제정치학』, 한울아카데미, 2024.

## II__ 우주 안보의 토대

**1** Todd Harrison, Zack Cooper, Kaitlyn Johnson, Thomas G. Roberts, Escalation and Deterrence in the Second Space Age (CSIS, October 2017), p. 2.

**2** 김정수, "미국 인공위성 오늘 낮 한반도에 추락 가능성… 경계경보 발령", 『한겨레』, 2023년 1월 9일.

**3** 이러한 우주 공간의 특성은 2020년대 새로운 현상은 아니며, 유엔과 미국의 안보우주 전략에서는 이미 2010년대부터 경고하고 있었다. 다만, 2020년대 이르러 대중도 많은 뉴스를 통해 공감하기 시작하였다. Outer Space Increasingly 'Congested, Contested and Competitive', First Committee Told, as Speakers Urge Legally Binding Document to Prevent Its Militarization, October 25, 2013.; National Security Space Strategy, Department of Defense, January 2011.

**4** Benjamin W. Bahney, Jonathan Pearl and Michael Markey, "Antisatellite Weapons and the Growing Instability of Deterrence", Cross-Domain Deterrence. edited by Jon R. Lindsay & Erik Gartzke (Oxford University Press, 2019), p. 122.

5 노란색은 대전 중심 반경 500km, 붉은색은 1,000km를 의미한다. 당시 추락한 미국의 지구 관측위성은 1984년 발사된 2.4톤의 대형위성으로 9일 오후 12시 20분에서 오후 1시 20분 사이 추락이 예측되었다. 다행히, 알래스카 남쪽 바다에 추락한 위성이 한반도 상공을 지나갈 때 서울, 대전 등에서 시민들이 육안으로 볼 수 있을 정도로 낮게 비행했고 정부는 우주위험대책본부를 소집하고 국민들에게 재난대비 문자가 발송되었다.

6 심우주는 달 밖의 우주를 뜻하는 말. 국제전파규정에 따르면 지구에서 200만km 떨어진 곳부터 심우주라고 규정하고 있다. 참고로 지구에서 달까지는 38만km이고(심우주는 지구-달 거리의 약 5배) 화성까지는 궤도에 따라 달라지지만 약 7800만km이다.

7 심채경, 『천문학자는 별을 보지 않는다』, 문학동네, 2023.

8 공유지의 비극(the tragedy of the commons)이란 지하자원, 초원, 공기와 같이 누구나 사용할 수 있는 자원이라도 개인의 이익에 따른 행동으로 고갈될 수 있는 상황을 일컫는 개념이다. 법적으로 볼 때, 공유지는 사회 구조, 전통 또는 공식적 규칙을 통해 접근과 사용을 지배하는 공동체의 구성원들이 공동으로 소유한 재산으로 본다.

9 우주 안보와 관련해서 우주 공간에 대한 인식이 공공재(public goods)에서 공유지(commons)로 변화하고 있다는 점에 주목할 필요가 있다. 공공재와 공유지는 비슷한 개념이지만 차이가 있으며, 우주에 대한 관점이 달라지고 있다는 것을 보여주는 개념이다. 공공재로서 우주는 우주 활동을 통해 얻을 수 있는 자원, 서비스가 국가나 지역을 초월하여 인류 모두에게 혜택이 된다는데 초점을 둔다. 예를 들어 태양열발전, 우주기상 예보 등은 인류가 얻을 수 있는 혜택들이다. 공공재의 혜택은 국제적 협력과 공공의 지원을 통해 지속될 수 있다. 한편 공유지로서 우주는 우주 활동을 통해 얻을 수 있는 자원, 서비스가 국가나 지역을 초월하여 인류 모두에게 혜택이 되지만, 소유와 활용을 관리하지 않으면 소멸될 수 있다는데 초점을 둔다. 예를 들어 우주 잔해물이 우주를 위험하게 만들거나, 정지궤도 위성이 무한하게 발사될 수 없는 점 등은 인류가 관리해야 하는 혜택들이다. 공유지의 혜택은 국제적 협력뿐 아니라 규칙과 관리를 부여해야만 지속될 수 있다. 다시 말해, 공공재로서 우주는 모두에게 혜택을 주는 공간이라는 인식이지만, 공유지로서 우주는 모두에게 혜택이 지속되기 위해서는 규칙과 관리가 필요하다는 인식에 가깝다.

10 Walter A. McDougall, The Heavens and The Earth: A Political History of The Space Age (Basic Books, 1985), 월터 맥두걸, 『하늘과 땅: 우주시대의 정치사』, 한국문화사, 2014.

11 Julia Cournoyer, Securing the space-based assets of NATO members from cyberattacks, CHATHAM HOUSE, May 15, 2025.

12 우주 안보의 개념은 명확히 합의된 것은 없으나, 국방과 군사우주 개념보다는 상위에 위치하고, 국가안보 개념보다는 하위에 위치한다. 엄정식, "우주 안보 개념의 비판적 검토와 정립," 『안보이슈브리핑』, Vol. 5 No. 4, ('24. 11. 30), pp. 2~3; 한편, 우주 안보 핸드북

(Handbook of Space Security)에서는 우주 안보를 "어떠한 간섭이나 방해 없이 우주를 이용하고 우주에 접근할 수 있으며, 지구상의 안보를 위해 우주를 이용할 수 있는 모든 기술적, 규제적, 정치적 수단의 총합"으로 정의한다. Kai-Uwe Schrogl ed, Handbook of Space Security (Springer, 2020). 다만, 이러한 정의는 우주 안보를 지구상 안보의 수단이나 일부로만 다루는 한계가 있다. 우주 기술과 탐사 영역이 확대되면서 우주 안보는 수단이 아닌 독립된 영역으로 다뤄야 한다. 또한 우주 안보는 지구상 안보와 달리 독특한 물리적 환경, 새로운 기술과 자원 관리, 규범 모색 속에서 발전하고 있다.

**13** 우리나라 정부 기관으로는 유일하게 국가정보원이 『우주 안보 업무규정(대통령령)』을 제정하여 우주 안보 용어와 범위를 다룬다. 여기서 우주 안보는 ① 안보 관련 우주 정보, ② 안보 관련 우주 정보에 대한 보안으로 구분한다. 구체적으로 ① 안보 관련 우주 정보 업무는 우주 안보자산(위성 등) 정보, 우주사고와 우주위험 정보, 우주 안보자산(위성 등)에 대한 위협 정보이며, ② 우주 정보에 대한 보안 업무는 우주 안보 정보, 우주 안보자산(위성 등)에 대한 보안과 암호 기술의 개발·보급이다.『우주 안보 업무규정』 [시행 2024. 5. 27.] [대통령령 제34434호, 2024. 4. 23., 전부개정]

**14** ESA Space Debris Office, ESA's Annual Space Environment Report 2025, ESA, March 31, 2025.

**15** Space Security Index 2020.

**16** 우주력에 대한 이론적, 개념적 논의는 정책결정자와 군사지도자가 같은 논리를 기반으로 우주 전략, 작전 및 전력 발전에 힘쓰도록 돕는다.

**17** Clementine Starling and Julia Siegel, Opinion: Do Commercial Space Companies Have Too Much Power?, Aviation Week Network, September 28, 2023.

**18** 박시수, "미 정보당국·우주군, 중요 상업위성 보호한다", SPACERADAR, 2023. 9. 6.

**19** 행성협회 홈페이지(https://www.planetary.org/) / 2020년 9월 라이트세일-2에서 촬영한 사진. 홈페이지(https://www.planetary.org/)에서 회원으로 가입하고 활동할 수 있다.

**20** 과학기술정보통신부, 우주쓰레기 경감을 위한 우주비행체 개발 및 운영 권고, 2020.

**21** 밴 앨런대는 1958년 미 아이오와대의 교수였던 제임스 밴앨런(James Van Allen)이 발견한 것으로 지표면으로부터 4만 킬로미터에 이르는 상공이 안쪽과 바깥쪽의 두 방사능 벨트로 나뉘어져 있다.

**22** 우리나라 정부도 2023년 3월 24일 오후 1시 17분 태양 코로나 물질 방출에 의한 태양풍(Solar Wind) 변화로 지자기(지구 표면 및 주위 공간에 만들어진 자기장) 교란이 발생했고, 이는 '우주전파환경 경보 4단계' 상황이라고 밝혔다. 과기정통부는 우주전파재난 위기관리매뉴얼에 따라 이날 오후 2시 30분 '관심' 단계를 발령하고 위성운영사, 항공사, 항법

운용기관, 전력사, 방송통신사 등에 관련 내용을 전파했다. 우주전파환경 경보는 미국·영국·일본·중국 등 20개국이 참여한 국제 우주 환경서비스 기구에서 태양 활동 관측 데이터를 분석한 결과다. 총 5단계로 구성되며 피해 위험이 강할수록 숫자가 커진다. 우주전파센터에 따르면 4단계는 낮시간 광범위한 지역에서 수 시간 동안 단파통신(HF) 두절이 나타나거나, 수 시간 동안 항법시스템의 데이터 오류가 발생해 시스템이 두절되는 피해가 예상된다.

**23** 유용원, "가짜 무기도 한눈에 알아본다… 불붙은 초소형 영상 레이더 위성 전쟁", 『조선일보』, 2023년 6월 15일. 초소형위성체계 개발사업은 한반도와 주변 해역의 위기 상황을 신속하게 감시하고, 국가 우주자산을 효율적으로 활용하기 위한 위성체계를 구축하는 다부처 협력사업이다. '22 ~ '30년 기간 1조 4,223억 원을 투입하며 총괄연구기관은 국방과학연구소가 담당하고 참여부처는 방위사업청, 우주항공청, 해양경찰청이다.

**24** 뉴턴의 중력 공식은 두 물체의 질량을 곱하고 이를 물체 사이 거리의 제곱으로 나누고 상수 G를 하나 곱한 것으로 뉴턴은 이 상수를 알아내지 못했다. 하지만 뉴턴은 혜성의 궤도를 예측하는데 성공한 이후 보편적으로 작용하는 이 상수에 만유인력이라는 이름을 붙였다. 다만, 뉴턴의 중력 이론에는 모든 것이 포함되진 않았다. 200여 년이 지나 아인슈타인이 중력 이론을 개선한다. 아인슈타인은 3차원의 공간과 1차원의 시간을 합쳐 4차원의 시공간으로 중력을 이해했다. 뉴턴의 이론은 매우 성공적이었고 200여 년간 작은 예외를 빼면 거의 모든 것을 설명했다. 아인슈타인은 그런 작은 예외도 해결했다. 아인슈타인은 1915년 일반 상대성 이론에서 거대한 질량을 가진 물체는 주변의 공간을 왜곡한다고 주장한다. 여기서 중력은 힘이 아니라 물체 주변의 시공간을 휘게 만들고 물체의 운동에 영향을 준다. 즉 뉴턴은 두 물체가 서로 끌어당기는 보편적 영향을 알아냈지만, 끌어당기는 이유는 아인슈타인이 설명한 시공간의 왜곡 때문이다.

**25** 유발 하라리, 『호모데우스』, 김영사, 2017.

**26** 정지궤도의 정확한 고도는 35,786km이나 편의상 약 36,000km로 표기한다.

**27** 극궤도 위성이라고 해서 인공위성이 정확하게 남극점과 북극점을 횡단하는 궤도경사각 90도에서 운영되진 않는다. 극궤도 위성은 극점에서 10도 이내로 살짝 기울어진 궤도인 80~100도에서 운영된다.

**28** 배학영·임경한·엄정식·조태환, 『우주전장 시대 해양우주력』, 박영사, 2022, p. 20.

**29** 조승한, '어디서부터가 우주일까' 우주 경계 "고도 기준 바뀐다", 『동아사이언스』, 2018년 12월 19일.

**30** 중국은 2007년 창어-1을 달 궤도에 진입시켰고, 2010년 창어-2로 고해상도 영상을 촬영했다. 2013년 창어-3로 달 탐사로봇 위투(玉兎, 옥토끼라는 의미)를 착륙시켜 31개월 동안 탐사를 실시했다. 달 뒷면 착륙에는 창어-4를 위한 통신위성 췌차오(鵲橋, 오작교라는 의

미)가 활용되었다. 창어(嫦娥)는 중국 신화에 나오는 달의 여신이다. 참고로 췌차오 위성은 통신중계 임무를 마치고 현재는 전파망원경으로 새로운 임무를 수행 중이다. 중국은 네덜란드 우주국과 협력하여 전파망원경 안테나 3개를 췌차오 위성에 설치했으며, 이를 통해 빅뱅 직후의 미약한 빛 신호를 포착하는 과학 임무를 수행한다. 췌차오가 위치한 라그랑주점(L2)은 달 너머에 있어 전파 간섭을 받지 않고 저주파 신호를 포착할 수 있다.

**31** Brig Arvind Dhananjayan (Retd), 'Cis-Lunar' Space: The New Military Battleground!, Chanakya Forum(Geopolitics & National Security), December 8, 2022.

**32** 미국이 계획 중인 국방 심우주 센티널 HPV는 '랑데부/근접 작전'과 '우주 물체 제거 및 회수, 기타 방어 우주 작전에서의 응용'을 수행할 수 있으며, 이는 우주통제 작전에 사용될 수 있다. DARPA의 핵추진 달궤도 작전을 위한 데모 로켓(DRACO) 프로그램은 감시 및 지속적인 영역인식을 포함한 다양한 임무를 위해 시스루나 공간에서 민첩하고 반응성이 뛰어난 기동 능력을 구축하는 것을 목표로 하며, 필요한 경우 무기화된 임무에도 사용될 수 있다.

**33** 이재구, "MIT '화성탐사선, 달근처 기지에서 연료보급 받는다.'", 『전자신문』, 2015년 12월 4일.

**34** Nichols, Randall K. etc, "Space Systems: Emerging Technologies and Operations" (2022). NPP eBooks. p. 47.

**35** 궤도 경사각은 인공위성이 돌고 있는 궤도면과 적도면(지구의 자전방향) 사이의 각도 차이이다. 만약 인공위성이 적도 궤도에 있으며 궤도경사각은 0°이다. 반대로 적도 궤도를 돌면서 지구자전과 정반도로 돌면 궤도경사각은 180°이다. 자전축(극점)을 횡단하는 인공위성은 궤도경사각이 90°이다.

**36** 배학영·임경한·엄정식·조태환, 『우주 전장시대의 해양 우주력』, 박영사, 2022, p. 30.

**37** 국방부, "고체 추진 우주 발사체 시험발사 성공…민간 상용위성 최초 탑재," 대한민국 정책브리핑, 2023년 12월 4일.

**38** 탑재체 30kg을 기준으로 지상 발사체의 발사 비용은 약 100억 원 이상으로 알려져 있으며, 공중 발사체는 약 5.9억 원으로 예상된다. 공중 발사체의 발사 비용이 지상 발사체 대비 5.9%밖에 되지 않는다. 조태환·이성섭, "초소영위성 발사를 위한 공중기반 우주 발사체 발전방안", 『한국항행학회논문지』, 25권 5호, 2021. 8, p. 268.

**39** 공중 발사체 기술은 항공무기체계 개발에도 도움이 된다. 공중 발사체 기술은 공중 발사탄도미사일(ALBM)과 기술적으로 유사하다. 공중 발사체에서 위성 탑재체 자리에 탄두를 실으면 된다. 한국형 3축체계 구축에 타격 능력을 다양화할 수 있다. 공중 발사탄도미사일(ALBM)은 평시에 일정한 작전 공역에서 비행하는 항공기에 탑재돼 있다가 유사시 즉각 발사될 수 있다. 그런 만큼 북한이 중대한 무력 도발 조짐을 보일 때 예방적 타격을 하는 데 동원할 수 있다. 또한 만약 북한이 핵 도발 등을 통해 우리 측 지상군에 선제공격을 하더라

도 ALBM을 탑재한 항공기가 이를 회피할 수 있는 공역에 머물면 북한에 보복 응징을 가할 수 있으므로 북한을 억제할 수 있다. 우리나라에서 공중 발사체를 개발할 경우 이미 보유 중인 KF-16, F-15K 전투기나 C-130 수송기 등을 개량하거나 중형 수송기 개발에 반영할 수 있다.

**40** 이윤표, "공중발사체를 활용한 미래 군의 우주전력 확보방안," 공군-한국항공대 한국우주항공력 포럼, 2025년 2월 18일.

**41** 컨텍(CONTEC)은 지상국 운영을 확장하고 있으며, 위성 데이터 송수신, 이미지 처리, 지상국 설치, 유지보수 및 운영(MRO)을 포함한 종합적인 다운스트림 서비스를 제공한다. 최근에는 위성을 직접 운영하여 국가안보 사업에도 진출하고 있다.

**42** 예를 들어 서울에서 부산까지 자동차로 5시간이 걸려 도착했다고 하자. 만약 같은 거리를 4시간만에 도착했다면 속도를 높여서 연료를 많이 소모했을 것이므로 힘은 많이 쓰였지만 연비는 낮을 것이다. 이 경우 추력은 좋으나 비추력은 나쁜 경우이다. 반대로 같은 거리를 6시간에 도착했다면 과속하지 않고 달렸으므로 힘은 적게 쓰이고 연비는 높을 것이다. 이 경우 추력은 낮으나 비추력은 좋은 경우이다.

**43** 이성규, 『호모 스페이스쿠스』, 플루토, 2020, pp. 240~242.

**44** 세계 최초로 액체 메탄을 사용한 로켓 발사에 성공한 국가는 중국이다. 2023년 7월 12일 중국의 민간우주기업 Land Space는 액체 메탄을 사용한 주췌 2호 발사에 성공했다.

**45** Tim Ryan, Rain or shine: Why upgraded space-based weather-monitoring is crucial for the military, Breaking Defense, November 17, 2023.

**46** 현행 GPS는 위치 오차가 약 10m로 항공기와 같이 정밀한 위치정보가 요구되는 분야에서 활용이 제한적이다. 이러한 제한을 해소하기 위하여 주요 국가들은 GPS 위치 오차를 줄임으로써 GPS 신호의 정확도와 신뢰성을 높이는 기술로 위성기반 보정항법시스템(Satellite Based Augmentation System, SBAS)을 운영하고 있다. SBAS는 GPS 위치 오차를 3m 이내로 정밀하게 보정하고 그 신뢰도를 확인하는 데 필요한 정보를 정지궤도위성을 통해 국토 전역으로 제공하는 시스템이다. 한국형 위성항법정보보정시스템 KASS는 SBAS로는 세계 7번째로 개발되며, 우리나라 지형과 환경을 고려하여 정확성과 신뢰성을 만족하도록 SBAS 국제표준에 따라 개발되고 있다.

**47** 송진원, "프랑스서 미리 만난 무궁화6A호… KASS 위치오차 1m, 세계 선도", 『연합뉴스』, 2023년 11월 26일.

**48** 권태훈, "미래 군의 우주무기체계 제안", 공군-한국항공대 한국우주항공력 포럼 발표자료, 한화시스템, 2025년 2월 18일.

**49** Patrick Tucker, "As space becomes more crowded, Space Force turns to AI", Defense One,

February 27, 2025.

**50** Jason Rainbow, SatixFy gets UK funds to accelerate in-orbit satellite reconfiguration, Spacenews, March 5, 2025.

**51** 박시수, "LEOcloud, 국제 우주 정거장 데이터 센터 구축 계획 발표", 『산경투데이』, 2024년 6월 4일.

**52** Sandra Erwin, Silicon Valley players aim to follow SpaceX's disruptive path in defense sector, Spacenews, March 5, 2025.

**53** 박문범, "위성통신 데이터 유출 예상 공격 및 대응 방안", 미래국가복합안보 전략세미나 발표자료집, 2025년 2월 6일.

**54** Patrick Lin, Keith Abney, Bruce DeBruhl, Kira Abercromby, Henry Danielson, Ryan Jenkins, Outer Space Cyberattacks : Generating Novel Scenarios to Avoid Surprise, Ethics + Emerging Sciences Group, June 17, 2024.

**55** Patrick Lin, Keith Abney, Bruce DeBruhl, Kira Abercromby, Henry Danielson, Ryan Jenkins, Outer Space Cyberattacks : Generating Novel Scenarios to Avoid Surprise, Ethics + Emerging Sciences Group, June 17, 2024, Appendix A, p. 76.

**56** 문관현, "중국, 해고된 미 공무원 암암리에 채용 시도", 연합뉴스, 2025. 3. 26.

**57** Marc Feldman, Hugh Taylor, Space Piracy: Preparing for a Criminal Crisis in Orbit, Wiley, January 2025.

**58** Money Laundering in Space: The Next Criminal Frontier, Center for the Study of Space Crime, Piracy and Governace, October 21, 2024.

**59** 엄정식 · 고경윤, 『국가안보의 이해와 분석』, 오름, 2024, pp. 106~111.

**60** 박기웅, "인공위성 서비스의 사이버공격 사례와 대응기술," 『미래국가복합안보 전략세미나 발표자료집』, 2025년 2월 6일. p. 50.

**61** Junghyun Yoon, Jungsik Um, Complex Challenges of Space Cybersecurity and Their Implications for the ROK, The Korean Journal of Defense Analysis, Vol. 36 Issue. 3, pp. 360-367.

## Ⅲ__ 우주 안보의 영역

**1** 김대원 외, "국방우주분야의 무기체계 개발 동향 및 국방전략기술 발전방향", 『한국산학기술학회논문지』, 제24권 제9호, 2023, p. 584. 구분을 저자가 수정

**2** 권태훈, "미래 군의 우주무기체계 제안", 『공군-한국항공대 한국우주항공력 포럼 발표자료집』, 2025년 2월 18일.

**3** SLR은 지상에서 발사된 레이저가 위성에 반사되어 오는 왕복시간을 측정하여 위성까지 거리를 mm 정밀도로 산출하고 이를 통해 인공위성의 고정밀 운용에 필요한 궤도를 결정하는 능력이다.

**4** 극초음속 및 탄도미사일 추적 우주 센서(Hypersonic and Ballistic Tracking Space Sensor, HBTSS)는 NDSA의 7계층 중 초음속 미사일 등 최신 미사일 위협 경보 및 추적을 수행하는 추적 계층(tracking layer)과 유사한 목적으로 개발되고 있다. NDSA 계층은 뒤에서 다루는 방어적 우주통제 무기체계를 참고.

**5** 유로컨설턴트에 따르면, 위성영상분석 시장은 연평균 8%의 성장률을 기록하고 있고, 2020년 3,000억에서 2030년 6조 정도의 규모로 위성 데이터의 부가가치 시장이 커질 것으로 전망된다. 최연주·이정호, "인공지능 활용 위성영상분석 기술 어디까지 왔나", 『SPREC 글로벌 이슈리포트』, 2023년 8월, pp. 16~19.

**6** 현재 지구 궤도에는 약 6,700개의 위성이 운영 중이며 2027년에는 현재의 2배 가까이 운영되며 엄청난 정보가 생성될 것이다. 이제 우주는 올라가는 것이 문제가 아니라 우주 물체뿐 아니라 우주 잔해물 속에서 우주와 통신하는 것이 해결해야 할 과제가 될 것이다. 예를 들어 2020년에 약 2,600여 개의 지구관측위성이 하루 동안 촬영하는 정보의 양은 수천TB이다. 이를 초 단위로 평균 내면 1초에 약 수십GB가 우주에 쌓이는 수준이다. 게다가 최근 지구 관측용으로 관심이 높아지고 있는 SAR는 기상 여건에 구애받지 않고 상시 지상을 모니터링할 수 있으며, 공간 분해능도 매우 좋다는 장점이 있다. 그러나 전파를 사용하는 레이더의 특성상, 상당히 많은 양의 자료가 누적된다는 문제가 있다. 실제로 2024년에 발사 예정인 2톤 무게의 NISAR 위성의 경우, 하루에 4.3TB의 관측자료가 누적된다. 3.5Gbps의 속도로 자료를 전송할 수 있지만, 하루 4~5시간 정도는 자료 전송에 할애해야 한다. 이처럼 한 대의 위성이 감당할 수 있는 통신 대역폭은 한정될 수밖에 없다. 그래서 지상국과 우주를 연결하는 위성 또는 한 번에 많은 사용자에게 동시에 서비스를 제공해야 하는 위성에서 병목 현상이 발생할 수밖에 없다.

**7** 2023년 4월 NASA와 MIT 연구진이 주도한 이번 실험에서 기록된 최고 데이터 전송 속도는 초당 200기가바이트(Gb)였다. 위성이 지상국을 통과하는 5분 동안 고화질 영화 1,000편에 해당하는 2테라바이트 이상의 데이터를 전송하는 속도다. 실험은 고도 530km에서 지구

를 돌고 있는 테라바이트 적외선 전송(TBIRD) 시스템을 이용해 실시됐다. 박시수, "우주용 IT기술 개발 서두르는 우주 선진국", 『SPREC 글로벌 이슈리포트』, 2023년 8월, p. 31.

**8** 레이저 우주광통신의 장점은 첫째, Tbps급의 통신이 가능하다. 우주와 지상의 통신 허브 역할을 하거나 SAR 위성 등의 대용량 지구관측자료를 지구로 바로 전송할 수 있다. 둘째, 통신에 전파 사용 허가가 필요 없다. 스타링크가 2019년에 약 3만 개 위성에 대한 전파 허가를 미리 받아 놓는 이유는, 위성 사업에서 전파 사용 허가를 받는 과정이 가장 오래 걸리며 행정 소요가 크기 때문이다. 셋째, 소형화할 수 있고 전력을 효율적으로 쓸 수 있다. 전파보다 짧은 파장의 적외선 레이저는 같은 조건에서 더 좁은 영역에 모아서 송출하는 것이 가능하다. 따라서 적외선 레이저를 사용하면 송신기의 크기와 사용 전력에서 상당한 이득을 볼 수 있다. 마지막으로 높은 보안성이다. 전파는 넓게 퍼지기에 쉽게 도청과 방해가 가능하지만, 광통신은 송수신기 바로 옆에 접근하지 못하면 도청과 방해가 매우 어렵다.

**9** 강원석, "우주 광통신, 우주의 정보 장벽을 허물다", 『SPREC 글로벌 이슈리포트』, 2023년 8월, p. 20.

**10** 윤용식 외, "우주태양광발전 기술 동향", 『항공우주 산업기술동향』, 제7권 2호, 2009, pp. 34~35.

**11** Courtney Albon, Space Force's 'Victus Haze' demo to focus on rapid threat response, C4ISRNET, Febuary 9, 2024.

**12** Audrey Decker, Space Force plans to put a multisatellite 'carrier' into orbit, Defense One, March 26, 2025.

**13** 현재까지 전기추진체 기술은 소행성 Vesta 및 Ceres 탐사를 위한 미국의 Dawn 프로젝트와 정지궤도부터 달까지 이동하기 위한 유럽의 Smart-1, 소행성 Itokawa 탐사를 위한 일본의 Hayabusa 등 우주 탐사에서 활용되었다.

**14** DARCO 프로그램은 2025년까지 시스루나 공간에서 핵추진 로켓을 시현하는 프로그램으로 화성 탐사를 위한 선행연구 개념이다. DARCO 프로젝트는 빠른 속도로 신속히 궤도 비행이나 행성 간 비행을 달성하는 데 목적이 있다. Darren Orf, For the First Time Since '65, the U.S. Military Will Blast a Nuclear Reactor Into Space, Popular Mechanics, November 27, 2023.

**15** 조태환·이성섭, "초소형위성 발사를 위한 공중기반 우주 발사체 발전방안", 『한국항행학회논문지』, 25권 4호, 2021. 8, pp. 269~270.

**16** 러시아는 지상 발사 ASAT 미사일인 A-235 PL-19 Nudol(누돌)을 2018년 12월 시험했다. 이동형 무기체계인 Nudol은 저궤도 위성을 공격할 수 있다. 또한 러시아는 1962년 3개 핵탄두를 400km 상공에서 폭발시켜 발생한 전자기 펄스가 저궤도 위성에 끼치는 치명적인 영향을 확인했다. 이 밖에도 러시아는 IL-76MD 수송기에 레이저 무기를 장착한 A-60 Beriev를 운

영 중이며 GPS 및 위성통신 방해가 가능한 위성 및 이동통신 재머(트럭탑재형) R-330Zh, UHG 전파감시 플랫폼 R-381T2, 광대역 재밍시스템 Krasukha-4 등을 운용 중이다.

**17** 국방기술진흥연구소, 『첨단과학기술이 선도하는 미래무기예측』, 2022, p. 110.

**18** 국방기술진흥연구소, 『첨단과학기술이 선도하는 미래무기예측』, 2022, p. 118.

**19** Defense Intelligence Agency, Challenges to Security in Space, 2022.

**20** Andrew Jones, China's Shijian-21 towed dead satellite to a high graveyard orbit, Spacenews, January 27, 2022.

**21** Defense Intelligence Agency, Challenges to Security in Space, 2022.

**22** Micah McCartney, China's Satellites Seen 'Dogfighting' in Space: US Space Force, Newsweek, March 20, 2025.

**23** Vijainder K Thakur, Russia Takes the Battle Into Space To Seal Special Military Operation Success, SPUTNIK India, January 12, 2023.

**24** Space Threat Assessment 2023 (CSIS, 2023), p. 6.

**25** Rajeswari Pillai Rajagopalan, Electronic and Cyber Warfare in Outer Space (UNIDIR, May 2019), p. 5

**26** 국방기술진흥연구소, 『국방전략기술 수준조사』, 2023, p. 179.

**27** "북, 민군겸용 무궁화 5호에 전파교란 공격", 『조선일보』, 2012년 11월 15일.

**28** 정한영, "북한 GPS 전파교란, 공격 4회 만에 전파교란 영향 17배 증가", 『세미나투데이』, 2017년 9월 25일.

**29** Todd Harrison, Kaitly Johnson, Makena Young, Defense Against The Dark Arts in Space (CSIS, February 2021).

**30** Lockheed Martin Advances Secure Military Communications With MUOS Satellite Milestone, AIRNEWS, February 12, 2025

**31** 최성환, "우주 쓰레기 제거기술을 활용한 우주무기 개발 개연성 고찰 및 우주기동전(Space Maneuver Warfare)의 이해", 『우주 기술과 응용』, Vol 3, No. 2, May 31, 2023. pp. 165~198.

**32** 최성환, "우주 쓰레기 제거기술을 활용한 우주무기 개발 개연성 고찰 및 우주기동전(Space Maneuver Warfare)의 이해", 『우주 기술과 응용』, Vol 3, No. 2, May 31, 2023. pp. 165~198.

**33** 허희영, 항공우주산업, 북넷, 2016.

**34** 신상우, "OECD 우주 경제 보고서의 주요 내용과 시사점", 『SPREC Insight』 Vol 7, 2022. 10, p. 8.

35 과학기술정보통신부, 2024 우주산업실태조사, 2024. 12., p. 15

36 과학기술정보통신부, 2022 우주산업실태조사, 2022. 12.

37 ABI Research, Satellite Constellations and Launch 2024 Report. December 19, 2024.

38 Euroconsult profiles of government space programs.

39 홍준기, "미국 국방비, 중국의 3배로 독보적 1위… 한국은 몇 위?", 『조선일보』, 2023년 8월 25일.

40 Adnan Merhaga, Matteo Ainardi, Tobias Aebi, The Space Agency of the Future, Arthur D Little, March 2019.

41 Space Launch Services Market Report 2025.

42 Jonathan McDowell, Space Activities in 2024(Rev 1.4), January 24, 2025.

43 SpaceX 홈페이지, 씨티그룹, Space the Dawn of the New Age, 2022. 5.

44 2020년 30회, 2021년 56회, 2022년 62회임. 정환수, 우주 발사체 산업 동향(이슈브리프), KDB 미래전략연구소, 2023. 3. 6. p. 5

45 윤영혜, "2022년 우주로켓 발사 성공 180건으로 역대 최다", 『동아사이언스』, 2023년 1월 12일.

46 자주적 우주 발사체란 일반적으로 자국에서 생산되고 자국 정부나 기업이 소유하고 운용하는 발사체를 의미한다. 그런데 복잡한 우주 시스템 생산과 운영에는 여러 국가와 기업이 참여하는 경우가 많기 때문에 100% 생산과 소유 및 운용을 기준으로 자국의 우주 발사체로 구분하긴 어렵다. 따라서 발사체의 대부분이 자국의 부품과 기술이고 핵심 요소(추진시스템, 전자체계 등)이 자국에서 조달된 발사체도 자국의 우주 발사체로 분류한다. 더욱 구체적으로는 발사체 전체 무게, 달러 가치, 구성부품 등이 50% 이상인 경우로 한정할 수도 있다.

47 『宇宙輸送を取り巻く環境認識と将来像(資料2)』, 内閣府宇宙開発戦略推進事務局, 2023年6月27日, p. 4.

48 실시간 위성의 분포와 위치를 알고 싶으면 다음 웹페이지를 참고하기 바란다. https://www.starlinkmap.org/

49 Prospects of the Small Satellite Market (Euroconsult 2023)

50 UCS Satellite Database.

51 Small Satellite Market Analysis and Global Forecast 2023-2033, EVOVLE.

52 권태훈, "미래 군의 우주무기체계 제안", 공군-한국항공대 한국우주항공력 포럼 발표자료집, 2025년 2월 18일.

53 안형준 외, "뉴스페이스 시대, 국내우주산업 현황 진단과 정책대응", 과학기술정책연구원, 2019, pp. 21~22.

54 김병운·최가은, "6G Industrial IoT 및 위성통신 시장전망", 한국전자통신연구원, 2021.

55 지구관측 시장은 활용 분야에 따라 공간정보(GIS), 기상, 환경 등으로 나눌 수 있으며, 관측기기 종류에 따라 광학, 레이더(SAR), 초분광 등으로 나눌 수 있다. 또한 데이터 가공 정도에 따라 원시데이터, 가공데이터, 분석정보, 예측정보로 구분할 수 있다.

56 김은정, "세계 지구관측 위성 시장 현황 및 전망", 『항공우주산업기술동향』 제16권 1호, 2018, pp. 22~26.

57 문성록·최충현·한민규, 『우주 쓰레기 제거 기술(KISTEP 브리프 86)』, KISTEP, 2023, p. 25.

58 우주 잔해물 제거 기술은 임무 후 처리(Post-Mission Disposal, PMD)와 능동적 잔해물 제거(Active Debris Removal, ADR)로 구분할 수 있다. PMD는 가장 보편적으로 활용되는 기술로 우주비행체나 위성을 지구 대기권이나 우주무덤에서 처리하는 방식이다. 반면 ADR은 PMD보다 기술적 난이도가 높고 비용도 높으나, 우주 잔해물을 인위적으로 경감할 수 있는 유일한 방식이다.

59 이해인, "'우주 클라우드'가 뭐길래 MS·구글까지 뛰어드나," 『조선일보』, 2023년 12월 10일.

60 기존 한미 미사일지침에서는 민간 우주 발사체에 대한 제한이 없었으나 군용으로 활용될 수 있는 탄도미사일에는 사거리 800km라는 제한이 있었다. 누리호 개발 과정에서 고체추진체를 완전히 배제하고 액체추진체로만 개발한 이유도 한미 미사일지침의 제약 때문이었다. 황진영, "한미 미사일지침 폐기와 우주개발", 『항공우주 산업기술동향』, 제19권 1호, 2021.

61 Michael Sheetz, FCC enforces first space debris penalty in $150,000 settlement with Dish, CNBC, October 2, 2023.

62 우주인들이 우주에서 지구를 바라보면 아름다움에 대한 각별한 느낌과 광경을 통해 인생관이나 생명관, 윤리관이 크게 바뀌는 것으로 알려져 있다. 심리학에서는 이렇게 우주인이 멀리 떨어진 곳에서 지구를 바라보면서 느끼는 의식 상태를 조망효과(Overview Effect)라고 한다. 큰 시야로 보게 되면 시각 자체에 변화가 생기고 예전과 달리 생각하는 것으로 알려졌다. 흥미로운 사례도 있다. 아카야마 도요히로는 1990년 12월 2일 소련의 소유즈호에 탑승하여 우주로 올라간 첫 번째 일본 우주인이자 세계 최초의 언론인이다. 그는 인터뷰에서 우주의 경험이 자신의 인생관을 바꾸었다고 밝혔다. "동기 중 누가 국장이 됐다, 이사가 됐다며 승진에 관심 갖는 게 바보 같다는 생각이 들었다."고 한다. 그래서 5년 만에 회사를 관두고 유기농업을 하기로 결심했다. 이후 시간이 흘러 그는 미에현의 산간 마을에서 농사를 짓고 조용한 삶을 살고 있다. 그는 "우주에 갔다 온 후 시간에 대한 생각이 바뀌었다."며 지구는 46억 년이나 됐지만 인간은 겨우 100살밖에 살지 못한다고 말했다. 최진주, ""'TV·인터넷 싫다" 산골 파묻혀 사는 일본 첫 우주인 근황", 『한국일보』, 2023년 4월 9일.

63 박시수, "국내 우주 기업, 유럽 안보 시장 노린다, 열쇠는 외교력", 산경투데이, 2025년 5월 16일.

**64** Susan J. Buck, The Global Commons: An Introduction (Routledge, 2017); Scott Jasper, Conflict and Cooperation in the Global Commons: A Comprehensive Approach for International Security (Georgetown University Press, 2012)

**65** MJ Peterson, "The Use of Analogies in Developing Outer Space Law", International Organization 51, no. 2 (1997), pp. 245~74; Michael Sheehan, The International Politics of Space (Routledge, 2014).

**66** James D. Rendleman and J. Walter Faulconer, "Improving International Space Cooperation: Considerations for the USA", Space Policy 26, no. 3 (August 2010), pp. 143 ~51.

**67** Bertrand de Montluc, "Russia's Resurgence: Prospects for Space Policy and International Cooperation", Space Policy 26, no. 1 (February 2010), pp. 15~24.

**68** David André Broniatowski et al., "A Framework for Evaluating International Cooperation in Space Exploration", Space Policy 24, no. 4 (November 2008), pp. 181~89; Martin Machay and Vladimír Hajko, "Transatlantic Space Cooperation: An Empirical Evidence", Space Policy 32 (May 2015), pp. 37~43; Cornelia Riess, "A New Setting for International Space Cooperation?", Space Policy 21, no. 1 (February 2005), pp. 49~53.

**69** Jose Monserrat Filho, "The Place of the Missile Technology Control Regime (MTCR) in International Space Law", Space Policy 10, no. 3 (1994), pp. 223~228.

**70** Dan St. John, "The Trouble with Westphalia in Space: The State-Centric Liability Regime", Denver Journal of International Law and Policy 40 (2012), pp. 686~713; Joel A. Dennerley, "Emerging Space Nations and the Development of International Regulatory Regimes", Space Policy 35 (February 2016), pp. 27~32.

**71** Victoria Samson eds, Global Counterspace Capabilities 2025, Secure World Foundation, April 2025.

**72** Andrew Jones, Russia's war on Ukraine has caused lasting damage to international space-flight cooperation, Space.com, March 7, 2023.

**73** Jana Robinson, Strategic Competition for International Space Partnerships and Key Principles for a Sustainable Global Space Economy, Prague Security Studies Institute, January 2022. p. 9.

**74** 중국의 일대일로(一帶一路, One belt One road) 전략은 시진핑 주석의 제안으로 시작된 중국 주도의 세계 경제 협력 프로젝트다. 일대일로는 유라시아 대륙과 아프리카를 육상과 해상으로 연결하는 교통망을 구축하고 육상 실크로드 경제 벨트와 해상 실크로드 중심으로 경제권을 구성한다.

75 우주나라를 비롯해 12개 기관이 공동으로 개발한 '스피어엑스'는 지상에서 관측이 어려운 적외선을 우주를 볼 수 있는 우주망원경이다. 전체 우주를 102개의 적외선 파장으로 촬영해 약 10억 개의 천체에 관한 정보를 획득하며, 2년 6개월에 걸쳐 인류 최초의 적외선 3차원 우주지도를 완성할 계획이다.

76 우주상황인식(Space Situational Awareness, SSA)이란 일반적으로 인공 우주 물체의 충돌, 추락 등 우주 위험에 대처하기 위하여 우주감시 자산을 이용하여 지구 주위를 선회하는 위성, 우주 잔해물 등의 궤도 정보를 파악하여 위험 여부 등을 분석하는 활동이다.

77 우주의 군사화란 통신, 조기경보, 감시 항법, 기상관측, 정찰 등과 같이 우주에서 수행되는 안정적이고 소극적이며 비강제적인 군사활동으로 민간 및 상업 우주 자산의 군사적 활용에 초점이 있다. 반면, 우주의 무기화란 ASAT 무기의 배치, 우주기반 탄도미사일 방어 등과 같이 적극적, 강제적, 독립적이면서 불안정한 군사활동으로 군사용 우주 자산의 개발과 활용에 초점이 있다.

78 참가국으로는 알제리, 아르헨티나, 호주, 벨라루스, 브라질, 캐나다, 칠레, 중국, 이집트, 프랑스, 독일, 인도, 이란, 이탈리아, 일본, 카자흐스탄, 말레이시아, 나이지리아, 파키스탄, 한국, 루마니아, 러시아, 남아프리카공화국, 영국, 미국 등 총 25개국이다.

## Ⅳ_ 우주 안보를 이해하는 관점

1 우주 영역을 안보적 관점에서 보는 논의가 이젠 생소하지 않다. 지정학에 대한 세계적인 베스트셀러 『지리의 힘』 3부에서는 우주를 다루고 있는데, 저자 팀 마샬은 필자와 같은 관점을 제시하고 있다. 최근 우리나라에도 번역되었으니 우주 안보에 관심이 있는 독자라면 꼭 읽어보기를 권한다.

2 케네디 대통령은 대중 연설 이전인 1961년 5월25일 미국 상·하원 합동 연설('국가의 긴급 과제에 대한 특별 교서')에서 우주 개발에 대한 미국의 정치적 목적을 밝혔다.

3 Walter A. McDougall, The Heavens and The Earth: A Political History of The Space Age, (Basic Books, 1985), 월터 맥두걸, 『하늘과 땅: 우주시대의 정치사』, 한국문화사, 2014.

4 제1차 우주시대는 1957년 스푸트니크 발사로 시작되어 1990년 냉전이 종식되고 소련이 해체되기 전까지이다. 이 시대는 미국과 소련이 지배했으며, 궤도 발사의 96%와 궤도에 배치된 위성의 93%를 두 국가가 수행했다. 최초의 인공위성 궤도 진입, 최초의 인간 우주 비행, 최초의 달 착륙 등 수많은 '최초'를 달성하기 위한 경쟁이 이루어졌다. 이 시기 우주 활동은 군사적 임무가 중요했는데 실제로 4,100개 이상의 위성 중 65%가 군사용이었다. 제2차 우

주시대는 1991년에 시작된 우주 활동의 다양화와 상업화의 시기였다. 여전히 미국과 러시아가 발사 횟수와 궤도에 진입한 위성은 우위를 차지했지만, 다른 국가들도 우주 활동에 뛰어들면서 차츰 비중을 늘리기 시작했다. 특히 2011~15년에는 미국과 러시아를 제외한 다른 국가들이 발사 건수의 56%, 궤도에 진입한 위성의 49%를 차지하기도 했다. 상업용 우주 시스템의 역할이 커지면서 제1차 우주 시대에는 전체 위성의 5%가 상업용이었으나 제2차 우주 시대에는 30%를 차지했다. 제3차 우주시대의 시작은 명확하진 않지만 대략 2010년대 중반으로 본다. 제3차 우주시대 특징은 우주기업의 혁신과 우주시장의 확대이다. 대표적인 성과가 대규모 군집위성 구축으로 특히 SpaceX가 주도하는 재사용 발사체 기술과 발사 비용의 하락이 이를 견인하고 있다. 예를 들어, 연간 발사되는 위성 수는 2016년 176개에서 2022년 2,380개로 급증했으며, 같은 기간 상업용 위성은 전체 위성의 83% 이상을 차지했다. 향후 발사 비용이 더욱 낮아지고 우주에 대한 투자와 사업이 확장될 것으로 전망된다. Todd Harrison, Kaitlyn Johnson, Zack Cooper and Thomas G. Roberts, Escalation and Deterrence in the Second Space Age (CSIS, October 3, 2017).

**5** John J. Klein, Space Warfare: Strategy, Principles and Policy (Routledge, 2006).

**6** Everett C. Dolman, Astropolitik (Routledge, 2001), pp. 157~58.

**7** Max M. Mutschler, Security Cooperation in Space and International Relations Theory, in Kai-Uwe Schrogl et al, eds. Handbook of Space Security, (Springer 2015) pp. 48~49.

**8** Gregory D. Miller, Sun Tzu in Space (Naval Institute Press, 2023), p. 98.

**9** Steven Lambakis, On the Edge of Earth: The Future of American Space Power (University Press of Kentucky, 2013).

**10** James Clay Moltz, 3rd ed. The Politics of Space Security (Stanford University Press, 2019), pp. 15~20.

**11** Walter A. McDougall, The Heavens and the Earth: A Political History of the Space Age (Basic Books, 1985), p. 225.

**12** James Clay Moltz, 3rd ed. The Politics of Space Security (Stanford University Press, 2019), p. 25.

**13** Max M. Mutschler, Arms Control in Space (Palgrave Macmillian UK, 2013), p. 37.

**14** Gregory D. Miller, Sun Tzu in Space (Naval Institute Press, 2023), pp. 160~166.

**15** Gregory D. Miller, Sun Tzu in Space (Naval Institute Press, 2023), pp. 127~156.

**16** 전쟁(war)과 전쟁수행(warfare)은 개념의 차이가 있다. War는 우리가 일반적으로 전쟁이라고 부르는 개념으로 두 개 이상의 국가나 정치적 집단 간에 발생하는 조직화된 무력 충돌을 의미한다. 전쟁의 목적은 정치적, 경제적, 영토적 또는 이념적으로 다양하며 국제적 또

는 내전의 형태를 취할 수 있다. 반면 Warfare은 전쟁수행의 방법을 의미하며 군사 기술의 발전, 군사 조직과 교리의 변화, 작전 수행 등 군사력의 활용을 주로 다룬다. 우주 전쟁수행은 새로운 전장 환경으로서 우주 공간에서 군사력의 활용 방법에 초점을 둔다.

**17** 허고은, "美 우주군 실장 " 현실이 된 '스타워즈'… 한미 우주협력 강화해야", 뉴스1, 2025년 5월 7일.

**18** Space Warfare vs. Space Piracy, Center for the Study of Space Crime, Piracy and Governance, Nov 18, 2024.

**19** Greg Hadley, Saltzman: China's ASAT Test Was 'Pivot Point' in Space Operations, Air & Space Forces Magazine, January 13, 2023.

**20** 헌트 포워드 작전은 동맹 국가의 요청에 의한 정보 기반의 방어적 사이버 작전이다. 헌트 포워드 팀은 동맹국이 선정한 네트워크에서 활동하며 악의적인 사이버 행위, 기술과 절차를 탐지 및 분석한다. 이를 통해 동맹국의 사이버 위협을 해결하거나 추가적인 위협을 억제하는 데 기여한다. 헌트 포워드 팀은 작전을 통해 확보한 위협 기술과 방법을 동맹국과 공유함으로서 사이버 위협에 대한 이해를 공유하고 각국의 방어력과 복원력 향상에 활용할 수 있다.

**21** Theresa Hitchen, "'Stop debating' over space weapons and prepare for conflict: Space Force general", Breaking Defense, June 26, 2023.

**22** 전략의 개념은 원래 전장에서 군대를 운용하는 방법을 의미하다가 이후 장군의 지휘술로 인식되었다. 근현대에 들어 전략은 많은 전략가들에 의해 정의되었다. 클라우제비츠(Carl von Clausewitz)는 전쟁목적을 달성하는 수단이자 전투 운용에 관한 술(art)로 정의했고, 콜린스(John M. Collins)는 전·평시를 막론하고 국가이익과 국가목표를 달성하기 위하여 국가의 모든 힘을 결집하는 술(art) 차원의 힘으로 정의했다. 시간이 지나면서 전장의 용병술로 좁게 정의되었던 전략은 전술이라는 용어로 대체되었고, 전략은 상위의 목표를 달성하기 위해 행위자의 능력과 수단을 활용하기 위한 술(art)과 과학(science)으로 통용되고 있다.

**23** Theodora Ogden, Anna Knack, Mélusine Lebret, James Black, Vasilios Mavroudis, The Role of the Space Domain in the Russia-Ukraine War, Centre for Emerging Technology and Security, February 23, 2024.

**24** 최성규, "스마트폰·SNS·민간위성… 전쟁 판도 바꾼 오픈소스 정보", 『중앙선데이』, 2023년 4월 29일.

**25** 이세환, "우크라이나·러시아 전쟁 첨단 통신과 AI가 보여준 미래전 모습", 『월간 통상』, 2024년 3월호, Vol 142, 2024.

26 노지원, “사람들이 죽었다. 이유 없이, 너무 간단하게… 우크라 부차 르포”, 한겨레, 2022년 6월 15일.

27 유승근, “군사작전 관점에서 본 러시아-우크라이나전”, 『국방일보』, 2022년 4월 12일.

28 박시수, “인공위성 겨냥한 사이버 공격이 현실화되고 있다”, 『동아사이언스』, 2022년 3월 25일.

29 이정호, “우크라이나전 우주자산 활용”, 공군-한국항공대 한국우주항공력 포럼 자료집, 2025년 2월 18일.

30 홍건식, “러시아-우크라이나 전쟁과 위성 자산 그리고 한국”, 『이슈브리핑 333호』, 국가안보전략연구원, 2022년 2월 28일.

31 Dalia Bankauskaitė, Dominykas Milasius, and Kate Ludicrum, Ukraine Shows Power of Public-Private Space Cooperation, January 30, 2025.

32 VOA, “러시아, 우크라이나 전쟁 활용되는 서방 위성 쏠 수 있다", Voice of America News, 2022년 10월 28일.

33 안희, “유엔, 우크라전 이후 위성항법 교란 급증”, 연합뉴스, 2025년 3월 26일.

34 Austin Gray, Major General Gregory Gagnon, “Air and Space Domain Lessons from Russia-Ukraine : Part One”, CSIS Event Conflict in Focus, March 20, 2025.

## V__ 우주 안보의 분석

1 “The Global Satellite Market is Forecast to Become Seven Times BIgger”, Goldman Sachs, March 25, 2025.

2 Report to Congress: Risk Associated with Reentry Disposal of Satellites from Proposed Large Constellations in Low Earth Orbit, Federal Aviation Administration, October 5, 2023.

3 Rachel Jewett, ESA Officially Launches its Zero Debris Charter, Via Satellite, November 8, 2023.

4 U.S. Senate Committee on Commerce, Science, & Transportation, Cantwell, Hickenlooper Bill to Clean Up Space Junk Passes Senate Unanimously, November 1, 2023.

5 Andrew Jones, China's Shijian-21 towed dead satellite to a high graveyard orbit, Spacenews, January 27, 2022.

6 사실 우주 정거장의 최초 아이디어는 1959년 브라운 박사가 미 육군에 제출한 「호라이즌 계획(Project Horizon)」까지 거슬러 올라간다. 호라이즌 계획의 최종 목적은 인간을 달에 보내는 것이었다. 이 계획은 기존의 로켓을 개조해 우주 정거장을 구축하는 것으로서 이후 여

러 가지 제안이 추가된 결과 최종적으로 스카이랩 계획으로 실현되었다.

**7** 우주왕복선은 총 5기가 제작되어 총 135번의 우주임무를 수행했다. 첫 번째 우주왕복선 엔터프라이즈(Enterprise)는 1976년 제작되어 시험 비행용으로 활용했고 이후 컬럼비아(Columbia), 챌린저(Challenger), 디스커버리(Discovery), 아틀란티스(Atlantis), 앤데버(Endeavour)가 차례로 제작되어 임무를 수행했다. 이중 챌린저호가 1986년, 콜롬비아호가 2003년 폭발하는 사고로 우주인 14명이 사망했다. 우주왕복선 프로그램은 2011년 7월 8일 아틀란티스호가 마지막 임무를 수행하고 공식적으로 종료되었다. 특히 1986년 첫 번째 우주왕복선 폭발 사고는 이 프로그램 존폐의 큰 위기였다. 하지만 ISS 프로젝트가 본격적으로 추진되면서 미국은 우주왕복선 프로그램을 다시 활용하게 되었다.

**8** 2014년 NASA는 상업 우주인 수송 프로그램(Commercial Crew Program)을 발표했다. 해당 프로그램은 민간과 협력해 미국 우주인들을 국제우주정거장으로 수송하는 것을 목표로 했다. 미국 정부는 SpaceX(26억 달러)와 보잉(42억 달러)을 협력 파트너로 선정했다.

**9** "China sets out preliminary crewed lunar landing plan", Spacenews, 2023. 7.

**10** "921 Project Shenzhou, China and Piloted Space Programs", Globalsecurity, 2021.

**11** "ESA is no longer planning to send astronauts to China's Tiangong space station", Spacenews, 2023. 1.

**12** Kristin Burke, Trends That Impact Perceptions of the Chinese Space Program, China Aerospace Studies Institute, 2023. 8.

**13** 최인준, "민간 여행부터 소행성 자원 탐사까지… '1조달러' 우주 선점 경쟁", 『조선일보』, 2023년 9월 14일.

**14** Russian cosmonauts to make first landing on Moon in 2031-2040, TASS, November 15, 2023.

**15** "SpaceX, Blue Origin, others set to compete in military Moon business program", Defense One, December 5, 2023.

**16** 우주에서 랑데부하려면 반드시 두 물체는 거의 비슷한 궤도경사각을 돌고 있어야 한다. 궤도경사각 차이가 단 1°만 있어도 매우 큰 추가에너지가 필요해서 랑데부가 힘들어진다. 서로 다른 궤도경사각을 돌아도 궤도가 겹치는 부분은 있으니까 시간을 기다리면 언젠가 만날 수도 있다. 하지만 너무 빠른 속도로 서로 휙~ 지나쳐버려서 도킹은 현재 인류의 기술로는 불가능하다. 반드시 두 물체가 같은 궤도경사각으로 같은 고도를 돌고 있어야만 랑데부, 도킹을 할 수 있다.

**17** 이성규, 『호모 스페이스쿠스』, 플루토, 2020, pp. 49~50.

**18** 최성환, "우주 쓰레기 제거기술을 활용한 우주무기 개발 개연성 고찰 및 우주기동전(Space

Maneuver Warfare)의 이해", 우주 기술과 응용, Vol 3, No. 2, May 31, 2023. pp. 165~198.

**19** 우주조약 4조는 달과 다른 천체를 평화적 목적으로만 사용할 것이며 그곳에서 군사기지 건설과 무기 시험을 금지한다. Peter Garretson, How and why the Pentagon is laying the groundwork for an economy on the Moon, THE HILL, 2023. 9. 7.

**20** 노바-C는 높이 3m, 폭 2m 크기다. 총 100kg의 탑재물을 실을 수 있다. 이번 임무에는 고성능 스테레오 카메라 등 총 9개의 탑재물을 실었다.

**21** 류동영, "우주 현지자원활용 글로벌 동향", 『우주 기술과 응용』, Vol 3, No. 3 August 2023, pp. 203~209.

**22** Charles Galbreath, "Securing Cislunar Space and the First Island Off the Coast of Earth," The Mitchell Institute, January 17, 2024.

**23** 안형준, "위성항법시스템의 국제경쟁과 국제협력", 『우주 경쟁의 세계정치』, 한울아카데미, 2021, p. 273.

**24** Raymond McConoly, China's Beidou GPS is a strategic challenge for the U.S, May 24, 2021.

**25** 안형준, "위성항법시스템의 국제경쟁과 국제협력", 서울대 국제문제연구소 워킹페이퍼 No. 171, 2020년 9월 2일. p. 9.

**26** Sarah Sewall, Tyler Vandenberg, Kaj Malden, China's BeiDou: New Dimensions of Great Power Competition, Belfer Center for Science and International Affairs, February 2023, pp. 16~17.

**27** 이윤표, "공중발사체를 활용한 미래 군의 우주전력 확보방안," 『공군-한국항공대 한국우주항공력 포럼 발표자료집』, 2025년 2월 18일.

**28** 박지민, "달 착륙선·발사체… 민간 기업이 다 만드는 시대," 『조선일보』, 2025년 1월 13일.

**29** Stephen Ganote, Samantha Burns, Jacob Finke, Kyle Van Hooren, Kim Lord, Andrew Penn, and Tim Wickham, "4 Trends That Will Make 2024 A Pivotal Year For Space", OliverWyman.

**30** 임주형, "SpaceX 어떻게 화성갔나… 이 사진에 해답 있다", 『아시아경제』, 2024년 9월 2일.

**31** 고계연, "SpaceX 추격자 로켓랩 중형로켓 '뉴트론' 첫 고객 확보", COSMOS TIMES, 2024년 11월 15일.

**32** 박시수, "미·일 정상회담, '기술 보호 협정' 논의… 일본 발사장 이용 가능성 예상," 『산경투데이』, 2024년 4월 7일.

**33** "Space Launch Services Market", Fortune Business Insights, 2025. 2. 24.

**34** Ministry of Economy, Trade and Industry(Japan), Cybersecurity Guidelines for Commercial Space Systems ver 2.0., 2024.

**35** 전남 우주 발사체 산업 클러스터 조성계획, 2023.

**36** T. Jančárková, L. Lindström, G. Visky, P. Zotz, eds., In the Same Boat: On Small Satellites, Big Rockets, and Cyber Trust, 13th International Conference on Cyber Conflict, 2021.

**37** Lisa Valencia, Autonomous Flight Termination System (AFTS) Customer, NASA, 2019.

**38** Lisa Valencia, Autonomous Flight Termination System (AFTS) Customer, NASA, 2019.

**39** 과학기술정보통신부, "우주개발사업 보안관리 규정(과학기술정보통신부 고시 제2024-8호)", 국가법령정보센터, 2024년 2월 20일 시행.

**40** Kai-Uwe Schrogl et al. (2nd ed). Handbook of Space Security, Springer, 2020.

**41** 엄정식·최은석, "김정은 정권 『우주개발법』 10년의 입법 분석과 정치·군사적 의미", 『국제지역연구』, 제23권 1호, 2025.

**42** 리종익, "경해하는 최고령도자 김정은 동지는 우리 조국을 주체의 우주강국으로 빛내여 나가시는 절세의 위인", 『사회과학원학보』, 루계 제97호, 평양: 사회과학출판사, 2017, p. 7.

**43** 김은심, "우주강국건설에서 이룩한 불멸의 령도업적", 『김일성종합대학학보(력사, 법률)』, 제63권 제4호, 평양: 김일성종합대학, 2017, pp. 47~50.

**44** 북한은 2013년 '국가우주개발국'이 신설되기 이전에 '조선우주공간기술위원회'라는 국가기구를 두어 우주개발과 평화적 이용정책에 맞게 활용할 것을 강조한 바 있다. 『노동신문』, 2012년 3월 17일; 북한은 당기관지인 언론매체를 통해 "국가우주개발국의 자랑스러운 발전사"를 지면에 소개하기도 했다. 『노동신문』, 2023년 4월 1일.

**45** 변상정, "북한 '국가항공우주 기술총국'의 개편 의미와 시사점", 『이슈브리프』, 제469호, 국가안보전략연구원, 2023년 10월 13일. p. 1.

**46** 북한에서의 '수정보충'은 우리나라의 '개정'과 같고, 북한에서의 '개정'은 우리나라의 '법제 개편'과 같은 의미로 사용된다.

**47** 『북한법령집』, 국가정보원, 2024년 8월 저자 정리.

**48** '조선우주협회'는 "우주과학기술 목표달성을 위한 연구와 교류활동 심화"를 기사로 다루었는데, 흥미로운 것은 우주 관련 국제학술토론회에 참가하여 과학기술교류와 협력 활동을 적극화할 것을 강조한 점이다. 조선우주협회 회원은 김일성종합대학, 김책공업대학 등 여러 대학을 졸업한 전도유망한 우주과학기술인재들이 망라되어 있다고 소개하였다. 『노동신문』, 2024년 4월 30일, p. 3.

**49** 최은석, "북한 '우주개발법', 제정 배경과 그 의미", 『통일한국』, 평화문제연구소, 2019년 2월호, p.62; 최은석·엄정식, "북한 우주개발에 대한 남북한 인식과 법적 분석", 『국제지역연구』, 제27권 제3호, 국제지역학회, 2023, p. 130.

**50** Martyn Williams, North Korea Revised its Space Law to Permit Military Use, 38north, June

2, 2025.

**51** 예를 들어 북한은 2012년 4월 장거리로켓을 발사하면서 "안보리 결의보다 훨씬 더 우위를 차지하는 보편적인 국제법들이 우주의 평화적 이용 권리를 인정한다"라고 주장하였다. 박원곤, "북한이 그리는 신냉전의 세계", 『논평 · 이슈브리핑』, 동아시아연구원, 2023년 2월 27일.

**52** 북한은 우주개발을 통해 위성정보 자료를 과학농사 실현 및 민간 활용에 접근하는 등 연구 중임을 공개적으로 피력하고 있다. 최은석 · 엄정식, "북한 우주개발에 대한 남북한 인식과 법적 분석", 『국제지역연구』, 제27권 제3호, 국제지역학회, 2023, p.128.

**53** 이종주는 신냉전으로 변화하는 국제체제를 북한이 기회로 인식하고 있으며, 2020년 이후 북한의 핵정책을 급진적 내부균형 추구로 설명한다. 이종주, "김정은의 핵정책 변동(2009-2023) -"신랭전"과 「급진적 내부균형」의 핵정책", 『국제정치논총』, 제64집 1호, 한국국제정치학회, 2024, p. 288.

**54** 국방부, 「2022 국방백서」, 2023; 통일부 북한정보포털, 조선중앙통신. 저자 정리

**55** "Global Counterspace Capabilities Report 2023," Secure World Foundation, April 14, 2023.

**56** Office of the Director of National Intelligence, Annual Threat Assessment, 21.

**57** Jeongmin Kim and Joon Ha Park, "North Korea Tried to Jam US-ROK Navigation System during Drills, Seoul Says," NK News, March 8, 2024.

**58** 장예지, "북, 화성포-18형 발사 확인… '시험 발사' 넘어 '발사 훈련'" 『한겨레』, 2023년 12월 19일.

**59** 정충신, "북한 극초음속미사일 · 전술핵 진전… '9대 전략무기' 중 7개 실전배치 임박, 『문화일보』, 2024년 9월 11일. 저자 수정.

**60** 최은석 · 엄정식, "북한 우주개발에 대한 남북한 인식과 법적 분석," 『국제지역연구』, 제27권 3호, 2023, p. 136.

**61** 북한의 가상자산 탈취 총액은 2조4000억 원 규모로 평가된다. 북한은 비트코인이 떠오른 2016년부터 본격적으로 가상자산 탈취에 나섰다. 여기서 탈취한 자금을 통해 대량살상무기(WMD) 개발과 무력도발, 추가적인 사이버 공격을 위한 자금을 충당하고 있는 것으로 본다.

**62** 신진우 · 신규진, "북, 우방국 러서 해킹한 방산기술 재가공... 러에 되판 정황", 『동아일보』, 2024년 8월 1일.

**63** 한국우주 안보학회 연구보고서(국가우주 안보 전략 및 우주감시 거버넌스 구축을 위한 연구)

**64** '혁신-자강의 노력선'에 북한 핵 · 미사일 위협에 대비해 한국형 3축체계 강화, 사이버 · 전

자기·우주 등의 작전 수행능력 발전, 유·무인 복합전투체계 구축 가속화, 무인기 대응능력 강화 등을 추진한다는 내용을 포함하고 있다.

**65** 2021년 제76차 유엔총회 제1위원회에서 한국 등 9개국이 제안한 신규 우주 안보 결의에서 163개국의 압도적 찬성으로 결의안이 채택된 것을 사례로 들 수 있다.

**66** Josh Smith, Rival Koreas race to launch first spy satellites this month, Reuters, November 21, 2023.

## 부록 1: 우주 입문자를 위한 국내 도서 추천

여기서는 2020년 이후 출간된 우리나라 우주관련 저서나 번역서 중 저자가 선별한 책을 소개한다. 독자들에게 소개할 수 있는 좋은 책이 풍성해진 만큼 개정판에서는 영역별로 소개한다. 앞으로 우리나라에 우주 입문자가 더 많아졌으면 하는 바람이다.

[**우주과학과 탐사**]

### 비욘드

크리스 임피 저/곽영직 역, 시공사, 2020년 4월

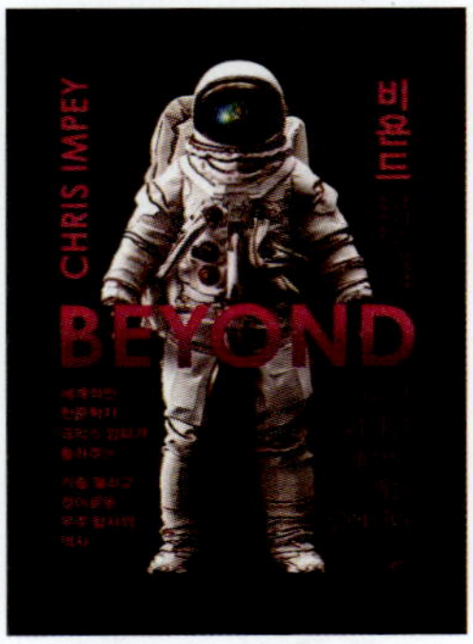


세계적 우주생물학인 저자는 우리가 현재 매우 중요한 전환점에 서 있다고 말한다. 이 책은 '우주 탐사'라는 우리 모두의 꿈이 어떻게 시작되어 얼마나 발전했고, 어디로 나아갈 것인지를 하나의 이야기처럼 들려준다. 저자의 우주적 관점을 여러분도 누릴 수 있기를 바라며 추천한다.

### 우주로 가는 물리학

마이클 다인 저/이한음 역, 은행나무, 2022년 12월

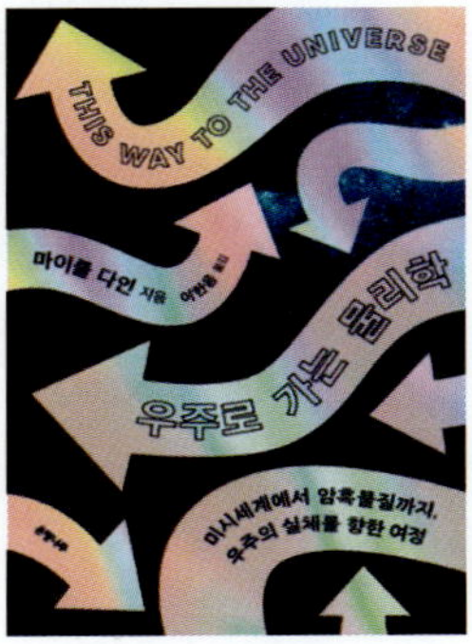


미국의 물리학자 마이클 다인이 쓴 책으로 우주의 비밀에 대해 우리가 알고 있는 것과 알지 못하는 것, 그리고 알고 싶어하는 것을 흥미롭게 설명한다.

## 우주탐사의 물리학

윤복원 저, 동아시아, 2023년 3월

유인 우주탐사에 필요한 과학 지식을 중심으로 흥미로운 질문을 설명한다. 특히 외계행성 찾는 법, 중력파 관측에 관한 지식을 비롯해 유인 우주비행에 필요한 인공중력을 만드는 방법을 자세히 알려준다.

## 우주 모멘트

일본과학정보 저/류두진 역, 로북, 2023년 10월

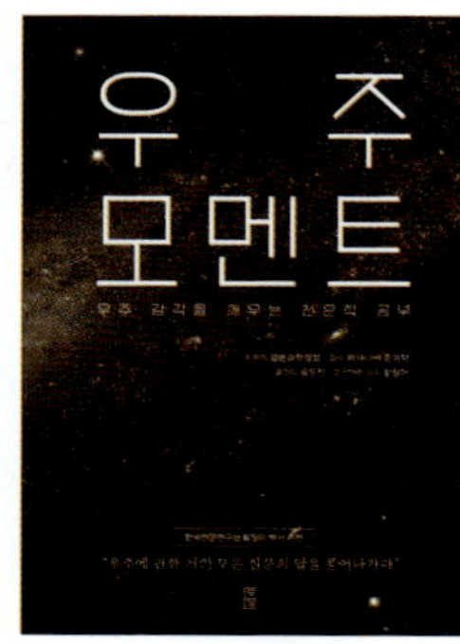


이 책은 우주의 시작부터 모든 기본적인 정보를 어려운 수식 없이 설명하고 있다. 우주는 머리로 이해할 수 없는 어떤 순간(모멘트)일지 모른다. 우리가 무엇을 위해 우주개발을 하고 있는지, 그리고 그것이 우리의 일상과 어떻게 연결되어 있는지 생각해 볼 수 있는 책.

## 우주탐사 매뉴얼

김성수 저, 위즈덤하우스, 2023년 7월

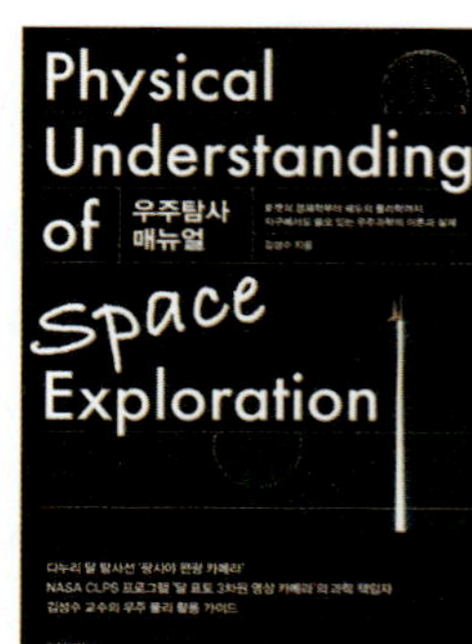


우리나라 달 천문학의 개척자인 김성수 교수가 쓴 우주탐사 개론서. 물리학, 공학뿐 아니라 경제학까지 실용적 관점에서 우주탐사의 다양한 이야기를 들을 수 있다. 재사용 로켓의 과학, 우주 엘리베이터처럼 흥미로운 설명도 담았다.

## 우주물리학 사전

다케다 히로키 저/전종훈 역, 보누스, 2024년 7월

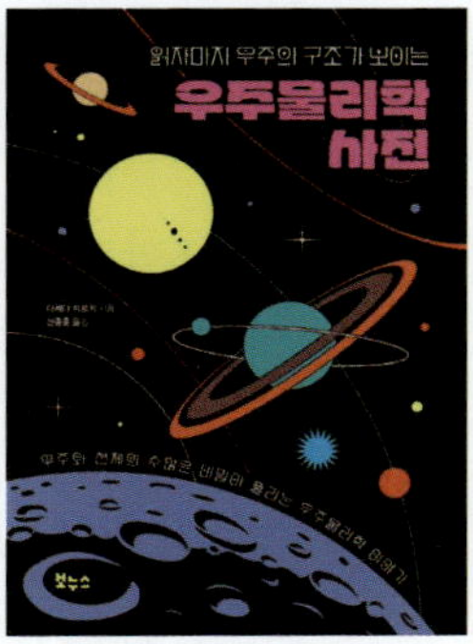


이 책은 우주와 관련된 다양한 호기심을 저자가 제공하는 그림과 함께 쉽게 설명한다. 저자는 과학자지만, 오랫동안 과학커뮤니케이터로서 일반인들에게 우주물리학 지식을 널리 알려왔다. 그의 이야기를 들어보길 권한다.

## 하야부사(HAYABUSA)

쓰다 유이치 저/서영찬 역, 동아시아, 2024년 6월

일본이 왜 우주강국인지 알고 싶으면 이 책을 권한다. 원제목은 일본 소행성 탐사선 하야부사2 이다. 하야부사2 프로젝트 책임자인 쓰다 유이치가 기획부터 소행성 탐사까지 전 과정을 생생하게 그린다. 하야부사2가 지구로 귀환하지 않았지만, 이들은 이미 성공한 셈이다.

[우주경제]

## 우주 비즈니스

권오병 · 배수진 저, 청람, 2024년 8월

우주 경영학이 필요하다는 저자들의 주장에 동의하며 추천한다. 우주는 모든 분야가 연결된 광활한 영역이기 때문이다. 다른 우주 경제 책이 거시 경제나 산업, 투자를 소개하는데 반해 우주 사업의 다양한 분야와 향후 가능성에 무게를 둔 책이다.

## 우주에 도착한 투자자들

로버트 제이콥슨 저/손용수 역, 유노북스, 2022년 6월

저자는 우주로 확장된 비즈니스 시대를 맞아 기회와 부를 얻을 수 있다고 주장한다. SS 플랫폼, 우주 채굴, 우주 공학, 위성, 로켓, 로봇, 우주정거장 등 우주 경제를 이해할 수 있는 8가지 핵심 기술과 산업을 설명한다. 우주 산업에 투자하기 위해 알아야 할 지식이 여기 있다.

## 우주를 향한 골드러시

페터 슈나이더 저/한윤진 역, 쌤앤파커스, 2021년 1월

독일의 저명한 저널리스트 페터 슈나이더가 우주산업을 심층 취재하고 현재와 미래를 흥미롭게 이야기한다. 스페이스X, 블루 오리진 등 세계 일류 기업과 창업자들, NASA와 관계 등 뉴스페이스 시대 불꽃 튀는 경쟁을 담고 있다.

## 우주산업혁명

로버트 주브린 저/김지원 역, 예문아카이브, 2021년 7월

우주 공학자 로버트 주브린이 쓴 책으로 우리가 우주 개발을 해야 하는 이유와 어떻게 할 수 있는지 두 가지 중요한 화두로 풀어낸 깊이 있는 책이다. 다양한 우주 프로젝트가 현실이 되는 이야기부터 다가올 미래의 재앙에서 벗어나기 위한 우주활동을 설득력 있게 제시한다.

## 우주전쟁 2.0

브래드 버건 저/최지숙 역, 드루, 2023년 9월

제목만 보고 스타워즈로 생각해선 곤란한 책. 우주탐사의 중요성과 가능성을 보여주기 위해 최신 우주산업 자료를 컬러 이미지와 함께 시각적으로 아름답게 편집했다. 민간 우주선, 화성 이주 문제 등 풍부한 자료와 상상력을 담고 있다.

## 우주경제에 투자하라

양현상 저, 두드림미디어, 2023년 9월

저자는 우주를 항공 및 방산과 묶어서 봐야 한다고 이야기한다. 이를 통해 우주경제를 제대로 볼 수 있는 안목을 제시하고 있다. 이 책 한 권으로 우주경제의 기회를 이해하고, 두각을 보이는 기업도 파악할 수 있다.

## 스페이스 이코노미

채드 앤더슨 저/장용원 역, 민음인, 2024년 5월

저자는 세계적인 우주 기업 투자를 이끈 '스페이스캐피털' 설립자로 우주 경제의 가치와 전망을 누구보다 잘 파악하고 있다. 민간 우주 시장의 성장을 강조하면서도 현실의 장벽도 예리하게 지적한다. 글로벌 우주경제를 이해하는 필독서이다.

## 스페이스X의 비밀

브래드 버건 저/김민경 역, 미디어숲, 2024년 4월

오늘날 우주경제를 이해하려면 스페이스X를 빼놓을 수 없다. 스페이스X를 이해하려면 일론 머스크를 빼놓을 수 없다. 둘을 떼어놓을 수 없다는 점에서 전반부는 일론 머스크, 후반부는 스페이스X의 과거와 현재를 흥미롭게 다루고 있다.

[우주 기술과 우리의 도전]

## 우리는 다시 달에 간다

최기혁 등 저, MID, 2023년 12월

우리나라 달 탐사를 이끌고 있는 한국항공우주연구원 전문가들이 쓰신 의미있는 책이다. 유인우주비행의 역사, 현황, 기술은 물론 저자들이 해주는 우주에 대한 재미있는 이야기도 포함했다. 아르테미스 계획을 이해하고 싶으면 이 책을 권한다.

## 우주로 가기 위한 로켓 입문

고이즈미 히로유키 저/김한나 역, 생각의집, 2022년 10월

제목에 담긴 로켓의 과학과 기술뿐 아니라 인간이 우주에 나아가기 위한 다양한 지식을 담고 있는 책. 입문서라는 제목답게 그림을 곁들인 이해하기 쉬운 설명이 장점인 책.

## 우주미션 이야기

황정아 저, 플루토, 2022년 9월

우리나라 발사체 누리호에 탑재되어 발사된 도요샛 인공위성을 개발한 한국천문연구원 황정아 박사가 쓴 책으로 우주임무의 처음부터 위성 개발과 시험, 지상국 원리까지 인공위성에 대한 핵심적인 이야기를 전해준다.

## 우주 기술의 파괴적 혁신

김승조 저, 텍스트북스, 2023년 9월

우주기업의 혁신과 그 밑바탕이 된 기술의 현재와 미래를 다루었다. 우주 기술 산업화 7대 분야에서부터 우주 경제를 위한 조언까지 기술의 경제적 의미를 체계적으로 이야기한다.

## 우리는 로켓맨

조광래 · 고정환 저, 김영사, 2022년 9월

우리나라를 11번째 우주발사체 국가로 올려 놓은 한국항공우주연구원 조광래, 고정환 박사님의 누리호 개발 이야기. 러시아와 공동 개발 과정, 두 번의 실패 속에 공황장애까지 얻어야 했던 힘겨운 상황, 미래를 내다보고 준비해야 하는 국가전략의 중요성 등이 담겨 있다.

## 누리호, 우주로 가는 길을 열다

오승협 저, 알에이치코리아, 2023년 3월

세계 7번째로 실용급 위성을 궤도에 올린 누리호 개발 이야기. 앞의 책 우리는 로켓맨을 읽고 이어서 읽으면 우리나라 우주발사체 개발 역사가 한눈에 들어온다.

[우주안전 및 정책]

## 중력을 넘어서

로리 가버 저/조동연·김지훈 역, 다산북스, 2024년 2월

일론 머스크와 함께 상업 우주 시대를 열었던 NASA 부국장 로리 가버의 이야기. 엔지니어도 우주인도 남성도 아닌 저자가 NASA 내부에서 넘어야 했던 엄청난 관료주의는 중력보다 무거웠다. 우주로 가기 위해서는 '중력만 넘어'서는 안 된다.

## 우주 쓰레기가 온다

최은정 저, 갈매나무, 2021년 7월

우리나라를 우주 위험에서 지키고 있는 한국천문연구원 최은정 박사가 쓴 책. 과학기술뿐 아니라 환경의 관점에서 우주 잔해물의 현황과 전망을 재미있게 설명한다. 우주 안보의 관점에서 읽어보면 저자가 이야기하지 않는 기회도 볼 수 있다.

## 우주법과 정책

김한택 저, 이진, 2024년 9월

우주법은 우주활동에 정당성을 부여한다. 우주경제뿐 아니라 우주안보를 위해서도 우주법 이해는 필수. 우주법 해석은 물론 이론과 정책을 담은 종합적인 우주법과 정책 도서로 추천한다.

## 우주안보의 국제정치학

김상배 편, 한울아카데미, 2024년 10월

이 책은 우주지정학의 변환과 뉴스페이스의 부상, 우주신흥안보의 창발이라는 세 가지 차원에서 우주안보의 국제정치학 논점들을 살펴본다. 다양한 저자들의 전문성이 반영된 우주안보 학술서로 추천한다.

## 나사는 어떻게 일하는가

데이브 윌리엄스, 엘리자베스 하월 저/강주헌 역, 현대지성, 2024년 12월

나사는 한 때 국방부보다 더 많은 돈 쓰면서 더 많은 위험을 감수했던 조직이었다. 한 조직이 우주개발이라는 미지의 도전을 겪으면서 실패와 성공을 반복할 수 있었던 비결을 엿볼 수 있다. 관리의 리더십과 창조의 리더십이 모두 녹아있는 이야기로 추천한다.

## 지리의 힘 3

팀 마샬 저/윤영호 역, 사이, 2025년 4월

우주에도 지리적 영향력이 있다. 세계적 베스트셀러 '지리의 힘' 세 번째 시리즈가 우주일 줄이야! 게다가 우주 지정학, 지구상의 경쟁이 우주에서 그대로 지속될 것이라는 통찰은 우주안보의 핵심과 똑같다. 필자의 책보다 먼저 읽어보길 추천한다.

[인문학과 우주의 꿈]

## 일론 머스크

월터 아이작슨 저/안진환 역, 21세기북스, 2023년 9월

천재인가 몽상가인가, 영웅인가 사기꾼인가? 수많은 논란에서도 미래를 만들어 가는 스페이스X의 창업가 일론 머스크의 가장 자세한 이야기. 그를 단순히 사업가로만 보지 말고, 그가 꿈꾸는 미래를 함께 꿈꾸기를 바라며 꼭 읽어보길 권한다.

## 레인보우 맨션

애슐리 반스 저/조용빈 역, 쌤앤파커스, 2024년 7월

일론 머스크만 있는 것은 아니다! 우주경제와 시장을 선도하는 머스크 말고, 로켓랩, 플래닛랩스 등 기술과 꿈을 가진 많은 스타트업 스토리가 여기에 있다. 이들이 머물던 캘리포니아 레인보우 맨션을 책으로 방문해보길 강력 추천한다.

## 그래서 우리는 달에 간다

곽재식 저, 동아시아, 2022년 8월

소설가이자 공학 박사인 곽재식 작가가 풀어내는 재미있는 달 탐사 이야기. 달과 관련된 천문학 지식부터 동서양의 신화와 기록들, 각국의 달 탐사 경쟁까지 우리 인간이 이렇게 달과 가까웠나 싶다.

## 코스모스 씽킹

BossB 저/이정미 역, 알토북스, 2024년 10월

분명 천체 물리학 책을 읽었는데 철학 책을 읽은 것 같은 느낌. 저자는 과학적으로 우주를 이해할수록 세상을 살아가는 우리 자신에게 중요한 문제를 깨달을 수 있다고 한다. 우리가 우주의 일부이고 우주가 우리의 일부이기 때문이다.

## 우주에서는 서두를 필요가 없다.

마욜린 판 헤임스트라 저/양미래 역, 돌베개, 2024년 6월

우주인은 우주에서 지구를 바라보면 모든 걸 다르게 보게 되는 인지적 변화를 겪는다고 한다. 조망효과(overview effect)이다. 이 책은 우리가 우주에 가지 않고 조망효과를 느끼도록 해주는 아주 독특한 책이다.

## 우주에서 기다릴게

이소연 저, 위즈덤하우스, 2024년 4월

우리나라 최초의 우주인 이소연 박사. 우주시대 이전에 우주인으로서 그녀가 했던 대단한 도전, 혼자서 애썼던 과정이 고스란히 담겨 있다. 이 책은 미래 우리나라 우주인이 될 청소년에게 꼭 추천한다.

## 미래에서 온 외계인 보고서

박성준 저, 을유문화사, 2020년 7월

인간의 상상력은 우리를 우주로 이끌었고, 우주는 그런 인간의 상상력을 계속 자극하고 있다. 저자는 우주 관련 소설, 영화 등을 소개하며 우주에 대한 우리의 상상력을 더욱 자극한다. 흥미로운 책이다.

## 부록 2: 우주 관련 온라인 자료

우주는 눈에 보이지 않기 때문에 과거에는 영화나 소설로만 상상을 채울 수밖에 없다. 하지만, 지금은 24시간 우주를 이해하고 볼 수 있는 좋은 홈페이지나 유튜브가 많다. 그중에서 몇 가지를 추천한다.

### 1. 스페이스 허브TV(https://www.youtube.com/@SpaceHubTV)

한화그룹의 우주 사업 통합 브랜드 스페이스 허브 채널로서 우주와 관련된 과학지식, 소식을 접할 수 있다. 우주 전문가들과 나누는 흥미로운 이야기가 인기 있고, 특히 우주학교 온라인 클래스(우주 조약돌)은 우주 입문자들에게 매우 유익하다.

### 2. 한국항공우주연구원 KARI TV(https://www.youtube.com/@KARItelevision)

우리나라 항공우주 분야 중심 연구기관인 한국항공주우연구원 공식 채널로서 우주기술 개발과 항공우주의 가치를 잘 보여준다. 특히 누리호, 다누리 등 우리나라의 우주활동을 자세히 볼 수 있으며, 우주과학 지식과 소식을 친절하게 설명해준다.

### 3. NASA(https://www.youtube.com/@NASA)

미국 항공우주국(NASA)의 공식 채널로서 우주탐사, 과학실험, 우주연구에서 미래를 개척하는 모습이 인상적이다. 이 채널은 우주정거장 우주인들과 실시간 대화를 방송하기도 하며 우주 유영, 특히 아르테미스 임무에 대한 최신 내용을 볼 수 있다.

### 4. MINOS(https://www.youtube.com/@Minoschanel)

우주 다큐 시리즈를 제공하는 채널로서 물리학, 천문학을 비롯해 우주와 관련된 많은 흥미로운 질문을 10분 내외로 볼 수 있다. 이 채널에서 계속 업데이트 중인 우주 다큐는 현재 시즌 2를 방송 중이다.

### 5. 엘랑의 우주정복(https://www.youtube.com/@elangmusk)

로켓/항공우주 과학기술 채널로서 다양한 정보를 생생한 시뮬레이션, 영상과 함께 설명한다. "우주에서 총을 쏘면 총탄은 어떻게 될까?" 등 흥미로운 질문에 대해 과학적 설명과 재미있는 시뮬레이션을 볼 수 있다.

### 6. 우주아저씨(https://www.youtube.com/@Mr-Wooju)

우주과학 정보와 지식, 상식에 대한 채널로서 우주탐사 중인 탐사선의 근황, 태양계 다양한 별들에 대한 유익한 설명을 제공한다.

### 7. The Space Race(https://www.youtube.com/@TheSpaceRaceYT)

우주 탐사를 중점적으로 다루는 캐나다 채널로서 스페이스X, 블루오리진, NASA의 소식을 주로 소개한다. 특히 국가 간 우주 경쟁 상황과 역사에 대한 이야기도 잘 정리하여 보여준다.

### 8. Isaac Arthur(https://www.youtube.com/@isaacarthurSFIA)

미국우주협회 회장인 아이작 아서의 채널로서 과학에 기반한 우주 탐험을 주로 다루지만, 외계인, 문명의 종말 등 공상 과학소설과 같은 흥미로운 이야기도 함께 소개한다.

### 9. 엄정식의 우주안보사관학교(https://blog.naver.com/space_power)

이 책의 초판을 출간하고 우주안보 교육과 연구를 공유하고자 만든 저자의 블로그. 국방·정보, 경제, 외교와 관련된 국내외 최신 우주 이슈는 물론, 저자가 전국을 누비며 배운 우주 관련 세미나 후기를 만날 수 있다.

### 10. SPACEMAP(https://www.spacemap42.com/)

스페이스맵은 우주잔해물과 위성 간 충돌을 예측하고 회피할 수 있도록 빠른 의사결정을 지원하는 플랫폼을 개발하는 스타트업이다. 이 기업의 홈페이지는 우주잔해물 현황도 볼 수 있지만, 국내외 우주관련 세미나, 학술대회 등 최신 정보를 한 눈에 볼 수 있는 스페이스 카렌다를 제공한다. 본인이 알고 있는 우주관련 행사를 직접 카렌다에 올릴 수도 있다.

### 11. BryceTech(https://brycetech.com/reports)

브라이스테크는  데이터분석, 기술 포트폴리오 관리, 프로그램 관리, 전략 기획, 사업 및 경제, 획득 지원 등 다양한 분석을 제공하는 기관이다.  특히 글로벌 수준의 발사체 서비스 분석, 위성 서비스 분석 등을 분기별, 연간 보고서를 제공한다. 메일링 신청을 하면 최신 보고서를 받을 수 있다.

### 12. 국제우주정거장 실시간 정보 (https://www.youtube.com/watch?v=pcWi9xF9xOk)

SBS 뉴스에서 제공하는 국제우주정거장 라이브 장면과 정보 화면이다. 약 400km 궤도를 돌고 있는 국제우주정거장에서 바라본 지구의 경이로운 모습과 함께 지구의 위치와 주요 도시도 표시해준다. 국제우주정거장은 90분마다 지구를 한 바퀴 돌고 있으며, 2025년 3월 21일(한국시간) 11시간 30분 동안 촬영한 이 영상을 모두 재생하면 지구를 7바퀴 정도 돌 수 있다.

### 13. Space Security Portal(https://spacesecurityportal.org)

우주 안보 포털은 전 세계 우주 정책과 우주 기관, 법적 문서, 거버넌스, 국제 조약 등 다양한 자료를 제공한다. 세계 지도에서 원하는 국가를 선택하면  국가별 자료가 제공되며 방문자가 직접 업데이트를 제안할 수도 있으며 PDF로 프린트도 가능하다.

# 부록 3: 우주 안보 이야기

우주 안보라는 말을 처음 들으면, 우주 전쟁이나 군사 문제를 생각하기 쉽다. 물론 국방과 정보, 군사 문제는 우주 안보에서 여전히 중요한 주제이다. 하지만, 우주 안보는 국제문제이자 국가전략이며 일상생활 유지에 필요한 다양한 모습으로 존재한다. 그동안 다양한 우주 안보를 공유하고자 써온 칼럼 중 일부를 여기에 공유한다. 계속되는 칼럼은 한국강사신문 웹싸이트를 방문하기 바란다.*

## ① 우주는 사기와 사업의 경계를 넘나드는 공간!

[사진출처 (좌) Lunar Embassy Korea, (우) 일론 머스크]

여기 두 명의 우주 사업가가 있다. 이들의 공통점은 우주에 가보지 않았지만, 우주 때문에 엄청난 돈을 벌었고, 앞으로도 계속 벌 것이라는 사실이다. 그런데 이들이 우주에서 돈을 버는 방법은 사기인지 사업인지 잠시 머뭇거리게 만든다.

* 칼럼을 게재할 수 있도록 허락해 주신 한국강사신문 한상형 대표님께 감사드립니다.

한 사람은 1980년 지구에서 먹고 살길이 막막하던 참에, 사람들에게 달의 땅을 팔기 시작해서 엄청난 부자가 되었다. 다른 사람은 2002년 지구에서 잘 먹고 잘 살고 있었는데, 갑자기 화성에 가겠다고 로켓을 만들기 시작해서 지금은 더 부자가 되었다.

첫 번째 사업가는 데니스 호프라는 미국인으로, 1967년 UN에서 체결된 우주조약을 잘 이해하고 있었던 사람이다. 그는 국제법을 근거로 달의 땅을 파는 사업을 시작했다. 데니스 호프가 주장하듯이 우주조약(제2조)은 "달을 포함한 어떤 천체와 우주는 어떤 방법으로든 특정 국가가 사용 또는 소유할 수 없다."고 명시한다.

ⓒ SpaceX

그는 UN에도 공문을 보내, 만약 자신의 사업이 문제가 있으면 알려달라고 했지만, 별다른 답장이 오지 않았다. 그는 이 일을 문제가 없다는 뜻으로 받아들인다. 그렇게 사기 같은 이 생각은 사업이 되었다.

두 번째 사업가는 일론 머스크로 NASA(미국항공우주국) 홈페이지를 뒤져봤지만, 어디에도 화성에 갈 계획이 없다는 걸 알고 충격을 받았다. 이후 그는 인간을 화성으로 이주시켜 화성 도시를 건설하겠다는 생각으로 로켓 만드는 사업을 시작했다.

처음 로켓을 개발하는 과정에서는 세 번이나 실패하고 투자금을 거의 다 날렸지만, 네 번 만에 성공했고, 지금은 화성에 갈 스타십(Starship)을 개발하고 있다. 아직까지 그는 세 번이나 성공하지 못했지만, 박수치며 환호하고 있다. 그렇게 사기 같은 이 생각은 사업의 원동력이 되었다.

**우주 사업은 꿈꾸는 소비자가 많아야 성공한다.**

과연 두 사업가가 팔고 있는 것은 무엇일까? 우선 데니스 호프가 팔고 있는 달은 국제법을 위반하는 것은 아니지만, 실제 소유권을 인정받을지는 미지수다. 게다가 구입한 달에 가볼 수 있는 사람은 거의 없을 것 같다. 일론 머스크가 NASA에 팔고 있는 우주수송 서비스도 우리가 타보긴 어려울 것 같다. 이렇게 현실로 존재는 하지만, 실제로 가볼 수 없거나, 경험할 수 없는 것들을 팔고 있는 이들은 우주로 사기를 치는 걸까? 사업을 하는 걸까?

뉴스페이스 시대의 붐을 타고, 몇 년 전부터 우리나라에서도 우주에서 돈을 벌려는 사업가들이 늘고 있다. 이들은 더욱 혁신적인 기술을 개발하고, 돈이 되는 아이템을 찾기 위해 열심히 노력 중이다. 어떻게 하면 성공할 수 있을까? 적어도 우리나라 시장에서는 어른과 아이들에게 우주를 일상적인 현실로 받아들이고, 꿈꿀 수 있는 기대부터 심어주어야 한다.

데니스 호프나 일론 머스크가 팔고 있는 것은 달의 땅이나 우주비행 상품이 아니라 우주를 꿈꾸게 만드는 기회였다. 오늘도 한 사람은 자신도 가보지 못한 달을 팔고 있고, 다른 사람은 세 번이나 성공하지 못한 스타십을 만들고 있다. 이들이 하고 있는 것은 사기일까? 사업일까?

앞으로 우리나라에서도 우주발사를 직접 볼 수 있는 기회가 늘어난다. 많은 가족들이 꼭 아이들의 손을 잡고 가보길 바란다. 어린왕자를 쓴 작가 생텍쥐베리는 이런 말을 했다. “배를 만들게 하고 싶다면 배 만드는 법부터 가르치지 말라. 먼저 바다를 꿈꾸게 하라.”

이제 우리나라에 필요한 것은 더 많은 사람들이 우주를 꿈꾸는 일이다. 우리나라에서도 데니스 호프나 일론 머스크처럼 사기와 사업의 경계를 넘나드는 우주 사업가가 나오길 기대한다.

### ② 우주항공청 면접 요령을 알려드립니다.

ⓒ 연합뉴스

드디어 우리나라 우주활동의 중심축이 될 우주항공청이 개청을 앞두고 있다. 임시 청사를 마련하고 인재를 채용하느라 분주하다. 동종업계 상위 20%에 해당하는 급여 때문일까? 우주항공청 임기제공무원 모집 경쟁률은 16대 1로 많은 관심을 받았다. 본부장, 단장 등 간부급 모집 경쟁률도 11대 1로 상당한 경쟁률을 기록했다. 우주항공청은 우리나라 우주활동 발전에 중심 기관이며, 여기서 일하게 될 인재들도 귀한 분들이다. 가상이지만, 우주항공청 면접은 이렇게 준비해야 하지 않을까?

### 한국형 NASA가 정답은 아니다!

조직은 사람이 만든다. 우주항공청은 새로 만들어지는 조직이므로 지원자라면 새로운 조직에 대한 자신의 기대를 밝혀야 한다. 그동안, 우리 언론이나 관계관들은 우주항공청을 한국형 NASA에 비유해왔다.

그렇지만, 면접 지원자들이 자신들이 기대하는 우주항공청의 모습으로 NASA를 언급한다면 곤란해질 수 있다. 단순히 규모나 능력의 차이 때문만은 아니다. NASA 부국장을 지냈던 로리 가버(Lori Garver)가 쓴 『중력을 넘어서(Escaping Gravity)』를 읽어보면, NASA는 뉴스페이스로 불리는 우주 상업화와 비즈니스 창출을 온몸으로 저항했던 관료주의 조직이었다.

스페이스X가 스스로 능력을 입증하기 전까지, NASA는 더 비싸고 더 오래 걸리는 우주 프로그램이더라도, 기존 인력들을 유지할 수 있고, 자신들이 할 수 있는 일을 고수했다. NASA뿐 아니다. NASA의 일자리와 예산에 의존했던 거대 방산업체, 지역구 정치인들도 새로운 우주 프로그램을 공격했다. 스페이스X와 같

© NASA

은 새로운 기업의 검증되지 않은 접근을 거부했고, NASA가 이룬 성과가 무너질 수 있다고 우려했으며, 중국과 러시아에 뒤처질 수 있다고 위협했다.

하지만, 우리나라 우주항공청은 새로 출범한다. 고수해야 할 관행이나 일자리는 없다. 그러므로 지원자라면 면접에서 우주항공청을 NASA처럼 만들겠다고 밝혀선 곤란하다.

### 우주활동에 새로운 가치를 부여하자!

그렇다면, 지원자들은 어떤 기대를 밝혀야 할까? 우리나라 우주활동에 새로운 가치를 끊임없이 부여하겠다는 기대를 밝혀야 한다. 우주항공청은 국가우주위원회 감독을 받고 과학기술정통부 예하에 있지만, '누군가'로부터 주어진 우주 프로그램을 수행하는 조직이 되어서는 안 된다. 일론 머스크는 돈을 더 많이 벌려고 화성 기지를 추진하는 것은 아니다. 그것이 가치 있는 일이기 때문에 하는 것이다.

우주항공청 인재들은 다음과 같은 국민들 질문에 대답할 수 있어야 한다. "우리나라는 왜 달 기지를 만들어야 할까? 독자적이든 공동으로든 우리나라는 왜 우주정거장을 만들어야 할까? 다시 우주인을 양성하고 우주로 보내야 할까? 화성 탐사는 왜 해야 할까?"

### 새로운 가치는 정당성이자 목표

먼저, 우주항공청 인재들이 부여한 가치는 우리나라 우주활동의 정당성이 된다. 이러한 기대는 새로운 서비스와 시장을 창출하고, 기존 프로그램의 비용과 시간을 줄여주며, 안전하고 신뢰성 있는 결과를 낳을 것이다.

우주항공청이 창설되고, 본격적으로 사업을 시작하면 예산 논란이 일어날 것이다. 앞으로 우주항공청의 예산은 비슷한 우주 프로그램이 규모만 커졌거나 동일한 우주 프로그램이 반복되면서 늘어나서는 안 된다. 새로운 가치가 부여됨으로써 늘어나야 한다.

다음으로, 우주항공청 인재들이 부여한 가치는 지속가능한 우주활동이라는 목표가 된다. 우주활동은 다음 세대에도 지속가능한 삶을 보장하는 비전이다. 이를 위해 새로운 우주 프로그램은 새로운 가치를 실현하는 과정이다. 그동안 국제 무대에서 우리나라는 우주 분야의 과학기술 성과를 열거했을 뿐, 우주활동의 가치를 제시하지 못했다. 앞으로는 우주항공청이 해외 우주 전담기관과 협력하거나 우주 관련 국내외 행사에 참여할 때 우리나라 우주활동의 가치를 제시하고, 우리나라 기업과 관계관들이 이를 목표로 노력 중이라고 밝혀야 한다.

가치가 부여된 우주 프로그램은 정부가 예산을 투입해서가 아니라, 새로운 시장과 경제 생태계가 창출됨으로써 발전할 수 있다. 우주항공청 인재들이 부여하는 새로운 가치는 우리나라 우주활동의 정당성이자 목표이다. 새로운 조직에, 새로운 인재, 그리고 무엇보다 새로운 가치를 기대한다.

© 우주항공청

### ③ 화성 정착지를 반대해 주세요.

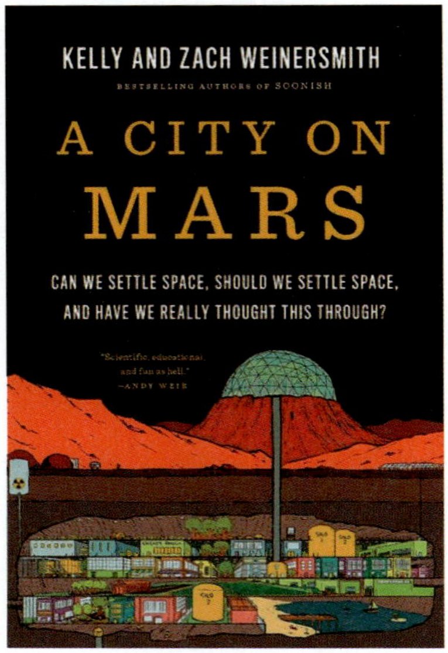


ⓒ Zach Weinersmith Facebook

또다시 일론 머스크가 사람들 앞에 섰다. 스페이스X 직원들 앞에서 그가 직접 밝힌 화성 프로젝트 이야기이다. 화성 정착을 꾸준히 천명하는 일론 머스크의 발언은 쉽게 무시할 수 없다. 그는 스타십(Starship)을 만드는 SpaceX를 소유하고 있으며, 그의 비전을 공유하는 기술자, 전문가들이 회사에 가득하기 때문이다. 물론 일론 머스크의 계획을 비판하는 사람들도 많다. 지구의 문제를 먼저 해결하라는 주장부터, 현실성이 없는 시도라는 비판까지 다양하다.

#### 화성 정착지를 안내하려다 비판하게 된 저자들

최근 이 문제를 살펴보다가 화성 정착지를 반대하지만, 진지한 질문을 담고 있는 책을 만났다. 켈리와 잭 웨이널스미스(Kelly and Zach Weinersmith) 부부가 쓴『A City on Mars (화성의 도시)』이다. 아직 국내에 번역되진 않았다. 반대는 나쁜 것이 아니다. 무관심과 무시가 나쁘다. 그런 점에서 이 책은 우주 처돌이인 내게도 반갑다. 그만큼 화성 정착지 이슈는 공론의 장에 들어오고 있다.

처음에 저자들은 화성에 어떻게 정착할 수 있을지 안내하기로 마음먹고 연구를 시작했다. 그런데 연구를 계속할수록 이렇게 어려운 프로젝트를 우리가 진지하게 생각하는지 의문이 들었다고 한다. 그래서 이들은 질문을 바꾸었다. "우리는 우주에 정착해야 하는가? 정착하겠다면 정말 신중하게 생각한 것일까?"

나는 인류의 화성 정착론에 찬성한다. 하지만 우리가 미래의 비전을 이야기할 때 흥미롭게 여기는 것과 실제로 그것을 실행하는 것은 완전히 다른 일이다. 그래서, 인류가 화성에 정착하려면 진지한 반대도 필요하다.

© Zach Weinersmith Facebook

### 해결해야 할 문제와 극복하기 어려운 환경

화성에 정착하려면 환경, 의학, 법적 제약 등 해결해야 할 문제가 많기 때문이다. 예를 들면, 화성에서 인간은 우주 방사선에 대응할 수 있을까? 복잡한 수술을 시행할 수 있을까? 화성에서 일어난 범죄는 어떻게 처리해야 할까? 우리가 간과하는 문제 중 하나는 화성이 지구와 매우 멀다는 점이다. 화성은 지구와 가장 가까운 주기에 있더라도 우주비행체를 타고 이동하는데 6개월 이상 걸린다. 정착민들이 화성과 지구를 왕복하려면 행성이 궤도를 따라 정렬될 때까지 기다려야 하므로, 빨라도 2~3년은 걸린다. 심지어 지구와 화성의 양방향 통신도 20분 이상 지연된다.

### 화성 정착지에 필요한 두 가지 진지한 생각

따라서 화성 정착지를 만드는 일은 두 가지를 진지하게 생각해야 한다. 첫째, 화성 정착지는 경제적으로 완전 독립해야 한다. 초기 화성 정착민은 처음부터 모든 것을 화성에서 생산하고 유지할 수 있도록 모든 분야에서 구성된 전문가들이어야 한다.

인류의 지구 역사를 보더라도, 서로 존재를 모르던 다른 대륙의 공동체들이 경제적인 독립을 이루며 생존했다. 지구에서 생필품을 수송하며 유지하는 화성 정착지는 만들면 안 된다. 애초 화성 정착지를 만들겠다는 명분 중 하나도 언젠가 지구가 소멸할 수 있다는 미래를 생각한 것이다. 그저 새로운 세계에 살아보고 싶다거나, 큰 돈을 벌 수 있다는 목적이 아니다. 그러니 지구에 의존하는 화성 정착지는 명분과 목적에 맞지 않다.

둘째, 정치적으로도 완전 독립해야 한다. 화성 정착지가 경제적으로 완전 독립하더라도 지구와 같은 통치 방식으로 살아갈 수는 없다. 만약 화성 정착지가 지구와 비슷한 문제(인종, 국적, 이익 등)를 비슷한 통치 방식으로 해결하려면, 지구보다 먼저 파괴될 수도 있다. 왜냐하면, 지구에서 사실상 이동할 수 없는 거리에 만들어진 정착지가 지구처럼 해결하려면 피할 수 있는 다른 지역이 있거나 연합할 수 있는 다른 대상이 있어야 한다. 초기 화성 정착지는 꽤 오랜 시간 그럴 수 없다. 그렇다고 지구에 자신과 연관된 인종, 국적, 조직에 도움을 요청할 수도 없다. 그러니 지구의 통치 방식을 따르는 화성 정착지는 화성 현실에 맞지 않다.

### 화성 정착지는 제2의 지구가 아니다!

일론 머스크는 이를 예견한 걸까? 스타링크 이용약관(Starlink Terms of Service)에는 화성에 관한 항목이 있다. “지구나 달 주변에서 제공되는 스타링크 서비스와 관련해서 발생하는 분쟁은 미국 캘리포니아주 법률에 따른다. (그런데) 화성은 자유 행성이고 지구의 어떤 정부도 권한이나 주권을 미치지 못한다. 따라서 화성에서 제공되는 스타링크 서비스와 관련해서 발생하는 분쟁은 화성 정착 시점에서 신의에 따라 확립된 자치 원칙을 통해 해결된다.”

화성 정착지는 단순히, ‘화성이 거기 있기 때문에’ ‘우리가 화성까지 도달할 수 있기 때문에' '화성이 지구와 가장 유사한 환경이기 때문에' 만들려는 것이 아니다. 인간이 지구에서 더 이상 살기 힘든 미래를 대비해 만들어야 하고, 지구와 단절된 현실에서 지속되어야 한다. 화성 정착지는 제2의 지구가 되어서는 안 된다. 화성 정착지를 제대로 만들려면 진지하게 반대하는 목소리가 필요하다.

### ④ 우주는 볼 수 있어야 지킬 수 있다!

우주영역인식을 담당하는 전자광학위성감시체계

© 서울경제

미국에는 우주군이 있다. 스페이스 포스(Space Force)라는 이름으로 육·해·공군과 같이 독립된 군종이다. 다른 나라에서도 미국처럼 독립된 군종은 아니지만, 공군이 우주군의 역할을 하거나, 항공우주군으로 통합되어 있다. 혹은 독립된 군종은 아니어도 우주 부대가 만들어져 국가방위를 위해 할 일을 하고 있다.

우주군이나 우주 부대가 하는 일은 무엇일까? 전 세계에서 하루가 멀다하고 우주발사가 이루어지는 걸 보니 우주에서 일어날지 모르는 전쟁을 대비하나 싶다. 그래도 이상하다. 스타워즈 같은 우주선이 있는 것도 아니고, 우주인이 우주기지에 있는 것도 아닌데 말이다.

전 세계 우주군이나 우주 부대는 규모에 차이는 있지만, 우리가 알고 있는 육·해·공군이 하는 일을 거의 모두 다 한다. 다만, 현재는 우주 영역을 활용하기 위한 준비가 더 많은 게 사실이다. 즉, 우주 군사력을 건설 중이다. 준비만 하는 것은 아니다. 이미 활용하고 있는 우주 군사력도 많다. 인공위성이 담당하는 감시정찰, 통신, 항법 등이 우리가 알고 있는 우주 군사력이다. 군사용이 민간용에도 쓰이고 요즘에는 민간용이 군사용으로도 쓰인다. 기술은 같은데 군사용과 민간용으로 언제, 어떻게 활용할지를 정하는 것도 우주군이나 우주 부대가 하는 일이다.

우리나라 군은 북한의 핵·WMD 공격을 평시에는 억제하고, 만약 북한이 도발하면 방어하고 응징하겠다는 전략을 세워두었다. '한국형 3축 체계'가 그것이다. 북한의 행동을 가장 먼저 보고, 대응 결정을 내려야 하는 한국형 3축 체계에서 우주 군사력은 매우 중요하다. 우주 군사력이 갖추어지기 전에는 지상이나 공중에서 같은 임무를 수행했다. 하지만, 우주 군사력만큼 북한의 행동을 빨리 보기 어렵다. 지구상 감시정찰과 우주 감시정찰이 함께 활용되면 가장 효과적이다.

ⓒ 나무위키

그런데 사람들의 관심은 한국형 3축 체계에서 북한의 도발을 어떤 무기체계로 타격하겠다는데 있는 것 같다. 그보다 더 중요한 것이 있다. 우주상황인식(Space Situation Awareness)이다. 즉, 북한의 도발을 빨리 알아낼 수 있는 우리나라 인공위성이나 이를 방해하려는 다른 인공위성의 활동을 파악하는 일이다. 인공위성의 활동을 파악하는 방법과 범위는 생각보다 많고 넓다. 우리가 눈으로 보는 것과 똑같은 이미지로 파악하거나, 훈련받은 사람들만 알 수 있는 레이더 이미지로 파악하거나, 레이저로 추적하며 파악하는 것도 모두 포함된다.

또한, 인공위성이 우주 방사선이나 태양에서 분출된 물질 등에 피해는 없는지 관측하는 것도 인공위성의 활동을 파악하는 일이다. 이런 일을 유사한 의미지만, 우주군이나 우주 부대에서는 군사적 책임 영역을 강조하고자 우주영역인식(Space Domain Awareness)이라고 부른다.

우주군이나 우주 부대가 가장 먼저 해야 할 일은 우주영역인식이다. 우리 위성과 적국 위성이 어느 궤도에 있는지? 적국 위성이 우리 위성에 접근하지는 않는지? 우주를 떠도는 파편이나 자연 물체가 우리 위성과 부딪치진 않는지? 위성이 돌고 있는 우주환경이 악화되진 않는지? 수명이 다한 위성이 언제 어디로 추락하는지? 민간 위성이라고 알려졌는데, 우리나라 군사시설을 감시정찰하진 않는지? 알고 있던 위성에서 알 수 없는 다른 위성이 발사되진 않는지? 수명이 끝난 줄 알았던 적국 위성이 연료를 다시 주입받는지? 등 해야 할 일이 많다.

이처럼 우리나라 군이 우주에서 국가방위를 위해 하는 일은 우주선이나 우주인이 없어도 바쁘게 돌아간다. 우주영역인식은 우주 부대만이 아니라 한국천문연구원, 민간 우주기업이 함께 발전시키는 분야이다. 현재 우리나라 군도 우주 군사력을 체계적으로 갖추어 나가고 있다. 북한을 무엇으로 타격할 것인지만 집중하거나, 우주 군사력은 다른 임무를 지원하는 것이라는 생각은 바뀌야 한다.

군 지휘관의 생각이 바뀌면 질문도 달라져야 한다. "우리 위성이 어떤 정보를 수집했는가?"보다 "우리 위성은 어떤 상황에 있는가?"가 먼저이다. 우주 군사력은 육·해·공군의 지원 수단으로만 생각해선 안된다. 우주라는 별도의 영역을 통제하는 힘이다. 우주영역인식은 미래 국가방위를 위한 가장 중요한 일이다. 우주를 먼저 정확히 볼 수 있어야 그 아래 국가를 지킬 수 있다.

### ⑤ 인류의 두 번째 대항해 시대, 우주!

ⓒ 생성형 AI

**우주는 인류에게 미지의 해양을 건너는 일.**

인류는 지금, 우주를 앞에 두고 다시 한번 대항해 시대에 준비 중이다. 우주는 우리 인간에게 바다라는 존재와 여러 가지 면에서 비슷하다. 단지 넓어서만은 아니다. 지금은 지구 궤도에 더 쉽고, 더 많이 오르기 위한 도전을 하고 있지만, 다음은 우주에서 더 멀리 더 많이 나아가기 위한 도전이 기다린다.

마치 인류가 가까운 바다에서 먼 바다로 나아가던 대항해 시대를 연상시킨다. 비록 끝도 알 수 없는 바다를 건너겠다는 도전은 수많은 실패와 목숨을 앗아갔지만, 유럽과 아메리카 대륙, 유럽과 남아시아 대륙을 연결하는 진정한 세계사가 시작되었다.

대항해시대 대륙발견 기념비

© 위키피디아

### 대항해 시대부터 인류를 이끌어준 우주

흥미롭게도 15~17세기 대항해 시대는 우주의 도움을 있었기에 가능했다. 아무 것도 보이지 않는 망망대해에서 자신의 위치를 알 수 있었던 것은 북극성, 달, 태양과 같은 천체의 고도와 방위를 관측하는 천문항법(astronomical navigation) 덕분이었다.

천문항법은 1900년대까지도 대양 항해에 널리 사용되었다. 오늘날 우리가 GPS로 알고 있는 위성항법은 전파항법(radio navigation)의 일종인데, 이는 1940년 전후에 본격적으로 사용되었다. 오늘날에도 전파항법에 문제가 발생할 경우, 천문항법을 사용해야 한다. 대항해 시대에 천체가 도움을 주었듯이, 우주에서 펼쳐질 두 번째 대항해 시대에도 천체가 도움이 된다.

### 태양 빛은 인류 우주탐사의 에너지

지난달 우리나라 첫 번째 초소형 군집위성(감시정찰용) 중 1호기(네온셋)가 뉴질랜드 마히야 발사장에서 성공적으로 발사되었다. 국내에는 잘 알려지지 않았지만, 이때 같은 발사체에 함께 실린 장비가 있다. 바로 NASA가 만든 태양 항해 시스템 'ACS3'(Advanced Composite Solar Sail System)이다. 쉽게 말해 태양 빛을 이용한 우주 범선이다.

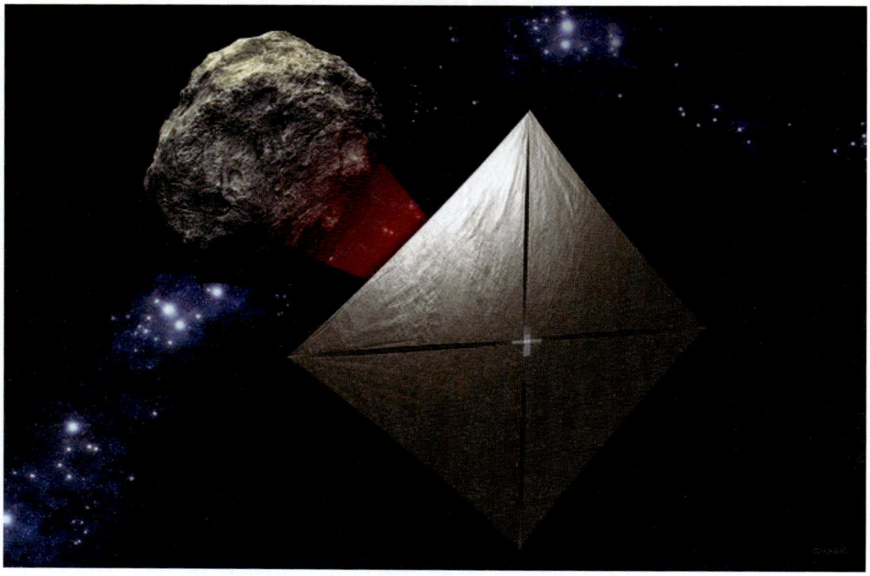

ⓒ 위키피디아

보통 빛은 정지된 상태에서는 에너지로 전환하기 어렵지만, 태양에서 방출되는 빛은 알갱이와 같이 움직이는 운동량이 있다. 이 알갱이가 우주 비행체의 대형 돛에 부딪치면, 마치 범선이 바람을 타고 항해하듯이 우주를 이동할 수 있다. ACS3의 돛은 우주에서 사용하므로 무게를 줄이기 위해 얇고 가볍다. 이 돛은 합성 고무에 알루미늄 코팅을 했으며, 펼치면 테니스코트 절반(약 24평) 넓이이다. 하지만, 두께는 머리카락의 40분의 1에 불과하다.

태양 빛을 이용한 우주비행체는 연료가 필요없기 때문에, 먼 거리를 장기간 탐사할 것으로 기대된다. 향후에는 태양 돛을 축구장 절반 크기까지 확장할 계획이고, 태양 빛으로 전기를 생산하여 태양이 없는 우주에서도 이동할 수 있는 우주비행체가 개발될 것이다. 이제, 우주는 인류가 바다를 건너도록 이끌어 주었듯이, 우주를 건너도록 이끌고 있다.

### ⑥ 평화의 섬 제주! 우주로 다가가는 평화!

© 연합뉴스

일본 제국주의 시대 제주는 동남아시아 전초 기지로 이용되었다. 지금도 제주는 4.3 사건의 아픔을 위로하고 치유하려고 노력 중이다. 그런 제주가 평화의 섬으로 거듭나는데, 우주가 새로운 기회가 되고 있다. 1967년 우주조약에 따르면, 우주는 어떤 국가도 차지할 수 없는 평화의 공간이기 때문에, 우주 활동에 앞장서는 제주는 평화의 공간이다.

#### 우주의 평화가 갖는 다양한 의미

국제법적으로 우주는 평화적 목적에서 이용해야 한다. 냉전기부터 우주에서 평화적 목적은 세 가지 의미를 내포해왔다. 평화의 첫 번째 의미는 우주에 무기를 배치하거나 사용하지 말아야 한다는 것이다. 실제로 국제 우주조약에서는 핵무기나 대량살상무기에 한정되지만, 이런 의미가 반영되었다.

평화의 두 번째 의미는 우주에 군대를 배치하거나 군사적 목적으로 사용하지 말아야 한다는 것이다. 많은 국가들이 우주군이나 우주 부대를 창설하고 우주로 군인을 보내면서 이 의미를 따르지 않는 듯 보이지만, 이것도 우주에서 평화를 지키려는 행동이라고 주장한다.

평화의 세 번째 의미는 우주를 공격에 활용하거나 공격적 목적으로 사용하지 말아야 한다는 것이다. 우주를 살펴볼 수 있는 우주상황인식 능력이 발전할수록 우주를 공격적 목적으로 사용하려는 행동도 부담스럽고 어려워질 것이다. 이처럼 우주에서 평화는 비무기성, 비군사성, 비공격성을 의미한다.

### 방대하고 미지의 우주는 협력과 안정이 우선

물론 우주에서 평화의 의미가 모두에게 똑같이 받아들여지는 것도 아니며, 예외가 없는 것도 아니다. 하지만, 우주는 우리 인류가 평화적으로 이용하자는 약속과 함께 다가가고 있는 공간임에 틀림없다. 러시아-우크라이나 전쟁 중에도 미국과 러시아의 우주협력이 계속되고 있는 공간도 우주이다. 그렇다면 지구상에는 전쟁과 갈등이 지속되는데 우주에서는 왜 협력이 가능할까? 우주를 평화적 목적에서 이용한다면서 왜 군대를 만들고 우주로 보낼까?

우주는 우리 인간에게 너무나 방대하고, 알 수 없는 공간이기 때문이다. 과학기술의 발전과 우주개발의 성과로 이런 한계는 점차 줄어들겠지만, 지구상 자연과 달리 우주는 인간에게 정복을 허용하지 않을 것이다. 그렇기 때문에 인간은 협력하고 안정을 이루는 일을 우선할 수밖에 없다.

ⓒ 나무위키

### 제주는 우주에 다가서는 최적지

우주에 다가서는 일은 평화에 다가가는 일이다. 더욱이 제주는 우주에 다가서는 일에 최적의 조건을 갖추고 있다. 우선, 지리적으로 제주는 우리나라 어느 곳보다 우주 발사에 효과적인 곳이다. 일본이 우리나라 동쪽 발사 경로를 가로막고 있기 때문에, 우리나라는 남쪽으로 우주 발사를 할 수밖에 없다.

우주개발 초기에는 육지와 연결된 나로 우주센터가 구축되었지만, 미래를 생각하면 추가되는 우주발사장은 제주가 지리적으로 최적이다. 게다가 제주는 바다를 활용한 해상 발사장도 활용하여 적도에 조금이라도 가까운 발사가 가능하다.

또한 제주에는 국가위성관제센터가 자리하고 있어, 우리나라 안보를 우주로부터 지켜주는 위성들을 운용하고 있다. 우리나라 우주기업들도 제주에 위성개발과 생산, 운용과 서비스 제공까지 할 수 있는 우주센터 혹은 우주파크를 건설하고 있다.

이들 시설은 단순히 우주기업의 공장이 아니라 혁신적인 기술과 경제적 가치를 창출하며, 우리나라와 제주도의 우주경제를 활성화하는 교두보가 될 것이다. 게다가 이들 시설은 아이들을 포함한 국민들에게 현실로 다가온 우주를 체험하고 이해하는 교육장이기도 하다.

### 가장 높은 평화의 공간, 우주

제주에 우리가 건설하는 만들고 있는 기업, 정부, 연구소와 같은 시설들은 모두 평화의 섬 제주의 잘 어울리는 또 필요한 그런 노력들이다. 이제 제주는 우리나라에서 남쪽과 가장 가까운 곳이 아닌 우주라는 가장 높은 곳과 가까운 곳이다. 제주가 우주를 통해 평화에 계속 다가가길 기대한다.

## ⑦ 우주 발사장에 보이지 않는 위협

우리나라 남쪽 끝자락에서 우주로 연결되는 섬, 외나로도. 이 섬에는 나로우주센터를 비롯해 민간 및 군용 우주 발사장이 연이어 들어설 예정이다. 세계적으로 우주 발사가 급격히 늘어나면서, 여러 국가에서 우주 발사장을 새로 건설하거나 기존 발사장을 개량하고 있다.

우리나라도 마찬가지다. 우주산업육성 추진 전략에 따르면, 해외기술 도입이 어려운 우리나라 기업의 우주개발 참여를 넓히기 위해, 정부는 2022년부터 2031년까지 공공 목적의 위성 총 170여 기를 개발하고, 위성개발과 연계해 국내 발사체를 총 40여 회 발사할 계획이다. 여기에 국가안보와 관련된 위성 발사를 더하면, 우주 발사장의 중요성은 더욱 높아진다.

© 위키피디아

### 남쪽 끝 우주 발사장은 안전할까?

외나로도 우주 발사장은 휴전선에서 멀리 떨어져 있어, 북한의 위협에서 안전할 것으로 예상하기 쉽다. 과연 그럴까? 우주 발사장에 대한 위협은 미사일이나 폭탄과 같은 재래식 공격이 아니다. 사이버 공격이다. 미국 표준기술연구소(NIST)는 우주 사이버 위협을 "우주 자산과 시스템, 인프라에 대한 해킹, 바이러스 공격, 랜섬웨어, 정보 및 기술 탈취, 전자기파 공격"으로 정의한다.

우리나라에 대한 북한의 사이버 공격은 계속되고 있다. 최근엔 대기업이 아닌 중소 방위산업체를 해킹하여 국방 핵심기술을 탈취하고, 주요 시스템에 침투하기도 했다. 우주 발사장에 대한 사이버 위협도 지리적 거리와 무관하다.

© 생성형 AI

**우주 발사장은 왜 취약할까?**

우주 발사장은 다수의 시설이 일정한 공간에 건설되며, 복잡한 연계를 통해 운영되기 때문에, 사이버 위협에 대한 공격 표면도 넓다. 예를 들어 발사체에 주입되는 연료나 전력은 발사장 외부로부터 공급되는데, 파이프라인이나 전력망은 소프트웨어로 관리되기 때문에 운영시스템에 침투하거나 비정상 동작을 유도하는 사이버 공격에 표적이 될 수 있다.

© 생성형 AI

또한 발사대를 열과 소음에서 보호하는 대량의 물분사 시스템을 방해하면, 발사 과정에서 사고를 유발할 수도 있다. 우주 발사장에 사이버 위협은 발사 과정에서도 일어날 수 있다. 미국의 우주 발사장에서는 통제소 내에 화재 경보기 작동으로 발사 10분 전에 모든 일정이 중단된 적도 있다. 발사장 안에 들어갈 필요도 없다. 발사장 외부에서 발사 결정에 정보를 제공하는 센서를 교란하면, 발사를 중단시킬 수 있다. 중국의 우주 발사장 외부에서는 주차된 자동차 내부에서 휴대용 전파교란 장치가 발견되기도 했다.

### 보이지 않는 위협을 막는 법

사이버 위협은 보이지 않는 전장이다. 공격과 방어가 지금 이 순간에도 어디선가 이루어지고 있다. 완벽하게 위협을 막는 방법은 없다. 다만, 위협이 늘 성공하지 못하도록 할 수는 있다. 우주 발사장은 설계할 때부터 사이버 위협에 대한 취약점을 식별하고, 대응 체계를 갖추어야 한다. 사이버 위협에 대한 취약점에는 임무 통제소와 연결된 발사대, 발사체의 데이터 전송 시스템을 들 수 있다. 또한 발사 결정을 좌우하는 통신 시스템, 항법, 소프트웨어, 센서도 표적이 될 수 있다.

취약성을 줄이기 위해서는 시스템 사이 상호 작용, 통신과 센서 정보의 이상 유무를 실시간 식별해야 한다. 기술적 대비만이 해법은 아니다. 우주 발사장에 대한 사이버 위협은 불만을 가진 내부 운영자, 핵티비스트, 돈을 노린 해커 등 다양한 주체로부터 시도될 수 있기 때문이다. 아무리 외부와 분리된 시스템을 구축해도 사람이 뚫리면 소용 없는 것이 사이버 위협이다.

## ⑧ 지구 극지와 동굴은 우주 정착의 입구

“세상에 버릴 거 하나 없다.”라는 말을 한번 쯤 들어봤을 것이다. 달과 화성 같은 혹독한 우주 정착에 도전하는 인류에게도 이 말은 틀리지 않다.

인류는 이미 지구 탐험의 시대에 남극과 북극을 모두 정복했다. 그런데도 우리나라를 비롯해 세계 각국의 연구기지가 남북극에 남아 있는 이유는 무엇일까? 그 중에는 우주를 이해하는 열쇠도 있다. 두꺼운 빙하 속에는 지구의 탄생 초기 환경과 태양계 행성의 탄생 비밀이 간직되어 있다. 빙하 속 깊은 곳에는 지구 환경의 기록과 함께 지구 밖에서 떨어진 운석도 발견되기 때문이다.

© NASA

남극 극지 연구활동

© 위키피디아

### 극지, 우주 정착지 건설을 위한 시험 장소

하지만, 오늘날 달과 화성에 정착지를 건설하려는 인류에게, 극지는 다양한 시험을 할 수 있는 시험 장소이다. 평균 영하 23도의 남극 기온은 지구에서 달과 가장 유사한 환경이다. 우리가 달과 화성에 정착하기 위해서 준비해야 할 일은 너무나 많다. 그중에 하나가 건축물이다. 가볍고 단단한 탄소섬유 소재로 극지에 건축물을 만들고, 온도와 습도를 유지할 수 있도록 시험할 수 있다. 종이접기의 원리를 이용해, 펼치면 넓은 공간이 되는 건축물도 우주 정착지 건설 기술 중 하나이다.

© 생성형 AI

### 동굴, 우주에서 생명 유지를 위한 열쇠

동굴도 우주 기지와 유사한 지구 환경 중 하나이다. 빛이 전혀 들어오지 않은 깊은 동굴에도 생태계가 존재한다. 빛이 없으면 광합성이 불가능해서 식물류가 살지 못한다. 그런데도 동굴옆새우류 같은 다양한 동물이 산다. 빗물을 타고 들어온 미세 유기물 조각이 먹이가 된다. 또한 서로의 먹이가 되기도 하고 사체도 그중 하나이다. 몇 달을 먹지 않고도 버틸 수 있는 이들의 생존력은 우주에서 생명 유지를 연구하는 우리에게 힌트가 될 수 있다. 게다가 지구의 동굴처럼 달과 화성 기지도 동굴이나 지하에 건설될 수도 있다. 우주 방사선이나 유성으로부터 보호받기 위해서는, 달과 화성에서도 지하나 동굴이 안전할 수 있다. 게다가 지하에서 수분을 발견한다면 생명 유지에 한 걸음 다가가게 될 것이다.

## ⑨ 빅뱅 탑! 디어문(Dear Moon) 취소로 본 우리나라 유인우주비행

© 연합뉴스

2018년부터 추진되며 전 세계에 이목을 끌었던 디어문(Dear Moon) 프로젝트가 전격 취소되었다. 디어문 프로젝트는 일본의 억만장자 마에자와 유사쿠(Maezawa Yusaku)와 스페이스X가 추진해왔다. 비용은 유사쿠가 내고 스페이스X는 현재 개발 중인 스타십을 이용하는 것이었다. 우리나라 빅뱅 탑도 선정되어 화재가 되었다.

프로젝트 취소가 아쉬운 것은 우리나라 두 번째 우주인의 탄생이 좌절되었기 때문이다. 혹자는 연예인이 다른 나라 지원으로 다른 나라 발사체에 올라 우주여행을 하는 것이 진정한 우주인일지 의문을 표할 것이다.

하지만, 우리나라 국민이 어떤 방식이든 우주인 경험을 하는 것은, 과거 이벤트로 끝났던 첫 번째 우주인 탄생과 달리, 오늘날 우주 시대에는 의미가 있다. 수많은 아이들과 국민들에게 우주의 현실과 꿈을 심어줄 수 있다. 유명 예술가나 연예인이라면 효과가 더 클 것이다. 우주여행 기업이나 상품을 촉진하는 계기도 될 것이다. 우주경제 시대이기 때문이다. 물론 더 큰 효과를 거두려면, 우리나라가 주도하는 유인우주비행을 추진해야 한다.

우리나라가 우주인 양성을 우리나라 기술로만 완성해야 하는 것은 아니다. 당시 이소연 박사의 경험은 한국항공우주연구원, 공군 등에 훈련과정, 기술 매뉴얼로 남았다. 지금은 이를 활용할 수 있을지 미지수다. 자료는 어디에 보관되어 있겠지만, 20년 가까이 지난 당시 실무자들은 현장을 떠났을 가능성이 높기 때문이다.

1960년대 아폴로 프로젝트로 달에 6번이나 다녀온 NASA가 왜 60년 가까이 시도하지 않았던 까닭에, 지금은 같은 일을 성공하는데 어려움을 겪는지 생각해보면 알 수 있다.

© 위키피디아

### 이소연 박사가 한국을 떠날 수밖에 없었던 이유

미국, 러시아, 중국이 유인 우주비행에 나서고 있지만, 유인 우주활동을 독자적으로 달성해야 하는 것은 아니다. 이란, 대만, UAE 등 국제우주정거장에서 임무를 수행한 우주인은 자국의 우주발사체가 없는 국가들이 대부분이다. 유인 우주활동은 단순히 국제우주정거장을 다녀오는 일이 아니다. 우주인 양성을 위해서는 우주의학은 물론 우주과학, 우주교육 등 수많은 관련 분야가 동원되어야 한다. 이소연 박사는 자신의 책 "우주에서 기다릴게"에서 우주비행을 마친 4년 후 왜 미국으로 유학을 떠났는지 썼다. 당시 우리나라 언론이 국가의 투자와 기대를 저버린 사람처럼 왜곡해서 보도했다.

하지만, 이소연 박사가 떠날 수밖에 없었던 여러 배경 중 하나는 우리나라 정부와 과학계에서 후속 우주개발이나 유인우주비행을 계획하지 않고 있다는 현실을 받아들여야 했기 때문이다. 이소연 박사는 4년 간 여러 차례 후속 우주개발을 촉구하는 노력을 했지만, 현실은 이벤트의 여운만 지속되는 상황이었다. 이 와중에 계속되는 강연과 유명세로는 더 이상 자신도 성장할 수 없고, 정부도 변화하지 않을 것이라고 생각했다.

© 위키피디아

### 유인 우주계획은 꿈과 미래 교육을 위한 살아있는 동기

지금이라면 전혀 달랐을 것 같지만, 아쉽게도 당시에는 우주활동을 신기한 경험이자 우리의 미래가 달린 문제라고 생각하지 않았다. 우주의학은 우주에서만 활용되는 분야가 아니다. 대부분 우주기술은 지구상에서 활용될 수 있으며, 의학과 보건 분야 발전도 우주활동을 통해 효과적으로 이루어지고 있다. 무엇보다 우주인 양성은 많은 젊은이와 어린이들에게 꿈을 심어주고, 교육의 미래를 밝혀주는 살아있는 동기가 된다.

다른 국가의 발사체를 타고 다른 국가의 우주정거장에 머물더라도 우리나라 우주인은 우리가 양성해야 한다. 사람의 경험은 그 사람에게 남기 때문이다. 그런 경험을 우리나라 우주항공청이 전략적으로 판단하는 날이 하루빨리 오기를 바란다.

## ⑩ 북러 정상회담 이후 가속화될 우주 군사협력

ⓒ 통일뉴스

2024년 2월 러시아는 우주 핵무기 개발 논란으로 미국을 떠들썩하게 만들었다. 지난달에도 유엔 주재 미국 차석대사는 러시아가 핵장비를 탑재한 새로운 위성을 개발하고 있다며 문제를 제기했다. 한편, 북한은 핵무기 고도화와 함께 우주 역량을 지속해서 발전시키고 있다. 이제 북러 정상회담 이후 양국의 군사협력은 우주 핵무기와 같이 위험한 수준으로 확장될 수 있다.

우주 핵폭발은 지구와 우주 환경에 매우 심각한 영향을 끼친다. 우주 핵폭발은 엄청난 전자를 순식간에 방출하는 고출력 펄스로 인해 매우 넓은 범위에서 전자기기, 통신장비의 기능을 마비시키거나 저하시킨다. 더욱 위협적인 것은 핵폭발 이후에도 오랜 시간 지구를 둘러싼 자기장과 밴 앨런대를 불안정하게 만들면서, 더 많은 위성과 우주비행체에 끼치는 2차 피해이다.

© 위키피디아

## 러시아의 우주 핵무기 개발 전망

전략적 차원에서 러시아가 우주 핵무기를 개발할 가능성은 여전히 높다. 핵기술과 우주 시스템 기술을 모두 갖춘 데다가, 미국이 우주력 경쟁에서 러시아를 앞서고 있기 때문이다. 러시아가 대우주(counter space) 능력에 집중하는 이유이기도 하다. 지구상과 마찬가지로 우주에서도 핵무기는 상대적으로 적은 비용을 써서, 큰 효과를 발휘할 수 있는 비대칭 수단이다. 미국이 우주 시스템에 더 많이 의존할수록, 러시아의 우주 핵무기는 더 큰 피해를 줄 수 있다.

물론 러시아는 우주 핵무기를 공개적으로 배치하거나 실험하기보다, 조용히 능력을 갖출 것이다. 우주에서 핵과 대량살상무기의 배치는 1967년 우주조약에서 명시적으로 금지하는 유일한 사항이기 때문이다. 비록 우주조약에 강제력이 없다고 해도 수십 년을 지속해 온 국제 규범을 무시하긴 어렵다.

게다가 오늘날 우주 핵실험은 국제적 피해를 감당할 수 없다. 지구 궤도에는 국가뿐 아니라 수많은 상용 위성들이 넘쳐난다. 1962년 미국이 스타피시 프라임(Starfish Prime)이라는 우주 핵폭발 실험을 수행했던 당시에는 약 24개의 위성이 운용 중이었다. 그중, 미국 위성을 포함해 전 세계 위성의 1/3 정도가 피해를 본 것으로 알려졌다. 만약 러시아가 우주 핵실험으로 군비경쟁을 자극한다면, 러시아에게도 이익은 아니다. 러시아는 1980년대 레이건 대통령 시절, 우주 기반 미사일 방어 체계인 전략방위구상(SDI)과 경쟁하면서 막대한 국력을 소비한 경험이 있다.

### 북한도 같은 전략

© REUTERS

우리가 우려하는 것은 북한이 우주력을 빠르게 발전시키는 상황이다. 김정은 정권은 우주 핵폭발 능력까지 갖추려고 할 수도 있다. 만약 그렇게 된다면, 우주 핵무기는 선제공격에 사용될 가능성도 있다. 러시아의 비대칭 전략과 마찬가지로, 북한도 우리나라가 우주 시스템에 국가 핵심 인프라나 군사력을 더 많이 의존할 수록 더 큰 효과를 볼 수 있기 때문이다.

### 북한의 우주 기술, 계속 감시해야

북한은 적어도 2013년『우주개발법』을 제정한 10년 전부터 우주 역량을 발전시켜 왔다. 이런 추세라면 우주 핵무기 보유까지 선언할 가능성도 있다. 비록 북한 우주력이 우리나라보다 뒤처지지만, 안심할 수는 없다. 우리나라는 민군 겸용인 북한의 우주 기술을 계속 감시해야 한다. 또한 미래 위협에 대비하기 위해서는 우리나라 우주 시스템에 전자기파(EMP) 방호 능력과 복원력을 갖추어야 한다. 전자기파 방호는 위성뿐 아니라 지상국에 전자기파 피해를 최소화할 수 있는 능력이며, 복원력 구축은 상실된 위성을 신속히 대체하거나 기능을 재개할 수 있는 능력이다.

러시아－우크라이나 전쟁에서 보았듯이, 전쟁 시 지휘통제와 통신, 항법 체계의 지속은 국가의 생존과 전쟁 수행 능력을 좌우한다. 이미 우주 시스템은 지구상 작전의 백업이나 지원 능력이 아니라 핵심 전력이다.

## ⑪ 지금은 새로운 우주의학 문제에 도전할 때

© NASA

우주인들은 우주에서 지구를 볼 때, 자신도 모르게 오버뷰 효과에 빠진다고 한다. 오버뷰 효과(Overview effect, 조망효과)란 사람이 아주 높은 곳에서 매우 넓은 광경을 보고 난 후 일어나는 가치관의 변화를 일컫는다. 다시 말해, 이전에 경험해 보지 못한 폭넓은 관점에서 세상을 바라보는 심리적 효과이다.

오버뷰 효과를 경험한 사람들은 지구에 대한 경외심과 함께 지구에서 벌어지는 다툼이나 경쟁을 무의미하게 느낀다고 한다. 그래서 이전에 중요하게 생각하지 않았던 환경 운동, 다른 집단이나 사회를 위한 봉사, 소유하지 않는 삶이나 경쟁하지 않는 삶 등을 실천하기도 한다. 이처럼 한 개인이 세상을 바라보는 관점을 바꾸는 것만으로도 실제 그 사람의 삶에는 여러 가지 큰 변화가 일어날 수 있다.

© NASA

### 우리나라 의학계에 필요한 오버뷰 효과

요즘 의료대란을 보면서, 우리나라 의학계가 오버뷰 효과를 경험했으면 어떨까 싶다. 만약 그들이 우주에서 지구를 내려다본다면, 의료대란이 얼마나 가치 있는 투쟁일까? 지금은 우리나라 우주 활동에서 매우 중요한 시기이다. 구체적인 계획이나 적극적인 의지는 아니지만, 5월 30일 발표된 우주항공청 정책 방향에는 조심스럽지만 유인 우주프로그램을 준비하겠다는 구상이 담겨 있다. 그렇다면, 우리나라 의학계는 의료대란이 아니라 새로운 우주의학 문제에 도전해야 할 때이다.

### 괴혈병의 역사가 준 교훈

역사적으로 우리는 대항해 시대의 의학적 교훈을 잊어선 안 된다. 몇 개월씩 계속된 대항해 동안 범선은 의학적으로 최악의 공간이었다. 좁고 위생적이지 않은 배에서 거친 바다와 습기를 오랫동안 견디어야 했다. 신선한 식품도 저장할 수 없었다.

© 위키피디아

새로운 바다를 개척하는 동안, 선원들은 육지에서 경험하지 못했던 의학 문제를 겪어야 했다. 그중에서도 선원들을 끈질기게 괴롭혔던 병은 '괴혈병'이다. 이 질병의 정체가 밝혀지기까진 무려 400년 가까운 세월이 흘렀다. 괴혈병의 치료는 비타민 C가 풍부한 라임 주스 한 잔이면 충분했다. 괴혈병의 역사는 "새로운 환경을 개척하면 필연적으로 새로운 의학적 문제에 맞닥뜨린다."라는 교훈을 인류에게 주었다. 지금 우리는 우주라는 새로운 환경으로 나아가고 있다. 당연히 새로운 의학 문제를 극복해야만 한다. 그렇다면, 우리나라도 우주라는 바다를 건너기 위한 제2의 대항해 시대를 준비하면서 괴혈병이 준 교훈을 되새겨야 한다

### ⑫ 우주 시대 진주만 공격과 쿠바 미사일 위기

미국이 다른 국가로부터 본토를 위협 받았던 위기라면, 1941년 일본의 진주만 공격과 1962년 소련의 쿠바 미사일 위기를 들 수 있다. 이후 두 사건은 대외 위협이 높아질 때면, 미국 정계와 국민에게 회자되는 역사적 사건이다. 이제 우리는 우주 시대에 살고 있다. 우주 전쟁은 더 이상 허구나 상상이 아니라 현실이다. 우주에서도 국가안보 위협을 경고하기 위해, 진주만 공격과 쿠바 미사일 위기가 소환되는 상황이다.

**다시 소환된 진주만 공격과 쿠바 미사일 위기**

ⓒ 나무위키

진주만 공격의 소환은 생각보다 오래되었다. 2001년 럼스펠드 위원회는 우주에서 미국의 국가안보 상황이 위기를 맞게 될 것으로 분석했다. 이 보고서는 미국의 우주 자산이 1941년 진주만 공격처럼 사전 경고 없이 적의 공격으로 파괴되거나 기능을 상실할 수 있다고 경고한다. 바로 "우주 진주만 공격"이다. 비록 오래전 경고지만, 이후 미국에서 우주 위협은 2019년 우주군 창설 때까지 꾸준히 고조되어왔다.

한편, 쿠바 미사일의 위기가 소환된 것은 최근이다. 얼마 전 미국 정계에서는 러시아가 우주 핵무기를 개발하고 있다는 정보로 논란이 있었다. 미 하원 정보위원장 마이크 터너가 제시한 러시아 우주 핵무기 논란뿐 아니라, 2년 전 러시아가 우주에서 미국 위성을 공격할 수 있는 위성을 발사했다는 사실까지 더해져 "우주 쿠바 미사일 위기"를 경고하는 목소리도 나왔다.

### 우주에서 선제공격의 가능성

우주에서 군사적 분쟁의 가능성이 높아지고 있다. 상황은 계속 나빠질 수밖에 없다. 미국과 중국, 러시아와 같이 우주 강국은 우주 자산을 증강하고 있으며, 지구상 군사작전과 국가 운영에서 우주 자산에 대한 의존도는 높아지고 있다.

우주 전략에서 볼 때, 우주 자산에 대한 의존도가 커질수록, 분쟁 초기에 한쪽이 다른 쪽을 선제공격할 유인도 함께 커진다. 상대방이 우주 자산의 피해로 인해 군사작전과 국가 운영에 심각한 타격을 받을 수밖에 없기 때문이다. 이처럼 자국의 선제공격 이점이 크고, 상대방의 선제공격 피해가 심각할 경우, 전략적 불안정은 지속된다.

### 전략적 안정성을 위한 복원력 구축

그렇다면, 어떻게 전략적 안정성을 높일 수 있을까? 전략적 안정성이란 어느 쪽도 선제공격에 대한 이점이 거의 없고, 선제공격으로 인해 상당한 대가를 치르게 되는 상태이다.

우주 강국들은 전략적 안정성을 높이고자, 상대방의 선제공격에도 살아남을 수 있는 복원력을 구축하고 있다. 두 가지 방향으로 진행 중이다. 하나는 다수의 우주 자산이 동일한 기능을 할 수 있도록 만들고, 이를 분산하여 일부가 기능을 상실해도 기존 임무를 지속하는 전략이다. 다른 하나는 기능을 상실한 우주 자산을 신속하게 대체하도록, 즉시 발사하거나 동맹국이나 상업 기업의 우주 자산으로 대체하는 전략이다.

우주 강국의 복원력 전략은 우리나라 우주 안보 전략에도 의미를 갖는다. 우주에서 전쟁을 억제하려면, 미국에게 우리나라를 비롯한 동맹과 협력이 중요하다. 따라서 우리나라 우주 기업에게는 새로운 국가안보 시장이 될 수 있다. 우리나라 우주 안보에서도 복원력 전략은 필수적이다. 우주 영역은 넓고 끝없는 전장이자 시장이기 때문이다.

## ⑬ 우주 쓰레기의 쓸모

지금까지 우주 쓰레기에 대한 관심은 우주 활동과 지구를 위험하게 만든다는 점이었다. 우주 쓰레기는 저궤도에서 총알의 7~8배 속도로 돌고 있기 때문에, 1센티 크기의 우주 쓰레기라도 위성이나 다른 우주 쓰레기와 충돌하면 위험은 더욱 커진다.

큰 우주 쓰레기는 지구로 추락하면서 완전히 불타지 않고 지상으로 떨어질 수도 있다. 얼마 전 국제우주정거장에서 배출된 우주 쓰레기(배터리팩)가 미국 가정집 지붕을 뚫고 떨어지는 사고가 있었다. 앞으로도 우주 쓰레기의 위험은 계속 커질 수밖에 없다.

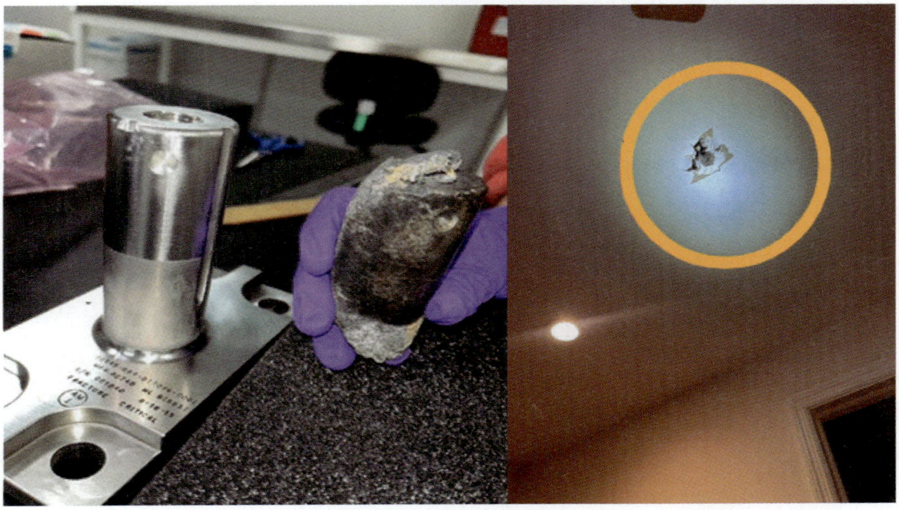

ⓒ 매일경제

**우주 쓰레기도 쓸모가 있다.**

하지만, 우주 쓰레기도 다양하게 활용될 수 있다. 우주 쓰레기는 군사훈련에 활용된다. 최근 스페이스X는 가장 오래된 스타링크 위성 100개를 폐기하기 위해 '궤도 이탈'을 시작했다. 미 우주군은 이를 통해 우주작전에 필요한 데이터와 실전 경험을 쌓고 있다. 그동안 미 우주군은 궤도상 우주 쓰레기가 지구로 추락하는 궤적을 탐지하고 추적해왔다. 하지만, 이러한 경험은 추락하는 우주 쓰레기에 따라 정해지기 때문에, 수동적 훈련에 머물 수밖에 없었다. 이번 스타링크 위성의 재진입 훈련은 미 우주군이 요구하는 상황에 따라 능동적으로 이루어진다는 장점이 있다.

특히 미 우주군의 조직(델타 2)은 위성 궤도와 우주 쓰레기를 추적하여, 충돌 가능성이 있으면 우주군뿐 아니라 위성 운영 기업에게도 경고를 발령한다. 미 우주군은 우주영역인식 능력을 통해 우주 쓰레기가 언제 궤도를 이탈할 것인지 평가하고 검증한다. 이처럼 궤도 이탈을 추적하는 훈련은 탄도미사일 경고 능력도 향상시킬 수 있다. 탄도미사일 탐지에 활용되는 적외선 센서와 마찬가지로 대기권에 재진입하는 우주 쓰레기들도 탐지 가능한 적외선 신호를 방출하기 때문이다.

### 돈이 되는 우주 쓰레기

우주 쓰레기는 돈이 되기도 한다. 이미 많은 우주 기업들이 우주 쓰레기 처리를 위한 기술 개발과 실험을 진행 중이다. 우주 쓰레기는 다양한 방법으로 제거할 수 있다. 로봇팔로 붙잡는 방법부터, 자석으로 끌어당기거나, 그물로 포획할 수도 있다. 미국 연방통신위원회는 위성 운영 기업이 임무를 마친 위성을 5년 이내에 궤도에서 이탈시키도록 규정했다. 만약 위성으로 사업을 하는 우주 기업들이 위성을 직접 처리하지 못한다면, 우주 쓰레기 처리 기업에게 서비스를 의뢰하면 된다.

우주 쓰레기 처리 기술은 다양한 우주 내 서비스에도 활용된다. 우주 쓰레기에 랑데부(속도 동일하게 맞추기)와 근접하는 기술은 우주에서 고장난 위성을 수리하거나, 부족한 연료를 주입하거나, 새루운 부품이나 물류를 제공하는 사업에 필수적이다. 따라서 우주 쓰레기 처리 기술은 다양한 우주 사업을 발전시키는 토대가 된다.

우리나라도 우주 쓰레기 처리 기술을 개발하고 있다. 1992년에 발사된 과학위성 아리랑 1호는 2008년 임무를 마치고, 현재 우주 쓰레기로 궤도를 돌고 있다. 아리랑 1호를 대상으로 우주 쓰레기 제거 기술을 시현하기 위해 근접 비행 기술, 우주 로봇 기술, 위성 재진입 기술 등 다양한 능력을 개발 중이다. 이를 시현할 우주 쓰레기 처리 위성도 우리나라 발사체인 누리호로 발사될 계획이다. 발사부터 우주 쓰레기 처리까지 모두 우리나라 기술이 활용된다면, 우리나라 우주력은 한 단계 올라설 수 있다.

## ⑭ 영화 '플라이 미 투 더 문'에서 가짜와 진짜 구분하기

2024년 7월 12일 개봉한 영화 <플라이 미 투 더 문(Fly Me to the Moon)>은 1960년대 미소 우주경쟁 시대를 배경으로 인류 최초의 유인 달탐사 프로젝트인 아폴로 11호를 다룬 영화다. 많은 우주 영화와 달리, 이 영화는 아폴로 11호 발사의 기술적 성공이 주제가 아니다. 발사 책임자 콜 데이비스와 마케팅 전문가 켈리 존슨이 이끌어 가는 영화의 주제는 우주개발이 국가, 국민, 정치, 상업과 얼마나 긴밀하게 연계된 종합 프로젝트인지 잘 보여준다.

### 아폴로 프로젝트와 국가

영화 속 아폴로 프로젝트는 1957년 스프트니크 1호의 충격 속에서 미국 케네디 대통령이 선언한 유인 달 탐사를 수행하는 이야기다. 40만 명의 NASA 인력과 10년의 노력이 성공할 수 있을까? 라는 긴장감이 영화에 녹아있다. 이 영화는 코미디로도 분류되고 있지만, 내가 본 영화에서 코미디 요소는 후반에 검은 고양이로 인해 망쳐진 '가짜 달 착륙 촬영 장면' 뿐이었다. 영화에서 국가는 백악관 요원인 모 버커스을 통해 그려진다.

바로 아폴로 11호가 무사히 달에 착륙하는 것과 관계 없이 가짜 달 착륙 장면을 TV로 내보내겠다는 계획이다. 영화의 구상이야 감독 자유지만, 나는 이 설정이 또다시 인류가 달에 간 적이 없다는 '달 음모론'을 되살릴까 우려된다. 아직까지도 달 착륙을 가짜를 믿는 사람이 있다니 신기하다. 하긴, 지구가 평평하다는 것을 믿는 사람들도 있다니… 할 말이 없다.

### 국민과 정치를 위한 진짜와 가짜

여 주인공 켈리 존슨(스칼렛 요한슨)이 열연한 마케팅 전문가역은 아폴로 프로젝트가 기술적 역경 외에 많은 정치적, 경제적 위기가 있었음을 잘 보여준다. 켈리 존슨이 투입된 시점은 아폴로 프로젝트가 더 이상 국민들의 관심에서 멀어지던 상황이라… 국민적 반전이 필요한 때였다. 정치의 단면은… 아폴로 프로젝트를 지원할 것인지 말 것인지… 의원들을 설득하는 상황에서 잘 나타난다.

남 주인공 콜 데이비스(채닝 테이텀)는 빠듯한 발사 일정과 기술적 문제 해결로 바쁜 상황임에도, 의원들의 지지를 얻기 위해 접대, 방송 출연, 개인 방문 등 원하지 않는 일을 마다하지 않는다. 물론 켈리 존슨의 지원이 중요했다. 우여곡절을 함께 겪으면서, 켈리 존슨은 이익만 된다면 이름부터 경력까지 쉽게 '가짜'를 보여줄 수 있었던 자신의 모습을 뒤돌아보게 된다. 오직 유인 달 탐사를 위해 '진짜'만 추구하는 콜 데이비스를 보면서…

여 주인공 켈리 존슨 역에 스칼렛 요한슨

© 나무위키

### 상업으로 본 진짜와 가짜

NASA의 아폴로 프로젝트는 순수 정부 예산으로 수행되었다. 영화에서는 기발한 광고를 기획하는 켈리 존슨의 톡톡튀는 아이디어들이 등장한다. 우주인들이 훈련 중간에 시계, 자동차 광고 촬영을 하는 장면이나 광고 물품을 우주로 가져간다는 설정 등 대부분 '가짜'이다. 하지만, 국민들에게 아폴로 프로그램의 관심을 불러일으키고, 비중 있는 방송에서 아폴로 프로그램을 다루려는 켈리 존슨의 시도는 의미있는 '진짜' 였다. 우리나라에서도 우주 발사 프로젝트를 광고나 상품과 연계하는 시도가 필요하다. 우주개발은 정부뿐 아니라 국민, 기업의 관심과 지지가 필요한 노력이기 때문이다.

끝으로 이 영화에서 기가 막힌 '가짜'설정이 눈에 띈다. 바로 달 착륙 가짜 촬영 프로젝트 이름을 '아르테미스'로 붙인 점이다. 오늘날 미국이 다시 시작한 유인 달 탐사 계획이 아르테미스 프로젝트인 점을 활용한 것으로 보이는데, '진짜' 프로젝트의 이름을 붙인 점은 기발한 아이디어였다.

© 나무위키

### 위대한 도전이 만들어낸 가짜와 진짜 이야기

우리는 아폴로 11호가 인류 최초로 달에 착륙했다는 사실을 알고 있다. 그럼에도 인류의 우주활동에는 끊임없이 '가짜'가 등장한다. 왜일까? 우주에 대한 도전은 그만큼 끝을 알 수 없고, 성공의 기준도 무한하기 때문이다. 영화 <플라이 미 투 더 문>은 외계인이 있느냐는 질문으로 마무리된다. 우주활동에 대표적 '가짜' 논쟁인 UFO와 외계인을 언급한 것은, '진짜'와 '가짜'를 넘나드는 이 영화의 마무리로 더없이 적절할 선택이 아닐까 생각한다.

### ⑮ 영화 '아폴로 13호'의 성공적인 실패

미국, 러시아, 중국, 인도 등 유인 달 탐사 경쟁이 치열하게 전개되고 있다. 이제까지 달에 착륙한 인간은 모두 12명. 모두 미국의 아폴로 프로젝트로 7번 달 착륙을 시도하여 1번을 제외하고 모두 성공했다. 유일한 실패는 아폴로 13호로 달로 가는 길에 발생한 산소탱크 폭발 때문이었다. 이들은 여러 차례 죽을 고비를 넘기고 무사히 지구로 돌아왔다. 당시 미국 대통령 닉슨은 "성공적인 실패(successful failure)"라는 역설적 표현으로 이들의 어려운 귀환을 격려했다.

ⓒ 나무위키

**"실패는 옵션이 아니다."**

이들의 실화는 톰 행크스가 주연을 맡아 영화 <아폴로 13호>로 만들어졌다. 이 영화는 당시 우주인들이 경험했던 어려움과 이를 극복하기 위한 NASA(미국 항공우주청), 우주인 사이의 노력을 실감나게 보여준다. 원래 NASA의 아폴로 프로그램은 실패를 용납하지 않는다. 높은 경쟁률과 어려운 훈련을 통과한 우주인이 위험에 처해선 안 되기 때문이다.

NASA 케네디 우주센터에는 이런 문구도 있다. "실패는 옵션이 아니다(Failure is not an option)." 비록 아폴로 13호가 우주인의 무사 귀환으로 커다란 성공을 거두었지만, 당시 NASA의 목표에는 실패를 막기 위한 노력과 엄청난 비용 투자가 계속되었음을 알 수 있다.

그런데 오늘날 민간우주기업 SpaceX가 주도하는 유인우주개발 프로그램은 실패의 의미를 다르게 정의한다. 화성에 인류를 보내기 위한 발사체인 스타십(Starship)은 계속 시험발사 중이다. 이 과정을 보면 각각 설정한 목표를 모두 달성한 경우가 없다. 하지만, 이들은 매번 환호하고 실패를 통해 얻은 데이터로 다음 단계로 나아갔다. 이들에겐 "실패도 옵션이었다."

일본 민간 우주발사체 폭발 장면

© 연합뉴스

### 우리나라 우주개발 “실패도 옵션이다.”

우리나라 우주개발에도 실패를 통해 배우려는 시도가 필요하다. 많은 우주 연구자나 엔지니어들은 최선을 다해 계산하고, 설계하고 제작하여 수많은 실험을 시도한다. 많은 정부 예산이나 기업 투자가 이루어질 것이다. 하지만, 목표를 달성하지 못한 사업에 대해 연구자나 엔지니어에게 배상을 요구하거나 책임을 묻는 경우가 뉴스로 종종 등장하곤 한다. 물론 우리나라 우주개발은 미국보다 적은 예산과 투자 속에서 추진되고 있으므로, 많은 실패를 통해 성공의 이르는 길은 지속가능한 과정이 될 수 없다. 하지만, 혁신적인 기술 개발에 도전하는 과정은 수많은 실패들이 성공의 디딤돌이 되어 왔음을 우리는 과학사를 통해 알고 있다. 실패도 옵션이라는 마인드가 우리나라 우주개발의 성과를 앞당기는 문화가 되길 바란다.

## ⑯ 도요타와 혼다가 우주 기술에 투자하는 이유

우주는 모든 산업과 기술이 모이는 영역이다. 자동차 기업도 예외는 아니다. 테슬라 외에도 포르쉐, 도요타, 혼다 등 자동차 기업들이 우주 기술 투자에 비중을 늘리고 있다. 자동차 기업이 우주 투자에 나선 이유는 최첨단 기술을 활용하고 자동차 분야에도 적용하고, 모빌리티 사업을 우주로 확장하기 위해서이다. 도요타는 2023년 1월, 일본 발사체 기업인 Interstellar Technologies에 4,400만 달러를 투자했다. 도요타는 조립 라인과 제조 효율성에서 높은 전문성을 가지고 있으며, 이는 우주 발사체 기업에도 적용되어 발사체 생산을 발전시킬 수 있다.

### 우주 기업에 대한 투자와 자동차의 연결성

우주에서 수집한 위성 정보는 자동차로 지구상을 연결하는 매개이다. 필수적이며, 이는 모든 연결성이 위성에서 오는 것을 의미한다. 예를 들어 위성은 자동차의 내비게이션 서비스 향상과 지도 제작에 활용된다. 자율주행차 시장이 계속 확대되는 상황에서 도로 상황을 완벽하게 인지하는 것이 매우 중요하며, 위성 기술의 필요성은 커지고 있다.

자율주행차 기업은 정부가 제공하는 정밀도보다 더 정확한 서비스가 필요할 수 있으며, 우주 기업에 대한 투자로 이를 달성할 수 있다. 이러한 투자는 자율주행의 안전성이나 효율성을 향상시킨다. 이처럼 자동차 기업이 달 탐사와 같은 우주 탐사에 나서는 것은 전략적인 선택이다.

또 다른 일본 자동차 기업 혼다는 독자적인 재사용 로켓 개발을 2019년부터 추진 중이며, 이를 통해 저궤도 위성을 발사할 계획이다. 2030년까지 자동차들이 위성을 통해 연결된 시장은 연간 7,420억 달러의 수익이 예상될 정도로 자동차 기업에게 큰 기회이다. 자동차는 위성을 통해 위치 추적, 소프트웨어 업데이트 및 엔터테인먼트 제공 등 다양한 서비스가 가능하다. 위성을 통해 자동차에 정보를 제공할 수 없는 지역에서도 인터넷을 연결할 수 있다는 점은 중요한 서비스이다.

이처럼 우주 산업과 자동차 산업의 협력은 SpaceX가 선도하고 있다. 현재 일부 충전소는 데이터 전송 속도가 10kb에 불과하여 소프트웨어 업데이트도 제한된다. SpaceX는 스타링크 터미널을 모든 전기차 충전소에 확보하여 데이터 접근성을 향상시킬 계획이다.

### ⑰ 현대차와 도요타가 달로 가는 길이 다른 이유

© 생성형 AI

2024년 7월 중순 한국을 방문한 팸 멜로이 NASA 부국장은 우리나라 우주활동 방향에 대해 몇 가지를 언급했다. 그중에서 눈에 띄는 것은 미국과 우주협력을 하고 있는 우리나라와 일본을 비교한 내용이었다. 우주활동 성과를 비교한 것이 아니라 협력 방식에 대한 비교였다.

멜로이 부국장은 달 탐사 협약에서 일본은 달 탐사 차량(가압식 로버)을 제공하고 10년 간 운영 및 보수를 맡는다고 밝혔다. 이러한 역할을 토대로 일본은 달 표면에서 자국 우주인 2명을 미국 우주인과 함께 활동할 수 있게 되었다. 반면, 우리나라는 미국과 우주협력에서 어떤 역할을 맡겠다는 국가적인 전략과 실행할 구체적인 방안이 없다.

© 연합뉴스

### 전략의 부재와 잘못된 질문

안타까운 것은 우리나라 기자들의 질문이다. 멜로이 부국장의 회견에서 기자들은 미국이 우리나라와 어떤 협력을 해줄 수 있는지를 물었다. 이 질문은 미국 우주기관이 아니라 우리나라 우주기관에게 해야 한다. 우주활동은 아무리 우주 강국이라도 혼자 할 수 없다. 능력이 서로 다른 국가들 사이에서도 국제우주협력은 다양하게 이루어지고 있지만, 여기에는 반드시 주고 받는 것이 있다. 우주 강국도 우주 능력이 열세한 국가와 협력할 수 있지만, 협력을 통해 작은 이익이라도 얻을 수 있어야 한다.

세계 7대 우주 중진국을 자처하는 우리나라는 왜 미국과 달 탐사 협력에서 역할을 찾지 못할까? 그 답은 현대차와 도요타가 달로 가는 길을 보면 알 수 있다. 도요타는 멜로이 부국장이 말한 달 탐사 차량을 일본 우주전담기관인 JAXA와 공동 개발한다. JAXA는 도요타에 달 탐사 차량 개발을 의뢰하고, 연구 개발 비용 일부와 기술 협력을 지속해왔다. 일본은 도요타가 개발한 달 탐사 차량을 운영 및 보수하면서, 이를 수행할 자국 우주인의 필요성을 제시하는 전략으로 달 표면 활동에 참가할 우주인 자리를 확보했다.

### 현대차의 비전을 국가가 지원할 때

현대차도 무인 달 탐사 차량을 개발하고 있다. 다만, 현대차의 달 탐사 차량은 기업 자체 프로젝트로 일본이 우주전담기관과 협력하는 것과 다른 길을 걷고 있다. 현대차는 정부나 우주항공청이 나서지 않는 달 탐사 차량을 자체 비용과 인력, 기술 개발로 시도하고 있다. 달 탐사 차량 개발이 갖는 기술적, 사회적, 경제적 가치와 이익을 예상하기 때문이다.

기업의 자체적인 시도지만, 현대차의 도전은 우리나라 우주개발에 도움이 된다. 현대차의 우주 기술이 실용화되면, 우리나라 정부가 관련 기술이나 상품을 구입하여 국가 우주개발을 앞당길 수 있다. 또한 국가안보 차원에서도 정부가 별도의 비용과 인력을 들이지 않고 관련 기술을 활용할 수 있다. 예를 들어 달 탐사 차량으로 개발된 첨단 기술들은 지상 군용 차량의 전투력 향상에 적용할 수 있으며, 향후 정부가 발사할 위성체나 우주비행체의 안전 기술에도 적용할 수 있다.

### 달 탐사 차량의 첨단 기술

달 탐사 차량 개발은 단순히 자동차 기업이 시도하는 우주용 운송수단이 아니다. 유인 달 탐사 차량에는 세계 최초의 다양한 기술들이 필요하다. 달에는 GPS와 같은 위성항법 시스템이 없기 때문에, 달 탐사 차량에도 실시간 자율 항법 기술이 필요하다. 달에는 태양 빛이 전혀 들지 않는 그림자 영역, 유성이 충돌하여 만든 장애물 및 경사 지형들이 많다.

달 탐사 차량은 레이더를 활용하여 지형이나 장애물을 식별하고, 자동으로 감속하거나 정지하는 제어 시스템을 갖추어야 한다. 달의 낮과 밤에 일어나는 급격한 온도 변화, 진공이면서 지구의 6분의 1 중력 환경에서 달 탐사 차량이 주행할 수 있는 기술(연료전지, 윤활 계통, 금속제 타이어, 주행 제어 등) 등도 개발해야 하는 첨단 기술들이다.

### 우주 국제협력에도 전략이 필요하다.

도요타와 JAXA는 달 탐사 차량 개발을 통해 우주 기술 분야에서 지속적인 우위를 유지하고 새로운 기술에 도전하고 있다. 이러한 도전은 일본 사회에 인류 발전을 위한 유익한 가치를 제공한다. 무엇보다 일본은 도요타 등 우주개발에 참여하는 기업과 산업 기반을 강화하려는 목표를 갖고 있다. 우리나라는 국제우주협력을 통해 어떤 목표를 달성할 것이며, 우선순위는 어디에 둘 것인지 결정해야 한다. 현재 우주항공청이 이러한 비전과 전략을 검토하고 있으며, 일부는 공개되었다.

하지만, 우주항공청의 우주개발 비전과 전략은 국가 전체의 우주개발로 보긴 어렵다. 현대차와 같이 민간 기업이 보는 비전을 파악하여 국가우주개발 전략과 연계하려는 노력도 미진하다. 무엇보다 국가안보 수요와 목표가 견인하는 우주개발이 우주항공청의 전략과 연계하도록 조율하는 것이 매우 중요하다.

## ⑱ 뉴질랜드에 우주를 감시하는 군대와 기업이 모인 이유

전 세계에서 거의 매일 우주로 발사가 이루어지고 있다. 작은 위성이라도 우주로 보낸 경험을 가진 국가가 90개가 넘는다. 우주와 관련된 새로운 시장도 꾸준히 늘어나고 있으며, 많은 국가가 우주전략을 마련하고 경제 발전에 힘쓰고 있다. 그 중에서도 남반구 섬나라 뉴질랜드에 주목할 필요가 있다. 우주 경제 이전에 뉴질랜드는 영화 반지의 제왕을 찍었던 아름다운 자연의 나라, 관광과 어업의 나라였다.

### 우주 발사체의 국가 뉴질랜드

뉴질랜드가 우주 시장에서 이름을 알리기 시작한 것은 로켓랩(Rocket Lab)이라는 발사체 기업 때문이다. 현재 세계 발사체 시장을 독점하다시피 하고 있는 미국 스페이스X에 대항마 중 하나가 로켓랩이다. 지금까지 새로운 엔진 기술과 소형 발사체 위주로 성장해 온 로켓랩은 대형 발사체 시장으로 확장 중이다. 2024년 6월에는 우주 산업의 신기록 제조기라 할 수 있는 스페이스X가 보유하고 있던 기록을 추월했다. 2017년 첫 번째 발사에 성공한 이후 사상 최단 기간 50회 발사 기록을 세웠다. 2024년 4월에는 우리나라 초소형 군집위성 1호도 뉴질랜드 마히아 발사장에서 로켓랩의 일렉트론 발사체로 성공적으로 발사되었다.

그런데 어느 날 뉴질랜드 기업이었던 로켓랩은 본사를 미국 LA로 옮기고 대부분의 사업을 미국에서 하는 기업이 되었다. 우주 시대에 국적이 중요한 것은 아니지만, 뉴질랜드로서는 당황스러울 수 있는 상황이었다.

© 위키피디아

## 우주 디지털 경제 국가 뉴질랜드

하지만, 뉴질랜드는 우주에서 자신들이 무엇을 해야 하는지 잘 알고 있었다. 세계 우주 경제에서 발사체 제조가 차지하는 비중은 30% 정도이나 위성 정보를 활용하는 서비스 시장은 45%로 더 높다. 앞으로 이러한 차이는 더 벌어질 수 있다. 뉴질랜드는 우주 시장에서 위성 정보 서비스 발전에 힘쓰고 있다. 우주 산업을 통해 디지털 경제로 체질 전환을 진행 중이다.

뉴질랜드는 호주와 함께 인도-태평양 지역에 많지 않은 우주 활동 국가 중 하나이다. 뉴질랜드는 이러한 지리적 위치를 살려 미국과 지상국 서비스에서 협력하고 있다. 또한 뉴질랜드의 강점인 농업 기술, 위험 관리, 해양학과 기상학 등과 연계된 우주 기반 데이터 서비스를 발전시키고 있다. 또한 뉴질랜드는 남극이라는 극한 환경에 물류를 지원하고 기지를 운영한 경험을 우주 산업에도 활용하고 있다.

## 뉴질랜드에게 우주란?

뉴질랜드는 우리나라에도 없는 정부 조직으로 우주부를 신설했다. 초대 우주부 장관에 오른 주디스 콜린스은 우주 시스템이 국가안보를 강화하는 데 매우 중요하다고 강조하였다. 인접한 적대국도 없는 뉴질랜드에서 우주 시스템이 군사력에서 갖는 중요성을 왜 강조할까? 우리도 생각해봐야 할 문제다. 우주 산업은 국가안보 기술, 시장, 협력과 아주 밀접하기 때문이다. 실제로 뉴질랜드 방위군은 위성 추적과 데이터 관리를 뉴질랜드 국방에 중요한 변화로 평가한다.

이번 달 뉴질랜드에서는 전 세계 국방우주 관계관과 우주기업이 한 자리에 모여 합동상업작전(Joint Commercial Operation) 허브를 진행 중이다. 미국, 호주, 일본을 비롯해 우리나라도 참여 중이다. 뉴질랜드가 주도하는 이 허브는 우주에 위험한 잔해물이나 물체를 줄이고, 비정상적인 활동을 하는 위성을 감시하는 데이터를 공유한다. 우주상황인식(space situational awareness) 임무와 수행 절차, 관련 기술을 나눌 수 있는 자리이다. 여기에는 첨단 디지털 기술이 중요하며, 허브의 성공은 국방조직만큼 민간 우주기업의 참여도 중요하다.

우주 경제 영역에서는 우주 기업의 기술과 역량만으로 성장하기 어렵다. 정부와 군에 우주 전력이 필요한 만큼, 우주 기업도 새로운 수요와 넓은 시장이 필요하다. 국가안보는 이러한 수요이자 시장이다. 합동상업작전(JCO)과 같이 여러 나라 정부, 군, 기업이 함께 임무를 수행하면서, 어떤 기술과 역량을 활용하고 있으며 앞으로 무엇이 필요할지 공유할 수 있는 자리가 우주상황인식 분야의 최전선이다. 앞으로 우리나라 우주기업도 합동상업작전(JCO)에서 더 많은 기회와 시장을 찾고 발전할 수 있기를 기대한다.

## ⑲ 보잉 스타라이너의 실패가 남긴 여섯 가지 의미

ⓒ 나무위키

보잉이 시도한 첫 번째 유인 상업운송 캡슐 '스타라이너(Starliner)'는 실패로 막을 내렸다. 여기에는 생각해봐야 할 여섯 가지 의미가 담겨 있다. 지난 6월 5일 발사된 스타라이너는 2명의 우주인 수니 윌리엄스와 부치 윌모어를 국제우주정거장(ISS)에 간신히 올려보냈다. ISS에 이르는 과정에서 헬륨 가스가 누출되고, 일부 추진기가 고장났기 때문이다.

이 문제로 스타라이너는 계획대로 우주인과 함께 복귀하지 못하고, 무인으로 지구에 돌아왔다. 2명의 우주인은 8일 일정으로 ISS에 도착했다가, 8개월 이상 지난 내년 2월에 지구로 돌아온다. 그것도 보잉의 경쟁사인 스페이스X의 캡슐 '드래건'을 이용할 예정이다.

### 첫 번째 의미: 우주인의 안전은 최우선

NASA는 아폴로 프로그램에서부터 우주왕복선까지 수많은 유인 우주 프로그램에서 큰 희생을 경험했다. 하지만 NASA뿐 아니라 민간 우주기업의 기술도 엄청나게 발전한 오늘날 더 이상 우주인의 희생이 있어서는 안 된다. 비록 보잉 스타라이너는 무인 복귀에 성공했지만, 애초에 NASA는 우주인의 안전을 최우선으로 고려했다.

이 일로 타격이 불가피한 보잉의 이해관계, 이 사업을 추진한 NASA의 명예, 어느 것도 우주인의 생명을 걸만큼 중요한 것은 없기 때문이다. 앞으로 유인 우주 프로그램에서도 안전은 최우선되는 가치가 되어야 한다.

폴라리스던 프로젝트 민간 우주인

© SpaceX

### 두 번째 의미: 스페이스X의 우위 재확인

보잉 스타라이너는 2명의 우주인과 함께 지구로 복귀하지 못했을 뿐 아니라, 이를 바로잡을 기회도 얻지 못했다. 경쟁사인 스페이스X가 구원투수로 등판하게 된 상황은 보잉에게 최악이다. 이런 결정을 내린 NASA도 복수의 경쟁 체제를 구축하는 데 있어, 보잉이 아닌 스페이스X를 선택한 결정에 부담을 가질 수밖에 없다. 실제로 NASA의 이번 결정 과정에는 보잉의 반대가 만만치 않았으며, 결정이 내려진 이후 보잉 측은 자괴감을 쉽게 벗어던지지 못했다는 소식이다. 이번 실패는 민간 우주개발에서 스페이스X의 우위를 재확인시켜 주었다.

### 세 번째 의미: NASA에 대한 회의적 시선

NASA의 유인 상업운송 프로그램은 비용을 줄이고 혁신적인 기술과 새로운 시장을 창출하려는 새로운 방식이다. 뉴스페이스 시대를 잘 보여주는 시도이자 성공적인 결과로 평가받아왔다. 하지만, 이번 일로 NASA는 비용을 아끼고 사업만 관리하는 기관으로 전락한 것이 아니냐는 시선도 있다. NASA는 인류의 우주개발과 탐사를 위한 장기적인 안목과 도전적인 연구를 이끌어야 하는 주체이다. 보잉 스타라이너의 실패로 NASA가 올바른 일에 매진하고 있는지 비판하는 시선이 있는 이유이다. 앞으로 NASA는 민간 우주기업의 장점과 역할을 우주개발에 활용하되, 본연의 역할과 위치를 잃어서는 안 된다.

중국 우주인

© 나무위키

### 네 번째 의미: 역사상 처음으로 우주에 있는 우주인 19명

보잉 스타라이너 덕분에 유인 우주활동 역사에 새로운 기록이 세워졌다. 2명의 우주인이 ISS에 장기 체류하면서 9월 중순 우주에는 모두 19명의 우주인이 탄생했다. ISS에서 임무를 수행 중이던 7명에 더하여 보잉 스타라이너 우주인 2명이 합류했고, 러시아 소유즈 우주선으로 3명의 우주인이 더 합류했다. 교대가 이루어지기 전까지 일시적으로 ISS에만 12명의 우주인이 머물게 되었다.같은 시간 중국 우주정거장(텐궁)에는 3명의 중국 우주인이 임무를 수행 중이었고, 스페이스X의 폴라리스던(Polaris Dawn) 프로젝트로 4명의 우주인이 지구 궤도에서 민간인 최초의 우주유영에 성공했다.

수니 윌리엄스와 부치 윌모어



### 다섯 번째 의미: 상업 우주인 조난에 대비해야 할 때

보잉 스타라이너 우주인은 NASA 소속이지만, 상업 기업이 주도하는 유인 우주 프로그램으로 우주로 향했다. 이들의 장기 체류는 우주에서 사고를 당한 것과 유사하다. 현재 국제 우주법에는 우주인이 우주에서 사고를 당할 경우 국적과 관계 없이 구조하도록 규정하고 있다. 그런데 국제 우주법에는 상업 우주인에 대한 명확한 규정이 없다. 만약 보잉 스타라이너 우주인이 민간 우주인이었다면, 만약 ISS에 도착하기 전에 우주선 고장으로 우주에서 조난을 당했다면, 우리는 어떻게 대처해야 할까?

**여섯 번째 의미: 돌아오지 못한 우주인에게는 큰 행운**

보잉 스타라이너 사건이 발생하자 많은 언론에서는 8일만 머물기로 한 2명의 우주인이 8개월 이상 ISS에 머물게 된 것을 불안, 좌절 등 불행한 일로 평가하기에 바쁘다. 정말 그럴까? 우주인 선발에는 평균 2년 이상 고도의 훈련과 테스트가 이루어지며, 선발된 우주인도 여러 가지 변수로 인해 실제 우주를 경험하지 못할 수 있다. 수니 윌리엄스와 부치 윌모어에게 이번 사건은 오히려 큰 행운이다. 우주를 경험했던 많은 우주인들은 언제든 다시 우주에 갈 수 있기를 꿈꾼다. 윌리엄스와 윌모어도 장기 체류에 대해 낙담했냐는 질문에 "그런 생각이 든 적이 한 번도 없다."라고 밝혔다. 우리는 여전히 지구인의 시각으로만 우주인을 보는 것은 아닐까?

## ⑳ 대한민국에 필요한 우주 외교관

미래 유엔의 우주 회의

© 생성형 AI

우주 외교(space diplomacy)의 역사는 인류가 우주 공간에 도전하면서 함께 시작되었다. 1957년 소련의 스푸트니크가 발사되자 이듬해부터 우주에 대한 국제적 논의가 시작되었으며, 1959년 유엔의 유일한 우주 관련 상설위원회인 "외기권 평화적 이용 위원회"(The Committee on the Peaceful Uses of Outer Space, 이하 COPUOS)가 설립되었다.

현재 UN COPUOS에서는 102개 회원국들이 매년 모여 다양한 우주 이슈를 놓고 활발한 외교 활동을 벌이고 있다. 2024년에도 우리나라는 함상욱 주오스트리아 대사 겸 주비엔나 국제기구 대표가 UN COPUOS에서 우주 잔해물 감축 문제, 천문 우주 문제, 북한 우주발사의 불법적 문제 등을 다루었다.

© REUTERS

**외교관도 우주 역량이 필요하다.**

우주 외교관에 가장 가까운 이들은 외교부 외교관이다. 국립외교원에서는 외교관후보자 정규과정을 운영하고 있다. 이들은 약 1년간 공직수행 자세 및 가치관, 외교정책과 실무 등 종합교육을 이수하며, 종합교육성적 기준 이상을 취득할 시, 국제사회에서 우리나라를 대표하는 외교관으로 임용된다. 이렇게 양성된 외교관들은 앞으로 우주 역량을 갖추어야 한다. 기존처럼 UN COPUOS에 참가하거나 다른 국가와 우주 협력을 하는 수준에서 벗어나 우리나라 우주 능력과 미래 가능성을 파악하고 있어야 한다. 이를 바탕으로 과학기술외교, 공공외교에서도 우리나라 우주 능력을 활용하는 외교관이 필요하다.

우리나라는 세계 7번째 실용급 발사체인 누리호의 성공적 발사, 달 궤도선 다누리와 425 군사정찰위성 운용, 우주항공청 개청 등 중견국 이상의 성과를 바탕으로 우주강국으로 도약하기 위해 노력 중이다. 실제로 우리나라는 빠른 시간 뛰어난 우주개발 성과를 거둔 만큼, 국제적 위상도 높아졌다 이제 우주외교에 대한 외교부의 관심과 외교관의 역량이 뒷받침될 필요가 있다.

**민간 우주 외교관도 필요하다.**

우주 외교관이 외교부에만 필요한 것은 아니다. 이미 많은 우주 과학자들이 국제사회에서 외교 활동을 지원해왔다. 위에서 언급한 UN COPUOS에도 외교관뿐 아니라 항공우주연구원, 천문연구원 우주 전문가들이 함께 참여하고 있다. 우주 외교를 위해 양성해야 하는 사람들은 미래 우주 과학자들도 포함된다. 우주 기업인도 우주 외교를 담당한다. 우리나라 우주발사체 기업인 페리지에어로스페이스 부사장인 심수연씨는 외교관 출신이다. 외교관 출신이 아니어도 우리나라 기업인이 국제사회에서 우주 능력을 홍보하고, 정부와 협력할 수 있는 아이템을 발굴한다면 우주 외교를 하는 우주 외교관이다.

뉴스에도 민간인으로서 외교 활동에 기여한 사람들을 흔히 민간 외교관으로 비유하고 있다. 우주개발은 본질적으로 국제협력이 필수적이며, 달, 소행성, 화성 등 우주 탐사는 아무리 강대국이라도 혼자 전담할 수 없다. 규모와 비용이 너무 크기 때문이다. 우리나라도 더 많은 민간 우주 외교관이 필요하다.

### ㉑ 우주로 가는 발사장, 열린 하늘(Open Sky)

최근 한국항공우주연구원은 한국형발사체 누리호의 4차 발사 준비를 시작한다고 밝혔다. 여기에는 차세대중형위성 3호가 탑재되어 2025년 후반기에 발사될 예정이다. 지난 주에는 미국에서 우주발사의 역사적 획을 긋는 일이 벌어졌다.

스페이스X 스타십(5차 발사)의 슈퍼헤비(발사체 하단)가 발사장으로 돌아와 대형 로봇팔 메카질라(젓가락)에 성공적으로 착륙했다. 그런데, 문득 한 가지 질문이 떠올랐다. 세계적 발사 기술과 우주개발 경쟁에도 불구하고 왜 공중발사 소식은 없을까? 정말 공중발사 시도나 연구개발에 대한 소식은 거의 없다. 공중발사보다 훨씬 어려운 스타십 발사가 성공한 것과 비교하면 의아한 일이다.

ⓒ SpaceX

### 영국 버진 오빗(Virgin Orbit)의 실패를 교훈 삼아

공중발사의 선구적 기업은 영국의 버진 오빗이다. 그런데 이 기업은 2023년 파산했다. 먼저 우리는 버진 오빗의 실패를 교훈 삼아야 한다. 버진 오빗은 '괴짜 억만장자'로 알려진 브랜슨 버진 그룹 회장이 2017년 설립한 위성 발사업체다. 진 오빗은 2020년부터 개조한 보잉 747기를 이용해 3만5천~4만5천 피트(약 10~13km) 상공에서 인공위성을 탑재한 공중발사체를 발사하고, 거기서 위성을 궤도로 보내는 기술을 시도해왔다. 하지만 실제 발사 횟수는 6차례에 불과했고, 그중 2차례는 실패했다. 영국에는 버진 오빗이 이용하는 공중발사 전용 이착륙장인 콘웰 우주항(space port)도 있다.

이 기업이 무너진 것은 공중발사 기술이 안정적으로 지속되지 못한 영향이 크다. 이와 연관된 자금 지원, 기업 운영에도 문제가 연이어 발생했다. 중발사의 난이도가 가장 높지 않다면, 필요성과 우선순위 문제일 가능성이 크다. 우리나라는 공중발사가 필요하기 때문에 정부와 민간의 주도적 기술개발이 중요하다.

© 나무위키

### 우리나라에 필요한 공중발사

공중발사가 우리나라에 필요한 이유는 무엇일까? 공중발사의 우선순위가 낮은 것은 몇 가지 제한사항 때문이다. 공중발사는 몇 가지 방법이 있지만, 기본적으로 항공기에 탑재해야 하므로 크기나 중량에 제한이 있다. 대형 위성이나 무거운 탑재체를 궤도에 올릴 수 없다. 하지만, 우리나라는 향후 다수의 초소형위성 발사를 계획하고 있으며, 대학과 연구소의 교육 및 연구용 큐브 위성(1개 기준 가로 · 세로 · 높이 10cm, 중량 2kg 이하)을 계속 발사해야 한다.

공중발사는 우리나라 지상발사가 중국과 일본에 가로막혀 남쪽으로만 가능한 문제를 극복할 수 있다. 발사각과 경로 선정에 유연성을 높일 수 있으며, 지구의 자전속도를 이용하기 때문에 발사효율은 높이고 발사비용은 낮출 수 있다. 공중발사는 항공기 운항이 가능한 기상이면 언제든지 수행할 수 있으며, 우리나라 군공항을 이용하면 보안 유지도 가능하고 공중발사장 건설과 운영에 추가 비용이 크지 않다.

무엇보다 공중발사는 초소형 위성발사가 긴급히 요구될 때, 바로 대응할 수 있다. 군사적 대응 능력이 뛰어나고, 우리나라 육해공군의 다양한 미래 군사력 강화로 확장할 수 있다.

### 필요하다면 국가 주도로 우선순위를 높여야 할 때

우리나라 공중발사 기술은 연구개발 차원에서 대학뿐 아니라 국방 기관에서도 노력 중이다. 다만, 예산의 안정적 투입과 정책적 우선순위에서 관심이 더욱 필요하다. 공중발사가 정부의 연구개발과 군 전력화 과정에서 뒤처지지 않도록 공공 활용성과 국방 필요성이 지속적으로 제기되어야 한다.

많은 우리나라 우주기업과 스타트업도 성능검증 위성을 비롯해 초소형 위성을 통해 제품과 기술을 테스트할 기회가 마련되어야 한다. 공중발사는 공공 및 국방 용도에만 머물지 않는다. 우주경제 발전에 밑거름이 될뿐 아니라 국가우주개발에서 전략적 옵션을 다양화하는 기회이다. 필요하다면, 국가 주도로 우선순위를 높여야 할 때이다.

## ㉒ 미국 우주 활동에 새로운 부스터, 트럼프 대통령

© 서울신문

트럼프 대통령이 4년만에 다시 백악관으로 돌아온다. 미국 대통령의 영향력을 고려할 때, 그저 다른 나라 대선으로만 볼 수 없는 상황이다. 우주 개발에는 막대한 정부 예산이 투입되기 때문에, 역대 미국 대통령은 우주 개발의 방향을 바꾸는 키플레이어였다.

케네디 대통령은 인류 최초로 유인 달탐사에 도전하는 결정을 내렸다. 닉슨 대통령은 아폴로 계획을 중단시키는 대신 우주정거장과 우주왕복선 개발을 결정했다. 오바마 대통령은 달과 화성 유인 탐사 프로젝트를 취소했지만, 트럼프 대통령은 유인 달탐사와 달 기지 프로젝트를 다시 부활시켰다.

© REUTERS

우리나라 여론은 트럼프의 복귀가 득보단 실이 많을 것으로 보는 듯 싶다. 하지만, 미국의 우주 활동을 위해서는 트럼프의 복귀가 확실히 호재다. 이런 예상에는 몇 가지 근거가 있다.

먼저, 트럼프 대통령은 1기 행정부에서 우주정책을 획기적으로 변화시켰다. 가장 눈에 띄는 변화로는 NASA의 아르테미스 프로그램 시작, 연방항공청과 상무부의 상업용 우주 규정 현대화, 7개의 우주정책지침, 5개의 행정 명령, 개선된 국가우주정책 등이다.

또 다른 변화는 미국 우주군을 창설하고 우주 사령부를 재창설한 일이다. 트럼프 대통령은 의회에서 수년 간 쟁점이 되었던 우주군 창설 문제에서 반대파를 제압했으며, 우주군 창설을 자신의 임기 중 가장 자랑스러운 업적 중 하나로 생각한다. 트럼프 2기 행정부에서는 주(state) 정부가 통제하는 우주방위군을 신설할 가능성이 높다. 트럼프 대통령은 예비 전투군으로서 주방위군 창설에 동의해왔다.

일론 머스크는 대선 내내 트럼프 대통령을 열광적으로 지지했고, 트럼프도 2기 행정부에서 머스크를 정보효율부 책임자로 임명했다. 그동안 머스크는 행정부의 규제에 불만을 표시해왔는데, 특히 발사 승인을 받는 데 많은 시간이 걸리는 절차와 텍사스주 보카치카 발사장 활동을 제한해 온 환경 규제를 비판했다.

트럼프는 화성에 사람을 보내겠다는 머스크의 비전에도 동조한다. 머스크와 함께 상업 우주 활동을 더욱 활성화시킬 전망이다. 이미 2018년 트럼프 대통령은 우주정책지침(SPD－2)으로 민간 우주산업의 빠른 성장과 혁신을 촉구하기 위해 규제를 간소화하도록 지시했다.

지난 7월 공화당이 발표한 트럼프 2기 행정부의 핵심 정책 밑그림인 정당강령(2024 Republican Party Platform)에서도 “미국은 저궤도에서 강력한 제조 산업을 육성하고, 우주인을 달과 화성에 보내며, 빠르게 성장하는 민간 우주산업과 파트너십 강화”하겠다고 밝혔다.

트럼프의 복귀는 미국이라는 우주발사체에 더욱 강력한 부스터를 추가한 셈이다. 그리고 이 부스터는 NASA에 의지하기보다는 우주군과 우주 기업이 주도하는 우주활동을 확장시킬 것이다. 트럼프 임기 4년이면 화성으로 가는 속도가 앞당겨질지 모른다.

## ㉓ 테슬라 CEO 일론 머스크가 전기차 지원을 반대하는 이유

트럼프 미국 대통령 당선인의 정권 인수위원회가 전기차 세액공제 폐지를 추진하는 것으로 알려졌다. 현재 미국에선 인플레이션감축법(IRA)에 따라 소비자가 배터리와 핵심 광물 등에 대한 원산지 요건을 충족하고, 미국에서 생산된 전기차를 구입하면 최대 7,500달러(약 1,050만 원)를 세액 공제 형태로 지원받을 수 있다.

© Tesla

당연히 트럼프의 강력한 지지자인 일론 머스크에겐 나쁜 소식일 것 같다. 하지만 테슬라 CEO인 머스크에겐 호재가 될 수 있단 분석이다. 전기차 적자에 시달리는 경쟁사들이 보조금 폐지로 고사 위기에 몰리면 선두 주자인 테슬라가 승자로 남을 확률이 크기 때문이다. 실제로 머스크도 "전기차 보조금을 거둬가라, 그게 테슬라를 돕는 길이다."라며 전기차 보조금 폐지를 지지하고 있다.

**하지만, 사업 이익 때문만은 아닐 수 있다.**

정말, 머스크가 선두 주자로서 경쟁사를 고사시키려는 전략일까? 머스크를 테슬라 CEO로만 본다면 그런 해석도 가능하다. 하지만, 그가 화성 정착지 개척과 같은 파격적인 도전을 하고 있으며, 남들과 다른 관점에서 문제를 바라본다는 점을 고려해봐야 한다. 그는 단순히 사업 이익 때문에 전기차 지원을 반대하는 것은 아니다. 이미 머스크는 2022년 출간된 자서전에서 정부가 전기차 충전소 확산에 나서는 걸 반대했다. 당시 전기차는 테슬라를 포함해 아직 대중화되기 전이었다. 따라서 전기차 충전소처럼 인프라 구축은 매우 중요한 문제였다.

정부가 친환경 정책의 일환으로 전기차 보급을 늘리기 위해 취한 정책 중 하나가 전기차 충전소 확대였다. 당연히 테슬라는 이 정책에 최대 수혜자 중 하나였고 다른 기업을 압도하는 상황도 아니었다. 그런데도 머스크는 왜 이러한 정책에 반대했을까?

그는 정부가 주도하는 전기차 확대 정책이 장기적으로 민간 상업과 생태계 조성에 부정적이라고 봤다. 정부가 앞서서 전기차 충전소를 구축하면, 전기차 기업들이 정부에 의존하게 되고 충전소 기술 혁신도 덩달아 늦어질 수 있다고 판단했다. 또한 정부의 정책은 정권 교체나 재정 상황 등에 따라 달라지거나 철회될 수도 있어 장기적으로 전기차 시장과 사업이 자생적인 생태계를 마련하지 못할 수 있다.

우주 사업도 마찬가지다. 전 세계 우주기업이 모이는 국제 컨퍼런스나 포럼에서도 스페이스X의 막대한 영향력을 견제하는 목소리가 높다. 하지만 머스크는 특정 국가나 지역에 우주산업 발전을 위한 보조금이나 정부 지원 정책에 찬성하진 않는다. 정부의 지원은 단기적으로 기술 개발과 기업 운영에 도움이 되겠지만, 장기적으로 자생적인 우주산업과 시장 확산에 걸림돌이 될 수 있기 때문이다.

물론 이러한 주장은 국가마다 우주기업과 기술 수준에 차이가 크기 때문에, 일률적으로 적용할 수 없을 지 모른다. 하지만, 머스크가 전기차 보조금이나 전기차 충전소에 대한 정부 지원을 반대하는 이유가 단순히 시장 독점이나 선두 기업의 여유만은 아니라는 점을 생각해봐야 한다.

과연 우주 기업이 정부가 해주는 일은 뒤로 미루고 기술 혁신과 과감한 도전을 우선할까? 전기차 충전소를 지어주기 보다는 전기차 충전소 기술 개발을 지원하고, 전기차 기업보다 충전소 기업을 지원하는 것은 어떨까? 우리나라 우주개발에도 정부의 지원과 역할이 무엇일지 생각해보는 기회가 되길 바란다.

## ㉔ 해양 안보는 우주의 복합적인 눈으로 접근해야

우리나라 해군과 해경은 넓고 어두운 바다에서 영해와 어민을 지켜왔다. 주로 거친 해양 환경에서 벌어지는 자연재해에 대처하거나 선박 사고 등 재난 대응에 노력해왔지만, 갈수록 우리나라 해군과 해경의 역할은 확대되고 있다. 우리나라 영해를 불법으로 넘어오는 중국의 어선, 주변국 함정과 잠수함의 영해 접근, 인도양 등 공해상에서 마주치는 해적이나 위협에 대응하는 임무들이다.

과거에는 상대방이 위치나 활동을 숨기거나 통신에 응하지 않을 경우, 이를 탐지하고 식별하기 위해 직접 선박을 보내는 방법밖에 없었다. 하지만, 오늘날 우주 능력은 넓고 어두운 해양 활동을 자세히 들여다볼 수 있는 눈이 되고 있다.

© 연합뉴스

### 불안정한 해양안보 환경

바다는 전 세계 무역의 80%가 수송되는 통로이며, 해양으로 이동하는 하루 선박만 250만 척 이상이다. 그만큼 해양 위협은 큰 피해를 일으키는데, 불법 어업 수량이 매년 2천 6백만 톤에 이르고, 해적에 의한 연간 손실도 120억 달러로 추산된다. 작년 10월 시작된 이스라엘과 중동 지역 전쟁으로 지금까지 100척 이상의 상선이 피해를 입었고, 유조선 통행량도 77% 감소하는 등 해양 안보 문제가 세계 경제와 안보에 미치는 영향이 누적되고 있다.

### 다크 선박(Dark Ship)의 피해

국제해사기구(International Maritime Organizaton)는 선박의 안전한 운행을 보장하고, 사고 발생 시 신속한 구조 · 구난 작업을 지원하기 위해 선박자동식별시스템(Automatic Identification System, AIS)을 모든 선박에 의무적으로 탑재하도록 한다.

하지만 비밀 보장이 필요한 군함을 포함한 일부 선박들은 자신들의 필요에 따라 특정 위치에서 고의적으로 AIS를 운용하지 않는다.

이런 선박은 다크 선박이라고 부르며, 세계적으로 다크 선박에 의한 경제 비용은 연간 300억 달러에 이른다. 우리나라의 경우 중국의 불법 조업 선박, 북한 선박이나 함정 등이 이런 행위를 빈번히 하고 있다. 따라서 우리나라 해상에서 활동 중인 다크 선박을 식별하기 위한 대응책이 필수적이다.

### 우리나라의 넓은 관할 해역

우리나라의 관할 해역은 영해, EEZ(배타적경제수역)를 포함하여 약 43.8만 ㎢에 달하며, 한반도 면적에 약 4.4배에 이른다. 해양경찰청에서는 함정 354척, 항공기 25대와 선박교통관제를 활용하여 해양 질서를 유지하고 있다. 하지만 감시 구역이 관할 해역의 약 16%에 지나지 않으며, EEZ까지 감시하기에는 인적 · 물적 자원의 한계가 있다. 또한, 해상범죄 발생 건수는 2017년 2만6천 건에서 2022년 4만7천 건으로 지속적으로 증가하는 추세이고 최근에는 해상마약류 검거도 증가하고 있어 넓은 바다를 효과적으로 감시하기 위한 수단이 필요하다.

© 해양경찰청

### 복합적 해양영역인식(Maritime Domain Awareness) 플랫폼의 필요성

광활한 해양을 감시하고 위협 상화에 대응하기 위해서는 인공위성, 무인기 등 다양한 플랫폼을 복합해서 활용해야 한다. 무인기의 경우 필요한 시간과 장소에서 즉각적인 감시 · 정찰 활동이 가능하여 능동적으로 대응할 수 있다. 하지만, 중형 무인기는 4~5시간 비행이 가능하여 운용 시간에 한계가 있으며, 동시에 탐지할 수 있는 면적도 제한적이다.

함정의 레이더는 상시 운용이 가능하지만, 선박이 특정 주파수를 사용하지 않으면, 탐지가 제한된다. 인공위성은 운용 궤도, 위성 수에 따라 관측 가능 횟수가 달라지나 정지궤도 위성의 경우 1대 만으로도 상시 관측이 가능하다. 저궤도 위성도 전자광학, SAR, LiDAR, RF 센서 등 다양한 센서를 중복하여 상호 단점을 보완할 수 있다. 특히, RF(무선주파수) 센서를 활용할 경우, 넓은 해양을 외부 기상에 영향을 받지 않고 실시간으로 감시할 수 있다.

### 해양 안보에 대한 인식 전환

우리나라도 해양에 대한 인식을 전환해야 한다. 기존에는 넓고 험한 해양 환경에 맞서 위협에 대한 정보를 획득하는 공간에서 해양을 인식했다. 하지만 과학기술 발전에 따라 험난한 환경 속에서도 해양 활동이 증가하였고, 선박에 대한 위협 수단도 증가하였다. 따라서 해양에 대한 인식은 위협을 사전에 탐지하고 차단해야 하는 공간으로 전환해야 한다. 또한 해양영역인식 발전을 위해 우주기술 개발과 활용도 적극적으로 추진해야 한다.

## ㉕ 우주로 나서는 인류, 우주 선외활동

2024년에도 인류의 우주활동은 눈부시게 발전했다. 그중 빼놓을 수 없는 도전이 우주유영(spacewalk)이다. 우주유영은 인간이 안전한 우주비행체에서 벗어나 우주 공간에 직접 나서는 활동으로 공식 용어로는 선외활동(Extravehicular Activity, EVA)이라고 부른다. 우주비행체 외부 활동이라는 뜻이다. 선외활동은 단순히 새로운 기술이나 인간의 도전 정신을 의미하진 않는다. 우주활동의 범위가 확대되면서 우주비행체 수리, 과학장비 설치와 해체, 달과 같은 천체에서 탐사와 자원 채굴 등에서 유인 우주활동이 중요하기 때문이다.

© NASA

**최초의 선외활동들**

선외활동에서도 다양한 최초가 있었다. 인류 최초의 선외활동은 1965년 3월, 소련 우주인 알렉세이 레오노프였다. 그는 보스호트 2호에서 밖으로 나와 12분 동안 선외활동을 기록했다. 미국도 바로 뒤를 이었다. 같은 해 6월 미국 우주인 에드워드 화이트가 제미니 4호 밖에서 선외활동에 성공했다. 미국은 최초의 선외활동 타이틀은 놓쳤지만, 생명줄 없는 선외활동에서는 최초의 기록을 세웠다.

선외활동은 생명줄(tether)이 있는 경우와 없는 경우로 나뉘는데, 대부분 생명줄에 의존하는 안전한 방법이 이용되었다. 생명줄은 우주비행체와 우주인이 일정 거리를 벗어나지 않도록 도와주는 동시에 통신선의 역할도 했다. 생명줄이 없는 우주유영은 1984년 2월, 미국 우주인 브루스 매캔들리스가 최초였다. 그는 우주복에 부착된 기동 장치를 이용하여 생명줄 없이 자유롭게 우주를 이동하는 장면으로 깊은 인상을 남겼다.

2024년 선외활동에도 최초가 이어졌다. 9월에는 민간 우주인 최초의 선외활동이 스페이스X의 우주비행체로 시도된 '폴라리스 던' 프로그램으로 성공했다. 이 프로그램의 사령관인 아이작먼은 트럼프 행정부에서 NASA 책임자로 임명되기도 했다. 중국도 선외활동에서 최초를 달성했다. 12월 중국 우주정거장에서 진행된 중국 우주인의 선외활동은 9시간을 기록하며 가장 오래 지속된 사례로 남았다.

### 우주활동의 경쟁, 인간과 로봇

하지만, 인간의 선외활동이 계속 최초를 만들어낼지는 미지수다. 우주방사선, 진공, 온도 등 극한의 우주환경에서 우주인의 선외활동은 위험을 피하기 어렵다. 반면, 로봇 기술의 발전은 선외활동에서도 인간이 할 수 있는 미세한 동작이나 현장 판단을 빠르게 따라잡을 전망이다.

물론 무인 시스템이나 로봇이 인간의 우주활동을 모두 대체하진 않을 것이다. 우주탐사는 인간과 지구의 기원을 밝히고, 천체를 활용하며, 인간이 천체에 정착하기 위한 과정이기 때문이다. 인류의 호기심과 새로운 기회에 대한 도전은 멈추지 않을 것이다. 인간이 선외활동을 멈춰서는 안 되는 이유다. 우주는 인간에게 끊임없이 영감을 불어넣는다.

## ㉖ 이제는 항공 안전과 우주 안전이 하나인 시대

세계적으로 우주활동이 활발해지면서 제대로 태어난 용어가 있다. 항공우주(Aerospace)이다. 우리나라도 마찬가지다. 그동안 우리나라에서 항공우주가 붙은 조직이나 용어는 사실상 항공을 의미했다.

항공우주 관련 학회, 항공우주 관련 협회, 항공우주 관련 군부대 등. 우리나라 공군도 건배사로 "하늘로(선창) 우주로(후창)"를 오랫동안 애용해왔다. 하지만, 불과 2~3년 전만 해도 이 건배사에서 진짜 의미는 하늘에만 있었다. 우주자산이나 우주작전조직이 없었던 상황에서 우리나라에서 우주는 구호일 뿐이었다. 하지만, 이젠 다르다. 진짜 우주로 가기 위한 "우주로" 건배사에 힘이 들어가고 있다.

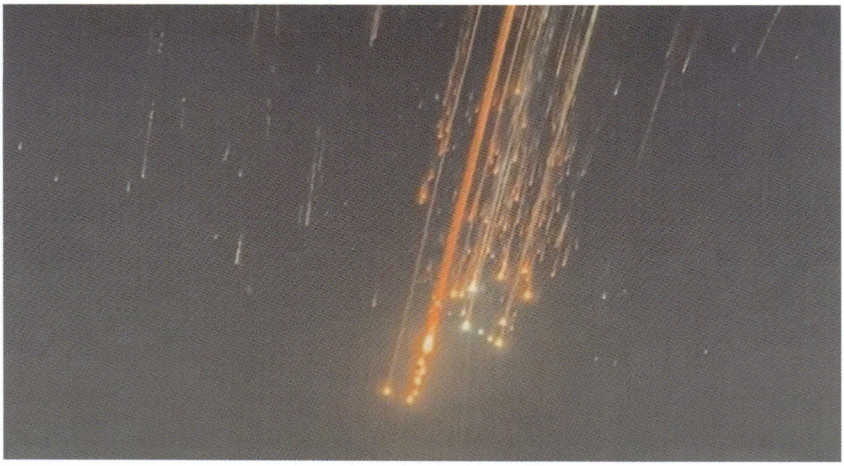

스타십 공중 폭발 잔해

© SpaceX

### 스타십 공중 폭발로 드러난 항공 안전의 위험

안전 문제도 마찬가지다. 그동안 항공 우주 안전은 별개로 생각해왔지만, 이젠 항공 안전과 우주 안전이 함께 발전해야 한다. 지난 16일 발사된 스타십 7차 발사는 1단 슈퍼헤비가 멋지게 발사장으로 돌아왔지만, 2단 스타십은 통신이 끊기면서 재진입 과정에서 공중폭발했다. 엄청난 잔해가 카리브해 공중에서 산화하는 장면을 목격한 많은 시민들의 SNS를 장식했다. 이들은 근처 유람선과 리조트에서 마치 별똥별이 쏟아져 내리는 것 같은 장면을 촬영했다.

그런데, 지상에서만 목격된 것이 아니라, 당시 카리브해를 지나는 항공기에서도 영상과 사진이 올라와 놀라움을 안겨주었다. 실제로 당시 푸에르토리코 항공교통관제사과 조종사가 주고 받은 교신에서는 스타십 폭발로 빚어진 당시 혼란스러운 상황이 고스란히 담겨있다. 항공교통관제사들도 스타십 폭발로 인해 이 지역을 지나는 항공기를 우회시키느라 진땀을 쏟았다고 한다.

심지어 일부 조종사는 자신들이 보고 있는 잔해가 스타십인 줄도 몰랐다. 항공교통관제사도 미리 대처하진 못했다. 스타십 사고를 인지하고 주변 공역을 폐쇄한 시점은 폭발 후 13분 후로 이미 잔해 대부분이 공중을 지나 바다에 빠졌을 시간이다. 공역 폐쇄가 늦었다는 의미이다. 항공기 추적 웹사이트(Flightradar24,

FlightAware)의 데이터에 따르면 이번 사고로 지연되거나 우회한 것으로 보이는 항공편은 "최소 20편에서 수십 편"에 달한다. 또한 사고 영향권에 진입하진 않았지만, 여러 대의 항공기가 갑자기 정상 항로를 사용하지 못하면서 연료 부족을 경험했다.

이러한 상황은 스타십 발사가 항공안전 정보에 포함되지 않았기 때문이다. 현재 우리나라를 비롯해 전세계 많은 국가와 기업이 재사용 발사체 개발 경쟁을 벌이고 있다. 이젠 우주발사 순간 공역통제를 넘어 재진입 할 때 항공안전과 연계된 안전기준과 절차를 마련해야 한다.

### 우주발사가 일상이 된 지구촌

항공 안전에 우주발사를 포함해야 하는 이유는 우주발사가 글로벌 수준에서 일상이 되고 있기 때문이다. 2024년 미국 스페이스X만 134회 우주 발사를 했다. 원래 스페이스X의 24년 계획은 144회였으나, 세 차례 발사 실패를 겪으면서 목표보다 줄었다. 그럼에도 불구하고 이 수치는 2023년 스페이스X가 달성한 96회보다 40% 늘어난 것이다. 스페이스X의 재사용 발사체 펠컨 9(Falcon-9)은 최초 발사 이후 100회를 도달하는 데 약 10년이 걸렸지만, 200회 발사는 3년 만에 달성했다. 2024년에는 300회를 넘어 400회 발사를 달성했다. 동시에 2024년에 스페이스X는 발사 준비 시간을 크게 단축하여 같은 발사대에서 우주 발사를 최단 시간 내에 이어서 발사하기도 했다.

뿐만 아니라 2025년에는 Falcon-9의 재사용 횟수 기록과 최단 재사용 준비 기록이 갱신되고 있다. 먼저 재사용 최다 횟수는 2025년 4월 14일, Falcon-9(부스터 B1067)가 27번째 발사와 회수에 성공하면서 세운 기록이다. 이 부스터는 2021년 6월 첫 발사를 시작해, Starlink, 유인 우주선, 유럽 갈릴레오 위성 등 다양한 임무를 수행했다. SpaceX가 처음 10회 재사용을 목표로 만든 부스터가 거의 3배나 재사용 중이다.

최단 기간 재사용 준비 기록은 2025년 3월, Falcon-9(부스터 B1088)이 세운 9일 3시간 39분 28초이다. 기존 기록은 14일이었으나, 9일로 대폭 단축했다. 재사용 준비 과정은 발사 후 회수, 점검 및 재정비, 재설치, 재발사까지 많은 과정을 거쳐야 한다. 이러한 과정을 10일 이내로 단축한 것으로, SpaceX의 효율적 운영과 기술적 신뢰성을 보여준다.

이렇게 많은 발사체와 위성체의 이동 상황을 관리하기 위해, 우주 안보 분야에서는 군사 부문인 우주영역인식과 민간 부문인 우주교통관리가 통합되어 발전하고 있다. 이제는 항공 안전을 위한 항공교통관제와 우주영역인식 그리고 우주교통관리가 긴밀하게 연결되어야 한다. 우주영역인식으로 추락하는 자연 물체나 우주 물체를 탐색, 추적, 식별하고 우주교통관리로 우주 발사체 발사와 재진입 경로 및 위험 상황을 항공기와 선박 안전관리 기관에 공유해야 한다. 이제는 항공안전과 우주안전이 하나인 시대이다.

## 저자 약력

### 엄정식

**"우주에 진심인 우주 안보 전문가이자 교육자"**

공군사관학교 졸업. 서울대학교 외교학과에서 국제정치를 전공한 후, 공군사관학교 군사전략학과에서 국가안보와 미래전을 가르치는 교육자이자 국제정치학자이다.

조기경보위성체계작전운용(국방과학연구소), 공군우주조직(공군본부), 해군우주작전(해군본부) 등 국방우주 연구에 참여해왔고, 우주전문교육 합동과정, 공군우주전문과정, 해군우주실무교육, 학군단 및 민간대학에서 우주 안보를 강의하면서 많은 입문자들과 만나왔다.

책으로는 『국가안보의 이해와 분석』(공저), 『미래전의 도전과 항공우주산업』(공저), 『우주 전장시대 해양우주력』(공저) 등과 논문으로는 U.S. Space Power Augmentation and Security Strategy against China(Korean Journal of Defense Analysis(KIDA) 등이 있다. 한국우주안보학회 상임이사, 서울대학교 국제문제연구소(우주안보연구위원), 한국강사신문 칼럼니스트로 발표와 토론에 활발히 참여하고 있다.

네이버 블로그 ＜엄정식의 우주안보사관학교＞를 통해 최신 우주 안보 이슈를 나누고 있다. 우주 안보에 대한 강연을 통해 만나고 싶은 분들을 언제나 환영합니다.

저자 이메일 : gongsa45@hanmail.net
저자 블로그 : https://blog.naver.com/space_power

저자 블로그 방문하기

제2판

# 우주 안보의 이해와 트렌드


초판발행 2024년 1월 30일
2 판발행 2025년 8월 15일

지은이 엄정식
펴낸이 안종만 · 안상준

편 집 장유나
기획/마케팅 최동인
표지디자인 BEN STORY
제 작 고철민 · 김원표

펴낸곳 (주) 박영사
서울특별시 금천구 가산디지털2로 53, 210호(가산동, 한라시그마밸리)
등록 1959. 3. 11. 제300-1959-1호(倫)
전 화 02)733-6771
f a x 02)736-4818
e-mail pys@pybook.co.kr
homepage www.pybook.co.kr
ISBN 979-11-303-2327-5 93390





정 가 36,000원